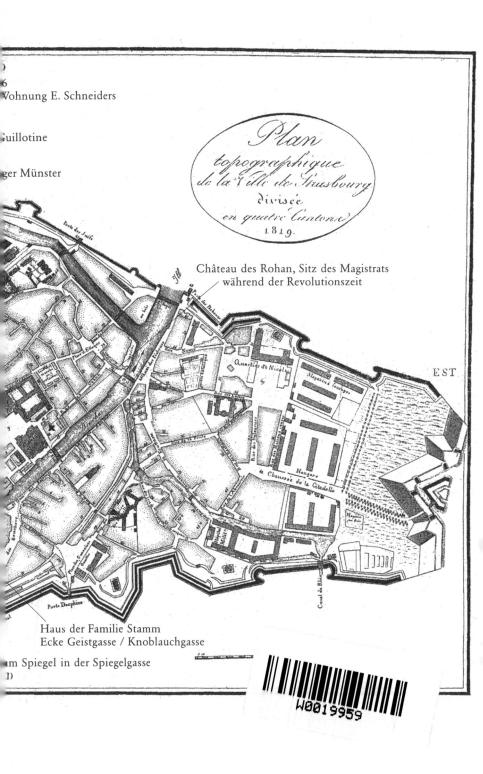

Wohnung E. Schneiders

Guillotine

ger Münster

Château des Rohan, Sitz des Magistrats
während der Revolutionszeit

EST

Haus der Familie Stamm
Ecke Geistgasse / Knoblauchgasse

im Spiegel in der Spiegelgasse

MICHAEL SCHNEIDER

DER TRAUM DER VERNUNFT

MICHAEL SCHNEIDER

DER TRAUM DER VERNUNFT

Roman
eines deutschen Jakobiners

KIEPENHEUER & WITSCH

DER TRAUM DER VERNUNFT

Leben und Kampf
des Franziskaners und Jakobiners
Eulogius Schneider,
welcher auf dem Blutgerüste starb

erzählt
von einem Freunde

Dieser Roman wurde vom Deutschen Literaturfonds e.V. gefördert.

1. Auflage 2001

© 2001 by Verlag Kiepenheuer & Witsch, Köln
Alle Rechte vorbehalten. Kein Teil des Werkes
darf in irgendeiner Form (durch Fotografie, Mikrofilm
oder ein anderes Verfahren) ohne schriftliche
Genehmigung des Verlages reproduziert oder unter
Verwendung elektronischer Systeme verarbeitet,
vervielfältigt oder verbreitet werden.
Umschlaggestaltung: Rudolf Linn, Köln
Umschlagmotiv: Johann Wolfgang von Goethe
Archiv für Kunst und Geschichte, Berlin,
mit freundlicher Genehmigung des Goethe-Museums, Düsseldorf
Gesetzt aus der Garamond Stempel (Berthold)
bei Kalle Giese, Overath
Druck und Bindearbeiten: GGP Media, Pößneck
ISBN 3-462-02968-1

Die Revolution eines geistreichen Volkes, die wir in unseren Tagen haben vor sich gehen sehen, mag gelingen oder scheitern; sie mag mit Elend und Greueltaten dermaßen angefüllt sein, daß ein wohldenkender Mensch sie, wenn er sie, zum zweiten Male unternehmend, glücklich auszuführen hoffen könnte, doch das Experiment auf solche Kosten zu machen nie beschließen würde – diese Revolution, sage ich, findet doch in den Gemütern aller Zuschauer (die nicht selbst in diesem Spiele mit verwickelt sind) eine Teilnehmung dem Wunsche nach, die nahe an Enthusiasmus grenzt. (...) Ein solches Phänomen in der Menschengeschichte vergißt sich nicht mehr, weil es eine Anlage und ein Vermögen in der menschlichen Natur zum Besseren aufgedeckt hat, dergleichen kein Politiker aus dem bisherigen Lauf der Dinge herausgeklügelt hätte. (...) Aber wenn der bei dieser Begebenheit beabsichtigte Zweck auch jetzt nicht erreicht würde, wenn die Revolution oder Reform der Verfassung eines Volkes gegen das Ende doch fehlschlüge, (...) so verliert jene philosophische Voraussage doch nichts von ihrer Kraft. Denn jene Begebenheit ist zu groß, zu sehr mit dem Interesse der Menschheit verwebt und ihrem Einflusse nach auf die Welt in allen ihren Teilen zu ausgebreitet, als daß sie nicht den Völkern, bei irgendeiner Veranlassung günstiger Umstände, in Erinnerung gebracht und zur Wiederholung neuer Versuche dieser Art erweckt werden sollte.

Immanuel Kant, »Der Streit der Fakultäten«, 1798

Prolog

Über nichts wird flüchtiger geurteilt als über den Charakter des Menschen, und doch sollte man in nichts behutsamer sein. Bei keiner Sache wartet man weniger das Ganze ab, das doch eigentlich den Charakter ausmacht, als hier. Ich habe immer gefunden, die sog. schlechten Leute gewinnen, und die guten verlieren.
G. C. Lichtenberg

Als ich im Jahre 1827 das letzte Mal in Paris war, habe ich seine Grabstelle gesucht. Es war ein sonniger und warmer Märztag, der den Frühling verkündete. Nur nach langen Erkundigungen und mit Hilfe eines alten Stadtplans fand ich heraus, wohin man ihn am 1. April 1794 von der Place de la Révolution gekarrt hatte. Er hat davon ja nichts mehr gespürt; sein Kopf lag, von seinem Corpus getrennt, am anderen Ende des blutverschmierten Karrens. Dort, wo heute die Rue de Monceau und die Rue du Rocher aufeinandertreffen und sich zu einem recht belebten, verkehrsreichen Platz erweitern, befand sich damals eine Müllgrube. Die Kommune von Paris machte daraus den großen Friedhof der Revolution. Er wurde als einer der ersten in die gerade ausgehobene Grube geworfen. Vier Tage nach ihm folgte Danton. Vielleicht liegen ihre Gebeine nebeneinander; vielleicht bedecken ihn auch die Kadaver von Aristokraten und Royalisten. Vollkommene Gleichheit gibt's nur im Tode.

Von der Ecke Rue de Monceau / Rue du Rocher ging ich dann über den Platz, der von ärmlichen Mietshäusern, kleinen Läden und Buden gesäumt wird. Auch ein Café gibt es dort. Vergeblich suchte ich nach einem Gedenkstein oder nach einer Tafel mit einer Inschrift. Kein Hinweis erinnert daran, daß hier einmal der Friedhof der Revolution gewesen. Mich bald hierhin, bald dorthin wendend, kam ich mir auf dem Platze recht verloren vor – zwischen den pfeifenden Gassenjungen, die Ball spielend an mir vorbeiflitzten, den fliegenden Händlern und Limonade-Verkäufern, die ihre Waren und Erfrischungen ausriefen, den leicht geschürzten und kichernden Mädchen, die hier Arm in Arm ihre Runden drehten, den gutgelaunten Gästen, die auf ihren Korbstühlen im Sonnenschein saßen und genüßlich ihren Mokka schlürften. Mich bestürzte die Geschichtsvergessenheit dieser fröhlich lärmenden Gegenwart um mich herum, diese heitere Ignoranz und Unbefangenheit der Nachgeborenen, für die diese vergessene Schädelstätte der Revolution nicht mehr als ein frühlingshaft belebter und beliebter Platz war, ein Schauplatz ihrer alltäglichen Vergnügungen, Interessen und Geschäfte.

Überdies mußte ich ständig Obacht geben, um nicht von den vielen Fiakern und Droschken angefahren zu werden, welche den Platz kreuzten. Die Menschenrechte? Nicht für den Fußgänger! Ich bin schließlich nicht mehr der Jüngste, genaugenommen ein grauhaariger, graubärtiger Mann in den Siebzigern, ziemlich kurzsichtig und leider nicht mehr so gelenkig und geistesgegenwärtig wie früher. Während ich, auf meinen Stock gestützt, den Platz kreuz und quer durchmaß, um eine Vorstellung davon zu gewinnen, wo der im alten Stadtplan bezeichnete Friedhof gelegen hatte, kam ich mir zum ersten Mal wirklich alt vor, alt nicht so sehr im körperlichen Sinne – trotz der beachtlichen Zahl meiner Jahre erfreue ich mich noch immer einer guten Gesundheit, alt vielmehr im Sinne von Überbleibsel. Ja, das ist wohl das richtige Wort. Ich kam mir vor wie das Überbleibsel einer verschollenen und verfemten Epoche, über welche die Gegenwart mit Siebenmeilen-Stiefeln hinweggeschritten, die sie mit Macht beiseite geräumt, verschüttet und aus ihrem Gedächtnis getilgt hat. Als hätte es ihn, mich und all die anderen nie gegeben, die vor mehr als dreißig Jahren aufgebrochen waren, um für Freiheit, Gleichheit und Brüderlichkeit zu streiten; als hätten wir unsere besten Kräfte, Leidenschaften, Talente, unsere Courage und unser Leben für bloße Chimären hingegeben; als wäre jene große, epochale Bewegung, die einmal die Hoffnung der Welt verkörperte, nur eine Fata Morgana, ein Trugbild, eine Phantasmagorie unserer Einbildungskraft und wir alle bloß weltfremde Träumer, törichte Schwärmer und Spintisierer gewesen.

Während ich suchend auf dem Platz umherirrte, fragte ich mich, warum just ich überlebt hatte, nicht nur ihn, sondern auch die meisten anderen Freunde und Gefährten von damals. Diese Frage stellt sich mir nie ohne Skrupel, nie ohne das Gefühl unverdienten Davongekommenseins, vermischt mit schlechtem Gewissen, ja Schuld, gegenüber jenen mir teuren Toten, die in den blutigen Wirren der Revolution untergingen. Sind sie beherzter, couragierter, tatkräftiger, aufopferungsvoller als ich gewesen? Verdanke ich mein Überleben, außer dem Zufall glücklicher Umstände, der Zögerlichkeit und Bedachtsamkeit, die meinem Wesen eigen? Ich zog meinen Kopf ein, um ihn nicht zu verlieren, machte mich klein und unscheinbar, um nicht aufzufallen und in Verdacht zu geraten: nur so überlebte ich die Schreckenszeit.

Indes, sind auch die meisten von uns vergessen, er, der Held der vorliegenden Blätter, ist es nicht. Ihm hat die Nachwelt ein schauerliches Gedächtnis, ein wahrhaft monströses Andenken bewahrt – zur moralischen Belehrung und Abschreckung der Nachgeborenen. Vor allem im Elsaß, dem Land seiner größten Wirksamkeit, vergeht kein Sommer, da er nicht im

Mittelpunkt irgendeines Volkstheaters steht. Eines dieser makabren Schaustücke habe ich vor Jahren selbst gesehen: *E Dorf in Deifelskralle!* Der Teufel ist natürlich kein anderer als er, der dem Kloster entsprungene ehemalige Franziskaner-Pater, der rotbemützte Jakobiner Eulogius Schneider aus Wipfeld. Die Elsässer haben ihm buchstäblich Hörner aufgesetzt. Für sie ist er, der *hergeloffene deutsche Priester,* noch immer der Inbegriff der Schreckensherrschaft, der Blutsäufer der Revolution. Und so erschauert die Nachwelt noch immer vor dem offiziellen Register seiner Sünden: Blasphemie, Frivolität, Hoffart und Rachsucht – und vor dem Steckbrief seiner Verbrechen: Mord, Amtsmißbrauch, Spionage, Hochverrat, Selbstbereicherung, Nötigung und Erpressung. Nun, Eulogius, du wolltest ja immer berühmt werden. Daß du es auf *diese* Weise zu bleibendem Nachruhm gebracht, hast du dir wohl nicht träumen lassen!

Und doch ist es seltsam und mir selber ein Rätsel, wie sehr er, der von aller Welt Verdammte und Verfemte, *nach* seiner Hinrichtung in mir weiterlebte, wie er in mir beinahe lebendiger wurde, als da er noch lebte; die Kraft des Toten nahm nicht etwa ab, sie nahm mit den Jahren noch zu. Darüber ging mir die Sicherheit meines eigenen Urteils verloren, und es begann jene jahrelange Reibung und innere Beschäftigung mit dem Toten, die mich schließlich zur Niederschrift dieser Blätter gedrängt hat. Manchmal war mir sogar, als ob er selbst mir den Auftrag dazu erteilt und mir beim Schreiben über die Schulter geschaut ... War das, wofür er gestanden, gekämpft und gelitten, wofür er Verleumdung, Verfolgung und Inquisition auf sich genommen und wofür er sich zuletzt mit Blutschuld beladen, denn nicht dasselbe, was auch mich, mein Denken und Hoffen, mein Leben und Wirken bestimmt und geprägt hat? Wie sollte ich mich denn von ihm lossagen, ihn gar verdammen können, wie es die Mit- und die Nachwelt getan, wenn das, was er gedacht, gepredigt und getan, derselben geistigen Wurzel, ja, ich zögere nicht zu sagen, *denselben Idealen* entsprang, die auch ich und die Freunde auf unser Banner geschrieben?

Und schließlich, was nach dem Thermidor, dem Sturz Robespierres, kam und was er nicht mehr erlebte – der allseits einziehende Opportunismus, Korruption und Herrschaft des großen Geldes, die imperialistischen Kriegszüge des »neuen Kaisers der Franzosen« und das obszöne Schauspiel des Wiener Kongresses, wo sich der alte Adel und der neue Geldadel tanzend die Hände reichten – sprachen und zeugten diese traurigen Nachgeburten und Verwerfungen der *Grande Révolution* denn nicht nachträglich wieder *für* ihn? Er hat sich wie kein anderer von uns, den aus ihren Heimatländern vertriebenen deutschen Frühdemokraten, in den Strudel der französischen

Umwälzungen gestürzt; keiner hat sein Schicksal so eng mit dem der Revolution verknüpft. Er wollte keinen Stillstand, wollte sich nicht mit einem gesellschaftlichen Zustand begnügen, worin *der Reiche alles und der arme Mann nichts gilt.* Er, der Winzersohn aus dem Frankenland, wollte wirklich ernst machen mit den Prinzipien der Freiheit, Gleichheit und Brüderlichkeit, mit ihrer ungeteilten Dreifaltigkeit. Er war ihr radikaler Evangelist und ist von uns allen am weitesten gegangen – zuletzt über Leichen.

Daß es und wie es einem Kerl seines Formats möglich war, diese Grenze zu überschreiten, diese Frage hat mich bis auf meine alten Tage nicht mehr losgelassen. Freunde waren wir seit unserer Würzburger Studentenzeit; indes ist das Wort ›Freund‹ im heutigen Allerweltsgebrauch ein viel zu schwaches Wort, um auszudrücken, was uns miteinander verband. Ich bewunderte ihn nicht nur um seiner Courage, seines Freimutes und seiner außergewöhnlichen Talente willen, ich hing an ihm, ja liebte ihn mit dem Überschwange des Herzens, wie er vielleicht nur der Jugend eigen. Darum hat mich auch das Gefühl, für ihn und sein Schicksal mitverantwortlich zu sein, niemals verlassen. Darum ist mir sein Fall so nahegegangen, und so wurde denn das Bedürfnis, ihn noch einmal aufzurollen, mit den Jahren für mich immer drängender.

Nicht selten, wenn ich in meiner Genfer Klause über diesen Blättern saß, fochten mich Resignation und Müdigkeit an. Welchen Sinn – so fragte ich mich dann – hat überhaupt ein solches Unterfangen, wie ich es begonnen? Wer möchte wohl in diesen Zeiten, die ganz vom schwarzen und gegenaufklärerischen Geist der Metternich-Ära verdunkelt sind, noch etwas wissen von einem so unzeitgemäßen und problematischen Helden wie diesem, geschweige denn von der ›verfemten Revolution‹, die heute als ›furchtbarer Irrweg der Geschichte‹ und als ›gottloses Unternehmen‹ gebrandmarkt wird? Wie soll ein einzelner mit seiner Feder gegen dieses Urteil überhaupt etwas ausrichten können? Stehe ich nicht angesichts der nicht enden wollenden Widerrufe und feierlichen Abschwörungen so vieler ehemaliger Freunde der ›Freiheit, Gleichheit und Brüderlichkeit‹, auf gänzlich verlorenem Posten?

Es ist still und recht einsam um mich herum geworden; meine geliebte Frau ist seit vielen Jahren tot, meine beiden Söhne sind längst verheiratet und leben mit ihren Familien im Königreich Preußen, beziehungsweise im Kurfürstentum Bayern. Die meisten Freunde haben das Zeitliche gesegnet; manchen, die noch leben, blieb nur die Flucht ins Exil. Auch ich habe Deutschland zum zweiten Mal verlassen und lebe nun auf meine alten Tage in Genf – in treulicher geistiger Nachbarschaft zu Jean-Jacques Rousseau, der ein halbes Jahrhundert früher gleichfalls an diesem Ort seine Zuflucht fand. Es ist eine eigenartige Sache mit dem Exil. Sofern man nicht gerade notleidend ist – was ich glücklicherweise nicht bin, zehre ich doch von den Rücklagen, die mir meine lange ärztliche Tätigkeit eingebracht –, gewährt es einem mehr innere Freiheit, als wenn man in seiner Heimat geblieben wäre. Ich jedenfalls ziehe das äußere Exil dem inneren, dem geistigen Exil vor, zu welchem ich innerhalb Deutschlands verbannt war. Dort war ich zum Schweigen und zur Selbstverleugnung verurteilt. Hier in der Fremde, wo man mich kaum kennt, niemand mich stört und niemand von mir nachträgliche Abschwörungen bezüglich meiner Vergangenheit verlangt, habe ich endlich die für mein Vorhaben so unentbehrliche innere Ruhe und Sammlung gefunden.

Indes habe ich lange und immer wieder gezögert, mich der Geschichte meines Freundes anzunehmen, vor allem aus einer persönlichen Hemmung, aus der Lähmung dieses nachhaltigen Schocks heraus: Ich konnte das Bild, das ich von ihm hatte, mit dem anderen Bild des jakobinischen Schreckensmannes, das er der Welt zuletzt geboten, nicht zur Deckung bringen. Obschon ich glaube, aufgrund meiner langen ärztlichen Erfahrung über eine gute Menschenkenntnis zu verfügen – gerade er strafte sie Lügen. Was aber hatte ich selbst all die Jahre an ihm *übersehen*, daß mich seine Wandlung vom glühenden Vorkämpfer der Freiheit und Gleichheit zum Vollstrecker der *terreurs* derart überraschen konnte? Hatte diese Wandlung, außer den besonderen und extremen Zeitumständen, nicht auch Ursachen, die in seinem *Charakter* und in seiner persönlichen Biographie zu suchen waren? Welcher Schrecken saß ihm im Gemüt, daß er zuletzt so erbarmungslos dreinschlagen konnte?

Um hierüber Aufschluß zu gewinnen, ging ich im Geiste noch einmal seinen Werdegang durch, dessen wichtigste Stationen nachzuzeichnen ich mich redlich bemüht habe, wobei mir die Korrespondenz, die ich mit ihm über Jahre in Deutschland geführt, eine hilfreiche Stütze war. Erst recht halfen mir die von ihm hinterlassenen Tagebücher und *Confessions*, die er im Pariser Gefängnis, nun selbst das Schafott vor Augen, geschrieben und die mir, nebst ihren eigenen Tagebüchern, seine Braut Sara Stamm zur Verfügung stellte.

Mehr als dreißig Jahre mußten ins Land gehen, bis ich den nötigen Abstand zu ihm und zu mir selbst, zu seiner und unsrer Geschichte gewonnen hatte und mich an ihre Niederschrift wagte. Ich habe mich hierbei nicht nur auf meine eigenen Erinnerungen verlassen, sondern auch die Archive durchforstet, in denen die seinen Fall und sein Wirken betreffenden Dokumente aufbewahrt sind. Ich habe die wenigen überlebenden Freunde und die verschiedensten Zeitzeugen befragt, mit ihnen korrespondiert und ihre Stimmen gesammelt. Zwar habe ich den historischen Rahmen dieser Biographie niemals verlassen oder mutwillig überschritten, aber da mir das innere Leben und Erleben meines Freundes in vieler Hinsicht ein Rätsel blieb und ich bestimmte Abschnitte seiner Entwicklung und Laufbahn nur aus der Ferne verfolgte oder vom Hörensagen kannte, mußte ich mir diese erst rückwirkend erschließen. Ja, um überhaupt ein Bild seiner widersprüchlichen, teils offenliegenden, teils verhüllten Persönlichkeit zu gewinnen, mußte ich diese aus den vorhandenen Bildern meiner Erinnerung und den Bruchstücken schriftlicher und mündlicher Überlieferung wie ein Mosaik neu zusammensetzen und in diesem Sinne *neu erfinden*. So sah ich mich denn immer wieder genötigt, die Rolle des gestrengen Chronisten zu verlassen und sie mit der des einfühlend nachvollziehenden Erzählers zu vertauschen. Darum möchte ich meine Arbeit eher mit der eines Restaurateurs oder Kirchenmalers vergleichen, der die noch vorhandenen Bruchstücke eines alten und mehrfach übermalten Deckengemäldes zu einem, dem Originale sich annähernden und doch neuen Gebilde zusammenfügt, wobei er die leeren oder irreversibel zerstörten Stellen nach eigener Vorstellung ergänzen und ausmalen muß.

Ich weiß nicht, wann die vorliegenden Blätter in gebundener Form in die Hände des Lesers gelangen und ob ich selbst ihren Druck noch erleben werde. Denn nicht nur die Censur und das schwarze Regiment der Metternichschen Restauration stehen ihrer Veröffentlichung durchaus entgegen, sondern auch der Zeitgeschmack. Werden doch die wirklichen Geschichtsbegebenheiten, die durchaus prosaischen Not- und Zwangslagen, die Irrungen und Wirrungen der um ihre Befreiung ringenden Menschen und Völker, ihre bewegenden Aufbrüche und ihre furchtbaren Abstürze, im abgehobenen Reich des klassisch und romantisch schönen Scheins als anstößige, den ästhetischen Sinn und das Harmoniebedürfnis des Publikums beleidigende Zumutung empfunden. Doch sobald ich – und wie ich hoffe noch zu Lebzeiten – einen Verleger gefunden habe, werde ich das erste druckfrische Exemplar, von mir signiert und mit einer persönlichen Widmung an die mir teuren Toten versehen, an der verschollenen Grab- und Schädelstätte der Revolution einpflanzen: Ecke Rue de Monceau / Rue du Rocher.

Jakob Nepomuk Brenner   Genf, den 14. Juli 1833

I. Am Pranger

Straßburg, 25. Frimaire des Jahres II (15. Dez. 1793)
Eulogius Schneider verhaftet! Wie ein Lauffeuer hat sich die Kunde in der Stadt verbreitet. Auf den Gassen drängt sich das Volk. Scharenweise ziehen die Bürger, trotz des schüttenden Regens und der Dezemberkälte, zum Paradeplatz. Bäcker und Krämer, Flickschuster und Kneipwirte schließen ihre Läden und Werkstätten ab, um sich gleichfalls dorthin zu begeben. Selbst Gebrechliche und Invaliden schleppen sich auf ihren Krücken die regennassen Gassen hinab. Alle wollen das denkwürdige Schauspiel sehen, den öffentlichen Ankläger des Revolutionsgerichtes, den – nach Saint-Just – gefürchtetsten und mächtigsten Mann des Départements, an dieselbe Guillotine gebunden zu sehen, mit der er seit Wochen die Stadt und das Département terrorisierte.

Da kommt schon, unter Trommeln und Trillerpfeifen, der Zug, von einer Schar johlender Gassenjungen begleitet. Den berittenen Gendarmen folgt ein Trupp Gardisten zu Fuß, in blauweißer Uniform und mit Piken bewehrt. In ihrer Mitte führen sie den öffentlichen Ankläger mit: einen mittelgroßen, kräftig gebauten Mann von siebenunddreißig Jahren mit auf den Rücken gebundenen Händen. Er trägt noch immer seine Dienstuniform: den Oberrock von grauer Farbe, das hellgrüne Brustwams, die schwarzen Hosen mit der weißen Kokarde am Knie. Sein starkes, schwarzbraunes Haupthaar, sansculottisch rund geschnitten, bedeckt eine schwarze, spitz zulaufende Mütze. Er geht aufrecht, ungeachtet der heftigen Windböen und Regengüsse, die ihm ins Gesicht schlagen.

Das Wetter hätte nicht passender sein können, denkt er, indes er von den Gendarmen und Pikenmännern eingekeilt, schweren Schritts an den Gaffern vorbeigeht. Und ihm fällt jene Anekdote ein, die er einmal als Auftakt zu einer Predigt benutzt: Ein Kapuziner begleitet einen Verurteilten bei regnerischem Wetter zum Galgen. Der Verurteilte klagt unterwegs mehrmals zu Gott, daß er bei so schlechtem und unfreundlichem Wetter einen so sauren Gang tun müsse. Der Kapuziner will ihn christlich trösten und sagt: ›Du Lump, was klagst du viel, du brauchst doch bloß hinzugehen, ich aber muß bei diesem Wetter wieder zurück, denselben Weg!‹

Auch er würde denselben Weg wieder zurückmüssen, denn er ist noch nicht verhört, nicht angeklagt und nicht gerichtet. Was soll also das ganze Spektakel, das Getrommle, Gepfeife und Gejohle, die von den Balkonen wehenden Trikoloren, der Aufmarsch der Nationalgarde und der halben Garnison vor dem Schafott? Wahrhaftig, soviel Publikum hat ihm noch nie die Ehre erwiesen! Nun ja, es ist ja auch seine Abschiedsvorstellung. Doch den Triumph, ihn jetzt zerknirscht und gebeugten Hauptes zu sehen, wird er ihnen nicht gönnen. Er strafft seine Brust, wirft den Kopf zurück und nimmt die Schaulustigen, in deren Mienen sich Spott, Hohn und Schadenfreude zeichnen, geradewegs ins Visier, als könne er sie jederzeit wieder *seinem* Gericht unterziehen.

Der Zug nähert sich dem Schafott. Auf dem Querbalken des Gerüstes, unter dem das blitzende Messer hängt, sitzen zwei Tauben. Die haben die besten Plätze, denkt er, und können das ganze Spektakel von oben betrachten. Doch plötzlich vergeht ihm der grimme Humor. Auf der Bühne sieht er Monsieur Maegerts, den Scharfrichter, der ihm und dem Tribunal so oft zu Diensten gewesen. Mit höhnischen Grimassen läßt dieser am ausgestreckten Arme den berüchtigten Korb über den Köpfen der johlenden Menge kreisen und hüpft dabei vor Vergnügen. Der Schreck fährt ihm in die Glieder. Will man ihn etwa gleich und *ohne* Prozeß guillotinieren? Als der Scharfrichter den herannahenden Zug erblickt, unterbricht er seine schaurige Demonstration, geht ein paar Schritte zurück und hängt den Korb fachmännisch ein, lotrecht unter dem Fallbeil.

Ein Gendarm stößt ihn mit dem Gewehrkolben die Stufen zum Schafott hinauf. Oben dreht er sich um und ruft atemlos in die Menge:»Ich bin noch nicht verhört, noch nicht gerichtet – es lebe die Republik!«Doch kaum hat er den Mund aufgetan, bricht ein Tumult los.»Herunter mit der Kokarde! Herunter mit der Uniform!«schreit die Menge. Und ehe er sich's versieht, haben ihm die Gendarmen die Kokarde vom Knie und den grauen Rock vom Leibe gerissen. Dann binden sie ihn mit einem Strick stehend an den Pfosten des Blutgerüsts, da erst weicht der Schreck von ihm, er begreift, daß sich der Henker mit dem Korb nur einen bösen Scherz erlaubte – zum Plaisir des Publikums. Seine Brust, seine Arme und Beine werden mit dicken Stricken umwickelt. So steht er am Pfosten wie ein verschnürtes Paket unter dem schräg hängenden Messer. Immerhin, denkt er, kann er nicht umfallen, wenn ihm die Beine lahm werden. Und da man so gnädig war, ihm die Mütze zu lassen, können die Tauben da oben ihm auch nicht aufs Haupt scheißen.

Ein neuer Trommelwirbel, Trompetenstöße erschallen. Die Gardisten und Pikenmänner machen eine Gasse frei; in diese tritt jetzt, in den vorgestreckten Händen ein Pergament, der Ausrufer. Das Gejohle und Gepfeife der Menge verstummt, eine gespannte Stille legt sich über den Platz. Auch er ist gespannt, denn noch weiß er nicht, wessen man ihn eigentlich anklagt

und welchen Kniffs, welchen juridischen Vorwandes Saint-Just und Lebas*
sich bedienen, um ihn der öffentlichen Schande preiszugeben.

Die zur Rhein- und Moselarmee außerordentlich abgesandten Repräsentanten des Volkes, liest der Ausrufer mit monotoner Stimme, unterrichtet, daß Eulogius Schneider, Ankläger beim Revolutionsgericht, vormals Priester und geborener Untertan des Kaisers, gestern in Straßburg mit einer übermäßigen Pracht eingefahren, von sechs Pferden gezogen, von Gardisten mit bloßem Säbel umgeben, beschließen, daß gedachter Schneider heute von zehn Uhr des Morgens bis zwei Uhr Nachmittags auf dem Schafott der Guillotine dem Volk zur Schau ausgestellt werden soll, um die den Sitten der entstehenden Republik angetane Schmach zu büßen, und soll alsdann von Brigade zu Brigade zu dem Komitee des öffentlichen Wohls der Nationalkonvention nach Paris geführt werden!

Die Mützen fliegen von den Köpfen. Jubelrufe des Volkes: Nieder mit dem Tyrannen! Es lebe die Republik!

Welch lächerlicher, welch plumper Vorwand! Er und prachtliebend! Dabei weiß jeder in Straßburg, wie genügsam er ist, wie bescheiden sein Lebensstil! Wenn er gestern bei der Rückfahrt von Barr sechs Rösser anspannen ließ, dann doch nur, weil die Wege von Schnee und Schlamm aufgeweicht waren, und die Kutsche war mit sieben Personen besetzt: mit ihm, seiner Braut, den Brauteltern und den drei Mitgliedern des Tribunals. Sieben Personen in einem Postwagen, bei schlechtem Wetter, erfordern nach dem Postreglement nie weniger als sechs Pferde. Auch hatten die Barrer Nationalreiter es sich nicht nehmen lassen, der Hochzeitskutsche das Ehrengeleit zu geben. Dies war alter Landesbrauch. Und als die Stadtwache bei der Weißen Pforte unters Gewehr trat, zogen die Nationalreiter die Säbel blank, um wie sich's gebührte, der Stadtwache zu salutieren und der auf dem Stadttor wehenden Revolutionsfahne die gewöhnliche Ehre zu bezeugen. Offenbar hatte Saint-Just nichts juristisch Stichhaltiges gegen ihn in der Hand, jedenfalls nichts, was seine Amtsführung betraf. Da blieb nur seine angebliche *Prachtliebe* und der *geborene Untertan des Kaisers*, das Schüren des Vorurteils und des Fremdenhasses gegen ihn, den Emigranten aus Deutschland, den *Hergeloffenen*, wie es im Volksmund hieß.

Der Regen, mit Hagelkörnern vermischt, peitscht ihm ins Gesicht, trieft ihm von Stirn und Nase, durchnäßt ihm Weste, Hemd, Hose und Weiß-

---

* Konventskommissare und »Abgeordnete in außerordentlicher Mission« für das Elsaß zeug. Immer neues Volk strömt auf den Platz, vom Wetter läßt es sich nicht abhalten. Man rückt unter den Regenschirmen enger zusammen, man hat sich sogar verproviantiert, packt Brote, Würste und Weinflaschen aus, man läßt die Korken springen, reicht die Bouteillen von Mund zu Mund. Ein Grüppchen vor dem Cordon, der das Schafott abriegelt, beginnt die Carmagnole zu tanzen, patriotische Lieder werden gesungen. Und immer wieder fliegen die roten Mützen. Indes bewerfen ihn die Gassenjungen, unter dem Beifall des Volkes, mit Eiern und Roßäpfeln. Der Kot beschmutzt ihm das Brustwams. Der Glibber rinnt ihm über die Backe, über die Blatternnarbe, tropft ihm vom Kinn. Er aber steht da, mit krallem Blick und gepreßtem Mund, stumm und männlich erträgt er das Ritual seiner öffentlichen Demütigung. Er unterdrückt jeden Schmerzenslaut, sein Stolz gestattet ihm nicht, den Kopf einzuziehen und den Hals zu wenden, um den Wurfgeschossen des Pöbels auszuweichen. Niemand soll sehen, wie sehr er sich gedemütigt fühlt, welch maßlose Bitterkeit jetzt in ihm Platz greift. Das also ist der Dank des Volkes, dem er mit all seinen Kräften und Talenten gedient, dessen Wohlfahrt er stets über sein persönliches Interesse gesetzt und dessen bedrohte Freiheit er mit allen Mitteln, ja, auch mit dem *Schwert der Gerechtigkeit* beschützt hat! ... Nur gut, daß es Sara erspart geblieben, ihn so erniedrigt zu sehen! Daß man ihm nicht einmal Zeit ließ, seine Braut heimzuführen, daß man ihn just verhaftete, Schlag zwei Uhr nach Mitternacht, da er mit Sara umschlungen in den Daunen lag, daß man ihn mit Gewalt aus dem Bette und aus ihren Armen riß – dieser Einfall konnte nur dem Gehirne eines Saint-Just entspringen.

Wieder Trommelwirbel und Trompetenstöße. Die Köpfe unter den Schirmen wenden sich um, dem Hôtel de la Maison Rouge zu, nicht weit vom Schafott entfernt. Jetzt erkennt er das scharfe Profil Saint-Justs, der gerade auf dem Balkone erscheint. Neben ihm steht der Maire Monet, dieser Speichellecker Saint-Justs, wegen seines einnehmend schönen und unschuldigen Jünglingsgesichtes im Volksmund auch das »Jesulein« genannt – und war doch der größte Intrigant des ganzen Départements. Der blutjunge Maire von Straßburg und der mächtige Prokonsul, zweiter Mann im Jakobinerstaate, winken jetzt mit huldvoller Gebärde den unter ihnen salutierenden Gendarmen, Gardisten und dem Garde-Corps zu, lassen ihre Blicke kurz über das versammelte Volk schweifen, das ihnen mit patriotischen Rufen und fliegenden Mützen antwortet, dann verschwinden beide wieder hinter der Gardine.

Er aber, noch eben mit unbewegter Miene am Pfosten stehend, öffnet den Mund und wendet sich an die Menge. Doch es ist zwecklos; bei dem Lärm und Gejohle kann seine Stimme nimmer mehr durchdringen. Und wer wollte ihm jetzt noch zuhören? Wer aber in seinen Gesichtszügen zu lesen versteht, der ahnt, was sein Mund jetzt verschließt:

Törichte, verblendete Straßburger! Oh, ihr Ahnungslosen! Wißt ihr denn nicht, was ihr in den Augen derer seid, vor denen ihr jetzt brav eure Mützen zieht? *Deutschsprachige Barbaren*, die noch nicht mal die Sprache der *Grande Nation* verstehen, geschweige denn sprechen! *Bessere Österreicher*, die am liebsten dem Feind in die Arme laufen und ihm die Hand reichen würden! Wißt ihr wahrlich nicht, was diese *Crème de la Révolution* unter der Französisierung des Elsaß versteht? Ein paar Tausend von euch zu exekutieren und zwei Drittel von euch in die Vendée oder ins Innere Frankreichs zu deportieren. Wer – außer mir und einigen wenigen Freunden im Klub – hat sich denn, auf Gefahr des eigenen Lebens, gegen ihre verbrecherischen Pläne gestemmt? Wißt ihr es nicht oder wollt ihr es nur nicht wissen, daß sie ein neues Septembermassaker planen? Und wo wart ihr denn eigentlich am 2. November, ihr braven, ihr biederen, ihr kühnen Straßburger, als Saint-Just und Lebas mit einem Federstrich eure frei gewählten Beamten verhaften ließen? In eure Häuser und Schenken habt ihr euch verkrochen, bei euren Weibern und Dirnen gelegen. In den Staub seid ihr vor ihnen gekrochen, habt gebuckelt und scharwenzelt vor ihnen … Aber mich, der ich mich den neuen Tyrannen widersetzte, und sie daran hinderte, den *ganz großen Terror* zu verüben, mich schreit ihr jetzt als Straßburgs Tyrannen aus. Aber wisset: Indem ihr mich jetzt verhöhnt und bespuckt, bespuckt ihr euch selbst!

Sein Herz hämmert. Bitterkeit schnürt ihm Brust und Kehle zu. Er sucht, tief durchzuatmen, soweit ihm dies in der gefesselten Lage möglich ist, bis das Gefühl der Beengung nachläßt. Das Bild der johlenden und zechenden Menge da unten verschwimmt ihm vor den Augen. Die schadenfrohen Gesichter, das rhythmische Händeklatschen, das Gerassel und Geschepper mit Blechbüchsen und Kochtöpfen, die Spottverse, die auf ihn gemünzt werden – all dies erreicht ihn kaum, die Szenerie rückt weit von ihm weg. Seine Aufmerksamkeit kehrt sich nach innen; selbst den Eisregen, der ihn bis auf die Haut durchnäßt, spürt er kaum mehr.

Nur gut, daß Sara in Ohnmacht fiel, während die Gendarmen das Schlafgemach durchwühlten und ihre Siegel auf den Sekretär und die Möbel drückten, selbst auf die Spitzen, die er ihr zum Brautgeschenk gemacht. Dank sei ihrer Ohnmacht, die sie davor bewahrte, Zeuge seiner öffentlichen Demütigung zu werden! … Pauvre cœur! Hast dich einem Mann zum

Weibe gegeben, der vielleicht bald in Paris auf der Place de la Révolution seinen Kopf unters Fallbeil legen wird als »Verräter«, »Volksfeind«, »Conterrevolutionär«, »Agent der deutschen Fürstenhöfe«. Man wird dich schneiden, dich hinfort mit tiefster Verachtung strafen, falls ich vor dem Nationalgericht keine Gerechtigkeit finde. Man wird dich das *Weib* – vielleicht bald schon die *Witwe des verfluchten Eulogius Schneider unseligen Angedenkens* schimpfen. Verzeih' mir, daß ich in der Vorahnung meines Sturzes an dir meinen Halt und meine Rettung suchte! Daß ich nicht stark genug war, meinen Weg allein zu Ende zu gehen. Aber ich konnte nicht anders. Du mußt nämlich wissen, ich war *in der Hölle! In der Hölle auf Erden!* ...

Ihm tritt das Wasser in die Augen, und dankbar ist er dem Regen, der ihm von Stirn, Nase und Wangen rinnt, daß keiner von denen da unten ihn weinen sieht. Nein, diesen Triumph will er ihnen nicht gönnen. Aber Regen- und Augenwasser kann man nicht unterscheiden.

Und er denkt an seine Schwester Marianne, die sich in Weinkrämpfen wand, als die Gendarmen ihn abführten. Sie hat ihm jahrelang den Haushalt geführt, war ihm aus Bonn nach Straßburg gefolgt, um ihm die Sorge um das Alltägliche abzunehmen, sie hat für ihn gewaschen, geputzt, gekocht, genäht und gestopft, jede neue Wohnung hat sie für ihn eingerichtet. Und wenn ihn nachts die Atemnot überfiel, war sie sofort zur Stelle, um das Dampfbad zu bereiten, das ihm Linderung brachte. Sogar seine Artikel für den *Argos* schrieb sie ins reine, damit ihr Bruder sich ganz seinen großen Plänen, seinen literarischen und publizistischen Arbeiten, seinen geistlichen und politischen Aufgaben widmen konnte. Ohne ihre Sparsamkeit und umsichtige Haushaltsführung ginge er längst am Bettelstab. Allein die Druckkosten seines revolutionären Journals hätten ihn fast ruiniert. Und nie begehrte sie anderen Lohn als seine Dankbarkeit und brüderliche Liebe. Arme Schwester! Wie wird sein Sturz, wie wird die öffentliche Verdammung sie niederdrücken! Was wird sie machen ohne ihn?

Und er denkt an seine Mutter, die vor vielen Jahren gestorben ist. Dem Himmel sei Dank, daß es ihr erspart geblieben, seinen Sturz noch mitzuerleben! Daß der Liebling ihres Herzens und der Stolz der Familie, dessen Predigten, Reden, Gedichte respektvoll in den öffentlichen Blättern zitiert und von dem das ganze Dorf nur mit höchster Ehrerbietung gesprochen, jetzt gefesselt wie ein gemeiner Verbrecher am Schandpfahl steht – diese Kunde hätte ihr das Herz gebrochen. Der mütterliche Stolz auf ihn, ihren Jüngsten, der eine so außergewöhnliche Laufbahn genommen, war die Freude ihrer späteren Jahre gewesen. Noch als sie von der schweren Krankheit gezeichnet war, fand sie, wie ihre rührenden Briefe bezeugten, Trost im Gedanken an ihn und wie weit er's im Leben gebracht.

Eine Szene aus seinen Kindertagen zieht ihm durch den Kopf: Wie er in der niedrigen Bauernstube, der guten Stube, auf Mutters Schoß sitzt und mit ihr zusammen aus voller Kehle singt: »Hoppe, hoppe Reiter!«; und bei der letzten Strophe »Fällt er in den Graben, fressen ihn die Raben!« öffnet sie ihre Knie, und plumps, rutscht er in die Vertiefung ihres Rocks, wie ein Jungvogel ins weiche Nest, und jauchzt dabei vor Vergnügen ... Die Erinnerung daran rührt ihn. Gott hab sie selig! flüstert er selbstvergessen und lächelt zugleich über diesen Lapsus, denn mit Thron und Altar war auch Gott gestürzt, im *Tempel der Vernunft* war kein Platz mehr für ihn. Nur gut auch, daß sie die letzte Wendung seiner Laufbahn nicht mehr erlebt hat: als er die Kanzel des Straßburger Münsters mit dem Rednerpult des Jakobinerklubs, und schließlich das Kruzifix mit den Insignien des öffentlichen Anklägers vertauschte. Nie hätte sie sich wohl vorstellen können, daß ihr kleiner, geliebter, verspielter Johann – *Johann*, wie fremd ihm sein Taufname geworden! – einmal hoch zu Roß, in der grauen Uniform des Civilkommissars und mit dem langen Schleppsäbel am Gürtel, vor der fahrbaren Guillotine herreiten würde – und plumps, fällt der Kopf eines *Schurken* und *Verräters* in den Korb! Gut, denkt er und preßt die Lippen zusammen, daß sie dies alles nicht mehr erfuhr! Der Schrecken und die Sorge um ihn und sein Seelenheil hätten sie schier um den Verstand gebracht.

Obgleich er die klare und nüchterne Empfindung hat, daß dies das Ende seiner revolutionären Laufbahn ist, fühlt er sich auch erleichtert. Endlich, endlich ist er mit dem Amt auch die Verantwortung los, die zuletzt wie ein Alb auf ihm lastete. Und wenn er jetzt selbst die Schande auskosten muß, zu der er andere so oft verurteilt – ist das nicht die Ironie des Schicksals, die *Nemesis der Geschichte*, von der Pater Antonius im Priesterseminar zu Bamberg so oft gesprochen hatte?

Er erwacht aus seiner Absence, blickt um sich und in die Menge da unten, die sich scheint's abgekühlt hat, nachdem sie ihr Mütchen an ihm gekühlt. Das Gejohle ist abgeklungen, geleert sind die Bouteillen, die ersten Zuschauer verlassen den Platz. Wie lange steht er jetzt schon am Pfahl? Er hat das Gefühl für die Zeit völlig verloren.

Er sieht jetzt auch stille, ernsthafte und sorgenvolle Mienen, manche dieser Gesichter kennt er aus der Volksgesellschaft. Und sie scheinen zu fragen: Was wird werden? Wird jetzt unsere Bedrückung nicht noch schlimmer werden? Werden wir jetzt, da Saint-Just, Monet und die französische Partei alleine das Feld beherrschen, den ganz großen Terror bekommen? Auch Blicke des Bedauerns glaubt er wahrzunehmen. Er sieht, wie sich ein Mann, die rote Mütze tief in die Stirn gezogen, durch die Menge windet, aber er wird von den Pikenmännern, die das Schafott abriegeln, immer wieder zurückgedrängt. Jetzt erkennt er ihn: es ist Butenschön, sein treuester Freund und Gefährte, der mit ihm zusammen den *Argos* redigierte. Butenschön winkt ihm jetzt zu mit einer verzweifelten Geste. Aber man läßt ihn nicht durch. Auch er ist gefährdet – wie die anderen Freunde, wie Jung, wie Clauer und Cotta. Man muß sie warnen, wenn es nicht schon zu spät ist, ebenso die Gebrüder Edelmann, Massé, Voigt, Daum und Bergaur. Clauer und Cotta sind gerade außerhalb Straßburgs; Clauer durchzieht das Département, treibt mit dem blanken Säbel in der Hand bei den reichen Bauern, den begüterten Bürgern und Aristokraten die Kontributionen ein und requiriert ihre Vorräte, Pferde, Kutschen etc. für die Armee. Cotta hat gar den Auftrag, die Archive der Städte, Klöster und Schlösser zu durchforsten und sämtliche Urkunden, Dokumente und Schriftstücke zu verbrennen, mittels derer die enteigneten Schloß- und Domherren, die emigrierten Aristokraten, Bischöfe und Äbte alte Rechtsansprüche wieder erheben könnten, im Falle, daß sie mitsamt den preußisch-österreichischen Heeren zurückkämen. Falls die Republik untergeht, sollen wenigstens die alten usurpierten Feudal- und Besitzestitel zu Asche sein, damit die Bauern, Lohnknechte und Taglöhner, die jetzt Eigentümer geworden, etwas geschützt sind vor der Restauration der alten Besitzverhältnisse ... Ob Cotta ihm wohl verzeihen wird, daß er Sara zu seinem Weibe gemacht? Schade, daß die Freundschaft mit ihm wegen Sara zu Bruch ging. Nein, es war gewiß nicht recht, nicht anständig von ihm, Cotta die schöne Sara auszuspannen. Aber wenn die Leidenschaft mit der Freundschaft im Kampf liegt, unterliegt immer die letztere. Und wer weiß, vielleicht ist Sara ja bald wieder frei. Und Cotta, der anständige, kluge und redliche Cotta, an dessen Händen kein Blut klebt, hat sie wohl mehr verdient als er und wird ihr Glück besser machen, als er es je könnte.

Er wendet den Kopf zur Seite; sein Blick bleibt an dem Balkon eines Hauses haften, das neben dem Maison Rouge liegt. Da sitzt eine Frau in schwarzer Mantille, ein Federhut ziert ihren Kopf, vor einer Staffelei. Hinter ihr steht, leicht über sie gebeugt, ein Mann in der blau-weißen Uniform der Nationalgarde. Er begutachtet fachmännisch, was sie da malt. Was malt sie denn da? Dumme Frage – wen sonst als *ihn*, den Hauptdarsteller auf der Blutbühne, der seine Abschiedsvorstellung gibt. Malt sie ihn in Öl, oder wird es ein Aquarell? Er kann sich das Bild lebhaft vorstellen: Das Gerüst, die Balken der Guillotine, davor das jubelnde, tanzende Volk. Der berüchtigte Korb blutrot, das Messer hellblau, die Schnur schwärzlich. Sein dunkles Haar, von der schwarzen Mütze bedeckt, in wilder Unordnung, die Blatternnarbe in seinem Gesicht scharlachrot ausgeführt – als sinnfälliges Zeichen seines ›blutrünstigen Charakters‹. Seine Augen sind absichtlich verkleinert, so daß der Blick kalt und lauernd wirkt. Aus den Tauben auf dem Querbalken der Guillotine sind schwarze Raben geworden – der bildkräftigen Symbolik zuliebe. Über dem Ganzen ein schieferfarbener Himmel, aus dem in schrägen schwarzen Strähnen der Regen fällt, vielleicht auch Blitz und Donner, Andeutung des Jüngsten Gerichts, Golgathastimmung ... *Auch Christus war ein Sans-Culotte!* Wie oft hat er das nicht gepredigt. Ein sehr sanfter Sans-Culotte allerdings, der außer dem einen Mal, da er die Händler und Wechsler mit der Peitsche aus dem Tempel getrieben, niemals Gewalt angewandt hat. Aber dieser feine, sanftmütige *Menschensohn* war ja auch nicht in der mißlichen, in der verfluchten Lage gewesen, die erste Republik des Abendlandes – die erste, die den Namen verdient – gegen eine Welt von Feinden verteidigen zu müssen. Mit den Worten der Bergpredigt war ihrer jedenfalls nicht zu wehren!

Auch die Inschrift oder den Untertitel des Bildes, das da gerade auf dem Balkon entsteht, kann er sich vorstellen: *Eulogius Schneider, teutscher Pfaff, vormals öffentlicher Ankläger beim Revolutionstribunal, Tyrann von Straßburg in der Schreckenszeit, an die nämliche Guillotine gebunden, unter die er so viele unschuldige Opfer gebracht.*

Auf einmal hat er die peinigende Vorstellung, dieses Zerrbild von ihm könnte das einzige sein, was von ihm *bleibt*, was ihn selbst *überdauert*, als sei darin die Essenz seines ganzen Lebens und Wirkens gefaßt, die gleichsam bildhafte Formel seines Charakters: *Monster!, Bluthund!, Jakobinischer Schreckensmann!* Wenn er vor dem Pariser Tribunal keine Gerechtigkeit fände oder wenn die Republik unterginge, dann würde dieses Bild, bald als kolorierter Stich neu aufgelegt, mit ziervollen Vignetten und moralisierenden Inschriften versehen, der Nachwelt überliefert werden und ihm einen schaurigen Nachruhm sichern. Und es würde alles vergessen machen, was er jemals an Gutem für die Humanität, die Freiheit und für die Republik gewirkt und welches die wirklichen Antriebe seines Denkens und Handelns gewesen. Es würde auch vergessen machen, unter welch mörderischen Bedingungen er sein schweres Amt versehen. Hatte er denn der *heiligen Sache der Freiheit und Gleichheit*, der Konstitution und der Republik nicht mit all seinen Kräften und Talenten bis zur Erschöpfung gedient? Wie gut und bequem hätte er, die nötige Subalternität und Liebedienerei vorausgesetzt, als Professor zu Bonn und als getreuer Untertan seines Fürsten leben können. Sogar sein persönliches Glück hatte er zurückgestellt, um das allgemeine Glück und die allgemeine Wohlfahrt zu befördern. Die Nachwelt aber würde nur noch die Köpfe zählen, die er aufs Schafott gebracht, ohne die furchtbaren Umstände zu wägen, unter denen er dem *Gesetz* Geltung verschaffte. Nicht die Gerechtigkeit, die Selbstgerechtigkeit würde über ihn triumphieren! Zwischen dem, was er gewollt, wofür er mit all seinen Kräften gestritten, und dem *Urteil der Geschichte*, dies fühlte er schmerzlicher denn je, lag eine unermeßliche Kluft, und nie, niemals würde sie sich schließen lassen. An diesem Gedanken biß er sich fest, und er brachte ihn schier zur Verzweiflung.

Um zwei Uhr nachmittags wurde er von der Guillotine losgebunden und sogleich in die Kutsche befördert, die am Rande des Platzes zu seinem Abtransport bereitstand. Vergebens forderte er, sich von Braut und Schwester verabschieden und einen Koffer mit Wäsche und anderen notwendigen Dingen mitnehmen zu dürfen. Durchnäßt und durchfroren, wie er war, wurden seine Füße im Eisen geschlossen. Und dann ging es ab nach Paris.

Schneider auf der Guillotine zu Straßburg (Paradeplatz) ausgesetzt.
(15. Dezember 1793.)

Zeugen und Zeugnisse der Zeit

Wir liefern dem Wohlfahrtsausschuß den Öffentlichen Ankläger beim Straß-
burger Revolutionstribunal ein. Es ist ein ehemaliger Priester, als Untertan
des Kaisers geboren. Ehe er aus Straßburg fortkommt, wird er auf dem Scha-
fott der Guillotine an den Pranger gestellt werden. Diese Strafe, die er sich
durch sein freches Betragen zugezogen hat, war auch von der Notwendig-
keit geboten, einen Druck auf die Fremden auszuüben. Glauben wir nicht
an die kosmopolitischen Scharlatane, und vertrauen wir nur auf uns selbst.
Wir umarmen Sie von ganzem Herzen.
Saint-Just und Lebas an Maximilian Robespierre, 14. Dez. 1793

Straßburg, den 28. Frimaire II (18. Dez. 1793)
Bürger! Repräsentant!
Die tiefbetrübte Schwester des unglücklichen Schneiders steht vor Dir. Du
bist Repräsentant eines gerechten, edlen Volks. Ist mein Bruder unschuldig,
so verteidige ihn, es ist deine Pflicht. Ist er in Irrtümer gefallen, so unter-
stütze ihn, laß ihn nicht sinken, denn Du mußt wissen, daß seine Absichten
immer gut und redlich waren. Ist er Verbrecher, oh, so erlaube, daß ich
weine. Ich habe meine Pflicht getan als Schwester, tue Du die Deinige als
Republikaner. Ich kann nichts als weinen, Du kannst handeln. Es lebe die
Republik! Es lebe die Konvention!
Marianne Schneider an Saint-Just

Seit dieser hergelaufene deutsche Priester, dieser entkuttete Mönch und ehe-
malige Professor zu Bonn im Juni 1791 nach Straßburg kam, hat er unter
den braven, emsigen und gottesfürchtigen Bewohnern dieses Landstrichs
nur Zwietracht gesät und Unheil gestiftet ... Dank sei den Kommissaren
des Konvents, daß sie uns endlich von diesem Scheusal und bezahltem
Agenten des Auslandes befreit haben!
Paul Scheffer, Apotheker in Straßburg

Schneider den Prozeß machen, heißt der Revolution den Prozeß machen.
Massé, Compatriote Schneiders

*Schneider ... hat niemals aufgehört, mit einer Redlichkeit ohne Beispiel
zu handeln. Ich bin bereit mit ihm zu sterben.*
Johann Friedrich Butenschön, Mitglied des Straßburger Gemeinderates, Freund Schneiders und Mitherausgeber seiner Zeitschrift Argos

*Gäb's eine Gerechtigkeit hienieden, müßte man diesem Erzverbrecher so
oft den Kopf abschlagen, wie er selbst andre aufs Schafott geschickt!*
B. Doss, Witwe von Franz Xaver Doss, ehemaliger Friedensrichter von
Oberehnheim, der am 5. Dez. 1793 zum Tode verurteilt wurde

*Der Tod auf dem Schafott ist viel zu barmherzig für diesen Bluthund!
Rädern, spießen und vierteilen sollte man ihn – und seinen Kopf den
Kötern zum Fraße vorwerfen! Die Seele meines armen Mannes, den er mit
sechs anderen zum Blutgerüst führte, wird nimmer zur Ruhe kommen, ehe
sein Henker nicht in der Hölle brennt.*
A. Nuss, Witwe von Franz Jakob Nuss, ehemaliger Bürgermeister von
Geispolsheim, der zusammen mit sechs Geispolsheimer Bauern am
5. Nov. 1793 hingerichtet wurde

Wenn Schneider schuldig ist, sind wir anderen Patrioten ebenfalls schuldig.
Christoph Friedrich Cotta, Publizist und Compatriote Schneiders

*Schneiders Ergebenheit für die Sache der Republik und seine Unbestech-
lichkeit waren sprichwörtlich – sogar bei seinen Feinden! ... Habe ich
mich in ihm betrogen, so betrog ich mich in der ganzen Menschheit und
werde in die Wüste ziehen.*
Hans Jung, Schuhmachermeister, Mitglied des Straßburger Gemeinderates und Freund Schneiders

*Nachdem Saint-Just unsere elsässischen Jungfern per Dekret dazu angehal-
ten, sich von den elsässischen Hauben und anderen »deutschen« Moden zu
trennen, gebührt dem citoyen Schneider das unsterbliche Verdienst, auch
die Formen der Brautwerbung revolutioniert zu haben. Stelle dir vor: die
Richter des Blutgerichtes spielen für ihn die Brautwerber mit der fahrbaren*

Guillotine im Geleit – und das schönste Mädchen von Straßburg schwört ihm den heiligen Bund fürs Leben!

War nicht, werteste Freundin, das ius primae noctis unserer weiland seligen Despoten eine harmlose Petitesse verglichen mit der neuen jakobinischen Mode, Bräute in Requisition zu setzen? Selbst Caligula wäre wohl vor Neid auf seinen erfindungsreichen Nachfahren erblaßt, hätte er sich die nachfolgende Brautnacht vorgestellt.

Roland Fresier, Boutiquier, an seine Verlobte in Châlons-sur-Marne

Der citoyen Schneider war ein echter Patriot und Kosmopolit, ein Mann von Prinzipien. Hätte er nicht seine Hand schützend über uns gehalten und unsere eben erworbenen Bürgerrechte immer wieder verteidigt, mir und meinen jüdischen concitoyens wäre es in der Zeit der terreurs gar übel ergangen. Nicht wenige der geschworenen Feinde Judäas, deren es im Elsaß nur zu allzuviele gab, wollten uns eine »Promenade à la guillotine« empfehlen; das Geringste wäre noch unsere Vertreibung und Deportation gewesen, gegen die der citoyen Schneider immer wieder seine Stimme erhoben.

Moshua Salomon, jüdischer Handelsmann

II.

Es gibt Begegnungen, deren Bedeutung man zu Beginn gar nicht erahnt und die doch ein Leben lang anhalten und prägen können. Sie scheinen zunächst ein Kind des Zufalls, eine bloße Laune der Gelegenheit zu sein, und erst sehr viel später zeigt es sich, daß ihnen eine richtungweisende, eine Prägekraft innewohnte, von der man selbst gar nichts gewußt hat.

Von dieser Art war auch meine erste Begegnung mit dem Helden dieser Blätter, dem jungen Studiosus Eulogius, der damals noch seinen Taufnamen Johann-Georg führte.

Ich hatte mich im Jahre 1774 an der Alma Mater Würzburgensis für Philosophie und Medizin inskribiert, zumal es am Julius-Spital ein neu gegründetes anatomisches Institut gab, das einen guten Ruf genoß. Als Sproß einer wohlsituierten Münchner Kaufmannsfamilie – mein Vater war ein vermögender Tuchhändler – war ich ausreichend mit Mitteln versehen und mußte mir kein Zubrot verdienen, um die Kolleggebühren und die Ausgaben für die Lehrbücher entrichten zu können.

Die Stadt unserer Jugend

Mit gemischten Gefühlen denke ich an diese Stadt unseres Jugenderlebnisses zurück, die den Lebensrahmen Johann-Georgs zwischen seinem zwölften und zwanzigsten Jahr bildete. Trotz der Auflösung des Jesuitenordens im Jahre 1773 war das Hochstift Würzburg mit der fürstbischöflichen Residenzstadt am Main, über der auf dem Nicolausberg die Feste Marienberg thronte, noch immer ein engstirniger klerikaler Ständestaat, in dem die geistlichen Obskuranten den Ton angaben. Infolge jahrhundertelanger Abstinenz hatte die Bevölkerung jedes Verständnis für ein freieres geistiges und politisches Leben verloren, und es fehlte gänzlich an den Organen desselben. Trotz Gewerbefleiß gab es in dem einst stolzen Artaun* keine selbständige städtische Verwaltung, keine Vereine und kein Theater. Die Presse war – von den »Gelehrten Anzeigen« abgesehen – hier nur durch ein wöchentlich zweimal erscheinendes Anzeigenblatt vertreten, das außer den amtlichen Bekanntmachungen bloße Inserate über Käufe, Verkäufe und dergleichen enthielt. Und selbst dieses ›Blättle‹, wie der Würzburger es zu nennen pflegte, stand unter strenger Censur.

Atmosphärisch wie schon in ihrem äußeren Bilde hatte sich diese Stadt

---

* Volkstümlicher Name für Würzburg

etwas ausgeprägt Mittelalterliches und verstockt Gegenreformatorisches bewahrt. Die durch eine Bastionenanlage mit dicken Ringmauern und mächtigen Wehrtürmen befestigte Stadt schien mehr Kirchen, Klöster, geistliche Stifte und Orden als zünftige Bürger- und Handelshäuser und beinahe mehr Kuttenträger als Weltkinder in sich zu bergen. Die engen, verwinkelten Gassen, die alten Kirchen, Kapellen und Klöster, die treulich konservierten Bürgerhäuser und Speicher, Bauten mit offen sichtbarem Holzgebälk, überragenden Stockwerken, Rundtürmen und Spitzdächern, die baumbestandenen Plätze, mit Katzenköpfen gepflastert, die Dächer und Türme überragende romanische Domkirche St. Kilian mit ihren Grabdenkmälern und der barocken Schönbornkapelle – all dies schien die Majestät der Vergangenheit, die Ehrwürdigkeit mittelalterlich-klerikaler Tradition gegen alle Neuerungen mit Macht behaupten zu wollen.

Dies nur vom Stadtbilde. Aber auch in der Luft war etwas hängengeblieben von der Gemütsverfassung der Menschen gegen Ende des fünfzehnten Jahrhunderts, etwas von latenter seelischer Epidemie. Man konnte sich ohne weiteres vorstellen, daß plötzlich an dieser oder jener Ecke wieder ein Fackelzug von schwarzen Kapuzenmännern auftauchte, die eine als Hexe gebrandmarkte arme Dirn oder einen als Brunnenvergifter bezichtigten Juden im bloßen Hemde auf dem Karren mitführten. In den Vertretern des fahrenden Volks, den Zigeunern zumal, die oftmals durch Würzburg zogen, sahen die Bürger allzeit bereite Handlanger des Beelzebuben, die nur darauf aus zu sein schienen, Verderben und Unzucht über die Stadt zu bringen. Schon die pechschwarzen Augen der Zigeunerinnen galten als Beweis für ihren ›bösen Blick‹; daß sie ihre schwarzen, üppig fallenden Haare nicht unter einer Haube versteckten, kein Mieder unter dem Hemde trugen und oftmals barfüßig gingen, machte sie in den Augen des abergläubischen Volkes erst recht zu ›Buhlerinnen des Teufels‹. Wenn sie dann noch, ihre Säuglinge im Arm, vor den Kirchenportalen hockten und die Kirchgänger mit pathetischer Gebärde um Almosen anbettelten, dauerte es meist nicht lang, bis die Stadtbüttel auf dem Platze erschienen, um das heidnische und vogelfreie Volk aus der Stadt zu treiben oder ins Zucht- beziehungsweise Arbeitshaus zu stecken.

Auch den Juden war seit der großen Austreibung des Jahres 1642 das Bleibe- und Wohnrecht in Würzburg verwehrt. Nur tagsüber durften die jüdischen Händler und Kaufleute mit ihrem Trödel die Stadt betreten und mußten sie vor dem Schließen der Stadttore wieder verlassen. Und nur in Ausnahmefällen durften sich einzelne jüdische Kaufleute eine »Judenkammer« in der Stadt mieten – für den Verbleib einer Nacht und nach Einholung einer Sondergenehmigung beim Magistrat. Nicht von ungefähr trug die vier bis fünf Meilen südlich von Würzburg gelegene Ortschaft, die eine große jüdische Gemeinde umfaßte, den Namen »Heidingsfeld«. Sie galt den frommen Christenmenschen nicht nur als Ort des Unglaubens und der Häresie, sondern auch als Brutstätte des Verbrechens, der Unzucht und Ansteckung. Daß es die Brüder Moses, die den Gottessohn ans Kreuz geschlagen, nach dem Blute unschuldiger Christenkinder gelüstete, um es als Ritualopfer ihrem Gotte Jehova darzubringen, ja, daß die bloße Existenz der Ungetauften innerhalb der Stadtmauern den Zorn des alleinseligmachenden Gottes heraufbeschwören mußte und diese daher an Mißernten, Krankheiten, Seuchen und Überschwemmungen die Schuld trügen, solche mörderischen Verdächtigungen, mit denen so manches Pogrom der Vergangenheit begründet worden, waren in den Tiefenschichten des Volkes bis hinauf in den höchsten Klerus noch immer lebendig. Wenn es auch während unserer Studienzeit nicht mehr zu offenen Judenpogromen gekommen ist, die Vorspiele derselben waren in Würzburg und Umgebung noch immer bedrohlich gegenwärtig. Das Piesacken der Juden und ihrer Kinder gehörte zu den sinstren Vergnügungen der katholischen Jugend.

Soviel zum altertümlich-teutschen Untergrund dieser Stadt unseres Jugenderlebnisses, die man aufgrund ihrer schönen Baulichkeiten und ihrer malerischen Lage an den Ufern des Main auch die ›Perle des Frankenlandes‹ nannte.

Ihr tradiertes Gefüge mit seiner streng hieratischen Ordnung entsprach in vielem der Erziehung, welche mir selbst zuteil geworden. In den beengten Verhältnissen einer Kaufmannsfamilie aufgewachsen, zum Gehorsam erzogen durch einen pater familias, der keine Widerworte, geschweige denn die geringste Aufsässigkeit gegen die kirchlichen und weltlichen Obrigkeiten duldete, und durch eine sanfte, dem Vater ganz ergebene Mutter, saß mir der Respekt und die Furcht vor der Autorität noch tief in den Eingeweiden. Seit Generationen waren die Söhne in diesem Geiste erzogen worden, so hatte man es zur bürgerlichen Reputierlichkeit und zu bescheidenem Wohlstand gebracht.

Und da stieß ich plötzlich auf einen, der nicht bereit war, Autoritäten, Ordnungen und Gesetze nur darum anzuerkennen, weil sie über Jahrhunderte tradiert waren. Unvergeßlich noch heute ist mir jener Wintertag des Jahres 1774, da ich im Theologischen Kolleg der Alma Mater erstmals auf ihn aufmerksam wurde.

Der ketzerische Studiosus

In dem kleinen Lehrsaal mit den eng gestaffelten Sitzreihen, den kahlen weißen Wänden, deren einziger Schmuck zwei eiserne Kruzifixe und das Bildnis des Heiligen Chrysostomos waren, das im goldlackierten Rahmen an der Stirnseite des Saales hinter dem Katheder hing, herrschte eine winterliche Kälte. Durch die beiden von rotem Sandstein eingefaßten Bogenfenster, die zum Innenhofe der Universität hinausgingen, fiel das gedämpfte Licht eines grauen Februartages. Draußen blies ein scharfer Wind und wirbelte die Schneeflocken gegen die in kleine Quadrate unterteilten Fensterscheiben. Die turmförmigen, mit Troddeln und Schnüren verzierten Mützen tief in die Stirn gezogen und die Köpfe in die hochgestellten Krägen ihrer Jacken gehüllt, hockten die Famuli in ihren niedrigen Sitzpulten – unter ihnen auch ich, der Verfasser dieser Blätter, damals gerade achtzehn Lenze zählend und unter dem Namen Jakob Nepomuk Brenner frisch inskribiert.

Hin und wieder kritzelte einer mit der Bleifeder etwas in sein Merkbuch oder Kollegheft, das ihm des Memorierens wert schien. Teils mit beflissenen und angestrengten, teils mit dösenden und gelangweilten Mienen lauschten sie dem Vortrag des kleinen hageren Mannes in dem schwarzen Habit, dessen tonsurierter Schädel mit einer schwarzen Sammetkappe bedeckt war und knapp über den Rand des Folianten ragte, der aufgeschlagen auf dem Katheder lag. Pater Petronius, Exjesuit und seines Zeichens Ordinarius für Theologiae, war ein Mann mit großen vorwurfsvollen Augen, spitzer Nase, dünnen verknitterten Lippen und betrübt herniederhängenden Wangen, welche seit dem Verbot und der Aufhebung des Jesuitenordens noch mehr Fleisch und Farbe verloren zu haben schienen.

Er dozierte gerade mit Inbrunst über sein Leib- und Magenthema – die sieben Todsünden, die ewige Verdammnis und die Ausmalung der Strafen, die den Sünder im Fegefeuer erwarteten – wobei er immer wieder mit seinem Zeigestock auf die rückwärtige Tafel wies, wo mehrere kolorierte Holzschnitte mit den martialischen Szenen des Fegefeuers aufgehängt waren. Auf denselben sah man etwa, wie die gehörnten Teufel den nackten armen Seelen Kröten und Schlangen vorsetzten und feurige Flüssigkeiten in den Hals gossen als Strafe für Fraß und Völlerei. Die Wollüstlinge wurden auf Räder mit hervorstechenden Eisenspitzen gebunden, von Teufeln mit Hacken zerfleischt und über ein Ährenfeld von Hellebarden dahingewälzt. Diese und andere pittoreske Szenen kommentierte der kleine, spitznasige Ordinarius auf eine fast genießerische Weise, indem er beständig mit der Spitze seiner Zunge über die Oberlippe strich. Alsdann sprach er in triumphierendem Tone: »In die Hölle schneit es die Seelen hinab, indes vielleicht eine einzige zum Himmel auffährt.«

Plötzlich ward aus den hinteren Reihen ein Glucksen und Kichern zu vernehmen, das sich zu einem meckernden Gelächter steigerte, so daß alle Köpfe unwillkürlich herumfuhren, um den kecken Störenfried zu orten, der es gewagt, inmitten des Kollegs über die erhabensten und fürchterlichsten Gegenstände des christlich-katholischen Dogmas seinem Zwerchfell derart freien Lauf zu lassen. Pater Petronius stand mit offenem Munde vor seinem Pulte, als habe er eine Erscheinung, dann ließ er seine Augen über das Auditorium schweifen, bis er den Urheber dieses blasphemischen Meckerns auf den hinteren Bänken ausgemacht hatte.

»Ah, ... der Studiosus Schneider!« stieß er hervor, während sein Kopf auf dem dürren Halse auf- und abwippte. »Nun, das Lachen wird Ihm schon noch vergehen, wenn Er dereinst für Seine Hoffart und Seinen Hochmut wird büßen müssen!«

Der derart Angesprochene, ein Jüngling von kräftiger Statur, erhob sich sogleich; seine Augen waren furchtlos auf den Ordinarius gerichtet, während ein Lächeln seinen Mund umspielte. Ich kannte ihn bereits flüchtig aus den philosophischen Seminaren, diesen Johann-Georg Schneider. Er war zwar mit nur fünf Fuß und zwei Zoll Größe nicht gerade das, was man ein stattliches Mannsbild nennt. Doch sein Gesicht mit der geraden markanten Nase, den hohen Wangenknochen, dem breiten, meist nicht barbierten Kinn und dem starken sehnigen Halse mit dem ausgeprägten Adamsapfel wirkte sehr männlich. Es war nur leicht entstellt durch eine Blatternnarbe, deren rötliche Flecken von den Augenwinkeln abwärts über seine linke Wange liefen. Sein stets schwungvoller, weit ausholender Schritt – meist nahm er zwei, drei Treppenstufen auf einmal – schien das klassische Gesetz der Mechanik, Kraft gleich Masse mal Beschleunigung, ad personam zu beglaubigen; desgleichen sprangen seine wachen und beweglichen Augen in Sekundenschnelle von einem Gegenstand auf den anderen und nahmen nur, wenn sie zur Ruhe kamen, einen zuweilen schwermütigen Ausdruck an. Indes verliehen ihm die langen rötlichen Wimpern, die mit den schwarzen buschigen Brauen kontrastierten, und der schöne Mund mit den bogenförmig gewölbten Lippen auch einen weichen, fast weiblichen Zug. Sein apartes Lächeln brachte ich stets mit der empfindsamen Seite seines Gemütes in Verbindung, die er zwar gerne durch Spott, Satire und männliches Gebaren zu überspielen suchte und die er doch nicht verleugnen konnte.

Um Ehrerbietung anscheinend bemüht, nahm er die Mütze ab; die Haare fielen ihm in langen Wellen über den Kragen seines schwarzen Umhangs bis über den Rücken und warfen sich über der Stirn zu einer trotzigen Locke auf.

»Ich bitte um Vergebung, Pater Petronius«, sagte er, senkte das Haupt und kreuzte mit Bußfertigkeit die Arme vor der Brust, »aber es ist gerade Fastnacht, und die Narren sind los ... und eben hatt' ich eine gar närrische Eingebung, die vermöge einer gottgewollten Einrichtung der Natur auf mein Zwerchfell wirkte.«

»So! So! Was hatt' Er denn für eine Eingebung?« fragte Pater Petronius, indem sich seine Augen zu Schlitzen verengten. »Nun, heraus mit der Sprache!«

Der Jüngling wandte den Kopf einmal nach links, einmal nach rechts über die Reihen der Pulte, wie um die Stimmung im Saal zu erkunden und sich selber Mut zu machen. Dann sagte er mit schalkhafter Miene: »Ich sah grad' dem fallenden Schnee vorm Fenster zu, in der Hoffnung, wenigstens eine Flocke zu finden, die der Schwerkraft trotze und zum Himmel aufsteige, aber ich fand keine. Und da dachte ich bei mir: Wenn es denn wahr ist, daß es die armen Seelen in die Hölle hinabschneit, muß da nicht die Hölle wegen Übervölkerung förmlich aus allen Nähten platzen? Und wenn schon so wenig Christenmenschen zu den Auserwählten des Herrn gehören, muß dann der heimliche Ehrgeiz der vielen anderen, die allemal verdammt sind, nicht notwendig dahin gehen, ein Teufel zu werden, sintemalen die Henker ungleich besser dran sind als die armen Seelen, die von ihnen geknechtet und gemartert werden?«

Ein Raunen, Tuscheln und verhaltenes Kichern ging durch die Reihen der Kommilitonen, und auf manchen der noch eben devoten und furchtsam gespannten Mienen zeigte sich ein kaum verhohlenes Grinsen. »Fahr Er nur fort«, sagte der Ordinarius mit drohendem Untertone und noch immer mit dem Kopfe wippend, »damit jeder hier sehe und höre, was Er für ein verstockter Häretiker und gottloser Ketzer ist!«

Dieser strich sich, als ob er eine kurze Bedenkzeit benötige, nachdenklich mit seiner Hand über Mund und Kinn, dann warf er entschlossen den Kopf zurück und fuhr in seinem ketzerischen Räsonnement fort: Die Hl. Kirchenväter, sagte er, hätten ›die Hölle‹ stets nur als moralische Kategorie, indes nie vom physikalischen Standpunkt aus gefaßt, die Platznot, das Problem der Übervölkerung außer acht gelassen. Den einfachsten mathematischen Berechnungen zufolge biete aber das Erdinnere, wo man die Hölle vermute, höchstens Platz für vierzig Millionen Verdammte, die Heerscharen der Teufel, die für die Bestrafung und Aufsicht der Sünder zuständig seien, nicht mitgerechnet. Dies sei aber herzlich wenig Raum, wenn man bedenke, wie viele böse Menschen seit Adams Sündenfall auf Gottes schöner Erde gelebt hätten. Beim exponentiellen Wachstum der Verdammten müsse die räumlich begrenzte Hölle, also das Erdinnere, förmlich aus allen Nähten platzen. Ergo sei die Übervölkerung der Hölle nur zu hindern, wenn man von der Vorstellung der ›Ewigen Verdammnis‹ ablasse und periodisch einem gehörigen Teil der Höllenbewohner die Absolution erteile, damit diese in den Himmel expediert werden könnten, welcher ja ohne Begrenzung, d. h. als unendlich vorzustellen sei. Dies sei auch die probateste Methode, den Beelzebuben ihr schnödes Handwerk zu legen. Denn wo mangels Gelegenheit nicht mehr gezwickt, gezwackt, gespießt und gerädert werden könne, blieben sie ohne Zweck und Beschäftigung zurück und müßten sich dann nach einer neuen und löblicheren Anstellung umsehen. Dann könne die Hölle, ebenso wie die Marterkammern der Hl. Inquisition, mangels Kundschaft geschlossen und die Unmenge glühender Kohlen endlich zur Beheizung unserer Häuser, unserer kalten Kirchen und Hörsäle verwendet werden.

Ein befreiendes Gelächter schallte durch das Kolleg, wie es in den heiligen Hallen der Alma Julia noch niemals vernommen worden, ein Gelächter, das wohl die Gebeine ihres ehrwürdigen Stifters, des Fürstbischofs Julius aus dem Geschlechte der E c h t e r von Mespelbrunn, hätte erzittern lassen. Pater Petronius aber stand wie Niobe zur Salzsäule erstarrt, mit hängendem Unterkiefer, als habe ihn der Schlag getroffen, unter dem erhabenen Bildnis des Hl. Chrysostomos. Dann aber riß er mit einer jähen Bewegung den Zeigestock hoch, schlug ihn dreimal gegen das Holz und brüllte mit fisteliger Stimme: »Silentium! … Silentium!« Endlich, als das Gelächter verebbt, streckte er den Arm aus und richtete die Spitze seines Zeigestocks gegen den frechen Satyriker: »Ich werde Ihn, verlaß Er sich drauf, wegen Ketzerei vors Kirchengericht bringen!« Sprach's und verließ mit einer Miene, welche die baldige Apokalypse und das Jüngste Gericht anzukündigen schienen, unter einer unverständlichen Flut lateinischer Verbalinjurien, die mit fränkischen Kraftausdrücken gemischt waren, den Lehrsaal.

Zwei Jahre zuvor hätte der jesuitische Ordinarius seine Drohung gewißlich wahr gemacht und den ketzerischen Studiosus, der die erhabensten Dogmen der alleinseligmachenden Kirche coram publico der Lächerlichkeit preisgab, vors Kirchengericht gezogen, was nicht nur eine hochnotpeinliche Inquisition, sondern auch seine Relegierung von der Alma Mater und Einkerkerung auf der Feste Marienberg zur Folge gehabt. An der Existenz des Teufels zu zweifeln, galt zwar noch immer als Ketzerei, doch seit dem Verbote des Jesuiten-Ordens und der Aufhebung der Inquisitionsgerichtsbarkeit, die noch im Jahre 1749 die ›letzte Hexe‹ Renata Sänger, Subpriorin des Klosters Unterzell bei Würzburg, auf dem Scheiterhaufen verbrannt, war die Hoch-Zeit der Brüder Loyolas und der Gesellschaft Jesu vorbei. Zu viele Gelehrte, aufgeklärte Männer und Blätter des öffentlichen Lebens hatten begonnen, das ›Reich des Bösen‹ und seine Macht über die Seelen der Sterblichen zu bestreiten. Inzwischen wehte auch an der Alma Julia ein hellerer Geist, der Geist der Aufklärung und des Rationalismus, welcher eine Bresche in diese ehemalige Zwingburg des geistlichen Despotismus geschlagen.

Und so kam denn der freche Satyriker namens Johann-Georg Schneider, der sogleich zum Rektor bestellt wurde, mit einer ernsthaften Rüge und einer strengen Ermahnung noch einmal davon; wohl auch dank der Fastnacht und ihrer Narrenfreiheit, die ihm als mildernder Umstand angerechnet wurde. In jenen Tagen gab es unter den Studenten kein anderes Thema als dieses Ereignis; in den Fluren, den Hörsälen, auf den Stuben, bei allen sich bietenden Gelegenheiten wurde es erneut beschrieben, disputiert, belacht oder bemäkelt, und war unser Held ebenfalls zugegen, pflegte er uns meist schweigend und mit lächelnder Unschuldsmiene zuzuhören.

Schon der Studiosus war, wie ein Chronist später mißbilligend konstatierte, ein »Naturtalent in der Erregung öffentlichen Ärgernisses«. Seinem Nachnamen machte er allerdings Ehre, wie ich vielfach bezeugen kann. Denn kaum einer von den rund dreihundert Studenten, die damals an der Alma Mater Wirzburgensis inskribiert waren, bewies gegenüber den kirchlichen und akademischen Autoritäten so viel *Schneid* und bot den geistlichen Obskuranten im Talare so beherzt Paroli wie der aufmüpfige Winzersohn aus Wipfeld. Er war auch der erste unter den Kommilitonen, der gegen den lästigen Mantelzwang beim Kirchgang aufbegehrte, indem er seinen Mantel einfach lose über die Achsel hängen ließ, statt ihn, wie die Vorschrift verlangte, korrekt auf beiden Schultern zu tragen; eine freche Sittenwidrigkeit, die bald einige Nachahmer fand und an der Alma Julia eine wochenlange erhitzte Debatte über das Pro und Contra des Mantelzwanges auslöste, als ginge es hierbei um das Nonplusultra christlicher Seligkeit.

Trotz oder wegen meiner strengen Erziehung war auch ich vom Geist des neuen Zeitalters längst angehaucht; indes hätte ich mich nie getraut, mich so weit wie Johann-Georg hervorzuwagen; um so mehr bewunderte ich diesen jungen Feuerkopf, der so keck öffentlich aussprach, was manche von uns dachten, aber nur selten auszusprechen wagten.

Gleich vielen anderen suchte ich seine Nähe, und alsbald begannen wir, auf gemeinschaftlichen Streifzügen durch die Würzburger Schenken und bei fröhlichen Ausflügen ins Grüne die geheiligte Friedhofsruhe des Hochstiftes aufzustören. Auch wenn er mit seinen freisinnigen Anschauungen und seinem regelwidrigen Betragen bei den strenggläubigen Studenten und Professoren oftmals aneckte, so sorgte er doch mit seinem behenden Witze und seinen selbst verfaßten Liedern, die er gerne zur Leier vortrug, stets für gute Laune und erfrischende Dispute. Überdies war er, als Sohn eines fränkischen Weinbauern, außerordentlich trinkfest, was in der Burschenschaft mehr galt als Bücherweisheit und gute Zensuren. Wir begossen unsere Freundschaft schon bald in einer Würzburger Schenke, unter Beihilfe eines Sprüchleins, das er den Brüdern des Bacchus gewidmet:

Willst spüren du des Weines feurigste Funken,
Gieß nicht das edle Naß in Strömen ein;
Erst auf der Zung erprobt, dann langsam getrunken!
So wills der rechte, ächte Frankenwein!

Im Unterschied zu mir, dem wohlversorgten Jüngling aus gutem Hause, war Johann-Georg, der Philosophie und Ius studierte, auf sich allein gestellt und lebte in sehr kärglichen Verhältnissen. Indem er einigen Skolaren der mittleren Schulen Nachhilfe im Lateinischen gab, verdiente er sich monatlich ein paar Taler, ebenso durch seine Gelegenheitsgedichte, die er bei Taufen, Hochzeiten und Namenstagen ehrbarer Bürger für ein paar Kreuzer vortrug. Hin und wieder schickte ihm auch die Mutter ein Paket mit Schinken, Dauerwurst, Käse und Schmalz oder depechierte ihm ein paar Taler, die sie sich vom Munde abgespart hatte. Außer der Tracht des Studiosus – der kurzen schwarzen Jacke mit roten Aufschlägen und der turmförmigen Mütze, die er zur Begrüßung gerne mit theatralisch ausladender Bewegung schwenkte – besaß er nur einen einzigen Rock, den ihm die Mutter aus der abgetragenen Husaren-Uniform eines Onkels zurechtgeschneidert, zwei paar Hemden aus grobem Leinen, und ein Paar Stiefel mit löchrigen Sohlen, die er sich immer wieder beim Schuster ausbessern ließ. Ich suchte zwar, ihm manches Mal unter die Arme zu greifen, aber sein Stolz gestattete es nicht, Almosen von Freunden anzunehmen. Lieber aß er tagelang trockenes Schwarzbrot, das er mit einem dünnen Strich Butter und Salz belegte. Nicht selten waren Kommißbrot, Bier oder Tee seine ganze Nahrung. Am meisten drückte ihn, daß er gezwungen war, an wechselnden Freitischen der Woche fremdes Brot zu essen, bei immer neuen Wohltätern und Spießbürgern, deren moralische und oftmals bigotte Belehrungen er wenigstens dem Scheine nach zu befolgen hatte, wenn er weiterhin an ihrem Tisch geduldet werden wollte.

Er bewohnte gegen mäßigen Mietzins eine kleine Mansarde unter dem Dach einer Würzburger Witwe, in der Franziskanergasse nächst dem Domplatze. Ein wackeliger Tisch, den er auch zum Schreiben nutzte, ein Hocker, zwei Stühle aus Korbgeflecht, eine Matratze mit Bettzeug, ein kleines Regal für die Bücher, eine wurmstichige Truhe, in der er seine Manuskripte, seinen einzigen Rock und die Leibwäsche verwahrte, ein Waschtisch mit einer großen blechernen Schüssel und einem hölzernen Bottich – das war die ganze Ausstattung. Da die Mansarde nur ein einziges Gaubenfenster besaß, das in die Dachschräge zur Gasse hin eingelassen war, gelangte nur wenig Sonnenlicht hinein, so daß ihm für den vermehrten Verbrauch von Rüböl, Wachs und Kerzen zusätzliche Kosten entstanden. Und im Winter war's jämmerlich kalt, da der Kamin, auf dem langen Wege von der Feuerstelle im Erdgeschoß zum dritten Stockwerk unter dem Dach, nur mehr wenig Wärme abgab.

Dennoch habe ich ihn nie über die Dürftigkeit seiner Lage klagen hören; dies machte mir großen Eindruck.

Bund der Freundschaft

Vielleicht wäre diese Freundschaft geblieben, wie so viele in der Jugend sind; sie kommen und gehen und hinterlassen kaum Spuren in unserem späteren Leben. Wir aber kamen uns nahe, und nie vergesse ich ihm, wie er mir in einer tiefen Krise beigestanden, in die mich meine erste Erfahrung am Seziertisch gestürzt. Der Anatomiesaal im Julius-Spital war ein hell gekachelter Raum, in dessen Mitte der Anatomietisch stand, an dessen Rändern Rillen zum Auffangen der Flüssigkeiten eingeschnitten waren. Als ich die Platte das erste Mal sah, erfaßte mich ein Schwindelgefühl. Einen Moment lang sah ich meinen eigenen Leib als graue und flüssige Masse über den Tisch rinnen. Ich starrte auf die eiserne Wanne des Raumes, in der zwei violett verfärbte Leichen in einem Konservierungsbad aus Vitriolwasser übereinanderlagen. Als ich dann einen der Toten unter Anleitung aufschneiden mußte, erbrach ich mich über ihm. Der Professor schalt mich ob meiner Zimperlichkeit und führte mir beim zweiten Versuch die Hand mit dem Seziermesser; ich aber kam mir vor wie ein Mörder, der in lebendes Fleisch schnitt.

Danach wurde ich krank und lag eine Woche fiebernd und schwitzend darnieder. Ich zweifelte an meiner Eignung zum Arztberufe und trug mich ernstlich mit dem Gedanken, das Medizinstudium aufzugeben. Johann-Georg aber bereitete mir täglich stärkende Brühen und Bouillons, überwachte mein Fieber, legte mir kalte Wickel auf und saß stundenlang an meinem Krankenlager, um mir Trost und Mut zuzusprechen. Vor allem suchte er mir meine Selbstzweifel auszureden, die er nur zu gut an sich selber kannte und von denen er bezüglich der Gelehrten- und Dichterlaufbahn, die ihm vorschwebte, zuweilen heimgesucht wurde. Seine herzliche Teilnehmung und Aufmunterung in dieser Zeit, vor allem die wechselseitige Mitteilung der eigenen Nöte und Schwachheiten stifteten zwischen uns ein besonderes Vertrauen und besiegelten unseren Freundschaftsbund, zumal wir viele Stunden damit zubrachten, einander von unseren bisherigen Lebenswegen, unseren Familien, Altvordern und Geschwistern zu erzählen und wie wir flügge geworden. Und es nötigte mir Respekt, ja Bewunderung ab, wie er sich vom schwarzen Regimente der Jesuiten befreit, die seine Erziehung bestimmt, und sich den Weg an die Alma Mater gegen den Willen des Vaters und der geistlichen Oberen ertrotzt hatte.

Johann-Georg war der Hütte entsprossen, seine Familie seit mehreren Generationen ansässig im fränkischen Flecken Wipfeld, das damals zum Hochstift Würzburg gehörte. Die Natur hatte diesen Flecken nicht gerade begünstigt, die Böden waren hart und wenig ergiebig. Die Bewohner betrieben etwas Ackerbau, geringe Viehzucht und bearbeiteten in der Hauptsache ihre Weinberge, deren in Bocksbeuteln vertriebene Marken wie Stein, Schalksberg und Iphöfer in ganz Deutschland berühmt waren und an den erlesensten fürstlichen Tafeln genossen wurden. Der Vater war freier Weinbauer und Mitglied des Dorfgerichtes, mit wenig Vermögen, dafür mit um so mehr Kindern gesegnet, mit elfen insgesamt. Johann-Georg, der am 20. Oktober 1756, im ersten Jahr der schlesischen Kriege, das Licht der Welt erblickte, war der dritte und jüngste Sohn, nach ihm kamen noch zwei Schwestern, Marie und Marianne.

Der einzige Weg für einen mittellosen Bauernsohn, einer höheren Ausbildung teilhaftig zu werden, war damals die geistliche Laufbahn. Und die Eltern waren nicht zufrieden, ihr liebes Söhnchen in der gemeinen Dorfschule von einem alten Stubenheizer unterrichten zu lassen, welcher der Jugend mit dem Prügel in der Hand, dem einzigen Zeichen seiner Schulmonarchenwürde, das Einmaleins einbleute. Man hatte damals noch keine Männer wie Basedow, Campe, Salzmann und Pestalozzi, welche die Nation auf das Bedürfnis und auf die Pflicht einer besseren physischen und moralischen Erziehung aufmerksam gemacht hätten.

Nicht weit von Wipfeld, auf der rechten Seite des Main, lag die Augustiner-Probstei Heidenfeld. Der Kanonikus und Chorherr dieser Propstei, Valentin Fahrmann, ein behäbiger, vornehmer und einflußreicher Herr, der Mitglied des Domkapitels war, verkehrte oft im Hause der gottesfürchtigen Winzerfamilie. Er entdeckte in dem frühreifen Knaben die Befähigung zu etwas Höherem und unterrichtete ihn in den Anfangsgründen der lateinischen Sprache. Da dieser rasche Fortschritte machte, wurde er weiterer Förderung und Ausbildung für würdig befunden. Sein Gönner wollte ihn zum gehorsamen Diener der Kirche heranziehen, zum fleißigen Arbeiter im Weinberg des Herrn, und verschaffte ihm einen Freiplatz am Würzburger Knabenkonvikt. Auch die Eltern wünschten nichts sehnlicher, als daß ihr jüngster Sohn einmal ein geistliches Amt bekleiden und so der Stolz der Familie und die Stütze ihres Alters werden würde. Und sie weinten vor Freude, als ihr Sprößling, kaum zwölf Jahre alt, nach Würzburg gebracht und in das für eine beschränkte Anzahl armer Schüler bestimmte Knabenkonvikt aufgenommen wurde, wo er auf Kosten der Kirche unterrichtet, gekleidet und ernährt wurde. Vom Konvikt aus, das mit dem Julius-Spital verbunden war – eine gewaltige barocke Vierflügel-Anlage, die ein ganzes Geviert von Gassen und Straßen umfaßte –, besuchte er die nächsten fünf Jahre das öffentliche Gymnasium, ein Jesuiteninstitut, wo er die Grundlagen seiner Ausbildung erhielt.

Indes war er nicht gut auf das Institut zu sprechen. Nur mit Widerwillen erzählte er von den fünf peinvollen Jahren, die er unter der Fuchtel der Jesuiten zugebracht. Der ganze Religionsunterricht bestand darin, täglich vor den Bildnissen der Stifter und Heiligen des Ordens auf den Knien zu liegen und ihre Verdammungsrituale bezüglich der ›perversen protestantischen Häresie‹ wiederzukäuen und jeden Freitag ein Kapitel aus dem ›Canisius‹ auswendig herunterzuleiern. Ohne zu stocken mußten die Prüflinge das Paternoster von rückwärts aufsagen und genau angeben, wie viele »et« und »cum« im letzten Kapitel vorkamen. Oder man gab ihnen zwei, drei Worte aus dem ›Canisius‹ vor, und sie mußten diese zur vollen Länge des ganzen Absatzes ergänzen, und zwar so oft, als diese Worte in dem betreffenden Kapitel vorkamen. Die tägliche Folter aber war, wenn man vor der dampfenden Suppe saß und mit blöder Miene so lange den Rosenkranz herleiern mußte, bis sie kalt geworden.

Als Mittel gegen die Langeweile, nicht zuletzt um sich ein Taschengeld zu verdienen, hatte Johann-Georg in der vierten Gymnasialklasse begonnen, Verse zu zimmern und Gelegenheitsgedichte zu schreiben. Diese Klasse war eigentlich dazu bestimmt, die Gymnasiasten mit der Dichtkunst, vornehmlich mit der lateinischen Poesie und den Anfangsgründen der Redekunst bekannt zu machen. Anfangs dachte er noch, ganz in seinem Elemente zu sein und ohne Scheu jeden Dichter nach Gefallen lesen zu dürfen – aber schon bald erkannte er seinen Irrtum. Vorzüglich eiferte man gegen alles, was Roman hieß. Ein Mitschüler indes, der selbst Genuß an der schönen

Literatur hatte, steckte ihm dann und wann heimlich eines der inkriminierten Bücher zu, darunter solche von Geßner, Klopstock und Gellert. Johann-Georg las diese verbotenen Bücher entweder während der Rekreation, zuhöchst auf einem Holzstoß sitzend, wo er den Blicken der Aufseher entzogen war, oder auf dem Abtritte oder gar nachts beim Mondscheine, wie er es mit Gellerts Roman *Die schwedische Gräfin* tat; man mußte mit höchster Vorsicht zu Werke gehen, um nicht der Strafe zu verfallen. Seine Wißbegierde war aufs höchste gespannt, denn er hatte in seinem Leben noch keinen Roman gesehen. Nun glaubte er aber, die Jesuiten würden dergleichen Schriften gewiß nicht verbieten, wenn sie nicht allerlei lockere unkeusche Dinge enthielten. Mit Gier verschlang er also, beim Mondschein im Fenster liegend, eine Seite nach der anderen, und dachte immer: ›Wann kommen denn die Stellen, wo du neue Entdeckungen machen wirst?‹ und war am Ende sehr enttäuscht, daß er im ganzen Buch das Unzüchtige nicht fand, um dessentwillen man es so strenge verboten hatte.

Den ganzen Tag trug er sich mit allerlei Fabeln, Liedern und Reimen. Wenn ihn die Glocke aus dem Morgenschlummer weckte, sprang er aus dem Bette, eilte ins Museum an sein Pult und schrieb geschwind nieder, was er abends zuvor, bis er entschlafen war, ausgedacht hatte. Darüber vergaß er oft Waschen, Kämmen und Beten – wofür ihm mancher ›Schilling‹* verabreicht wurde. Doch die Strafen bestärkten ihn nur in seinem heimlichen dichterischen Treiben. Wenn es nach beendigter Studierzeit im Museum laut zu werden begann, stieg er zum Fenster hinaus auf die Höhe eines Holzstoßes, wo er vor dem Anlauf anderer Ruhe hatte und nach Herzenslust poetische Einfälle und Reime haschen, lesen und schreiben konnte. Sogar in der Kirche, wenn er auf dem Musikchore die Predigt anhören sollte, schlich er hinter die Orgel, öffnete einen Kasten, in welchem man gewöhnlich das große Violon aufbewahrte, und schloß sich ein, um im Finstern weiter zu dichten und seine Gedanken mit der Bleifeder aufzuzeichnen; denn er hatte bald gelernt, ohne Licht, freilich nicht zierlich, aber doch leserlich zu schreiben und die Entfernung der Zeilen beiläufig mit angelegtem Finger zu messen. Seine ersten poetischen Erzeugnisse aber versteckte er in der hohlen hölzernen Reliquie des Hl. Ignatius von Loyola, die in einer Nische des Korridors stand, wo auch der gemeinschaftliche Schlafsaal lag. Dies dünkte ihm ein sicherer Ort zu sein als seine Matratze im Schlafsaal, die doch hin und wieder nach verbotener Lektüre durchkämmt wurde.

---

* Öffentliche Züchtigung mit der Rute

Eines Morgens aber befahl ihm der Hausdiener, sofort mitzukommen. Er wurde in den Klausursaal geführt, wo der Inspektor mit Leichenbittermiene und die Lehrer des Gymnasiums sich zu einem Tribunal versammelt hatten. In ihren langen schwarzen Habits und ihren Spitzhüten sahen sie aus wie Saatkrähen auf einem Gräberfelde. Vor ihnen auf dem Tisch lagen die *corpora delicti*: die verbotenen Bücher und – oh Pein, oh Pein – obenauf die Blätter mit seinem Geschreibsel und seinen Gedichten. Er mußte auf einem Betschemel niederknien und ein stundenlanges Verhör über sich ergehen lassen: Von wem er die abscheulichen teutschen Scharteken und schlüpfrigen Bücher habe; ob, wann und wie oft er seine Mitschüler zu diesen verderblichen Lesereien angestiftet und verführt habe; im Besitze welcher Bücher teutscher Schriftsteller seine heimlichen Mitverschworenen seien, und so weiter. Und dann das *crimen capitale*, das einer Todsünde gleichkam: Welcher Teufel ihn geritten, seine eigenen Sudeleien in der hölzernen Reliquie des Ordensheiligen zu verbergen?

Und nicht genug dieses blasphemischen Frevels! Wie er, ein Zögling dieser hochwohllöblichen Erziehungsanstalt, dem der ehrwürdige Landesvater und der Heilige Orden der Brüder Loyolas die Wohltat einer kostenfreien Erziehung gewährt, es über sich bringen könne, nicht nur sein Haupt und die Häupter seiner Familie mit Schimpf und Schande zu bedecken, sondern auch den Ruf des Institutes zu schädigen, indem er, wenn er sich schon des eitlen Schmierens und Dichtens nicht enthalten könne, seine Verse auf *profane*, ja unerlaubte und liederliche Gegenstände richte: auf den ›Bruder Bacchus‹ und auf Mädchen, auf sündige Geschöpfe zumal, deren ›rosige Wangen‹, ›niedliche Füße‹, ›üppigen Busen‹, ›alabasterne Hände‹, ›funkelnde Augen‹, ›schwarzes Seidenhaar‹ etc. er mit verwerflicher Inbrunst besinge, wie sie nur einem von Gott abgefallenen, gänzlich irregeleiteten und eitlen Gemüte entspringen könne, das dem Laster der Wollust und dem Götzen der Geilheit verfallen sei.

Die Strafen: mehrere Tage Karzer bei Wasser und Brot, zahllose Bußübungen und die Androhung der Exkommunikation und der Verweisung aus dem Institut, falls er seinen lasterhaften und lüsternen Neigungen nicht Einhalt gebiete. Dann wurden seine Gedichte vor seinen Augen in einem zinnernen Behältnis verbrannt. Da stand der kleine Delinquent mit den kurzgeschorenen Haaren und den rötlichen Blatternflecken auf der Wange in seiner schwarzen Stiftsuniform, starr vor Entsetzen, Ohnmacht und Wut vor dem kleinen Autodafé und mußte brennenden Herzens mit ansehen, wie die ersten poetischen Proben seiner Jünglingsphantasie, die er in so mühevoller Kleinarbeit niedergelegt und mit soviel konspirativer List den

Argusaugen der Brüder Loyolas entzogen zu haben glaubte, ein Raub der Flammen wurden. Noch selbigen Tages fand eine Razzia in allen Schlafstuben und Kammern des Knabenkonviktes statt, der Hausdiener trug die verbotenen Bücher körbeweise hinunter in den Hof, wo sie auf einen Stapel geschichtet und vor den Augen der in Reih und Glied versammelten Zöglinge, unter feierlichen Verdammungen des geistlichen Vorstehers und seines schwarzen Lehrkörpers sowie unter Androhung zahlloser dies- und jenseitiger Strafen gleichfalls den ›reinigenden Flammen‹ übergeben wurden.

Statt sich nun aber, wie es von einem Jesuiten-Zögling gemeinhin erwartet wurde, nach Vollendung der fünften Klasse in die Lehren der Kirchenväter und Scholastiker zu vertiefen, um ein gehorsamer Diener der Heiligen Kirche zu werden, schrieb sich Johann-Georg, kaum siebzehnjährig, an der Alma Julia als »Humanista« ein und belegte Kollegien in Philosophie und Jurisprudenz. Mit diesem trotzig-selbstbewußten Schritt in die weltliche Wissenssphäre hinein forderte er nicht nur den Bannstrahl seiner jesuitischen Erzieher, sondern auch den Zorn seines Erzeugers heraus, der seinen hoffnungsvollen Sproß im Geiste schon die Stufenleiter der geistlichen Laufbahn erklimmen und sein Haupt mit einer Prälatenmütze bedeckt sah. Dies war, wie Johann-Georg später, mit Bezug auf Rousseau zu sagen pflegte, die *erste Bekundung seines natürlichen Freiheitswillens*, welcher den Menschen von der bloßen Kreatur unterscheide. Und so wurde der abtrünnige Zögling der Gesellschaft Jesu, der so sündhafte weltliche Neigungen an den Tag legte, aus dem hochwohllöblichen Konvikt »vor der Zeit exmittiert«, wie es in der Kanzleisprache hieß, was auf gut deutsch bedeutete, mit Sack und Pack hinausgeworfen. Von nun an war er ganz auf sich selbst gestellt.

Die unheilige Dreifaltigkeit

Nachdem er der Zucht der Jesuitenanstalt entkommen, genoß er seine neu gewonnene Selbständigkeit und das muntere Studentenleben. Endlich konnte er, von der strengen Aufsicht befreit, den Tag nach eigenem Gusto gestalten, ihn nach Belieben in die Nacht verlängern und seine Freunde und Gefährten selber wählen. Endlich konnte er auch seine Lektüre selber wählen und lesen, was ihn von Herzen anging. Und sein Lesehunger war ebenso mächtig wie seine Wißbegierde. Er las nicht nur alles, was ihm unter die Finger kam, er las auch gelesene Bücher zum zweiten Mal, wenn er an keine neuen herankam. Zu dieser kunterbunten Fülle des Gelesenen gehörten orientalische Märchen wie sentimentale Romane und Reiseberichte, Tassos *Befreites Jerusalem* wie Campes Jugendbücher, Buffons populäre Einführung in die Newtonsche Wissenschaft wie Immanuel Kants *Theorie des*

45

Himmels, die alten römischen Schriftsteller wie die neuen deutschen *Sturm-und-Drang*-Dichter. Zu meinem nicht geringen Leidwesen hortete er auch die Bücher, die ich ihm lieh, in seiner Mansarde, und manchmal mußte ich diese einer förmlichen Durchsuchung unterziehen, um wieder in den Besitz meines Plutarchs oder Ovids zu gelangen. Auch der alte Buchhändler und Antiquar in der Wolfengasse, bei dem er tief in der Kreide stand, stöhnte zuweilen über die ›Lesewut‹ des Herrn Studiosus, der ihm jede Neuerscheinung aus den Händen riß.

Unsere literarischen Abgötter – wie konnte es anders sein – waren Klopstock und Wieland. Und oftmals, wenn wir uns abends in meiner Kammer trafen, trug Johann-Georg mir bei Kerzenschein und einer Bouteille Wein Klopstocks Gedichte vor. Seine Begeisterung war ansteckend und brachte ihn zuweilen derart in Wallung, daß einmal die Öllampe, ein anderes Mal eine Vase darüber zu Bruch ging, die er beim Deklamieren und Gestikulieren umgestoßen. Nach mehrfachen Rügen des um seinen Nachtschlaf gebrachten Hausbesitzers und einer geballten Schadensrechnung verlegten wir unsere deklamatorischen Übungen bald in die Hügel jenseits des Stadtwalls, in eine alte Schanze aus dem Dreißigjährigen Krieg, wo unseren Kehlen und dramatischen Ausfallschritten keine Beschränkung mehr auferlegt war. Johann-Georg übrigens pflegte eine besondere Übung, um seine durch ein Atemleiden geschwächte Stimme zu üben, indem er sich einmal die Woche an einen Wasserfall stellte und gegen das Tosen so lange anzuschreien suchte, bis er heiser war. Nicht selten kam es vor, daß wir uns erst nach dem abendlichen Trompetenschall des Stadttürmers auf den Rückweg machten und dann beim Passieren der schon geschlossenen Stadtpforte sechs Pfennig Sperrgeld entrichten mußten.

Der Dritte in unserem Bunde, weswegen man uns gern ›Die unheilige Dreifaltigkeit‹ nannte, wurde Thaddäus Anton Dereser, der Theologie und orientalische Sprachen studierte – ein großer hagerer Bursche mit dünnen strohblonden Haaren, die sich auf seinem eiförmigen Kopfe wie Flaumfedern kräuselten, und einer langen knolligen Nase, die ihm den Spitznamen ›Rübennase‹ eintrug. Er war ein sehr bedächtiger und gedankenvoller Mensch von rücksichtsvollem und zurückhaltendem Wesen. Obschon kein Dogmatiker, war er von einer tiefen Religiosität durchdrungen.

Wenn einer den Ehrentitel eines Schriftgelehrten verdiente, dann war es Thaddäus, der mit Fleiß auch die Vorlesungen der Geographie, Heraldik und Paleographie besuchte. Die alten Wappen, Dokumente und Schriften – von den Karolingern bis zu den alten fränkischen Herrscherhäusern – studierte er um so lieber, je älter und je schwerer sie zu entschlüsseln waren. Überhaupt übte alles in Stein, Eisen oder Marmor Gemeißelte, Gestochene und Verewigte eine unwiderstehliche Anziehung auf ihn aus. In seiner Begleitung die alten Archive und die vielen Klöster und Stiftskirchen inner- und außerhalb Würzburgs zu durchforsten, die Heiligen Schreine, Sakristeien und Krypten zu besichtigen, war für uns ein großes Plaisir; denn seinem kundigen Blick entschlüsselten sich die verborgensten Inschriften und die apokryphesten Bedeutungen. Mit besonderem Interesse und einem gewissen konspirativen Kitzel verfolgten wir, von Thaddäus' Spürsinn befeuert, die in Würzburg noch verbliebenen, wenngleich verwischten und unterdrückten Spuren der Reformation und der deutschen Bauernrevolution, zu deren Anführern auch Tilmann Riemenschneider, Frankens trefflichster Bildhauer gehörte, dessen wunderschöne, in Holz geschnitzte Altäre hier zu besichtigen waren; wobei mir die ganze Grausamkeit der Gegenreformation allein durch das eine Faktum sinnlich faßbar wurde, daß man diesem großen Künstler zur Strafe für seine Anführerschaft bei den Bauernaufständen die geniale Bildschnitzer-Hand verstümmelte.

Thaddäus war auch im Besitze des kapitalen ›Machwerk der protestantischen Häresie‹, einer in Goldschnitt gedruckten Luther-Bibel, die er vor den eifernden Augen der Exjesuiten und Erzkatholiken ängstlich verbarg, die aber für uns ein besonders anziehendes und reizvolles Objekt verbotener Lektüre bildete. Johann-Georg zitierte gerne, und sei es nur, um seinen gläubigen Freund zu provozieren, gewisse deftige Sprüche des großen Reformators, wie zum Beispiel diesen: »Jeder Christ sollte wenigstens gelegentlich des Papstes Wappen mit Kot bewerfen!« Oder: »Die Arznei macht krank, die Mathematik traurig und die Theologie sündhafte Leute.«

Freilich war durch die Beengung, die er bei den Jesuiten erfahren, sein Drang nach Freiheit so aufgeregt, daß er sie kaum mehr ohne Ausschweifungen genießen konnte. Ohne ihn wurde in keiner Schenke gezecht, ohne ihn an keinem Tische gespielt, ohne ihn kein akademischer Bubenstreich verübt. Nicht selten kam es vor, daß er die durch Nachhilfestunden und Rezitationen erworbenen Taler innerhalb einer Nacht wieder verspielte und sich dann genötigt sah, auf Kredit zu kaufen oder sich von mir Geld zu borgen, was seinem Stolz viel abverlangte. Auch war er ein unmäßiger Raucher, und manchmal verschwand im Laufe einer weinseligen Nacht der ganze Inhalt seines Tabakbeutels in seiner Tonpfeife. Indes, was wäre Jugend ohne den Übermut, der ihr natürliches Vorrecht ist, und ohne jenes Über-die-Stränge-Schlagen, ohne das noch keine kraftvolle Natur geworden! Nichts achteten wir geringer als die Mucker, Streber und Frömmler unter den Kommilitonen, die mit ihrem Kollegheft ins Bett gingen und vor Tau und Tag aufstanden, um ja nicht die Frühmesse zu versäumen.

Wir dagegen waren mehr in den Würzburger Destillen zu sehen denn in der Hl. Messe. In diese zog es uns nur, weil hier die hübschesten Mädchen in ihrem Staat zu bewundern waren, denen wir heimlich kleine Verschen zusteckten. Und wir machten uns einen Spaß daraus, die hübschen Dirnen dabei zu beobachten, wie sie unsere poetischen Lobpreisungen ihrer Reize heimlich zwischen das Brevier oder Gesangbuch legten und während der Litanei schamhaft hineinguckten und dabei erröteten. Manchmal erhielten wir auch eine Antwort, die uns zu neuen Avancen ermutigte. Mit Vorliebe verfaßte Johann-Georg Vierzeiler im Stile des tänzelnden Rokoko: »*Daß ich Minette küßte/ Und daß mich's frisch gelüste/ Sie wieder frisch zu küssen/ Das darfst, das sollst du wissen . . .*« Auch in der Burschenschaft gab er zuweilen seine Verse und kleine Episteln zum besten, die mit allerlei Anzüglichkeiten gespickt waren. Der »Auferstehung des Fleisches« gab er gern eine weltliche Deutung. Und mit Begier knöpfte er sich den heiligen Kirchenvater Augustinus vor, diesen ehemaligen Wollüstling und Manichäer, der nach seiner Bekehrung zum Christentum in den Lenden die ›Kraft des Teufels‹ verkörpert sah, von der er selbst zuvor reichlichen Gebrauch gemacht, und für den zuletzt ›jeder Gezeugte ein Verdammter‹ war – mit Ausnahme des Gottessohnes, der ja ohne Mitwirkung seines irdischen Vaters, nur vermöge des Hl. Geistes in den Leib der Hl. Jungfrau eingeboren wurde.

Was uns Freunde miteinander verband, war indes nicht nur die Gemeinsamkeit unserer Gesinnungen und die Liebe zur schönen Literatur, die nächtlichen Zechtouren und heimlichen Tändeleien mit dem schönen Geschlechte, sondern auch das emphatische Gefühl der Zusammengehörigkeit und des Füreinander-Einstehens. Ja, die Freundschaft hielten wir so hoch, daß sie gleichsam den Rang eines elften Gebotes einnahm. Wenn es zu Händeln mit gewissen Raufbolden in der Burschenschaft oder mit den aristokratischen Herrensöhnchen an der Alma Mater kam, die auf ihren herausgeputzten Rössern in ihren ledernen Reithosen auf den Gassen daherstolzierten und auf uns Bürgerliche herabsahen, als seien wir ihre Stallburschen, dann war es Ehrensache, daß einer dem anderen beistand und sich gegebenenfalls für ihn schlug. Johann-Georg jedenfalls hätte sich eher in Stücke hauen lassen, als tatenlos zuzusehen, wie ich oder der sanftmütige Thaddäus von den blaublütigen Prahlhänsen provoziert, beleidigt oder gedemütigt wurden.

Um so sonderbarer kam es mir vor, daß just er, der so couragierte und unerschrockene Jüngling, der weder Gott noch Teufel zu fürchten schien, mit einem Atemleiden geschlagen war, das ihm die Brust beklemmte und mitunter sogar der Sprache beraubte. Manchmal überfiel ihn mitten im Reden der Ausatemkrampf. Es schien dann so, als ob ihm augenblicklich der Gedankenfaden riß; aber dies war nicht der Fall, vielmehr war es eine momentane Verkrampfung und Verengung der Atemwege, die bewirkte, daß er die Luft, die er eingesogen, nicht mehr ausatmen konnte. Dann stand er mit offenem Munde und angespanntem Zwerchfell da und brachte statt ganzer Wörter nur unartikulierte und ächzende Laute hervor, als würge ihn jemand an der Kehle.

Er konnte sich diese merkwürdigen ›Zufälle‹, die ihn das erste Mal im Jesuitenstift ereilt und die ihm selber unheimlich waren, auch nicht erklären. Manchmal war er japsend und röchelnd aus dem Schlafe gefahren, da er keine Luft mehr bekam und schier zu ersticken fürchtete. Da man – und wohl auch er selber – glaubte, er sei ›vom Bösen besessen‹, war er zweimal von einem Jesuitenpater exorziert worden; doch dies brachte auch keine Besserung seines Leidens. Erst nachdem er dem Konvikt den Rücken gekehrt, hörten die nächtlichen Atembeklemmungen auf.

Indes konnte wohl nur von einer graduellen Besserung die Rede sein, war ich doch selbst zweimal Zeuge, da er einen schweren asthmatischen Anfall erlitt – einmal während einer gemeinsamen Fußwanderung an den Ufern des Mains, ein andermal in seiner Mansarde: Er wurde kalkweiß im Gesicht, seine Augen weiteten sich vor Angst, indes er mit pfeifendem Atem bald wild mit den Armen ruderte und diese über den Kopf warf, bald röchelnd und nach Luft schnappend wie ein verendender Fisch auf dem Trockenen sich vor mir krümmte, daß es ein Bild zum Erbarmen war, und auch mir der Schreck in die Glieder fuhr. In solchen fürchterlichen Augenblicken des Um-Luft-Ringens konnte ich ermessen, welche Ängste mit diesem Leiden verbunden waren, das die alten römischen Ärzte eine ›Vorübung des Todes‹ nannten. Erst später lehrte mich die Erfahrung, daß keinen Asthmatiker das ereilt, was er fürchtet; indes konnte man Johann-Georg sehr böse machen mit der Beteuerung, daß sein Asthma nicht lebensgefährlich sei und daß er daran niemals sterben werde. Er legte nämlich großen Wert auf das Lebensgefährliche seiner Krankheit.

Die Luft der Freiheit zu atmen, war also in seinem Falle durchaus wörtlich zu nehmen und aus einer gleichsam leibseelischen Not heraus geboren. Im Griechischen heißt Asthma *Engbrüstigkeit,* im Lateinischen heißt eng *angustus,* womit auch das deutsche Wort *Angst* verwandt ist. *Angst* und *Enge* gehören zusammen. Was aber *verschlug ihm den Atem? Wer nahm ihm die Luft weg?* Wovor hatte er eigentlich Angst?

III. Auf dem Karren (1)

Dormans, 27. Frimaire des Jahres II (17. Dez.1793)

Liebe Sara!
Noch nie wurden zwei Brautleute so plötzlich vom Unglück getroffen wie wir.

Freilich, daß ein Komplott gegen mich im Gange war, ahnte ich schon die Tage vor meinem Sturz und der öffentlichen Schaustellung auf dem Waffenplatz. Doch ich beklage mich nicht. Habe nun selbst die Schande gekostet, zu der ich andre so oft verurteilt. Und bin froh, des furchtbaren Amtes endlich ledig zu sein, zu dem mich das Vertrauen der Patrioten bestellt. Von den Demütigungen dieser Reise sage ich dir jetzt nichts. Denn mehr als dies schmerzt mich, daß ich von dir keinen Abschied mehr nehmen konnte.

Pauvre Coeur! Hast dich einem Mann zum Weibe gegeben, auf dem von nun an der Bannfluch der öffentlichen Verachtung liegt. Wer wird dich jetzt beschützen vor meinen Feinden? Wer dich trösten in deinem Elend? Verzeih' mir, daß ich um deine Hand anhielt, obschon ich ahnte, daß ich kurz vor dem Fall stand! Aber ich konnte nicht anders. Du kennst meine Gründe.

Komme es, wie es komme, ich werde mein Schicksal zu tragen wissen wie manche Patrioten vor mir. Aber ich zittere um dich und die Freunde. Die Ränke, deren Opfer ich bin, bedrohen auch dich und die Freunde. Wenn ich unterliege, werden auch sie unterliegen. Aber ich hoffe noch immer, daß das Nationalgericht einen Bürger rehabilitieren wird, der nur für das Wohl der Republik gelebt hat.

Ich bitte dich, schicke mir Handschuhe, Kamm, Schlafrock, Pantoffeln, Schuhe, Strümpfe, Handtücher und Geld! Denn man ließ mir keine Zeit mehr, diese Dinge mitzunehmen! Sobald ich in Paris ankomme, gebe ich dir Nachricht von mir und wohin du die Sachen expedieren sollst.

Ich umarme dich, mein Herz. Und tröste, so gut du es vermagst, meine arme Schwester!

Dein Eulogius

Mit Handschellen hatte man ihm die Hände auf den Rücken gebunden. Mit mehreren anderen Gefangenen hockte er auf dem feuchten Boden des Karrens, der von zwei berittenen Gendarmen eskortiert wurde. Immer wenn der Karren in ein Schlagloch sackte, spürte er den Stoß im Rücken, ein Reißen in den Schultern und den Schmerz in den Handgelenken, die sich an den eisernen Schellen wund gescheuert hatten. Da er die unbequeme Hockstellung nicht lange aushielt, legte er sich in gewissen Abständen auf die Seite, um seinen Rücken zu entspannen. Am meisten fror er an den Händen, denn er hatte einen Handschuh verloren. Wo, wußte er nicht. Vielleicht hatte er ihn auf dem fauligen, mit feuchtem Stroh bedeckten Bretterboden liegengelassen, auf dem er die letzte Nacht gelegen, vielleicht auch auf dem Abtritt, wo er seine Notdurft verrichtet. Jetzt ärgerte er sich über seine Nachlässigkeit, denn von der ungeschützten Hand kroch die Kälte durch die Ärmel seines Mantels und legte sich ihm auf Brust und Rücken.

Wie komfortabel war dagegen die Kutsche gewesen, in der man ihn von Straßburg nach Nancy expediert hatte. Da hatte er zwar die Füße im Eisen, aber er war weder Wind noch Wetter ausgesetzt, er saß bequem im Fond und hatte einen freundlichen Gendarmen als Bewacher, der sogar seinen Tabak und seine Meerschaumpfeife mit ihm teilte. Ab Nancy war es dann mit dem Luxustransport vorbei gewesen, man hatte ihn auf diesen offenen zugigen Karren verfrachtet und mit einem Schub anderer Gefangener zusammengepfercht. Soviel Kutschen und Pferde habe die Republik gar nicht, um jeden Verdächtigen ›per Extrapost‹ vors Pariser Tribunal zu karren, hatte der neue Gendarm, der ihn in Nancy übernahm, in barschem Tone gesagt. Vom Standpunkt der *Égalité* hatte der Mann sogar recht. Warum sollte er, nach seiner Amtsenthebung nur mehr ein einfacher Sans-Culotte, in der Republik der Gleichheit, für die er auf vorgeschobenem Posten gekämpft, einen Sonderstatus erhalten? Auch Marie-Antoinette war nicht in einer gepolsterten Kutsche zum Schafott gefahren, sondern auf einem klapprigen Karren wie diesem. Und das Wetter hatte sie sich auch nicht aussuchen können!

Nur langsam und zäh ging es voran, denn die Poststraße war von Regen und Schnee aufgeweicht. Immer wieder drohte der Karren in der Fahrrinne oder einem mit Schlamm gefüllten Schlagloch steckenzubleiben. Dann knallten Peitschenhiebe durch die Luft, gefolgt vom Gewieher der Zugpferde und den ellenlangen Flüchen des Kutschers. Des öfteren kamen dem Karren gewöhnliche Postwagen entgegen, dachlose Gefährte ohne Polster und Lehne, in denen vermummte Gestalten saßen, oder die schnelleren Wagen der Extrapost, viersitzige, mit fünf Pferden, die bis zu zwanzig

Meilen am Tag zurücklegten. Ab und zu, in einer schmalen Wegbiegung oder vor einer Furt, hielt der Karren an, um die mit Hölzern oder Fässern beladenen Fuhrwerke, die großen Planwagen der Kaufleute und der Armeelieferanten passieren zu lassen.

Er zählte die langsam verrinnende, gefrierende Zeit nach dem Drei-Stunden-Takt der kurzen Rastpausen. Dann wurden ihm und den anderen Gefangenen die Stricke und Handschellen für ein paar Minuten gelöst, damit sie ihre kalten Füße vertreten, die klammen Arme um die Schultern schlagen und ihre Notdurft verrichten konnten. Doch so lange hielt es nicht jeder aus. Mitunter streifte ein beißend-ätzender Geruch seine Nase. Mancher auf dem Karren saß im eigenen Harn.

Hin und wieder durchbrach ein Sonnenstrahl den verhangenen Himmel, doch wurde er gleich wieder vom grauen Gewölk verschluckt. Die kalte Dezembersonne hatte nicht genug Kraft, eine Lücke oder Schneise in die Wolkenwand zu schmelzen, die der heftige blasende Wind gleich wieder zusammenschob. Früh waren in diesem Jahr, dem Unglücks- und Schreckensjahr der Revolution, Frost und Winter hereingebrochen – auch über die Göttin der *Liberté*. Wer weiß, ob er den nächsten Frühling noch erleben würde! ...

Ein leichter Schneefall hatte eingesetzt. Die weißen Flocken tänzelten und wirbelten vor seinen Augen, netzten seine Wimpern, zerschmolzen ihm auf Nase und Wangen. Er empfand dies fast als zärtliche Berührung. Ein Bild aus seiner Kinderzeit tauchte vor ihm auf: Wie er, in eine dicke Jacke gepackt, die Mütze auf dem Kopf, auf dem Hundeschlitten sitzt, die kleinen Ärmchen um den Bauch der Mutter gelegt, welche die Zügel führt; und der Schlitten gleitet unter lustigem Geklingel und Schellengeläut über verschneite Wiesen und Waldwege, an Fichten und Föhren vorbei, deren Äste sich unter dem Gewicht des Schnees bis zur Erde biegen. Und seine Händchen stecken in jenen warmen, dunkelblau gemusterten Wollhandschuhen, die ihm die Mutter gestrickt und die sie wohlweislich durch eine lange, dicke Wollkordel miteinander verbunden hatte, damit er sie nicht verlieren konnte. Diesen Wollfaden legte er sich immer erst um den Hals, bevor er mit den Handschuhen in die Ärmel seiner Jacke fuhr. Denn schon als Knabe war er recht zerstreut und vergeßlich gewesen und ständig auf der Suche nach irgendwelchen Dingen, die er verlegt oder verloren hatte. Seine Mütze, seinen Schal, seine Murmeln, selbst seine geliebte Holzrassel, mit der er in der Fastnachtszeit klappernd durch die Straßen von Wipfeld gezogen, hatte er verloren – nicht aber diese Handschuhe, die mit ihm gleichsam verwachsen waren.

»Bis wir in Paris sind, werden wir Kühlfleisch sein!«

Er hob den Kopf – in seiner Selbstversunkenheit hatte er fast vergessen, wo er sich befand.

»Für ein Glas heißen Punsch«, sagte Jacques, der in einer dicken Lammfelljacke neben ihm hockte und fröstelnd die Knie zusammenschlug, »gäbe ich sogar meine in Leder gebundene Ausgabe der Enzyklopädie her! Übrigens haben d'Alembert und Diderot keinen Gedanken daran verschwendet, was die Lehre vom Naturrecht für den Fall vorsieht, in dem wir uns befinden: wie man mit gefesselten Händen seinem natürlichen Harndrange folgen kann. Auch in der ›Erklärung der Menschenrechte‹ fehlt entschieden ein Artikel, das Grundrecht zur freien Verrichtung der Notdurft betreffend. Kannst du mir sagen, in welchem Verhältnis die Freiheit zu den natürlichen Körpersäften steht?«

Er antwortete ihm mit einem gequältem Lächeln, das aber gleich wieder auf seinen Lippen gefror.

»Bist heute nicht sehr gesprächig, Bruder Eulogius!«

Nein, ihm war jetzt nicht nach Reden und Unterhaltung zumute. Dabei war er dankbar, einen solchen Gefährten seines Elends wie Jacques zu haben, Kupferstecher aus Lyon, der ihm mit seinem philosophischen Witz schon manche Stunde auf dem Karren verkürzt hatte. Der stämmige Südfranzose mit dem schwarzen Kraushaar und den dunklen Augen war von seinen Mitgefangenen der einzige, der mit ihm sprach und ihn wie einen Compatrioten behandelte. Die anderen dagegen mieden ihn, nachdem sie erfahren hatten, wer ›der Neue‹ war, der in Nancy dazugestoßen und jetzt mit auf dem Karren saß: der *Marat von Straßburg!* Ein Priester aus Colmar, der mit auf dem Karren saß, ein Hüne von Mann, hatte, kaum daß man ihm bei einer Rast die Fesseln abgenommen, drei Kreuze vor ihm geschlagen, als sei er der Leibhaftige in personam. ›Schandfleck der Hl. Kirche‹, ›Pestbeule der Christenheit‹, ›Sohn eines Henkers‹ hatte ihn der Schwarzrock betitelt und dann dreimal theatralisch vor ihm ausgespuckt. Beim letzten Ausspeien blieb ihm der Glibber am Munde hängen und troff in seinen eisgrauen Bart. Wäre Jacques nicht gewesen, wäre er auf den Pfaffen losgegangen. Aber Jacques stellte sich sofort dazwischen und sagte zu dem Priester: »Denn es steht geschrieben: Bespucke deinen Nächsten wie dich selbst!« Da verstummte der Mann Gottes, einige Häftlinge lachten, und selbst die gleichmütig dreinblickenden Gendarmen mußten grinsen.

Als sie dann wieder auf den Karren stiegen, sagte Jacques zu ihm: »Magst du auch der ›Sohn eines Henkers‹ sein, ich sitze lieber neben einem schrecklichen Sans-Culotte als neben einem royalistischen Priester!« Sprach's und nahm neben ihm Platz. Bei der nächsten Rast hatte Jacques sogar sein Brot und seine geräucherte Schwarzwurst mit ihm geteilt. Und er war schon ganz schwach vor Hunger gewesen, denn seit seiner Verhaftung hatte man ihm nur trockenen Zwieback gegeben.

Erst hier auf dem Karren wurde er gewahr, wie sehr sein Name – weit über das Elsaß hinaus – zum Begriff geworden. Der *Marat von Straßburg*. Wie stolz war er auf den rühmlichen Beinamen gewesen, den ihm seine Anhänger, die elsässischen Sans-Culottes, verliehen hatten! Im letzten Juli, an einem hellen und schwülen Sommertag, war er in tiefer Erschütterung gemeinsam mit seinen Freunden, den Mitgliedern des Jakobinerklubs und den Straßburger Munizipalen, hinter dem geschmückten Wagen hergegangen, der die Büste des *ami du peuple* trug, dem Charlotte Corday siebenmal das Messer in die Brust gestoßen. Ihm war die Ehre zuteil geworden, die Totenrede zu halten. Und er hatte vor den versammelten Patrioten und bei sich selbst gelobt, Marats Vermächtnis zu bewahren und alle Anschläge auf die Freiheit, alle Verschwörungen und Komplotte gegen die Republik aufzuspüren und die Schuldigen vor sein Tribunal zu ziehen. Und hatte er sich den Ehrentitel *Marat von Straßburg* denn nicht redlich verdient? Doch seit er auf diesem Karren saß, der in jeder Ortschaft, in jeder Stadt sogleich von den Einwohnern umringt und mit den Rufen »Ihr Verbrecher! Ihr Bösewichte! Auf die Guillotine mit euch!« empfangen wurde, empfand er diesen Titel nur noch als bitteren Hohn.

Viel schlimmer als Kälte und Frost, als Gelenkschmerzen und Hunger, schlimmer auch als die Aussicht auf das Schafott, war für ihn die Demütigung seines Stolzes. Noch war er wie betäubt von dem furchtbaren Schlag, der ihn getroffen. Noch vor einer Woche hatte er, mit fast unbegrenzten Vollmachten ausgestattet, im Gefolge seine berittene Revolutionspolizei und die fahrbare Guillotine, die feindlichen Dörfer des Niederelsaß durchstreift, um die widerspenstige Bevölkerung, die zum Teil mit dem Feind sympathisierte, zum Gehorsam gegen die Gesetze der Republik zu zwingen. Und jetzt? Jetzt hockte er selbst mit gefesselten Händen auf dem Karren der Verdächtigen und der Feinde des Volkes. Nicht daß ihn der Verlust seines Amtes geschmerzt hätte, im Gegenteil! Aber daß er mit dem Amt auch die *Ehre* verloren, daß er, der Öffentliche Ankläger, nun selbst als Angeklagter vor den Schranken des Pariser Revolutionstribunals und vor seinem Amtskollegen Fouquier-Tinville erscheinen sollte – dies erfüllte ihn mit einer maßlosen Bitterkeit. Diese Demütigung empfand er wie einen vorzeitigen Tod.

Auch wenn er jetzt, Jacques ausgenommen, mit höchst zweifelhaften und verdächtigen Elementen, mit royalistischen Priestern und Republikfeinden,

54

mit heimlichen oder offenen Conterrevolutionären auf dem Karren saß – er selbst sah sich noch immer auf seiten des Gesetzes, das er bis vor kurzem verkörpert hatte. Noch wagte er nicht, an all das Furchtbare zu rühren, das durch ihn und mit ihm selbst geschehen war. Noch war für ihn die Welt in Licht und Finsternis geteilt, und er war ein Streiter gegen die Finsternis und gegen den überall lauernden *Verrat*; und die Hölle, durch die er gegangen, war der *Feuerdienst* gewesen. Jetzt aber war er selbst zum *Opfer* des Verrats, zum Opfer eines heimtückischen Komplotts geworden, das Saint-Just und Lebas im Verein mit Monet gegen ihn geschmiedet hatten. So groß auch seine Bitterkeit war, auf eine heimliche, untergründige Weise genoß er sogar das bittersüße Gefühl, Opfer zu sein. Wie hatte er sich nur so hereinlegen und entwaffnen lassen können! Er wußte doch schon Wochen vor seinem Sturz, daß man nur auf eine günstige Gelegenheit wartete, um ihn zu beseitigen. Er wußte auch, daß der heuchlerische Maire Monet, der ihm stets mit der ausgesuchtesten Höflichkeit begegnete, hinter seinem Rücken gegen ihn und seine deutschen Freunde im Klub und in den Ausschüssen intrigierte. Die Gefahr, in der er und die Freunde schwebten, war ihm lange vorher bewußt gewesen – und doch hatte er nichts dagegen unternommen. Warum hatte er sich bloß dazu überreden lassen, in den kritischen Tagen mit dem Tribunal durchs Niederelsaß zu ziehen, statt in Straßburg zu bleiben! War er nicht sehenden Auges in den Hinterhalt gelaufen? Es war doch abzusehen gewesen, daß Monet seine zweiwöchige Abwesenheit dazu benützen würde, den Jakobinerklub von seinen deutschen Freunden und Anhängern zu säubern und ihn so seiner letzten Stütze zu berauben. Und als er dann am 14. Dezember in der Hochzeitskutsche nach Straßburg zurückkehrte, konnten Saint-Just und Lebas einfach zuschlagen, ohne daß sich im Klub noch eine Stimme für ihn rührte; denn sein Anhang, seine Fraktion war inzwischen entmachtet und ausgeschaltet worden.

Nein, er war noch nie ein Taktiker gewesen. Die Kunst des Taktierens – das war auch die Kunst der Heuchelei, der Verstellung und Intrige, die er bei Hofe zur Genüge kennen und hassen gelernt. ... Philosophie und Bildung sind eher hinderlich, um in den politischen Machtkämpfen zu bestehen, es genügt, intrigant zu sein und eine Witterung für die wechselnden Machtverhältnisse zu besitzen – wo hatte er das nur gelesen? Bei Montaigne oder Rousseau? Es war jedenfalls wahr. Eben darauf verstand sich Monet. Dieses abgefeimte »Jesulein« mit den katzenhaften Augen und der zuckersüßen Beredsamkeit hatte sich bei Saint-Just und Lebas vom ersten Tage ihres Erscheinens auf dem elsässischen Schauplatz einzuschmeicheln und lieb Kind zu machen gewußt. Und deshalb hatte er auch alle Säuberungen der Stadt-, Distrikt- und

Departementsverwaltung heil überstanden. Trotzdem! Auch Monet hätte ihn nicht ausmanövrieren können, wenn er selbst bei klarem Verstand gewesen wäre. Irgendwann hatte er seinen Verstand verloren. Nein, nicht so sehr seinen Verstand, vielmehr die innere Überzeugung, mit der er sein Amt bislang ausgeübt hatte. Sie war ihm seltsam ferngerückt, diese Zeit *in der Hölle*, wie in Nebel getaucht. Hatte er denn dies alles *wirklich*, am eigenen Leibe erlebt, oder war es nur ein böser Traum, ein Albtraum gewesen? ... Auch wenn Sara sich ihm zuletzt doch noch verbunden hatte, würde diese Zeit *in der Hölle* nicht immer zwischen ihnen stehen? Als etwas Unsagbares, nicht Mitteilbares? Im Grunde konnte er es noch immer nicht fassen, daß sie ihn zum Manne genommen. Hatte sie ihn wirklich aus Liebe geheiratet oder weil er ihr Mitleid erpreßt? Oder weil sie ahnte, daß er verloren war, ein zum Tode Verurteilter, dem man seinen letzten Wunsch nicht abschlägt?

»Hast du auch ein Weib zurückgelassen?« fragte Jacques, als habe er seine Gedanken mitgehört.

Eulogius wandte den Kopf und nickte geistesabwesend.

»Erzähl mir von ihr!« sagte Jacques. »Das macht dir das Herz vielleicht leichter!«

»Erwartest du einen Roman?«

»Es kann auch ein Epigramm sein!«

Eulogius schwenkte in die alte Sitz- und Hockstellung zurück, ruckte mehrmals an den Handschellen und straffte die Schultern, um seinen gekrümmten Rücken zu strecken. Dann sagte er stockend: »Sie heißt Sara ... Ich bin ihrer nicht wert, und doch hat sie mich zum Manne genommen. Die Guillotine war unsere Trauzeugin! Voilà!«

Jacques starrte ihn fassungslos an.

»Seit ein gewisser Genius aus Paris nach Straßburg kam, war's nur noch ein kurzer Weg vom Brautaltar zum Schafott!«

»Das klingt so poetisch wie schrecklich!« Jacques sah ihn mit einem Ausdruck des Mitgefühls an.

»Ich hab' einmal Gedichte geschrieben«, sagte Eulogius, und es war ihm, als spräche er von einer weit, weit zurückliegenden Epoche, fast von einem anderen Jahrhundert, »mein erster Gedichtband war sogar ein außerordentlicher Erfolg. Doch im Schatten der Guillotine blühen keine Oden und Sonette. Unter den Waffen schweigen die Musen.«

»Mir ließ man nicht einmal Zeit«, sagte Jacques, »mich von meiner Frau und den Kindern zu verabschieden. Ich habe zwei Buben, kräftige lustige Buben.«

Eulogius biß sich auf die Lippen. Dieser Schmerz wenigstens würde ihm erspart bleiben. Er hatte keine Kinder.

Jacques rann das Wasser aus den Augen. Unwillkürlich wollte Eulogius den Arm um ihn legen, aber er ruckte vergebens an seinen Handschellen. »Vielleicht sind wir ja in vier oder sechs Wochen wieder zu Haus«, suchte er ihn zu trösten. »Glaub mir, das Revolutionstribunal in Paris ist keine Räuberbande, sondern ein republikanischer Gerichtshof, der jeden einzelnen Fall gewissenhaft prüft und auch jeder Verleumdung nachgeht.« Jacques sah ihn zweifelnd an, als wolle er sagen: Dies, mein Freund, glaubst du wohl selber nicht.

Eulogius legte sich wieder auf die Seite. Mit angewinkelten Knien, die fast sein Kinn berührten, lag er wie ein zusammengerolltes Stück Vieh auf dem holpernden Karren; die schwarze Wollmütze, die er sich tief über die Ohren gezogen hatte, schützte ihn vor der Berührung mit den kalten und nassen Planken.

Er dachte an den letzten gemeinsamen Abend mit Sara, an das kleine Bankett, das man aus Anlaß ihrer Verlobung auf die Schnelle improvisiert hatte.

Die geliehene Braut

Per Eildepesche hatte er von Barr aus die Schwester von seiner Verlobung in Kenntnis gesetzt. Und sie gebeten, alle nötigen Vorbereitungen für die bevorstehende Feier zu treffen und die Freunde zu laden. Doch als er dann am Abend des 14. Dezember mit Sara, den Brauteltern und den Mitgliedern des Tribunals in Straßburg eintraf und seine Dienstwohnung im Gerichtsgebäude betrat, war noch fast nichts gerichtet: Die Köchin war gerade damit beschäftigt, den Küchenofen anzuwerfen, Marianne stand noch auf der Leiter, um den Kronleuchter mit den nötigen Kerzen zu bestücken; und die Musikanten waren auch noch nicht da. Überdies herrschte im Salon, den man eben erst beheizt hatte, eine winterliche Kälte, so daß die Gäste es anfangs nicht wagten, ihre Mäntel abzulegen. Man ging vielmehr, um nicht im Sitzen zu gefrieren, im Salon auf und ab wie in einer Posthalterei. Dies alles war ihm der Braut und den Brauteltern gegenüber furchtbar peinlich. Die Mère Stamm konnte kaum die Tränen zurückzuhalten und ihren Groll darüber verbergen, daß dieser Festtag, der doch der schönste im Leben ihrer Tochter sein sollte, auf derart provisorische und lieblose Art begangen wurde. Auch die Kollegen vom Tribunal standen ziemlich rat- und hilflos herum. Und wäre nicht der Père Stamm gewesen, der seine betrübte Frau so gut es ging zu beschwichtigen suchte und gleichzeitig Taffin,

Wolff und Clavel mit seinen humorigen Anekdoten über die improvisierten Nothochzeiten und Polterabende republikanischer Soldaten unterhielt, die am Tage nach der Hochzeitsnacht an die Front marschieren mußten – die Stimmung der Gäste wäre wohl ganz in den Keller gerutscht.

Anfangs hatte er befürchtet, daß dieser ganz und gar unfestliche Empfang auch Sara aufs Gemüt schlagen würde. Doch ließ ihre Miene keinerlei Enttäuschung darüber erkennen, daß für das Fest noch so gut wie nichts gerichtet war. Mit sicherem Blick erkannte sie, was noch zu tun war, packte hier mit an und dort, zog das weiße Wachstuch über die lange Tafel, legte die Gedecke auf, die ihr die Köchin anreichte, band sich zuletzt die Küchenschürze vors Brautkleid und folgte der überforderten Alten in die Küche, um ihr bei der Zubereitung des Gemüses, der Suppe und beim Anbraten des Festschmauses zu helfen, den Marianne in letzter Minute, weiß der Himmel wo, aufgetrieben hatte. Als Sara wenig später mit erhitztem Gesicht, in der Hand die Suppenterrine, wieder im Salon erschien, brachte Taffin einen Toast auf die tapfere Braut aus, die allen Widrigkeiten zum Trotz die Tafel richte wie ein republikanischer Feldgeistlicher das Notabendmahl für seine Truppe. Von da an erwärmte sich die Stimmung allmählich, die gefrorenen Mienen und Glieder entspannten sich sichtlich.

Nach dem ersten Gang erhob sich der Père Stamm, klopfte mit dem Löffel gegen das Weinglas, um eine kleine Ansprache an das Brautpaar zu halten, welche ungeachtet des etwas zeremoniösen Tones von Herzen kam. Trotz der widrigen Umstände, sagte er, sei er glücklich, seine Tochter einem so rechtschaffenen Manne und Patrioten anvertraut zu haben, der sich so viele Verdienste um die Durchsetzung und Verteidigung der Republik erworben und der überdies mit so außerordentlichen Talenten und Geistesgaben gesegnet sei. Auch wenn die Umstände der Brautwerbung, den unruhigen und kriegerischen Zeitläuften gemäß, nicht gerade im Almanach der guten Sitten Platz finden würden und Anlaß zu gewissen Gerüchten gegeben hätten – womit er auf die üble Nachrede der Erpressung anspielte –, seine Tochter habe nach ihrem Herzen gewählt, es sei ihre freie Entscheidung gewesen, und so wünsche er denn dem Brautpaar für die Zukunft viel Glück und Kindersegen! Bei diesen Worten wischte er sich mit dem Zipfel der Serviette über die feucht gewordenen Augen. Eulogius war darob ein wenig irritiert, denn er war sich nicht sicher, ob diese Tränen dem väterlichen Bedauern über die Wahl seiner Tochter – hätte er vielleicht doch lieber Friedrich Cotta zum Schwiegersohne gehabt? – oder der Rührung und der Abschiedswehmut entsprangen.

»Es lebe das Brautpaar!« riefen Taffin, Wolff und Clavel. Die Gläser klirrten, Eulogius suchte die Lippen seiner Braut, die seinen Kuß mit sanftem Druck erwiderte. Das Glücksgefühl, das ihn in diesem Augenblick durchströmte, erschien ihm wie etwas Unzerstörbares und Unvergängliches, das ihm nicht mehr genommen werden konnte, welches Schicksal ihn auch immer erwartete. Gleichwohl hatte er die klare Empfindung, daß seine schöne blondgelockte Braut mit den türkisblauen Augen und den reizenden Grübchen in den Mundwinkeln ihm nur geliehen war – nicht anders als das Brautkleid aus weißem Atlas, das aus dem Leihhaus stammte; bei der Eile, mit der das Aufgebot bestellt worden war, ging es nicht anders. Auch wenn es sich an den Schultern ein wenig bauschte und von der weißen Brustschleife abwärts ein paar überflüssige Falten warf – die Vorbesitzerin hatte wohl nicht Saras zierliche Figur gehabt –, so sah sie doch allerliebst darin aus!

Leider sehe er sich nicht in der Lage, fuhr der Père Stamm in seiner Ansprache fort, seiner Tochter eine standesgemäße Aussteuer zu geben – denn wie jedermann wisse, habe der Krieg auch den einst blühenden Weinhandel mit dem Deutschen Reiche vernichtet und die ehemals wohlhabende Weinhändlerfamilie in die Verarmung getrieben, indes habe er für eine andere Art von Aussteuer gesorgt, die wohl wertvoller sei als jedwede Mitgift an Bargeld und Vermögen: indem er seiner geliebten Tochter eine gute Erziehung gegeben und sie von früh auf zur Selbständigkeit erzogen habe. Und dies sei heuer, da das Weib sich nicht mehr mit der Rolle der Dienerin ihres Mannes begnüge, ein unschätzbares moralisches Kapital und Vorbedingung einer guten Ehe.

Wie geschickt doch der alte Schelm, dachte Eulogius mit einem Anflug von Amusement, seine Not und Verlegenheit bezüglich der Mitgift jetzt in eine gleichsam republikanische Tugend verwandelte! Dabei hatte er selbst keinen einzigen Gedanken an die Frage der Mitgift verschwendet. Ob Sara ihn noch liebe, ob sie bereit sei, ihn zum Manne zu nehmen – nach all dem, was sie in den letzten Schreckensmonden voneinander getrennt –, dies war die einzige Frage gewesen, die ihm auf der Seele brannte; hatte er doch gefürchtet, daß sie sich niemals einem Manne verbinden würde, der tagsüber vor der Köpfmaschine herritt, um die Verräter und Conspirateure der Strenge des Gesetzes zu unterwerfen.

Endlich, nachdem das Hauptgericht aufgetragen – ein schlichter Hackbraten mit Bohnen und Zwiebeln garniert –, erschienen auch die drei Musikanten und packten sogleich ihre Fiedeln, Zymbeln und Klarinetten aus. Und doch wollte – den lustigen Fiedlern und den vielen Toasts zum Trotz, die auf das Brautpaar ausgebracht wurden – keine rechte Feststimmung aufkommen.

Die Schwiegermutter saß schweigend und in sich gekehrt neben ihrem redseligen und alsbald angeheiterten Gatten und hob nur manchmal den Kopf, um einen prüfend-besorgten Blick auf ihre Tochter zu werfen. Seinen, Eulogius' Blicken, aber wich sie aus. Er wußte warum. Sie war gegen diese Eheschließung, nicht so sehr wegen des Amtes, das er versah – die revolutionäre Justiz sahen auch seine Schwiegereltern als notwendig an –, sondern weil er beim Decadi-Fest der Vernunft im Straßburger Münster öffentlich dem Priester- und Pfaffentum abgeschworen hatte. Die Mère Stamm aber war eine gläubige Protestantin, und sie fürchtete um das Seelenheil ihrer Tochter, die jetzt den Bund fürs Leben mit einem gewesenen Priester schloß, der von Gott abgefallen war. Auch Daniel, Saras älterer Bruder, war gegen die Heirat gewesen, wenngleich aus anderen Gründen als die Mutter: er wollte nicht, daß seine Schwester ›einen Deutschen‹ heiratete. Deshalb war er dem kleinen Bankett auch ferngeblieben. Es betrübte Sara, daß selbst ihr Bruder inzwischen das Gift des Nationalismus eingesogen hatte. Wie doch der Krieg, hatte sie während der Kutschfahrt gesagt, die alten Vorurteile wieder schürt, welche durch die Revolution längst besiegt schienen!

Auch Marianne war den Abend über recht einsilbig. Zwar hatte sie ihre Schwägerin pflichtgemäß in den Arm genommen, ihr gratuliert und alles Gute gewünscht, aber ein herzlicher Ton wollte ihr nicht gelingen. Sie war schon immer eifersüchtig auf Sara gewesen, und die überstürzte Verlobung ihres Bruders kränkte sie um so mehr, als diese sie völlig unvorbereitet getroffen hatte. War sie doch all die Jahre ganz im Dienst an ihrem Bruder aufgegangen, und daß sie jetzt mit einem Schlage ihrer Rolle verlustig ging und diese an Sara abtreten sollte, dieser Kummer, mit stummem Vorwurf gepaart, stand ihr im Gesicht, auch wenn sie sich noch so krampfhaft darum bemühte, eine Festtagsmiene aufzusetzen.

Sara entging die gedrückte Stimmung nicht. Immer wieder erhob sie sich von ihrem Platz, um sich zu ihrer Mutter zu gesellen, sie bald umarmend, bald mit leisen Worten beschwichtigend. Des öfteren wandte sie sich auch Marianne zu, faßte sie bei der Hand und suchte mit ihr wie mit einer vertrauten Freundin zu schwatzen. Ihre werbende und herzliche Art zeigte sogar Wirkung; hin und wieder jedenfalls huschte über die frostige Miene der Schwester ein Lächeln.

Indes, all die familiären Mißhelligkeiten und untergründigen Spannungen, die er wohl spürte, vermochten nicht, ihm das Glück dieses Tages zu trüben. Zu groß und überwältigend war das Gefühl der Dankbarkeit gegenüber seiner Braut. Daß Sara ihn jetzt, in der finstersten Stunde der Republik, nicht im Stiche ließ, daß sie ihn *trotz allem liebte und zum Manne genommen* – dies kam ihm wie ein Wunder, ja wie ein unverdientes Geschenk des Himmels vor. Er glaubte sich *gerettet* – nicht nur in dem Sinne, daß er sich etwas sicherer vor der Verhaftung fühlte. Freilich, wer war in diesen Zeiten noch sicher? *Gerettet* fühlte er sich in einem viel tieferen Sinne: Hatte Sara ihm denn nicht durch ihr Jawort beglaubigt, daß er trotz des furchtbaren Amtes, das er versah, noch ein Mensch, ein empfindendes Wesen war, zur Liebe fähig und fähig, ihr Liebe einzuflößen?

Nur eine Furcht nagte an ihm und trübte für Augenblicke immer wieder seine glückliche Stimmung, es war die Furcht, daß sich Taffin, Wolff oder Clavel, die schon ziemlich viel getrunken hatten, im Verlaufe des Abends doch noch verplappern könnten. Vor allem Clavel war ein verdammtes Klatschmaul, und es wäre ihm durchaus zuzutrauen, daß er im Suff Dinge ausplaudern würde, welche die Arbeit des Tribunals betrafen. Immer wieder, wenn er Sara mit Wolff oder Clavel plaudern sah, hielt er die Luft an. Wenn sie jetzt erführe, durchfuhr es ihn dann, daß das Tribunal in den letzten Tagen noch einmal fünf des *Verrats* und der *Conspiration mit dem Feind* Überführte zum Tode verurteilt hatte! Während der Rückfahrt nach Straßburg hatte er es nicht mehr gewagt, ihr von seinen letzten Amtshandlungen zu berichten. Er wollte ihr doch nicht diesen Tag verderben. Eine Reise mit der fahrbaren Guillotine im Geleit und fünf abgeschlagenen Köpfen auf dem Wege zum Brautbett – diese Vorstellung machte auch ihn frösteln.

Indes registrierte er bald mit Erleichterung, daß die Kollegen mit Rücksicht auf das empfindsame Gemüt der Braut über die Amtsgeschäfte zu schweigen verstanden. Jedenfalls schien ihm nichts darauf hinzudeuten, daß Sara durch irgend etwas beunruhigt oder alarmiert sein könnte. Allerdings sprach sie an diesem Abend mehr dem Weine zu, als es sonst ihre Art war. Kaum hatte sie ihr Glas geleert, ließ sie sich von Taffin oder Clavel bereitwillig nachschenken. ... Das Trinken war ihm und seinen Kollegen in den letzten Wochen zur Gewohnheit geworden. Kein Gerichtstag, der nicht mit ein paar Bouteillen beendet worden wäre. Wie hätten sie sonst die blutigen Szenen auch ausgehalten. Die Eucharistie, die Mystik des christlichen Abendmahls, die Verwandlung von Blut in Wein, hatte Taffin einmal in unübertrefflichem Sarkasmus gesagt, vollziehe sich derzeit zwischen Schafott und Schenke.

An diesem Abend aber hielt er sich mit dem Trinken zurück; schließlich war er der Gastgeber, und just in dieser Nacht wollte er nicht faillieren. Ein wenig kränkte es ihn doch, daß sich Sara im Gegensatz zu ihm keinerlei

Hemmungen auferlegte, obwohl sie selbst im beschwipsten Zustand nichts von ihrem Schmelz und ihrer Anmut verlor. Nur daß sich ihr Lidschlag verlangsamte, ihre Bewegungen träger und schwerer wurden und ihre schöne dunkle Stimme, die ihn oft an ein Violoncell erinnerte, noch dunkler klang. Indes wäre es ihm nie in den Sinn gekommen, sie darob zu tadeln. Schon gar nicht an diesem Tage.

Als die Musikanten einmal pausierten, faßte sie seinen Arm und zog ihn heraus auf den Balkon. Aus der Ferne grollte dumpfer Kanonendonner, das waren die Mörser der österreichischen Batterien, die jenseits des Rheines bei Kehl standen. Der Wind strich über die schneebedeckten Dächer der gegenüberliegenden Häuser und wirbelte kleine weiße Flöckchen durch die Gasse; es war lausig kalt. Hin und wieder blinkte ein rötlicher Halbmond durch die tief ziehenden Wolken, die wie eine grauschwarze Armada am nächtlichen Himmel vorüberglitten.

»Schau, wie der rote Mond durch die Wolken guckt!« sagte Sara. »Der Mond nimmt zu. Und wenn er voll und schwer genug ist, fällt er auf uns herab.«

Verwirrt zog er sie an sich. Was sie für Einfälle habe! Der Mond ziehe seit Äonen seine Bahn und werde dort oben noch kreisen, wenn sie beide längst nicht mehr seien.

»In Barr erzählen die Leut'«, sagte sie, indem sie sich fröstelnd an ihn lehnte, »die Guillotinierten stehen nachts bei Vollmond aus ihren Gräbern auf und gehen als Gespenster am Stadtwall um.«

»Unsinn! Dummer Aberglaube!« wies er sie zurecht, hatte aber ein klammes Gefühl in der Brust. Hatte sie etwa doch von seinen letzten Amtshandlungen gehört?

Eine Weile standen sie so, eng aneinandergeschmiegt, an der Brüstung und sahen schweigend in den Nachthimmel. Doch er spürte, daß ihn der Zweifel nicht verlassen wollte, und wie aus dem Hinterhalt meldete sich nun das schlechte Gewissen darüber, daß bei dieser eiligen Verlobung auch ein Stück Berechnung im Spiele gewesen und daß er Sara als Rettungsanker benutzte in einer Lage, da ihm schon das Wasser bis zum Halse stand.

Ob sie ihn auch wirklich liebhabe, fragte er stockend, wobei er dachte, der Ausdruck »liebhaben« bedeute weniger als »lieben«, was ihr die Antwort vielleicht erleichtern würde.

Sara strich sich das Haar aus der Stirn und wandte ihm ihr Gesicht zu, als ob sie ihm das letzte Mal Gelegenheit gebe, in ihren Augen die Antwort zu lesen. Dann sagte sie, und es klang wie der Anfang eines Poems: »Ist nicht, in diesen Zeiten, die Liebe die Schwester des Todes?«

Der Satz rührte ihn zu Tränen – und schnitt ihm gleichzeitig ins Herz. Er wollte gerade eine Liebeserklärung stammeln, da krachte und schepperte es vor der Wohnungstür wie von splitterndem Glas. Ihm fuhr der Schreck in die Glieder. Was hatte der Lärm zu bedeuten? War das etwa eine Hausdurchsuchung? Nächtliche Visiten waren seit Wochen in der Stadt gang und gäbe. Er ging rasch durch den Salon zur Wohnungstür. Doch als er sie aufriß, stand breitbeinig und mit schalkhaftem Grinsen Hans Jung davor, in der Hand einen Teller, den letzten, den er mit sichtlichem Genuß auf die Diele schmetterte, wo schon ein bunter Scherbenhaufen lag.

»Eine Hochzeit ohne Polterabend«, rief Jung den verschreckten Gästen zu, »das ist wie eine Revolution ohne Kanonendonner!«

Auf den üblichen Polterabend hatte man nämlich verzichtet mit Rücksicht auf den Belagerungszustand, in dem sich die Stadt befand. In diesen Wochen, da nahezu alles, auch Kochtöpfe, Besteck und Geschirr für die Bedürfnisse der Armee requiriert wurden, hätte das Poltern als höchst unpatriotisches Verhalten angesehen werden können. Doch Jung, Schuhmachermeister und humoriger Mann des Volkes, wollte sich diesen vergnüglichen Brauch zu Ehren seines Freundes und Compatrioten nicht nehmen lassen. Mit einer parodistischen Verbeugung, die den alten Hofknicks zitierte, überreichte er Sara sein Präsent, einen in Seidenpapier verpackten Parfumflacon, den er unlängst im Boudoir einer Adeligen requiriert habe. Die Armee, erklärte er mit spitzbübischem Lächeln, brauche wohl Schuhwerk, Sattel und Pferde, aber weder Flacons noch Parfüme. Und dem Bräutigam übergab er einen Beutel aus Ziegenleder, der mit einem wohlriechenden Tabak gefüllt war. Ein ehemaliger Priester und Zölibatär, kommentierte er sein Geschenk, könne wohl leicht den katholischen Glauben und den Zölibat entbehren, keinesfalls aber Tabak und Pfeife. Das war typisch Jung.

Kurz darauf erschien auch Johann Butenschön noch, den eine Sitzung im Magistrat aufgehalten hatte. Er machte dem Brautpaar eine kleine Spieluhr zum Geschenk, die er sogleich in Aktion versetzte. Kaum zu glauben, daß aus diesem kupfernen Gehäuse – wenn auch in rührend zittrigem und leicht verstimmtem Tone – die Melodie der Marseillaise kam. Alle beugten die Köpfe über das kleine technische Wunderwerk, um es gehörig zu bewundern und an ihr Ohr zu halten. Daß Jung und Butenschön doch noch gekommen waren, war ihm eine besondere Freude. Viele Freunde waren ihm ja nicht mehr geblieben, seit er das *Schwert der Gerechtigkeit* führte.

Die Ankunft der beiden hob auch die Stimmung der Gäste. Neue Bouteillen wurden entkorkt und machten die Runde, die Musikanten spielten wieder auf, und während er mit Sara Wange an Wange tanzte, verflog auch der Anfall von schlechtem Gewissen und Schwermut, von dem er zuvor heimgesucht worden.

Zu schon vorgerückter Stunde gab Jung, auf vielfachen Wunsch der Freunde, seine Parade-Nummer zum besten, sein karikaturistisches Portrait Saint-Justs, mit dem er schon manches Mal die Straßburger Sans-Culottes erheitert. Er postierte sich in der Mitte des Salons, band sich einen Stehkragen um und stellte ihn aufrecht, bis sein Kopf darin festsaß wie ein Blumenkohl in der Schale. Dann nahm er eine stocksteife Haltung an, reckte den Hals bis zum äußersten Anschlag, senkte seine schweren Augenlider auf Halbmast, räusperte sich vernehmlich und sagte mit näselnd spitzer Stimme, wobei er genau Saint-Justs schneidend-hochmütigen Tonfall traf: »Bürger! Abgeordnete! Die Sprache der Revolution ist kurz und bündig, ihre Grammatik ohne Schnörkel. Wer künftig eine Petition vorbringt, die mehr als zehn Sätze enthält, gilt als verdächtig, der Revolution künstliche Hindernisse in den Weg zu legen. Im übrigen erteile ich hiermit die Ordre, sämtliche Wäschestärke im Département zu requirieren und kostenlos an alle Einwohner zu verteilen. Denn ab sofort gilt: Wer einen schmutzigen Kragen trägt oder einen Kragen, der nicht steht, verstößt gegen die guten Sitten der Republik und verfällt dem Schwert des Gesetzes!«

Das Gelächter war groß, sogar Marianne mußte kichern.

Wer konnte auch ahnen, daß in derselben Nacht, vielleicht gar zur selben Stunde, da Jung zum Plaisir der kleinen Gesellschaft Saint-Just parodierte, der eben aus Paris zurückgekehrte Bevollmächtigte des Konvents den Verhaftbefehl gegen ihn aufsetzte und siegelte. Ach, er hätte es wissen müssen, daß auch das Konventsdekret, das verheiratete Priester unter den besonderen Schutz des Gesetzes stellte, ihn nicht vor der Rache Saint-Justs bewahren konnte. Als ob der Ariman des Konvents, der seine Totenkammer überall mit hintrug, sich an Gesetze und Dekrete hielte!

IV.

Mich hatte Eulogius nicht zu dem Verlobungsfeste geladen; denn wir waren bereits zerfallen und unsere Wege hatten sich getrennt. Doch kannte ich Sara sehr gut, denn die Familie Stamm führte ein gastfreundliches Haus, das auch mir, meiner Frau und den Freunden offenstand. Da ich zudem zwei Jahre lang Hausarzt der Familie gewesen, war ich mit ihren Intima recht vertraut. In den Annalen der elsässischen Revolutionsgeschichte begegnet man häufig dem Namen Daniel Stamm. Der 1769 geborene Sohn des Straßburger Weinhändlers Johann Friedrich Stamm machte während der Revolutionszeit eine steile politische Karriere und hat es bei der französischen Eroberung von Mainz zu frühem Ruhm gebracht. Der Name seiner zwei Jahre jüngeren Schwester Sara indes findet nur selten Erwähnung und wenn, dann nur in ihrer aktenkundig gewordenen Rolle als Braut beziehungsweise »Witwe des verfluchten Eulogius Schneider unseligen Angedenkens«. Im Schatten ihres ›großen Bruders‹ und ihres berühmt-berüchtigten Gatten stehend, ist ihre Gestalt für die Nachwelt gleichsam zu Nichts zerronnen.

Wenn ich mit ihrem Bilde auch jetzt wieder, da ich es mir in meiner Genfer Schreibstube zu vergegenwärtigen suche, stets Wörter aus dem alten Buche der Ästhetik wie ›Anmut‹ und ›Grazie‹ verbinde, dann nicht allein wegen ihrer gefälligen Erscheinung und wohlproportionierten Figur, die jedem Manne sofort ins Auge fiel, sondern weil ihre ganze Person soviel Liebenswürdigkeit und Wärme ausstrahlte, die sich mit Helligkeit des Geistes und einem feinem Humor verband. Humor aber ist, vielleicht mehr noch als äußerer Liebreiz, ein Geschenk der Götter, denn er erlöst uns zum Menschen, indem er uns gerade unsere menschlichen Schwächen annehmen läßt und liebenswert macht. Wenn Sara schon bald zur Muse unseres Straßburger Freundeskreises wurde, dann nicht nur ihrer Anmut und Schönheit wegen, sondern weil sie diese öffnende und schmelzende Wirkung auf andere hatte, der sich selbst die verschlossensten Herzen nicht entziehen konnten.

Überdies hatte sie eine sehr lebendige und persönliche Art, von sich und ihrer Familie zu erzählen, und tat dies so manches Mal, wenn sie mich bei Gelegenheit eines Hausbesuches zum Tee lud. Was ich diesbezüglich dem Leser mitteilen kann, ist denn auch unmittelbar aus der Quelle geschöpft.

Im Zeichen der Waage

Die Stamms waren seit Generationen in Straßburg ansässig; die wohlhabende Weinhändler- und Küferfamilie genoß zeitweise ein so hohes

Ansehen in ihrer Zunft, daß sie sogar deren Interessen im Rat der Stadt vertrat. Sie bewohnte ein schönes Fachwerkhaus im Herzen der Stadt, an der Ecke Geistgasse/Knoblauchgasse. Ihr Wohlstand verdankte sich dem gutgehenden Weinhandel mit den württembergischen, badischen und schweizerischen Nachbarn. Die 1771 geborene Sara war nach Ernst und Daniel das dritte Kind, ihr folgten noch zwei Geschwister, Ludwig und Caroline. Alle waren evangelisch-lutherisch getauft.

Sara war der Augapfel ihres Vaters. Dieser hing mit einer zärtlichen Liebe an seiner bislang einzigen Tochter und kümmerte sich persönlich um ihre Erziehung. Während er den Ideen der französischen Frühaufklärer, vor allem Helvetius' und Rousseaus anhing, deren Werke in seiner kleinen Bibliothek einen Ehrenplatz innehatten, gehörte die Mutter, erst recht die Tante und die Großmutter, noch zu den Frauen der alten Schule. Sie hatten nur eine dürftige Elementarbildung genossen und glaubten, daß ein Mädchen auch kaum mehr bedürfe, um eine gute Hausfrau und Mutter zu werden. So geriet Sara schon früh in das Spannungsfeld widerstreitender Erziehungsmaximen, die ihre Entwicklung prägten und die sie zu ihrem Vorteil zu nutzen wußte.

Wenn etwas ihre behütete und glückliche Kinderzeit beengte, dann war es die vermaledeite Schnürbrust, die Mädchen zu tragen hatten. Und nie mehr sollte sie die Szene vergessen, da sie dieser Zwangsjacke endlich ledig wurde. Sie saß mit den Brüdern und deren Freunden auf einer Bank im Freien vor einer Kuchentafel; es ging laut und fröhlich in der Kinderschar zu. Sie aber litt so heftig unter der Beengung, daß ihr das Lachen verging und ihr die Tränen von den Wangen kullerten. Da fragte die Tante sie, was ihr denn fehle. Zögernd und gleichsam, als wenn sie ein hochverpöntes Verbrechen bekenne, gestand Sara, es drücke sie die Schnürbrust! »Was«, sagte die Tante, »und darüber willst du weinen? Ein artiges Mädchen muß ertragen lernen, dicht eingeschnürt zu sitzen, sonst wird es dick wie eine Bauernmagd. Doch komm her, ich will es dir bequemer machen!« Sara ging zu ihrer Tante; doch dann wurde ihr die Schnürbrust ganz zugeschnürt, so fest, daß die Tante ihre kleine Taille mit beiden Händen umspannen konnte. So müsse, erklärte sie, ein hübsches und artiges Mädchen sein! Diese Bosheit sollte Sara ihrer Muhme lange nicht vergessen. Zum Glück kam gerade der Vater herbei, der, seine Schwester heftig scheltend, die Tochter von der Schnürbrust befreite. Von diesem Tage an war sie das vermaledeite Ding für immer los, dank ihres Vaters und einer aufgeklärteren Zeit, die all diese widernatürlichen Moden abschaffte.

Wie um sie für die Fron zu entschädigen, die die Schnürbrust ihrem kindlichen Bewegungstrieb auferlegt hatte, durfte Sara von nun an mit ihrem

Bruder Daniel nach Herzenslust springen, laufen und klettern. Ja, der Vater ließ ihr eine Bewegungsfreiheit, wie sie sonst nur Knaben erhielten. Während ihre sorgsam behüteten Freundinnen zu Hause bei ihren Puppen saßen, tollte sie draußen herum, spielte mit den Nachbarjungen ›Soldaten und Räuber‹ und übte sich am Pusterohr und Flitzbogen. Wenn sie sich aber einmal beim Laufen und Springen die Knie aufgeschürft hatte, wurde der Schaden sogleich durch die väterliche Spucke und ein Pflaster mit Wundsalbe behoben.

Noch bevor sie lesen und schreiben lernte, brachte ihr der Vater das Zeichnen bei. Über den ersten Bleistift, den er ihr schenkte, empfand sie eine so übermäßige Freude, daß sie ihn mit zu Bette nahm und die halbe Nacht kein Auge zutat. Nichts schien ihr schöner zu sein, als Bilder zu machen, und sie dachte, es gehöre dazu nichts als Bleistift und Farben. Als erstes suchte sie ein Pferd zu zeichnen, doch erst dank der geduldigen Nachhilfe des Vaters konnte man das Pferd endlich von einer Kuh unterscheiden. Zuletzt schien ihr nichts mehr zu fehlen als Farbe. Da holte der Vater rote Tinte und Grünspan, den er in Essig auflöste, und gab ihr einen Pinsel. Und sie malte das Pferd rot aus, gab ihm grüne Hinter- und Vorderläufe und war glücklich, ein so farbenfrohes Pferd geschaffen zu haben.

Der Vater verpflichtete bald einen stellungslosen Geistlichen, damit er nicht nur seine beiden ältesten Söhne, sondern auch die Tochter im Schreiben, Lesen, Rechnen und in der französischen Sprache unterrichte. In seinen freien Stunden übernahm er auch selbst den Unterricht. Und er wußte seine Kinder so geschickt anzuleiten, daß nicht nur diese, sondern auch er selbst viel Freude dabei hatten. »Erziehen«, pflegte er zu sagen, »heißt aufwecken vom Schlafe, mit Schnee einreiben, wo's erfroren, abkühlen, wo's brennt.« Und zu mir sagte er einmal: »Wer nie ein Kind unterrichtet hat, wird nie über das Mittelmäßige hervorragen. In gewisser Weise lernen wir mehr von den Kindern als die Kinder von uns. Wer ein Auge hat, lernt hier den Menschen.«

Wenn seine Tochter auf etwas durchaus bestand, überließ er sie ihrem Eigensinn, und sie sah aus den natürlichen Folgen, wie töricht sie gehandelt hatte. Sie verbrannte sich am Licht, sie verdarb sich den Magen unterm Pflaumenbaum, sie verstauchte sich den Fuß beim Schlittern über die zugefrorenen Pfützen; doch er züchtigte sie dafür nie, sondern vertraute auf ihre eigene Einsicht. So erzog er nicht eine Tochter, nicht einen Sohn, sondern einen Menschen, wie Sara gerne von ihrem Vater sagte, den sie von Herzen liebte.

Mutter, Tante und Großmutter indes suchten sie so zu erziehen, wie sie selbst erzogen worden waren. Wozu sollte ein Mädchen zeichnen, Bücher lesen und gar noch Französisch lernen? Etwa damit es bald die Nase höher trage als ihre leibliche Mutter? Es mußte vor allem nähen, sticken, spinnen, kochen, waschen und bügeln können, um ihren späteren Pflichten als Hausfrau und Mutter gerecht werden zu können. Je mehr Freiheiten der Vater seiner Tochter ließ, desto mehr nahmen Mutter und Tante sie in die Zucht. Mit Strenge überwachten sie ihre Nadelarbeiten, setzten sie hinter das Spinnrad und taten alles, um ihr den Hang zur ›Unordentlichkeit‹ und die ›Lesewut‹ wieder auszutreiben. »Merk dir«, pflegte die Tante mit spitzer Stimme zu sagen, während sie sich die gestrenge Haarschnecke auf dem Kopfe zurechtrückte, »die Männer mögen naseweise und klügelnde Frauenzimmer nicht!« Doch diese Drohung hatte auf Sara wenig Wirkung und wenig Beweiskraft, da doch die ganze peinliche Pflichterfüllung der Muhme ihr nicht zu einem Manne verholfen hatte.

Oft erregte sie den Zorn der Hausmütter, weil man sie wieder beim heimlichen Lesen ertappt hatte; nicht selten nämlich legte sie sich den »Robinson Crusoe« unters Spinnrad. Indessen konnte sie stets auf den Schutz des Vaters zählen. »Weiber sind nicht in der Welt«, wies dieser seine Frau und Schwester zurecht, »bloß um Männer zu bedienen und zu amüsieren. Weiber sind Menschen wie Männer; eines soll das andere glücklich machen. Nun, macht ein Weib einen Mann bloß dadurch glücklich, daß sie seine Köchin, Näherin und Spinnerin ist?« Dann räumten die Frauen maulend das Feld.

Um so mehr ließen sie das Mädchen diese ›verderbliche Erziehung‹ büßen, wenn der Vater außer Haus oder auf Geschäftsreisen war. Dann mußte es ganze Tage vorm Spinnrad oder bei den Nadelarbeiten sitzen, sehnsüchtig den Tag erwartend, da der Vater heimkehrte und sie von dem freudlosen Joch erlöste. »Müßiggang ist aller Laster Anfang!« lautete eine der Maximen der Großmutter, die noch alle drei schlesischen Kriege erlebt hatte. Und wenn Sara nur ein paar Minuten still saß und vor sich hin träumte, rief sie ihr vorwurfsvoll zu: »Aber Mädchen, du tust ja nichts!« Auf Saras Anwort, sie habe nichts zu tun, antwortete sie ärgerlich: »Ach was, wenn ein Mädchen nicht weiß, was tun, schneidet es sich ein Loch in die Schürze und flickt es wieder zu.« Sara merkte sich diese Lehre und führte sie bei der nächsten Gelegenheit zum Entsetzen der Großmutter buchstäblich aus.

Wenn der Vater dafür sorgte, daß sie nicht so unbedarft und unwissend aufwuchs wie die meisten Mädchen ihres Alters, so schaute sie sich die hilfsbereite Art von der Mutter ab. Nie hätte die Mutter einen Bedürftigen oder Bettler an der Haustür abgewiesen. Sie kümmerte sich um arme Bauersleut' und um die Kinder der Witwen und Waisen, denen sie Schuhe und Strümpfe, Kleider und Wolldecken, Leinwand und Federkiel stiftete. Daß man mit anderen bedürftigen Wesen zu teilen habe, war daher für Sara ein selbstverständlicher Grundsatz.

Von den Geheimnissen der Schöpfung und des Himmels sprach der Vater mit einer Andacht, die auf ihr Gemüt einen viel größeren Eindruck machte als alle Sonntagspredigten des Pfarrers, zumal es in der Kirche meist so lausig kalt war, daß auch die Weisheiten der Kanzel sie nicht zu wärmen vermochten. Die Ausmalungen der Qualen, die die Sünder in der Hölle erwarteten, erschienen ihr vergleichsweise gering gegenüber dem Zähneklappern und Gliederschlottern im ungeheizten Gotteshaus. Zwar fiel es ihr leicht, den sanften und barmherzigen Gottessohn zu verehren; mit der christlichen Schöpfungsgeschichte indes hatte sie ihre liebe Not. Wochenlang quälte sich ihr Vorstellungsvermögen mit der Frage ab, wie es möglich gewesen, daß Eva der krummen Rippe Adams entsprungen sei, wo sie doch um sich herum, bei der Mutter, dem Gesinde und in der Nachbarschaft, immer nur Frauen mit schwellenden Bäuchen sah, wohl auch dickbäuchige Männer, aber keinen, von dem es hieß, er sei guter Hoffnung. Auch der Vater, der ihr sonst nie eine Auskunft schuldig blieb, wußte ihr das Rätsel der Erschaffung des ersten Weibes nicht zu erklären. Man dürfe die Geschichten der Heiligen Schrift nicht zu wörtlich nehmen, meinte er nur. Die Auskunft des Großvaters, der als ein sehr gelehrter und erfahrener Mann galt, weil er Theologie studiert und in seinen jüngeren Jahren viel in der Welt herumgekommen war, befriedigte sie auch nicht. *Femina*, pflegte er zu sagen, komme von lateinisch *fe-minus*, das ist wörtlich ›minderer Glaube‹ oder ›das Geschlecht, dem etwas fehlt‹. Und daß Eva der krummen Rippe Adams entsprungen, bedeute, daß sich das Weib stets dem Mann zuneige und sich auf Biegen und Brechen nach seinem Willen zu richten habe. Der gebeugte Rücken der Großmutter, die den Großvater von hinten bis vorne bediente und ihm selbst noch die Schuhe an- und auszog, verlieh dieser Erklärung immerhin einen gewissen Augenschein.

An manchen Winterabenden holte sie der Vater – meist gegen den Einspruch der Hausmütter – von den Nadelarbeiten weg, um ihr das Schachspiel beizubringen. Dann saß sie, den Kopf auf beide Arme gestützt, dem Vater gegenüber, vor den schönen durchsichtigen Bernsteinfiguren, während draußen der Wind um das Haus pfiff. Die Tabakspfeife im Munde, blies er ihr zu Gefallen kleine blaue Rauchkringel in die Luft, erst einen größeren und dann einen kleineren, der den ersten sichtbar durchdrang. Anfangs zog er sehr rasch und mit Absicht fehlerhaft, um ihr hin und wieder das Vergnügen zu verschaffen, den überlegenen Papa schachmatt zu setzen. Doch es währte nicht lange, und sie wurde ihm ein ernsthafter Gegner. Als sie ihn das erste Mal so in die Enge getrieben hatte, daß er aufgeben mußte, sagte er verdutzt: »Dein Kopf hätt' auch besser auf einen Jungen gepaßt!« Dieser Ausspruch erfüllte sie mit Stolz; gleichzeitig gab er ihr die Empfindung ein, etwas Geringeres, eben eine *fe-mina* zu sein, weil sie kein Knabe war. Allerdings beneidete sie ihre beiden älteren Brüder Daniel und Ernst darum, daß sie das städtische Gymnasium besuchen durften und am Mittagstische von so vielen interessanten Dingen zu erzählen wußten, die sie gerade gelernt hatten.

Wenn die Brüder außer Haus waren, stahl sie sich oft in deren Zimmer, um sich die Bücher zu holen, die dort auf dem Schreibtische lagen. Manchmal schlich sie sich auch in das Arbeitszimmer des Vaters, um sich aus dessen Bibliothek zu bedienen. Sie las alles, was ihr unter die Finger kam: alte Sagen und orientalische Märchen, sentimentale Romane und Reiseberichte, pädagogische und populäre botanische und astrologische Bücher. So war sie schon mit dreizehn, vierzehn Jahren belesener und in vielen Dingen unterrichteter als die Mutter, Tante und Großmutter. Und dies verhehlte sie nicht. Die Hausmütter fanden denn auch, daß Sara sich weiß Gott was auf ihr bißchen Französisch und ihre Naseweisheit einbilde. Da der Vater indes kein Ohr für ihre gemeinschaftlichen Beschwerden hatte, wandten sie sich des öfteren an den Großvater, auf daß er seiner Enkelin mehr Bescheidenheit und Demut beibringe. Indes konterte Sara seine strenge Ermahnung und wiederholte Belehrung, was *fe-mina* dem Wortsinne nach bedeute, mit der launig-trotzigen Bemerkung: »Wer weiß, vielleicht bin ich ja eine *fe-plus!*« Da blieb dem alten Herrn und Theologen die Spucke weg.

In klaren Nächten stieg der Vater manchmal mit ihr auf den Spitzboden und setzte sie vor das Fernrohr, das durch eine offene Dachluke in den Sternenhimmel gerichtet war; denn Astrologie war sein Steckenpferd. Und dann erklärte er ihr, woran sie den Großen und den Kleinen Wagen, die Jungfrau und die Waage erkennen könne, und erläuterte ihr auf seine geduldige Art, welche Bedeutung den Sternbildern der zwölf Tierkreiszeichen zukomme und wie bedeutsam der im Augenblick und am Ort der Geburt aufsteigende Punkt der Ekliptik, der sogenannte Aszendent, für das Geburtshoroskop sei. Sie aber sei im Zeichen der Waage geboren, darum sei auch ihr Wesen stets auf Ausgleich und Gerechtigkeit bedacht.

Je älter und reifer Sara wurde, desto selbstverständlicher war es ihr, bei auftretenden Mißhelligkeiten und Streitereien in der Familie ausgleichend einzuwirken. Es tat ihr weh, wenn sie, was mit den Jahren immer häufiger vorkam, die Eltern sich streiten hörte oder wenn sie den Vater mit seiner empfindlichen und leicht reizbaren Schwester im Zanke sah. Dann suchte sie stets zwischen den streitenden Parteien zu vermitteln, die gegenseitigen Vorwürfe abzuschwächen, so daß die Schuld nicht an einem allein hängenblieb und der Weg zur Versöhnung wieder frei wurde. Dies hatte mit den Jahren die Wirkung, daß sie bei Streitereien und Zankereien in der Familie als Schlichterin und Vermittlerin angerufen wurde, von seiten der Geschwister wie der Erwachsenen. Selbst der Pater familias mußte sich, wenn er im Zorne einmal ausfallend geworden, den sanften Tadel seiner Tochter gefallen lassen und sich, zuweilen schmollend oder grollend, ihrer natürlichen Autorität beugen, die ihr wohl vorherbestimmt schien, schließlich war sie im Zeichen der Waage geboren.

Da Sara im Widerstreit gegensätzlicher Erziehungsstile aufgewachsen war, da sie zudem in der großen Familie mit drei Generationen unter einem Dache zusammenlebte, hatte sie früh gelernt, mit Menschen unterschiedlichen Charakters umzugehen. Schwächen und Fehler, Macken und Mucken aber pflegte sie mit Humor zu registrieren. So fand sie es geradezu rührend, daß ihre sittenstrenge Tante eine heimliche Naschkatze war und zuweilen in die Speisekammer schlich, um ihren Finger in den Honig- oder Mustopf zu stecken. Und schmunzelnd beobachtete sie, wie ihre pietistische Mutter, die ihre Abneigung gegen alle weibliche Koketterie und äußere Zierart lauthals bekundete, manchmal vor dem Toilettenmöbel saß und mit heimlichen Genuß die neumodischen Blonden und Hauben ausprobierte, die ihr eine Nachbarin ausgeliehen, auch wenn sie es nie gewagt hätte, sich in diesem ›eitlen Putz‹ zu zeigen. Ebenso fand sie es ergötzlich, ihren Bruder Daniel, der sich angeblich aus Weibern gar nichts machte, dabei zu beobachten, wie er der hübschen Magd des Hauses nachstellte und ihr heimlich Naschwerk und andere Leckereien zukommen ließ. Für den Unterschied und Widerspruch zwischen dem, was die Menschen zu sein vorgeben, und dem, was sie sind, und der daraus entspringenden Komik hatte Sara ein feines Gespür; nicht zuletzt daraus schöpfte sie ihren Humor, der sich in den hübschen Grübchen ihrer Mundwinkel gleichsam ein Zeichen gesetzt, so daß sie zu lächeln schien, auch wenn ihre Lippen geschlossen waren. Nicht zufällig gehörte zu ihren liebsten Stichgraphikern und Porträtisten Chodowiecki, an dessen liebevollen Milieu-Satiren deutscher Kleinbürger sich ihr eigener Geschmack beim Zeichnen und ihr Auge für das komische Detail bildete, ein Blick, der sich an ihren eigenen originellen Bild-Karikaturen zur Revolution bewähren sollte.

Da sie die meisten Mädchen ihres Alters an Kenntnissen und geistiger Beweglichkeit überragte, wäre sie mit den Jahren vielleicht doch ein wenig eingebildet und hochnäsig geworden, wie die Frauen der Familie befürchteten, hätte nicht ihre Rolle als älteste Tochter es mit sich gebracht, schon früh Verantwortung zu übernehmen. Die Mutter hatte sich von der letzten Geburt, die vierundzwanzig Stunden gedauert und sie fast das Leben gekostet hatte, nie mehr richtig erholt. Die damals dreizehnjährige Sara war furchtbar erschrocken, als sie die nicht enden wollenden Schreie der Wöchnerin hörte, die im Schlafgemach vor dem Kaminfeuer in ihrem Gebärstuhl sitzend, große Salzbrocken in den Händen zu Puder zerdrücken mußte – ein Mittel, das die Schmerzen lindern und zugleich die Wehen befördern sollte. Doch der Säugling wollte und wollte nicht heraus. Auch die Hebamme war hilflos. Die Mutter glaubte schon, ihr Leben aushauchen zu müssen, und rief nach dem Pfarrer, auf daß er ihr die Sterbesakramente erteile. Doch der Vater holte, statt des Pfarrers, einen Accoucheur herbei, der mit der Geburtszange, einer erst seit kurzem eingeführten Erfindung, in den Geburtskanal hineinfuhr, den Säugling durch eine geschickte Drehung aus der verqueren Steißlage befreite und zuletzt glücklich herausbeförderte.

Seit der strapaziösen Geburt ihrer jüngsten Tochter Caroline litt die Mutter häufig an Unterleibsschmerzen, Fiebern und Erschöpfungen. So mußte Sara mehr und mehr Pflichten im Hause übernehmen, bis ihr die Mutter gar die Schlüsselgewalt übertrug. Da zudem die Großmutter immer gebrechlicher wurde, oblag der ältesten Tochter bald die Verantwortung für den Haushalt und die Pflege der beiden kränkelnden Familienmitglieder. Unterstützt wurde sie hierbei von zwei Mägden.

Bei meinen ärztlichen Visiten im Hause Stamm wunderte ich mich manchmal, wie selbstverständlich sich die ganze Familie mit ihren Problemen an Sara wandte, die kaum ihr achtzehntes Jahr vollendet hatte. Wenn dem Großvater das Hörrohr kaputtgegangen war, rief er nicht etwa zuerst nach seiner Tochter, sondern nach seiner Enkelin. Wenn Ludwig von einer Rauferei mit blutigen Knien oder einer Platzwunde nach Hause kam, lief er nicht etwa zu seiner Mutter, sondern zu seiner Schwester, auf daß sie ihn verarzte. Wenn er mit einer Schulaufgabe nicht zurechtkam, bat er Sara, ihm dabei zu helfen. Selbst der Vater besprach seine Probleme, ob sie nun die Familie oder das Geschäft betrafen, eher mit seiner Tochter als mit seiner kränkelnden Frau.

So wurden Sara schon früh Pflichten aufgebürdet, von denen sie sich oftmals überfordert fühlte und denen sie doch nicht entkommen konnte, zumal mit Beginn der Revolution auch die wirtschaftlichen Probleme der Familie immer drückender geworden. Der Weinhandel mit den Nachbarn jenseits des Rheins ging rapide zurück, das Haushaltsbudget wurde immer knapper, und auf dem Hause lastete eine Hypothek, deren Rückzahlung bald fällig wurde. Alle Familienmitglieder suchten bei Sara Rat und Anteilnahme. Gewiß, sie wurde dafür auch von allen geliebt und gelobt. Indes wußte sie manchmal nicht, wo ihr der Kopf stand, weil sie an so viele Dinge gleichzeitig denken und sich für alle Familienmitglieder den Kopf zerbrechen sollte. Obwohl sie eine Frohnatur war, hatte doch frühe Verantwortlichkeit ihrem Charakter einen Ernst, eine Reife und Nachdenklichkeit eingeprägt, wie sie für ein so junges Weib ungewöhnlich waren.

Nur die späten Abend- und Nachtstunden, wenn die kleine Caroline, mit der sie die Kammer teilte, eingeschlafen war, gehörten ihr allein. Nach dem anstrengenden Tagwerk kam sie endlich zur Ruhe und zu sich selbst. Dann nahm sie die Rohrfeder, Bleistift und Sepia zur Hand, legte das dünne Büttenpapier zurecht, auf dem das Gitter des Schöpfsiebes noch sichtbar war, und ließ, unter dem goldgelben Schein der Rüböllampe, mit wenigen, fein gesetzten Strichen Figuren, Gesichter und Haltungen entstehen, denen sie durch leichte Übertreibung und Zuspitzung eines charakteristischen Details eine Wendung ins Komische und Satirische gab. Dies machte ihr große Freude, zumal es ihr leicht von der Hand ging. Hin und wieder blätterte sie auch im Chodowiecki und anderen Meistern. Oder sie las, bis ihr die Augen zufielen.

Ihr besonderes Interesse galt dem neuen pädagogischen Schrifttum und seiner fundamentalen Neuentdeckung, der Kindheit. Wiederholt nahm sie sich Rousseaus großen Erziehungsroman *Émile* vor, in dem das alte autoritative Erziehungsprinzip durch ein gänzlich neues ersetzt wurde, durch ein Prinzip, das den natürlichen Antrieben des Kindes vertrauend, seinem Eigenwillen und seiner Entdeckerlust bei der Erkundung der Welt möglichst viel Raum ließ. Dies leuchtete ihr unmittelbar ein, denn nach einer ähnlichen Maxime hatte sie auch der Vater erzogen.

Sara liebte Kinder, gleichviel ob es Buben oder Mädchen waren, und konnte mit ihnen gut umgehen. Daß die Empfindungen der Kinder noch so unverstellt und offen zutage lagen, eben darin lag für sie das Zauberhafte und Rührende dieser kleinen Menschlein. Wie wenig bedurfte es doch, um ein weinendes Kind zu trösten und wieder glücklich zu machen. Man brauchte ihm nur eine Pusteblume ins Händchen zu drücken und es dagegen blasen zu lassen; schon war aller Kummer und Schmerz vergessen. Und wie sie sich von winzigen Dingen, einem Marienkäfer, einer Schnecke, einer Kastanie, einer bunten Glaskugel, einem Lampion oder den ersten Schneeflocken beeindrucken und bannen ließen, wie sie noch staunen konnten – war das nicht göttlich! Wie glücklich könnten auch die Erwachsenen sein, sagte sie einmal zu mir, wenn sie sich diese Fähigkeiten der Kinder bewahren würden!

Einmal aber, als Caroline trotz ihres Verbotes mit dem Sepiatopf spielte und sich die schwarze Tusche ins Gesicht und auf das Kleidchen schmierte, war Saras Geduld am Ende, und sie hatte die kleine Schwester verdroschen, die daraufhin heulend zum Vater lief. Dieser aber wies seine Älteste, ihrer selbstherrlichen Züchtigung wegen, scharf zurecht und hielt ihr den folgenden Leitsatz Lepeletiers, des großen Erziehungsphilosophen der Revolution, vor Augen:

Wir haben die Hoffnung, daß das Elend, wenn es schon die Erwachsenen verfolgen will, doch den Kindern erspart werde. Wenn wir elend werden sollen, werden wir es vielleicht ertragen. Aber die nichts begangen haben, als daß sie geboren wurden, die sollen behütet und geschützt werden. Die Aufgabe des Gesetzes besteht darin, die Kindheit zu schützen und das Kind glücklich zu machen, damit es ein guter Mensch wird.

Dieses in Schönschrift gesetzte Zitat hing seither in Saras Zimmer über dem Schreibpult.

Nur sah sie keineswegs ein, warum die Buben in jeder Weise bevorzugt wurden. So manchen frischgebackenen Vater hörte sie darüber jammern, daß ihm statt eines Buben »nur« ein Mädchen geboren worden war. Schuld daran waren dann stets die Mütter, die ihren Gatten um den ersehnten Erben und Stammhalter geprellt. Darüber konnte sie sich immer wieder entrüsten.

Auch Sara wünschte sich, einmal viele Kinder zu haben. Doch bevor sie heiraten und selbst eine Familie gründen würde, wollte sie teilhaben am Aufbruch der neuen Zeit, die auch ihrem in Unmündigkeit gehaltenem Geschlecht mehr Rechte und Freiheiten versprach. Sie hoffte und wünschte sich sehr, daß die Pläne für eine neue Nationalerziehung, die jetzt in Paris und anderswo debattiert wurden, bald konkrete Gestalt annehmen würden und daß sie selbst eines Tages als Erzieherin und Lehrerin an einer Mädchenschule wirken konnte. Freilich war dies alles noch Zukunftsmusik, denn die Neugestaltung des Schul- und Erziehungswesens war noch längst nicht in Gang gekommen.

Wenn auch die meisten ihrer Freundinnen sich bereits über ihre Chancen auf dem Heiratsmarkte die Köpfe zerbrachen, sie dachte noch längst nicht ans Heiraten. Auch die Eltern drängten sie nicht; denn sie wußten nur zu gut, wie unentbehrlich Sara für die Führung des Haushaltes und den

74

Zusammenhalt der Familie war. Außerdem hätte der Vater bei den finanziellen Sorgen, welche ihn drückten, ohnehin keine Aussteuer für sie aufbringen können. Indes gab es noch einen anderen, sehr einfachen Grund, warum Sara bislang keinen Gedanken ans Heiraten verschwendete. Auch wenn sie selbst bei Gelegenheit eines Balls, eines Kostümfests oder einer Redoute mit jungen Männern tanzte und tändelte und manchmal glaubte, verliebt zu sein, ihr war bisher noch kein Mann begegnet, von dem sie hätte sagen können: Der ist es und kein anderer! Auch unter den braven Straßburger Handwerksmeistern, Advokaten oder höheren Beamten, die hin und wieder zum Nachmittagstee erschienen und im Beisein des Vaters oder der älteren Brüder mit ihr Konversation trieben, war noch keiner gewesen, dessen Bild sie mit in den Schlaf genommen hätte.

Ganz anders war es, als Daniel eines Tages Christoph Friedrich Cotta mit ins Haus brachte, bald auch Carl Gottlieb Daniel Clauer und diesen Kanzelprediger und Professor aus Bonn, Eulogius Schneider. Das waren interessante und aufregende Männer, die ihr auf Anhieb gefielen. Wie gebildet, klug und voller Esprit sie waren! Was für hochherzige Gesinnungen sie hatten und wie kühn sie für die neuen Ideen stritten, um deretwillen sie schon manche Unbill, Verleumdung und Verfolgung in den deutschen Landen auf sich genommen. Und was man von diesen deutschen Doktoren, Literaten und Publizisten, die ihr mit Achtung und Courtoisie begegneten, nicht alles lernen konnte!

Seit dem Sommer 1791, da Friedrich, Carl und Eulogius das Stammsche Haus frequentierten, war in ihr Leben eine ganz neue Melodie gekommen, ein ziehender Lockruf, der ihr nicht mehr aus dem Sinn ging. Staunend wurde sie gewahr, daß diese hochgesinnten und streitbaren Männer an ihr, der viel jüngeren, Gefallen fanden und ihr zu gefallen suchten. Sie aber hatte die erregende Empfindung, aus ihrer bisherigen Bahn, die um den Vater und die Familie kreiste, allmählich herausgehoben und wie ein vom Winde ergriffenes Schifflein ins Offene getragen zu werden – hin zu neuen Ufern und geheimnisvollen Kontinenten.

V. Auf dem Karren (2)

Mit Peitschenhieben trieb der Kutscher die Gäule an, die schnaufend und wiehernd den Karren einen bewaldeten Hügel hinaufzogen. Oben blies den Häftlingen ein scharfer Wind entgegen. Vor ihnen lag eine weite schneebedeckte Ebene, durch die sich, der Poststraße folgend, ein langer Heerzug schlängelte: Kavallerie- und Infanterieregimenter mit Kanonen, Haubitzen und Mörsern im Schlepptau und dem ganzen Troß von fahrbaren Feldküchen, Lazaretten und Marketenderinnen. Als der Karren die Talsohle erreichte, zogen die ersten Bataillone an ihnen vorbei.

Eulogius musterte die vorüberziehenden Rekruten, die wohl zur Verstärkung der Rhein- und Moselarmeen an die Westgrenze zogen. Nur die wenigsten Regimenter waren mit ordentlichen Gewehren versehen. Viele Infanteristen trugen Entenflinten, Musketen, Wall- und Hakenbüchsen, auf die notdürftig Bajonette gepflanzt waren. Manche waren gar nur mit Sensen und Piken bewaffnet und gingen, statt in Schaftstiefeln, in Halbschuhen, die mit Lappen und Lumpen umwickelt waren. Sie hatten kaum mehr im Marschgepäck als ihren patriotischen Enthusiasmus. Und diese in Eile ausgehobenen blutjungen und unerfahrenen Rekruten sollten gegen die hochgerüsteten Berufs- und Söldnerheere der Preußen und Österreicher ihren Mann stehen. Pauvre patrie! Und doch – ein Volksheer, das wußte, wofür es kämpfte, war auf die Dauer jeder Söldnerarmee überlegen, die nur gekauft war und um Judaslohn kämpfte.

Schier endlos war der Zug der militärischen Kolonnen, die an dem Karren vorbeimarschierten. Manche der französischen Bürger-Soldaten bedachten die Häftlinge mit den gehässigsten Wünschen und Beschimpfungen: »Ihr Vaterlandsverräter! Ihr Schurken!« riefen sie. »Ihr seid das Brot nicht wert, das ihr den Sans-Culottes wegfreßt!« Ein junger Rekrut, ein baumlanger Kerl mit rötlichem Schnauzbart, schrie: »Was karrt man euch nach Paris, ihr Verbrecher – und uns fehlen die Pferde! Am nächsten Baum aufknüpfen sollte man euch!«

Wenn sie wüßten, dachte Eulogius mit bitterem Grimm, was er für die Verteidigung der Republik und für die Versorgung der Rheinarmee, die noch im Sommer völlig zermürbt und halb verhungert war, alles getan hatte! Welche Maßnahmen er und die Mitglieder des Revolutionsgerichts gegen das Hungergespenst, gegen die wirtschaftliche Not, gegen die allgegenwärtige Schieberei und Corruption ergriffen hatten! Schieber, Spekulanten und Bauern, die ihr Korn und ihre Lebensmittel lieber versteckten, als sie den hungernden

Soldaten der Freiheit zur Verfügung zu stellen, war er mit der ganzen Schärfe des Gesetzes entgegengetreten. Allein im Distrikt Hagenau hatte er alle Kornvorräte zugunsten der Armee und der hungernden Bevölkerung requirieren lassen, mehr Korn als alle Kommissare der anderen Distrikte zusammengenommen. Reiche Bürger und Aristokraten, die ihre Vorräte, ihre Pferde, ihre Kutschen den Requisitionen der Armee zu entziehen suchten, waren von seinen Unterkommissaren mit schweren Geldbußen belegt worden. Sollten denn nur die armen Sans-Culottes für die Freiheit und die Verteidigung der Republik bluten, indes die Reichen und Wucherer ihr Gold und Silber vergruben und durch doppelte Preise ihre Schätze mehrten?

Eine Weile noch blickte er dem Troß des Heerzuges nach, der bald jenseits des Hügels verschwunden war.

»Ist es wahr, was sich die Gefangenen hier erzählen?« fragte Jacques plötzlich.

»Was erzählen sie denn?«

»Daß du öffentlicher Ankläger beim ... Revolutionsgericht warst?« Das Wort kam Jacques nur stockend von den Lippen. Er sah ihn ungläubig an, als erwarte, ja erhoffe er sich ein Dementi.

»Und was sollte daran so verwunderlich sein?«

»Du siehst gar nicht aus wie einer ...«

»... der die Gesetzesbrecher und Verräter auf das Schafott schickt? Sprich es nur aus!« half Eulogius ihm nach. »Und warum sehe ich nicht so aus?«

Doch als er Jacques' Blick suchte, wich dieser ihm aus.

»Nun ja«, sagte Jacques endlich, »du bist ein *homme de lettres!* Du sprichst ausgezeichnet Französisch ... und es liegt etwas Weiches in deinen Gesichtszügen.

»Siehst du«, versetzte Eulogius sarkastisch, »jetzt mußt du gleich zwei Vorurteile korrigieren: das von den deutschen Poeten und das von den Gesetzeshütern der Republik. Seit die Truppen des General Wurmser an die Mauern von Straßburg streiften, habe ich mich niemals ohne meine Pistolen schlafen gelegt. Wenn ich mitten in der Nacht von einem Sturmläuten erwachte, war mein erster Griff nach der geladenen Pistole unter der Matratze. Denn wäre ich, vormals *deutscher Priester und Untertan des Kaisers*« – mit einem bitteren Unterton wiederholte er diese Formel aus dem Arrestbefehl Saint-Justs und Lebas' –, »den Österreichern lebend in die Hände gefallen, sie hätten mich geviertelt.«

»Entweder geviertelt von den Feinden oder guillotiniert von den eigenen Parteifreunden, das ist die neue Wahlfreiheit!« sagte Jacques trocken.

Eulogius lachte; es war das erste Mal an diesem Tag, daß er lachen konnte. Jacques hatte wirklich Humor. Nach einer Weile fragte er ihn: »Und warum sitzt du auf dem Karren? ... Ich meine, wessen verdächtigt man dich oder klagt man dich an?«

Jacques zog den Kopf tiefer in den Kragen seiner Lammfelljacke. Sein Blick wurde starr. »Nicht des Verbrechens, dessen ich wirklich schuldig bin!«

»Was für ein Verbrechen? Du bist doch kein Conterrevolutionär!«

In Jacques' schwarz schimmernden Augen blitzte es auf. »Ich bin Patriot und Republikaner wie du!«

Eulogius fragte noch einmal nach, von welchem Verbrechen er spreche, aber aus Jacques war kein Wort mehr herauszubekommen.

Bald kreisten seine Gedanken wieder um die Frage, die ihn beschäftigte, seit er auf dem Karren saß. Entgegen allen juristischen Gepflogenheiten hatte man ihn ohne Verhör und Anklage verhaftet und an die Guillotine gebunden. Sein angeblich triumphaler Einzug mit sechs Rössern war bloßer Vorwand gewesen. Wie aber sollte er sich zu seiner Verteidigung rüsten, wenn er nicht wußte, wessen man ihn anklagte? Diese Ungewißheit quälte ihn. Vor dem Tod hatte er keine Angst, der war seit Monaten sein steter Begleiter gewesen, aber entsetzlich war ihm die Vorstellung, einen *ehrlosen* Tod zu sterben, einen Tod, der seinen Namen verleumdete und ihn zum ›Verräter‹ an der *heiligen Sache der Freiheit* stempelte, für die er mit all seinen Kräften, bis zur Erschöpfung gekämpft. Unter den Abgeordneten des Konvents hatte er immerhin einige Fürsprecher: Louis, Ehrmann, Bentabolle und andere Montagnards, die ihn von früher her kannten. Sie konnten bezeugen, daß er niemals, seit er in Straßburg gewirkt, die Prinzipien der Freiheit und Gleichheit verraten hatte. Und daß seine Schriften, seine Predigten im Münster, seine Reden im Jakobinerklub und seine Amtshandlungen kein anderes Ziel verfolgten, als den Fortschritt der Revolution zu befördern. Auch Robespierre mußte eigentlich wissen, was er alles für die Durchsetzung der Republik getan und welche Verdienste er sich um die Verteidigung Straßburgs und des Elsaß, dieses offenen Tors zum Deutschen Reiche, erworben hatte.

Fieberhaft begann er in Gedanken, die wichtigsten Beweisstücke für seine Rechtfertigung zusammenzutragen, die er in Paris sogleich zu Papier bringen würde: Fleischer, Bäcker und Bierbrauer, die ihre Ware zurückhielten, diese über dem Preismaximum losschlugen oder die sich weigerten, die Assignaten, das nationale Papiergeld, als Zahlungsmittel anzunehmen, dessen Wert von Tag zu Tag weiter fiel, wurden zu hohen Straftaxen, zur Anbindung an die Guillotine, zu Kettenhaft und Gefängnis, in schwereren Fällen auch zur Deportation verurteilt. Und hatten diese Bestrafungen nicht einen durchschlagenden Erfolg gehabt? Innerhalb von 15 Tagen war der Wert des Papiergeldes dem Münzgeld fast wieder gleichgestellt. Und die Soldaten, die ihren Sold nur noch in Assignaten erhielten, konnten wieder kaufen, was sie zum Leben benötigten. Konterrevolutionäre, Agenten der französischen Emigranten und Prinzen und solche, die verräterische Korrespondenzen mit dem Feind unterhielten, hatte das Tribunal nach dem Gesetz zum Tode verurteilt und innerhalb von vierundzwanzig Stunden guillotinieren lassen. Wie viele Elsässer, vor allem auf dem flachen Lande und in den grenznahen Gebieten, sehnten nicht heimlich oder offen die Österreicher und Preußen herbei, um sich von ihnen ›befreien‹ zu lassen! Er hatte auch von seiner Vollmacht Gebrauch gemacht, unzuverlässige Schultheißen und pflichtvergessene öffentliche Beamte in den feindlichen Dörfern abzusetzen und sie durch verläßliche Patrioten zu ersetzen. Wenn aber das Hungergespenst vorerst gebannt war, wenn die Sans-Culottes jetzt wieder Brot hatten, wenn die Achtung vor den Assignaten wiederhergestellt, wenn das Elsaß nicht zu einer zweiten Vendée* geworden, dann war dies nicht zuletzt seiner Energie und Entschlossenheit zu danken. *Solange die Republik in Gefahr ist, muß die Tugend durch den Schrecken verteidigt werden!* hatte Robespierre vor dem Konvent dekretiert. Und nach dieser Maxime hatte er gehandelt. Wessen also konnte man ihn anklagen? Daß er sein Amt mit zu großer Strenge versehen? ...

Auf einmal stockte er, der Faden seines fiktiven Plädoyers riß ab. Was aber, wenn man ihn anklagte, sein Amt mit zu großer *Nachsicht* ausgeübt zu haben? *Das Tribunal ist zu lasch!* Wie oft hatte er diesen Satz nicht aus dem Munde Gatteaus gehört, der Saint-Justs Privatsekretär und Spitzel war und beinahe jeden Morgen, bevor das Revolutionsgericht seine Arbeit begann, bei ihm vorstellig wurde. Auch aus dem Munde Baudots, des Volksrepräsentanten, wenn er in der Volksgesellschaft von der Arbeit des Tribunals öffentlich Rechenschaft ablegte. Wie sollte, wie konnte er sich gegen diese Anklage wirksam verteidigen? Denn *Nachsicht gegen die Feinde und Verräter war ein Verbrechen gegen die Sicherheit der Republik.*

Wie konnte er überhaupt von seiner Amtsführung Rechenschaft ablegen, ohne gleichzeitig die verbrecherischen Pläne beim Namen zu nennen, die man gegen die einheimische Bevölkerung schmiedete? Wußte Robespierre

---

* Im März 1793 brach in der Vendée, im Westen Frankreich, ein conterrevolutionärer Aufstand auf, der sich wie ein Flächenbrand ausbreitete und das Land in den Bürgerkrieg stürzte.

überhaupt, was seine Kommissare in außerordentlicher Mission und ihre Propagandisten unter der *Französisierung des Elsaß* verstanden? Oder wußte er es nur allzu gut und billigte es gar? Nein, nicht an Robespierre, an die große Gesellschaft der Pariser Jakobiner mußte er sich wenden, denn sie beschützten die zu Unrecht verleumdeten Patrioten. Andererseits stand er hier nicht vor demselben Dilemma? Saint-Just vor der Gesellschaft der Pariser Jakobiner anzugreifen oder seinen Nimbus auch nur mit dem Hauch eines Verdachtes oder Tadels zu versehen, wäre glatter Selbstmord gewesen. Was vermochte er, der öffentliche Ankläger einer Provinz, der das Odium des ›Verrats‹ und der ›Rebellion‹ anhaftete, gegen den mächtigen Prokonsul, der nicht nur der Intimus Robespierres, sondern auch der Abgott der Pariser Salons und Tribünen war?

Ein Gefühl der Vergeblichkeit und Ausweglosigkeit beschlich ihn angesichts dieser Fragen. Welchen Fluchtweg er zu seiner Rettung auch wählte, immer wieder stand er plötzlich vor einer Wand. Und auf der prankte in goldenen, mit Blut umrandeten Lettern stets der gleiche Name: Saint-Just. Er stak ihm wie ein Stilett im Rücken. Noch nie war ihm ein so ungeheuerliches Exemplar der Gattung Mensch begegnet, das Gesicht wie von Raffael gemalt, und doch war gegen diesen blutjungen Genius des Terrors selbst Machiavell nur ein Schulknabe gewesen. Ach, daß das Schicksal ihn dazu verdammt hatte, sein schweres Amt unter dem Argusauge dieses neuen Tyrannen auszuüben! Wäre es nach Saint-Just und seinen Propagandisten gegangen, dann hätte sich das *Hackmesser der Nation* stumpf gehauen an den vielen Hälsen, die es vom Rumpfe getrennt. Wie er diesen Menschen verabscheute, dessen *Werkzeug* und gleichzeitiger *Widersacher* er war. Werkzeug und Widersacher des Terrors! In welch entsetzliche Zwickmühle, in welche Falle war er geraten. Hätte er dies vorher gewußt, niemals hätte er das Amt des öffentlichen Anklägers übernommen. Oder war er doch mehr Werkzeug als Widersacher gewesen? Er verscheuchte die bedrohliche Frage, die kurz in ihm aufblitzte.

»Morgen abend werden wir wohl in Paris sein«, hörte er Jacques sagen. »Diesmal wird man uns anders empfangen als vor drei Jahren beim Großen Bundesfest. War das ein Fest! Ganz Paris wie im Rausch, alles tanzte, sang die Carmagnole und lag sich in den Armen. Ach, könnte man doch die Uhr der Geschichte um drei Jahre zurückstellen!«

»Ich war auch dabei«, sagte Eulogius, dankbar für die willkommene Ablenkung von den quälenden Fragen und Sorgen, welche ihn drückten.

Ein Lächeln huschte über Jacques' Gesicht, und seine Augen begannen auf einmal zu glänzen. »Ich gehörte zu einem Bataillon der Lyoner Nationalgarde. Wir hatten uns eine *turgotine* gemietet. Aber die Kutsche war so überladen, daß sie schon ein paar Meilen hinter Lyon einen Achsenbruch hatte. Und so mußten wir die Beine in die Hand nehmen und sind bis Paris marschiert. Zwölf Tage brauchten wir von Lyon bis Paris. Die königlichen Soldaten quartierten uns ein und bewirteten uns. Überall offene Arme, Glückwünsche, Jubel.«

Auch Eulogius hatte die Bilder dieser Reise zu dem großen Bundes- und Verbrüderungsfest in Paris wie einen glücklichen Traum bewahrt, den die Erinnerung längst vergoldet hatte. Und willig überließ er sich jetzt, von Jacques angesteckt, diesen Bildern, die ihn für eine Weile seine elende Lage und die ihn peinigenden Fragen vergessen ließen.

Der Traum von der Weltbürgerrepublik

An einem heißen Julitag des Jahres 1790 waren sie von Bonn aus aufgebrochen – er und sein alter Freund Thaddäus Dereser, der an der Bonner Universität gleichfalls einen Lehrstuhl innehatte. Er hatte nur bedauert, daß Nepomuk, der an der Mainzer Universität lehrte und gerade auf Freiersfüßen wandelte, nicht mit von der Partie gewesen.

Wie die Dragoner waren sie geritten, bei jedem Wetter, oft bis in die Nacht hinein, um ja nicht zu spät zu kommen zu dieser welthistorischen Begebenheit. Im Gepäck hatten sie Joachim Heinrich Campes *Briefe aus Paris*. Campe hatte sich schon im Jahr davor in die *Hauptstadt der Freiheit* begeben und dem erstaunten deutschen Lesepublikum von den unerhörten Ereignissen berichtet, die sich jenseits des Rheins zutrugen. Campe war auch Zeuge jener legendären Nachtsitzung des 4. August 1789 gewesen, da die Nationalversammlung mit einem Federstrich das Feudalsystem und den erblichen Adel abgeschafft hatte, samt all den prunkenden Titeln, welche die Gleichheit verletzten, die Bezeichnung ›Graf‹ und ›Marquis‹, die Wappen, Orden und Livreen. Mit einem Schlage waren die Bauern von den Lasten einer tausendjährigen Feudalherrschaft befreit worden, vom Zehnten, von den Fron-und Herrendiensten. Von diesem Tage an hatte der erbliche Adel aufgehört, früheres Verdienst galt nicht mehr und war nicht mehr übertragbar. Nur noch die *Tugend*, das eigene Verdienst und der Einsatz fürs allgemeine Wohl, sollte fortan als Maßstab gelten für alle, die ein öffentliches Amt anstrebten. Eine alte Welt wurde zu Grabe getragen, und eine neue begann.

Gleich hinter der deutsch-französischen Grenze erblickten sie an den Hüten und Mützen aller, die ihnen begegneten – ob Bürger oder Bauern,

Greise oder Knaben, Priester oder Bettler –, das Symbol der glücklich errungenen Freiheit: die französische Kokarde. Von den ersten, mit denen sie sprachen, wurden sie wie gute Bekannte, wie Brüder umarmt. Eine junge Putzmacherin heftete ihnen auf offener Straße das Freiheitszeichen an und drückte ihnen einen Kuß auf die Wangen. Schrankenlose Gastfreundschaft herrschte überall unterwegs. Man hielt die Pilger des großen Festes an und stritt sich um den Vorzug, sie zu bewirten und zu beherbergen. Keiner war ein Fremder, alle schienen miteinander verwandt. Alle nationalen Vorurteile schwanden dahin. Es war, als hätte die ganze französische Nation mit ihnen Bruderschaft geschlossen.

Gleich nach ihrer Ankunft in Paris waren sie zur ehemaligen Place de la Bastille geritten. Zwischen den Ruinen des ehemaligen Staatsgefängnisses hatte man in einem symbolischen Akt für jedes Département einen Baum gepflanzt; aus der Mitte dieser Bäume ragte ein Mast empor, den eine phrygische Mütze krönte und an dem eine Fahne in den Farben der Trikolore flatterte – mit der von allen Seiten zu erkennenden Inschrift: *Freiheit*. Im Schein der Windlichter aus farbigem Glas wurde rund um den Platz getanzt. Von einem Händler erwarb er für ein paar Sous einen Bastille-Stein, einen grauen Granitstein, der die Größe und Form eines abgeflachten Brotlaibes hatte und ihm gut in der Hand lag. Einige kaum zu entziffernde Lettern waren in den Mauerstein gekerbt, vielleicht die Namensinitialen eines Bastille-Häftlings. Fortan hütete er diesen *Talisman der Freiheit* wie eine Reliquie, auch wenn dieser, wie Thaddäus argwöhnte, vielleicht nur das Artefakt eines gewitzten Pariser Händlers war, der diese Steine mit den auratischen Lettern in Serie herstellte.

»Hast du auch auf dem Champs-de-Mars die Hacke gerührt?« fragte Jacques, die alte Begeisterung im Blick.

»Gewiß, und wie!«

Jacques stimmte sogleich den Gassenhauer der Revolution an: *Ah, ça ira, ça ira, ça ira! Celui qui s'élève, on l'abaissera/ Et qui s'abaisse, on l'élevera!* Und so ansteckend war das Lied, daß Eulogius prompt in den Refrain einstimmte. Die tumben Mienen der Gendarmen, die neben dem Karren herritten, hellten sich plötzlich auf, nicht lange – und das Lied hüpfte von Lippe zu Lippe. Schließlich sang es selbst der Kutscher auf dem Bock mit.

Kaum hatten sie die Ruine der Bastille besichtigt, waren sie hinaus zum Marsfeld geritten, um mitzuhelfen bei der Fertigstellung des Festplatzes. Es war ein unbeschreibliches Schauspiel. Hunderttausend Freiwillige arbeiteten im Taumel der Freiheit mit einem Eifer, einer Verschwendung der Kräfte, die man kaum begriff, wenn man sie nicht selbst gesehen hatte. Hier waren keine Wachen aufgestellt, hier kannte man nicht die gebieterische Stimme des Aufsehers und noch weniger seinen Stecken. Kleidungsstücke und Uhren, die man während der Arbeit abgelegt hatte, blieben den ganzen Tag unberührt an der nämlichen Stelle liegen. Mit Trommeln und Pfeifen, die Schaufeln auf den Schultern, zogen die begeisterten Scharen Arm in Arm unter Freiheitsgesängen zu ihrem Tagwerk, und später als die Sonne verließen sie das Feld. Ganz Paris half mit bei dem großen Werke. Alte und Junge, Männer und Weiber, Herzöge und Tagelöhner, Generalpächter und Schuhputzer, Bischöfe und Schauspieler, Hofdamen und Fischweiber, Betschwestern und Venuspriesterinnen, Schornsteinfeger und Stutzer, Invaliden und Schulknaben, Mönche und Gelehrte. Bauern aus den umliegenden Dörfern, Künstler und Handwerker unter ihren Fahnen, kamen Arm in Arm in buntscheckigem Zuge und griffen rüstig zur Arbeit, schoben die Handkarren, beluden die Wägen. Kinder gingen voran und trugen die Lichter. Herumziehende Musikanten feuerten die Arbeiter an, und alle sangen, während sie die Erde aushoben, das *Lied der Gleichheit*. Die Reichsten und die Ärmsten waren bei der Arbeit vereint. Das ungeheure Werk, das aus einer Ebene ein Tal zwischen zwei Hügeln schuf mit in den Rasen gehauenen Tribünen, wurde in einer Woche vollendet. Am 7. Juli hatte man begonnen, genau zum 14. Juli war es fertig.

Das Lied, das Werk und das Volk – so schien es ihm damals, als er und Thaddäus auf dem Marsfeld die Hacke rührten und Sand in Säcke füllten – waren ein und dieselbe Sache, Gleichklang der Gemüter, Gleichheit des Handelns. Ein Sturm der Begeisterung hob die ganze Nation zur Höhe ihres Selbstgefühls. Mensch zu sein, war der schöne Stolz von 25 Millionen, das erste und letzte Ziel der Befreiung.

»Habt ihr damals auch die Liste der hübschesten öffentlichen Frauen von Paris bekommen?« fragte Jacques mit nostalgischem Aufseufzen. »Die wurde an alle Delegierte und Gäste des Föderationsfestes verteilt. Ich verbrachte zwei herrliche Nächte mit einer jungen Rothaarigen namens Laurence; die kannte die Erklärung der Menschenrechte auswendig und verlangte nur zwei Sous, weniger als ein Laib Brot kostete … Und ganz Paris lachte Tränen über die Petition der zweitausendeinhundert Mädchen des Palais Royal, die sich ihrer revolutionären Gesinnung rühmten. Man möge ihr segensreiches Gewerbe nicht behindern, riefen sie den Deputierten der Nationalversammlung zu, denn ›wir können Euch – auf Ehre der guten Flittchen – versichern, daß es rechte Kerle sind, denen wir eine patriotische Erziehung zuteil werden lassen‹.«

Eulogius ließ sich von Jacques' Gelächter anstecken, obschon er in den Tagen seines Paris-Aufenthaltes keine Erfahrungen mit den Damen des Palais Royal gemacht. Dafür hatte er auf dem Marsfeld andere, höchst interessante Bekanntschaften geknüpft. Mit Georg Forster zum Beispiel, dem berühmten Naturforscher und Weltumsegler, dessen Reiseberichte ihm einst so manche einsame Nacht in seiner Bamberger Klosterzelle verkürzt hatten. Der zarte Gelehrte packte mit an, so gut es seine Schreiberhände vermochten. Desgleichen der junge preußische Baron Alexander von Humboldt, Naturforscher und Geograph, der von der Begeisterung aller Stände und Klassen mitgerissen, gleichfalls Schubkarren mit Sand füllte und zum Freiheits- und Vaterlandsaltar herüberschob. Die besten Köpfe des gebildeten Deutschland, die aufgeklärten Söhne des Adels nicht ausgenommen, pilgerten damals, im Glücksjahr der Revolution, in die Hauptstadt der Freiheit.

Auch mit Anacharsis Cloots, dem gebürtigen Rheinländer, hatte er beim Föderationsfest Freundschaft geschlossen. Das war ein Kerl nach seinem Gusto, auch wenn er ein Baron war, Philosoph und Völkerkundler, Revolutionär und wahrhaftiger Kosmopolit. »Ich bin der Mitbürger eines jeden, der denkt«, hatte Cloots ihm zugerufen, »mein Vaterland ist die Freiheit!« Cloots hatte sich die Sache der Fremden zu eigen gemacht, die in der großen Stadt Paris lebten. Unter seiner energischen Führung stürzten sich seine Türken und Griechen, seine Araber und Inder, seine Spanier und Italiener, seine Engländer und Holländer voller Elan in die Vorbereitungen des Föderationsfestes. Cloots war sogar die Ehre zuteil geworden, mit seiner *Deputation des Menschengeschlechtes*, die aus zwanzig Männern aller Nationen, Europäern und Asiaten bestand, vor der Pariser Nationalversammlung zu erscheinen und zu sprechen.

Und wie viele Vertreter der *Réfugiés* aus England, Preußen, Holland und Österreich waren nicht mit dabei gewesen, Feinde ihrer jetzt gegen Frankreich verschworenen Regierungen. Es war ein nie gekanntes, unerhörtes Gefühl der Eintracht und des Friedens gewesen, das alle Herzen durchdrang. Selbst die berufsmäßigen Streiter und Lanzenbrecher, die Journalisten und Literaten, schlossen in diesen Tagen Waffenstillstand. Der Wetteifer ohne Haß und Neid, wie ihn das Altertum kannte, begeisterte sie und befreite sie für kurze Zeit von ihrer *déformation professionelle*, der Zanksucht. Journalisten und Schriftsteller – so hörte man dieser Tage in Paris – wollten einen Bund schließen, Konkurrenz und Eifersucht sollten aufhören und die allgemeine Wohlfahrt das einzige Trachten sein.

»Weißt du, daß Hunderttausende um dieses Festtages willen die mühselige Reise gemacht?« Die Erinnerung trieb Jacques die Tränen in die Augen.

»Und dabei hat es den ganzen Tag nur geregnet. ›Der Himmel ist aristokratisch!‹ witzelten wir und suchten in tausend tollen Scherzen dem schlechten Wetter zu trotzen. Die Pariser Gassen schwammen in Wasser und Kot, kein Kleid blieb trocken, kein Schuh ungefüllt. Seit fünf Uhr früh standen wir in der Rue Saint-Honoré, waren bis auf die Haut durchnäßt, starben beinahe vor Hunger und waren doch hochvergnügt. Aus den Fenstern ließ man Brot, Schinken und Flaschen Wein an Bindfäden herab. Stundenlang mußten wir warten, bis die Bundesbrüder, die Pariser Nationalgarden, endlich vorrückten auf das Marsfeld.«

Eulogius sah die phantastische Szenerie wieder vor sich. Der Festplatz, der die Form eines Ovals hatte, war so ungeheuer groß, daß er die Abordnungen der ganzen Welt hätte aufnehmen können. Etwa zweihunderttausend Menschen drängten sich hier zusammen, las er später in einem Pariser Journal. Ein einziges großes Wetterdach von Regenschirmen spannte sich über die Nationalgarden und Bürger, aus welchem die Paniere und Fahnen schwerfällig schwebend oder an ihren Piken klebend hervorragten. Alles fror und lachte doch mit erstarrten Lippen, alles schrie: »Hoch lebe die Nation!« mit klappernden Zähnen. Das innere Feuer erwärmte jedes Herz, und man achtete der äußeren Beschwerden nicht. Freudenträne und Witzwort, Umarmung und erdrückende Pression, Musik und Kindergeschrei, Jubel und Seufzer vermengten sich in eine einzige große Masse. Durch den Regen hatte sich das Programm verzögert. Nachdem endlich mit Verspätung die königliche Familie eingetroffen war und der König in seiner Loge Platz genommen, schritten dreihundert Priester in weißen Chorhemden zum ›Altar des Vaterlandes‹, der in der Mitte des Platzes errichtet worden war. Dann zelebrierte Talleyrand, Bischof von Paris, das Hochamt. Ein gewaltiger Chor von vielen tausend Stimmen und ein riesiges Orchester von zwölfhundert Musikern begleiteten das Zeremoniell. Nach dem Tedeum trat Lafayette, Chef der Pariser Nationalgarde und Organisator des großen Festes, an den Altar des Vaterlandes und legte den Eid auf die Nation, die Konstitution und den König ab. Alle standen zugleich von ihren Sitzen auf, alle streckten die Arme in die Höhe; von Männern, Weibern, Kindern erscholl der schmetternde Ruf: ›Ich schwöre!‹ Übermannt von diesem mächtigen Gefühl fielen diese verbrüderten Menschen, ohne Rücksicht auf Rang, Alter und Geschlecht einander in die Arme und wiederholten ihrem unbekannten Nachbarn den Eid; die Nationalgardisten warfen ihre Waffen weg und küßten sich, und aus hunderttausend Kehlen erscholl der Ruf: »Es lebe die Nation! Es lebe die Freiheit!«

Und dann begann auf einmal alles zu tanzen, dem Wetter zum Trotz. Auch Eulogius schloß sich dem Reigen an, der mitten im Schmutz und

Schlamm immer größer wurde. Unaufhörlich schlossen sich neue Ringe an, jeder Ring eine Provinz, ein Département oder mehrere Gaue vereint. Bretagne tanzte mit Bourgogne, die Provence mit der Champagne, Flandern mit den Pyrenäen. Eine solche tanzende, begeisterte, alle Grenzen zwischen den Ständen, Klassen, Nationen aufhebende, wahrhaft kosmopolitische Verbrüderung hatte man noch nie erlebt. Von Paris, von Frankreich aus, so schien es in diesen Tagen, würde die Woge der Freiheit, der Gleichheit und Brüderlichkeit ganz Europa, ja die ganze Welt mit fortreißen.

Für ihn, der acht Jahre seines Lebens hinter Klostermauern verbracht, schmachtend nach Freiheit und dem lockenden Leben draußen, das Herz voll Haß gegen die heuchlerischen Frömmler, seine geistlichen Herren, für ihn waren diese Tage der Pariser Verbrüderung wie eine *Offenbarung nicht des Himmels, sondern des endlich frei gewordenen menschlichen Geistes*, wie er damals begeistert schrieb. Hier, inmitten dieses berauschenden Gleichklangs der Gemüter, konnte er endlich seine wahren Gesinnungen zeigen, ohne Rücksicht auf Klerus, Kirche und Fürsten zu nehmen. Dabei zu sein, sich eins zu fühlen mit allen und zu erleben, wie jene Prinzipien der Volkssouveränität, die er selbst unter mancherlei Schikanen und öffentlichen Abstrafungen von deutschen Kanzeln und Kathedern herab verkündet, die Herzen eines ganzen Volkes ergriffen und entzündeten, dies war für ihn eine überwältigende Erfahrung. In diesen Tagen, da eine neue Epoche der Menschheit, ein *Goldenes Zeitalter* anzubrechen schien, verschrieb er sich mit Leib und Seele der Revolution und dem Traum von der kommenden Weltbürgerrepublik.

Der Karren fuhr in die nächste Ortschaft ein. Wieder drängte sich um ihn eine Menge Volks. »Da kommen die Verräter, die Feinde der Republik! Die Aristokratenhunde!« rief und schallte es den Häftlingen entgegen.

Jäh fiel Eulogius aus dem goldenen Himmel der Erinnerung zurück in die triste und bittere Wirklichkeit. Jetzt, zwei Jahre später, wurde er von demselben Staat, der ihm einst durch feierliche Dekrete das Bürgerrecht verliehen, wieder als ›Fremder‹ und ›Ausländer‹ behandelt und hockte, ein Stockwerk Leichen im Gepäck, auf dem Karren der Verdächtigen und Geächteten.

Einige Gassenjungen, die dem Karren folgten, machten sich ein Vergnügen daraus, die wehrlosen Häftlinge mit Schneebällen und Roßäpfeln zu bombardieren. Einer der Schaulustigen, die dem Karren folgten, brüllte: »Möge Sanson, der Henker, euch mit dem Gesicht nach oben auf den Block legen, ihr Schurken!«

»Da haben wir Klerus und papistische Kirche abgeschafft, aber die frommen Wünsche sind geblieben!« sagte Jacques trocken.

Sie kamen am Rathaus vorbei. Auf der Treppe standen mehrere Stadtbeamte, die rote Mütze auf dem Kopf, vor ihnen eine Gruppe von Nationalgardisten mit aufgepflanzten Piken. Grinsend sahen sie dem Schauspiel zu und dachten gar nicht daran, dem Dorfpöbel Einhalt zu gebieten. Der Karren passierte die Kirche, vor der ein großer Schutthaufen lag. Die Statuen an den Eckpfeilern waren abgeschlagen, im Turm fehlte die Glocke. Die hatte man wohl eingeschmolzen. Das tönerne Erz diente jetzt als Lauf einer Kanone oder als Kanonenkugel gegen die vereinigten Heere der Preußen und Österreicher, die noch immer das Oberelsaß besetzt hielten, oder gegen die Engländer, die Toulon und seinen Hafen in den Krallen hatten, oder gegen die Spanier, die im Roussillon zündelten, oder gegen die Rebellen und Banditen der Vendée; lag doch die vom Bürgerkrieg zerrissene und sich zerfleischende Republik seit Beginn des Jahres mit ganz Europa im Krieg und glich einer ringsum belagerten und innen lodernden Festung.

»Es hätte uns freilich schon damals zu denken geben sollen«, sagte Jacques, »daß just der Platz, auf dem wir das Fest der Freiheit und der Brüderlichkeit feierten, nach *Mars*, dem Gott des Krieges, benannt war!«

Endlich hatten sie die Ortschaft und die Schaulustigen hinter sich.

Vor einer Bauernkate, die abseits vom Dorf lag, nicht weit von der Poststraße entfernt, stand ein kleines Mädchen mit blonden Zöpfen, in einen Mantel gehüllt. Die Bäuerin, wohl ihre Mutter, holte gerade die gefrorene Wäsche von der Leine. Das Mädchen, in der Hand ein kurzes weißes Linnen, wandte sich dem vorbeifahrenden Karren zu, winkte mit dem einen Händchen und schwenkte mit dem anderen das Tuch wie zum Gruße. Da schoß Eulogius das Wasser in die Augen. Daß nur ein Kind noch, ein kleines, nichtsahnendes Mädchen ihnen gut war, ließ ihn die ganze Trostlosigkeit seiner Lage, sein plötzliches Ausgestoßensein mehr fühlen als die höhnischen Feindseligkeiten der Gaffer und der aufgehetzten Dorfbewohner.

Es begann zu dämmern, und die vorüberziehende weiße Landschaft verschwamm in dunklen Grautönen. Ein leichter Bodennebel kam auf, und Eulogius nahm von den Bäumen, Sträuchern und den vereinzelten Bauernkaten, welche die Poststraße säumten, bald nur noch schattenhafte Umrisse wahr. Er fühlte sich hundemüde. Sein Rücken schmerzte, und seine Arme waren infolge der Fesselung vollkommen steif geworden. Er legte sich auf die Seite, den Rücken Jacques zugekehrt, und schloß die Augen.

Er sieht Sara im weißen Brautkleid, das aus dem Leihhause stammt – das Bild kommt ihm jetzt fast unwirklich vor –, einen Strauß getrockneter Wiesenblumen in der Hand, mit blassem Gesicht und traurigen Augen schaut sie ihn an. Sara, die geliehene Braut. Und er steckt ihr hastig und schlechten Gewissens den Ring an den Finger, den Ring seiner toten Schwester Marie, im Gemeindehaus zu Barr, wo zwölf Stunden nach der letzten Hinrichtung das Aufgebot ohne viel Zeremoniell stattfindet. Taffin und Wolff, Präsident und Richter des Tribunals, die die Brautwerber machten, stehen vor der Büste Marats und halten eine kleine patriotische Ansprache auf das glückliche Paar. Und er steht da, Saras Hand in der seinen, und fühlt sich fast übermannt von Glück und Schuld zugleich; glücklich, daß sie doch keinen Abscheu vor ihm empfindet, obwohl er sich immer noch einbildet, sie müsse das Blut an seinen Händen riechen; schuldig, weil er ihr junges unschuldiges Leben mit dem seinen verbindet in einem Moment, da das Fallbeil auch über seinem Haupte hängt. Und doch, als sie Arm in Arm unter den Glückwünschen der Trauzeugen und Bürger das Gemeindehaus verlassen und Saras Blick auf das im Sonnenlicht funkelnde Messer der Guillotine fällt, die gegenüber auf dem Marktplatz neben dem alten Schöpfbrunnen steht, spürt er, wie ihre Hand in der seinen zittert, wie sie dann mit einer unwillkürlichen Bewegung ihre Hand aus der seinen nimmt, um sich die Augen damit zu bedecken.

Und wenn die Mutter, durchfährt es ihn plötzlich, doch vom Himmel aus alles mit angesehen hat? Auch sieht, wie er jetzt, gefesselt wie ein gemeiner Verbrecher, auf dem Karren hockt? Einen Augenblick lang schreckt ihn wieder der alte Kinderglaube, daß die Toten und zum Himmel Aufgefahrenen sehen können, was auf Erden geschieht. Nein, nein, liebes Mütterchen! Dem Aberglauben haben wir ein für allemal abgeschworen. Deine sanften Augen sind für immer geschlossen, *der Tod ist ein ewiger Schlaf.* Und die Hölle – die gibt's nur auf Erden. Und so brauchst du um das Seelenheil deines armen, deines geliebten, deines berühmt-berüchtigten Sohnes nicht mehr zu bangen, brauchst dich seiner auch nicht zu schämen. Und wieder rührt ihn diese stumme Zwiesprache mit der toten Mutter, an die er nur gute und zärtliche Erinnerungen hat, und plötzlich fühlt er sich von einer Welle des Mitleids, des süßesten Selbstmitleids überschwemmt, ein Gefühl, das ihm fast gänzlich fremd geworden ist in diesen kriegerischen Zeiten und bei der erbarmungslosen Härte, die sein Amt ihm abverlangt. Und dieses Mitleid, da es ja nicht aus ihm selbst kommen, da er ja keines mit anderen noch mit sich selber haben durfte, scheint wie ein unsichtbares Fluidum von ihr auf ihn überzufließen – auf ihren *verlorenen Sohn!*

»Aber du schwitzt ja, wie im Fieber!«

Er sah auf in Jacques' besorgtes Gesicht.

»Deine Stirn ist naß von Schweiß – und das bei diesem Frostwetter! ...
Bist du krank?«

Jetzt fühlte er selbst, wie ihm der Schweiß von Stirn und Wangen rann.
Seine Lippen waren heiß und trocken. Gleichzeitig fröstelte er. Er fieberte
wirklich. Vielleicht hatte er sich eine schwere Erkältung, gar eine Lungen-
entzündung zugezogen. Wäre ja nicht verwunderlich, nachdem er vier Stunden im Eisregen an der Guillotine gestanden und tagelang auf dem zugigen
Karren gelegen.

»Wenn wir heute abend ins Quartier gehen«, hörte er Jacques sagen,
»werde ich dafür sorgen, daß du eine warme Decke bekommst.«

Vielleicht würde ja sein Körper das Urteil sprechen, dann wäre der Fall
erledigt, und er bräuchte nicht mehr um sein Leben und um seine Rehabilitierung zu kämpfen. Er bräuchte überhaupt nicht mehr zu kämpfen, für
nichts mehr die Verantwortung übernehmen, sich für nichts und vor niemandem mehr rechtfertigen müssen – weder vor Sara, noch vor der Mutter,
weder vor Fouquier-Tinville, noch vor dem Richterstuhl der Geschichte,
vor keinem Tribunal dieser Welt! Er könnte sich einfach fallen lassen, hin-
wegdämmern, schlafen, schlafen, bis er langsam verlosch ... Wie lange
hatte er nicht mehr richtig geschlafen? *Der Tod ist ein ewiger Schlaf.*

VI.

Im nachhinein erstaunt es mich selber, daß nichts an dem Jugendportrait meines Freundes, wie ich es bislang gezeichnet, auf den späteren Schrekkensmann hinzudeuten scheint. Müßte sich nicht, vom Ende seiner Laufbahn her gesehen, auch ihr Beginn in einem anderen, nüchternen Lichte zeigen? In meiner Erinnerung indes war er ein prächtiger Kerl, dem meine ganze Bewunderung galt. Ich sah ihn so, wie er sich wohl selber gerne sah: als einen kraftvollen, mit außerordentlichen Talenten begabten Jüngling, als einen genialischen Feuerkopf, den das Schicksal zu großen Dingen bestimmt hatte. Sein Asthma erschien mir weniger als Hinweis für eine tiefe seelische Verstörung und Beklemmung, vielmehr als Ausdruck seiner Verletzlichkeit – wie jene von einem Eichenlaubblatt bedeckte, verwundbare Stelle des gehörnten Siegfried. Da ich gleichsam zu ihm aufsah, übersah ich auch andere Züge und Äußerungen seines Wesens, die mich schon damals hätten aufmerken lassen sollen.

Baum der Erkenntnis und Sündenfall

Die philosophischen Studien an der Alma Julia, namentlich Logik und Metaphysik, unterlagen dem Columban Röser, einem ehemaligen Benediktiner, der gleich nach dem Verbot des Jesuitenordens an die Würzburger Universität berufen worden war. Röser war eine Erscheinung, die von ferne an den olympischen Zeus erinnerte: von gewaltiger Statur, mächtiger Stirn und breitem Gesichte, das ein rötlicher Backen- und Kinnbart umrahmte. Bei allem philosophischen Ernst und Gründlichkeit des Denkens, war er ein humoriger Mann, dem nichts Menschliches fremd war und der mit seinen gewitzten Parabeln und Gleichnissen dem alten christlich-scholastischen Vokabular frischen Odem einhauchte. So etwa, wenn er uns den Wesensunterschied zwischen Himmel und Hölle erläuterte: Was Schauplatz, Ausstattung und Zubehör betreffe, gebe es keinerlei Unterschied. Im Himmel wie in der Hölle sitzen die Sünder – mit Löffeln bewehrt, die so lang wie Heugabeln sind – an langen Tischen vor ihren Schüsseln mit den dampfenden Fleischsuppen. In der Hölle hocken sie hungernd vor ihren wohlriechenden Suppen, welche sie nicht löffeln können, da nämlich ein jeder vergebens versucht, mit dem überlangen Löffel den eigenen Mund zu erreichen. Im Himmel dagegen schiebt ein jeder den langen Löffel mit der Suppe in den Mund dessen, der ihm gegenübersitzt, so daß man sich hier wechselseitig füttert, bis ein jeder satt geworden.

Gerne würzte Röser sein Kolleg mit delikaten Details aus dem römischen und griechischen Liebesleben. Einmal gab er uns ein altes lateinisches Distychon als Denkrätsel auf:»Discite grammtici, cur mascula nomina cunnus et cur femineum mentula nomen habet?«(Sagt mir, Grammatiker, warum ›cunnus‹ – die weibliche Scham – männlichen Geschlechts, während ›mentula‹ – das männliche Glied – weiblich ist) Die Kommilitonen zerbrachen sich vergebens die Köpfe. Johann-Georg indes hatte nach wenigen Minuten die lateinische Antwort parat:»Disce, quod a domino nomina servus habet.«(Wisse, daß immer der Sklave von seinem Herrn den Namen hat.) Eine Lachsalve ging durch das Kolleg, und sein Epigramm machte bald in ganz Würzburg die Runde.

Röser hatte mit der alten scholastischen Methode gebrochen, er lehrte und verteidigte in seinen Vorlesungen die Wolffsche Philosophie, gegen welche die Jesuiten Sturm liefen, und ihre Prinzipien der natürlichen Vernunft:»Alles muß geprüft werden an der Vernunft wie am Stein der Weisen.« Außer der klassischen brachte er uns auch die neuere philosophische Literatur der Franzosen nahe – von Descartes bis zu den französischen Enzyklopädisten Diderot und d'Alembert, Condillac, Voltaire und Rousseau inbegriffen. Und so stürzten wir uns denn, angeregt durch unseren philosophischen Mentor, mit Feuereifer auf die Werke der deutschen und französischen Aufklärer, die unsere verworrenen Begriffe klärten.

Ich erprobe die Spannkraft meines Geistes, schrieb mir Johann-Georg einmal aus den Semesterferien, *und kein Tag vergeht, da mir die kritische Philosophie der Franzosen nicht ein neues Licht aufsteckt. So muß sich Adam gefühlt haben, als er die verbotenen Früchte vom Baum der Erkenntnis aß. Ich bin gewiß, er genoß wie ich den Sündenfall.*

Bald bildeten wir, zusammen mit Thaddäus, einen eigenen Lesezirkel. Zweimal die Woche trafen wir uns zur gemeinsamen Lektüre, studierten und disputierten in meiner Kammer oft bis tief in die Nacht hinein die aufrührerischen Schriften der Franzosen, von denen viele auf dem kirchlichen Index standen, wobei das Gefühl, es mit verbotenen Lesefrüchten zu tun zu haben, unseren geistigen Kitzel noch erhöhte. Mit dem Instrumente der Voltaireschen und Rousseauschen Religionskritik bewaffnet, zerpflückten wir all die katholischen Dogmen, frommen Heiligenlegenden und Ammenmärchen, die man uns in die Köpfe gepflanzt. So schmolz denn vor dem kritischen Forum unseres philosophisch geschulten Verstandes, auf den wir jungen Studiosi uns mächtig was einbildeten, das schöne Wunderwerk der christlichen Offenbarung und Überlieferung, das einst unsere Kinderherzen mit staunender Ergriffenheit, Furcht und Ehrfurcht erfüllt, wie Schnee in der Sonne dahin. Ein Dogma nach dem anderen fiel der Verwerfung anheim: Das Dogma von der Hl. Trinität, der Gottessohnschaft Christi, der Hl. Transsubstantation, der leiblichen Auferstehung des Herrn, des Jüngsten Gerichts, der unbefleckten Empfängnis der Jungfrau Maria.

Zur Lösung des letzteren Rätsels, das erst Augustinus zum Kirchendogma erhoben, trug der Fall eines Kommilitonen bei, der, unfreiwillig zum Vater geworden, seine Zuflucht in der inbrünstigen Anbetung des Heiligen Geistes suchte. Er befand sich, nach Johann-Georgs Dafürhalten, in derselben mißlichen Lage und menschlich nachvollziehbaren Not wie jener junge Zimmermann vor eintausendachthundert Jahren, dessen Weib Maria von ihm schwanger geworden, noch bevor er mit ihr die Ehe vollzogen. Der junge Mann war wohl zutiefst erschrocken und wollte davonlaufen. Doch dann erschien ihm im Traume ein Engel, und der sagte: »Fürchte dich nicht, Josef! Das in ihr geboren ist, das ist vom Heiligen Geist!«

Von der Kritik der Kirche und ihrer vernunftwidrigen Dogmen war es nur ein kurzer Weg zur Kritik der weltlichen Mächte und Zustände. Vor allem Rousseaus diesbezügliche Ideen gingen uns ein, als hätten sie schon lange in uns geschlummert und als seien sie durch die Lektüre nur in uns erweckt worden. Johann-Georg wurde bald zu ihrem glühenden Verfechter. Darüber verflog auch sein anfängliches Interesse an der Juristerei. Insbesondere Rousseaus *Contrat Social* wurde für uns zur Offenbarung. Wir rissen uns das einzige Exemplar, das in der Universitätsbibliothek vorhanden war, förmlich aus den Händen und stellten Abschriften der wichtigsten Passagen her, wobei Johann-Georg bald ganze Partien aus dem Stegreif zitieren konnte. Daß alle Menschen von Natur aus mit gleichen Freiheiten und Rechten ausgestattet sind und daß nur ein *konstituiertes Gemeinwesen*, das sich auf die *volonté générale*, den allgemeinen Willen seiner Bürger gründe, die ursprünglichen, von den Despoten aller Länder usurpierten Rechte der Menschheit wiederherstellen könne – dieser Grundgedanke Rousseaus wurde schon bald zum Evangelium unserer politischen Anschauungen. Letztere freilich gelangten aus Vorsicht und Furcht vor Repressalien nur selten über unsere eigenen vier Wände hinaus, waren doch die deutschen Verhältnisse allzu weit von unseren hochfliegenden rousseauistischen Idealen entfernt. Wo immer wir aber mit unseren freisinnigen Anschauungen Anstoß erregten und eine ernstliche Maßregelung seitens der exjesuitischen Ordinarien oder des Rektors drohte, hielt der Columban Röser schützend seine Hand über uns.

In seinem Kolleg über Logik und Metaphysik war Johann-Georg unbestritten der Primus, der bisweilen durch gewitzte und spitzfindige Beweisführungen glänzte. Ja, es bereitete ihm sichtlich Vergnügen, die alten christlichen Glaubenssätze, die ja noch auf dem geozentrischen Weltbild gründeten und durch die kopernikanische Wende zutiefst verunsichert worden waren, an den Maßstäben der Newtonschen Physik und der neueren Kosmologie zu messen. Mit Vorliebe suchte er letztere gegen die Theodizee – die Rechtfertigung Gottes angesichts des Vorhandensein des Bösen in der Welt – auszuspielen, welche in Rösers Kolleg einen gewissen Raum einnahm. Nachdem er Immanuel Kants »Theorie des Himmels« gelesen, überraschte er uns durch den Schluß, daß die Vorstellung von der Erbsünde und der Erlösung durch Jesum Christum mit der physikalischen Tatsache der unendlich vielen Welten im Universum kaum verträglich sei: Wenn nämlich die Erde nicht der Mittelpunkt der Welt sei, deduzierte er, sondern in der endlosen Leere des Universums unzählige Welten kreisen, dann seien viele Planeten als von Wesen bewohnt vorzustellen, die alle von Gott geschaffen wurden. Wie aber sei dann die Erlösung durch Jesum noch vorzustellen? Sei Christus vielleicht nur einmal Fleisch geworden? Sei also die Erbsünde nur einmal auf dieser unserer Erden geschehen? Dies wäre aber eine himmelschreiende Ungerechtigkeit für die anderen, die dann der Erlösung beraubt wären. Oder aber unzählige Adams hätten unzählige Male die Erbsünde begangen, seien von unzähligen Evas mit unzähligen Äpfeln in Versuchung geführt worden, und Christus sei unzählige Male gezwungen gewesen, Mensch zu werden, zu predigen und am Kreuze zu leiden, und tue dies womöglich noch immer, denn bei unendlich vielen Welten sei seine Aufgabe und sein Martyrium niemals zu Ende. Entweder also sei man gezwungen, sich unendlich viele Golgathas vorzustellen, oder man müsse unsere irdische Heimstatt als einen privilegierten Ort im Kosmos ansehen, zu dem Gott seinen einzigen Sohn herabgesandt habe, um die Erdenkinder von der Sünde zu erlösen, während er den Bewohnern anderer Welten diese Gnade verweigere – was wiederum zur Vorstellung der unendlichen Güte Gottes im Widerspruch stehe.

Die Theodizee, woher das Böse in der Welt komme, warum Gott es im Schöpfungsplane überhaupt zugelassen – auf diese Frage kam er immer wieder mit einer Art Obsession zurück, die einen seltsamen Widerspruch zu seinen ansonsten freisinnigen und undogmatischen Auffassungen bildete. Diesen theologischen Gaul konnte er – für uns bis zum Überdruß – reiten, wobei er die berühmte Formel des Augustinus »Malum absentum boni est« (Das Böse ist die Abwesenheit des Guten) auf eine ebenso spitzfindige wie blasphemische Weise auszudeuten pflegte: Wenn das Böse die Abwesenheit des Guten sei, so müsse, da nichts vom Nichts komme, Gott, der Allgütige und Erschaffer der irdischen Welt, auch von sich selbst abwesend sein können. Ergo sei das Böse als abwesendes Gutes auch Ihm innewohnend, und der gefallene Engel Luzifer sei, da von Ihm geschaffen, keinesfalls sein Gegenspieler, wie die herkömmliche christliche Theologie behaupte, vielmehr Teil der göttlichen Identität, wie schon die etymologische Ableitung ›Luzifer‹ von lateinisch ›lux‹ gleich Licht nahelege. Gott, der Allgütige und Gott, der ›gefallene Engel‹, respektive der ›unheimliche Gesell‹ seien also untrennbar das Eine. Daraus folge, erst durch den Sündenfall, dem sie das Erkenntnisvermögen, die Unterscheidung von Gut und Böse verdanken, wurden Adam und Eva ›wie Gott‹; ihre Gespaltenheit hätten sie von Ihm; ›Sein wie Gott‹ sei also per se gespaltenes Sein. Folglich könne es nicht Anmaßung gewesen sein, die sie aus dem Paradiese vertrieben, sondern nur Abhängigkeit der Kreatur von ihrem Schöpfer. Ergo sei das ›Reich Gottes‹ nicht irgendwo jenseitig zu suchen, sondern ganz im Diesseitigen, im Irdischen: Wir leben mitten darin. Was aber den freien Willen betreffe, den der Schöpfer seinen Geschöpfen mitgegeben, dieser beziehe sich allein auf das Maß, auf die Ausgewogenheit zwischen Gut und Böse, und nur den starken Naturen sei es gegeben, die Spannung zwischen beiden Extremen auszuhalten und in sich selbst zu ertragen.

Selbstredend ging es Johann-Georg bei diesen verzwickten Disputationen, bei denen mir und den Kommilitonen zuweilen die Köpfe rauchten, auch um das geistige Muskelspielen und Kräftemessen mit dem von uns allen bewunderten und verehrten Columban Röser, den er allzu gerne einmal in Beweisnot gebracht hätte. Eigentlich ist es mir noch heute unbegreiflich, daß seine anmaßende Gleichsetzung von Mensch und Gott, die seine eigene Allmachtsphantasie ins Gewand einer spitzfindigen theologischen Beweisführung kleidete, mir seinerzeit einleuchten konnte, ja sogar meinen Beifall fand. Und so war es in unserem Kreise nur Thaddäus, der ihm darin beharrlich und geduldig widersprach.

Ehrsucht und Melancholia

In unserem Lesezirkel lieferten wir uns oft heiße Rededuelle, die von unserer gemeinsamen Lektüre und den Diskursen der Aufklärer angeregt wurden. Doch wenn Johann-Georg sich ereiferte, ließ er keinen anderen mehr zu Worte kommen oder schnitt ihm das Wort ab, und man mußte sich förmlich an der Tischkante festhalten, um nicht von seiner stürmischen Suada weggeblasen zu werden, was mich und Thaddäus manches Mal verstimmte.

Er berauschte sich gern an seiner eigenen Rede, und in seiner Art zu mono-
logisieren lag nicht nur eine ihm selbst unbewußte Eitelkeit, sondern auch
ein Moment der Nötigung.

Auch ertrug er nur schwer Widerspruch und Kritik. Ja, er konnte, im
Falle einer bestimmt geäußerten Ein- und Widerrede, sehr aufbrausend,
scharf und *schneidend* werden, als wenn er das *nomen est omen* auch nach
dieser Seite hin zu bewähren habe. In solchen Momenten hatte man die
bestürzende Empfindung, als sei man auf einmal aus seiner Sympathie gefallen oder als könne man auf seine Freundschaft nur zählen, wenn man mit
ihm und seiner Anschauung der Dinge in toto übereinstimme. Auch wenn
er die jesuitischen Dogmen längst abgeworfen hatte, die eifernde Intoleranz
dieser Schule steckte ihm noch in den Eingeweiden. Allerdings lenkte er
auch rasch wieder ein, wenn er sah, daß er einen verletzt hatte, und suchte
sogleich den Schaden wieder gutzumachen, sei es, daß er sich für seine Heftigkeit entschuldigte, sei es durch eine versöhnende Geste der Umarmung.

Gerne trug er uns seine Lieder und Balladen zur Leier vor. Auch wenn
seine Stimme ein wenig kurzatmig und brüchig klang und in den höheren
Lagen fast ganz versagte, so sang er doch stets mit Leidenschaft und Feuer.
Unter seinen Liedern und Gedichten waren anmutige und zierliche Stücke,
voll Gefühl und echter Empfindung. Er verstand sich auch auf die verschiedenen poetischen Formen, von der Ode bis zum Sonett, von der Ballade bis
zur Elegie, und war ein geschickter Reimeschmied. Indes liefen die meisten
seiner Gedichte auf allgemeine und große Begriffe hinaus. Das Detail der
Natur, einer Landschaft oder Blume, das Besondere einer Stimmung, eines
Gesichts oder Charakters zu schildern, dahin zog es ihn nicht. Seine Phantasie arbeitete beständig an den großen Begriffen wie Welt, Gott, Leben, Freiheit und Gerechtigkeit. Seine Einbildungskraft und seine Denkkraft, sein
poetischer Drang und sein Hang zur Spekulation lagen beständig im Streite
miteinander, und dies verdarb ihm so manche seiner lyrischen Gedichte und
Balladen.

Gleichwohl glaubte er sich zum Dichter berufen; und sein hochfliegen-
der Ehrgeiz ging dahin, eine Dichter- und Gelehrtenlaufbahn einzuschla-
gen. Als wir einmal in einer Wallfahrtskapelle außerhalb Würzburgs, in einer
Mischung von exotischer Neugierde und archaischem Gruseln, die einge-
schrumpften Mumien zweier mittelalterlicher Mönche besichtigten, indes uns
Thaddäus einen kleinen Vortrag über die Mumifizierungstechniken hielt,
die von den alten Ägyptern auch ins christliche Abendland überliefert wurden, sagte Johann-Georg: Nicht nur die alten Ägypter, auch die mittelalterlichen Mönche hätten wohl wenig Vertrauen in das Überleben der Seele

ohne den Leib gehabt, sonst hätten sie ihn nicht mit solcher Sorgfalt zu konservieren getrachtet. Und dann setzte er in einem halb feierlichen Tonfall hinzu, der etwas von einem Gelübde hatte: »Es gibt wohl keine andere Unsterblichkeit als die in den Werken, kein anderes Weiterleben als im Gedächtnis der Nachwelt!«

Dieser Satz, der im steinernen Gewölbe der Krypta merkwürdig nachhallte, war bezeichnend für ihn. Die Vorstellung des Weiterlebens verband er nicht etwa mit Kindern und lebendigen Nachfahren, sondern mit Werken und »unsterblichem Ruhm«.

Das Ideal, dem er nachstrebte, war die Verbindung von Poesie und humanistischer Gelehrsamkeit. Und dieses Ideal sah er vor allem in Konrad Celtis verkörpert, einem humanistischen Gelehrten des 15. Jahrhunderts, welcher der erste deutsche Dichter lateinischer Sprache war. Johann-Georg wußte alles über Konrad Celtis und hatte viele seiner Schriften gelesen. Daß dieser gleichfalls aus Wipfeld stammte und dessen berühmtester Bürger war, darin sah er einen Wink des Schicksals, das ihn dazu berufen habe, ein zweiter, ein zeitgenössischer Konrad Celtis zu werden.

Woher gerade er, der Bauernsohn und Jesuitenschüler, das Zeug und das Selbstvertrauen zu solch hochfliegenden Plänen nahm, war mir allerdings ein Rätsel. Zuweilen sah man ihn an mehreren Dingen gleichzeitig arbeiten: an einem philosophischen Traktat, einer satirischen Fabel, einer Übersetzung aus dem Lateinischen und an einer Ballade. Doch da er zuviel auf einmal anpackte, blieb am Ende vieles unvollendet, bloßes Fragment oder Stückwerk. Lag es an seinen vielseitigen Interessen, die seine geistige Energie zu zersplittern drohten, oder erlag er dem schmeichlerischen Wahne, alles auf einmal zuwege zu bringen? Ein entsprechend chaotisches Bild bot seine Mansarde, wo man weder gehen noch sitzen konnte, weil alle Stühle, der Dielenboden, selbst die Waschschüssel, mit Blättern, Manuskripten, Zeitschriften und Büchern bedeckt waren. Und nicht selten brauchte er Stunden, bis er ein bestimmtes Blatt, ein Buch oder seinen Federkiel in dem Wirrwarr gefunden hatte. »Der Sinn meines Lebens ist die Suche!« so pflegte er diese Zeitverschwendung zu kommentieren.

Auch mit seinem Fleiß, seiner geistigen Disziplin und Strebsamkeit war es nicht zum besten bestellt. Manchmal traf ich ihn am hellen Mittag noch in seiner Bettstatt an, mit zerzaustem Haare, verhangenem Blick und bläulichen Schatten unter den Augen. Dann hatte ich einen ganz anderen Johann-Georg vor mir, als den, welchen ich von der Burschenschaft und der Alma Mater her kannte, einen Menschen, der mich durch seine Einsilbigkeit, seinen nach innen gekehrten Blick und durch seine seltsame Schwermut besorgt machte. Wenn ich ihn aber fragte, ob ihn ein Kummer drücke, gab er meist ausweichende und nichtssagende Antworten, oder er zitierte aus Youngs »Nachtgedanken«, die damals seine Lieblingslektüre waren. Der Tenor all dieser Zitate war die Nichtigkeit des Lebens und die Eitelkeit aller menschlichen Dinge und Bemühungen. Es verwunderte mich, solche schwermütigen Gedanken aus dem Munde eines glühenden Verfechters der Aufklärung zu hören. Als ich ihn wieder einmal in solcher Stimmung in seiner Kammer antraf, lag Goethes »Werther« aufgeschlagen auf seinem Bett, und in tiefer Niedergeschlagenheit zitierte er mir den Satz: »Wer kann sagen, das ist, da alles mit Wetterschnelle vorbeifließt?« Auch seine eigene Existenz, setzte er mit Grabesstimme hinzu, komme ihm manchmal nur wie Täuschung, Traum und eitel Blendwerk vor.

Ein andermal sagte er mit düsterer Miene, die Aufklärung befördere zwar gewißlich den Fortschritt der Menschheit, indem sie diese von Vorurteilen befreie und zum selbstbewußten Gebrauch ihrer Vernunft ermuntere, aber für das *persönliche Glück* habe sie wenig oder nichts beizusteuern. Schon Adam und Eva hätten ihren Vorwitz, vom Baum der Erkenntnis gegessen zu haben, mit der Vertreibung aus dem Paradiese bezahlen müssen. Was aber sei all unser aufgeklärtes und philosophisches Wissen letztlich wert, wenn es den Menschen doch nicht glücklich mache und ihm der Garten Eden verschlossen bleibe.

Er sprach zwar immer von ›dem Menschen‹ und ›der Menschheit‹ im allgemeinen, indes ich spürte sehr wohl, daß es hierbei vornehmlich um ihn selber ging. Doch wenn ich ihn bat, in dieser Hinsicht deutlicher und persönlicher zu werden, wich er stets aus. Als ich mich einmal, um seiner Niedergeschlagenheit aufzuhelfen, bewundernd über die mannigfachen Talente äußerte, mit der die Natur ihn gesegnet und die ihn zu den schönsten Hoffnungen berechtige, rief er in kaum beherrschtem Zorne aus, gleichzeitig lag etwas Gequältes darin: »Talente! Talente! Was nützen alle Talente, wenn dich einmal der Böse berührt hat!«

Da war er wieder – der ›unheimliche Gesell‹! Bestürzt und verwundert zugleich bat ich ihn, mir diesen Ausdruck zu erklären, der mir wie aus einer anderen Epoche zu stammen schien, aus der Zeit, da er ein gläubiger Jesuitenschüler gewesen. Endlich, nach langem Schweigen, sagte er, und es klang wie eine Warnung: »Sei froh, daß du nicht in meiner Haut steckst!«

Amor und Psyche

In seinem Nachlaß fand sich auch ein Scherenschnitt, den mir seine Schwester Marianne freundlicherweise überlassen hat. Ich habe ihn, in meiner

Genfer Schreibstube sitzend, vor mir: Er zeigt die einander zugewandten Profile eines jungen Geschwisterpaares. Gesichtsschnitt, Nasen- und Mundlinie, die Rundung des Kinns der beiden Schattenköpfe, die sich fast mit den Nasenspitzen berühren, zeigen eine solch verblüffende Übereinstimmung, daß man meinen könnte, der eine sei nur ein Spiegelbild des anderen. Nur das über der Stirn sich abhebende Schleifchenband des linken Profils läßt darauf schließen, daß es sich hierbei um das eines Mädchens handelt, und zwar um das seiner Lieblingsschwester Marie. Dieser Scherenschnitt hing bis zuletzt im Arbeitszimmer seiner Straßburger Wohnung – an der Wand gegenüber dem Schreibpulte. Ich kannte ihn aber schon aus seiner Würzburger Mansarde, wo er, an der Dachschräge neben seiner Bettstatt hängend, gleichfalls einen Ehrenplatz innehatte. Als ich ihn einmal auf die verblüffende Ähnlichkeit der beiden Profile ansprach, huschte ein verstohlenes Lächeln über sein Gesicht: »Wie bei Amor und Psyche, nicht wahr?«

Von seinen sechs anderen älteren Schwestern dagegen pflegte er noch immer im ruppigen Tone des Jüngsten zu sprechen, der diese als wahre Plagegeister empfand. Oft habe er sich gewünscht, der Klapperstorch hätte eines Tages ein Brüderchen in den Kamin gelegt und ihm zum Spielgefährten gegeben, statt so vieler Schwestern. (Von Jakob, dem Erstgeborenen, der auch den väterlichen Hof erben sollte, war er durch zu viele Jahre getrennt, als daß er zu ihm ein brüderliches Verhältnis hätte entwickeln können, und Ernst, der mittlere Sohn, war früh verstorben.) Von den Schwestern, die oft auf ihn aufzupassen hatten, fühlte er sich regelrecht befehligt; und sie trieben mit dem Kleinen allerlei Schabernack: sie ritten auf ihm wie auf einem Fohlen, kraulten ihn beständig am Kopf und Halse, als sei er ein Kater. Einmal zogen sie ihm gar Mädchenkleider an, setzten ihm ein Häubchen auf, pflanzten ihn wie eine Puppe in den Handwagen und zogen mit ihm zum großen Gaudium der Nachbarn und Gassenjungen über die Dorfstraße – ein Streich, den noch der Jüngling mit der gleichen Entrüstung erzählte, wie sie damals der Knabe empfunden. Im Kreise der älteren Schwestern sei er sich zuweilen vorgekommen wie ein armer Hanswurst beim Hexensabbat. Und natürlich wußten sie immer alles besser. Für sie war und blieb er selbst dann noch der »Hänschenklein«, als er ihnen an Muskelkraft längst überlegen war.

Nur mit Marie, der ein Jahr jüngeren Schwester, sei es anders gewesen. Sie habe immer zu ihm gehalten, ihn nie gehänselt noch beim Vater verpetzt. Sie sei kein Klatschmaul wie die anderen, sondern verschwiegen wie die Nacht. Auch käme ihr keine der Schwestern an Liebreiz und Zartheit des Gemütes gleich. Einmal, als wir abends in einer Weinschenke saßen und über Familiendinge sprachen, sagte er: »Glücklich der Mann, der Marie einmal zum Weibe bekommt.«

Auch von seiner Mutter erzählte er gern und sprach immer sehr gut von ihr, ja, geradezu mit Verehrung. Er schilderte sie als eine einfache und tüchtige Frau, die das Herz auf dem rechten Fleck habe und viel Zeit und Sorgfalt auf die Erziehung ihres Jüngsten verwendet, der nach der Geburt so vieler Töchter ihr Augapfel und Liebling war. Obschon sie nur notdürftig lesen und schreiben konnte, habe sie ihn nach den denkbar vernünftigsten, weil von Herzen kommenden Grundsätzen erzogen. Aus der Heiligen Schrift und den deftigen Spruchweisheiten des Volkes hatte sie sich einen hübschen Vorrat an Merksprüchen zusammengeklaubt, die seine Erziehung begleitet und die er bei passender Gelegenheit gerne zum besten gab. »*Naseweisheit ist, wenn man die Nase höher hält, als sie gewachsen ist ... Ein böses Gewissen ist ein Ofen, der immer raucht ... Leihe dem Armen ohne Zinsen, dann bezahlt's Gott! ... Bücke dich, allein zerbrich nicht das Bein, krieche nicht, denn du hast gesunde Füße! ... Bete nicht an güldene Kälber der Erde!*« – Manche dieser mütterlichen Spruchweisheiten hat Johann-Georg später sogar in seine Predigten und politischen Reden einfließen lassen.

So gerne und oft er in überschwenglichen Ausdrücken von seiner Mutter oder von Marie sprach, über seinen Vater schwieg er sich aus, so als gäbe es ihn gar nicht. Nur einmal, als ich ihm von meinem Vater erzählte, sagte er mit trauriger Lakonie: »Mir ist, als habe ich nur eine Mutter, aber nie einen Vater gehabt.« Nach einer Pause fügte er in galligem Tone und mit einer wegwerfenden Handbewegung hinzu: »Übrigens habe ich auch gar keinen nötig gehabt!«

Anfang des Jahres 1776, zur Zeit der Fasnacht, teilte er mir unter dem Siegel der Verschwiegenheit mit, daß er seit kurzem ein Mädchen poussiere. Schließlich könne ein *ächter Epikureer* den sinnlichen Freuden und Genüssen nicht nur in Gedichten und Liedern huldigen. Eine junge Wäscherin namens Sofie, die im Haus der Witwe, wo er sich eingemietet, die Wirtschaft mit versah, brachte ihm manchmal sein Essen aufs Zimmer. Sie war ein schlichtes, gut gewachsenes Mädchen mit runden vollen Lippen und blonden Zöpfen unter der weißen Haube. So kam es zu einem Verhältnis mit dem Mädchen, das ihn bald täglich besuchte. Nur ich und Thaddäus wußten von diesem heimlichen Einverständnis, denn auf *anticipierten Beischlaf* und *voreheliches Copulieren* standen schwere Kirchenstrafen.

In der Stadt wurde viel über jene Mädchen geredet, die unehelich Kinder erwarteten, öffentlich dafür von der Kanzel getadelt wurden, die Schwurhand leisten, Strafgelder zahlen und Kirchbuße tun mußten. Als junger

99

Studiosus medicinae, der auch einen Kursus in Geburtshilfe absolvieren mußte, hatte ich einmal Gelegenheit, beim Durchsehen der Würzburger Kirchenbücher in den Geburts- und Taufregistern die winzig gezeichneten Hände, die symbolischen Schwurhände, zu betrachten, die die Frauen unter Strafandrohung zu erheben hatten, um unter Eid ihre Schwängerer anzugeben. Indes machten meine besorgten Ermahnungen, die Gefährdung des Mädchens und seine eigene betreffend, auf den Freund wenig Eindruck; er lasse schon die nötige Vorsicht walten, sagte er mit wissender Miene. Er genoß diese heimliche Liebe einen schönen Sommer lang und machte einige hübsche Verse auf Sofie. Von seinen melancholischen Anfällen schien er gänzlich kuriert, er war voller Lebenslust und Tatkraft, besuchte wieder mit Fleiß das Kolleg und brachte einige seiner liegengebliebenen Arbeiten zum Abschluß.

Es war im Juno, kurz vor Semesterende, da kamen seine Mutter und Schwester Marie zu Besuch nach Würzburg. Natürlich wollte er, daß ich sie endlich kennenlerne. Für diesen festlichen Anlaß hatte er sich mein kleines Kaffeeservice aus Porzellan ausgeliehen, denn er wollte seine Familie auf vornehme Art bewirten. Seine Bude war vorbildlich aufgeräumt und geputzt. Auf dem Tisch standen eine Vase mit frisch gepflückten Wiesenblumen und eine Schale mit feinsten Spezereien, die er beim Bäcker auf Vorschuß gekauft; er hatte ein frisches Hemd angelegt, sein brauner Rock und seine Hose waren gebügelt und sein Gesicht glatt barbiert.

Die Mutter war eine kleine, füllige Frau mit lichtblauen Augen, starkem Halse und fest zupackenden Händen, die an Arbeit gewöhnt schienen. Ihr versilberter Scheitel war so straff gezogen, daß die Teilungslinie über der Stirn die weiße Kopfhaut bloßlegte. Der Zopf war nach bäuerlicher Art um den Hinterkopf geschlungen und von einem farbig gestickten Bande durchzogen. Die Freude und der Stolz auf ihren Jüngsten, der als einziger von ihren Söhnen studierte, waren ihr wohl anzumerken. Sie ließ ihren Johann, der ihr gegenüber auf dem Korbstuhle saß, nicht einen Augenblick aus den Augen, hing an seiner Lippe und akkompagnierte seine langen Tiraden und recht prahlerischen Ausführungen betreffs seiner fleißigen Studien und bedeutenden Pläne durch unentwegte Ausrufe mütterlichen Entzückens. »Mein Johann!« brach es immer wieder aus ihr heraus. »Mein Johann!« Nur die Eile, mit der er seinen Kaffee herunterstürzte und sein Stück Apfelkuchen verschlang, forderte ihre mütterlichen Ermahnungen heraus: »Schlucke nicht, und wenn's auch Wasser ist, als müßtest du den Jordan austrinken!«

Mit glänzenden Augen erzählte sie mir, wieviel Freude sie schon an dem Knaben gehabt und welch große Stücke man auf ihn gehalten. Manchmal sei ein alter Hadersammler, der in astronomischen Gegenständen sehr beschlagen war, durch Wipfeld gekommen. Und immer lud sie ihn zu Tische, gemäß ihrer Maxime: »Das beste Mittel, gut zu verdauen, ist einen Armen zu Tische zu laden.« Dieser Greis ergriff nach dem Essen stets des Jüngsten Hand, forschte in ihren Linien und äußerte dann sein Erstaunen mit den Worten: »Solch ein außerordentliches Muster ist mir noch nie vorgekommen. Sehen Sie nur, diese Linie hier! Aus dem Knaben wird einmal etwas Besonderes werden.« Auch wenn Johann-Georg sonst jedwedem Aberglauben abhold war, diese Anekdote aus seiner Kinderzeit hörte er mit stillem Entzücken an.

Besonders freute er sich, seine Schwester wiederzusehen. Marie trug ein weißes, mit blauen Blumenmustern durchwirktes Wollkleid mit Rüschen an den Ärmeln und einer zartblauen Stola, deren Fransen sie selbstvergessen durch ihre Finger gleiten ließ. Sie war wirklich ein Bild von einem Mädchen: schlank wie eine Gazelle, das ovale Gesicht voller Liebreiz und Ebenmaß, als wäre es dem Gemälde eines italienischen Meisters entsprungen; träumerische Augen mit den gleichen langen rötlichen Wimpern, die auch ihrem Bruder eigen; bräunliche Haut, schwarz-seidenes Haar, das zu einem zierlichen Kranz aus Zöpfchen verflochten war, der ihre weiche Stirn umkränzte. Und doch war sie längst nicht so lebhaft wie ihre Mutter; in ihren Bewegungen und Gesten, auch in ihrer Art zu gehen, lag etwas Verlangsamtes und Verzögertes, was manchmal fast den Eindruck von Mattigkeit vermittelte. Ihr Blick wirkte verschleiert, es lag etwas Sehnsüchtiges und Schwermütiges darin, das auch dann nicht aus ihren Augen wich, wenn sie lächelte.

Sie hatte ihrem Bruder eine Wollmütze mitgebracht, die sie für ihn gestrickt. Diese war indes ein wenig zu klein für seinen Kopf geraten und rutschte ihm bei der Anprobe immer wieder vom Scheitel. Nur wenn er sie sich wie ein Nachtwächter tief ins Gesicht drückte, bis über die Augen, blieb sie haften. Sie habe, scherzte er, beim Stricken wohl nicht beachtet, welch ein Dickschädel er sei. Wir lachten. Nur Marie erging sich in Selbstvorwürfen wegen des falschen Maßes und versprach, die Fäden der Mütze noch einmal aufzuspulen und ihr die richtige Paßform zu geben.

Auch sie hing bewundernd an der Lippe des Bruders, der seinerseits immer wieder den Blick der Schwester suchte, dabei hin und wieder ihre Hand faßte oder selbstvergessen an den Rüschen ihrer Ärmel zupfte. Manchmal fingen auch beide ohne ersichtlichen Grund, wie auf ein Stichwort, zu kichern an und wollten dann, wie alberne Kinder, gar nicht mehr aufhören. Während des ganzen Nachmittags und Abends verließ sie indes kaum die Rolle der Zuhörerin. Dies tat sie nur einmal, als ihr Bruder beim

Lichte des Öllämpchens, das auf dem Tische stand, eine Ballade vortrug, die er vor einem Jahre geschrieben. Nach den ersten Strophen verließ ihn jedoch sein Gedächtnis, und er wußte nicht weiter. Wie erstaunt aber war ich, als Marie mit leisem Singsang die Rezitation dort fortsetzte, wo ihr Bruder sie abgebrochen, und seine Ballade aus dem Gedächtnis fehlerlos bis zum Ende vortrug. Marie war nicht nur die erste Leserin seiner poetischen Erzeugnisse, sie kannte etliche davon auswendig. Im dann folgenden Gespräch zeigte sich, daß sie auch manchen neuen Roman gelesen hatte, über den sie mit feinem Sinn sprach und urteilte. Der Bruder pflegte ihre Lektüre auszuwählen und ließ ihr die betreffenden Bücher, nebst seinen Gedichten, regelmäßig zukommen. In gewissem Sinne hatte er ihre geistige Erziehung übernommen, und Marie lohnte ihm dies durch eine tiefe Anhänglichkeit und Liebe, wie auch die vielen Briefe bezeugten, die sie ihm schrieb.

Zwar dachte ich bei mir, der Vater, von dem gar nicht gesprochen wurde, habe wohl Grund, auf seinen Jüngsten eifersüchtig zu sein; denn dieser war offenbar der heimliche Abgott der Mutter und Schwester. Indes verführte auch mich das rührende Bild geschwisterlicher und mütterlicher Liebe, das sich mir hier ganz unverstellt darbot. Wieder einmal sah ich über die düsteren und schwermütigen Seiten meines Freundes hinweg, zumal er selbst gegenüber Mutter und Schwester nichts davon durchblicken ließ; ihnen gegenüber gab er sich ganz als der junge aufstrebende Genius, der, außer mit ›ius‹, mit bedeutenden literarischen Arbeiten beschäftigt sei und für seine Familie schon bald Ehre und Ruhm einlegen werde.

Heimkehr des verlorenen Sohnes

Nicht lange, nachdem Mutter und Schwester wieder abgereist waren, bemerkte ich an ihm eine Veränderung. Er war recht zerstreut, leicht reizbar und voll innerer Unruhe. Von Sofie, der hübschen Wäscherin, sprach er kaum noch und wenn, dann in eher fahrigen, beiläufigen Sätzen. Einmal saßen wir des Abends auf der steinernen Brüstung der alten Mainbrücke neben einer der zwölf Apostelstatuen, welche ihre architektonische Zierde bildeten, und sahen den an uns vorbeiziehenden Scheitholzflößern und den Fischern zu, wie sie ihre Netze in die Kähne zogen. Während er mit grüblerischer Miene auf das Wasser starrte, fragte er, woher es wohl komme, daß das, was man so heiß begehre, solange man es nicht habe, nach gehabtem Genusse auf einmal an Wert verliere. Ob dies an der wandelbaren Natur des begehrten Objekts oder an der Unbeständigkeit der menschlichen Gefühle und sinnlichen Empfindungen liege? Auch fühle er sich vom Schicksal nicht zum guten Hausvater mit Zipfelmütze bestimmt. Er sei ja über Würzburg bislang nicht hinausgekommen. Und wo stehe geschrieben, daß man ein Weib, mit dem man Amors Freuden genossen, auch ehelichen müsse? Im Buche der Natur jedenfalls nicht, welches alleinige Richtschnur eines freien Mannes sein müsse. Und dann zitierte er plötzlich einen Vierzeiler, der ihm jüngst aus der Feder geflossen:

Hier nun sitz' ich im stolzen Artaun und fülle mit Wörtern
Mir das Gehirn und dünke mich weise und leere den Becher
Städtischer Lust mit glühender Zung' und renne, gepeitschet
Von zu schnellem Genuß, nach Sättigung, Ekel, Verzweiflung.

Ich war nicht wenig bestürzt über diese düsteren Verse. Doch statt ihn nach dem wahren Grund seiner Niedergeschlagenheit zu fragen, nahm ich sie als poetisch-elegischen Ausdruck eines momentanen Stimmungstiefs, wie es zum seelischen Auf und Ab eines Poeten gehört. Allerdings war ich mir nach diesem Abend ziemlich sicher, daß er das Verhältnis mit Sofie bald beendigen würde. Und er konnte von Glück sagen, daß es ohne Folgen geblieben.

Trotz aller Verschwiegenheit war der Witwe, bei der er zur Miete wohnte, nicht entgangen, was ihre Dienstmagd so oft und manchmal zu gar verdächtigen Zeiten in die Mansarde ihres Mietlings führte. Und sie steckte es dem Kanonikus Valentin Fahrmann. Dieser war über den ›liederlichen Lebenswandel‹ seines ehemaligen Schützlings so empört, daß er ihn und seine ›Buhlerin‹ vors Kirchengericht schleppte, wo die beiden Delinquenten in getrennten Verhören einer peinlichen Inquisition unterzogen wurden. Sofie mußte öffentlich Kirchbuße tun, und Johann-Georg wurde wegen *vorehelicher Copulation* zur Zahlung eines Strafgeldes von zwei Reichstalern verurteilt, die ihm der Vater vorstrecken mußte. Daß ihm die zweiwöchige Gefängnisstrafe erspart wurde, die auf dieses Vergehen stand, hatte er nur der Fürsprache des Columban Röser zu danken, der mit seiner ganzen Autorität für den ›jungen und hochbegabten Feuerkopf‹ eintrat. Indes war mit dieser öffentlichen Abstrafung sein Ruf in der Stadt und an der Alma Julia zernichtet. Die Würzburger Patres weigerten sich fortan, ihre Zöglinge von einem Studiosus unterrichten zu lassen, der so schlecht beleumundet war und die Sittsamkeit ehrbarer Mädchen bedrohte. Auch die wöchentlichen Freitische wurden ihm von nun an gesperrt. So war er bald gänzlich seiner Unterhaltsmittel beraubt.

Thaddäus und ich suchten ihm unter die Arme zu greifen, so gut es ging, gaben ihm hin und wieder Geld, aber auch unsere Mittel waren beschränkt.

In seiner Not verschrieb er sich dem Glücksspiel und geriet noch tiefer in Schulden. Schließlich schrieb er dem Vater und bat ihn, er möge einen seiner Weinberge verpfänden, damit er aus dem Erlös seine Schulden begleichen und die Kolleggebühren berappen könne. Er versprach, die vorgestreckten Taler, sobald es ihm möglich sei, auf Heller und Pfennig zurückzuzahlen. Doch er erhielt keine Anwort.

Mit Beginn der Semesterferien trennten wir uns; ich fuhr zu meinen Eltern nach München und er zu seiner Familie nach Wipfeld. Zwei Wochen später erhielt ich von ihm einen Brief bedrückenden Inhalts: Bei der *Heimkehr des verlorenen Sohnes* habe der Vater kein Lamm zu seinen Ehren geschlachtet, er habe ihn vielmehr schlimmer behandelt als seinen Stallknecht. Erst habe er einen Hagel von Verwünschungen auf den ›mißratenen Filius‹ und ›Taugenichts‹ und dann die neunschwänzige Katze auf seinen Rücken niedergehen lassen. Zugleich habe er ohne Unterlaß seine Frau beschimpft, ihre butterweiche Erziehung sei an allem schuld. Der Sohn gehöre in eine strenge Zucht, die seinen lasterhaften Charakter zügele und ihn endlich Mores lehre. Schlimmer als die Verwünschungen und Schläge des Vaters aber sei für ihn *das stumme Leiden, die von Kummer und Enttäuschung gezeichnete Miene der Mutter und die in ihrem Leid untröstliche Schwester.* Auch sei er sogleich mit der Lokalbehörde in Konflikt gekommen, denn der weite Arm des Kanonikus, seines ehemaligen Gönners, reiche selbst bis in diesen Flecken. Man beschuldige ihn *liederlichen Lebenswandels*, und er sei durch Gerichtsurteil aus seinem Dorf gewiesen worden, damit er – so der Wortlaut des Ausweisungsbefehls – *ferner nicht mehr die unangesteckten und unverdorbenen Söhne und Töchter der Bauern anstecken und verpesten könne.*

Ich schrieb ihm sogleich zurück und riet ihm, sein Glück an einer anderen Universität zu versuchen, wo er nicht gegen das Vorurteil und den schlechten Leumund ankämpfen müsse, der ihn in Würzburg und Umgebung wie ein Schatten begleite. In einer anderen Stadt würde er gewiß wieder Schüler finden, die er unterrichten könne, oder vielleicht eine Stelle als Hauslehrer erhalten. Ob er nicht gar in Göttingen sein Glück versuchen wolle, wo der Hainbund und die junge deutsche Literatur gerade im Aufblühen seien; das Geld für die Reise würde ich ihm vorstrecken.

Er war wohl entschlossen, meinem Vorschlag Folge zu leisten; doch da traf ihn ein furchtbarer Schlag, von dem ich indes erst erfuhr, als ich zu Beginn des Wintersemesters wieder in Würzburg eintraf. Kurz nach seiner polizeilichen Ausweisung aus seinem Heimatdorfe – so berichtete mir Thaddäus – war seine Schwester Marie ins Wasser gegangen. Als er nach der Beisetzung für einige Tage nach Würzburg kam, habe er den Freund kaum mehr wiedererkannt. Sein Blick war wie Stein, sein Gesicht verschwand förmlich hinter einem struppigen Backen- und Kinnbart, sein Gang war müde und schleppend, als sei er um Jahre gealtert. Er sprach kaum und verweigerte Thaddäus jegliche Auskunft bezüglich der näheren Umstände und Gründe, die seine Schwester zu ihrer Verzweiflungstat getrieben. Nur so viel war aus ihm herauszubringen, daß man ihre Leiche im Gestrüpp einer Weide am Mainufer gefunden und daß man sie abseits vom Dorffriedhof in ungeweihter Erde beigesetzt habe, denn Selbstmördern wurde ein christliches Begräbnis verweigert. Seine letzten Kreuzer gab er aus, um für Marie wöchentlich zweimal eine Messe lesen zu lassen, damit sich der Herrgott ihrer armen Seele erbarme. Einmal sagte er in tiefem Gram zu Thaddäus, vielleicht gäbe es ja doch ein jenseitiges Leben, dann habe er wenigstens die Hoffnung, Marie noch einmal in der anderen Welt wiederzusehen. Indes, setzte er mit traurigem Sarkasmus hinzu, sei es wenig wahrscheinlich, daß Petrus einen wie ihn überhaupt einlasse. Dann, Anfang September, sei er plötzlich aus Würzburg verschwunden. Niemand, nicht einmal Thaddäus, geschweige denn die Witwe, bei der er gewohnt und der er etliche Monate Mietzins schuldig geblieben, wußte, wann er sein Säckel geschnürt und wohin er geflüchtet war.

Ich ließ sogleich bei seiner Familie in Wipfeld nachfragen, aber auch sie war ohne jede Nachricht von ihm geblieben. Einige Wochen später hörte ich gerüchteweise von einem Bekannten, Johann-Georg, der Bettelstudent, habe sich völlig mittellos in einem Dorf im Unterfränkischen niedergelassen, wo er sich als Taglöhner bei einem Bauern verdinge.

Erst zu Anfang des Jahres 1777 kam ein Brief von ihm; der Ton war bitter und die Botschaft bedrückend: Da er in sein Heimatdorf nicht mehr zurückkönne und Würzburg habe verlassen müssen, um seinen Gläubigern zu entfliehen, habe er nach reiflicher Überlegung beschlossen, die Kutte der Franziskaner zu nehmen. Der Convent zu Augsburg sei bereit, ihn als Novizen in die Reihen der *fratres minores* aufzunehmen. Demnächst werde er im Kloster zu Bamberg sein Noviziat beginnen. So sei für seinen Unterhalt immerhin gesorgt. Auch hoffe er, im Dienste des Ordens seinen Glauben wiederzufinden und sich in jener Tugend zu üben, deren gänzliche Ermangelung ihn ins Unglück gestürzt: *in wahrer Geistesdemut.*

Ich konnte kaum glauben, was ich da las. Gewiß, die öffentliche Kirchbuße und Abstrafung, der Verlust seiner Unterhaltsmittel, die Schulden, die Ausweisung aus seinem Heimatdorfe und zuletzt der Freitod seiner Lieblingsschwester – dies waren harte Nackenschläge für ihn gewesen.

Trotzdem war mir höchst unwohl bei dem Gedanken, daß just er, der sich mit aller Kraft dagegen gesträubt hatte, sich den Lebensweg von der Kirche vorschreiben zu lassen, jetzt das Mönchsgewand nahm. Diese plötzliche Konversion und schroffe Selbstverneinung machte mich bange. Vollzog er jetzt nicht selbst jene ›Augustinische Wende‹, die er an dem Kirchenvater mit so viel beißendem Witze gegeißelt?

Ende März trafen wir uns in Volkach, einem Städtchen, das einige Stunden von Würzburg entfernt liegt. Es war ein warmer und sonniger Frühlingstag, an den Bäumen und Sträuchern schlugen die Knospen aus, und die Luft war erfüllt vom Duft der Veilchen. Indes, wie schmerzlich war mir zumute, als ich den Freund an der Poststation wiedersah, wo er mich erwartete: Statt der Mantille des Studiosus trug er eine braune schmierige Joppe aus grobem Leinen, dazu eine Hose von undefinierbarer Farbe, die an den Knien löchrig war, und Bastschuhe an den Füßen. Seine langen schwarzbraunen Haare, in denen gelbe Strohfusseln steckten, hingen ihm in wirren Strähnen um den Kopf, und sein wild wuchernder Backen- und Kinnbart ließ ihn um Jahre älter erscheinen. Er sah wie ein armer und verlotterter Taglöhner aus.

Als wir uns begrüßten und umarmten, streifte ein Geruch von Stall und Mist meine Nase. Ich sah wohl ein freudiges Aufleuchten in seinen Augen, aber als wir dann das Städtchen hinter uns ließen und über die Feld- und Wegraine stapften, an Pferdekoppeln und Schafdriften vorbei in den nahe gelegenen Wald, herrschte zwischen uns eine seltsame Befangenheit. Schweigend, die Augen auf den Boden geheftet und mit zusammengepreßten Lippen, schritt er neben mir her; die anmutigen grünen Hügel, die vor uns lagen, und die mit Blumen übersäten Wiesen nahm er kaum wahr, und es schien ihm auch völlig gleichgültig zu sein, wohin der Weg ihn führe.

Ich bat ihn endlich, mir von seiner Schwester zu erzählen, aber er gab nur kurz angebundene Antworten, als wolle er davon nicht reden oder als schien dies alles längst der Vergangenheit anzugehören.

Schließlich machten wir an einer Waldlichtung Rast und setzten uns auf einen vom Wetter umgestürzten Baum. Ich teilte mit ihm den mitgebrachten Proviant, die Butterbrote, die Blutwurst und ein Stück Rosinenkuchen.

»Und du willst wirklich das Mönchsgewand nehmen?« begann ich im Tone ungläubiger Verwunderung. »Glaubst du etwa, du könntest mit deinen weltlichen Kleidern auch den alten Adam ausziehen und als neuer Mensch dem seraphischen Orden, zu dem man dich aufnehmen will, und der Kapuze Ehre machen?«

»Es ist beschlossene Sache«, sagte er, ohne mich dabei anzublicken.
Wir kauten eine Weile schweigend vor uns hin.
»Wie lange kennen wir uns jetzt, Johann? Mehr als drei Jahre, nicht? Und
da sollte ich deine wahren Gesinnungen etwa nicht kennen? Du hast über
Pfaffen und Katholizismus, über Heilige, Engel und Teufel dich genugsam
lustig gemacht und den Reformator im Kaffeehause und auf Bierbänken
gespielt – und willst nun selber ein Pfaff' werden? ... Nein, mein Freund,
ein Voltairianer und glühender Anhänger Rousseaus wie du taugt nie und
nimmer für den geistlichen Beruf!«
»Woher willst du das wissen?« gab er gereizt zurück.
»Erzähle mir nichts! Wie willst du im Priesterornat vor deine Gemeinde
treten und ihr von der unbefleckten Empfängnis der Hl. Jungfrau, von der
leiblichen Auferstehung des Herrn und vom Jüngsten Gerichte künden,
ohne dir als ein Heuchler vorzukommen? Oder willst du das *Credo quia
absurdum* zu deinem künftigen Leitspruch machen?«
»Man kann auch im Dienste eines christlichen Ordens Gutes tun, ohne
sich den vernunftwidrigen Dogmen der papistischen Kirche zu beugen.«
»Aber deine Religion geht nicht über den Deismus hinaus! Gott, so sagtest du oft mit Rousseau, sei wohl der ›erste Beweger‹ der Materie und des
Universums, doch habe er sich längst aus der Schöpfung zurückgezogen.«
»Wer weiß!« Mit einer plötzlichen Bewegung seiner Hand fuhr er sich an
den Hals und rieb seinen ausgeprägten Adamsapfel, als ob der ihn drücke.
»Mich hat er wohl nicht ganz und gar vergessen, sonst hätt' er mich nicht so
gestraft.«
»Wofür hätt' er dich denn strafen sollen?«
Er versank in Schweigen. Endlich nahm er einen Tannenzweig, der zu seinen Füßen lag, und begann gedankenverloren die Nadeln einzeln abzuzup-
fen. Dann sagte er: »Ich war, mit Erlaubnis des Pater Gardien, zwei Wochen
zur Probe im Franziskaner-Kloster zu Dettelbach. Erst danach wollte der
Convent zu Augsburg über meine Aufnahme entscheiden. Und man hat
mich für würdig befunden, ihm anzugehören. Die Franziskaner sind
schließlich keine Jesuiten, und unter den Brüdern und Patern des Hl. Franz
fand ich recht angenehme und gebildete Leute.« Die Tonart auf einmal
wechselnd, fiel er in einen leicht ironischen Plauderton: »Übrigens, fast alle
Seminaristen dort sind wie ich Bauernsöhne, die es vorziehen, ihren Lebensunterhalt mit dem Herleiern einiger lateinischer Wendungen zu verdienen
statt mit harter Arbeit auf dem Felde. All diese armen Teufel haben von
Quark und Schwarzbrot gelebt, ehe sie ins Kloster gingen. In ihren Hütten
gab es nur zwei- oder dreimal im Jahr Fleisch zu essen. Wie die römischen

Soldaten den Krieg als eine Erholungszeit ansahen, so sind die Bauernburschen begeistert von der herrlichen Zeit im Seminar. Sie haben einen unbeirrbaren Glauben, das heißt: Sie erblicken im geistlichen Stand eine lange Fortsetzung dieses Glückes. Ihnen bedeutet er gutes Essen und im Winter ein warmes Kleid. Schon jetzt träumen sie davon, daß man unter ihnen einmal die Ämter der Großvikare, der Domherren und vielleicht sogar der Bischöfe auslosen wird. Und warum sollte nicht auch ich Papst werden können wie Sixtus Quintus, der früher einmal Schweine hütete?«

Die beißende Ironie, die in seinen Worten lag und nicht gerade nach neuer Glaubensdemut klang, machte mich einen Augenblick ratlos.

»Höre, Johann! Dies ist nicht der Augenblick für ironische Glossen. Es geht um eine Entscheidung, die dein ganzes Leben, deine Zukunft betrifft. Du hast das ungebundene Studentenleben genossen und willst nun mit blöder Miene die Keuschheit der Heiligen Jungfrau bewundern und selbst das Keuschheitsgelübde erfüllen? Du warst doch wie besessen von der Vorstellung, einmal ein großer Humanista und Gelehrter zu werden – und willst dich fortan in mönchischer Demut und Weltentsagung üben und beim täglichen Chorsingen, Rosenkranzbeten und beim Absingen der Lieder zum Lobe des Herzens Jesu eine fromme oder frömmlerische Miene aufsetzen? Nein, mein Freund, tue, was in deiner jetzigen Lage nur immer möglich ist; suche, wenn dir derzeit die Mittel fehlen, dein Studium zu vollenden, bei irgendeiner Kanzlei als Schreiber unterzukommen, oder geh' bei einem braven Handwerksmeister, einem Tischler, Wagner oder Kesselflicker in die Lehre. Mach, was du willst, aber verrate dich nicht selbst und alles, was dir bisher lieb und teuer war! Du würdest deiner Natur, deinem ganzen Wesen Gewalt antun. Oder willst du ein Tartüff im Franziskanergewand werden?«

Diesmal schien meine Rede Wirkung auf ihn zu machen. Er ließ den Tannenzweig fallen, den er fast gänzlich entnadelt hatte, sprang mit einem Ruck auf und ging mit großen Schritten und wild rudernden Armen auf der Lichtung auf und ab. Dann blieb er plötzlich stehen und blickte mich mit einem hilflosen, ja, verzweifelten Ausdruck an: »Was bleibt mir denn für eine Wahl? Man hat mich per Gerichtsurteil aus dem Dorfe gewiesen. Die letzten Nächte hab' ich in einer Scheuer geschlafen. Wo soll ich denn hin, wie mir mein Brot verdienen? Was hab' ich denn gelernt – außer dem Drechseln zierlicher Verschen und dem Herleiern lateinischer Sätze? Sieh mich doch an! Hab' sogar die Tracht des Studiosus, auch mein schönes Chapeau, versetzt, um nicht betteln zu müssen. Meine Leier, meine Manuskripte und ein paar Bücher – das ist alles, was ich besitze. Und die Mutter würd' sich zu Tode grämen, wenn ich dem Kloster zu Bamberg wieder absage. Daß ich jetzt zu den Franziskanern gehe und ein neues Leben beginne, ist ihre ganze Hoffnung. Ich kann, ich darf sie nicht noch einmal enttäuschen!« Indem er dies sagte, quollen ihm die Tränen hinter den Lidern hervor und rollten die Wangen hinab, um in seinem Barte zu versickern. Bestürzt nahm ich ihn in den Arm und hielt ihn so eine Weile, bis er sich ausgeweint hatte. Ich verzichtete auf weitere Versuche, ihn in seiner Entscheidung wieder wankend zu machen. Denn ich begriff: Der Not gehorchend, nicht dem eigenen Triebe, war er entschlossen, die Kutte zu nehmen. Sein einst so stolzes Selbstgefühl schien gänzlich zernichtet und seine Scham so tief, daß er nun wieder am Gängel der Mutter zu gehen bereit war. Was blieb mir da noch zu sagen übrig? Wie unglücklich mußte er sein, daß er für sich selbst keinen anderen Ausweg mehr sah, als buchstäblich »zu Kreuze« zu kriechen?

Anfang April des Jahres 1777 trat er in der Blüte seines jungen Mannesalters, knapp einundzwanzig Lenze zählend, als Novize in das Kloster zu Bamberg ein, um sich für die nächsten acht Jahre *lebendig hinter Mauern aus Stein zu begraben*, wie er später im Tagebuch vermerkte.

VII. In der Vorhölle

Eulogius befühlte seine Stirn; sie war noch immer heiß und feucht. Benommen hob er den Kopf und sah sich um: Er lag in Hemd, Brustwams und Pantalons auf einer Pritsche. Doch statt in einer lausigen Zelle befand er sich in einer hohen und geräumigen Kammer, welche zwei Fenster hatte und gar nicht übel eingerichtet war. An der Wand gegenüber stand eine zweite Pritsche, die mit ordentlichem Bettzeug versehen war, darunter zwei Bettpfannen. Es gab sogar einen Waschtisch, über dem ein kleiner Barbierspiegel hing, einen Schrank, einen ovalen Tisch mit zwei gepolsterten Fauteuils davor, und eine Truhe, über der ein Bücherbord angebracht war. Auf der Truhe stand ein kleiner metallischer Apparat, um Kaffee zu brühen. Solch ein Ding hatte er auch in seiner Straßburger Wohnung.

Wo war er? Wie war er hierhergekommen? Er ließ den Kopf wieder sinken und suchte sich zu erinnern. Allmählich kamen ihm bruchstückhafte Bilder seiner nächtlichen Ankunft zurück: die holprige Fahrt auf dem Karren durch die dunklen Straßen und Gassen von Paris, die im Schneegestöber vorbeimarschierenden Kolonnen der Pikenmänner, die Kommandorufe der Wachen, das Peitschengeknall, die Einfahrt durch den Torbogen der hohen Umfassungsmauer, das ächzende Geräusch der sich hinter ihm schließenden Tore, die tanzenden Schatten, welche die Fackeln auf das Pflaster des Innenhofes warfen, die düstere Silhouette des Kirchenschiffs. Er konnte sich auch noch erinnern, wie ihn zwei Hände an den Schultern gepackt und vom Karren gestoßen, wie er über den Hof und dann durch einen langen Kreuzgang stolperte in eine enge und verrauchte Stube hinein, die das ›Arrestzimmer‹ genannt wurde, wo er auf einer hölzernen Bank neben Jacques zusammensackte und vergebens versuchte, die Augen offenzuhalten. Hatte es nicht auch eine Art Verhör gegeben? Dunkel erinnerte sich an die schnarrende Stimme eines Beamten, aber was er gefragt worden und was er zur Antwort gegeben, wußte er nicht mehr.

»Willkommen in der Vorhölle!« hörte er plötzlich eine sonore und spöttische Stimme. Er hob den Kopf. Auf der Türschwelle stand, in der Hand einen Becher, ein großer, leicht gebeugter Herr, der einen scharlachroten Hausmantel trug.

»Eine heiße Milch wird Ihnen guttun.« Der Herr trat an seine Pritsche und reichte ihm den Becher. In seiner Verwirrung wußte Eulogius nicht, was er sagen sollte.

»Nun nehmen Sie schon! Es ist gewiß nicht der Giftbecher des Sokrates!«

Sprachlos ergriff er den Becher, führte ihn an den Mund und schlürfte in kleinen gierigen Schlucken. Es war wirklich Milch, heiße Milch, wie sie ihm die Schwester zum Frühstück zuzubereiten pflegte. Daß er hier, den ersten Tag in einem Pariser Gefängnis, mit seinem Morgentrunk bewirtet wurde, kam ihm fast wie ein Wunder vor.

»Wo bin ich hier eigentlich?«

»In der Abbaye de Saint-Germain-des-Près.«

»Weiß gar nicht mehr, wie ich hierher kam.«

»Hier darf man sich über nichts wundern«, sagte der Herr im gleichen spöttischen Ton wie zuvor. Mitten in der Nacht pocht's an die Tür, man fährt aus dem Schlafe. Und eh' man sich's versieht, wankt eine verfrorene und fiebernde Gestalt herein, und der Schließer sagt: ›Hier ist noch so ein Galgenvogel! Der wohnt jetzt bei dir.‹ So geriet ich an einen neuen Mitbewohner wie die Jungfrau zum Kinde!«

Eulogius nahm sein Gegenüber jetzt genauer ins Visier: Für sein Alter – er mochte Ende Fünfzig, Anfang Sechzig sein – hatte er erstaunlich volles dunkles Haar, das die mächtig gewölbte Stirn bedeckte und sich an den Schläfen und über den Ohren zu einem Kranz zierlicher silbergrauer Locken kräuselte. Unter seinem mit Silberbordüren bestickten Hausmantel wölbte sich ein stattlicher Embonpoint, seine weißbestrumpften Füße steckten in warmen Flauschpantoffeln.

»Und wer war mein Vorgänger?«

»Ein Priester aus der Auvergne. Er wurde kürzlich vors Revolutionstribunal gebracht.« Der Herr öffnete die Schublade der Kommode und holte einen Laib Brot heraus, der in ein Tuch gewickelt war. Eulogius hatte auf einmal ein flaues Gefühl im Magen, nicht nur wegen des Hungers.

»Dann bin ich sozusagen sein Ersatzmann!«

»Oh, wir alle sind nur Ersatzmänner! ... Aber auch Ersatzmänner müssen frühstücken!« Der Herr, der über sein eigenes Bonmot lächelte, brach ein Stück von dem Brot und reichte es ihm. Eulogius nahm es dankend entgegen. Jetzt erst, da er es gierig kaute, empfand er wieder, wie hungrig er war. Es schmeckte besser und körniger als das fade Sektionsbrot, das er die letzten Wochen gegessen. Da hatten die Bäcker sogar Kleie und Graupen hineingemengt.

»Sie müssen dringend Ihre feuchten Kleider wechseln. Sie haben Fieber. Ich leihe Ihnen gerne die nötigen Sachen aus!« Sein Mithäftling wandte sich zum Schrank, der nahe seiner Bettstatt stand, und öffnete ihn. »Bitte bedienen Sie sich! Freilich meine Hosen dürften Ihnen zu weit sein und meine Beinkleider zu lang. Doch heutzutage, da alle Köpfe gleichermaßen gekürzt werden, verschlägt es nicht viel, ob die Hosen die richtige Länge und die Strümpfe den richtigen Sitz haben.«

Eulogius beugte sich vor und warf einen Blick in den offenen Schrank. Da hingen, fein säuberlich über dem Bügel, zwei Überröcke, mehrere Samtwesten, Hemden mit Spitzenmanschetten, Kniehosen und Beinkleider: die komplette Garnitur eines Edelmannes. Er fuhr hoch wie von der Schlange gebissen und stand sofort auf den Beinen. »Wer sind Sie?«

»Ich?« Der alte Herr lächelte versonnen. »Oh, das ist gar nicht so leicht zu sagen. Bin vielen so allerlei.«

»Monsieur«, sagte Eulogius barsch, »ich danke für die freundliche Bewirtung. Aber ich habe nicht die Absicht, mit einem Aristokraten die Zelle zu teilen! ... Wo ist mein Mantel?«

»An der Tür!«

»Und meine Stiefel?«

»Vor Ihrer Nase!«

Eulogius griff nach den Stiefeln, die neben der Pritsche standen. Er konnte sich gar nicht mehr daran erinnern, daß er sie ausgezogen hatte.

»Freilich, so komfortabel wie hier«, sagte der Herr spöttisch, »haben Sie es drüben in den Gemeinschaftszellen nicht.«

»Mir geht es nicht um Komfort, mir geht es ums Prinzip!« sagte Eulogius und hatte im Nu die Stiefel geschnürt.

»Ich verstehe! Falls Sie Ihren patriotischen Kopf verlieren, wollen Sie ihn wenigstens aus Prinzip verlieren.«

Eulogius fühlte, wie ihm die Hitze in den Kopf stieg; doch er beherrschte seinen aufbrandenden Zorn. Er stand auf und war mit einem Sprung an der Tür. Er nahm den grauen Mantel und die schwarze Mütze vom Haken und verließ wortlos die Kammer.

Draußen fand er sich auf einem langen gekachelten Gang wieder. Zu beiden Seiten des Korridors reihte sich Tür an Tür, Kammer an Kammer. Offenbar war dies das Dormitorium der ehemaligen Abtei, wo die Ordensbrüder geschlafen hatten. Auf dem Korridor und in den teils offenstehenden Kammern herrschte ein reges Treiben: Die Gefangenen fegten mit Besen die Kammern aus, trugen Abortkübel hinaus oder schleppten Bottiche mit Wasser herein. In den Einbuchtungen und Nischen entlang des Ganges, wo früher wohl Heiligenstatuen gestanden, lagen kleine Kohlebecken, welche den Korridor beheizten, daneben, sauber gestapelt, Brennholz und Kohle. Um die Kohlebecken herum standen die Gefangenen rauchend und parlierend in kleinen Grüppchen zusammen. Einige hockten auf Schemeln und Holzklötzen, unter ihnen Abbés in gepflegten Soutanen, mit samtenen Käppchen auf den tonsurierten Schädeln, und gepuderte Damen in Pelzmänteln, die gerade ihren Mokka oder ihre Schokolade schlürften. Eulogius war fassungslos: Wo kamen diese Luxusgetränke her?

Am meisten frappierten ihn die makellosen Garderoben und Frisuren, teils auch Perücken, deren er hier ansichtig wurde. Die Männer trugen tadellos sitzende Überröcke, Kniehosen und Schnallenschuhe, und die Damen verströmten Parfümwolken, als hätten sie die Nacht nicht in einer verriegelten Gefängniskammer, sondern in der Pariser Oper verbracht und als schickten sie sich gerade an, auf den Boulevards oder im Luxembourg zu promenieren. Man begrüßte einander mit zierlichen Verbeugungen, man sprach sich mit »Comte« und »Comtesse«, mit »Marquis« und »Monsignore« an, man hielt ganz auf Etikette: »Habe die Ehre ... Wie haben Hochwohlgeboren geruht? ... Wie gedenken Comtesse den heutigen Tag zu verbringen?« Man tauschte Komplimente, Galanterien, Bonmots und gab sich in allem den Anschein, als ignoriere man mit Vorsatz, wo man sich hier befand oder als sei man nur gerade mal zu Besuch in diesem Gefängnis der Republik.

Während er sich an den Perücken und Soutanen vorbeidrängte, erntete er bald hochmütige, bald mißtrauische, bald feindselige, bald spöttische Seitenblicke. Auf Anhieb wurde er an seinem verdreckten Mantel und an der schwarzen Mütze als Sans-Culotte erkannt. Warum nur hatte man ihn in das ehemalige Dormitorium gesteckt, das, wie es schien, ausschließlich mit Aristokraten und Priestern belegt war? Es mußte ein Irrtum, ein Mißverständnis sein. Gewiß war der Gefängnisverwaltung im Zuge der nächtlichen Aufnahme und Zuteilung ein Fehler unterlaufen.

Er atmete auf, als er endlich am Ende des Korridors den Schließer sah, einen Kerl im grauen Kittel, an dessem Gurt ein schwerer Schlüsselbund hing. Eulogius ging raschen Schrittes auf ihn zu. Man habe ihm die falsche Zelle gewiesen, beschwerte er sich.

Der Schließer, der einen dicken Knüppel trug, musterte ihn verdrießlich. Ob er ihn nicht gestern nacht in Zelle 45, die letzte auf dem Korridor, gebracht habe? Ja schon, aber er gehöre nicht in den Aristokratentrakt, beharrte Eulogius. Er habe Anweisung bekommen, brummte der Schließer, ihn in Zelle 45 zu bringen – und damit basta! Dann ging er weiter. Er wolle sofort den Gefängnisverwalter sprechen, erklärte Eulogius im Befehlston, er sei Patriot und Republikaner und habe ein Recht darauf, als ein solcher behandelt zu werden.

Der Schließer tat, als höre er ihn nicht, und ging gemächlich die Treppe in das untere Stockwerk hinunter. Eulogius folgte ihm und wiederholte seine Forderung. Der Schließer sah ihn verwundert an, dann sagte er in einem fast kameradschaftlichen Ton: »Sei froh, daß du hier untergebracht bist! Was glaubst du, wie es drüben im Ostflügel zugeht, in den großen Gemeinschaftszellen, wo zehn und mehr Gefangene zusammengepfercht sind! Das sind die reinsten Rattenlöcher, da liegst du auf fauligem und nassem Stroh und atmest den ganzen Tag die übelsten Ausdünstungen ein. Und wenn dir nicht die Gnade zuteil wird, bald das Schafott zu besteigen, krepierst du dort am Gestank oder an der Pestilenz.«

»Und wer ist da untergebracht?« fragte Eulogius erschrocken.

»Die Habenichtse, wer sonst! Die kein Geld haben, das Bettzeug zu bezahlen!«

»Ich habe auch kein Geld mit.«

»Dann sieh zu, daß man dir welches borgt oder schickt! Sonst ergeht es dir übel.«

»Ich denke«, empörte sich Eulogius, »dies ist ein Gefängnis der Republik, in dem der Arme nicht anders behandelt wird als der Reiche!«

Der Schließer blickte ihn an, als habe er so viel Unverstand nicht erwartet. »Was glaubst du, wo du hier bist? Hier geht alles im alten Gleis. Also danke deinem Schöpfer, daß man dich zu den Aristokraten und Priestern gesteckt hat, die sind sowieso Guillotinenfutter, da kannst du was erben.« Mit diesen Worten ließ er ihn stehen.

Bedrückt starrte Eulogius ihm nach. Zuerst mußte er sich hier einmal orientieren, die Örtlichkeit und ihre Reglements kennenlernen. Wo war das Verwaltungsgebäude? Wo und wann wurden die Mahlzeiten eingenommen? Gab es hier so etwas wie einen Schreib- oder Lesesaal? Wo bekam man Feder, Tinte und Papier her? Und wer versah die Botendienste nach draußen? Vor allem mußte er sich dringend Geld beschaffen oder borgen. Aber von wem? Jacques war genauso mittellos hier angekommen wie er.

Er trat ins Freie hinaus und befand sich im Kreuzgang, der den kleinen quadratischen Platz zwischen dem Dormitorium und der Abteikirche umgürtete. Ein frischer Wind wehte ihm ins Gesicht, doch war es nicht kalt. Von den Eckpfeilern der Kirche waren die Statuen, von den Simsen die steinernen Friese abgeschlagen worden; die Steinhaufen, Bruchstücke von Dämonenfratzen darin, lagen noch auf dem Pflaster. Es war das gleiche Bild wie auf dem Münsterplatz zu Straßburg. In den abgeflachten Türmen der Abtei-Kirche hingen indes noch die Glocken, auch wenn sie gewiß nicht mehr zur Morgenvesper oder zur Messe geläutet wurden.

Er ging seitwärts an der Kirche vorbei durch einen kleinen steinernen Torbogen, hinter dem der alte Friedhof lag. Auf den schneebedeckten Gräbern waren entweder gar keine oder nur umgestürzte Kreuze und Grabmale zu sehen. Auch hier war es im Zuge der Entchristlichungskampagne offenbar zu Friedhofsschändungen gekommen – wie auf Straßburgs Gräberstätten. Er verließ den Friedhof durch einen anderen Torbogen und befand sich auf einmal im Innenhof der alten Abtei. Die Sonne stand schon ziemlich hoch über der mächtigen, etwa zwanzig Fuß hohen Umfassungsmauer. Der Hof, der die Form eines verwinkelten Rechteckes hatte, war immerhin so groß, daß mehrere Bataillone bequem darin Platz finden konnten. Zu zweit oder gruppenweise standen hier die Gefangenen zusammen, andere vertraten sich die Beine oder machten gymnastische Übungen. Die meisten waren einfach oder ärmlich gekleidet. Manche in dicke Jacken gehüllt, andere trugen Überhänge aus Sackleinen, einige gingen in Holzpantinen oder hatten sich Lumpen um die Füße gewickelt. Zwei Fuhrwerke, mit Fässern und Kisten beladen, wurden gerade entladen, die Fässer vor das Tor eines niedrigen Backsteingebäudes gerollt, welches wohl als Lagerhalle oder Speicher diente. Zwei uniformierte Posten, mit Piken und schweren Holzknüppeln bewaffnet, standen dabei und überwachten das Entladen der Fuhrwerke. Auch sonst sah man überall auf dem Hofe vereinzelt oder zu zweit Wachposten patrouillieren, die das Treiben der Gefangenen beobachteten. In der Mitte des Hofes stand ein überdachter Ziehbrunnen, der von einem Dutzend Frauen belagert wurde.

Er kreuzte den Hof in der Hoffnung, unter den Gefangenen, die sich hier die Beine vertraten, vielleicht Jacques zu finden. Nicht lange, und er sah ihn in der Nähe des Ziehbrunnens, in Begleitung eines untersetzten Mannes, der einen verschossenen dunkelblauen Mantel und eine Fellmütze trug.

»Nun Kamerad, was sagst du zu diesem Idyll?« Jacques deutete auf den Brunnen, über dessen Rand sich gerade zwei junge Frauen beugten, um den Kübel herabzulassen. Andere hockten am Rande des Wasserbeckens und schrubbten in den steinernen Wannen die Wäschestücke. Wieder andere legten die Wäsche auf dem Rasen, der mit einer dünnen Schneeschicht bedeckt war, zum Trocknen aus.

Eulogius erzählte ihm kurz von dem Mißgeschick, welches ihm widerfahren, daß man ihn irrtümlicherweise mit einem Aristokraten zusammengesperrt habe.

»Ich wohne mit diesem Kameraden zusammen«, sagte Jacques und deutete auf seinen Begleiter, »in einem Seitenbau des Refektoriums. Die Stube ist klein, aber leidlich möbliert. Es läßt sich aushalten. Das ist übrigens Pierre, Pierre Savany. Er ist schon seit etlichen Wochen hier und weiht mich gerade in die Mysterien dieser Örtlichkeit ein.«

»Habe schon viel von dir gehört«, sagte Savany mit zweideutigem Lächeln.

Eulogius musterte kurz den neuen Bekannten, der Jacques' Stubengenosse war. Er mochte um die Vierzig sein und trug einen struppigen rötlichen Backenbart. Sein bleiches Gesicht, das weder Sehnen noch Muskeln zeigte, wirkte irgendwie teigig, ein Eindruck, der durch das Ineinandergehen des fast konturlosen Kinns in den Hals noch verstärkt wurde. Die strichdünnen Lippen waren zu einer scharfen Sichel gezogen; indes verrieten die forschenden griesgrauen Augen Wachheit und Intelligenz.

»Dieser Brunnen, der beliebig viel Wasser spendet«, wandte sich Savany an die beiden Neuankömmlinge, »ist die Kostbarkeit der Abtei. Jeden Morgen sehen wir den Frauen beim Waschen, Bleichen und Trocknen zu. Sie besitzen vielleicht nur ein einziges Kleid, aber dieses halten sie rein. Sauberkeit ersetzt hier die Eleganz. Die Vormittagsstunden widmen sie diesen Arbeiten, von denen sie nichts abhalten würde, nicht einmal eine Anklageschrift.«

Eulogius wunderte sich über die Ruhe und Gelassenheit, mit der diese Frauen hier ihren gewöhnlichen Verrichtungen nachgingen. Und der Gedanke, daß manche dieser anmutigen Geschöpfe vielleicht demnächst das Schafott besteigen würden, kam ihm ganz und gar unwirklich vor. Wieder hatte er die Empfindung, all die schrecklichen und unsagbaren Szenen der letzten Wochen, diese *Zeit in der Hölle*, gar nicht wirklich erlebt, sondern gleichsam nur geträumt zu haben.

Sie sahen den Frauen noch eine Weile bei ihren Arbeiten zu, dann verließen sie den Brunnen. Savany führte die beiden Neuankömmlinge in Richtung Portal zur Südseite des Hofes, wo das Verwaltungsgebäude lag.

»Wir sehen uns dann wieder im Refektorium. Dort versammelt man sich, auf den Glockenschlag zwölf« – er schürzte ironisch die dünnen Lippen – »am Tische der Gleichheit!«

Gleich hinter der Eingangstür wurde Eulogius von einem uniformierten Posten mit vorgehaltener Pike aufgehalten. Er mußte seine Taschen ausleeren und wurde ziemlich unsanft gefilzt. Nachdem er sich in die Warteliste eingetragen, betrat er einen Korridor, wo ein Dutzend Gefangene beiderlei

Geschlechtes auf Holzbänken wartete. Er nahm neben einem älteren Mann Platz, der kaum von ihm Notiz nahm. Die meisten saßen schweigend und mit bekümmerten Mienen da, andere unterhielten sich im Flüsterton. Nur ein jüngerer Mann mit Lockenkopf, der einen gelben Rock, eine froschgrüne Weste und lachsfarbene Beinkleider trug, spazierte in dem engen Raum scheinbar sorglos auf und ab, trat seinen Nachbarn auf die Füße, erschöpfte sich in Entschuldigungen, fing von neuem damit an und trällerte zwischendurch eine italienische Opernmelodie. Selbst im Foyer der Pariser Oper wäre er aufgefallen, so trug er seine vollendete Geckenhaftigkeit zur Schau.

Das lange Warten wurmte Eulogius. Er befand sich doch hier nicht als Bittsteller in einer Kanzlei. Als erster Revolutionskommissar und öffentlicher Ankläger des Départements war er es nicht gewohnt gewesen, in Vorzimmern oder Amtsstuben zu warten. Zügig und schnell hatte er die Amtsgeschäfte erledigt, zum Warten hatte er gar keine Zeit, auch die Verhöre und Verhandlungen vor Gericht waren unter seiner energischen Führung rasch über die Bühne gegangen, und wenn, waren es andere gewesen, die auf ihn warteten, ihn mit ihren Fragen oder Bittgesuchen bedrängten ... Nur Saint-Just hatte ihn warten lassen, um ihn zu demütigen. Er dachte an jenen Abend des 31. Oktober, da er das erste Mal zu Saint-Just ins *Ancien Hôtel du Petit Gouvernement* beordert wurde. Eine geschlagene Stunde hatte er im Vorzimmer warten müssen, ehe der große Bevollmächtigte des Konvents geruhte, ihn zu empfangen. Der Gedanke an den *Exterminator*, die Wut und das gleichzeitige Ohnmachtsgefühl beklemmten ihm die Brust, eine neue Hitzewelle durchschauerte ihn. Nein, er durfte jetzt nicht daran denken, er mußte dem Fieber wehren, er brauchte einen klaren Kopf. Wenn er doch nur die Mühle in seinem Kopf abstellen könnte!

»Shneideer!« Ein Wachmann winkte ihn zu sich und führte ihn in das Bureau. Hinter einem gewaltigen Schreibtisch saß ein buckliger Mann mit dicken Augengläsern, den Kopf über eine Akte gebeugt. Die spärlichen schwarzen Haarsträhnen, die längs über den eiförmigen Schädel gekämmt waren, verdeckten notdürftig seine Kahlköpfigkeit. Neben dem Schreibtisch war die Trikolore aufgepflanzt, an der Wand hing ein dunkles Ölgemälde im goldlackierten Rahmen, das die Erstürmung der Bastille zeigte.

Der Vorsteher der Abtei musterte ihn kurz durch seine Augengläser hindurch, dann versenkte er sich wieder in seine Akte. »Euloge Shneideer aus Straßburg!« sagte er endlich, ohne den Blick aus der Akte zu heben. Die

Franzosen würden es wohl nie lernen, seinen Namen korrekt auszusprechen. »Bischöflicher Vikarius und Professor am Straßburger Seminarium, Münsterprediger, Ratsherr, Homme de lettres, Herausgeber und verantwortlicher Redakteur der Zeitschrift *Argos*, Mitglied und zeitweise Präsident des Straßburger Jakobinerklubs, des Überwachungs- und Sicherheitsausschusses, Civilcommissar und öffentlicher Ankläger beim Revolutionsgericht Bas Rhin.« Fast schien es, als zelebriere er die Aufzählung all dieser Funktionen und Titel; doch dann, nach einer Kunstpause, setzte er in schartigem Tone hinzu: »Vormaliger Priester und Untertan des Kaisers! Eine bemerkenswerte Biographie – in der Tat!«

»Ich bin seit zwei Jahren französischer Staatsbürger und habe einzig für das Wohl der französischen Nation gewirkt und gekämpft«, stieß Eulogius hervor.

»Darüber zu befinden, ist nicht meine Aufgabe. Also, was wünschen Sie?«

Daß der Vorsteher die denunziatorischen Formeln aus dem Arrestbefehl Saint-Justs und Lebas' wiederholte, und ihn auch nicht duzte, geschweige denn mit »Citoyen Schneider« ansprach, wie es unter Republikanern der Brauch, war ein schlechtes Omen. Eulogius brachte kurz sein Anliegen vor. Als Sansculotte und Republikaner habe er ein Recht darauf, mit seinesgleichen die Kammer zu teilen, statt mit Aristokraten, Priestern und geschworenen Republikfeinden dieselbe Luft atmen zu müssen.

Der bucklige Vorsteher wiegte den Kopf und musterte ihn mit forschendem Blick. »Aber Sie sind doch ein Priester!«

»Ich habe dem Priester- und Pfaffentum im Tempel der Vernunft zu Straßburg öffentlich abgeschworen. Außerdem bin ich verheiratet mit der Bürgerin Sara Stamm. Das Aufgebot wurde am 12. dieses Monats veröffentlicht und in den Registern des Barrer Gemeindeamtes eingetragen.«

Der Vorsteher zog spöttisch die Mundwinkel herab. »Als Öffentlicher Ankläger des Départements kannten Sie selbstverständlich jenes Dekret, das verheiratete Priester von der Inhaftierung und der Deportation ausnimmt, nicht wahr?«

»Ich habe nicht deshalb geheiratet!« Eulogius wäre dem Mann, der seinen wunden Punkt getroffen hatte, am liebsten an die Gurgel gesprungen.

Dieser erklärte mit gespieltem Bedauern und einem boshaften Lächeln: »Da Sie dem Priestertum öffentlich abgeschworen haben, kommt besagtes Dekret für Sie leider nicht in Betracht.«

»Aber wenn ich kein Priester mehr bin, warum legt man mich dann in den Trakt der Priester und Aristokraten?«

Der Vorsteher entgegnete schroff: »Den Pfaffen legt man nicht mit der Soutane ab. Ihr Gesuch ist abgelehnt!«

Er gab dem Wachposten ein Zeichen, und Eulogius wurde aus dem Bureau geführt. Erst als er sich wieder draußen auf dem Hofe fand, begriff er die ganze Perfidie dieser Unterredung. Da er kein Priester mehr war, fiel er auch nicht unter die Ausnahmeregelung, welche verheiratete Priester unter den besonderen Schutz des Gesetzes stellte. Andererseits erklärte man ihn, gemäß der Formel des Verhaftbefehls, hinterrücks wieder zum »vormaligen Priester und Untertan des Kaisers« – welch gemeine und niederträchtige Sophistik! Man hatte ihn also mit Vorsatz in den Trakt der Priester und Aristokraten gelegt. Es handelte sich um eine Art stillschweigender Vorverurteilung. Er durfte keine Zeit mehr verlieren und wenn möglich, mußte er noch heute die nötigen Gesuche an die Konventsmitglieder aufsetzen, von denen er sich Hilfe erhoffte.

Die Glocken der Abtei-Kirche läuteten zwölf. Alles auf dem Hof strömte jetzt in Richtung des Kreuzganges, wo das Refektorium lag.

Der Tisch der Gleichheit

Als Eulogius den alten Speisesaal der Abtei betrat, waren die meisten Bänke bereits besetzt. Die langen, mit Wachstüchern bezogenen Tische reichten von einem Ende des Saales zum andern. Hier waren wohl an die hundert Menschen versammelt, es herrschte ein großes Gedränge und Gelärme. Der Bekleidung und dem Schuhwerk nach zu urteilen, waren die meisten gewöhnliche Leute. Unter den Weibspersonen erkannte er auch einige von denen wieder, die er morgens am Brunnen gesehen. Hübsche Dinger mit grazilen Gesichtern waren darunter, aber auch derbe und dickbäuchige, die vielleicht Marktweiber, Wirtinnen oder Kupplerinnen waren – die Prostitution war erst jüngstens verboten worden –, und etliche Nonnen in klösterlicher Tracht.

Er durchforstete die Reihen nach Jacques und Savany – und fand sie bald am hinteren Ende des Tisches. Die Mahlzeit bestand aus einem Kanten Schwarzbrot, einer dünnen Bohnensuppe mit einem undefinierbaren Stück Fleisch und obenaufschwimmenden Fettblasen. Aber im Unterschied zu manchen Gefangenen, welche murrend und schimpfend über ihre Teller gebeugt von »Schweinefraß« sprachen, aß er mit Appetit; es war immerhin die erste warme Mahlzeit, die er seit seiner Verhaftung zu sich genommen. Savany erklärte unterdes mit dem Sarkasmus des erfahrenen Häftlings den beiden Neulingen, wie hier die Versorgung geregelt wurde.

An diesem ›Tisch der Gleichheit‹ gebe es in Wahrheit drei Klassen: Jene, die ihr Essen aus eigener Tasche bestreiten, jene, die dazu nicht in der Lage seien, schließlich jene, die auch für die Verpflegung anderer Insassen aufkommen. Ein hier einsitzender Adeliger, ein vormaliger Marquis, der seinen Reichtum früher durch die Zahl seiner Pferde, seiner Mätressen oder seiner Bediensteten zum Ausdruck brachte, tue dies jetzt, indem er möglichst viele Bedürftige unterstütze. Der Schatzmeister ziehe das Geld von den reichen Gefangenen ein und bestreite davon die Ausgaben für Lebensmittel, bezahle das frische Trinkwasser sowie Öfen, Brennholz, Holzregale oder Stühle, mit deren Hilfe die Zellen etwas wohnlicher gestaltet werden. All dies geschehe auf Kosten der Reichen, die selbst für die eigene Bewachung aufkommen müssen und bis zu 150 Livres pro Tag ausgeben. Darin immerhin liege ein gewisses *principe d'égalité!* Nur leider sei der ›Tisch der Gleichheit‹ nicht dazu angetan, den Hungrigen wirklich satt zu machen. Und wenn der Kommune das Brot und das Fleisch ausgehe, sitze man auch hier nur bei Wasser- und Mehlsuppen.

Wie es denn komme, unterbrach ihn Eulogius, daß man an diesem Tische so wenig Aristokraten und Schwarzröcke sehe.

Die haben ihre eigene Speisekarte, erklärte Savany. Speisewirte kämen täglich in die Abtei, um die Begüterten zu versorgen. Für sie gebe es sogar Doppelzimmer mit Betten, Matratzen, Decken und feinstem Bettzeug. Man verkaufe ihnen zu maßlos übverteuerten Preisen Wasserkrüge, Waschschüsseln, Kohlebecken, Bettpfannen, Rasierschüsseln, selbst Truhen und andere Möbel. Wer bezahlen könne oder genug zum Versetzen habe, etwa Uhren, Tabakdosen, Schmuckstücke, Medaillons, etc., der bekomme hier fast alles: feinste Speisen, Kaffee und Schokolade, Liköre und Weine, Naschwerk, Parfümerien und käufliche Liebe. Überhaupt lebe es sich hier beinahe noch wie im Ancien Régime. Adelige, Priester und wohlhabende Häftlinge hielten sich streng getrennt von denen der unteren Stände. Jeden Morgen mache ein Barbier die Runde, um die hier einsitzenden Aristokraten zu rasieren, ihre Locken zu frisieren und einzupudern. Es störe sie nur, daß selbiger Barbier alle Insassen, die an Krätze, Grind oder Flechten leiden, mit derselben Klinge rasiere. Darum ziehe er es auch vor, resümierte Savany seinen Bericht, sich den Bart wachsen zu lassen.

»Wie ist denn das möglich«, empörte sich Eulogius, »daß hier, gleichsam unter den Augen des Konvents, der Grundsatz der Gleichheit derart mit Füßen getreten wird? Soll ich hier etwa, wie in meiner Zeit als Studiosus, wieder zum Kostgänger der Reichen werden?«

»Solange du kein Geld hast, wird dir nichts anderes übrigbleiben«, bemerkte Savany trocken.

»Kannst du uns nicht etwas borgen?« fragte ihn Jacques.

Savany hob bedauernd die Arme. »Von den paar Livres, mit denen mich hin und wieder ein Freund versorgt, der mich besucht, kann ich gerade die nötigsten Ausgaben bestreiten und die Botenfrau bezahlen, die meine Briefe expediert.«

»Ich werde doch jetzt nicht bei denen die Hand aufhalten«, sagte Eulogius mit Galle, »über die ich als öffentlicher Ankläger unlängst noch zu Gericht gesessen!«

Trotz alledem, setzte Savany seine Schilderung der hiesigen Zustände fort, sei manches hier besser als zum Beispiel in der Conciergerie oder im Hôtel Dieu. Man habe hier vergleichsweise viel Bewegungsfreiheit. Die Zellen und Kammern seien den ganzen Tag über offen. Man könne jederzeit seine Mitgefangenen besuchen. Erst wenn die Glocke um neun zum letzten Appell rufe, würden sie abgeschlossen. Und da hier keine gewöhnlichen Kriminellen, sondern nur ›Verdächtige‹ inhaftiert seien, welche die Republik bis zum Friedensschluß in Schutzhaft genommen, oder Untersuchungshäftlinge, die auf ihren Prozeß warteten, müsse auch keiner hier arbeiten. So widmeten sich denn viele ihren Lieblingsbeschäftigungen. Es gebe hier zahlreiche Clubs und Zirkel, wissenschaftliche, literarische und philosophische Zirkel. Man arrangiere sogar kleine Konzerte und musikalische Darbietungen. Gewisse vornehme Herren pflegten vor erlauchtem Publikum aus ihren neuesten Gedichtwerken zu lesen. Besonders gefragt seien die Porträt- und Miniaturmaler, die sogar über eine eigene Werkstatt verfügten. Es gebe hier Gefangene, die den halben Tag vor ihrer Staffelei oder vor ihren Notenblättern sitzen. »Ist nicht die Kunst die beste Ablenkung gegenüber dem Tod, der ebenso rührende wie heroische Versuch, dem Vergessen und der Vergänglichkeit zu trotzen? ... Was glaubt ihr, wie viele vornehme Damen und Herren sich noch auf die Leinwand bannen lassen, bevor sie das Schafott besteigen! Und wie viele Memoiren hier geschrieben werden, auch wenn sie meist unvollendet bleiben!«

»Und wo sind die weiblichen Gefangenen untergebracht?« fragte Jacques.

»Im hinteren Teil des Dormitoriums.« Savanys schwerer Kopf war in eine merkwürdige Pendelbewegung gefallen, in ein monotones Wiegen, wie es gefangenen Tieren in der Menagerie eigen ist. »Ein Eisengitter, das den langen Korridor zweiteilt, trennt den Männer- vom Frauentrakt. Aber wo ein Wille ist, ist auch ein Weg, sagt der Prophet. Und es ist ein offenes Geheimnis, daß es nachts einen regen Verkehr zwischen beiden Flügeln des Dormitoriums gibt und daß die Schließer, gegen ein Handgeld, versteht sich, die Zellen und Kammern öffnen, damit die Liebe zu ihrem Recht kommt.

Vielleicht gibt es derzeit in ganz Paris keinen Ort, wo Amor mehr zu Hause ist und seine Pfeile öfter verschießt, als in diesem großen Wartesaal des Todes. Wenn man nichts weniger zu verlieren hat als das Leben, bekümmert man sich nicht mehr um Sitte, Moral, Anstand und Tugend. Und da schwangere Frauen nach dem Gesetz nicht guillotiniert werden dürfen, sind sie auch nicht besonders wählerisch. Sagt selbst: Gibt es ein stärkeres Palliativ gegen die Todesangst als die Wollust? Oh, ich könnte euch Geschichten erzählen! Die Romane, das heißt die Kurz-Romane, die hier im Schatten der Guillotine spielen, müssen erst noch ihren Dichter finden!«

Savanys Tonfall hatte plötzlich jegliche Ironie verloren und eine lyrische bis wehmütige Färbung angenommen, die seine beiden Zuhörer sehr berührte. Jacques wischte sich mit dem Ärmel über die Augen, und Eulogius, dessen Grimm auf einmal wie weggeblasen war, träumte mit offenen Augen. Er versank wieder in das Bild seiner letzten Nacht mit Sara, er sah sie vor sich, hingebettet mit aufgelöstem Haar und verschwimmendem Blick; wie die Cranach-Eva sah sie aus mit ihren zierlichen Brüsten und dem hinreißenden Schwung ihrer weißen Hüften. Dennoch war es ihm in jener Nacht gewesen, als quäle sie sich in seinen Armen, als liege etwas Verzweifeltes in ihrer Hingabe. Und er erschrak über den Schrei, den sie auf dem Gipfel der Lust – seiner Lust – ausstieß; das war nicht der alles überbordende Lustschrei, den er so an ihr liebte, es war ein eher gellender, aufbäumender Schrei. Und als sie danach weinte, lange weinte, hatte er die unsichere Empfindung, daß sie um ihn weinte, als ginge er ihr verloren; es war, als ob sie den Schmerz der Trennung gleichsam vorausgefühlt, als ob sie ahnte, daß auf sie beide noch in selbiger Nacht etwas Schreckliches zukommen würde ... Sollte er diesen warmen, weichen, duftigen Leib nie mehr umfassen, nie mehr umschlingen dürfen? Sollte er sie vielleicht nicht mehr wiedersehen? Nein, er wollte, er durfte diesen Gedanken nicht denken, er ertrug es nicht. Und so verjagte er wieder das bittersüße Bild, und kam sich doch, als es entschwunden war, so verloren vor wie ein im Walde ausgesetztes Kind.

Ein Gong ertönte. Die Gefangenen erhoben sich von ihren Bänken, brachten ihre leeren Teller und Löffel zurück zur Essensausgabe, dann verließen sie das Refektorium.

Als er hinaus in den Kreuzgang trat, fühlte Eulogius auf einmal eine solche Mattigkeit in den Gliedern, daß er die beiden Kameraden kurzerhand verabschiedete. Seine Stirn war zwar nicht mehr so heiß wie am Morgen, aber er schwitzte wieder. Er habe noch Fieber, sagte er, und bedürfe dringend der

Ruhe. Man verabredete sich für drei Uhr nachmittag in der alten Bibliothek, die den Gefangenen als Lese- und Schreibsaal diente.

Er überquerte den Hof, um einen Blick in die ostwärts gelegenen Gebäude zu werfen, von denen der Schließer gesprochen hatte. Sie waren nur ein Stockwerk hoch und wirkten ziemlich baufällig. Der Putz fiel von den Mauern, Steine und Schutt lagen vor den vergitterten Kellerfenstern. Kaum zu glauben, daß in diesen Kellern, die wohl der früheren Abtei als Lagerräume gedient, auch Gefangene untergebracht waren! Er betrat eines der niedrigen Gewölbe und mußte den Kopf einziehen, um durch den offenstehenden Bretterverschlag zu gelangen. Ein entsetzlicher Gestank schlug ihm entgegen. Es roch nach Exkrementen und Mist, nach fauligem Holz und Rattendreck. Nur durch eine kleine Seitenluke fiel ein wenig Licht in den stickigen Keller. Mit einem Blick sah er, daß es hier weder Pritschen noch Betten gab, sondern nur aneinandergereihte Bretterlager, die mit Strohsäcken bedeckt waren. Die Schlafstellen waren sämtlich verlassen. Kein Wunder bei diesem Gestank und der üblen Luft! Der Schließer hatte recht. Er konnte von Glück sagen, daß man ihn nicht in solch ein Drecksloch gesteckt hatte. Lieber mit einem Aristokraten die Zelle teilen als sich hier die Pestilenz holen.

Er ging über den Hof zum Kreuzgang zurück, hinter dem das Dormitorium lag. Von einem Schweißausbruch zum nächsten schleppte er sich die Treppen in das dritte Stockwerk hinauf und dann durch den langen Korridor, der jetzt wie ausgestorben war. Wahrscheinlich hielten die Aristokraten und Abbés nach einer reichlichen Mahlzeit, die ihnen die Speisewirte gegen gute Bezahlung auf die Zimmer gebracht, gerade Mittagsruhe. Als er am Ende des Ganges die Kammer betrat, war sein Mitbewohner nicht da. Wie ein Mehlsack fiel er auf die Pritsche.

Doch er konnte nicht einschlafen. Unruhig wälzte er sich hin und her; dabei fiel sein Blick auf ein kleines, leicht verblichenes Bildnis der Mutter Gottes, ohne Rahmen und auf faseriger Leinwand gemalt, das mit einem rostigen Nagel notdürftig an der Wand befestigt war; es hatte wohl seinem Vorgänger als Trostbild gedient. Während er das ausgediente Heiligenbild betrachtete, schob sich ihm ein anderes Bildnis vor die Augen, jene ihm so teure Kohlestift-Zeichnung, die Sara mit leichter Hand hingeworfen hatte an jenem unvergeßlichen Julitag des Jahres 1791, da er das Haus der Familie Stamm zum ersten Mal betreten.

Der zweite Hus im Feuer der Venus

Von einem fliegenden Händler, der auf dem Paradeplatz Kokarden, Kupferstiche und Karikaturen feilbot und um den sich eine lachende Menge scharte, hatte er eine Bildergeschichte gekauft. Sie trug den Titel: »L'œuf à la coque« – »Das weichgekochte Ei«. Das erste Blatt zeigte zwei Vertreter der privilegierten Stände, einen Adeligen und einen Bischof, die ihre Brotstücke in ein Ei tunken, das ihnen ein Barbier präsentiert. Doch auf den folgenden Blättern sah man, wie sich der Dritte Stand in Gestalt des Barbiers plötzlich erhebt, das Ei ausschlürft und es sich im Sessel seines Barbierladens bequem macht, wo der Adelige eifrig um ihn mit der Bartschere bemüht ist, während der Bischof den Seifenschaum schlägt. Die zugehörige Legende lautete: »Von nun an schert ein Barbier den anderen!«

Die Schöpferin dieser satirischen Bildergeschichte sollte er kurz darauf im Hause der Familie Stamm kennenlernen, in dem seine Freunde Christoph Friedrich Cotta und Carl Clauer schon seit längerem verkehrten.

Auf Zehenspitzen betrat er das Musikzimmer. Daniel Stamm – ein großer, schlaksiger, sympathischer Bursche mit hellblauen Augen und einem lebhaften Naturell, der immer ein Liedchen auf der Zunge hatte und gerne den Bonvivant gab – saß vor dem Piano und nickte ihm kurz zu, um sich gleich wieder seinem Notenblatt zuzuwenden. Auch Carl und Friedrich waren da. Neben ihnen am offenen Fenster saß ein schönes junges Frauenzimmer, das ihm kurz zulächelte, um gleich wieder den Blick auf den Zeichenblock zu senken, der auf ihrem Schoß lag.

Vergebens versuchte er, sich auf das Klavierspiel zu konzentrieren. Immer wieder wanderten seine Augen verstohlen zu der Schönen hinüber, die mit leichter Hand den Malstift über dem Zeichenblock tanzen ließ. Fast schien es, als nehme dieser den Rhythmus der polnischen Mazurka auf, die ihr Bruder auf dem Piano gab. Hin und wieder hielt sie in ihrer Bewegung inne, den Stift zwischen Daumen und Zeigefinger wie einen Taktstock balancierend, neigte ein wenig den Kopf, um die entstehende Zeichnung zu begutachten.

Sie trug ein einfaches Baumwollkleid, das durch zwei über Kreuz laufende Schulterbänder verziert war. Der Goldton des Kleides nahm den ihrer langen blonden Haare auf, die ihr frei über die Schulter fielen. Ihre Stirnlocken, die den Bogen ihrer dunklen Augenbrauen fast berührten, verbargen eine hohe Stirn. Sie hatte eine feine, gerade Römernase, breite Wangenknochen und volle Lippen mit reizenden Grübchen in den Winkeln. Bis auf das unaufdringliche Rouge ihrer Lippen war sie völlig ungeschminkt. Ihre Füße mit dem hohen Spann steckten in bronzefarbenen Sandalen, deren Riemchen kreuzweise über die Fessel geschnürt und die im Tone mit der bronzenen Schnalle ihres Ledergürtels abgestimmt waren.

Nachdem Daniel seine Mazurka beendet und den Beifall der Freunde entgegengenommen, stellte er ihm seine Schwester vor: Muse dieses kleinen Kreises und die beste Zeichnerin und Karikaturistin Straßburgs! Sie errötete ob dieses Lobes. Er solle sich vorsehen, warnte ihn Daniel mit erhobenem Zeigefinger, denn Saras begnadete Hand entstelle jeden Charakterkopf. Dann verlieh er, sich seiner Schwester zuwendend, seiner Stimme ein künstliches Tremolo:

»Und dies ist Eulogius, der geistvollste und mutigste Prediger gegen den Despotismus, den man im Rheinland kennt, der Schrecken aller deutschen Bischöfe und Fürsten, der zweite Hus!«

»Sie haben hoffentlich nicht den Ehrgeiz, auf dem Scheiterhaufen zu enden!« sagte Sara mit feinem Lächeln.

Er verneinte lachend und ging auf sie zu. Eigentlich wollte er ihre Hand küssen, begnügte sich dann aber, da dies doch zu sehr nach höfischem Zeremoniell ausgesehen hätte, mit einer halben, etwas linkischen Verbeugung.

Er habe Sara bereits so gut präpariert, bemerkte Friedrich mit Ironie, daß sie über ihn mehr wisse als jeder churkölnische Polizeispitzel.

»Nichts wäre mir lieber«, sagte Eulogius und wollte galant sein, »als von einer so reizenden Dame ...«

»Damen gibt es nicht mehr. Hier gibt es nur noch ›Bürgerinnen‹«, verbesserte Sara ihn lächelnd.

»... als von einer so reizenden Bürgerin«, stotterte er und hatte fast seine Pointe vergessen, »ins Visier, ich meine, in Verhaft genommen zu werden.« Er ärgerte sich über seinen Versprecher und spürte, wie seine Ohrläppchen rot anliefen.

»Ich fürchte nur, ich könnte meines Amtes gar nicht gut walten!« erwiderte Sara. »Denn die Verbrechen, die man Ihnen zur Last legt, Bürger Eulogius, würden Sie in meinen Augen geradezu freisprechen.«

Alle lachten. Dann begab man sich auf die Sommerterasse, wo eine Kuchentafel bereitstand. Sara erzählte ihm, wie sie jüngst einen Marquis aus der Karosse habe treten sehen. Dieser wartete wohl darauf, daß sein Lakai, der ihm den Schlag aufhielt, sich verbeuge, was dieser indes nicht tat. Darob war der Marquis so verwirrt, daß er sich statt seines Lakaien verbeugte. Es habe freilich so ausgesehen, als ob er sich *vor* diesem verbeuge. Diese kleine Szene habe sie auf den Einfall für die Bildergeschichte »L'œuf à la coque«

gebracht und ihr verdeutlicht, daß eine neue Epoche der Weltgeschichte begonnen habe.

Er war entzückt über diese Episode, die überdies von einer vortrefflichen Beobachtungsgabe zeugte.

Dann bat man ihn, nochmals die Geschichte seiner Vertreibung aus dem Erzbistum Köln zum besten zu geben. Er tat dies gern – als unterhaltsames Extrakolleg für die junge Frau, die ihm gegenüber saß und ihn mit ihren türkisblauen Augen, aber ohne Zudringlichkeit musterte. Als er auf das lateinische Pasquill aus der Feder eines Skribenten der churkölnischen Orthodoxie zu sprechen kam, das den Auftakt zu der gegen ihn geführten Kampagne gegeben und ihn mit Schmähungen überschüttet hatte, geriet er mit Vorsatz ins Stocken.

Was denn das für Schmähungen gewesen seien, wollte Sara wissen.

Der Anstand verbiete es, sagte er mit berechnender Hinhaltetaktik, diese Ausdrücke in Gegenwart einer Dame, äh, … Bürgerin zu wiederholen! Und wenn sie ihm vorab die Absolution erteile?

Leider könne man ja niemals ganz sicher sein, zierte er sich und setzte eine gespielt kummervoller Miene auf, ob nicht das giftigste und bis zur Unkenntlichkeit entstellte Porträt, das ein Gegner von uns entwerfe, nicht doch ein Körnchen Wahrheit enthalte.

Genug der Koketterie, sagte Sara heiter, indem sie ihm als Lockspeise ein zweites Stück Pflaumenkuchen auf den Teller schob. Man wolle endlich einen Blick in den Zerrspiegel werfen.

Sie müsse ihm aber versprechen, über dem Zerrbild nicht das vor ihr sitzende Original aus dem Auge zu verlieren. Sie versprach es.

»Liebe Bonner!« begann er nun jenes Pasquill zu deklamieren, wobei er bei den lateinischen Ausdrücken den hohen Diskant einer Eunuchenstimme nachzuahmen suchte, »Wir wünschen euch zu eurem Schneider Glück (gratulamor vobis Schneiderum); er macht euch viel Ehre, der Venuspriester, der Possenreißer (scurra ille), der über die Religion und die Heiligen spottet (ille religionis et sanctorem contemptor), der noch lasterhafter als das Laster selbst ist (ille ipse scelere scelerator)! Du Bestie, du Mißgeburt, du Götze der Geilheit (o bestia, o monstrum, o Priape)! Welches katholische Land wird dich künftig noch aufnehmen? Du willst ein Priester sein (tu sacerdos)? Du bist eine Teufelsbrut, ein Auswurf der Venus, ein Schwein, ein Ochs, ein Hund (tu filius Belial, tu spuma Veneris, tu porcus, taurus, canis)! Verschwinde, ich bitte dich! Verschwinde zu den Lutheranern (abi, rogo te, abi ad castra Lutheri)! Wir dulden dich nicht mehr.«

Mehr noch als über die ins Lateinische gekleideten Obszönitäten lachte man über das gelungene Imitat seiner Eunuchenstimme. Sara aber lachte nicht nur mit dem Munde, wie die gezierten Fräuleins bei Hofe, sie lachte auch mit den Augen. Welch ein reizender Anblick, wie sie die Füßchen kreuzweise übereinandersetzte, den Finger auf das weiche Kinn legte und ihn mit ihren leuchtenden Augen anguckte! Und diese Grübchen in ihren Mundwinkeln! Er war wie verzaubert von diesen geheimen Leuchtzeichen, wie sie nur glücklichen Naturen eigen sind. Die mediceische Venus von Straßburg, taufte er sie in Gedanken.

Nicht ohne heimliche Resignation registrierte er im Verlaufe dieses Nachmittags, daß bereits Friedrich Cotta ihr den Hof machte, und daß beide, wie an manchen kleinen Gesten und Gefälligkeiten ersichtlich, schon auf recht vertrautem Fuße miteinander standen. Gerade weil sie Freunde und Streiter für die gemeinsame Sache waren, fühlte er die Verpflichtung, seine Koketterie im Zaume zu halten und die älteren Rechte des Freundes anzuerkennen, dem das Haus Stamm offenbar ein zweites Zuhause geworden.

Bevor er und die Freunde aufbrachen, überreichte ihm Sara ein kleines Präsent: eine Kohlestiftzeichnung, die sie ganz nebenbei, während der Konversation auf der Terrasse, hingeworfen hatte. Das Blatt zeigte ihn, in eine Trikolore gehüllt, auf dem Scheiterhaufen mit selig verklärtem Gesicht. Erst beim zweiten Hinsehen erkannte man, daß die züngelnden Flammen, die zu ihm emporschlugen, unverkennbar weibliche Formen und Rundungen hatten, die liebliche Gestalt sich zu ihm hochwindender Nymphen und Circen, die ihn eher umschmeichelten, als daß sie ihn zu Asche verbrennen würden. Die Legende darunter lautete: *Der zweite Hus im Feuer der Venus!*

Er errötete über dieses Bild. Die Freunde aber lachten und staunten, wie geschickt Sara das Motiv des lateinischen Pasquills aufgenommen und verbildlicht hatte. Und sie erntete viel Beifall für diese originelle Zeichnung. En revanche überreichte er ihr ein Exemplar seines Gedichtbandes, der in Bonn so viel Aufsehen erregt und die erzkatholische Meute gegen ihn in Bewegung gesetzt.

Hatte nicht mit dieser hübschen Karikatur, die noch jetzt über der Bettstatt seines Schlafgemachs in Straßburg hing, ihre Liaison begonnen, lange bevor sie beide darum wußten?

Der Traum der Vernunft und die Eule der Minerva

Als Eulogius erwachte, hämmerte sein Herz in rasendem Takte. Eine Weile lag er wie benommen von dem Eindruck des schrecklichen Traumbildes,

ganz still, bis sein Herz wieder langsamer ging: Leise, wie von Geisterhand
bewegt, geht die Tür der Kammer auf, ein Engel ohne Kopf, mit blutigen
Flügeln, steht auf der Schwelle, aber mit dem Rücken zu ihm. Langsam
wendet er sich um – er trägt sein abgeschlagenes Haupt in den Händen; das
durch eine Hasenscharte entstellte Gesicht aber lebt und spricht zu ihm:
»Ich bin der Engel Gabriel! Bitte submissest, meinem allergnädigsten Herrn
dieses Präsent überreichen zu dürfen. Es ist zwar nur ein plumper Bauern-
schädel, aber besser einen solchen als gar keinen!« Und dann wirft ihm der
Rumpfengel seinen Kopf wie einen Kinderball zu.

Den Kopf mit der Hasenscharte – ihm war, als hätt' er ihn schon einmal
gesehen. Was man im Traum nicht alles zusammenfabelt – das reinste Bestia-
rium!

Er streckte die Glieder, dann befühlte er seine Stirn, die nicht mehr so heiß
wie am Morgen war. Auch schwitzte er nicht mehr. Der lange Schlaf hatte
ihm gutgetan. Wie spät mochte es sein? Er richtete sich auf und schlug die
Decke zurück. Sein aristokratischer Mitbewohner saß lesend in einem Fauteuil vorm Fenster. Vor ihm, auf dem ovalen Tisch, stand ein Gläschen Likör.
Die Petroleumfunzel auf dem Fensterbord verbreitete ein warmes Licht.

»Sie haben den letzten Appell verschlafen!« sagte dieser fast amüsiert,
indem er kurz aus seinem Buch auf- und zu ihm hinüberblickte. »Möchten
Sie auch einen Likör?«

Eulogius stand auf und trat ans Fenster. Wenn er den letzten Appell verschlafen hatte, dann war es gewiß weit nach neun Uhr. Dunkel und finster
erhob sich draußen das Kirchenschiff wie eine verlassene Burg. Außer ein
paar patrouillierender Wachen war niemand mehr auf dem Hofe zu sehen;
doch hinter etlichen Fenstern der angrenzenden Gebäude glomm noch
Licht. Er setzte sich seinem Zellengenossen vis-à-vis, der sogleich ein zweites Glas mit Likör füllte. »Es ist ein guter Tropfen, Anis. Zum Wohl!«

Eulogius führte das Glas an die Lippen, sog das süßlich bittere Aroma
ein, nippte erst, dann trank er in kleinen Schlucken. Ein wohliges Gefühl
rann ihm durch Kehle und Magen. Einen so guten Tropfen hatte er schon
lange nicht mehr genossen. Und als Sohn eines fränkischen Weinbauern
wußte er gute Liköre und Weine zu schätzen.

In seinem scharlachroten Hausmantel und mit dem Haarnetz auf dem
Haupte wirkte der Graf – oder war er gar ein ehemaliger Marquis? – eher
wie ein gemütlicher Patriarch denn wie ein aristokratischer Verschwörer in
Haft. Die breite, schon recht gefurchte Stirn, die fleischige, ein wenig dog-
genhafte Nase, die verschleierten Augen unter den schwarzen Brauen, vor

allem die wuchtigen Kinnladen verliehen seiner Physiognomie eine gewisse Gravität.

»Ein Jakobiner und ein Aristokrat, vereint in einer Zelle«, sagte dieser mit amüsierter Nonchalance, »das könnte Stoff für ein Lustspiel sein, finden Sie nicht auch?«

»Sie lieben wohl die Bühne!« sagte Eulogius, nur um überhaupt etwas zu sagen. Vom langen Schlaf fühlte er sich noch benommen.

»Alles ist Bühne, Monsieur! Und wir alle spielen Rollen, tragische, komische, rührende und lächerliche. Nur merken wir es meist gar nicht. Ich spiele die meinige übrigens unter dem Namen Merville. Das ›von‹ davor habe ich auf dem Altar der Gleichheit geopfert. Und Sie?«

»Eulogius Schneider! Derzeit ohne Engagement.«

»Das haben Sie trefflich gesagt!« Merville verzog die wulstigen Lippen zu einem anerkennenden Lächeln. »Der heilige Ernst, mit dem wir für gewöhnlich agieren und unsere Texte aufsagen«, mit gespieltem Pathos hob er die Stimme und rollte die Augen himmelwärts, »läßt uns die Souffleure hinter der Bühne meistens vergessen. Selbst wenn wir zuletzt auf der Blutbühne stehen, sind wir noch unfreiwillige Spieler in einem Drama, das andere in Szene gesetzt. Und bis zuletzt erwartet man von uns eine tadellose Aufführung. Nehmen Sie die Dubarry als Beispiel! Sie ist den Parisern in schlechter Erinnerung geblieben, nicht weil sie die letzte Mätresse Ludwigs des XV. war, sondern weil sie auf dem Blutgerüst eine schlechte Figur machte. Sanson, unser verdienter Scharfrichter, mußte sie, da sie aus einer Ohnmacht in die andere fiel, beständig in den Armen halten.«

Der ironisch-nonchalante Ton, in dem Merville von der Blutbühne sprach, irritierte Eulogius. Der Mann wußte wohl noch nicht, mit wem er die Kammer teilte.

»A propos! Wie, glauben Sie, war wohl Sanson zumute, als er jüngst seine erste Geliebte, den Schwarm seiner Jugend aufs Brett band?«

»Den Schwarm seiner Jugend?«

»Ja, wußten Sie denn das nicht? Sanson war in die junge Mademoiselle Marie-Jeanne Gomart Vaubernier verliebt. Nicht lange dauerte diese Romanze. Der junge Sanson, entsagungsvoll, sentimental und also auch hier ganz nach der Mode, verlor die Angebetete bald aus dem Blick. Und es war der große Kummer seines Lebens, als sie ihm Jahre später, ganz weit oben aufs neue erschien, als Maitresse Ludwigs XV., nun mit Namen und mit Titel Comtesse Dubarry. Welch ein Choc aber erst, als er Jahrzehnte später vor dem Souper, das er wie immer im Kreise seiner braven Familie einnimmt, die Liste der am nächsten Tag Hinzurichtenden durchgeht und hierbei auf den Namen seiner Jugendliebe stößt! Der Henker, der schon der Henker des Königs war, und der nun im Auftrage der Republik die Geliebte seiner Jugend, welche die Mätresse des alten Königs geworden, unter das Fallbeil legen muß – könnte wohl ein Dichter, der unsere Zeit auf ihren wahren Begriff zu bringen sucht, einen besseren Stoff finden?«

Die Geschichte, die Merville im galantesten Plauderton vorgetragen, jagte Eulogius eine Gänsehaut über den Rücken.

»Sie sprechen zwar ein gutes Französisch, aber dem Akzent nach sind Sie ein Deutscher, nicht wahr!«

Eulogius nickte.

»Und weil Sie ein Deutscher, ein Ausländer sind, hält man Sie für verdächtig!«

»Voilà!«

»Sehen Sie«, sagte Merville und verlieh seiner Stimme ein parodistisches Tremolo, »auch wenn ich für Sie ein Aristokrat, ein Parasit, ein Ausbeuter, ein Feind des Volkes und überhaupt des Menschengeschlechts bin, etwas haben wir doch gemein.«

»Sie machen mich gespannt!«

»Auch ich bin verdächtig, weil ich einige Zeit im Ausland weilte. Ja, es scheint, man verdächtigt uns beide, vom Ausland bezahlte Agenten zu sein! Voilà la comédie! Und wenn man zwei Agenten zusammen in ein Doppelzimmer sperrt, so ergibt dies nach Adam Riese, na, was wohl?« Merville wartete mit hochgezogenen Brauen und theatralisch gespreizten Armen auf eine Antwort. »Einen Doppelagenten natürlich!«

Eulogius lachte, und der Graf sah ihn an wie ein applausgewohnter Salonlöwe nach einem gelungenen Bonmot.

»Und wer weiß? Vielleicht hat man uns ja nur zusammengesperrt, damit wir uns wechselseitig belauern und ausspionieren! ... Sie werden gewiß schon bemerkt haben, daß unter meiner Pritsche zwei Bettpfannen stehen. Das ist sehr verdächtig, nicht wahr? Für wen mag wohl die zweite Bettpfanne sein? Nun, ich gestehe: Für eine sehr reizvolle Comtesse, die ich hier hin und wieder empfange. Aber erfüllt nicht schon der Beischlaf mit einer Aristokratin« – Merville furchte die Stirn und hob warnend den Zeigefinger – »den Tatbestand der Conspiration gegen die Republik?«

Wenn auch ein Aristokrat und vermutlich ein geschworener Feind der Republik, der Mann war immerhin ein amüsanter Causeur und wußte das Schicksal auch von der leichten Seite zu nehmen. Dies war, wenn man so eng aufeinander hockte, nicht zu verachten. Eulogius fühlte, wie die Last der letzten Tage langsam von ihm abfiel.

»Ich nehme an, Sie sind ziemlich mittellos hier angekommen!«

»So ist es!«

»Ohne Geld sind Sie in diesem Gefängnis verloren. Selbst die Speisewirte und Botenfrauen, die unsere Briefe an der Zensur vorbei nach draußen schmuggeln, wollen für diese Dienste bare Münze. Falls es Ihren Stolz nicht allzusehr kränkt, will ich Ihnen fürs erste gern etwas borgen!«

Eulogius preßte die Lippen zusammen; sein aufschießender Zorn wurde nur von seinem Schamgefühl im Zaume gehalten. Welche Demütigung, von einem Aristokraten Geld borgen zu müssen! Aber hatte er denn eine Wahl?

Merville fingerte an seiner goldenen Halskette und beförderte eine kleine Brusttasche zutage, aus der er einen Schlüssel hervorzog. Dann wandte er sich zur Kommode und schloß die oberste Schublade auf. Er holte eine Kassette hervor, die er mit einem weiteren Schlüssel öffnete; dann zählte er 100 Livres in klingender Münze auf den Tisch. »Das dürfte fürs erste genügen! Und bedenken Sie: Hartgeld ist hier die einzige Währung, die zählt. Für Assignate bekommen Sie nicht einmal Phosphorhölzer, geschweige denn ein Stück Seife.«

Die Scham, mit wütender Dankbarkeit vermischt, ließ Eulogius die Augen zu Boden schlagen. Händler und Kaufleute, die sich weigerten, das nationale Papiergeld in Zahlung zu nehmen, hatte er nach dem Gesetz zu hohen Geldstrafen, zur Anbindung an die Guillotine und zu Gefängnis verurteilt. Und jetzt nahm er selbst die klingende Währung der ›Verräter‹ und ›Republikfeinde‹ aus der Hand eines Aristokraten entgegen.

»Sehr freundlich von Ihnen!« brachte er mühsam hervor und verstaute das Münzgeld sogleich wie schmutzige Ware in der Innentasche seines Rocks. »Sobald man mir Geld aus Straßburg schickt, erhalten Sie das Geborgte zurück!«

»Oh, das hat keine Eile! Auch Sie gehören dem geistlichen Stand an, nicht wahr?« konstatierte Merville treffsicher.

»Gehörte!« verbesserte Eulogius. Sah man ihm denn, fragte er sich verärgert, den Pfaffen noch immer an? »Meine Fakultät ist eher die Philosophie als die Theologie!« Er hielt es für besser, von dem politischen Amte zu schweigen, das er zuletzt in Straßburg versehen. Schließlich befand er sich hier im Trakte der Aristokraten und Royalisten.

»Sieh einer an!« Merville zog die buschigen Brauen erstaunt in die Höhe und musterte ihn aus den faltigen Winkeln seiner Augen. »Nun, dann dürfte uns die Zeit wenigstens nicht lang werden; ich meine, mit dem Blick auf das Stundenglas, das uns allen gestellt ist, philosophiert es sich um so trefflicher.« Er ergriff die Likörflasche und füllte noch einmal beide Gläser. »Wenn

Sie mich fragen – die Aufklärung hat unser Dasein entzaubert, ihm den Flair des Geheimnisses genommen. Erziehung, Didaktik, Diätetik – all diese neuen Disziplinen und Programme vernünftiger Lebensplanung stellen überall ihre Verbotstafeln auf und verkünden drohend: ›Dies darfst du nicht! Und jenes darfst du nicht! Das ist Aberglaube, und dies Schwärmerei! Das widerspricht dem gesunden Menschenverstand und jenes der vernünftigen Religion! Erst mußt du lernen, richtig zu denken und dann sollst du nach diesen richtigen Begriffen dein Leben einrichten!‹ – Hätte ich nach solchen Maximen gelebt, ich würde mich mit mir selber zu Tode langweilen.«

»Sie sind demnach kein Freund der Philosophie?«

»Wer wäre heutzutage nicht Philosoph? In jedem Salon, in jedem Kaffeehaus wird heuer spekuliert und deduziert, was das Zeug hält, und die Diderotschen, Voltaireschen und Rousseauschen Zitate fliegen einem um die Ohren wie Knallkörper bei einem Feuerwerk. Selbst unsere vornehmen Frauenzimmer verlangen heute von ihren Galans philosophische Liebeserklärungen. Und wenn einer nicht den *Emile* oder den *Contrat Social* gelesen hat, lassen sie ihn erst gar nicht in ihr Boudoir.«

Eulogius lachte – vor allem über das theatralische Mienenspiel des Grafen, über die operettenhafte Art, wie er die Augen rollte und die Mundwinkel qualvoll nach unten zog. Nun zog er eine kleine vergoldete Tabatiere aus der Seitentasche seines Hausmantels und entnahm ihr eine Prise Schnupftabak, die er genüßlich durch die Löcher seiner breiten Nase einsog.

»Schnupfen Sie auch?«

»Nein, ich rauche Pfeife. Nur fehlt es mir an Tabak.«

Merville wandte sich wieder der kleinen Kommode zu und holte aus der untersten Schublade einen Tabakbeutel und eine Schachtel Phosphorhölzer heraus. »Bitte, bedienen Sie sich!«

»Sie tun mir einen großen Gefallen, Monsieur!«

Eulogius zog die Meerschaumpfeife, eines seiner wenigen Mitbringsel, aus der Rocktasche, stopfte und entzündete sie. Likör, und jetzt auch noch Tabak! Fürs erste bereute er nicht, die Zelle mit einem Aristokraten zu teilen, der ihm solche Wohltaten erwies und mit dem sich so kurzweilig plaudern ließ.

»Sehen Sie, Monsieur«, hob Merville wieder an, »mindestens ein Drittel unseres Lebens bringen wir schlafend, und das heißt träumend, zu. Woher aber nehmen wir die Sicherheit, daß das Leben, welches wir tagsüber führen, wirklicher und wahrhaftiger wäre als unser Traumleben? Haben wir nicht, wenn wir träumen, das gleiche Empfinden von Wirklichkeit, als wenn wir wachen? Erleben wir im Traum nicht die gleichen Ängste, Sehnsüchte, Leidenschaften wie in unserem wachen Leben? Wenn wir aus einem Traum erwachen, sagen wir enttäuscht oder erleichtert: ›Es war ja nur ein Traum, eine Illusion!‹ Aber woher wissen wir denn, daß die Welt unseres Tagbewußtseins nicht ebenso eine Illusion, ein Traum ist wie unser nächtlicher Traum? Ist denn nicht jede Erfahrung, die unser Geist macht, gleichviel, ob er wacht, träumt oder tagträumt, gleich wirklich?«

»Für einen bloßen Geist bringen Sie aber ziemlich viel Newtonsche Masse mit und schnupfen einen veritablen, übrigens sehr aromatischen Tabak.«

»Oh, es gibt auch Geister von Gewicht! Und was meinen Tabak betrifft, den würden Sie auch riechen, wenn ich Ihnen im Traume erschiene. Stellen wir uns nur einmal vor, wir würden im Traum ein ebenso kontinuierliches Leben führen, das von einer Schlafphase unterbrochen wird, die unserem Alltagsleben entspräche. Wie wollten wir dann wohl Wachen von Träumen unterscheiden?«

Für einen Augenblick gab sich Eulogius der tröstlichen Vorstellung hin, die Hölle, die er in den letzten Wochen durchlebt, sei vielleicht nur ein Fiebertraum, ein Hirngespinst seiner entzündeten Einbildungskraft gewesen, und jetzt endlich wache er aus ihm auf. Doch schob er die Illusion rasch wieder beiseite. Welche absurde Situation, dachte er und mokierte sich über sich selbst. Da hockten sie, Jakobiner und Aristokrat, zusammengesperrt in dieser Kammer, beide mit guten Aussichten, demnächst das Schafott zu besteigen, und hatten gleichwohl nichts Besseres zu tun, als über die Wirklichkeit des Traumes und das Traumhafte der Wirklichkeit zu disputieren. Nun, wenn er sich schon zum Kostgänger und Schuldner dieses immerhin spendablen Aristokraten bequemen mußte, dann wollte er ihm wenigstens die Repliken nicht schuldig bleiben.

»Im Gegensatz zur Welt unserer Träume und Imaginationen«, begann er zu dozieren, als sitze er nicht in einem Pariser Gefängnis, sondern als stünde er wieder vor dem Katheder der Bonner Universität, »hat die physische Welt, in der wir leben, eine materielle Substanz, die wir mit Händen greifen, betasten, riechen, an der wir uns stoßen können. Mindestens die primären Eigenschaften der Dinge wie Ausdehnung, Festigkeit, Gewicht, Schwere, Bewegung etc. können wir, wie John Locke sagt, mit unseren Sinnen erfassen und also zum Gegenstand unserer Erkenntnis machen. Sie konstituieren die äußere Wirklichkeit. Auch Descartes und Spinoza, Hume und Kant halten, bei allem Skeptizismus bezüglich unseres Erkenntnisvermögens, diese physische Welt für eine unbestreitbare empirische Realität.«

Der Graf kicherte, als habe er soeben die größte Sottise seines Lebens vernommen. Dann ergriff er mit beiden Händen das vor ihm liegende Buch und stellte es hochkant, so daß Eulogius den Titel lesen konnte: *A Treatise Concerning the Principles of Human Knowledge. By George Berkeley.*

»Haben Sie Berkeley gelesen?«

»Nein!«

»Sehen Sie, Berkeley zweifelt genau das an. Er leugnet die Existenz einer stofflichen Welt außerhalb unseres Bewußtseins. Er bezweifelt außerdem, daß Zeit und Raum eine absolute oder selbständige Existenz haben. Unser Erleben von Zeit und Raum ist nämlich an unser Bewußtsein gebunden. Das einzige, was existiert, sagt Berkeley, ist das, was wir empfinden. Aber wir empfinden nicht ›Materie‹ oder ›Stoff‹. Wir empfinden die Dinge nicht als handgreifliche Dinge.«

»Unsinn!« Eulogius schlug mit der Faust auf die Stuhllehne. »Ist dies etwa kein Beweis dafür, daß dieser Stuhl ein wirklicher Stuhl ist und sehr wohl Materie oder Stoff ist – im Gegensatz zu einem bloß geträumten oder phantasierten Stuhl?«

Merville lächelte spöttisch: »Was haben Sie eben gespürt?«

»Etwas Hartes natürlich.«

»Sie hatten die klare sinnliche Empfindung von etwas Hartem, aber den eigentlichen ›Stoff‹ dieses Stuhls haben Sie nicht gespürt. Ebenso können Sie geträumt haben, daß Sie gegen etwas Hartes gestoßen sind, obwohl Sie, wenn Sie erwachen, feststellen, daß dieses Harte, dieser Stuhl nur in Ihrer Vorstellung oder Einbildung existierte. Ähnliches erleben Sie auch in somnambulem oder schlafwachendem Zustand.«

Eulogius stutzte. War sein Mithäftling etwa einer von diesen zwielichtigen Magnetiseuren aus Mesmers oder Pysegurs Schule, die derzeit die europäischen Höfe bevölkerten und die auch in der Straßburger *Gesellschaft der Harmonie* ihr Unwesen trieben?

»Wenn all das«, konterte er, »oder nur das Anspruch auf ›Wirklichkeit‹ und ›Wahrheit‹ erheben darf, was einer empfindet oder sich einbildet, dann müssen Sie vor jedem Schwärmer, jedem Phantasten, jedem Wahnsinnigen, jedem Geisterseher und selbsternannten Propheten, wie sie derzeit die europäischen Salons und Höfe bevölkern, die Waffen strecken. Dann werden Sie auch die Hirngespinste eines Svedenborg, der sich ernsthaft einbildet, mit Engeln und den Geistern der Verstorbenen zu verkehren, welche ihm angeblich seine Schriften diktieren, als ›Offenbarung höherer Wirklichkeit‹ anerkennen müssen.«

»Aber Monsieur! Was eifern Sie so gegen Svedenborg? Sind nicht Geister und Engel uralte Imaginationen der menschlichen Seele? Haben Sie in Ihrer Kindheit und Jugend, als Ihre Phantasie noch nicht von der kritischen Philosophie angekränkelt war, etwa keinen Schutzengel gehabt, zu ihm gebetet und mit ihm im Geiste gesprochen?«

Eulogius war verblüfft über den plötzlichen Ernst, mit dem dieser noch eben so spöttische und nonchalante Mensch sich zum Fürsprecher eines mystischen Schwärmers vom Schlage Svedenborgs machte. »Mir jedenfalls ist noch kein Engel begegnet«, gab er trocken zurück. »Auch sonst keines jener anderen Geistwesen, mit denen Svedenborg und seine zahlreichen Anhänger so intimen Verkehr pflegen. Kant nannte ihn in seiner *Schrift über den Geisterseher* einen ›Kandidaten für das Hospital‹. Und dies zu Recht!«

»Kant, Kant«, versetzte Merville mit plötzlichem Grimm, »hat nicht just Immanuel Kant sein Königreich der Vernunft in wütender Abgrenzung gegen Svedenborg errichtet? Hat er sich nicht monatelang durch die Schriften dieses von ihm so verabscheuten Schwärmers hindurchgewühlt, mit heimlicher Gier, als müßte er seinen eigenen Schatten bekämpfen? Die Vernunftphilosophie, dieser neue Zuchtmeister der Menschheit, verbannt alles, was sie nicht logisch deduzieren, nicht in das enge System ihrer Begriffe einordnen kann, in die Katakomben des Bewußtseins oder ins Hospital. Sie erklärt jenen ungeheuren Bereich der dunklen Vorstellungen, die im Traume und in den somnambulen Zuständen über uns Macht gewinnen, für einfach nicht existent oder zur bloßen Chimäre. Wie bedroht aber, frage ich Sie, fühlt sich eine Vernunft, die solche Mauern und Schutzdämme gegen ihre verpönte Nachtseite, die sogenannte ›Schwärmerei‹ und ›Phantasterei‹, errichten muß! Steht sie nicht eigentlich auf sehr schwachen Füßen?«

»Von Freiheit und Selbstbestimmung des Menschen scheinen Sie nur eine geringe Meinung zu haben.«

»An diese teuersten Chimären des Zeitalters sollte man besser nicht rühren«, gab der Graf gereizt zurück. »Denn Kinder, denen man ihr liebstes Spielzeug nimmt, werden bekanntlich grausam!«

Je gereizter Merville geworden, desto kühler wurde nun Eulogius. Sachlich, nüchtern, mit professoraler Überlegenheit setzte er ihm, wie einem Studenten des ersten Semesters, das methodologische ABC des englischen Empirismus auseinander, auf dessen Boden auch die Kantische Philosophie stand: »Hume sagt: ›Nichts gelangt in unser Bewußtsein, was nicht vorher in unseren Sinnen war.‹ Warum aber wendet sich Hume gegen alle Vorstellungen, die wir zusammensetzen, ohne daß es in der Wirklichkeit etwas entsprechend Zusammengesetztes gibt? Weil nämlich so falsche Vorstellungen und Begriffe entstehen. Nehmen wir als Beispiel die Vorstellung des ›Engels‹! Unsere Einbildungskraft hat sie falsch zusammengesetzt: nämlich aus den Elementen ›Mann‹ und ›Flügel‹. Oder haben Sie schon einmal einen geflügelten Mann gesehen? Zwar kann es sein, daß uns ein solcher auf dem Theater begegnet oder uns im Traume erscheint ...« Eulogius stockte, plötzlich riß ihm der Gedankenfaden.

Vor ihm stand wieder das Bild, das ihn aus dem Schlafe gerissen, das Bild des geflügelten Mannes, der sein eigenes Haupt an den Haaren hielt. Und auf einmal erkannte er es: Es gehörte einem Bauern aus Scherweiler. Gabriel Engel hieß der Mann, 61 Jahre alt; er und sein Mitverschworener Andreas Gall hatten die Dorfbewohner gegen die Republik aufgewiegelt und conterrevolutionäre Reden geführt. Und er stand dabei, wie man diesen Gabriel Engel aufs Brett band und wie sein Kopf in den Korb fiel – der Kopf mit der Hasenscharte. Das war am 23. Frimaire (13. Dez) gewesen, einen Tag nachdem er Sara zu seinem Weibe gemacht im Gemeindehaus zu Barr. Es war seine letzte Amtshandlung gewesen. Nein, der Mann hatte kein Recht, in seinen Träumen herumzuspuken und Revision zu verlangen, denn er wurde einstimmig und nach dem Gesetz verurteilt.

»Was haben Sie denn? ... Ist Ihnen nicht gut?« Merville beugte sich über den Tisch und musterte ihn.

Eulogius fuhr sich mit einer fahrigen Handbewegung über die Stirn. Mit gepreßter Stimme nahm er die unterbrochene Replik wieder auf:

»Selbst wenn uns ein geflügelter Mann, respektive Engel, im Traume erscheint, dies beweist rein gar nichts – außer daß wir, wenn wir träumen oder tagträumen, gewissermaßen Schere und Klebstoff benutzen und sinnliche Eindrücke und einfache Vorstellungen aus unserer Alltagswelt willkürlich nach Art der Kinder zusammensetzen.«

»Wenn ich ihr kleines philosophisches Kolleg recht verstanden habe«, resümierte der Graf nun wieder mit spöttischer Nonchalance, »sollen wir all diese von unserer Einbildungskraft falsch zusammengesetzten Vorstellungen, die keine Entsprechung in unserem alltäglichen Leben haben, aus unserem Denken verbannen und zum Kehricht werfen?«

»Es gibt keine andere Möglichkeit, Glauben von Wissen, Aberglauben von Erkenntnis zu scheiden. Hume, Locke und Kant haben die letzten Verbindungen zwischen Glauben und Wissen gelöst. Dahinter können wir nicht mehr zurück.«

Der Graf wandte den Kopf zum Fenster und starrte hinaus in die Dunkelheit. Nach längerem Schweigen sagte er: »Haben Sie einmal den Einbruch der Dämmerung verfolgt? Man sagt, sie scheidet den Tag von der

Nacht, das Licht von der Finsternis. Indes, den genauen Punkt dieser Scheidung kann man nicht bestimmen – versuchen Sie es, es wird Ihnen nicht gelingen –, sowenig man Glauben und Wissen, Imagination und Vernunft voneinander scheiden kann. Denn es sind fließende Übergänge.« Eulogius verkniff sich eine Replik. Der Disput begann ihn zu entnerven. Doch der redselige Alte, sei es aus Langeweile, sei es aus Streitlust, gab keine Ruhe. »Wissen Sie, warum für die alten Athener die Eule ein heiliges Tier war? Und warum sie diese just der Minerva, der Göttin der Weisheit, als Wappentier zugedacht haben? Weil die Eule erst in der Dämmerung ausschwärmt, um ihre Streif- und Erkundungsflüge zu machen. In der Dämmerung sieht und erkennt sie nämlich viel mehr als die gefiederten und ungefiederten Zweibeiner bei Tage!«

Mervilles aus dem Halbdunkel starrende Augen, aus denen das Weiße blitzte, hatten jetzt wirklich etwas vom Blick einer Eule. »Die Vernunft«, monologisierte er weiter, »bildet sich heuer alles Mögliche ein und merkt gar nicht, wie sie sich ständig selbst betrügt. Der Mensch ist nämlich stets bestrebt, sein Denken seinen Wünschen und Ängsten, seinen geheimen Obsessionen und höchstpersönlichen Lebenslügen anzupassen. An diesen hängt er wie an seinen liebsten Kindern und wird eher sterbenskrank, als sich von ihnen zu trennen. Das Wunschdenken und das Angstdenken üben eine viel größere seelische Macht aus als das gereinigte Denken der Vernunft. Ja, der Mensch redet und suggeriert sich selbst das tollste Zeug ein, um seine Illusionen zu bewahren. Dazu braucht er keinen Magnetiseur. Er selbst ist sein allerbester Magnetiseur. Dies, Monsieur, ist die Lehre, die mir meine jahrzehntelange magnetische Praxis erteilt hat: *Der Mensch denkt, und die Einbildungskraft lenkt!* Darum ist jenes Reich der vorurteilslosen Vernunft, das die kritische Philosophie dieses Jahrhunderts zu vermessen sucht, selber nur ein Phantasma, eine grandiose Einbildung der Aufklärung. Paracelsus sagt: Die Imagination ist wie die Sonne, deren Licht nicht greifbar ist, die aber ein Haus in Brand setzen kann. Sie lenkt das Leben der Menschen. Wenn der Mensch ein Feuer denkt, so brennt er. Wenn er an Krieg denkt, so wird er Krieg auslösen. Wenn er . . .«

»Paracelsus«, fuhr Eulogius dazwischen, »war ein Arzt des vorwissenschaftlichen Zeitalters, dazu ein Säufer und wundersüchtiger Wirrkopf, dem der Aberglaube des Mittelalters noch tief in den Knochen steckte!«

»Aller Aberglaube ist alter Glaube, und alle Wissenschaft neuer Aberglaube!« versetzte Merville apodiktisch und zog verächtlich die Mundwinkel herab. »Was sich heute ›Vernunftphilosophie‹ nennt, wird späteren

Geschlechtern als ebenso abergläubisch erscheinen wie uns Heutigen das scholastische Denken des Mittelalters!«

»Demnach wären für Sie die Lehren von Descartes, Locke, Hume, Diderot, d'Alembert, Rousseau und Kant nur ebenso viele Manifestationen eines neuen Aberglaubens im Gewande der Philosophie?«

»Das habe ich nicht gesagt. Das Problem sind weniger die Meister, das Problem sind die Jünger! Vor allem dann, wenn sie beginnen, die Lehren der Meister ins Buch der Geschichte zu schreiben, wenn es sein muß, mit Blut.«

Eulogius stand auf und sagte in schneidendem Tone: »Monsieur, es wäre Zeitverschwendung, diesen Disput fortzusetzen ... Ich danke für den Likör und den Tabak!« Vor Ärger vergaß er, auch das geborgte Geld zu erwähnen.

»Ist das nicht komisch, Monsieur? Da eifern Sie gegen den Aberglauben und gegen die Schwärmerei – und sind gleichzeitig von einem schwärmerischen Glauben an die Revolution beseelt, die Sie selbst hinter Schloß und Riegel setzt und vielleicht demnächst auf das Schafott schickt.«

»Mein persönliches Schicksal tut nichts zur Sache!« versetzte Eulogius kurz angebunden, nur um diesen Disput zu beenden.

»Nichts zur Sache?« Merville musterte ihn wie der Besucher einer Menagerie ein exotisches Tier. Dann sagte er kopfschüttelnd: »Leute wie Sie sind mir ein Rätsel. Woher nur dieser verrückte Ehrgeiz, das eigene Leben für eine Idee, zugegeben, für eine großartige Idee, vielmehr Chimäre, zu opfern? Ist das nicht wieder etwas Religiöses, ja geradezu Mystisches?«

»Leute Ihres Standes können das nicht verstehen. Am besten versuchen Sie es erst gar nicht!« Brüsk wandte Eulogius sich um und ging zu seiner Pritsche zurück.

Merville räumte die Likörgläser vom Tisch und verschloß die Flasche. »Ich bedaure«, sagte er, doch es klang eher wie Hohn, »daß aus der Komödie nun doch nichts geworden ist. Apropos!« Er zeigte auf den Abortkübel hinter der Tür. »Eben weil nur das wirklich ist, was wir empfinden, respektive riechen, empfiehlt es sich, diesen Kübel nach Gebrauch wieder zu schließen!«

Er entledigte sich seines Hausmantels, rückte noch einmal sein Haarnetz zurecht, dann löschte er die Petroleumfunzel und legte sich zu Bett.

Eulogius hockte noch eine Weile, den Kopf gegen die Wand gelehnt, auf der Pritsche, dann legte er sich auf die Seite, mit dem Rücken zu seinem Zellengenossen. Er hätte sich gerne dem Schlaf überlassen, denn er fühlte sich jetzt wieder müde und elend. Die massive und aufdringliche Gegenwart des Grafen in der Dunkelheit der Kammer empfand er als bedrückend.

Irgendwann fiel er in einen unruhigen Halbschlaf, wachte aber mitten in der Nacht mit dem letzten Bild eines Traums wieder auf: Er saß in der Stube des Klosterbarbiers zu Bamberg auf einem Schemel, ein weißes schweres Tuch über Schultern und Nacken. In seinem Rücken hörte er das Kratzen des Barbiermessers, während er zusah, wie die Büschel seines langen festen Haupthaares langsam zu Boden fielen, Strähne um Strähne, zuletzt seine geliebte Stirnlocke. Auf einmal trat, in der einen Hand das Barbiermesser, in der anderen den ledernen Wetzriemen, der Klosterbarbier hinter seinem Rücken hervor, ging in die Beuge und legte den Kopf ein wenig zur Seite, wie um sein Werk, den entstehenden Mönchskopf, zu begutachten – da aber blickte er in das breite Gesicht Mervilles, der die wulstigen Lippen zu einer höhnischen Grimasse verzog.

Eulogius schlug die Wolldecke zurück und erhob sich benommen von der Pritsche. Der Graf lag bäuchlings auf seinem Bett, beide Hände um seinen, mit dem Haarnetz bedeckten Kopf gelegt, er schlief tief und fest.

Er trat ans Fenster und lehnte sich gegen das Bord. Der dunkle verwinkelte Innenhof der Abtei lag wie ausgestorben. Nur hinter den Fenstern des Verwaltungsgebäudes brannte noch Licht. Hier wurde wohl noch nächtens gearbeitet, Namen, Adressen, neue Verhaftgründe gesammelt, inventarisiert und die Listen der Kandidaten zusammengestellt, die demnächst vors Pariser Tribunal gekarrt werden sollten. War sein Name auch schon dabei? Nein, dafür war's noch zu früh! Die Pariser Justizbehörden mußten erst noch die Materialien und Zeugnisse bezüglich seiner Amtsführung aus Straßburg anfordern, diese sichten, bewerten etc. Solch ein Schriftwechsel würde, wenn es denn mit rechten Dingen zuginge, noch Wochen dauern.

Ein mattgelber Mondstrahl fiel auf das kleine runde Ziegeldach des Ziehbrunnens, der in der Mitte des Hofes stand. Im Kreuzgang vor dem Refektorium wechselten Schatten und hellere Flecken einander ab. Der Mond war indes nicht zu sehen, zu klein war der Ausschnitt des gestirnten Himmels, den die engstehenden Gebäude und die hohen Mauern der alten Abtei dem Auge übrigließen. Alles war still; nur hin und wieder drang aus den Nachbarzellen ein leises monotones Gemurmel an sein Ohr. Dies war gewiß keine Äußerung jenes nächtlichen Treibens, von dem Savany gesprochen, es klang eher nach Litanei und Gebet.

Eulogius war nicht abergläubisch, er glaubte nicht an Vorherbestimmung und Prädestination, nicht an den Einfluß der Gestirne, noch an den einer anderen Schicksalsmacht auf sein Leben. Aber etwas unheimlich war es ihm schon, daß seine Laufbahn just dort zu endigen schien, wo sie begonnen hatte: in einem Kloster, das der Republik jetzt als Gefängnis diente. Sollte die Bahn seines Lebens, die er sich gerne als eine aufstrebende Gerade vorgestellt hatte, ohne daß er es bemerkt, einem Zirkel gefolgt sein, einer Rondoform gleich? A – B – A. Auf sein Leben übertragen, hieß das: Kloster – Freiheit – Kloster! Vor seinem Auge stand wieder der fatale und unvergeßliche Tag seiner Abreise ins Kloster zu Bamberg, jener 3. April des Jahres 1777, der sein Leben grundlegend verändern und über seine künftige Laufbahn entscheiden sollte.

VIII. Der Kniefall

Es war ein lauer und sonniger Frühlingstag; dunstige Federwölkchen standen am Himmel, und von überall her ertönte das fröhliche Gezwitscher der Jungvögel, die ihre Kehlen und Stimmchen übten. Auf dem Hofe, neben der großen Kelter, stand schon die offene viersitzige Kutsche bereit, zwei Rösser davor im Gespann; die Mutter, die ihn nach Bamberg begleitete, saß in ihrem schwarzen Sonntagsstaat und ihrer weißen Haube auf der Rückbank. Sein Taufpate, der alte graubärtige Floßmeister, dem die Kutsche gehörte, wartete, den Hut in der Hand, mit frohlockender Miene am offenen Verschlag. Es war ihm eine besondere Herzensfreude, sein Taufkind, den abgebrochenen Studiosus und ›verlorenen Sohn‹ in die Arme der Kirche zurück und dem Himmel einen ›neuen Bräutigam‹ zuzuführen. Vor dem Elternhause auf der steinernen Treppe aber stand, den einzigen Arm auf den Krückstock gestützt, mit feierlich-düsterer Miene der Vater, schiefschultrig wie immer, da sein linker Armstumpf, der im leeren Rockärmel verschwand, kein Gegengewicht gegen den rechten Arm mehr fand. Zur Feier des Tages hatte er seinen schwarzen, an den Schoßrändern ausgefransten Gehrock angelegt, den er immer zum Kirchgang trug. Um die Treppe herum standen, in ihren weißen Schürzen und wollenen Röcken, die Schwestern und ließen das einzige Schnupftuch im Kreise herumgehen, um sich die Abschiedstränen aus den Augen zu wischen. Nur Marie, die ihm die liebste von allen gewesen, war nicht mehr unter ihnen.

»Mein Sohn«, sagte der Vater, »mit dem jetzigen Schritt wirst du, so Gott will, auf den rechten Weg kommen. Du hast frei gewählt. Ich drängte dich zu nichts. Die Geistlichen haben es gut, sie brauchen für nichts sorgen.« Plötzlich aber furchte sich seine Stirn in der Mitte zu einer steilen Zornesfalte, die schon dem Knaben Angst eingejagt, er hob seinen Krückstock und setzte in drohendem Tone hinzu: »Wenn du es bei solch einem Wohlleben aber nicht aushältst, mir aus dem Noviziat springst und wieder zurückkommst, so schlag' ich dich, bis du liegenbleibst, du verdienst es dann nicht besser!« Ein Aufschluchzen der Schwestern begleitete diese Drohung des Vaters, die dem Sohn das Blut in die Schläfen trieb. Doch jetzt beim Abschiede wollte er nicht wieder mit seinem Erzeuger hadern und durch eine häßliche Szene die Schwestern und die Mutter betrüben. Der Vater lehnte den Krückstock gegen die Hauswand und tauchte seine Hand in das irdene Schälchen mit Weihwasser, das Marianne, die Jüngste, ihm hinhielt. Doch als er sie wieder hob, um das Gesicht seines Sohnes damit zu besprengen, zuckte dieser unwillkürlich zurück, als müsse er ihrem Schlag ausweichen, diesem furchtbaren Schlag jener einzig ihm verbliebenen Hand, die gleichwohl die Kraft von zweien besaß. Und während der Alte seine Stirn mit der Aufschrift des Kreuzes I. N. R. I. bezeichnete und ihn dreimal segnete, schloß der Sohn unwillkürlich die Augen, nicht vor Ergriffenheit oder gar Ehrerbietung, vielmehr um seinem Erzeuger, von dem er keinen Segen empfangen wollte, nicht in die Augen blicken zu müssen. Nachdem er der Reihe nach seine Schwestern umarmt und gedrückt und der Alte ihn mit einem schiefen Lächeln und einem Klaps auf die Schulter entlassen, bestieg er die Kutsche.

Als ›Hochzeiter‹ lasse man ihm den Ehrensitz, witzelte sein Taufpate, der alte Floßmeister, der ihm gegenüber Platz genommen hatte. Ihm aber war gar nicht nach Witzen zumute, denn er fühlte sich elend. Und schon bald begann sein Magen zu rumoren, teils wegen des genossenen Kaffees, teils wegen der ungewohnten Fahrt auf der holprigen Poststraße, teils wegen der trüben Aussicht, von jetzt an wer weiß wie viele Jahre seines jungen Lebens hinter Klostermauern zu verbringen. Die Mutter, die seine trübe Stimmung bemerkte, suchte ihn aufzumuntern, indem sie ihm die Vorzüge des Mönchstums anpries und ihm die des künftigen Priesterstandes in den schönsten Farben ausmalte. Nicht nur sei er für die Zukunft sicher versorgt, auch könne er im Seminar seine rednerischen Talente und seine gute Feder bewahren, übrigens auch beim Chorgesang seine schöne Stimme zur Geltung bringen – und er sei doch immer ein guter Sänger gewesen! Überhaupt sei der geistliche Stand ein Ehrenstand. Vor einem geweihten Priester und Gottesmann ziehe jeder den Hut – der Bürger, der Bauer, der Edelmann – und knickse jede hübsche Mamsell. Und wer weiß, wie weit er es bei seinen Talenten im Dienste des Ordens noch bringen werde!

Er aber hörte kaum zu und dachte mit Wehmut an all die schönen und süßen Dinge des Lebens, auf die er von nun an Verzicht tun mußte. Je länger die Fahrt ging, desto wehmütiger wurde er. Die Mutter schien den Verlust ihrer Tochter recht gut verwunden zu haben; es war nicht das erste Mal, daß sie ein Kind verlor, und es blieben ihr ja noch viele. Wieder sah er das bläulich verfärbte, verquollene Gesicht seiner toten Schwester vor sich, die man in ihrer Kammer aufgebahrt hatte. Zwei Tage hatte sie im Wasser gelegen, bevor man sie fand. Vergebens hatte die Leichenschmückerin mit allerlei Künsten versucht, diesem entstellten Gesicht, das nicht mehr das seiner geliebten Marie war, die vorige Glätte und Frische aufzuschminken und ihr noch einmal im Tode jenen unvergleichlichen Liebreiz wiederzugeben, den sie im Leben besessen. Und angesichts dieses Bildes, Gesichtes im wahrsten

Sinne des Wortes, das ihn an seine Schuld gemahnte, verspürte er nicht mehr die Kraft, sich gegen sein Schicksal zu wehren.

An der Klosterpforte nahm er Abschied von der Mutter, die ihm noch einmal sein vermeintliches Glück, auch die Drohungen des Vaters eindringlich vor Augen führte. Als sich dann die Pforte hinter ihr schloß, sah er ihr mit nassen Augen nach, bis ihre kleine, füllige Gestalt mit der weißen Haube am Arme des Taufpaten hinter der Gasse entschwunden war.

Eine große Tür öffnete sich, der Prälat mit seinem funkelndem Kreuz auf der Brust stand lächelnd und mit wohlwollender Miene, von seinen Mönchen umgeben, inmitten seiner Abtei. In gehorsamer Zerknirschung und mit einem gehörigen Schuß Selbstverachtung warf er sich ihm zu Füßen; und als der Prälat ihn freundlich fragte:»Quae est petitio tua?«*, begann er, wie es ihm sein Taufpate eingeschärft, seine Bitte um Aufnahme in lateinischer Sprache vorzubringen:»Reverendissime ac amplissime Domine, Domine Praesul! Supplex pedibus tuis advolutus obsecro ut me in sacrum ordinem Franciscanum suspicere digneris!«**

Ihm war kreuzelend zumute, so erniedrigt und gedemütigt fühlte er sich durch das unterwürfige Zeremoniell. Der Prälat stand noch ein Weilchen wie horchend, das Haupt leicht geneigt. Dann hob er ihn sanft empor und reichte ihm die Hand – eine feingliedrige weiße Hand – zum Kusse dar. Dabei musterte er ihn von oben bis unten mit prüfendem Blick. Dann sagte er mit sonorer Stimme:»Nun denn, mein Sohn, deine Bitte ist erhört, und wenn du nur deinen Taufschein und dein Zeugnis über die Firmung mitgebracht hast, so wird der Pater Novizenmeister dich alsbald einkleiden lassen.« Mit diesen Worten ward er entlassen.

Dann folgte er mit seinem Koffer dem Pater Novizenmeister ebenso trübsinnig nach wie ein junger Verbrecher, den der Aufseher eines Arbeitshauses zum ersten Mal in die Zuchtstube führt. Dieser geleitete ihn durch die Klausur in einen langen Korridor, wo die Zellen der Novizen lagen. Doch zuvor mußte er dem Novizenmeister seine ganze Barschaft aushändigen; das waren immerhin fünf Gulden, denn er hatte vor seiner Reise von den Verwandten und Nachbarn noch manches Geldstück zum Andenken erhalten. Es ärgerte ihn, daß man ihm gleich seine kleine Barschaft abforderte, und er überlegte einen Moment, ob er sie nicht einfach verleugnen sollte. Doch es genügte ein Blick in das spitze Gesicht des Novizenmeisters, zwischen

---

* »Was ist dein Begehren?«
** »Hochwürdiger, Gnädiger Herr Prälat! Fußfällig flehe ich, daß Sie mich in den heiligen Franziskaner-Orden aufzunehmen für würdig befinden!«

dessen Stirn zwei kleine schwarze Augen blitzten, um diesen widerspenstigen Gedanken sogleich wieder fallenzulassen.

In seiner Zelle, die zunächst der Konventglocke lag, fand er eine hölzerne Pritsche mit einer Matratze und einem wollenen Bettuch, einen Tisch mit Schreibzeug, einen alten wurmstichigen Kasten mit Schubladen, einen Betschemel nebst einem hölzernen Stuhl. Die einzige Zierde der kahlen Wände war ein altes Gemälde, das den Ordensvater, den Hl. Franz von Assisi darstellte, wie er mit den Vögeln sprach. Aber die Vögel erinnerten eher an fliegende Ameisen denn an Amsel, Drossel, Fink und Star. Die Wände waren vom Rauch bräunlich und der Unrat in den Spalten des Bodens von Mäusen aufgewühlt, die wohl der Hunger sehr quälen mußte. Um so wohltuender war die Aussicht ins Freie: Über die nahe Stadtmauer hin sank sein Blick am Abhang des kleinen Hügels hinab, auf dessen Stirnseite das Kloster stand. Am Fuße des Hügels schlängelte sich zwischen satten Wiesengründen die liebliche Regnitz, die hier einen Bogen beschrieb. Jenseits der Brücke erstreckte sich ein Amphitheater schöner Anhöhen, die Altstadt mit dem Domhügel, und rechts dahinter auf einem Berg erhob sich die gewaltige Anlage der alten Benediktinerabtei Michaels. Von weit her rauschte eine Schleuse, und seinem Fenster gegenüber ergoß sich ein Feldbach in die Regnitz und bildete an seinem Ausflusse eine kleine Insel, die er später noch oft mit Vergnügen betrachten sollte.

Am nächsten Morgen um halb vier mußte er, in seinen Mantel gehüllt, mit den anderen Neuankömmlingen zum ersten Mal die Mette und den Frühchor besuchen. Als er seinen Chorstuhl um fünf Uhr wieder verließ, fragte er sich: ›Kannst du dich wohl dazu entschließen, dein ganzes Leben hindurch täglich so im Chor zu schreien?‹ Deutlich tönte die Antwort: ›Nein!‹ Aber er tröstete sich damit, daß er nach Ablegung der Profeß, der Gelübde, den Chor nicht weiter besuchen müsse, wie ihm ein Frater gesagt.

Nachmittags wurden die Kandidaten in die Stube des Klosterbarbiers gerufen, der ihnen die Haare des Hauptes an der Haut wegrasierte. Jeder schien sich noch einmal zu besinnen, ehe er sich auf jenen Stuhl setzte, ob er auch fest entschlossen sei, sein Haupt zum Mönchskopfe umformen zu lassen. Im Gefühle der Ohnmacht, sich anders zu helfen, nahm auch er endlich seinen Sitz auf dem fatalen Stuhle und überließ sich kleinmütig dem Zuge des Schicksals. Als nun alle Scheitel der klösterlichen Zierde der Kahlheit teilhaftig geworden, brachten die Diener des Barbiers in großen Schachteln alte Perücken herbei, unter denen die Kandidaten den neuen Schmuck verhüllen sollten, bis ihnen der kommende Tag das Recht geben würde, in demselben öffentlich zu erscheinen. Jeder griff eilig nach einem

144

der besseren Stücke, um eine weniger lächerliche Figur zu machen. Ihm aber blieb nur ein abscheuliches Stück von Perücke übrig, das nicht einmal mehr Locken hatte. Geduldig bedeckte er damit sein nacktes Haupt und ließ sich, als die Kandidaten beim Abendessen und in der Komplet sich in diesem Aufzuge darstellen mußten, nach Belieben auslachen. Die Narrenrolle sagte ihm sogar zu, empfand er sie doch seiner neuen Lage sehr angemessen.

Drei Tage später, am Fest der Heiligen Soundso – den Namen hatte er längst vergessen – wurden die Kandidaten vom Novizenmeister zum Altare geführt, wo sie der ganze Konvent erwartete. Nach einigen Choralgesängen entledigte man ihn an den Stufen des Altars der ›Schande des weltlichen Kleides‹, einschließlich seiner Perücke, und steckte ihn in das geweihte Ehrengewand des Heiligen Ordens. Vergebens sträubte sich sein männliches Selbstgefühl gegen das Anlegen des langen, braunen, mit einer weißen Kordel umgürteten Mönchsgewandes mit Kapuze, kam er sich doch ›weibisch‹ darin vor. Am Ende der Messe reichte man den Eingekleideten das Heilige Abendmahl. So war er denn, Voltaire, Rousseau und allen aufklärerischen Philosophen zum Trotz, deren Lehren er mit glühendem Enthusiasmus aufgesogen, ein wirklicher Novize geworden, ein trauriger Narr im Kapuzinergewand.

Die Leiden des Pater Eulogius

Unsere Verbindung war auch in den Jahren seiner geistlichen Aus- und Weiterbildung niemals abgerissen. Wir korrespondierten häufig miteinander; und von München aus, wo ich, nach Ablegung meines medizinischen Examens, bald den Posten eines Medicinal- und Sanitätsrates bekleidete, besuchte ich ihn mehrmals im Kloster zu Bamberg und später im Konvent zu Salzburg.

Ach, du glaubst nicht, wie sehr ich das Ende des Noviziats herbeisehne! Mit solchen Seufzern endigten für gewöhnlich die Briefe, die er mir damals aus dem Kloster schrieb.

Bei den täglich in lateinischer Sprache abzuhaltenden Meditationen wurde er stets aufs neue einer »ungeheuerlichen Sünde« überführt, nämlich, daß er gelernt hatte, selbständig zu denken und zu urteilen, anstatt blindlings der Autorität und den orthodoxen Dogmen zu folgen. Er verstellte sich, so gut er konnte, täuschte Unwissenheit, Ergebenheit und Gläubigkeit vor und versuchte auch wirklich, den wahren Glauben wiederzufinden, indem er im Geiste immer wieder die Cartesianischen und Leibnizschen Gottesbeweise durchging, die der Columban Röser in seinem

Colleg behandelt. Selbst wenn jeder Traktat, so wie er erläutert wurde, in ihm die alten spöttischen Zweifel aufkommen ließ, er unterdrückte sie, so gut er konnte, oder zog es wenigstens vor, sie nicht zu äußern. Doch auch nach Monaten unablässigen Bemühens hatte er noch nichts von seiner Haltung eines Denkers und Freigeistes verloren. Schon seine Art, die Augen nicht zur Erde niederzuschlagen, sein manchmal ungezügeltes Lachen und seine stolze Mundhaltung waren in den Augen des Pater Novizenmeisters ein Beweis dafür, daß er noch nicht die rechte Demut des Geistes besitze. Seine Kameraden gaben ihm bald den ketzerischen Spitznamen »Martin Luther«, was ihm insgeheim schmeichelte, denn für den großen Reformator und unerschrockenen Gegner des Römischen Stuhls empfand er seit jeher Achtung.

Sein Tagesablauf war streng reglementiert; und selbst wenn er nach der Complet endlich allein in seiner Zelle war, konnte sich jeden Moment die Visur auftun – ein rundes Loch in der Zellentür, das außen mit einem beweglichen Täfelchen bedeckt war – und sich ein spähendes Auge auf ihn richten. Denn *Gottes oder vielmehr des Pater Novizenmeisters Augen sind überall!* Zwei Seminaristen waren als Spitzel auf ihn angesetzt, und zuweilen, wenn er seine Zelle betrat, fand er seine Bücher in verräterischer Unordnung und seine Matratze durchwühlt. Selbstredend wurde auch seine Korrespondenz zensiert. Weiß der Himmel, wie er es fertigbrachte, seine freimütigen Briefe an mich unzensiert aus dem Kloster zu expedieren.

Schlimmer als die allgegenwärtige Kontrolle war für ihn das Gift der Selbstverachtung, das ihm in Herz und Eingeweide drang. *Alles, was mir teuer war,* notierte er einmal, *die Freiheit, die Aufklärung, die schöne Literatur, die Liebe, das süße Leben verrate ich hier!*

Bald jedoch lernte er, sich kleine Freiräume im reglementierten Klosteralltag zu verschaffen. So bediente er sich einer List, um seine Zelle vor dem spähenden Auge des Novizenmeisters zu schützen. Er spannte im Zimmer ein paar Saiten quer über die Tür, heftete das Täfelchen außen mit einem langen Nagel an, der innen hervorragte, und befestigte an seiner umgenieteten Spitze einen kleinen Span, dessen Ende er links und rechts mit Federchen besteckte, die bei der geringsten Bewegung des Täfelchens von außen sogleich die Saiten berührten und einen leisen Klang ergaben, der hinlänglich war, den Insassen zu warnen, so daß er rechtzeitig seine Blätter oder ein verbotenes Buch verstecken konnte.

Auch gelang es ihm durch eine besondere Vorrichtung, noch nach dem Löschen der Lichter, nachts heimlich in seiner Zelle zu lesen. Er nagelte ein Eisenblech mit breitem Rand an die Wand bei seinem Bett, und darüber einen umgestülpten Haferkasten – den er dem Klosterkoch abgeschwatzt hatte –, der oben ein kleines Loch für den Rauchabzug hatte. In die Seite des Kastens, den er über die Öllampe stürzte, schlug er ein größeres Loch, so daß nur ein kleiner Kreis von Licht durch dieses größere Seitenloch auf sein Bett herabfiel und ansonsten die ganze übrige Zelle unbeleuchtet blieb. Zu den verbotenen Büchern, die er unter dieser Abschirmung las, gehörte auch Rousseaus *Discours sur l'inégalité* (Diskurs über die Ungleichheit), den ich ihm geschenkt. So leuchtete ihm die kleine Flamme der Aufklärung noch in der Dunkelheit des Klosters.

Endlich, im April 1778, kam der Tag der Profession, mit dem das leidige Noviziat endigte und er seinen neuen, seinen Mönchsnamen erhielt.

Am Abend davor brachte der Pater Novizenmeister etliche zusammengerollte Zettelchen, auf jedem war ein anderer Name geschrieben, ins gemeinschaftliche Zimmer. Es wurde das Los gezogen, und ich zog den Namen Hyronimus, einer meiner Kameraden den Namen Eulogius. Letzterer war der Name eines kürzlich verstorbenen Ordensbruders, der Eulogius Haydemeier hieß. Da aber von diesem erzählt wird, daß er ein gar liederlicher Klosterbruder gewesen und den jungen Demoisellen, die zweimal im Jahr zu Besuch kommen dürfen, an die Waden und an den Busen faßte, wollte der Kamerad diesen Namen nicht annehmen. Mir gefiel's, den Namen eines toten Confraters zu tragen, dem so sündhafte Dinge nachgesagt wurden. Und so tauschten wir denn die Lose mit den Namen aus. ›Eulogius‹ kommt aus dem Griechischen, ist aus ›eu‹ und ›logos‹ zusammengesetzt und bedeutet ›Schön- Redner‹. Mich dünkt, der Name steht mir gut.

Mit Ablauf der Probezeit und der feierlichen Ablegung der drei Gelübde – des Gelübdes der freiwilligen Armut, der Enthaltsamkeit und des absoluten Gehorsams gegen die Oberen – war die Verschreibung zum Mönchsstande unumkehrbar geworden; auf entflohene Mönche warteten in allen katholischen Staaten Kerkerhaft und furchtbare Kirchenstrafen.

Nach dem Noviziat begann der dreijährige Studienzyklus, der ihn für das Priesteramt und zum vollständigen Franziskaner ausbildete: Geschichte der Philosophie, Metaphysik, Logik, Moral, Kirchengeschichte, zuletzt Mathematik, spekulative und experimentelle Physik. Seine Hoffnung indes, daß er sich nun den ganzen Tag seinen Studien widmen könnte, erwies sich als trügerisch. Noch immer mußte er morgens um halb vier aus den Federn, um im Chor zu erscheinen:

Du kannst dir denken, wie angenehm es mich dünkt, täglich eine Art Schreierkrieg mit anzuhören oder gar mit zu führen. In unserem Konvente sind immer zwei Parteien, die Alten und die Jungen. Die Alten geben sich gern die Miene von Eiferern zur Ehre Gottes, denn die Jahre selbst haben sie zu Heuchlern gebildet; unter dem Vorwand, das Lob Gottes müsse mit Würde und Anstand abgesungen werden, in der Tat aber, um die übrigen ihre Superiorität fühlen zu lassen, dehnen sie im Chor alle Worte absichtlich so, daß sie jeden Psalmenvers später endigen als die übrigen. Die Jungen, denen rasches Blut in den Adern rollt, singen die Verse lieber etwas munterer ab und endigen sie also merklich früher als die Zögerer. Dies veranlaßt täglich mehr als einmal einen Stimmenkampf; beide Parteien suchen einander mit gräßlicher Anstrengung zu überschreien und die Oberhand zu gewinnen, abscheuliche Mißtöne, Murren, Gezänke, Erbitterung und wohl gar Leibschäden sind die schönen Wirkungen dieser religiösen Übungen.

Der Vormittag, sonst die beste Zeit zum Studieren, ist mit solchen und anderen Zeremonien sinnlos vertan. Erst nachmittags beginnen die Kurse. Aber erspare mir, dir den ›Geist‹ der Pater Lehrer zu beschreiben! Sie verschreien die Vernunft als einen trügerischen Irrwisch.

Täglich habe ich gegen die Müdigkeit und Trägheit anzukämpfen. Aber die Ehrbegierde hilft mir siegen. Ich lerne so immerhin, meine knappe Zeit zu ökonomisieren, und nutze jede freie Minute zur Erledigung der Seminar-Aufgaben und für meine eigenen Beschäftigungen. Denn ohne diese käme ich um.

So sauer ihm das Lernen auch wurde, und das hieß vor allem Repetieren, Repetieren und nochmals Repetieren, er unterwarf sich dieser Fronarbeit des Geistes, die zugleich ein Mittel gegen die Resignation und Schwermut war. Er lernte schneller und hatte eine raschere Auffassungsgabe als die meisten übrigen Seminaristen, er verblüffte seine Lehrer und Oberen durch die mühelose Exegese der Hl. Schrift und der Traktate der Kirchenväter, durch seine fehlerlosen Übersetzungen und Aufsätze.

Das einzige Fach, das ihm wirklich Freude bereitete, war die Rhetorik. Dies lag auch an Pater Antonius, der seine Begabung erkannte und sich seiner mit Wärme annahm. Vor ihm brauchte er nicht zu verleugnen, daß Voltaires *Candide* zu seinen Lieblingsromanen zählte und daß er den *Contrat Social* in- und auswendig kannte. Pater Antonius war nämlich ein Febronist und als solcher selber ein geschworener Feind des Römischen Stuhls und der katholischen Bischofskirche. Bei den Übungen wurden auch

Texte aus den klassischen Rhetorikschulen des Altertums, namentlich des Aristoteles, des Cicero, Catull und Ovid benutzt. Hier war Eulogius ganz in seinem Element und gewann bald jene demosthenische Beredsamkeit bei gleichzeitig messerscharfer Logik, für die der spätere Prediger, Universitätslehrer und Jakobinerführer berühmt werden sollte.

Am schwersten fiel ihm die Einhaltung des Keuschheitsgelübdes. Oft verfiel er in Trübsal und Schwermut, besonders im Sommer und im Herbst zur Erntezeit, wenn sein Blick über die Wälle des Klosters ging, auf die Rebhänge mit den ockerfarbenen Blättern, und an sein Ohr das fröhliche Lachen der Mägde und Bauernmädchen drang, welche mit nackten Füßen und geschürzten Röcken zwischen den Weinstöcken standen und ihre Tragekörbe mit den saftigen Trauben füllten. Manche seiner Gedichte waren langgezogene, wehmütige Seufzer, eingezwängt ins alexandrinische Versmaß:

Aber da mir die Kindheit so sanft, so glücklich dahinfloß,
Sah mich ein Mann, und sprach: ›Der Knab ist zu Höherem geboren!‹
Ach, hätt er geschwiegen! Jetzt säng ich vielleicht ein fröhliches Herbstlied,
Preßte die Trauben, mit eigener Hand am Stocke gepfleget,
Schliefe vielleicht am nervigten Arm der bräunlichen Gattin.
Hörte vielleicht den Namen, den ach, zu hören mir ewig,
Ewig verwehrt ist; ich höre dafür die römische Kette
Klingen am schüttelnden Arm, zum Spotte der glühenden Mannheit.

Einen kleinen Ersatz für die ihm versagten Freuden verschaffte ihm das Dollondische Fernrohr, das Pater Antonius, der viel von Astronomie verstand und als Klostergeometer auch mit Vermessungsaufgaben betraut wurde, ihm an manchen Fest- und Feiertagen auslieh. Dann stand er am Fenster seiner Zelle, das schwere Rohr vor die Augen gepreßt, und nahm die hübschen Mamsells ins Visier, die am Uferweg der Regnitz promenierten und mit ihren Männern und Kavalieren schäkerten. Besonders bei den gemeinschaftlichen Sommerausflügen der Klosterbrüder in Bambergs schöne Umgebung machte er von dem Fernrohr Gebrauch, wobei er manch junge Schäferin, die sich im Grase räkelte, durch die Linse belauschte. Als er hierbei einmal vom Subprior ertappt und zur Rede gestellt wurde, gab er dreist vor, sich botanischer Studien zu befleißigen.

Immer wieder quälte ihn die *glühende Mannheit*. Daß Selbstbefleckung eine Sünde sei – diese Vorstellung hatte sein aufgeklärter Verstand zwar längst als pfäffisches Vorurteil beiseite geräumt; und er bedauerte den Bruder in der Nachbarzelle, der jede Befleckung seines Lagers mit einer anschließenden Geißelung seines armen Körpers sühnte. Um das gleichwohl schwache Fleisch zu bändigen, zwang er sich zu regelmäßigen Leibesübungen. Nach den morgendlichen Rumpf-und Kniebeugen stellte er sich für eine Weile auf den Kopf, wobei er ein Kissen unter seinen tonsurierten Schädel legte, um diesen vor der Berührung mit dem kalten Steinboden zu schützen. Wenn das Blut nur gehörig in den Kopf steige, so dachte er sich, müsse es – ähnlich wie bei einer Sanduhr- aus der unterleiblichen Sphäre abfließen, wo der vermaledeite Trieb beheimatet war. Es war wohl ein kurioser Anblick, wenn er dergestalt kopfstand, wobei nur noch die himmelwärts aufragenden Beine und Beinkleider zu sehen waren, da seine zurückfallende Kutte auch seinen Schädel unter sich begrub. Selbst im Winter wusch er sich nur mit kaltem Wasser und wies sogar die Wärmflasche zurück, mit der sich die anderen Klosterbrüder das kalte Bett zu wärmen pflegten.

Indes, trotz aller Versuche zur Abhärtung und Selbstüberwindung – *der Stachel des Fleisches ist unvermindert, der Heimsuchungen der Begierde werde ich nicht Herr!* – vertraute er dem Tagebuch an. Und besorgt registrierte er, daß die lüsternen Bilder, die ihm vor dem Einschlafen kamen, mit der Zeit sogar *immer wüster und blasphemischer werden.* Die schöne Madonna mit dem demutsvollen Blick, deren Bildnis in der Klosterkapelle hing, habe er *im Geiste längst entweiht und ihr das blaue Gewand vom keuschen Busen gerissen.*

Obschon er die Gelübde abgelegt, hatte er immer wieder Fluchtgedanken und -pläne. In der Jenaischen Allgemeinen Literaturzeitung, die heimlich unter den bibliophilen Fratern kursierte, hatte er die Rezension der Lebensgeschichte eines Engländers gelesen. Der Mann wollte die Meinung von sich verbreiten, er lebe nicht mehr, erstach auf der Reise sein Pferd und ließ einige blutige Kleider dabeiliegen, so daß jedermann glaubte, er sei beraubt und ermordet worden.

Nach einer solchen Methode vorzugehen, erschien Eulogius recht klug. War nicht eben Pater Georgius gestorben, dessen Leichnam unbewacht im alten Capitel lag? Er könnte sich nachts ins Capitel schleichen, dem Leichnam eine Hand abhauen und sie zu seinem Zwecke anwenden. Mit ein paar Tauben im Sack könnte er dann, bei Gelegenheit eines Ausganges, sich in den Wald begeben, wo er seine Mönchskleider und einige blutige Stricke an einem gangbaren Holzwege von sich werfen würde, die abgeschlagene Hand dazugelegt, die Tauben gewürgt und die Kleider nebst dem Rasen umher mit ihrem Blute begossen – und jedermann würde vermutet haben, daß hier ein gräßlicher Mord geschehen sei, und zwar an einem Gottes-

mann, an dem seit Tagen vermißten Pater Eulogius. So hätte er nach erfolg-
ter Flucht auch keine Verfolgung durch Behörden und Kirchengerichte
mehr zu gewärtigen. Allerdings der Einfall, dem toten Frater Georgius eine
Hand abzuhauen, dünkte ihm doch zu gräßlich, als daß er sich getraut hätte,
ihn auszuführen.

Eine Zeitlang spielte er mit der Idee, im Falle, daß ihm die Flucht aus dem
Kloster gelänge, sich in den protestantischen Norden Deutschlands durch-
zuschlagen und sich von einem Werber anheuern lassen. Lieber als Söldner
eines preußischen Regimentes sein Brot verdienen, als sein Leben lang die
verhaßte Kutte zu tragen. Aber nach einiger Überlegung erschien ihm das
Leben in der Kaserne auch nicht verlockender als das im Kloster. Er
brauchte nur an die furchtbaren Prügelstrafen und an das mörderische
Spießrutenlaufen zu denken, das auch im Reiche des Großen Friedrich
noch gang und gäbe war. Nein, dann schon lieber, wenn auch schlechten
Gewissens, den Priesterrock tragen und sich auf einer geistlichen Pfründe
zur Ruhe setzen, als sich für die militärische Gloria eines Königs oder Will-
kürherrschers zum Krüppel oder gar totschießen zu lassen! Und so ließ er
seine Fluchtgedanken wieder fallen.

Von den Fratres minores erfuhr er nach und nach auch, auf welche Weise
die Ordensoberen die heiligen Gelübde auslegten.

*Du glaubst gar nicht, in welchem Saus und Braus unsere geistlichen Ober-
herren leben! In der benachbarten Benediktinerabtei Michaels, die über
ausgedehnte Besitztümer und Liegenschaften verfügt, geht's zu wie an
einem Fürstenhof. Kostspielige Gastereien werden gegeben, zu denen der
Prälat Gallus zuweilen auch unseren Prälaten lädt. Viele Speisen, gebra-
tene Kälber nebst bengalischen Fischen beschweren den Tisch; wenigstens
fünf silberbordierte Bediente gehen in Livree herum. Die Kassen der Abtei
aber werden regelmäßig geplündert, weil die Herren viele ausländische
Weine, Silber und Porzellangeräte kaufen, in vierspännigen Kutschen mit
den edelsten Rössern über Land zu fahren und sich beim Pharospiel zu vergnügen belieben ... Indes unsere Bonzen sich der heimlichen Völlerei und
andren schönen Todsünden ergeben, predigen sie uns, den Fratres minores,
die Bedürfnislosigkeit und Enthaltsamkeit des Hl. Franz! Und da soll man
nicht aus der Haut fahren und soll weiter den Rosenkranz beten!*

Noch mußte er seine Wut auf die ›Bonzen‹ in sich verschließen und die
Ordensregeln peinlich einhalten. Nach außen bekundete er einen gottgefäl-
ligen Lebenswandel, erschien pünktlich im Chor, zu den Andachten und

Zeremonien, lernte, repetierte und büffelte mit zusammengepreßten Lippen weiter.

Bald aber suchten ihn die alten ›Zufälle‹ wieder heim, versetzten ihn zwar nicht mehr, wie noch im Jesuitenstift, in Schuld- und Höllenangst, aber die Atemnöte und asthmatischen Beklemmungen waren darum nicht weniger quälend und zehrten an seiner Gesundheit. Immerhin verstand er es jetzt, einen gewissen Vorteil für sich aus der Krankheit zu ziehen: Er wurde, wenn ihn die Atemnot überfiel, vom Chor, dem gemeinschaftlichen Brevierbeten und gewissen Pflichten des Seminars entbunden. Er erhielt auch die Erlaubnis, zum Zwecke der Kur, einmal die Woche das Kloster zu verlassen, um den Bamberger Stadtphysikus zu konsultieren, der ihn zur Ader ließ. Bald lernte er, von der List des eingebildeten Kranken Gebrauch zu machen und seine Atemnöte zu simulieren, um Dispens vom Chor zu erhalten und einen Besuch beim Stadtphysikus genehmigt zu bekommen. Dann brachte er Stunden in der Buchhandlung nahe der kleinen und unbedeutenden Universität zu, stöberte in den wissenschaftlichen und literarischen Neuerscheinungen. Hin und wieder kaufte er sich von seinen abgesparten Kreuzern eines der begehrten Bücher, die er sich heimlich ins Unterkleid steckte und auf die Weise ins Kloster schmuggelte. Denn so streng die Kontrolle an der Pforte auch war, in die unterleibliche Sphäre, wo das Böse seinen Sitz hatte, wagte sich die Hand des Fraters, der am Einlaß seinen Dienst versah, doch nicht vor. Auf diese Weise gelangte auch Boccaccios *Decameron*, vom päpstlichen Stuhl indiziert, in seine Kammer. Das Lachen über die wunderbaren Geschichten und die köstlichen Listen, vermittels derer die Liebe, allen Widrigkeiten und Verboten trotzend, zuletzt doch an ihr Ziel gelangt, trug jedenfalls mehr zur Linderung seines Atemleidens bei als alle Aderlässe und Purgiermittel.

Es gelang ihm auch, mehrere Bände der damals aufblühenden Reiseliteratur in seine Zelle zu schmuggeln. Mit Gier verschlang er des Nachts, im kleinen Lichtkegel seines so listig abgeschotteten Bettes, die eben erschienenen Reise- und Expeditionsberichte Georg Forsters, der Kapitän Cook während seiner zweiten Weltumseglung begleitet hatte, und träumte sich auf die seelige Südsee-Insel namens Tahiti fort, wo der Mensch noch im Rousseauschen Naturzustand seiner ursprünglichen Freiheit und Gleichheit zu leben schien – unberührt von der Sittenverderbnis der christlichen Zivilisation, von höfischer Ziererei und Verstellung, von geistlichem Fanatismus und Despotismus. Auch von Joachim Heinrich Campes plastischen Reisebildern der europäischen Länder und Städte, die er nur vom Hörensagen kannte, nährte sich seine ausgehungerte Phantasie. Und im Geiste reiste er mit nach Paris, Amsterdam, Brüssel, London und vergaß dann für Stunden sein unglückliches Los, sein Eingesperrtsein im Kloster. Und seine Einbildungskraft stellte ihm all diese fremden und exotischen Schauplätze so lebhaft vor Augen, daß er Jahre später in Bonn einem durchreisenden Engländer so präzise die Westminsterbrücke beschreiben konnte, daß dieser ihn erstaunt fragte, wie viele Jahre er in London gelebt und ob er sich besonders der Architektur gewidmet habe.

So wurde ihm das heimliche Lesen, die Literatur, zum Ersatz für das wirkliche Leben, das ihm verwehrt war. Auch das heimliche Schreiben und Dichten ermöglichte ihm das Überleben in der geistigen Wüstenei des Klosteralltages und bewahrte ihn davor, sein *besseres Selbst im stumpfsinnigen Gleichschritt der Herde zu verlieren*. Auch wenn er zweimal wöchentlich zur Beichte ging, sein eigentlicher Beichtvater war das schlechte, knitterige Papier, dem noch die Schlieren und Flusen der Lumpen eingedrückt waren, aus denen es hergestellt. Ihm vertraute er all das an, was er vor den Ordensobern und Kameraden nicht aussprechen konnte oder mochte. Manchmal indes bedauerte er, *daß mir das Papier keine Absolution von meinen Sünden erteilen kann.*

Mit der Zeit fand er sogar einen gewissen Genuß an dieser zweiten Existenz, die er im Verborgenen führte. Der große Unerkannte *inmitten einer schafsköpfigen Herde von Beichtbrüdern zu sein, die aus ihrem Herzen eine Suppenschüssel machen, in die jeder hineinlangen kann* – diese Vorstellung tat ihm wohl und tröstete ihn in seiner Einsamkeit.

Und noch etwas half ihm, die Öde und das strenge Reglement des Klosterdaseins zu ertragen: das Erlernen von Fremdsprachen. Die bescheidene Klosterbibliothek enthielt auch einige Bände italienischer, englischer und französischer Dogmatiker, Kommentatoren und Kirchenhistoriker. Unter dem Vorwand, sich mit ihren Auffassungen vertraut machen zu wollen, durfte er auch die dazugehörigen Lexika zur Hand nehmen. Pater Antonius, der selbst recht gut Englisch und Italienisch sprach, unterstützte ihn darin und brachte ihm die richtige Aussprache bei. So erlernte er peu à peu die englische und italienische Sprache und vervollkommnete sich in der französischen. Im Gegensatz zum Pauken und Repetieren der lateinischen und griechischen Seminartexte, dieser toten und verstaubten Scholastik, erblickte er im Erlernen der lebenden Sprachen einen wirklichen Nutzen für sich. Bald konnte er mühelos Rousseau aus dem Französischen, John Locke aus dem Englischen und Boccaccio aus dem Italienischen zitieren. Im übrigen lenkte ihn das Parlieren in der fremden Sprache von der schwierigen Grammatik seiner eigenen Gefühle ab.

Trotz aller Widrigkeiten des Klosterdaseins war er so fleißig und ausdauernd, daß er das Pensum des dreijährigen franziskanischen Studienzyklus innerhalb von zwei Jahren absolvierte. Nachdem er seine beiden theologischen Thesen geschrieben, bestand er die Hauptprüfungen sogar mit Auszeichnung. Vom Orden in den Konvent nach Salzburg geschickt, nahm er dort den letzten Zyklus der höheren Studien auf. Im Dezember 1780 wurde er, kurz nach Vollendung seines vierundzwanzigsten Jahres, zum Priester geweiht.

Per Extrapost erhielt er eine Sendung bester Frankenweine aus dem väterlichen Keller. Mit Rührung las er die herzlichen Zeilen und Glückwünsche der Mutter, deren innigster Wunsch nun endlich in Erfüllung gegangen. Den Brief des Vaters indes, dessen Segen er nunmehr wiedererhalten, überflog er mit frostiger Miene. *Schulde ich ihm Dankbarkeit dafür, daß er mich zwang, zu Kreuze zu kriechen?* Die stolzen Eltern ahnten freilich nicht, mit wieviel Verstellungsqual und Selbstverleugnung der Sohn die Priesterwürde bezahlt hatte und wie kreuzelend ihm oft in der Soutane zumute war.

Obwohl er sich äußerlich dem Willen der Kirche gefügt hatte, hoffte er im stillen, daß die Ideen der Aufklärung, die mit den Josephinischen Reformen erste Triumphe feierten, auch sein inneres Exil bald beenden würden. In der freieren Luft des österreichischen Reformkaisers nahm er Kontakte zu aufgeklärten Geistlichen in und außerhalb Salzburgs auf. In der Universitätsstadt hatte er endlich auch ungehinderten Zugang zur Bibliothek. Und er nutzte die Zeit seiner theologischen Weiterbildung, indem er begann, die Kirchengeschichte auf seine Weise zu lesen.

Er durchforschte die Schriften über die mittelalterlichen Ketzerbewegungen, über die Waldenser, Humiliaten und Katharer, die von der katholischen Kirche erbarmungslos unterdrückt, mit Feuer und Schwert ausgelöscht worden waren. Er befaßte sich mit der Geschichte des Dreißigjährigen Krieges, wobei er zu dem Schluß kam, daß alle Kriegsparteien – die Fürsten, Bischöfe und christlichen Feldherren zumal – *die Religion stets nur als Vorwand benutzt, um ihre Pfründe, ihren Besitz und ihre Schätze zu mehren und ihren Machtbereich auszudehnen.* Er las kritische Werke über die Hl. Inquisition und über die Austreibung der Juden und Mauren aus dem katholischen Spanien unter Ferdinand dem Katholischen. Er las die Anklageschrift des Bartolomé de las Casas gegen die spanische Conquista, die, im Namen des Kreuzes und mit dem Segen der katholischen Kirche, unter den eingeborenen Völkerschaften der Neuen Welt unvorstellbare Gemetzel verübt, ihre Städte und Tempel gebrandschatzt, ihre Goldschätze geraubt und Millionen Indios in die Versklavung geführt.

Er las und las – und fiel von einem Schauder in den nächsten.

Er wisse wahrlich nicht, schrieb er mir einmal, wie er einer Institution und Amtskirche, die eine solch kriminelle Geschichte im Rücken habe, noch dienen könne – es sei denn als Reformator und Umstürzler, der ihr die scheinheilige Maske vom Gesicht reiße. Habe nicht auch Jesus die Scheinheiligkeit der Pharisäer und Oberpriester entlarvt und die Händler mit Gewalt aus dem Tempel getrieben? Wenn man den ganzen Mummenschanz der biblischen Heiligenlegenden einmal beiseite lasse, der die historische Figur Jesu in einen verklärenden Nebel gehüllt, dann sei auch der Mann, der am Kreuze gestorben, ein Umstürzler und Revolutionär gewesen, der gegen das römische Imperium und ihre priesterlichen Statthalter in Palästina und für die Rechte der ›Erniedrigten und Beleidigten‹ kämpfte. Und gäbe es nicht jene andere Strömung in der älteren und neueren Christenheit, die sich auf die ursprüngliche Botschaft Jesu, auf das Gebot der Gleichheit, Brüderlichkeit und Nächstenliebe berufe, so müßte er auf der Stelle den Priesterrock wieder ausziehen.

Zwar habe Jesus mit seiner Religion der Vergebung, die er noch am Kreuze bewährte, wo er selbst seinen Schächern und Mördern verzieh, ein geschichtliches Zeichen gesetzt. Indes, so menschlich ergreifend das Bild des Gekreuzigten auch sei, in ihm beteten die Armen und Erniedrigten doch nur das Bild ihrer eigenen Ohnmacht und Hilflosigkeit an. Liebe und Duldsamkeit predigen ohne den *gerechten Zorn*, das hieße, ihnen eine Suppe ohne Salz vorsetzen oder einen zahnlosen Gaul andrehen!

Daß auch Mut zur Sanftmut gehört, ja, vielleicht mehr als zum Zorne und daß die geistige Revolution, die Jesu eingeleitet, gerade im Bruch mit dem alttestamentarischen Vergeltungsprinzip bestand – dieser Gedanke lag ihm wohl fern. Im Grunde seines Herzens verachtete er den geistlichen Stand, zu dem er doch selbst gehörte. So war er mit sich selber entzweit.

Im Zuge unserer Correspondenz tauschten wir auch unsere Ansichten über den Geheimbund der Illuminaten aus, der die ursprüngliche Botschaft des Evangeliums mit den Zielen der Aufklärung verband. In München war ich dem Bunde beigetreten, dem damals viele Männer des öffentlichen Lebens, Gelehrte, Geistliche, Dichter und Publizisten angehörten: u.a. der Freiherr von Knigge, der durch seine aufklärerischen Schriften ein großes Publikum gewonnen hatte, Bode, Herausgeber der ›Berlinischen Monatszeitschrift‹, der Herzog Karl August von Weimar, ebenso Goethe und Herder. Der Plan des Ordens ging dahin, den Mächtigen unmerklich die Hände zu binden, sie zu regieren, ohne sie zu beherrschen, das Ohr der Fürsten zu erreichen, indem man die Stellen der Prinzenerzieher, der

Hof- und Geheimen Räthe möglichst mit Mitgliedern des Bundes besetze, ebenso die höheren Verwaltungsstellen, die geistlichen Ämter, Schulratstellen und Commissionen. Der Endzweck des Bundes war, um in den Worten seines Begründers Adam Weishaupt zu sprechen:

... die durch Jesum bewirkte große, noch nicht vollendete Revolution fortzuführen, d.h. eine kosmopolitische Weltordnung ohne dynastische und nationale Schranken, ohne Fürsten und ohne Stände zu errichten, Demokratie durch Gesinnungswandel, Herrschaft ohne Willkür, Herrschaft der Vernunft und des gleichen Rechtes für alle zu verwirklichen.

Auch Eulogius sympathisierte mit den Schriften Adam Weishaupts und den Zielen dieses rationalistischen Kampfbundes für die Aufklärung, der schon lange vor der französischen Revolution das große Prinzip der Gleichheit auf seine Fahnen geschrieben hatte. Und gewiß wäre auch er dem Illuminatenorden beigetreten, wäre dieser nicht im Jahre 1785 durch den bayerischen Kurfürsten Karl Theodor, der einen Exjesuiten zum Beichtvater hatte, verboten worden. Schon zuvor hatte eine beispiellose Hatz gegen die Illuminaten eingesetzt, die als »gefährliche Deisten und Kabalenmacher«, als »eine Brut von Schurken im Staat« verschrien wurden, »die wie das Ungeziefer sich durch sich selbst vermehren«, als »Giftmischer und Sodomisten«, die allesamt »Rad und Galgen« verdienten. Adam Weishaupt wurde per kurfürstlichem Erlaß seines Lehramtes für verlustig erklärt, mußte kurz darauf aus Ingolstadt fliehen und suchte in Gotha Schutz.

Just in dieser Zeit der Illuminaten-Verfolgung betrat Eulogius mit einem Paukenschlag, der nicht nur die Mitglieder des Bundes aufhorchen ließ, die öffentliche Bühne.

Der Toleranzprediger
Augsburg, Freitag, den 25. November 1785, Tag der Hl. Katherina.

Wie jedes Jahr am Tage der Hl. Katherina haben sich Augsburgs Katholiken zu dieser Feierlichkeit in der Franziskanerkirche Zum Heiligen Grab versammelt. Es ist kalt im Gotteshause, der Frost kam früher dies Jahr, und da draußen ein trübes diesiges Novemberwetter herrscht, fällt auch kein Sonnenstrahl durch die Kirchenfenster, deren in satten Farben leuchtende Mosaiken und Glasmalereien jetzt wie verblaßt wirken. Nur die Altarkerzen und die an den steinernen Pilastern der seitlichen Kirchenschiffe angebrachten Fackeln werfen ein spärliches Licht auf das barocke Deckenge-

mälde im Chor, auf die holzgeschnitzten Engelchen, die mit ihren blattgold-
verzierten Flügeln und Posaunen über der Kanzel schweben, und auf die
bunten Heiligen- und Marienbilder in den Nischen der Seitenaltäre. Die
Gnade des allgütigen, alliebenden und alleinseligmachenden Gottes mag
zwar die Herzen der Gläubigen erwärmen, nicht aber ihre irdischen Gliedmaßen; und so ist man denn enge zusammengerückt, hockt Schulter an
Schulter in dicke Überröcke, Mäntel und Pelerinen gehüllt im harten Kirchengestühl.

Vorn, zwischen Altar und Chor, sitzt auf einem prächtigen, mit rotem
Sammet ausgekleideten Kirchenstuhl der Weihbischof Freiherr von Ungelter, der den meist aushäusigen Fürstbischof Clement Wenzeslaus ersetzen
muß. Er thront in seinem vollen Ornat, im purpurnen Gewande, mit
Bischofsmütze und Krummstab zwischen seinen Domherren und Kanoni-
kussen, die links und rechts neben ihm sitzen. In der ersten Reihe des Kir-
chengestühls haben Augsburgs weltliche Honoratioren Platz genommen,
die Ratsherren und hohen Magistratspersonen, in der Reihe dahinter die
Prälaten und Äbte, die Priores und Subpriores der verschiedenen geistlichen
Orden und Stifte. Dann folgen die geringeren Brüder, die einfachen Geistlichen und Mönche: die Dominikaner, Karmeliter, Kapuziner, Minoriten
und Franziskaner, welche en bloc sitzen, in genau vorgeschriebener Formation je nach Ordenszugehörigkeit. Und es sind ihrer so viele, daß sie mehr
als die Hälfte der Kirche füllen, so daß für die Bürger und das einfache Volk
nur auf den hinteren Sitzbänken und auf den Seitentribünen zur Linken und
Rechten der gewaltigen Orgel noch Platz bleibt. Die freie Reichsstadt beher-
bergt nämlich an die fünfhundert Welt- und Ordensgeistliche und fast ein
Dutzend katholischer Orden – ausgenommen die Franziskaner, welche
extra muros im Kloster Zum Heiligen Grab residieren –, die alle miteinander
um den wahren Weg zur christlichen Seligkeit wetteifern; allen voran die
Jesuiten, deren Einfluß auch nach der Aufhebung ihres Ordens keineswegs
nachgelassen hat, wie der aufgeklärten Gesinnungen zuneigende Weihbischof Freiherr von Ungelter aus leidvoller Erfahrung weiß. Im Gegenteil:
Nachdem sie sich notgedrungen ihres Ordenshabits und ihrer schwarzen
Spitzhüte entledigt, wurden sie zu Exjesuiten und eiferten mehr noch als
vordem. Und jetzt sitzen sie mit spitzen Ohren, in kleinen Grüppchen ver-
streut in der Kirche Zum Heiligen Grab, stets auf dem Sprunge, wenn von
der Kanzel herab auch nur der Anflug eines häresieverdächtigen Wortes
oder Gedankens die Seelen ihrer Schafe streifen und verderben könnte.

Kaum sind Chorgesang und Gebete vorüber, lassen die hohen Herren,
die Kuttenträger und die gewöhnlichen Adamssöhne ihre klammen Hände

in den Ärmeln ihrer Überröcke und Kutten oder zwischen den Knöpfen ihrer Mäntel verschwinden, die braven Matronen und die jungen Mamsells in ihren weißen Festtagshauben stecken die ihren in den Muff, um der nun folgenden Festpredigt zu Ehren der Hl. Katherina zu lauschen oder besser gesagt, sie hinter sich zu bringen. Denn deren Märtyrerlegende hat man schon etliche Male von der Kanzel vernommen; und da auch der neue junge Franziskaner-Prediger, der jetzt gerade vor dem Altar sein Knie beugt, sich bekreuzigt und dann mit würdevollen Schritten den Chor passiert und die Kanzel besteigt, der sattsam bekannten Legende der Heiligen wohl nicht mehr viel Neues wird hinzufügen können, freut man sich insgeheim schon auf die Kalbshaxe mit Knödeln oder die Schöpsenkeulen mit Bohnen, die zu Hause in der gut geheizten und warmen Bürgerstube, oder auf die warme Bouillon mit Rindfleisch, die in der Klosterküche auf einen warten.

Man hat diesen neuen Prediger, der ein markantes Gesicht hat mit wachen Augen unter den buschigen Brauen und dem, wie sich die Damen verstohlen zuflüstern, das geistliche Gewand ›allerliebst, fürwahr allerliebst‹ steht, zu Augsburg noch niemals predigen hören; man weiß von ihm nur, daß er Lehrer für geistliche Beredsamkeit am hiesigen Konvente ist, daß er ein hochgelahrtes lateinisches Lehrbuch zur Geschichte der Philosophie verfaßt hat und daß der Weihbischof Freiherr von Ungelter große Stücke auf ihn hält und seinen Schützling mit der heutigen Festpredigt betraut hat. Freilich war auch zu hören – und dies gab einigen jesuitischen Zungen schon Stoff für giftigste Invektiven –, daß er ein heimlicher Verseschmied sei und bei einem poetischen Wettbewerbe zu Ehren des Leopold von Brunswick, der bei der letzten Überschwemmung der Oder zu Frankfurt sich selbstlos in die Fluten stürzte, um bedrängten Kindern zu helfen, und hierbei selbst ertrank – eine edle und heldenmütige Tat, welche das ganze Römische Reich Deutscher Nation von der Oder bis zum Rhein, von der Elbe bis zum Inn erschütterte –, die Palme davontrug; obschon diese Ode, die das einmütige Wohlgefallen der höchsten Preisrichter fand, anonym veröffentlicht wurde, und zwar – dies grenzte an den Skandal – unter Beihilfe eines *protestantischen* Editoren, eines Häretikers und Irrgläubigen also.

Rasch, in wenigen Worten, als ob er sich schleunigst einer lästigen Pflicht zu entledigen suche, haspelt der neue Prediger, der beide Hände auf die geschweifte, mit Blattgold verzierte Brüstung der Kanzel gelegt hat, die bekannten Fakten vom Märtyrertod der Katherina herunter: ein Opfer heidnischer Verfolgungen, und weil sie sich einem lüsternen Prinzen verweigerte, erlitt sie den Märtyrertod. Das ist alles … Ist das wirklich alles? Hat die Hl. Katherina, die lieber den Tod erlitt, als sich ihres christlichen Glaubens zu begeben und ihre Jungfräulichkeit einem heidnischen Wüstling zu opfern, nicht wenigstens ein paar anerkennende Worte mehr verdient? Nein, das ist tatsächlich alles ... Potz Blitz! Wie rasch dieser neue Prediger das hinter sich läßt, was seine Vorgänger zu langen inbrünstigen Lobpreisungen bewegte! Doch auf einmal verdüstern und verfinstern sich die Mienen der einen, während die anderen die Luft anhalten und kaum ihren Ohren trauen. Man weiß gar nicht, wie ... wie er den Bogen dahin geschlagen hat, man ist ihm willig gefolgt, denn das muß man sagen, er ist ein vorzüglicher Prediger, er spricht einfach, klar und doch volkstümlich bildhaft, und es liegt Kraft, ja, Feuer in seinen Worten. Er spricht über einen Begriff, der doch gar nicht in eine geistliche Meditation, geschweige denn zum Thema dieser Festpredigt gehört: über den Begriff der Toleranz nämlich, der allen wahrhaften Katholiken und Anhängern der einzig seligmachenden Kirche, erst recht den vielen hier versammelten Jesuiten und Exjesuiten, ein gottverfluchtes Ärgernis ist und ihnen die Galle hochtreibt, indes durch die Reihen der anderen, der Gemäßigten und Aufgeklärteren in der Gemeinde, ein Raunen, ein ungläubiges Staunen und Aufatmen geht.

Wie, meine Brüder! Ist es denn wahr, daß alle Nicht-Katholiken verdammt sind? Ist es denn wahr, daß sie alle Gottes Feinde sind? Nein, dies kann niemals die Sprache des Evangeliums Jesu sein! Eine Religion, die den Haß und die Verfolgung gegen Andersgläubige predigt, kann niemals von sich behaupten, die wahre Religion zu sein. Der Geist der Duldung entsetzt sich nicht über den bloßen Namen einer fremden Religionspartei, er verachtet, er hasset, er verdammt niemand!

Donner und Doria! – fluchen in Gedanken die Rechtgläubigen und klammern sich mit beiden Händen ans Kirchengestühl, um nicht gleich aus der Haut zu fahren und vor Zorn in die Luft zu gehen. Dieser unverschämte Neuling unter Augsburgs ehrwürdigen Predigern, die alle vom Heiligen Stuhle gesegnet wurden, dieser dichtende und unsaubere Klosterbruder, dem – jetzt erst sieht man es genauer – die Bartstoppeln am Kinn sprießen, dieser hergelaufene und liederliche Prediger, der vielleicht gestern nacht noch bei seiner Buhldirne lag, hat die unverschämte Stirn, das *Heilige Dogma von der Unteilbarkeit der Wahrheit und vom einzig selig machenden Glauben* hier öffentlich in den Schmutz zu ziehen. Daß ihn doch der T... hole!

Gott schütze und segne diesen kühnen, unerschrockenen und beherzten Prediger, der endlich mit den faden, sterilen Dogmen und kanonischen

›Wahrheiten‹ der Vergangenheit bricht! – jubeln heimlich die anderen und recken die Hälse, damit ihnen auch ja kein Wort seiner Predigt entschlüpft. Hat man doch seit dem Westfälischen Frieden solch eine Botschaft kaum mehr vernommen; jedenfalls nicht in Augsburg, nicht in dieser Hochburg der katholischen wie protestantischen Orthodoxie. Nie würde ein ›echter Katholik‹ bei einem lutherischen Bäcker seine Semmeln kaufen, auch wenn er mit diesem unter demselben Dache lebt; nie würde ein bibeltreuer Lutheraner oder Reformierter bei einem katholischen Gastwirt sein Maß Bier trinken, auch wenn Gerste und Hopfen ›unmittelbar zu Gott‹ sind, unter der gleichen Sonne und dem gleichen Regen wachsen und das Malz überall nach der gleichen Rezeptur vergoren wird … Und mit welchem Geschick dieser Prediger jetzt die Einwände und Argumente der Orthodoxen aufgreift, nur um sie Punkt für Punkt zu widerlegen! Die Berufung auf die Schriften der Hl. Kirchenväter und auf die Erklärungen gewisser Konzilien, welche den Bannstrahl gegen die Ungläubigen, die Ketzer und Häretiker aller Art geschleudert, sie der Verfolgung, Verdammung und Vernichtung preisgegeben – all dies, erklärt er mit apodiktischem Ernste, seien *Auswüchse des Aberglaubens, Hirngespinste des religiösen Fanatismus*, die in dem angebrochenen Zeitalter der Vernunft, der Toleranz und Humanität nichts mehr zu suchen haben.

Die anderen aber, die Rechtgläubigen, erst recht die Ex-Jesuiten kochen und schäumen vor Wut, sie krampfen die Finger überm Brevierbuch zusammen, ballen heimlich die Fäuste und können sich kaum mehr ruhig in ihren Bänken halten. Dieser Hundsfott! Dieser blasphemische Ketzer, der die heiligsten und ehrwürdigsten Überlieferungen wegwischt, als wärs ein Fliegendreck, und alle Religionen und Glaubensbekenntnisse einander gleichstellt, als hätte Gott seinen einzigen Sohn nicht auf die Erde herabgesandt, um das einzig wahre Evangelium zu predigen, nämlich das katholische! Und jetzt, jetzt kommt's gar noch ärger!

Die Toleranz, liebe Brüder und Schwestern, gehört zu den höchsten Pflichten des Christen wie des Bürgers, und sie fordert von uns allen, daß wir niemanden, auch nicht den geringsten unserer Brüder, der Verfolgung, Verachtung oder der Lächerlichkeit preisgeben, bloß weil er einer anderen Religion, Glaubensgemeinschaft oder Nation angehört; sie fordert, daß wir vielmehr seine Überzeugungen achten und respektieren, selbst wenn sie den unseren entgegengesetzt sind, ja, daß wir ihn wie unseren Nächsten, wie unseren Bruder umarmen und lieben sollen!

HerrgottsakraHimmelkruzifixundTürken! Das schlägt doch dem Faß den Boden aus! Tolerant soll man sein nicht nur gegenüber dem lutherischen Gesocks, auch gegenüber den Beschnittenen, die den Gottessohn ans Kreuz geschlagen! Soll man wohl gar mit den Judassen fraternisieren und im Judenviertel sein Bier trinken, wo all diese verkrümmten, geilen und syphilitischen Moses-Brüder zusammengepfercht sind? Soll man wohl gar den Wucherjud', der doppelten Zins nimmt, noch in sein Abendgebet einschließen? Da seien Gott und die Hl. Kirche vor. Nein, dieser ›Toleranzapostel‹, der hier so schneidig und gescheit daherredet, dieser Pater Eulogius, ist niemals ein waschechter Kathole, der ist ein lutherischer Wolf im katholischen Schafspelz, ein Erzketzer, vielleicht gar ein halbjüdischer Bastard; jedenfalls gehört er nicht auf die Kanzel, sondern an den Pranger, wenn's denn schon keine Scheiterhaufen mehr gibt. ... Dabei hat er doch hübsch gebrannt – der Studiosus Nickel mit seinen zu Berge stehenden roten Haaren, damals in Wiblingen! Und alle guten Katholen zu Ulm und zu Augsburg haben ein Stoßgebet gen Himmel gesandt. Endlich war die Luft wieder rein und der Gottesacker wieder sauber.

Nachdem der Hall seiner Stimme im gothischen Kirchengewölbe verklungen, stieg Eulogius von der Kanzel herab und schritt, ohne noch einen Blick in die teils versteinerten, teils ergriffenen Mienen der Gemeindemitglieder zu werfen, hinüber zum Chor; aber den anerkennenden Blick seines Protektors, des Weihbischofs von Ungelter, hatte er wahrgenommen, bevor er durch die Seitenpforte verschwand. Kaum hatte er die Tür des Einkleideraums für die Prediger hinter sich geschlossen, ließ er sich auf einem Schemel nieder und wischte sich mit dem Zipfel seines Ärmels den Schweiß von der Stirne.

Ein jungenhaftes Lächeln lag über seinem Gesicht, ein lange nicht mehr gekanntes Gefühl des Stolzes und der Freiheit durchdrang, durchrauschte ihn, ein Gefühl von Auferstehung und Wiedergeburt nach so vielen hinter Klostermauern verbrachten und verschütteten Jahren. Es war ihm, als habe er, nach all den Jahren quälender Selbstverleugnung, sich selbst wiedergefunden. Endlich war Schluß mit den elenden Rücksichtnahmen auf die lächerlichen und anachronistischen Doktrinen seiner geistlichen Vorsteher im Convent, Schluß mit der elenden Maskerade und den scheinheiligen Lippenbekenntnissen zur reinen katholischen Lehre, die er sich all die Jahre wider besseres Wissen abgezwungen hatte, nur um nicht aus dem Orden verjagt, exkommuniziert und dem Elend preisgegeben zu werden. Mit dieser Predigt hatte er, er wußte es wohl, der Orthodoxie, den geistlichen ›Bonzen‹ und allen katholischen Eiferern in- und außerhalb Bayerns den Krieg erklärt. Nun, sollten sie bellen, kläffen, ihre Federn gegen ihn spitzen und von allen Kanzeln und

Kathedern herab gegen ihn eifern, wüten und wettern, er würde, komme, was da wolle, keinen Zoll breit zurückweichen, kein Wort von dem mehr zurücknehmen, was er soeben gepredigt, nicht eine Silbe! Seine Toleranzpredigt hatte in Augsburg und weit über Augsburg hinaus eine ungeheure Wirkung. Sie kam einem Fanale gleich und war wochenlang Stadtgespräch; in allen Ratstuben und Kanzleien, in allen Konventen und geistlichen Seminaren, Klöstern und Stiften, in allen Zunft- und Gaststuben, Kegelklubs und Vereinen, in allen Salons und Damenkränzchen disputierte, deduzierte, polemisierte und redete man sich die Köpfe heiß. Kein Bürger blieb indifferent, jeder sah sich herausgefordert, und bald teilte sich die Stadt in zwei Lager, die für oder gegen die Toleranzpredigt des Pater Eulogius votierten, deren Befürworter und Widersacher sich manchmal gar auf offener Gasse heftigst beschimpften und in den Haaren lagen. Es war, als sei in der Stadt und den umliegenden Gemeinden noch einmal der Sturm der Reformation losgebrochen.

Seine Predigt machte auch in München von sich reden, und sie war gerade zu jener Zeit eine große Ermutigung für die bayerischen Illuminaten und für alle Freunde der Aufklärung. Nachdem den bayerischen Behörden auch die Geheimpapiere des Ordens in die Hände gefallen und diese wenig später veröffentlicht worden waren, setzte im ganzen Kurstaat eine erbarmungslose Verfolgung nicht nur der Mitglieder des Ordens ein, sondern nahezu aller aufgeklärten Männer, die als Sympathisanten des Illuminatismus und seiner ›verbrecherischen Ziele‹ angeschwärzt wurden. Auch ich wurde im Zuge dieser Kampagne meines medizinischen Postens enthoben und mußte, um den Nachstellungen der Polizei zu entgehen, für eine Weile untertauchen. – Und in diesem verfinsterten Klima der Verfolgung, Angst und Duckmäuserei wagte es dennoch einer, einen solchen Paukenschlag für die Toleranz und die hellen Grundsätze des Jahrhunderts zu tun! Ich war – mit einem Worte – stolz auf ihn, stolz, einen solchen Kerl und couragierten Prediger zum Freunde zu haben.

Freilich, von nun an blies ihm der Wind mächtig ins Gesicht. Man verschrie ihn von der Kanzel herab und in Schmähschriften als ›Heiligenstürmer und Gotteslästerer‹. Die Angriffe gegen den meuternden Priester wurden immer giftiger und veranlaßten ihn zu den folgenden Zeilen:

Bin ich nicht der zweite Hus,
Der mit nächstem braten muß,
Und nach dessen Scheiterhaufen
Schon Loyolas Söhne laufen?

Indes, er wurde auch ermutigt durch den offenen Zuspruch, den er aus den Kreisen der Aufgeklärten, der Lutheraner und Reformierten, erhielt. Der Text seiner Predigt kursierte, noch bevor er sie in den Druck gab, in vielen Gemeinden Bayerns und weit über Bayern hinaus. Nicht lange, und die theologischen Fakultäten und Diözesen der anderen katholischen Staaten mischten sich in den reformatorischen Glaubenskrieg; es hagelte nur so an gelahrten und weniger gelahrten theologischen Stellungnahmen, an salbungsvollen Hirtenbriefen und geistlichen Belehrungen, aber auch an giftigen Streit- und Schmähschriften, Libellen und anonymen Drohungen gegen den Nestbeschmutzer der einzig seligmachenden Kirche. Bald sahen sich auch die überregionalen Blätter und Gazetten genötigt, den von einem bis dato unbekannten Franziskanerpater entfachten Sturm um die *Toleranz*, diesen zentralen Begriff der Epoche, ausführlich zu reportieren und zu kommentieren. Nicht lange und der Name des streitbaren »Toleranzpredigers« wurde in allen katholischen Staaten Deutschlands zum Begriff und Pater Eulogius zu einer Berühmtheit. Aus dem jahrelangen inneren Exil war er endlich heraus und an die Öffentlichkeit getreten, von nun an gab es kein Zurück mehr.

Er brauchte eine Weile, bis er sich an die neue Rolle gewöhnte, eine heißumstrittene öffentliche Figur zu sein. Wenn er jetzt durch Augsburgs Straßen ging, folgten ihm böse Späherblicke, in denen unversöhnlicher Haß stand. Alte Frauen und Marktweiber bekreuzigten sich, wenn er an ihnen vorbeischritt, als sei er der Leibhaftige selber, und von den Fenstern über der Gasse hagelte es Flüche und Verwünschungen auf ihn herab. Seine geistlichen Vorsteher im Konvent gingen grußlos und mit versteinerten Mienen an ihm vorbei. Nicht selten speiste er allein am verwaisten Tisch. Doch all dies nahm er gelassen hin in dem stolzen Bewußtsein, ein Streiter für Aufklärung, Humanität und Toleranz zu sein. Und wurde er für die kalten Schultern, die scheelen Seitenblicke und öffentlichen Schmähungen nicht reichlich entschädigt durch die vielen Zeichen der Sympathie, die er erhielt? Der Buchhändler steckt ihm gratis ein begehrtes Buch zu, der Schuster sohlte ihm die Stiefel zum halben Preis, der Weinhändler schob ihm seinen besten Likör zu und hob auf die Frage, was er ihm schuldig sei, listig die Braue und sagte, alle anständigen Bürger dieser Stadt stünden bei ihm in der Schuld, denn seine ›Toleranzpredigt‹ sei unbezahlbar!

Von den Geheimnissen des Beichtstuhls

Bald registrierte er, daß man sich wie nie zuvor um seinen Beichtstuhl drängte; vor allem die Zahl der Frauenzimmer, die ihn als Beichtvater begehrten, nahm sprunghaft zu. Es hatte sich nämlich herumgesprochen, daß er die Beichte nicht zur Folterkammer machte, nicht mit fernen Höllenstrafen und sonstigem Schreckgespenstern drohte, sondern dem Beichtkind eher die zeitlichen Übel vor Augen stellte, die aus seiner Verfehlung entspringen könnten. Statt Rosenkränze, Geißelung und Kasteiung zu verordnen, erteilte er lieber praktische Ratschläge und philosophische Belehrungen. So legte er Jünglingen, denen die ›Sünde der Selbstbefleckung‹ zur peinigenden Gewohnheit geworden, die alttestamentarische Geschichte Onans nach ihrer ursprünglichen Bedeutung aus: Onan, Jakobs Enkel, sollte sein Lager mit der Witwe eines seiner Brüder teilen, auf daß sie nicht alleine und ungetröstet bliebe. Aber Onan vergoß seinen Samen lieber auf dem Boden. Damit erzürnte er Gott und wurde von ihm gestraft, nicht weil Selbstbefleckung eine Sünde sei, sondern weil er gegen Gottes Gebot »Seid fruchtbar und mehret Euch!« verstoßen hatte.

Manchmal sah er hinter der perforierten Wand, die ihn von den Beichtigern trennte, schimmernde Augenpaare voll Neugier und heimlichen Feuers auf ihn gerichtet; die Nichtigkeiten und läßlichen Sünden, die er da zu hören bekam, schienen oft bloßer Vorwand zu sein, um den streitbaren Prediger, der die Stadt derart in Aufruhr versetzt, einmal aus nächster Nähe zu spüren, seinen Odem zu fühlen, seine dunkle Stimme zu vernehmen. Gewisse Damen aus den gebildeten Augsburger Familien erbaten gar seinen geistlichen Rat in den delikatesten Angelegenheiten. Die heikelsten Fragen drangen da flüsternd, oft von leisen Seufzern begleitet, an sein Ohr: Ob schon die lebhafte Vorstellung eines ehelichen Fehltrittes eine Sünde sei? Durch wie viele eheliche Beiwohnungen die Sünde eines Fehltrittes abgegolten sei? Ob, wie von anderen Priestern behauptet, die eheliche Beiwohnung zur Zeit der Mensis wirklich eine ›Todsünde‹ sei? Wer sein Laken beschmutze, gab er zur Antwort, beschmutze damit nicht gleich die Seele. Aber er war sich keineswegs sicher, ob sich an den unreinen Tagen des Weibes nicht doch lieber Enthaltsamkeit empfehle. Woher sollte er solche Dinge auch wissen, hatte er doch selbst seit Jahren keinem Weibe mehr beigewohnt, und was er vor seinem Eintritt ins Kloster auf diesem Gebiete erlebt, war schon halb verblaßte melancholische Erinnerung. Des öfteren wurde er gefragt, was gottgefälliger sei, wenn das Weib während der ehelichen Beiwohnung Lust oder wenn es keine Lust empfände? Eine Dame wollte gar wissen, ob sie sich einer schweren Sünde schuldig mache, wenn sie das Kruzifix über dem ehelichen Bett entferne und es statt dessen an der Wand der Vorkammer anbringe; denn der Anblick des leidenden Heilands störe sie empfindlich bei den ehelichen Freuden. Nun, solche Fragen wußte er noch, oft mit heimlichem Schmunzeln, zu parieren, sei es durch freisinnige Auslegung gewisser Stellen des Neuen Testaments, sei es durch Berufung auf die menschliche Natur und das Naturrecht, zu der auch das Recht auf ungestörten Liebesgenuß gehöre. Aber oft genug mußte er passen und war mit seinem Latein am Ende. Zuweilen wandte er sich brieflich an mich, als dem studierten Medicus, und begehrte meinen Rat in solch kniffligen Fragen. Hierbei beschlich ihn die Ahnung, daß

der Stolz unseres Jahrhunderts, die gebenedeite Aufklärung, vor den diffizilen Fragen und Geheimnissen der Weiblichkeit dastehe wie ein blöder und begriffstutziger Schuljunge.

Ich mußte ihn leider mit dem Eingeständnis enttäuschen, daß auch die medizinische und anatomische Wissenschaft vom Weibe noch gänzlich in den Kinderschuhen stecke und daß in diesem Belange der Arzt ebenso blöde dastehe wie der Priester.

Indes boten ihm seine Erfahrungen als Beichtvater auch mancherlei Stoff zur Satire:

Stell dir vor, da kömmt ein kleines Apothekerlein zu mir in die Beichte. Mit zerknirschter Miene beichtet er mir, daß er die Ehe gebrochen und sein Weib betrogen habe. Ich gebe ihm eine Buße auf, und er verspricht, hinfort seinem Weib die Treue zu halten. Nachdem ich ihm die Absolution erteilt, verläßt er frohgemut den Beichtstuhl. Nach einer Woche kommt er wieder und gesteht mit Armsündermiene, daß er wieder gegen das 8. Gebot verstoßen habe. Und so ging das noch einige Male fort.

Als er jüngst wieder zur Beichte kam mit derselben Litanei, da war ich es satt und gab ihm als einzige Buße auf, daß er seinem Weib den Fehltritt gestehen solle. Erst dann sei er losgesprochen. Mit fahlem Gesicht und schlotternden Knien verließ er den Beichtstuhl. Nun, letzte Woche kam er nach der Hl. Messe zu mir – doch diesmal mit höchst zufriedener Miene. Seit er seinem Weibe den Fehltritt gebeichtet, sagte er, sei er nicht wieder in Versuchung geführt worden. Ich nehme an, sie hat ihm eine ordentliche Abreibung erteilt oder ihn mit dem Nudelbrett traktiert, was ungleich mehr Wirkung zeitigt als unser System von Beichte, Buße und Absolution, das doch nur Wiederholungssünder gebiert.

Indes, je mehr seine Beliebtheit als Beichtvater zugenommen, desto lauter und wüster wurden die Attacken der katholischen Orthodoxie. Mehrere neue Pamphlete gegen ihn wurden in Umlauf gesetzt, die ihm vorwarfen, daß er die heiligste Institution der Kirche, die Beichte, entweihe und den Beichtstuhl zur Verbreitung gotteslästerlicher Ideen und illuminatistischen Gedankengutes mißbrauche. Unter seinen Beichtkindern war wohl ein Spitzel der Exjesuiten gewesen. Der Vorwurf des Illuminatismus aber war zu jener Zeit kreuzgefährlich. Bald wurde ihm das Augsburger Pflaster zu heiß, und er wandte sich an seinen Schirmherrn, den Freiherrn von Ungelter, mit der Bitte, ihn, wenn irgend möglich, aus der Schußlinie zu nehmen. Im Frühjahr 1786 wurde sein Wunsch endlich erfüllt. Der Freiherr von Ungelter hatte seinen Schützling, dessen Protektion ihn selbst immer mehr Anfeindungen aussetzte, während einer Reise nach Stuttgart dem katholischen Herzog Carl Eugen von Württemberg wärmstens empfohlen und ihm dort die Stellung eines Hofpredigers an der Herzoglichen Hofkapelle verschafft. Der Herzog selbst erwirkte ihm, für die Dauer seiner Anstellung bei Hofe, Dispens von Rom und all seinen Verpflichtungen gegenüber dem Franziskanerorden. Jetzt endlich konnte Eulogius das Kloster verlassen. *Zerrissen die römische Kette, das Tor zur Welt wieder auf!* jubelte er.

Er ließ sich in Augsburg sogleich ein Petschaftsiegel stechen, auf dem ein Franziskanergürtel in der Form eines Zirkels durch eine aus den Wolken ragende Hand mit einem Messer entzweigeschnitten wird und das die Inschrift trägt: *Secando elusit!* Da stand er in seinem dreißigsten Jahr und brannte vor Hunger nach Leben, Welterfahrung und diesseitiger Glückseligkeit, die er endlich in der württembergischen Residenzstadt, die auch ein Zentrum der Künste und Wissenschaften war, zu befriedigen hoffte.

IX. Pariser Confessions (1)

1. Nivôse, im 2. Jahr der Freiheit, (21. Dez. 1793)
Seit heute morgen macht hier ein Wort die Runde, geht ein Aufschrei des
Herzens durch alle Zellen, Gänge und Korridore: Komitee der Milde. In seiner jüngsten Nummer des *Vieux Cordelier* wendet sich Camille Desmoulins an Frankreichs erkaltetes Herz:

Öffnet die Gefängnisse jenen 200 000 Bürgern, die ihr Verdächtige nennt;
denn in der Verfassung steht nichts von Schutzhaftanstalten, sondern nur
von Gefängnissen ... Es steht darin nichts von Verdächtigen, sondern nur
von solchen, die durch das Gesetz festgelegter Vergehen beschuldigt sind.
Und glaubt nicht, daß eine solche Maßnahme der Republik verderblich
sein würde! Es wäre die revolutionärste Maßnahme, die ihr je ergriffen hät-
tet! Ihr wollt all eure Feinde durch die Guillotine ausrotten: Gab es jemals
eine größere Torheit? Könnt ihr einen einzigen auf dem Blutgerüst enden
lassen, ohne euch zehn Feinde aus seinen Verwandten oder Freunden zu
machen?

In den Wärmehallen, auf den Gängen und dem Hof ist von nichts anderem
die Rede. Die Gefangenen liegen sich in den Armen, während sie Desmoulins Worte zitieren; die Hoffnung auf baldige Befreiung macht sich überall,
selbst bei den Wärtern und Wachen, in Tränen und trügerischer Vorfreude
Luft. Auch draußen, auf den Gassen und Plätzen, so berichten die Botenfrauen, ist das ›Komitee der Milde‹ in aller Munde.

Auch Jacques und mich rührt das Wort ›Milde‹ zu Tränen; nicht nur, weil
wir damit Hoffnung auf baldige Befreiung und Heimkehr verbinden, sondern weil jenes fast schon erstickte menschliche Gefühl wieder laut wird,
das doch der eigentliche Antrieb unserer Revolution gewesen.

Aber – kann die Republik sich in der jetzigen Lage eine blinde und vorei-
lige Milde gegenüber ihren inneren Feinden leisten, ohne daran zugrunde zu
gehen? Ach, wer wollte nicht nach all dem Blutvergießen wieder das Herz
sprechen und Nachsicht walten lassen? Aber noch sind ja nicht alle äußeren
Feinde vom Boden der Freiheit vertrieben, noch die inneren nicht gebändigt. Auf Zwangs- und Schreckmittel jetzt zu verzichten, hieße, die Wucherer, Aufkäufer und reichen Egoisten gewähren lassen, welche die Revolution
durch Hunger in die Knie zwingen wollen. Es hieße, auf Requisitionen und
Kontributionen zu verzichten, die der Despotismus der Freiheit alleine

möglich macht. Wenn wir jetzt auf den Schrecken verzichten, werden unsere Armeen Hungers sterben, und so wird die Republik untergehen. Und wenn wir, wie Desmoulins will, auf einen Schlag alle Gefängnisse öffnen, wird sich, zugleich mit den zu Unrecht Verdächtigten und Inhaftierten, eine Flut von Royalisten, Adeligen und Priestern über das Land ergießen, und wir haben die Vendée, die Conterrevolution in ganz Frankreich. Während ich dies notiere, werde ich schmerzlich gewahr, daß ich mich gegenüber der Republik verhalte wie ein unglücklich Liebender. Obwohl ich ihr all meine Kraft und Zeit und die Ruhe meines Gewissens geopfert, verstößt mich die Undankbare, setzt mich gefangen, ohne daß ich wüßte, warum. Und ich Narr höre gleichwohl nicht auf, mir über ihr Wohl und Wehe meinen armen Kopf zu zermartern. Doch was beklage ich mich! Die Gefängnisse sind voll von solch verschmähten Patrioten und abgewiesenen Liebhabern.

Ironische Fügung des Schicksals

Als Eulogius, nachdem er das Refektorium verlassen, über den Hof der Abtei ging, kreuzten zwei Männer in langen Mänteln und Pelzmützen seinen Weg. Nur noch wenige Fuß von ihnen entfernt, erkannte er den größeren, stattlicheren der beiden: Dietrich. Im ersten Moment glaubte er, Opfer einer Sinnestäuschung zu sein. Der zweite Blick aber überzeugte ihn davon, daß wirklich Frédéric de Dietrich, der ehemalige Maire von Straßburg, sein politischer Erz- und Todfeind, leibhaftig vor ihm stand. Er war fassungslos.

Dietrich starrte ihn an, als erblicke er ein Gespenst, dann brach er in ein ungestümes Gelächter aus, wie es Eulogius aus dem Munde dieses stets Würde und Etikette wahrenden Barons und Patriziers noch nie vernommen hatte.

»Ist es wohl möglich«, wandte sich Dietrich an seinen Begleiter, »daß das Schicksal so viel Ironie beweist und zu guter Letzt den Inquisitor mit dem Inquisiten, den Denunzianten mit dem Denunzierten zusammensperrt? Die Vorsehung vergönnte mir, scheint's, noch eine Galgenfrist, um diesen letzten Witz auszukosten.«

Eulogius suchte sich an den beiden vorbeizudrücken, doch Dietrichs Begleiter verstellte ihm frech die Passage, musterte ihn von oben bis unten wie der Herr seinen Lakaien und setzte ihm die Spitze seines Spazierstockes wie ein Bajonett auf die Brust: »Das ist er also, der entkuttete Mönch, die Hyäne von Straßburg! Jetzt sitzt auch sie in der Falle.«

»Das kommt davon«, sagte Dietrich in eisigem Ton, »wenn man den Rosenkranz mit dem Blutbeil vertauscht.«

Da erwachte Eulogius aus seiner Erstarrung, der alte Haß gegen Dietrich hatte ihn wieder und löste ihm die Zunge:»Der Pariser Gerichtshof«, versetzte er mit Schärfe,»wird wohl unterscheiden zwischen einem royalistischen Maire, der geheime Einverständnisse mit den Feinden der Republik pflegte, und einem echten Sans-Culotte, der diese Komplotte aufdeckte und ihre Urheber anzeigte. Er wird auch zu unterscheiden wissen zwischen einem intriganten Stadtoberhaupt, das die Straßburger Demokraten und den Jakobinerklub mit allen Mitteln zu unterdrücken suchte, und einem Mitglied dieses Klubs, das eben dies zu verhindern wußte.«

Dietrichs Begleiter holte mit einer heftigen Armbewegung aus und hätte ihm seinen Stock wohl ins Gesicht geschlagen, wenn Dietrich seinen Arm nicht festgehalten hätte. Der glaubte ihn wirksamer zu treffen mit seiner ätzenden Ironie:

»Seit wann kann eine Maschine denken, gar noch politisch denken? Die Guillotine kennt nur einen Unterschied: den zwischen Kopf und Rumpf. Sie ist Szepter und Krone jenes allein regierenden Götzen der Gleichheit, den ihr auf den Thron gesetzt habt. Alle Köpfe, gleichviel ob sie den Zopf oder die rote Mütze tragen, fallen zuletzt in den gleichen Korb. Schade, daß Sie erst jetzt hier eintreffen, da meine Tage gezählt sind. Sonst könnten wir beide der Welt wohl ein einzigartiges Schauspiel bieten: wie der Inquisitor und der Inquisite gemeinsam das Schafott besteigen!« Und indem er die dünnen Lippen zu einem spöttischen Lächeln schürzte:»Doch getrost, Citoyen, bald wird man auch mit Ihrem Kopf Fangball spielen auf den Gassen, und die Köter vom Faubourg St. Antoine bekommen einen Sonntagsbraten.«

»Nein, gefehlt!« trieb Dietrichs Begleiter den Hohn auf die Spitze.»Unsere Köter sind doch patriotisch und nagen an keinem deutschen Knochen.«

Eulogius sah, wie sich ihnen vom Kreuzgang her zwei Wachposten näherten. Rasch ging er an Dietrich und seinem Begleiter vorbei, dessen Gelächter ihn noch verfolgte, als er fast die Pforte der Bibliothek erreicht hatte. Er mußte mehrmals im Gehen innehalten, denn es war ihm, als schwanke ihm das Pflaster unter den Füßen und als woge das Gebäude vor ihm auf und ab. Das Schicksal ersparte ihm wohl keine Demütigung. Daß er, der Sans-Culotte, nun im selben Gefängnis schmachten mußte wie der royalistische Maire, den in Straßburg vor Gericht zu ziehen, er sich vergebens bemüht hatte – welch niederträchtige Fügung des Zufalls!

In tiefem Grimm betrat er die ehemalige Klosterbibliothek, die den Gefangenen jetzt als Lese- und Schreibsaal diente. Am Eingang stand ein uniformierter, mit Pike und Knüppel bewaffneter Posten, vor dem er erst seine Taschen ausleeren mußte, bevor er ihn passieren ließ. Vorne residierte, durch eine hölzerne Balustrade von den Pulten und Bänken getrennt, der Bibliothekar, ein alter Mann mit schütteren Haaren, nebst seinen zwei Gehilfen, welche die Ausleihe und Rückgabe der Bücher und Zeitungen besorgten und den Gefangenen gegen ein kleines Entgelt Federkiele, Tintenfässer, Streusand und Siegellack bereitstellten.

Nachdem Eulogius die nötigen Utensilien in Empfang genommen, nahm er vor einem noch freien Pult im hinteren Teil der Bibliothek Platz. Mit seinen hohen Bogenfenstern, die zum Innenhof hinauszeigten, den alten, mit Büchern und Folianten gefüllten Regalen, die bis unter die getäfelte Decke reichten, und den in Reihen angeordneten Schreibpulten und Bänken atmete der Raum noch immer den Geist mönchischer Gelehrsamkeit und bibliophilen Fleißes. Indes, dieser Schein trog. Zwei Wächter, die vor der Balustrade Aufstellung bezogen hatten, observierten das Geschehen im Raume. Schließlich konnte man ja auch Federkiele als Stichwaffen benutzen.

An die vierzig oder fünfzig Menschen beiderlei Geschlechts verteilten sich über den Saal, unter ihnen Aristokraten in eleganten Garderoben und Abbés in gepflegten Soutanen. Vereinzelt oder zu zweien saßen sie über die Tische und Pulte gebeugt, die einen lesend, die anderen leise diktierend, die dritten schreibend. Zwei Reihen vor ihm saß Savany, der für einen des Schreibens unkundigen Häftling gerade eine Bittschrift aufsetzte. Vor einem Fenster hatte sich eine kleine Gruppe um einen Vorleser geschart, der mit gedämpfter Stimme die neusten Nachrichten aus dem *Père Duchèsne** vorlas.

Eulogius nahm den Federkiel auf, um endlich den Brief an die Pariser Jakobiner-Gesellschaft aufzusetzen, den er sich im Geiste schon auf dem Karren zurechtgelegt hatte. Aber er konnte sich nicht konzentrieren; die Begegnung mit Dietrich lag ihm bleischwer auf der Brust. Die Wut, daß er just mit dem ehemaligen Stadtoberhaupt Straßburgs, über das er nach dem Sturz des Königtums triumphiert hatte, jetzt im selben Loch saß, bohrte sich ihm in die Eingeweide und verwirrte seine Gedanken. Ja, er wünschte, Dietrich möge so schnell als möglich das Schafott besteigen, schon damit ihm eine weitere Begegnung wie die vorige erspart bliebe.

Ungeachtet der vielen Menschen herrschte im Saal eine erstaunliche Ruhe. In dem Geräusch der emsig über die weißen Bögen kratzenden

---

* Pariser Massenblatt, dessen Herausgeber Hébert, der König der sansculottischen Presse war

Federkiele lag indes etwas Beklemmendes. All diese Gefangenen um ihn herum schrieben, diktierten und formulierten ja gewissermaßen um ihr Leben, er selbst nicht ausgenommen. Hier wurden Bittschriften und Petitionen, dort Briefe und Rechtfertigungsschriften aufgesetzt, hier letzte Verfügungen getroffen und Testamente verfaßt, dort an Memoiren und Memoranden gebastelt, solange die Zeit noch reichte. Daß man hier nicht zum Zwecke des Studiums, geschweige denn zum Plaisir oder Zeitvertreib schrieb, diktierte und korrigierte, daß alle diese Federkiele gewissermaßen einen Wettlauf gegen den Tod führten, gleichviel, ob die Hand eines Aristokraten, eines Priesters oder eines Sans-Culotte sie führte – diese allen gemeinsame Not, die spürbar im Raume stand und sich auch den Mienen und Gesten der Schreibenden mitteilte, entschärfte allmählich wieder seine Wut und löste in ihm eine Art sympathetischer Empfindung aus.

In knappen Worten schilderte er nun seinen Werdegang in Frankreich samt den vielfältigen Aufgaben und Aktivitäten, die er im Dienste der Revolution und der Republik ausgeübt hatte. Erst gegen Ende ließ er seiner Empörung über seine Verhaftung freien Lauf:

Wie kommt es, daß man mich als ›Ausländer‹ klassifiziert, obschon mich Frankreich ins Land gerufen und mir durch feierliche Dekrete die Bürgerrechte zuerkannt hat?

Wie kommt es, daß man mich verurteilt und bestraft hat, ohne mich zu verhören? Wo ist das Land, das eine solche Prozedur billigen könnte?

Wie kommt es, daß Dietrich und ich, sein entschiedenster Widersacher, sich im gleichen Gefängnis befinden?

Wenn ich umkommen sollte, welches war mein Verschulden? Bin ich nachsichtig, bestraft man mich wegen Moderantismus. Bin ich strenge, klagt man mich des Amtsmißbrauchs an, als ob der öffentliche Ankläger für die Urteilssprüche verantwortlich wäre, die ein Gerichtshof verhängt!

Ich verlange, daß mein Fall vom Allgemeinen Sicherheitsausschuß geprüft wird. Ich verlange, daß ich bald gerichtet oder der Freiheit zurückgegeben werde. Ich will frei sein oder sterben. Man setze mich wieder in meine bürgerlichen Rechte ein, oder man lösche mich aus!

Das Kinn auf den Ellenbogen gestützt, las er die Blätter noch einmal durch – und war mit dem Resultat zufrieden. Er hatte nichts beschönigt und nichts verschwiegen; gleichzeitig sprach der Brief zum Gefühl und würde seine Wirkung auf die Pariser Brüder gewiß nicht verfehlen. Doch als er beim letzten Blatt angelangt war, verharrten seine Augen ungläubig auf einem entsetzlichen, geradezu infernalischen Schreibfehler: Statt *Comité du Salut public* stand da doch: *Comité du Salaut public* ... »Salaud« – das hieß zu deutsch: Lump, Dreckskerl. Durch das versehentlich eingefügte »a« war aus dem »Komitee des öffentlichen Wohls« ein »Komitee des öffentlichen Lumpen« geworden.

Mit einem leisen Fluch knüllte er den Bogen Papier zusammen. Dieser Schreibfehler allein hätte ausgereicht, ihn auf das Schafott zu bringen, wenn er ihn nicht gerade noch rechtzeitig bemerkt hätte. Aber das verräterische »a« konnte er nicht einfach ausstreichen. Selbst wenn er es unkenntlich machte, würden die Adressaten stutzig werden. Es half alles nichts, er mußte das ganze Blatt noch einmal abschreiben.

Resigniert hob er das Gesicht vom Pulte und ließ seine Augen nach links und rechts schweifen. In der Reihe vor ihm saß ein junges Frauenzimmer, sie mochte im gleichen Alter wie Sara sein. Immer wieder setzte sie leise seufzend den Federkiel ab. Sie trug ein schlichtes taubengraues Baumwollkleid, ihre langen kastanienbraunen Haare wurden über dem Scheitel von einer silbernen Spange gebündelt. Diese zierliche Schönheit mit dem blassen Teint und den traurigen Mandelaugen war ihm schon morgens am Brunnen aufgefallen, als er den Frauen bei ihren Verrichtungen zusah. Wessen wurde sie wohl verdächtigt und worüber brütete sie? Über einer Bittschrift oder über einem Brief an ihren Liebsten?

Wann würde er wohl die erste Nachricht von Sara erhalten – nebst dem erbetenen Gelde, den Wäschestücken und Utensilien des täglichen Gebrauchs? Gewiß nicht vor acht Tagen; denn von Straßburg nach Paris brauchte die Post mindestens vier Tage ... Wo war sie jetzt wohl, wieder in Barr bei ihren Eltern, oder hatte man auch sie verhaftet? Daß just die Brautnacht so hatte enden müssen. Hatte sie ihn wirklich aus Liebe zum Manne genommen oder weil er ihr Mitleid erpreßt?

›Ein wahres Geschenk der Liebe!‹ hatte Hans Jung zu ihm gesagt, als er das wunderschöne Schachspiel sah, das Sara ihm zu seinem sechsunddreißigsten Geburtstag geschenkt hatte. Das war im Oktober 1792 gewesen, als sie ihn in Hagenau besuchte, wo er nach dem Sturz des Königtums das Amt des kommissarischen Bürgermeisters innehatte. Die Figuren hatte sie mit eigener Hand entworfen, von einem Tischler schnitzen lassen und selbst koloriert. Dem schwarzen König und den schwarzen Offizieren hatte sie die weiße bourbonische Lilie aufgemalt, und die langstielige schwarze Königin, dünn und gebogen wie eine Bohnenschote, erinnerte von fern an Marie-Antoinette. Die gegnerischen weißen Offiziere und Bauern dagegen waren blau-weiß-rot in den Farben der Trikolore koloriert. Der weiße König aber trug statt einer Krone eine kleine Jakobinermütze aus rotem Sammet – in Anspielung an den ersten Tuileriensturm vom Juli 1792, da die Pariser Volksmassen in die Gemächer des Königs eingedrungen und dem verdutzten Monarchen eine Jakobinermütze aufgesetzt hatten. Wie hatte er sich gefreut über dieses Schachspiel, das die Symbole und Motive der Revolution auf so gewitzte Weise verarbeitete und das Sara in mühevoller Kleinarbeit hergestellt hatte.

Als sie sich dann, auf dem Balkon des Gasthofes, in dem er logierte, vor dem Schachtisch gegenübersaßen, um das neue Spiel einzuweihen, hatte sie ihn gewinnen lassen. Wenigstens an seinem Geburtstag sollte er diesen kleinen Triumph genießen dürfen. Zu seinem nicht geringen Verdruß spielte sie Schach viel besser als er. Während er oft fünf bis zehn Minuten über einem Zug grübelte, zog sie mit einer unglaublichen Geschwindigkeit. Wenn er Glück hatte, gewann er von fünf Partien, die sie spielten, gerade mal eine; und nicht einmal dann war er sicher, ob sie ihn nicht hatte absichtlich gewinnen lassen, um sein Selbstgefühl nicht zu kränken.

Mit Bravour widerlegte sie das männliche, auch von ihm geteilte Vorurteil, daß Logik und Kombinationsfähigkeit der weiblichen Natur eigentlich wesensfremd seien. Wenn nur die Generäle der französischen Sansculotten-Heere auf dem Schlachtfeld dasselbe Geschick beweisen würden wie Sara auf dem Schachbrett, hatte Friedrich Cotta einmal gesagt, dann wäre die Republik längst gerettet.

Wenn sie so vor ihm saß, ganz auf das Spiel konzentriert, und mit dem Zeigefinger langsam unter dem Kinn entlang und über die reizenden Grübchen in ihren Mundwinkeln strich, dann fand er sie besonders schön und begehrenswert. Er liebte dieses vertraute Tête-à-tête, da er sie ganz für sich allein hatte, und genoß den spielerischen Kampf mit ihr, die wenn auch geringe Aussicht, dieses kluge Köpfchen vielleicht doch bezwingen zu können. Und wenn er einmal gegen sie gewann, war der Triumph für ihn um so größer, und sie freute sich an seiner kindlichen Freude.

Einmal hatte sie ihm ein Geheimnis ihrer Spielkunst und Taktik verraten: daß man nämlich den Mut haben müsse, rechtzeitig eine Figur zugunsten eines strategischen Vorteils zu opfern. Und tatsächlich war er oft verblüfft, wie sie ihm, scheinbar leichtfertig, einen ihrer Bauern oder gar einen Offizier überließ, so daß er, wie es schien, augenblicklich im Vorteil war, um kurz danach verblüfft festzustellen, daß sie ihn durch dieses Opfer in eine böse Zwickmühle gebracht hatte, aus der er – wenn überhaupt – nur mit großen Verlusten wieder herauskam. Er versuchte wohl manches Mal, diese ihre

Taktik nachzuahmen; aber entweder fand er nicht rechtzeitig den Mut zum Opfer, oder er opferte blindlings und zum falschen Zeitpunkt, ohne daß ihm daraus ein Vorteil erwuchs.

Wie aber würde wohl jene andere schicksalhafte Partie ausgehen, in der es um *seinen* Kopf ging? Hatte Sara diesmal nicht sich selbst, ihre eigene Person zum Opfer gebracht und ihn doch nicht vor der Rache Saint-Justs bewahren können? Jetzt hatte er sie mit ins Unglück gezogen.

Nicht ohne Wehmut dachte er an die unbeschwerten und heiteren Abende im Hause Stamm, da er und Friedrich, jeder auf seine Weise, sich um die Gunst der jungen Hausherrin bewarben. Wie beschwingt und hoffnungsfroh waren sie damals noch alle – in jenem Sommer des Jahres 1791!

Aus Saras Tagebuch (1)

7. Juli 1791

Gestern waren Friedrich, Carl und Eulogius wieder zum Souper. Später kamen auch Nepomuk und seine Frau Miriam dazu. Es war ein warmer Sommerabend, die Luft wie von Seide, so daß wir das Souper draußen auf der Terrasse einnehmen konnten. Ich bereitete eine *Soupe à la cocarde*. Es war zwar nur eine gewöhnliche Gemüsesuppe, aber indem ich die Teller mit verschiedenen Gemüsesorten belegte und sie nach Art einer an die Farben der Trikolore erinnernden Rosette anordnete, verschaffte sie den Gaumen unserer lieben Gäste die hübsche Illusion, eine besonders exquisite, ja, geradezu ›patriotische Suppe‹ zu schlürfen.

Danach hatten wir eine gar lustige Szene. Friedrich fragte Daniel nach einem guten Friseur, denn sein Haupthaar schieße allzusehr ins Kraut. Der sagte, die Ausgabe könne er sich sparen, seine Schwester wisse ebenso gut mit der Schere als mit dem Zeichenstift umzugehen. Gesagt, getan! Indes kostete es Daniel und mich viel Überredung, bis Friedrich sich endlich dazu bereitfand, seinen schönen Lockenkopf meiner Schere anzuvertrauen. Anfangs schien er wenig Vertrauen in mein Geschick und Augenmaß zu haben, beäugte er doch mit Blicken voller Abschiedswehmut jedes kleine Haarbüschelchen, das ich von seinem üppigen Haupthaar trennte, als habe seine Büste soeben einen unwiederbringlichen Schaden erlitten. Auch bat er mich zweimal in fast flehendem Tone, daß ich nur ja den kleinen Zopf im Nacken nicht antasten solle. Als würd' ich es wagen, beruhigte ich ihn, mich an dieser Zierde seines Hauptes zu vergreifen, die mir heiliger sei als unsere Konstitution! Die Freunde bogen sich vor Lachen, wie er mit mir buchstäblich um jede Locke feilschte, die ich kürzen, er dagegen schonen wollte. Doch zuletzt überließ er mir vertrauensvoll die Regie über die letzten Feinheiten des Schnitts und saß mit höchst behaglicher Miene und gesenkten Lidern auf dem Stuhle – wie ein schnurrender Kater, dem man das Fell streichelt.

Carl sagte mit humoriger Wehmut, leider werde sein Haupt mangels Haarmasse wohl nie in den Genuß einer solch delikaten Behandlung durch zarte Frauenhände gelangen; und Eulogius sagte galant, für solch einen Genuß würde er sein Haupt gerne nochmals zum Mönchskopfe umformen lassen. Oh, wie haben wir gelacht!

11. Juli

Gestern hielt Eulogius seine Antrittspredigt im Münster. Über die *Übereinstimmung des Evangeliums mit der neuen Staatsverfassung der Franken.* Ich saß mit Daniel, dem Vater und Friedrich im vollbesetzten, von Fackeln erleuchteten Gotteshaus. Es war fürwahr ein Erlebnis! Noch nie hört' ich einen Prediger, der so predigt, als ob ihm die Gedanken gleichsam im Augenblick der Rede erst zuflögen. Und mit welcher Glut der Mann predigt! Das war keine Predigt der salbungsvollen Andacht mit dem himmelwärts gerichteten Demutsblick, es war ein im Sturme vorgetragenes Evangelium der Freiheit, wie man es von Straßburgs Kanzeln noch nimmer vernommen.

Heute blicken die Völker Europens, auch wenn ihre Könige und Fürsten laut mit dem Säbel rasseln, sehnsuchtsvoll nach Frankreich: denn Frankreichs große moralische Idee ist die Gerechtigkeit, und erst ein souveränes Volk hat der Welt, hat den anderen Völkern gezeigt, was das ist: die Gerechtigkeit und das heilige Menschenrecht! ... Sind wir nicht Bürger des ersten Staates Europens, und wir sollten vor den Heeren fremder Despoten zurückzuweichen? Wir haben angefangen, uns einen Freiheitstempel zu bauen, wir werden ihn vollenden oder unter seinen Ruinen begraben werden!

Als er seine Predigt mit diesen Worten beschloß, brach sich ein ungeheurer Jubel Bahn, wie ich ihn in einem Gotteshaus noch niemals vernommen. Dann erhob er die Hand zum Schwur und legte den Treueid auf die Verfassung ab. Brendel, unser neuer Volksbischof, umarmte ihn und sprach ihm im Namen der ganzen Gemeinde seinen Dank aus. Und der Maire Dietrich, der mit seiner Gattin und seinen drei Töchtern auf den ersten Bänken saß, erhob sich und sagte, Straßburg könne sich glücklich schätzen, einen solchen Prediger und Verteidiger der französischen Freiheit in seinen Mauern zu wissen.

Auch bei uns, im privaten Kreise, spricht er nie mit trockener Gelehrsamkeit, sondern immer mit Leidenschaft und Feuer, oft mit Lust an der Satire und beißendem Spott. Wie ihm die Worte so rund und appetitlich aus dem Munde springen! Muß immer an frische Semmeln denken, wenn ich ihm zuhöre. Nur daß er den anderen zuweilen seine Meinung aufdrängen will, ihnen ins Wort fällt und bei einem Dispute für gewöhnlich das letzte Wort haben muß, mißfällt mir. Er kann dann in einen sehr schneidenden Ton verfallen. Weiß nicht warum, manchmal ist mir ein wenig bange vor diesem vulkanischen Menschen.

16. Juli
Hab heute Friedrich besucht, diesmal ohne männliche Schildwache. Seine Stube ist bis unter die Decke mit Büchern und Folianten tapeziert. Wie gelehrt und bienenfleißig der Mensch ist! Das von ihm verfaßte Schrifttum und die diversen Journale, an denen er mitwirkt, füllen wohl ein halbes Regal.

Auf der kleinen Feuerstelle unter dem Rauchfang kochte er dann einen Kaffee. Während wir tête-à-tête am offenen Fenster saßen, erzählte er mir von seiner Familie. Und von dem Zwiespalt, den es für ihn bedeutet, jahrelang unter einem Despoten zu dienen, der das Leben seiner Großeltern Pirker zerstört. Anna Maria Pirker, ehemals Primadonna des Stuttgarter Opernhauses, und ihr Gemahl wurden acht Jahre lang ohne Urteil und ohne Prozeß vom Herzog von Württemberg eingekerkert; erst auf dem Hohen Twiel, dann auf dem Hohen Asperg. Friedrich hat seine Großeltern nie kennengelernt. Aber die düsteren Nachrichten von ihrem Kerkerdasein wurden für ihn, den heranwachsenden Knaben, zu einer alptraumhaften Fabel. Je älter er wurde, desto mehr Einzelheiten erfuhr er, auch wenn die Mutter versuchte, ihn mit der Wahrheit zu verschonen. Aber er sah ja, wie sie litt, spürte, wie sie innerlich daran zerbrach, daß ihre Eltern hinter Kerkermauern verkümmerten. Die Pirkers erhielten nie einen Prozeß, sahen nie einen Richter. Der Herzog kümmerte sich höchstpersönlich um die Einhaltung der grausamen Haftbedingungen. Weder durften die Eheleute Pirker miteinander eine Silbe sprechen noch Besuch empfangen oder schreiben. Die an ein Leben im Mittelpunkt der Öffentlichkeit gewöhnte Künstlerin ertrug diese tägliche Marter nicht und verfiel schließlich dem Irrsinn; die in der Raserei ausgestoßenen Schreie zerstörten ihre berühmte Stimme. Um sich auf irgendeine Weise zu beschäftigen, fertigte sie aus dem Stroh ihrer Matratze mit Hilfe ihrer eigenen Haare Blumen, die aus dem Kerker geschmuggelt und mit der Geschichte ihres Schicksals versehen an die Höfe versandt wurden. Indes haben die vielen Bittschreiben und Proteste Carl Eugen nicht im geringsten beeindruckt.

»Wann wäre auch ein Herrscher von Gottes Gnaden, ein Despot, für seine Untaten je zur Rechenschaft gezogen oder vor ein weltliches Gericht gestellt worden!« sagte Friedrich. Welche Selbstüberwindung es ihn gekostet, wenn er als Dozent der Hohen Carlsschule vor den Herzog zitiert wurde und mit dem Anscheine tiefster Ehrerbietung vor demselben Regenten seinen Kratzfuß machen mußte, der seiner Familie soviel Leid zugefügt – ich kann's wohl nachfühlen. Wenn er als Publizist unermüdlich gegen Willkür und Despotie, für die Menschenrechte und die Konstitution kämpft, dann aus einem ganz persönlichen Beweggrund. Dies macht ihn mir doppelt lieb und achtbar.

Nur gönnt er sich, scheint's, gar keine Muße und wenig Vergnügungen. Er trinkt nicht, spielt nicht, raucht nicht, geht auch nicht in die Komödie. Seine Besuche bei uns sind sein einziger Zeitvertreib. Er ist von so bescheidenem und liebenswürdigem Wesen, und von ihm geht etwas Väterliches aus. Ich hab' viel Vertrauen zu ihm.

20. Juli

Welch einen Aufruhr Großmutter und Tante machten, da ich heute wieder zur Versammlung am *Spiegel* ging! Ein Frauenzimmer habe dort nichts zu suchen, es bringe sich um seinen guten Ruf, und der Schimpf falle zuletzt auf die Familie, maulten sie um die Wette. Und überhaupt, seit diese Deutschen das Haus frequentieren, vernachlässige ich meine Pflichten im Hause. Was gar nicht wahr ist.

Es ist aufregend, unter so vielen Frauenzimmern, älteren wie jüngeren, auf der Tribüne zu sitzen, die wie ich gespannt den Debatten lauschen. Dies immerhin ist ein riesiger Fortschritt, waren doch bislang selbst die Lesegesellschaften und Kabinette für uns verschlossen. Und wieviel man nicht dabei lernt! Mir pocht jedesmal das Herz, wenn die Freunde ans Rednerpult treten. Wenn ich vor so vielen Menschen sprechen müßt', ich würd' vor Lampenfieber vergehen und kein Wort herausbringen. Aber Eulogius ist dann grad in seinem Element. Staune immer wieder, wie er, ohne auf einen Zettel oder dergleichen zurückzugreifen, auf seine Vorredner antwortet, ihre Argumente aufnimmt, widerlegt oder zuspitzt, und die Tribünen zu Beifallskundgebungen hinreißt. Manchmal scheint mir freilich, er sonnt sich in seiner Redekunst, ist sich ihrer Wirkung allzu bewußt und redet daher länger, als es vonnöten wäre.

Friedrich dagegen spricht viel ruhiger, gesetzter und beschränkt sich immer auf das Notwendige. Aber da er stets betont sachlich bleibt, reißt er auch die Tribünen weniger hin. Wenn ihm eine eben geäußerte Meinung gegen den Strich geht, zieht er seine Stirn in krause Falten – wie eine Ziehharmonika. Mit dieser Ziehharmonika-Stirn porträtierte ich ihn, während die Gesellschaft tagte. Sein Haupt bekränzte ich mit seinem Straßburger politischen Journal, dessen einzelne Blätter wie Haare zu Berge stehen und doch ein schönes Oval bilden – eine Kunstfrisur aus wedelnden Seiten. Das Motiv entnahm ich Arcibaldos Büste »Der Bibliothekar«. Als ich ihm hernach die Karikatur zeigte, fragte er mich halb amüsiert, halb pikiert, ob dies die manieristische Karikatur eines Bücherwurms oder Stubengelehrten sei. Aber nein, sagte ich, es sei eine Hommage auf den Redakteur von Straßburgs bestem Demokratenblatte. Ei, wie gern er dies hörte! Augenblicks glättete sich seine Kräuselstirn, und er lächelte dankbar.

23. Juli
Machte gestern für Carl Clauer die Stadtführerin. Zeigte ihm Straßburgs Sehenswürdigkeiten: die Große Metzig am alten Fischmarkt, das alte Renaissance-Rathaus am Guttenbergplatz, die abgebrannte Pfalz, die im Herbst 1789 von aufgebrachten Bauern gestürmt und in Brand gesetzt wurde; die neu gebaute Aubette (Wache mit dem Parolebureau) am Paradeplatz, das Haus Kammerzell am Münsterplatz mit seinem prächtigem Fassadenschnitzwerk, die berühmte Hirschapotheke aus dem 13. Jahrhundert in der Krämergasse und die alten Paläste in der Brandgasse.

Als wir vom Fischmarkt über die alte Rabenbrücke gingen, auch »Schinderbrücke« genannt, fragte er mich, woher dieser Name käme. Ich erzählte ihm, daß während des Ancien Régime von hier aus Mütter, die ihr Kind ausgesetzt hatten, in die Ill geworfen und ertränkt wurden. Die Kindsmörderinnen, sagte Carl bewegt, seien just das Thema seiner juristischen Dissertation gewesen. Er sieht die Ursachen, warum so viele Kinder gleich nach der Geburt von ihren Müttern ausgesetzt werden, in der Furcht vor Strafe, Armut und Schande. Darum hat er schon als junger Jurist dafür plädiert, bei Kindstötung die Todesstrafe aufzuheben und durch Gefängnis zu ersetzen. Im übrigen hält er dafür, den Zeugevater ebenso wie die Frau und Mutter zu strafen; schließlich sei er es, der die Mutter in ihre Notlage gebracht. Ob ich mir wohl die gefrorenen Mienen der gelahrten Professoren vorstellen könne, als er diese ketzerischen Thesen an der Universität Rinteln in Schaumburg-Lippe öffentlich verteidigen mußte? Und ob ich's kann!

Als junger Advokat zu Dresden, wo man Carl, da er kein gebürtiger Sachse war, als Ausländer ansah, bewies er erneut seine Courage. Um Kindstötungen gleich nach der Geburt vorzubeugen, schlug er die Errichtung eines Städtischen Findelhauses vor. Ja, er wagte sogar, den Magistrat zu kritisieren, der, sich dem Gebot seines Landesherrn beugend, lieber ein weiteres Gotteshaus denn ein Findelhaus baute. Bald sah er sich solchen Anfeindungen ausgesetzt, daß er sein Bündel schnürte. Er ging nach Prag, Wien und später nach Berlin. Er ist erst siebenundzwanzig und hat schon ein so bewegtes Leben hinter sich.

Es ist rührend, wie stark er lispelt, wenn er in Wallung gerät, und dann manchmal abrupt verstummt, weil er sich seines Zungenfehlers schämt. Dabei ist er ein Meister des geschriebenen Wortes und berühmt für seine »Klaue«, für seine revolutionären Flugschriften, die auf unterirdischen Wegen in ganz Deutschland Verbreitung finden, ja selbst bis nach Siebenbürgen und Ungarn gelangen. Er gab mir seine jüngste Flugschrift zu lesen: *Allgemeiner Aufstand oder vertrauliches Sendschreiben an die benachbarten Völker, um sie zu einer heiligen und heilsamen Empörung aufzumuntern.* Sie ist mit siedendem Herzen, in einer wunderbar bildhaften Sprache und in einem ganz persönlichen Tone geschrieben, der sich dem Leser ins Herz senkt.

Wie hat sich mein kleiner Horizont nicht schon geweitet, seit ich Umgang mit Friedrich, Carl und Eulogius habe! Und komm mir doch oft wie ein unwissend Ding, wie eine dumme Gans gegen sie vor. Nicht nur Daniel, auch der Vater hält große Stücke auf sie. Ich aber fühle mich wie ein Falter, der sich seiner Larve entledigt und beschwingt in die Lüfte erhebt. Möge die Gesellschaft dieser lieben Zugvögel mir noch recht lange erhalten bleiben!

29. Juli
Friedrich schickte mir heut die jüngste Ausgabe seines *Straßburger politischen Journals*, dazu ein hübsches Lesezeichen aus gesteifter Seide mit Troddeln in den Farben der Trikolore. Damit ich ihn stets irgendwo zwischen Montaigne und Rousseau zu finden wisse, schrieb er mir dazu. Wie reizend von ihm! Nur wär's mir noch lieber gewesen, er wäre selbst gekommen.

3. August
War gestern zusammen mit Daniel und Carl in der Komödie am Broglieplatz. Man gab Molières »Georges Dandin oder der betrogene Ehemann«. Man hatte, der neuen Pariser Theatermode folgend, alle Kostüme überarbeitet, um sie den antiken Verhältnissen anzupassen. Es gab keine aufwendigen Stickereien und keine seidenen Kniehosen mehr.

Nach der Vorstellung feierten wir mit den Komödianten im *Café suédois*
Premiere. Ich saß zwischen Carl und Nanette Boudin, welche die weibliche
Hauptdarstellerin, die Angélique gegeben hatte – eine aparte Rothaarige
von schätzungsweise dreißig Jahren. Sie kommt aus Paris, ist eine glühende
Patriotin, und ihr geht eine gewisse Fama voraus. Das Gesicht, von roten
Sommersprossen übersät, die ihrem Teint etwas Feuriges geben; große
dunkle Augen unter den schwarz getuschten Brauen, von denen etwas Wildes und Ungestümes ausgeht. Dazu eine dunkle, fast männlich klingende
Stimme. Sie kleidet sich ganz à la Révolution, trägt einen schwarzen, mit
Bändern und einer Schleife in den Nationalfarben verzierten Filzhut. Die
ungepuderten Haare sind mit schwarzen Federn geschmückt. Dazu eine
blaue Tuchjacke mit weißem, rot eingefaßtem Kragen. Ihre Bluse aus weißem Barchent hat goldfarbene Knöpfe, der königsblaue Tuchrock einen rot
abgesetzen Saum. Was das Kostüm wohl gekostet hat? Wir sprachen über
das Stück und die Rolle der Angélique, die ihren Ehemann, einen reichen
Bauern, mit dem Vicomte Clitandre betrügt und sich doch immer so
geschickt herauszureden weiß, daß ihr Mann am Ende als Tölpel und
Dummkopf dasteht. Diese Rolle, erklärte uns Nanette, habe sie mit sehr
gemischten Gefühlen gespielt. Das Weib als intrigante und lasterhafte
Schlange, das dem Mann nicht nur Hörner aufsetze, sondern ihn auch noch
zum Narren halte – dies sei Wasser auf die Mühlen aller Weiberfeinde. Wohl
darum komme die Komödie auch so gut an. Wenn aber die Weiber zu List
und Intrige ihre Zuflucht nähmen, so doch nur, weil sie in Wirklichkeit vollkommen rechtlos und dem Manne in jeder Hinsicht untertan seien. Dies
habe Molière leider nicht zum Thema gemacht.

Überhaupt seien, ihrer Erfahrung nach, die Männer viel lasterhafter als
die Weiber. Wenn aber ein Mann einmal tugendhaft sei, dann könne man
davon ausgehen, daß eine Frau ihn dazu gebracht habe, sei es die Mutter, die
Schwester, die Amme oder Ehefrau. Im Laufe der Zeit könne er freilich
nicht umhin, die eine oder andere gute Eigenschaft von ihr anzunehmen.

»He! He!« und »Oho!« kam es nun von allen Seiten und vornehmlich
aus Männerkehlen.

Man sehe es ja schon an ihren roten Haaren, fuhr Nanette fort, daß sie
dem Hexensabbat entsprungen und während der Mens gezeugt worden.
Dann deklamierte sie mit lauter Stimme einen Spottvers auf die Selbstherrlichkeit des Mannes, was die Stimmung auf den Siedepunkt trieb:

»Du weltgepriesenes Geschlecht/ Du in dich selbst verliebte Schar/
Prahlst allzusehr mit deinem Recht/ das Adams erster Vorzug war!« Dabei
sei der Vorrang der Männer keineswegs zuerst von Gott erschaffen worden.

Nicht der Mann, vielmehr das Weib sei das ›Meisterwerk der Schöpfung‹. Denn der erste Mann sei aus einem Lehmklumpen geschaffen worden, indes das erste Weib aus seiner Rippe, mithin aus lebendigem Fleische, aus einem beseelten Körper hervorgegangen sei. Der zweite Versuch aber falle immer vollkommener aus als der erste, der gleichsam nur eine leidliche Vorprobe darstelle. In der Baukunst wie in der Pflanzenwelt sei es ebenfalls so, daß zunächst die ›Fundamente ohne Wert oder Anmut‹ gebaut werden müßten, um darauf dann prächtige Gebäude errichten zu können. Das war eine drollige Begründung, ich mußte sehr darob lachen.

Die Schauspieler applaudierten ihr zu, die Bürger an den Nebentischen aber betrachteten sie wie ein exotisches Tier – mit offenen Münden und hängenden Kinnladen. Freilich, einen solchen ›Hexenbesen‹, der die männlichen Vorurteile gegen unser Geschlecht auf so gewitzte Weise umdreht, hat man in Straßburg noch nicht erlebt. Carl ließ sie die ganze Zeit nicht aus den Augen. Mir scheint, er hat sich ziemlich in sie verguckt. Mich aber lud sie für nächste Woche zum Kaffee.

8. August.
Eulogius gibt Ludwig, der mit dem Griechischen auf Kriegsfuß steht, zweimal die Woche Nachhilfeunterricht. Danach kommt er meist herunter in den Salon, und wir spielen eine Partie Schach.

Es macht Vergnügen, mit ihm zu spielen: er ist dann so selbstvergessen wie ein Kind, und läßt sich durch die vielen Niederlagen gar nicht entmutigen. So galant er sonst auch mir gegenüber ist, wenn ich ihm wieder einen Offizier abgenommen oder ihn matt gesetzt habe, flucht er wie ein Bauer und beschimpft mich, freilich nur im Spaße, als ›Hex‹ und ›Satansweib‹, das wohl bei des Teufels Großmutter in die Schule gegangen. Muß immer lachen über seine fassungslose Miene und die fränkisch-bayerischen Kraftausdrücke, die ihm dann unwillkürlich entfahren.

Wenn er, über einem Zug grübelnd, die Kinnmuskeln spannt, treten die Sehnen und Adern an seinem starken Halse und den Schläfen hervor – wie bei einem Roß, das sich ins Geschirr legt. Sah jedoch selten ein Gesicht, in dem sich männliche und weiche Züge derartig mischen. Er hat eine Art, mich anzugucken mit seinen großen bräunlichen Augen – weiß nicht, wie ich es nennen soll.

Zuweilen sitzt er auch, indes ich mich am Stickrahmen betätige, mit gekreuzten Beinen ›wie ein Schneider bei der Arbeit‹ auf dem Teppich und erzählt Caroline ein Märchen. Die Schwester hört ihm gebannt zu, denn er weiß sehr schön und für Kinderohren zu erzählen; immer wieder will sie das Märchen vom ›Teufel mit den drei goldenen Haaren‹ hören. Wehe aber, wenn er die Reihenfolge der Wetten zwischen dem Bauern und dem Teufel vertauscht oder gar noch eine neue dazu erfindet! Dann protestiert Caroline auf das heftigste; denn die erste Version hat sie genau behalten, und die neue erscheint ihr als ›Lüge‹. Darob mußten wir schon manches Mal lachen. Wenn's nach den Kindern ginge, sagte er heut, dürfte keine Erzählung, kein Roman je eine zweite überarbeitete und bessere Fassung erleben; denn nur die erste, die sich ihrem Sinn frisch einprägt, halten sie für ›wahr‹, jede nachfolgende aber für eine Fälschung. Wenn's so wäre, setzte er hinzu, dürfte man wohl auch nur einmal im Leben lieben. Denn jede weitere Liebe wäre gegenüber der ersten eine Art Verrat oder Fälschung des ursprünglichen Gefühls. Wie er dies sagte und mich dabei ansah ...

Die Todeskutsche

Ein Trommelwirbel riß Eulogius aus seinen Erinnerungen. Alles ließ auf einmal die Federkiele und Schriftstücke, die Bücher und Zeitungen fallen und stürzte zu den Fenstern, welche sogleich aufgerissen wurden. Er stand auf und ging zu dem nächstliegenden Fenster, um das sich bereits eine Traube von Menschen versammelt hatte. Ein kalter Luftzug schlug ihm entgegen. Er stellte sich auf die Zehenspitzen, um über die Köpfe hinweg nach draußen in den Innenhof der Abtei blicken zu können. Die Gefangenen, die dort unten gerade noch vereinzelt oder grüppchenweise zusammengestanden, liefen in wilder Flucht auf die Türen und Tore der angrenzenden Gebäude zu, als wollten sie sich in Sicherheit bringen. Im Nu war der Hof leergefegt, während gleichzeitig das Wachpersonal unter dem Kreuzgang und vor dem Gebäude der Gefängnisverwaltung Aufstellung bezog, wo vor der Treppe der Trommler stand. Auch die Fenster der anderen Gebäude, die den Innenhof säumten, hatten sich in Sekundenschnelle mit Trauben von Köpfen gefüllt. Ein grauer Himmel stand über dem Hof, tief hingen die Wolken.

Dann Peitschengeknall und das Wiehern von Pferden. Die Tore des schweren Portals wurden krachend aufgerissen, und Eulogius sah, wie in scharfem Tempo eine schwarze Kutsche einfuhr, deren Verschläge mit der roten Phrygiermütze geziert waren. Erst vor dem Gebäude der Gefängnisverwaltung kam sie zum Stehen. Das also war die berüchtigte Todeskutsche, die jeden Nachmittag auf den Schlag fünf hier einfuhr, um die fälligen Kandidaten zum Justizpalast vors Pariser Revolutionstribunal zu karren. Und vor diesem gab es nur »Schuldig!« und Tod oder »Unschuldig!« und Freispruch.

Alles stand jetzt dichtgedrängt vor den Fenstern, einer über den anderen gebeugt, die Hinteren auf die Schultern der Vorderen gestützt. Man verharrte wie erstarrt. Nur hie und da vernahm man ein kaum hörbares Flüstern und unterdrücktes Seufzen. Eulogius fühlte, wie ihm der Schweiß ausbrach; dabei hatte er am zweiten Tag seines Hierseins noch nichts zu befürchten. Dann, nach etwa fünf Minuten, ein neuer Trommelwirbel. Unten auf der Treppe vor dem Verwaltungsgebäude erschien der Ausrufer und rief der Reihe nach vier Namen auf, mit Vor- und Zunamen. Kaum aber war die Namensaufrufung beendet, kam aus Hunderten von Mündern ein Stoßseufzer der Erleichterung, der sich wie eine Welle von Fenster zu Fenster fortpflanzte und für einen Moment den ganzen Innenhof erfüllte.

Doch da erschien auf der Treppe vor dem Verwaltungsgebäude der bucklige Gefängnisvorsteher mit einem Billet in der Hand, das er dem Ausrufer überreichte. Ein neuer Trommelwirbel. Wieder hielt alles den Atem an. Hatte man etwa einen oder mehrere Kandidaten vergessen? Ein neuer Name wurde aufgerufen: Adelaine Larouche! Ein spitzer Schrei durchzog den Lesesaal. Eulogius sah zum benachbarten Fenster hinüber, wo gerade eine ältere Dame der braungelockten Schönen in dem taubengrauen Baumwollkleid weinend um den Hals fiel. War sie etwa die unglückliche Larouche, welche die Todeskutsche besteigen mußte? Kein Zweifel, sie war es. Denn sie verabschiedete sich jetzt der Reihe nach von den Umstehenden. Dabei schien sie erstaunlich gefaßt, als habe sie schon lange auf diesen Moment gewartet, sie weinte nicht, sprach nur sehr leise und mit sanfter Eindringlichkeit auf ihre weinenden und schluchzenden Begleiterinnen ein, streichelte ihnen übers Gesicht, drückte und herzte sie, als sei nicht sie des Trostes bedürftig, sondern die andern, bot ihnen dann ihr Gesicht zum Abschiedskuß dar, umarmte nach den Frauen noch einen Abbé und einen älteren Herrn mit Perücke. Dann riß sie sich los und ging zur Tür des Lesesaals, wandte sich auf der Schwelle noch einmal um, lächelte wehmütig, winkte kurz und verschwand.

Wenig später kamen die Aufgerufenen in Begleitung des Wachpersonals aus den Gebäuden heraus. Zuerst ein dicklicher glatzköpfiger Mann, der einen grauen Leinenkittel trug. Er trat mit den Füßen aus gegen seine beiden Bewacher und ließ sich mehrmals aufs Pflaster fallen, wo er zappelnd und um Hilfe schreiend liegenblieb. Mit Gewalt und Stockhieben wurde er zur Kutsche geschleift und buchstäblich in den Verschlag hineingeprügelt. An allen Fenstern gleichzeitig brach ein Sturm der Empörung los. »Ihr Barbaren!«, »Ihr Unmenschen!«, »Ihr Mörder!« schrie und brüllte es über den Hof.

Als dann zwei Aristokraten den Hof betraten, legte sich der Tumult an den Fenstern. Ihr Auftritt hatte etwas Zeremoniöses und Feierliches. Sie trugen schwarze Federhüte, schwarze Mäntel und weiße Kniehosen. Sie waren nicht gefesselt, hielten jedoch, ob mit, ob ohne Absicht, die Hände über Kreuz, wie wenn sie gebunden wären. Mit hocherhobenen Häuptern und gravitätischen Schrittes überquerten sie den Innenhof. Ihnen folgte eine Dame in schwarzer Mantille, in der rechten Hand einen chinesischen Fächer, mit dem sie sich Luft zufächelte, als ob sie in dieser Winterkälte der Kühlung bedürfe. Sie schritt über den Hof mit wiegendem Gang, den Lokkenkopf stolz in den Nacken geworfen, wobei sie mit der freien Hand ihren langen Rock raffte, damit dieser ja nicht beschmutzt werde. Die Wächter folgten ihr in gebührendem Abstand. Ihr Auftritt, ihre ganze Haltung schien zu sagen, sie begebe sie sich nicht zum Pariser Justizpalast, sondern zu einem Empfang bei Hofe. »Die Marquise de V...!« raunte es andächtig von Mund zu Mund.

Dann, als auch die Marquise bei der Kutsche angekommen war, nahmen die beiden Aristokraten sie in die Mitte, zogen die schwarzen Federhüte vom Kopf, schwenkten diese mit weit ausholender Geste im Halbkreise, alle drei hoben die Köpfe zur Galerie des Dormitoriums, wo sich die Aristokraten und Priester versammelt hatten; die Marquise winkte huldvoll mit dem Fächer, ihre beiden Begleiter mit den Federhüten, und im Chorus riefen sie zur Galerie hinauf: »Gott schütze Euch! Gott schütze Frankreich!« Wie ein Echo kam die Parole zurück, noch einmal wurden Hüte und Fächer geschwenkt, der eine Kavalier hielt der Marquise den Verschlag der Kutsche auf und komplimentierte sie mit einer leichten Verbeugung hinein, dann verschwanden die drei im Fond.

Dieses galante Abschiedszeremoniell, wiewohl es regelrecht einstudiert wirkte, schien großen Eindruck auf die Gemüter der Zuschauer zu machen. Überall an den Fenstern war eine feierliche Stille eingetreten. Auch Eulogius staunte über die kaltblütige Noblesse und die vollendete Etikette, mit der diese Aristokraten die Todeskutsche bestiegen. Als wollten sie noch im Abgehen von der Bühne der Geschichte ihren Häschern demonstrieren: Wir sind und bleiben die Herren – im Tode und über den Tod hinaus.

Als letzte trat Mme. Larouche, von einem Wachmann gefolgt, in den Hof. Wieder hob der Tumult an, hagelte es Flüche und Verwünschungen aus hundert Mündern. Madame beschleunigte ihren Schritt, sie ging, ohne sich umzublicken, zur Kutsche, als wolle sie nur ja kein Aufsehen machen. Bevor sie einstieg, drehte sie sich noch einmal in Richtung der Bibliothek und winkte kurz zu ihren Freunden und Freundinnen hinauf. An allen Fenstern jetzt drohend geballte Fäuste, schluchzende oder vor Wut verzerrte Gesichter. »Was hat sie denn getan? Ihrem Mann die Treue gehalten. Ist das denn ein todeswürdiges Vergehen?« riefen einige Stimmen. Ihr Schicksal schien alle Herzen zu bewegen.

Kaum indes war die Todeskutsche abgefahren, kaum hatten sich die Tore des Portals wieder geschlossen, ebbten Wut und Empörung wieder ab und wichen einer allgemeinen, beinahe euphorischen Erleichterung. Man atmete auf, man wischte sich Tränen der Dankbarkeit aus den Augen, man war froh, noch mal davongekommen und eine Frist gewonnen zu haben. Zwei Nonnen, die vor Eulogius am Fenster standen, bekreuzigten sich und fielen sich in die Arme. Ein Greis mit weißer Lockenperücke, der sich neben ihm mit zittriger Hand auf einen Stock stützte, lächelte ihm zu und schlug ihm in stummer Ergriffenheit auf die Schulter, als beglückwünsche er ihn, daß auch er dem Tod noch einmal von der Schippe gesprungen. Diese Geste rührte Eulogius, stand doch der Mann, dessen Kopf nur noch Haut und Knochen war und auf einem dünnen Stielhalse saß, selbst schon am Rande des Grabes. Das Allernatürlichste, das Selbstverständlichste, nämlich am Leben zu sein, galt keinem hier mehr als selbstverständlich. Jeden Tag, da man noch lebte, betrachtete man als Geschenk. Daher rührte die allgemeine Ergriffenheit, die sich unwillkürlich auf ihn übertrug. Und wieder brach die unsichtbare Wand ein Stück ein, die ihn, den vormaligen Öffentlichen Ankläger und Mann des Gesetzes, von den *Gesetzesbrechern, Verrätern* und *Republikfeinden* getrennt.

Nach und nach kehrten alle auf ihre Plätze zurück und nahmen ihre unterbrochenen Tätigkeiten wieder auf. Auch Eulogius ging an sein Pult zurück. Er suchte, die leidige Abschrift zu Ende zu führen, aber immer wieder tauchte das Gesicht der unglücklichen Schönen vor ihm auf und die bewegende Art, wie sie Abschied genommen. Schließlich legte er den Federkiel beiseite und ging zu Savany hinüber.

Warum man die Larouche inhaftiert und ob sie vor dem Tribunal eine Chance habe, fragte er diesen in einem drängenden Tone, als erwarte er von ihm Rechenschaft über ihr Schicksal.

Savany musterte ihn erstaunt aus seinen schmalen Augen, als habe er von ihm soviel Anteilnahme am Schicksal einer unbekannten Gefangenen nicht erwartet. Dann erzählte er ihm, welches Schicksal sie in die Pariser Abtei geführt:

»Mme. Larouche, im Überfluß geboren, aber durch die Verhaftung ihres Mannes, eines royalistischen Obersts, aller Einnahmen beraubt, lebte zuletzt in einer Pariser Vorstadt von ihrer Hände Arbeit. Ihr einziger Trost in ihrem Unglück war das Andenken an ihren Mann, den man verhaftet hatte und dessen Schicksal ihr unbekannt war. Sie war voll der schmeichlerischen

Hoffnung, daß er bald zurückkehren werde; sie wußte nicht, daß das Schafott ihn längst hinweggerafft hatte. Sie hoffte überdies, daß ihre Zurückgezogenheit und Armut sie der öffentlichen Aufmerksamkeit entziehen würde. Es war eine arge Täuschung. Denn längst wußte der Revolutionsausschuß der Sektion um ihren Aufenthalt. Man ließ in dem Mietshause eine Haussuchung durchführen. Mme. Larouche war allein auf ihrer Stube und mit Näharbeiten beschäftigt, als die Mitglieder des Ausschusses eintraten. Der Verhaftbefehl wurde ihr vorgelesen. Sie hörte ruhig zu, bis die Worte ›Witwe des von Larouche, der als Conspirateur gegen die Republik auf dem Blutgerüste starb‹ ihr einen gellenden Schrei erpreßten, und sie zu Boden stürzte. Verwundert hoben die Mitglieder des Ausschusses sie auf und fragten sie nach der Ursache ihres Schmerzes. Als sie diese erfuhren, sagte der eine: ›Wie, du wußtest nicht, daß dein Mann guillotiniert worden ist? Es ist doch schon Wochen her, du solltest längst um ihn ausgetrauert haben!‹ – Dieser grausame Spott gab Mme. Larouche all ihre Stärke wieder. ›Ihr Barbaren‹, rief sie, ›Ihr spottet noch meines Unglücks. Aber Ihr sollt Euch nicht an meiner Verzweiflung weiden. So wißt denn, ich sehne mich mehr nach dem Tode als Ihr nach meinem Blute. Und damit es Euch nicht an Vorwand fehle, so bekenne ich hiermit vor Euch als Zeugen, daß ich nie aufgehört habe, für die Rückkehr des Königtums zu conspirieren!‹ Es bedurfte dies nicht, um den Zorn des Ausschusses zu erregen. Mme. Larouche wurde unverzüglich in die Abtei gebracht ... Morgen wird sie ihr Haupt aufs Blutgerüst legen.«

Nachdem er Savanys Bericht gehört, ging Eulogius bedrückt an seinen Platz zurück. Diese Idioten, diese Rohlinge in den Ausschüssen, dachte er. Bringen die ganze republikanische Justiz in Verruf. Daß sie eine Frau, die sich aus Verzweiflung um ihr Leben redet, wie eine wirkliche Conspirateurin behandeln. Er jedenfalls hätte in einem solchen Falle nicht nach dem Buchstaben des Gesetzes geurteilt, sondern auf Milde plädiert. *Milde* und *Menschlichkeit.* Wie lange schon hatte er diese Worte aus seinem Herzen verbannen müssen! In der Sprache des Amtes, das er versehen, im Wörterbuch der Revolution waren sie längst zu Fremdwörtern geworden. Aber wie sollte denn aus dem Gemetzel des Krieges und Bürgerkrieges eine menschlichere und gerechtere Gesellschaft hervorgehen, wenn ihre Geburtshelfer selbst klaftertief in Blut wateten und notgedrungen die haßverzerrte Fratze ihrer geschworenen Feinde und Gegner annahmen? Konnte denn dabei etwas anderes herauskommen als eine Totgeburt? Er erschrak über diesen Gedanken, den er fast als Verrat empfand, und versenkte ihn sogleich wieder in die Tiefen seiner Seele.

Als die Glocke sechs Uhr schlug, packte er die beschriebenen Blätter zusammen und steckte sie in seine Rocktasche. Morgen früh würde er den Brief an die Pariser Jakobiner durch die Botenfrau expedieren lassen. Geld hatte er ja fürs erste. Dann verließ er die Bibliothek. Wie ein Schlafwandler ging er die Treppen der zwei Stockwerke hinunter, die Mithäftlinge nahm er kaum wahr. Er fühlte sich so niedergeschlagen, als trage er persönliche Schuld am Schicksal der Larouche. Gerade weil er ihr Schicksal nicht zu verantworten hatte, empfand er Mitleid mit ihr.

Die Wette

Als er seine Kammer betrat, traf er Merville gerade beim Nachtmahl an. »Ah, der Herr Großinquisitor!« sagte dieser in eisigem Ton und ließ Messer und Gabel sinken. Eulogius stutzte. Der Graf war also bereits im Bilde und wußte, welches Amt er in Straßburg versehen. Dietrich und sein Begleiter hatten es gewiß in Windeseile im Dormitorium verbreitet.

Merville wischte sich mit der Serviette dreimal über den Mund, dann sagte er mit beißender Ironie: »Pardon, Monsieur, daß ich Sie so unterschätzt habe. Ich hielt Sie, nach unserem gestrigen Dispute, für einen schwärmerischen Jünger Rousseaus. Aber Sie sind ja, wie man sich hier erzählt, ein veritabler Mann der Tat und ließen im Namen der Philosophie sogar Köpfe rollen. Der ›Marat von Straßburg‹! Es muß sehr bitter für Sie sein, Ihre aufopfernden Dienste für die Republik so schlecht belohnt zu sehen.«

Eulogius biß sich auf die Lippe, um nicht die Beherrschung ob dieses höhnischen Empfangs zu verlieren. Ein gefangener *accusateur public* im Trakte der Aristokraten – welch eine Genugtuung für die Royalisten! Von jetzt an hatte er hier jederzeit einen Anschlag auf sein Leben zu gewärtigen. Fälle von Lynchjustiz waren in diesen Zeiten an der Tagesordnung, zumal in Paris.

»Ich bin sehr beunruhigt, Monsieur, und fürchte um meinen Nachtschlaf«, fuhr Merville im gleichen ätzenden Tone fort. »Denn ich hatte noch nie die Ehre, die Kammer mit einem Großinquisitor zu teilen.«

Mehr noch als dieser sarkastische Empfang wurmte Eulogius die kaltblütige Ruhe, mit der sich der Graf wieder seinem Nachtmahl zuwandte. Von nun an würde es wohl keinen Gratis-Likör, keine heiße Milch zum Frühstück und keinen Tabak mehr geben. Er hockte sich mit dem Rücken zu seinem Zellengenossen auf die Pritsche und begann, seine Stiefel aufzuschnüren.

»Wenn Sie mir gleichwohl noch ein Nachwort zu unserem Dispute gestatten«, hakte dieser nach. »Nach meinem Dafürhalten sind die größten und gefährlichsten Schwärmer die der Vernunft. Wie ja Ihr eigener Fall zeigt, ist's nur ein kurzer Weg von den ›Tempeln der Vernunft‹ bis zu jenen Blutbühnen, wo man dem neuen Götzen dieses Zeitalters Menschenopfer darbringt.«

Eulogius war schon an der Tür, denn er hatte nur noch den Wunsch, der Gegenwart dieses infamen Spötters zu entkommen; aber er drückte vergeblich die Klinke.

»Sie vergessen, Monsieur«, belehrte ihn Merville, »erst morgen früh, auf den Glockenschlag sechs, werden die Zellen wieder aufgesperrt. Bis dahin müssen wir's, Gott sei's geklagt, zusammen aushalten.«

Eulogius ging fluchend zurück – immer wenn er fluchte, verfiel er ins Deutsche – und setzte sich auf die Pritsche. Dem Spott und Hochmut dieser Canaille fühlte er sich im Augenblick nicht gewachsen.

»Schon mancher Engel hat meinen Schlaf bewacht«, höhnte Merville weiter, nachdem er sein Weinglas wieder abgesetzt, »aber noch nie der Engel Gabriel mit dem Schwert der Gerechtigkeit. Ich werde heute wohl ein Schlafmittel benötigen, um mich gegen das Albdrücken zu schützen.«

»Schon manch ein Charlatan«, suchte Eulogius ihn nachzuäffen, »hat meinen Weg gekreuzt, aber noch nie einer . . .« Der Satz blieb ihm im Munde hängen, denn er fand die passende Metapher nicht.

»Das Wort Charlatan«, belehrte ihn der Graf, »kommt vom italienischen ›charlare‹, das heißt schwätzen, ausrufen, öffentlich anpreisen. Ein Charlatan ist einer, der seine Ware, seine Arzneien und Remedia, seine Pülverchen und Essenzen, seine Potenz- und Verjüngungsmittelchen auf dem Markt öffentlich anpreist – ein durchaus ehrenwertes, in allen Ländern übliches Geschäft. Von ganz anderem Schlage dagegen sind jene blutigen Charlatane, die heute en vogue sind, die die Köpfmaschine als Universalrezept gegen alle Übel der Republik öffentlich anpreisen – und nicht bloß anpreisen, sondern, wie in Ihrem Falle, auch der lebenden Kreatur applizieren.«

Eulogius stieg das Blut in den Kopf. Wie dieser Mensch mit ihm sprach! Noch vor einer Woche hätte es keiner gewagt, schon gar nicht ein Adeliger, ihn, den Öffentlichen Ankläger und ersten Revolutionskommissar des Départements, derart zu beleidigen . . . Bin ich nicht ein zweiter Hiob, dachte er in einer plötzlichen Aufwallung von Selbstmitleid. Gleich ihm mußte sich wohl Hiob gefühlt haben, nachdem er alles verloren hatte. Doch nicht genug damit. Wie um seinen Fall ins Absurde zu treiben und der Tragödie die Farce folgen zu lassen, hatte man ihn obendrein mit diesem höhnischen Satyr zusammengesperrt. Dies alles war zuviel der Demütigung, zuviel der Nackenschläge.

Um Atem ringend hockte er auf der Pritsche. Doch dann begann er auf einmal zu kichern, ein verhaltenes, klägliches Kichern, das kaum von einem Wimmern zu unterscheiden war, dann in ein zitterndes Glucksen, in ein bronchiales Keckern überging und sich zuletzt in einem verzweifelten Gelächter entlud, das die Pritsche erbeben ließ.

Merville starrte ihn an, als habe er einen Tollhäusler vor sich.

Sein verzweifelter Lachanfall hatte Eulogius für den Moment erleichtert, der Druck wich von ihm, und nachdem er sich die Tränen aus den Augen gewischt, die zugleich Tränen des bittersüßesten Selbstmitleides waren, sagte er in einer Aufwallung von Galgenhumor: »Monsieur, wir können ja eine Wette abschließen.«

»Eine Wette?« Merville fixierte ihn mißtrauisch.

»Wer als erster von uns das Schafott besteigt!«

Der Graf runzelte die Stirn, Verblüffung und Erschrecken standen in seinem Gesicht.

»Und welcher Preis, welche Belohnung soll den Gewinner erwarten?«

»Der unbezahlbare Genuß, wenigstens die letzten Tage von der unerträglichen Gegenwart seines Mitbewohners befreit zu sein.«

Merville sah ihn mit finsterer Miene an. Nun schien es ihm die Sprache verschlagen zu haben. Dann aber lösten sich seine Lippen zu einem maliziösen und sogar anerkennenden Lächeln.

X. Der Hofprediger

Stuttgart, den 24. Sept. 1786

Lieber Nepomuk!

Kannst du dir das Glück eines armen Klosterbruders vorstellen, der endlich, endlich die verhaßte Kutte wieder mit einem weltlichen Habit vertauschen darf? Nein, dies kann nur, wer wie ich, jahrelang hinter Klostermauern lebendig begraben war. Das erste Mal in meinem Leben beziehe ich ein ordentliches Salär. Ich ließ mir sogleich eine Kniehose aus weißem Barchent, eine Sammetweste und einen Überrock aus bestem englischen Tuch anfertigen. Denn außerhalb meines Predigeramtes bin ich berechtigt, weltliche Kleidung zu tragen. Die neue Tracht soll den Damen vor Augen führen, daß der Schwarzrock, den sie an Sonn- und Feiertagen auf der Kanzel erblicken, an den Werkeltagen durchaus ein Kavalier von Geschmack und ein Mann von irdischen Bedürfnissen sei, wie sie jedem Adamssohne eigen. Dem nämlichen Zweck dient die Ambrapomade, die meinem Haar festen Halt und Form gibt und die so wohlriechend ist, daß mich kürzlich ein Hoffräulein fragte, welcher Parfumeur mir zu Diensten sei, sie wolle auch seine Kundin werden. Die Wiederweckung meiner alten Haarpracht aus dem Jammertal der klösterlichen Kahlköpfigkeit hielt ich für meine erste Christenpflicht; auch Jesus hat schließlich lange Haare getragen.

Du siehst, ich befinde mich wohl – so wohl, wie lange nicht mehr. Ich logiere mit den drei anderen Hofpredigern zusammen in einem Seitenflügel des Alten Schlosses, wo auch gemeinschaftlich gespeist wird. Jahrelang hauste ich in engen lausigen Klosterzellen und bewohne jetzt ein Gemach mit hoher getäfelter Decke, die Wände mit gelben, blumengemusterten Tapeten drapiert, das Parkett glänzend und frisch gebohnert. Und erst das Meublement! Indes ich dir schreibe, sitze ich an einem formschönen, mit feinen Intarsien belegten Sekretär. Ich erfreue mich gar eines französischen Kamins mit Rauchabzug. Das Schloß, die prachtvollen Zimmer und Möbel, die Bedienung und das Essen vom Hof – glaubst du wohl, daß ich mich wie auf ein Feenschloß verzaubert wähne?

Die Arbeit, die ich mir mit den Kollegen zu teilen habe, ist, weiß Gott, nicht übermäßig. Abwechslungsweise Predigt an Sonn- und Feiertagen in Hohenheim und Stuttgart, eine Frühmesse an Werkeltagen, Predigt, Hochamt und Nachmittagsgottesdienst, Religionsunterricht der katholischen Stadtkinder, der katholischen Zöglinge der Carlsschule und der École des Demoiselles, endlich Krankenbesuch. So kann ich meine Zeit der vom Her-

zog gewünschten Reform der Liturgie, der Ausarbeitung meiner Predigten und vor allem den Musen widmen. Dreimal die Woche besuche ich die Komödie, zweimal die italienische Oper und genieße hierbei das Privileg des freien Eintritts. Noch nie führte ich ein solch komfortables Leben. Dazu die vielen Soireen, Festivitäten und Kunstgenüsse, welche die württembergische Residenzstadt und das Leben bei Hofe bereithalten. In den Stuttgarter Salons, den protestantischen Familien zumal, bin ich ein gerngesehener und umworbener Gast. Mein aus Augsburg mitgebrachter Ruf als »Toleranzprediger« hat mir hier alle Türen geöffnet. Und kein Tag vergeht ohne Geselligkeit, interessante Conversation und regen Austausch mit den Dozenten, Professoren und Künstlern der Hohen Carlsschule, unter denen hervorragende Gelehrte, Schriftsteller, Tonkünstler, Musiker, Bildhauer, Kupferstecher, Landschaftsmaler, Porträtisten und Architekten sind. Welch ein Unterschied zu Augsburg oder gar Bamberg! Nein, wahrhaftig, noch nie hat mich das Schicksal derart begünstigt.

Ich will dir zunächst vom Herzog und seiner staunlichen Wandlung berichten; denn auf seine »geheiligte Person von Gottes Gnaden« ist hier alles abgerichtet, von ihm und seiner Gunst hängt jedermann ab, so auch ich. Willst du sein Bild, so stelle dir einen großen und nicht mageren Mann vor, mit rotem Angesicht, großer Nase nebst kleinen Ditos darauf und hervorstechenden Augen; er trägt meist einen braunen kurzen Rock, dafür ist die schwefelgelbe Weste so lang, daß man die schwarz-atlasnen Beinkleider, über die Strümpfe nach alter Mode gewickelt sind, kaum sieht, denn Weste und Strümpfe stoßen zusammen.

Schon bei meiner ersten Audienz empfing mich Serenissimus mit den Worten, er wünsche sich von seinem neuen Hofprediger »philosophische Predigten«, die dem Geist des Zeitalters gemäß seien, und er erwarte von ihm, daß er ihm die Wahrheit sagen werde. Fürsten hörten ohnehin selten die Wahrheit. Wenn sie dieselbe nicht einmal von der Kanzel vernähmen, so würden sie doppelt unglücklich sein. - Wie erstaunt war ich, solche Worte aus dem Munde eines Regenten zu hören, der wegen seiner Willkürherrschaft, Mätressenwirtschaft und Geistesknechtung, wegen der Verfolgung Friedrich Schillers und der Einkerkerung Daniel Schubarts unter den aufgeklärten Geistern Deutschlands einen gar üblen Ruf genießt.

Beim Rückzug aus dem Audienzzimmer mißachtete ich, noch unerfahren in den höfischen Zeremoniells, eine geheiligte Regel: Anstatt, das Gesicht seiner Durchlaucht zugewandt, mich mit vielen Bücklingen zu entfernen, zog ich mich auf ganz natürliche Weise zurück und schritt, dem

Herzog den Rücken zuwendend, geradewegs dem Ausgang zu, worauf mir der Kammerherr einen strengen Verweis erteilte. Bei der nächsten Audienz suchte ich dann, die heilige Regel zu beherzigen, und zog mich nach Art der Krebse vom Herzog zurück. Dabei aber passierte mir ein Malheur; ich stieß, die Richtung zur Tür verfehlend, aus Versehen gegen eine chinesische Vase, die um ein Haar vom Sockel gefallen wäre. Indes bewahrte mich meine Geistesgegenwart vor dem Mißmut Carl Eugens. Ich bitte Seine Hochherzogliche Durchlaucht untertänigst um Vergebung, sagte ich, aber der liebe Gott habe, als er Adam sein himmlisches Augenlicht gegeben, wohl nicht bedacht, daß dieser einmal in den mißlichen Fall geraten könne, daß er auch auf dem Rücken zwei Gucklöcher benötige. Da lachte Serenissimus und entließ mich in Gnaden.

Doch nun zu meinem Debüt auf der Kanzel der Herzoglichen Hofkapelle. Es war – das darfst du mir glauben – ein Wagnis; denn ich brach mit einer ungeschriebenen Regel des Predigeramtes, indem ich eine zentrale Frage des Staatsrechtes in den Mittelpunkt meiner Predigt rückte, welche den unverdächtigen Titel trug: »Von den gerechten Forderungen des Regenten an seine Untertanen«. Mich auf die Prinzipien des Naturrechts berufend, betonte ich, daß die Bindung des Untertanen an den Herrscher keineswegs einseitig sei, sondern daß der Gesellschaftsvertrag, auf dem die politische Ordnung beruhe, nur gelte, solange der Monarch seinen moralischen Verpflichtungen gegenüber den Untertanen nachkomme. Ich flocht in meine Predigt Partien ein, welche Rousseau pur waren. Du wirst sie kennen:

Alle Menschen sind mit gleicher Freiheit, gleichen Rechten, gleicher Unabhängigkeit aus dem Schoß der Natur gekommen ... Die ganze bürgerliche Gesellschaft besitzt also die Grundgewalt, und der Fürst ist nur der erste Beamte seines Staates und der Geschäftsträger seines Volkes.

Bei diesen Sätzen wandten die Minister und Hofräte, gleich aufgezogenen Drahtpuppen, ihre Köpfe zur Herzoglichen Loge, um an der Miene des Regenten abzulesen, wie dieser sie aufnehmen würde. Oh, mein Freund, da begannen auch mir die Knie zu zittern. Doch der Fürst saß, den Kopf auf den Ellbogen gestützt, das Kinn im Handteller verborgen, auf seinem rotgepolsterten Sessel, als ob er gerade ein Nickerchen mache. Nach dem Ende des Gottesdienstes kam ein Kammerherr und sagte mir, Serenissimus wünsche mich sofort zu sprechen. Mir fiel das Herz ins Beinkleid, ich dachte, ›Jetzt ist es aus!‹ und trat in Erwartung eines hochherzoglichen

Donnerwetters und meiner sofortigen Demissionierung vor die Kapelle, wo der Herzog neben seinem Araber stand, der schon vor ihm die Vorderläufe gebeugt, damit sein Herr aufsitzen könne. Doch wie erstaunt und erleichtert war ich, als Carl Eugen mich mit huldvollem Lächeln empfing und sagte:»Er hat eine wahrhaft philosophische Predigt gehalten. Er kennt seinen Rousseau. Nun, mache Er nur so weiter!« Und mich sodann für den nächsten Tag zu seiner Tafel nach Schloß Hohenheim lud. Überhaupt dünkt er mich viel aufgeklärter und toleranter zu sein als sein Ruf. Unter dem Einfluß seiner langjährigen Geliebten und Maîtresse en titre, der mildtätigen und im Volke außerordentlich beliebten Gräfin Franziska von Hohenheim, scheint sich der alternde Fürst geläutert zu haben. Vorbei die Zeiten, da er mit seinem halben Hofstaat nach Venedig reiste, vorbei auch die Nachspiele, in denen schwäbische Gondolieri auf dem Monrepos-Seelein ruderten und die angeworbenen Ludwigsburger Frauenzimmer auf dem Marktplatz ebenso zu flanieren hatten wie die Venezianerinnen auf dem Markusplatz. (Selbst der Kaiser soll ihn ja damals für einen Narren gehalten haben.) Er, der in früheren Jahren das Glück so mancher Familien zernichtet, gibt sich jetzt ganz als fürsorglicher Landesvater, als Kunstmäzen und Förderer der Musen und widmet sich, wenn er nicht auf Bildungsreise oder mit dem Neubau seines Schlosses in Hohenheim beschäftigt ist, seinen pädagogischen Schöpfungen, insbesondere der Hohen Carlsschule, die den Status einer Universität erhalten hat.

Eine Anekdote am Rande, die man sich an der Akademie erzählt: Allwöchentlich pflegt der Herzog diese mit seiner Maîtresse en titre zu besuchen, wobei die Lehrer und Professoren neben den Eleven Parade stehen müssen. Letztere waren stets gehalten, den Herzog mit ›Gnädigster Landesvater!‹ zu titulieren; da nun aber einige der Zöglinge, als Bastarde der herzoglichen Mätressenwirtschaft, ihn mit vollem Recht so nennen durften, entfuhr ihnen manchmal, ob unwillkürlich oder mit Vorsatz, die Anrede ›Gnädigster Herr Vater!‹, worauf die anwesenden Eleven nur mit größter Mühe ein Kichern unterdrücken konnten. Nach diesen peinlichen Zwischenfällen ordnete der Herzog an, ihn künftig nur noch mit ›Gnädigster Landesherr und Fürst‹ zu titulieren.

Nun ist also jedes dritte Wort bei diesem bekehrten Wüstling Tugend und Religion. Aber er hat in Religionsdingen recht vernünftige Ansichten, er läßt uns freie Hand bei der Umgestaltung der Liturgie, bei der Reform des Katechismus und der Entrümpelung des katholischen Mummenschanzes. Ganze Teile der Messe lesen wir, zum Verdruß des päpstlichen Nuntius, auf teutsch. Aber Rom ist zum Glück weit weg. Nur stöhne ich manchmal unter der leidigen Pflicht, jeden Sermon auswendig zu lernen. Da ein jeder zwischen fünfzehn bis zwanzig Seiten umfaßt, bin ich tagelang mit dem Memorieren beschäftigt, bis ich ihn par cœur habe.

Der laizistische und aufgeklärte Ton unserer Predigten und die entschlackte, auf die Bedürfnisse des einfachen Volkes zugeschnittene Liturgie zieht auch die Protestanten der Stadt an. Unsere Gottesdienste stiften eine Art Ökumene, an der dem katholischen Herzog durchaus gelegen ist, hat er doch ein ursprünglich und mehrheitlich protestantisches Land zu regieren, das erst durch seinen zum katholischen Glauben übergetretenen Vorgänger Karl Alexander wieder der Mitra zugeführt worden.

Auch im Kreise der Hofkapläne fühle ich mich wohl; bis auf einen neigen sie einer freien Richtung zu und sind keine Kostverächter. In dem gebildeten, wenn auch ein wenig mißtrauischen Benedikt Maria Werckmeister, der Abt im Kloster Neresheim war und dem Bunde angehörte, habe ich einen entschiedenen geistigen Mitstreiter für die Aufklärung und die Säkularisierung. Gemeinsam streiten wir in Wort und Schrift für eine grundlegende Reform des Kirchenrechts und für die Beschneidung der bischöflichen Macht durch die landesherrliche. Da die Kirche kein Eigentum haben soll, plädieren wir dafür, den Bischöfen ihre Fürstentümer und ihre weltliche Gerichtsbarkeit abzunehmen und reine Landesbischöfe einzusetzen. Dies alles ist, wie du zugeben wirst, eine kleine Revolution, jedenfalls eine Reform im josephinischen Geiste.

Du wirst dir denken können, mein lieber Nepomuk, daß auch die hiesigen Schönen nicht spurlos an mir vorübergehen. Nun, es bahnt sich da etwas an. Stell' dir eine grazile und zierliche Diana im taubengrauen Sammetkleid vor, mit den kleinen gepflegten Händen artig und preziös die obersten Falten des mächtig ausschweifenden Rockes haltend. Unter strahlend schwarzem Lockenhaar ein Gesicht von der matten Farbe alten, edlen Marmors, mandeläugig, klare Stirn, fein gegliederte Nase, geschwellt und spöttisch der Mund. Sehr weiß runden sich aus feinen Gelenken die bloßen Arme, venezianische Spitzen fallen über den Ellbogen. Und diese fast antikische Schönheit, in deren Salon ich seit neuestem verkehre, besitzt auch noch einen perlenden Geist und philosophische Bildung. So leichthändig, wie sie Bach und Telemann auf dem Spinett spielt, voltigiert sie auch mit den Gedanken Rousseaus und Voltaires und verblüfft jedermann durch ihren schnellzüngigen Witz. Ihr einziger Fehler ist, daß auch ihr blaues Blut, wie mich dünkt, vom Hochmut ihrer Klasse durchtränkt ist. Ach, möge mich niemals ihr Spott treffen! Daß just diese vermaledeite Aristokratie Gewächse von so betörender Schönheit, Eleganz und Kultur hervorbringt, wie sie wohl kaum in einer braven Bürgerstube, geschweige denn in einer Bauernkate gedeihen, Geschöpfe, die einen armen Winzersohn wie mich schwindeln machen! Indes zeigt sich das Fräulein beeindruckt von meinem ›geraden Mute, die Wahrheit zu sagen‹ und daß ich rede, wie ich denke – eine Eigenschaft, durch die ich ›alle krummen Charaktere bei Hofe beschäme‹, wie sie mich jüngst komplimentierte.

Indes, die beste Neuigkeit, mein Freund, habe ich mir für den Schluß aufgespart. Sie betrifft nämlich dich und deine Zukunft: Da ich beim Herzog einen Stein im Brett habe und mir sein Durchlauchtigstes Ohrläppchen geneigt ist – auf dem übrigens ganz ordinäre Härchen sprießen –, lenkte ich kürzlich, als wir an seiner Tafel saßen, das Gespräch auf medicinische und hygienische Fragen; ich wußte, daß soeben der Posten eines Hofmedicus vakant geworden. Dann erzählte ich von dir und ließ dein Lob erschallen: was für ein tüchtiger Medicus du bist, welche Verdienste du dir um die Erforschung der Miasmen, um die Verbesserung der Hygiene und um die Einrichtung einer städtischen Sanitätspolizei zu München erworben und welch kluge Schriften du über die Hypochondrie verfaßt. Von deinem Schicksal als Mitglied des Bundes und deiner Verfolgung durch die bayerischen Behörden ließ ich selbstredend kein Sterbenswörtchen verlauten. Und siehe da, der Herzog bekundete starkes Interesse an deiner Person. Und nun höre: Er gedenkt, dich demnächst zu einer Vorstellung nach Stuttgart zu laden. Nun, was sagst du dazu? Ich tat einen Luftsprung im Geiste und werde noch manche Luftsprünge tun, wenn ich dich alsbald in dieser Stadt wieder begrüßen und umarmen könnte.

Soviel fürs erste, mein teurer Freund.

Ich rechne auf dich!

In alter und unverbrüchlicher Freundschaft
dein Eulogius

Tantalus und Don Juan

Eulogius hatte mir keine übertriebenen Versprechungen gemacht. Dank seiner warmen Fürsprache bei Herzog Carl Eugen wurde ich zu Anfang des Jahres 1787 zu einer Vorstellung nach Stuttgart geladen, welche günstig verlief. So ward ich denn zum Hzgl. Hofarzt ernannt, wobei mir vor allem die Aufgabe zukam, mich um die Verbesserung der hygienischen und sanitären Verhältnisse der Stadt, in Sonderheit des Städtischen Spitals zu kümmern. Ich war dem Freund sehr dankbar für diesen Dienst, war ich doch im Zuge der Illuminatenverfolgung anderthalb Jahre ohne Anstellung und regelmäßigen Erwerb gewesen.

Unsere Wiedersehensfreude war groß. Und ich staunte, wie sehr sich der Freund verändert hatte. Das grüblerische und nach innen gekehrte Wesen seiner Bamberger und Salzburger Jahre, dieser Niederschlag der verbitternden Klostererziehung, war von ihm gewichen. Seine Augen funkelten munter und lebhaft, er war aufgeräumt, quecksilbrig, sehr unternehmend und bei Tische ein launiger Gesellschafter. Auch wenn er sich um einen gravitätischen, seinem neuen Rang entsprechenden Gang bemühte, dieser wurde doch konterkariert durch sein schwungvolles und energisches Ausschreiten, da er wie früher zwei, drei Treppenstufen auf einmal nahm. Alles an ihm war ständig in Bewegung, als trüge er lauter elektrisch geladene Leydener Flaschen am Leibe oder als protestiere sein Körper noch immer gegen die jahrelange Dämpfung seines Bewegungstriebes im Kloster.

Er sonnte sich so recht in seiner neuen Rolle als Hzgl. Hofprediger und als Reformer in Religionsdingen. In der Tat war man des Lobes voll für den neuen Hofprediger; allenthalben hörte man seine tolerante Gesinnung, seinen Geist, seine Eloquenz, seine imposanten Sprachkenntnisse rühmen. Seine Predigten, mit Rousseauschem Gedankengut fein durchwirkt, wurden in den Salons und sogar bei Hofe zitiert.

Indes, trotz seines recht komfortablen Daseins, schien er kaum zur Ruhe und zur Besinnung zu kommen, nicht etwa, weil sein Hofpredigeramt und seine sonstigen Verpflichtungen ihn soviel Zeit kosteten, sondern weil er von einem chronischen Nachholfieber befallen war. Er glaubte, nichts, aber auch gar nichts versäumen zu dürfen: keine Einladung und keine Soiree, keine wissenschaftliche Disputation in der Akademie, kein Konzert, kein Lustspiel und keine Opernaufführung. Es war, als wolle er das versäumte Leben nun gleichsam per Expreß nachholen. Nicht selten sah man ihn – und dies entbehrte nicht einer gewissen Komik – mit fliegenden Rockschößen und geröteten Augen vom Alten Schloß in die Akademie, vom Kaffeehaus in die Kanzlei, von der Schloßkapelle ins Lusthaus, von der École des Demoiselles in die italienische Oper hasten, wobei diese fliegenden Wechsel oftmals mit einem Garderobenwechsel verbunden waren. Denn er konnte seinen Religionsunterricht in der École des Demoiselles schlechterdings nicht in demselben Kavaliershabit abhalten, den er im Lusthaus oder im Konzertsaal trug. In Hofkreisen gab man ihm bald den spöttischen Spitznamen ›Hans Dampf in allen Stuttgarter Gassen‹. Ich wunderte mich, wie er bei dieser Betriebsamkeit noch dazu kam, seine umfänglichen Predigten zu verfassen und diese auswendig zu lernen. Irgendwie schaffte er es. Unter der strengen Klosterzucht hatte er nicht nur gelernt, mit Disziplin zu arbeiten, er war auch zum Frühaufsteher geworden.

Freilich war es nicht nur sein Nachholfieber, das ihn dermaßen in Atem hielt, sondern auch seine Liebelei mit jenem adeligen Fräulein, dessen veredeltes Porträt er mir schon in seinem Briefe gegeben. Sie hieß Constanze von R... und entstammte einer alten, wenngleich verarmten württembergischen Adelsfamilie. Wenn man als Bürger sein Geld verliert, ist man nichts mehr. Der Adelige aber bleibt adelig, er ist dann eben nur ein armer Adeliger. Immerhin reichten ihre Einkünfte aus, um in Stuttgart einen Salon mit literarischem Anstrich zu führen, in den auch ich einige Male geladen wurde. Und sie war in der Tat eine Dame von Geist, musikalischem Talent und berückender Schönheit, wenn auch, wie mir schien, eine kühle und eitle. Wohl hing sie bewundernd an der Lippe meines Freundes, wenn er im Salon seine Gedichte rezitierte oder beim Disputieren glänzte, und belohnte seine klugen und gewitzten Repliken hin und wieder mit einem köstlichen und vielversprechenden Lächeln, das allerdings nur kurz auf ihren spöttischen Lippen stehenblieb. Indes war es für den unbefangenen Beobachter nur allzu deutlich, daß sie die Dispute mit dem geistreichen Hofprediger vor allem dazu nutzte, ihre eigene Bildung und Belesenheit vor den anwesenden Kavalieren und Damen herauszustellen und sich selbst gehörig bewundern zu lassen.

So hatte er denn während eines dreiviertel Jahres wahre Tantalusqualen auszustehen: Kaum nämlich neigte sich ihm der Zweig mit der edlen Frucht bis zum Munde herab, bog er sich auch schon wieder zurück und ließ ihn darben in seinem Hunger und Durst. Immer wieder machte er die nämliche Erfahrung: Im kleinen Zirkel ihres Salons pflegte das Fräulein gern mit ihm zu disputieren, zu scherzen und ein wenig zu tändeln, behandelte ihn gar wie einen Freund und Vertrauten. Traf er sie aber andern Tages im Foyer des Lusthauses oder auf der Schloßpromenade in Gesellschaft ihrer Freundinnen und Kavaliere, pflegte sie ihn geflissentlich zu übersehen, oder sie erwiderte nur flüchtig seinen Gruß, als kenne sie ihn kaum. Selbst wenn er im Foyer unmittelbar neben ihr stand oder bei einer Tafel ihr gegenüber zu sitzen kam, tat sie, als wäre er für sie Luft, und wandte ihren Charme den Kavalieren von Adel zu. Er fühlte sich dann jedesmal wie vor den Kopf gestoßen. Kaum aber hatte er sich gekränkt zurückgezogen und war ihrem Salon für einige Tage ferngeblieben, erhielt er von ihr wieder ein Einladungsbillet, in dem sie ihn in zuckersüßen Worten ihrer persönlichen Wertschätzung versicherte. Natürlich ging er stracks wieder hin und wurde von ihr auf die liebenswürdigste Weise empfangen. Sie faßte ihn an der Hand und führte ihn in ihr Atelier, zeigte ihm die neusten Aquarelle und Landschaftsbilder, die sie gemalt, und tat ganz vertraut mit ihm. Beklagte er sich aber über ihre vorherige Mißachtung, schaute sie ihn verwundert aus ihren mandelförmigen Augen an und wußte scheinbar gar nicht, wovon er rede, zieh ihn gar übertriebener Empfindlichkeit und Eitelkeit. Vielleicht, entschuldigte er sich dann, bilde er sich ja dies alles nur ein, huldigte erneut ihren Reizen, zeigte ihr seine Verliebtheit und machte sich Hoffnungen. Doch auf jeden Aufschwung seiner Gefühle folgte unweigerlich ein neuer Absturz, eine neue Mißachtung, ein kränkendes Übersehen oder So-Tun, als ob man sich kaum kenne. So machte er ein quälendes Wechselbad der Gefühle durch. Ich sah, wie er litt, und riet ihm vergebens, er solle sich das preziöse Fräulein aus dem Kopfe schlagen, zumal es mit ihm nur spiele wie eine verzogene Prinzeß mit ihrem Mohren. Doch je mehr Herablassung er von Constanze erfuhr, desto begehrenswerter erschien sie ihm, und desto mehr empfand er seine bäuerliche Herkunft als Makel.

Das für ihn selbst Irritierendste und Beschämendste war, daß er sich im Zustande der Verliebtheit vollkommen hilf- und wehrlos fühlte, wie er mir einmal gestand. Wenn er mit dem Fräulein allein war, schien es ihm stets, als verliere er jegliche Führung über sich selbst, über sein Denken und Tun, ja als werde er wieder zum hilflosen Kinde. Auch sein Witz und seine Geistesgegenwart verließen ihn dann. Oft stand er verlegen neben ihr, wußte nicht mehr, was er eben noch hatte sagen wollen, verlor mitten im Satz den Faden, bekam bei den geringfügigsten Anlässen rote Ohren – daß seine Scham auch auf solch ein exponiertes Organ ausweichen mußte –, stieß wie ein Tolpatsch an irgendein Möbel oder nahm, wenn er ihren Salon wieder verließ, aus Versehen den falschen Hut mit. So gab seine zunehmende Zerstreutheit ihrer spitzen Zunge mehr und mehr Anlaß zu Spötteleien, die ihn verletzten. Nicht lange, und auch bei Hofe begann man, über den verliebten Hofprediger und Zölibatär zu spotten, den Cupidos Pfeil rücklings durch die Soutane getroffen.

Einmal sagte er mit schmerzlicher Ironie zu mir, der Zölibat sei doch keine so üble Erfindung, denn er bewahre einen davor, sich an eine Unwürdige wegzuwerfen. In Wahrheit hatte er die Empfindung, ihrer nicht würdig zu sein.

Von seiner glücklosen Affäre war er so sehr in Anspruch genommen, daß er auch die Klimaveränderungen bei Hofe kaum bemerkte. Es dauerte über ein Jahr, bis er, geblendet von der öffentlichen Resonanz seiner Predigten und noch unerfahren in der Doppelzüngigkeit der höfischen Sprache, begriff, daß er dem Herzog nur diente als öffentliches Aushängeschild seiner scheinbar freiheitlichen und aufgeklärten Gesinnung und daß der neue Ton seiner Predigten für die gelangweilte höfische Gesellschaft nicht mehr als ein neuer Kitzel war, der sich bald wieder verbraucht hatte. Dies galt zwar nicht für seine Predigten in der Stadtkirche, die bei der Gemeinde der einfachen Bürger weiterhin großen Anklang fanden. Die Ränge der Herzoglichen Hofkapelle indes begannen sich merklich zu lichten; und Carl Eugen höchstselbst desavouierte seinen Hofprediger des öfteren durch seine Abwesenheit, wohl weil dieser ihn mehr an die Pflichten als an die Rechte des Regenten gegenüber seinen Untertanen erinnerte.

Als sein Stern bei Hofe zu sinken begann und man seiner aufklärerischen Predigten allmählich überdrüssig wurde, zog das Fräulein von R ..., das eine feine Witterung dafür besaß, sich von ihm zurück. Er erhielt von ihr keine Einladungsbillette mehr. Vergebens suchte er ihr seine Aufwartung zu machen; sie ließ sich verleugnen, und die Briefchen und Billette, die er ihr schrieb, blieben ohne Antwort.

Indes – und dies erstaunte mich sehr – hatte diese Zurückweisung keineswegs die naheliegende Wirkung, auch seine Gefühle und Empfindungen für die kapriziöse Schöne zu ernüchtern; er fuhr vielmehr fort, ihre Gestalt in den edelsten und poetischsten Farben zu malen und ihr Wesen in ein verklärendes Licht zu tauchen (wie seine Tagebuch-Notate und die ihr gewidmeten Gedichte bezeugen). Als genüge es ihm, den Gegenstand seiner Sehnsucht auf ein Piedestal zu stellen und ihn, gleich einem Troubadour, aus der Ferne bewundern und verehren zu dürfen.

Doch gedachte er keineswegs, den keuschen Joseph und Zölibatär zu spielen und etwa auf die sinnlichen Freuden Verzicht zu tun. Er hatte schließlich lange genug im Kloster gedarbt. Seine sinnlichen Begierden richtete er auf eher gewöhnliche Exemplare der weiblichen Flora, die für ihn in bequemerer Reichweite lagen und bei denen er nicht Gefahr lief, jenem Gefühl der Wehrlosigkeit und Schwäche ausgeliefert zu sein, das ihn bei dem adeligen Fräulein übermannt. Um den ›Wonnen des Fleisches‹ zu frönen, genügte ihm durchaus der verliebte Kitzel; der Aufwallungen des Gemüts und des Gleichklangs der Geister und der Seelen bedurfte es hierzu nicht.

Noch während er im Salon des Fräuleins von R ... verkehrte und sie mit Oden und Sonetten umschmeichelte, begann er, mit heißen Sinnen und kühlem Kopfe seine profanen Eroberungen in die Wege zu leiten, wobei er zwar alles einsetzte, was Höflichkeit und Galanterie geboten, doch sehr darauf bedacht war, sein Herz frei von allen tieferen Affektionen zu halten. So erlernte er bald die erste Regel jedes einigermaßen erfolgreichen Verführers, nämlich so zu tun, als sei man gar nicht bedürftig, als habe man die Gunst

und Zuneigung eines begehrten Frauenzimmers gar nicht nötig. Diese kühl-
berechnende Maskerade, die er sich bei den professionellen Schürzenjägern
bei Hofe abgeguckt, brachte ihm, wie er bald feststellte, mehr Erfolge in
Amors Gefilden ein als das ehrliche Seufzen und Erröten eines verliebten
Tolpatschs vor dem begehrten Objekt. Vor den gebildeten Damen ließ er seinen Esprit funkeln, spreizte sich in seiner Belesenheit und Gelehrsamkeit
und unterhielt sie mit anzüglichen Histörchen aus dem Alten Testament,
das ja für alle Libertins eine reiche Fundgrube ist. Die Koketten reizte er
durch seine gespielte Gleichmut und Unnahbarkeit, der eine wohlberech-
nete Prise Verachtung beigemengt war. In den schlichteren Gemütern
erweckte er durch das ernst- und würdevolle Auftreten des Beichtvaters das
Bedürfnis nach Herzensoffenbarung, Anlehnung und väterlicher Fürsorge.
So machte er sich die, wenn auch beschränkte Kenntnis weiblicher Herzen,
die er sich im Beichtstuhl erworben, jetzt für seine kleinen erotischen Feld-
züge zunutze. Besonders wählerisch war er nicht, er nahm, was die Gelegenheit bot. Und allzu viel konnte sich seine Männlichkeit auf seine leichten
Siege wohl nicht zugute halten: Eine hübsche Figurantin aus dem italienischen Ballett, die schon durch etliche Hände gegangen, eine kleine Compar-
sin aus dem Stuttgarter Komödienhaus, eine bedürftige Kaufmannswitwe,
die mit ihrem Herzen zugleich ihr Mieder geöffnet, ein Techtelmechtel mit
einer Bauernmagd, die ihn in einem Gasthof bediente und die er hernach
mit auf die Kammer nahm – solcherart waren seine Eroberungen. Mir fiel
hierbei die Aufgabe zu, ihn mit englischen Präservativen zu versorgen, die
ziemlich teuer und schwer erhältlich, mir jedoch, dank meiner guten Beziehung zu den prinzlichen Leibärzten, leichter zugänglich waren.

Mit Ernüchterung, die mit einer Portion Sarkasmus gepaart war, registrierte er an sich selbst, wie er einmal sagte, daß die Anziehung der
Geschlechter auf höchst banalen Triebfedern beruhe und daß er den *sexe
pure* genießen könne, ohne daß höhere seelische Regungen dabei im Spiele
seien. Ja, er sei geradezu erstaunt, wie primitiv, tierhaft und attrappenhaft
jener Mechanismus sei, der die Wollust auslöse: zuweilen genüge schon die
Ahnung eines wohlgeformten Busens unter dem Mieder, der federnde
Schritt, der besondere Hüftschwung eines Weibes oder ein laszives Lächeln,
um ›den Apparat der Begehrlichkeit‹ in Gang zu setzen. Diese Entdeckung
war ihm anfangs noch peinlich und mit katholischem Schuldgefühl behaf-
tet, aber bald schon fand er sich mit ihr ab und buchte sie unter die Rousseausche Kategorie des Naturzustandes, der ein Mann, auch der in der Soutane, nun einmal unterworfen war. Daß der Rückfall in diesen lustvollen
Naturzustand als ›Sündenfall‹ galt, hielten wir beide für eine der perfidesten

Erfindungen der Christianitas. Darum war mir übrigens auch die Stoa immer sympathischer als das katholische Christentum; denn in der stoischen Philosophie gelten Vernunft und Triebe nicht, wie dort, als Gegensätze. Sie postuliert auch keine getrennten Sitze für die Vernunft und die Leidenschaften, denn die Seele in stoischer Auffassung umfaßt beides.

Trotz der bei Hofe üblichen Libertinage mußte er als Mann der Kirche den äußeren Anschein eines untadeligen Lebenswandels wahren. Zwar gab in Hofkreisen der Zölibat der Kirchenmänner bestenfalls Stoff für frivole Bonmots und Scherze ab, aber der Herzog hielt, als bekehrter Wüstling, durchaus auf den guten Ruf seiner Prediger. Dies zwang Eulogius, bei seinen amourösen Abenteuern äußerste Vorsicht walten zu lassen. Wenn er nachts eine seiner Gespielinnen aufsuchte, zog er sich den Schlapphut tief ins Gesicht und vermummte sich mit einem Schal, damit ihn auf der Gasse niemand erkenne. Es kam auch vor, daß er sich wie ein Dieb im Winkel eines dunklen Hausflurs verbergen mußte, bevor die Luft rein war und er die Stiege hinaufgehen konnte zu der Kammer, wo ihm die Eve den Apfel reichte.

Zuweilen geriet er hierbei in burleske Situationen, die er mir mit einem gewissen Schalk gerne beichtete. Einmal mußte er vor einem plötzlich heimgekehrten Gatten in einen Schrank flüchten und dort im Beinkleide eine halbe Stunde ausharren, bis er endlich über den Balkon entweichen konnte. Ein andermal konnte er sich aus einer ähnlichen Verlegenheit nur durch einen Sprung aus dem Fenster retten, wobei er recht unsanft in einem Brennesselfeld landete. Nur mit äußerster Selbstüberwindung widerstand er anderen Vormittages, während er ein Hochamt zu zelebrieren hatte, der Versuchung, sich auf den Hinterbacken zu kratzen, wo es ihn fürchterlich juckte. Im Sommer besuchte er gern das Badhaus, welches ein guter Ort war, um galante Bekanntschaften anzuknüpfen. Als er einmal in der Holzkabine gerade mit einer Verehrerin zugange war, wurde er vom Bader in flagranti ertappt; doch zum Glück hatte er sich das weiße Handtuch wie einen Turban um den Kopf gewickelt, so daß der Bader in ihm nicht den Mann erkannte, den er sonntags auf der Kanzel der Stadtkirche erblickte. Er hielt ihn vielmehr für einen Türken, einen Eindruck, den der Ertappte noch dadurch bestärkte, daß er geistesgegenwärtig, wie er war, Hebräisch zu reden anfing, was der Bader für eine türkische Entschuldigung nahm. Mit einem Handgeld gab er sich schließlich zufrieden. – Wie man an diesen Histörchen sieht, hatte Eulogius das *Decameron* mit Gewinn für die eigene erotische Praxis gelesen, und er stand an, dieses Buch der listenreichen Liebe um einige neue Erfindungen zu bereichern.

Er riskierte viel mit diesen Affairen, deren Entdeckung ihn wohl oder übel die Stellung bei Hofe gekostet hätte. Indes verschafften ihm die Gefahr und die Heimlichkeit, mit der er seine Rendezvous einfädeln mußte und die verbotenen Früchte genoß, einen zusätzlichen Kitzel, der ihn gewissermaßen entschädigte für die Flüchtigkeit seiner Abenteuer. Aber war er glücklich dabei? Jedenfalls blieb ihm, wie er dem Tagebuch anvertraute, nach gehabtem Sinnengenuß zuweilen ein schaler Nachgeschmack. Eines Nachts wollte die Figurantin aus dem italienischen Ballett, mit der er wohl die längste Affaire hatte, mit ihm einige pikante Stellungen nach den bebilderten Anweisungen und kolorierten Stichen des Aretino durchexerzieren, der aufgeschlagen auf ihrem Kopfkissen lag. Da verging ihm die Lust, er empfand Ekel vor ihr und vor sich selbst, und kam nicht mehr wieder.

Eines Tages besuchte er mich im Spital und bat mich mit düsterer Miene um eine medizinische Begutachtung seines wichtigsten Gliedes, respektive Adamsstabes, da es ihn in der Leistengegend drücke und er an einem sonderbaren Ausfluß leide. Ob er sich gar die französische Krankheit eingefangen habe? Nun, ich brauchte nicht lange zu prüfen. *Goutte militaire*, lautete meine Diagnose. Was das sei, fragte er mit melancholisch verhangenem Blick. Er brauche sich darüber keine schwarzen Gedanken zu machen, beruhigte ich ihn. Solche *goutte militaire* habe nichts gemein mit der bösen Lustseuche oder der französischen Krankheit. Denn während letztere aus einem in der weiblichen Scheide befindlichen Giftkeim stamme, der, weiß der Teufel wie, da hineingekommen, leide er an etwas durchaus Beiläufigem und Vorübergehendem, sozusagen an einer Verschnupfung der Harnblase, genaugenommen an einem ganz ordinären Schanker.

Woher der Ausdruck *goutte militaire* komme, wollte er wissen. Dieser Ausdruck, erklärte ich ihm, verdanke sich dem Umstand, daß besagte ›Verschnupfung der Harnblase‹ bei allen Heerführern der Christenheit und ihren Soldaten gang und gäbe sei; und daß nach den Chroniken auch die großen antiken Generäle Alexander und Julius Cäsar daran laboriert hätten. Er befinde sich also in bester Gesellschaft. Mit Gottes Hilfe werde er in einigen Wochen, spätestens drei Monaten davon befreit sein. Allerdings müsse er in dieser Zeit das Keuschheitsgelübde der Franziskaner strictissime einhalten. Dies versprach er.

Wenn ich auch über die Finten, mit denen er seine heimlichen Affairen einfädelte, und über die burlesken Situationen, in die er dabei zuweilen geriet, so manches Mal schmunzeln und lachen mußte, es verwunderte mich doch, wie er sein Liebesleben derart zweizuteilen vermochte: hier die leicht austauschbaren Gespielinnen seiner Begierde, die Weibchen fürs

Bett – dort die in unerreichbare Ferne entrückte adelige und geistreiche Schöne, die noch immer den Stoff seiner poetischen und verliebt-melancholischen Träume bildete. Und a posteriori betrachtet, erinnert mich diese säuberliche Trennung von idealischem Traumstoff und profaner Verwirklichung nicht von ohngefähr an jene andere spätere Zweiteilung seiner Existenz, von der noch ausführlich die Rede sein wird.

XI. Pariser Confessions (2)

23. Dez. 1793

Wie quälend ist diese erzwungene Untätigkeit! Nun, untätig bin ich gerade nicht. Bin beschäftigt mit meinen Correspondenzen, treffe mich gewöhnlich zum Mittagsmahl (eher ein Fraß denn ein Mahl) mit Jacques und Savany im Refektorium, wandere dann mit ihnen über den Hof, lerne diesen und jenen Häftling kennen. Nachmittags sitze ich lesend oder schreibend in der alten Bibliothek, aber bin es doch seit meiner Klosterzeit nicht mehr gewohnt, in allem so beschränkt zu sein. Lieber würd' ich irgendeine gemeine Arbeit verrichten, Kartoffeln schälen, Wasser tragen oder Holz spalten, als im Lesesaal hocken. Dieses quälende Warten! Warten auf eine Nachricht von Kienlin[*] und den Freunden, warten auf einen Brief von Sara oder Marianne, warten auf den Glockenschlag fünf Uhr nachmittags, wenn die Todeskutsche einfährt.

Dietrich streut über mich lauter Verleumdungen aus: ich hätte ihn denunziert und in die Abtei gebracht, usw. Dabei hat er seine Verhaftung allein seinen eigenen Verrätereien zuzuschreiben. Heute morgen wurde das Passieren des Korridors für mich fast zum Spießrutenlaufen. Wäre der Schließer nicht gerade in der Nähe gewesen, hätten mich wohl die Royalisten zusammengeschlagen.

Merville und ich – wir schneiden uns, so gut wir können. Den Abortkübel freilich müssen wir teilen. Jeden Abend dieselbe lächerliche Bataille um das Fenster: Ich reiße es auf, da ich frische Luft brauche, er macht's wieder zu, um sich keinen Katharr zu holen. Es ist mir sehr unangenehm, dieser Canaille Geld zu schulden. Unter den hiesigen Aristokraten genießt er große Hochachtung, viele reden ihn gar mit ›Meister‹ an; für sie ist er noch immer der große Magnetiseur und Logenfürst, der er wohl während des Ancien Régime gewesen. Man spricht hier andächtig von seiner »geheimen Wissenschaft«, als könne er durch die Wände sehen und Geister bannen. Jedenfalls hat er einen gesegneten Appetit und die Mittel, ihn zu befriedigen.

Meinen Brief an die Pariser Jakobiner-Gesellschaft hat die Botenfrau gestern expediert. Hoffentlich trägt er Früchte. Wenn ich nur wüßte, wessen man mich beschuldigt.

---

[*] Hans-Christoph Kienlin, Straßburger Jakobiner, der zu der Zeit in Paris weilte. Er und seine Frau kümmerten sich um inhaftierte Patrioten.

24. Dez.

Anacharsis Cloots wurde soeben aus der Pariser Jakobiner-Gesellschaft ausgeschlossen. Dabei hatte er noch bis vor kurzem den Vorsitz der großen Gesellschaft inne. Camille Desmoulins, derselbe Desmoulins, der das ›Comité der Milde‹ forderte, hat ihn zuvor in seiner Zeitung verleumdet, indem er behauptete, der Baron Cloots erhalte eine Pension von den Preußen. Es ist unfaßbar! Cloots, der Philosoph und Völkerkundler, der mit soviel Hingabe für die Republik gekämpft und ihr sein halbes Vermögen zu Füßen gelegt, ihn erklärt man jetzt hinterrücks wieder zum preußischen Baron. Cloots und ich, wir sind beide Kosmopoliten und Deutsche. Genügt das jetzt schon für eine Verhaftung? Der Konvent faßte soeben den Beschluß:»Alle Individuen, die in einem fremden Land geboren sind, haben nicht das Recht, das französische Volk zu repräsentieren.« Seit 1789 galt die Formel ›Ohne Ansehen der Geburt‹ als höchstes Verfassungsgebot; und jetzt fallen wir wieder zurück in die längst überwunden geglaubten Vorurteile und Narrheiten des Ancien Régime. Was ist jetzt die Menschenrechtserklärung noch wert, wenn bestimmten Menschen im Dienste der Republik ›der Makel einer falschen Geburt‹ anhaftet? Wird doch kein Mensch zum Republikaner geboren, sondern dazu erzogen. Müssen wir ›Ausländer‹ jetzt als Sündenböcke für die Mißerfolge und Übelstände der Republik herhalten?

25. Dez.

Unter denen, die morgens am Hofbrunnen ihre Kleider waschen, ist ein junges, sehr schönes Mädchen namens Madeleine. Es heißt, sie habe vorsätzlich ein todeswürdiges Verbrechen begangen, nämlich einen im Faubourg gepflanzten Freiheitsbaum am hellichten Tage umgehauen, um ihrem Geliebten in die Haft folgen zu können. Sie wird wegen ihrer anmutigen Erscheinung und ihres freundlichen Wesens von allen Insassen verehrt. Ihr Romeo ist ein junger Adeliger aus dem Hause Orléans. Man sieht die beiden oft im Leseraum, wo sie sich gegenseitig leise Gedichte vortragen. In diesem großen Wartesaal des Todes verkörpern sie das Bild unvergänglicher Liebe. Darum werden sie selbst von den Wärtern und Aufsehern mit Respekt behandelt.

Immer wenn ich das Paar von ferne sehe, sticht und brennt es mir in der Seele. Wenn du wüßtest, Sara, wie sehr ich dich misse, du müßtest vergessen, was uns die letzten Schreckensmonde getrennt.

29. Dez.

Gestern wurde Dietrich hingerichtet. Heute schaffte man das Klavier, das er sich gemietet, aus seiner Zelle. Die letzten Wochen seiner Gefangenschaft hat er, wie man hier erzählt, vor allem mit Kompositionen verbracht. Seine letzte Komposition habe er ›Danse funèbre‹ genannt.

Nun, da er der Republik nicht mehr schaden kann, ist er mein Feind nicht mehr. Den Würmern freilich ist's gleich, zu welcher Partei der Corpus gehörte, der ihnen zum Fraß wird. Wir werden noch im Tode nach unseren Todfeinden stinken.

Wegen seiner Hinrichtung gab's hier fast einen Aufruhr. Als ich die Kammer verließ, verstellten mir zwei Royalisten frech die Passage; der eine packte mich an den Schultern, der andre holte gerade zum Schlag gegen mich aus, da trat Merville zwischen sie und herrschte sie an: »Keine Lynchjustiz, meine Herren! Wir sind nicht mehr im September!« Sie ließen sofort von mir ab. Welche Demütigung, daß ich jetzt gar des Schutzes eines Aristokraten bedarf!

30. Dez.

Kienlin überbrachte mir heute einen Brief von Sara, wenn auch einen kurzen und verwirrten – nebst einem Paket mit Wäsche, Nachtgewand, Handschuhen, Zucker, Tee, Tabak und ein wenig Gebackenem. Aber ach, welch schlimme Botschaft!

Marianne hat kurz nach meinem Abtransport einen Bittbrief an Saint-Just geschrieben. Die Antwort war ihre Verhaftung. Der Geist der Sippenhaft greift um sich. Was hat sie mit dem Straßburger Tribunal zu schaffen, außer daß sie die Schwester des ci-devant Öffentlichen Anklägers ist? Arme, teure Schwester, was hat sie nicht alles um meinetwillen auf sich genommen. Und jetzt beraubt man sie noch der Freiheit.

Sara, dem Himmel sei dafür wenigstens Dank, ist nichts geschehen, aber krank, mit Fiebern liegt sie seit meinem Abtransport darnieder. Sie bange und bete um mein Leben, schreibt sie und sei doch zu Tode betrübt, wie sehr ich mich in meinem Amte verändert, und daß das Tribunal noch weitere Todesurteile verhängt, nachdem sie mir ihr Jawort gegeben. Dabei hätte ich ihr doch versprochen . . ., armes Mädchen! Liebe, Gewissenspein und Entsetzen streiten in ihrer Brust. Wer weiß, nach welcher Seite die Waagschale ihres zerrissenen Gefühls ausschlagen wird.

Ich mauerte mich den halben Tag ein. Das Gebackene, das ich mit Jacques teilte, aß ich, als wär's die Henkersmahlzeit.

1. Jan.

Gestern großes Glockengeläut, Böller- und Salutschüsse, der Schein der Feuerwerkskörper über dem Hof der Abtei. Saß bei Jacques und Savany bei einem Glas Punsch. Ein royalistischer Priester hielt derweil in der Kammer nebenan für eine kleine verschworene Gemeinde ein Not-Abendmahl. Als Meßbecher nutzte er eine Barbierschale und anstelle der Oblate legte er Stücke trockenen Sektionsbrotes auf die Gaumen seiner Schafe. »Siehe, das ist mein Leib, siehe, das ist mein Blut!« Wer weiß, vielleicht wird auch mir bald die Hl. Transsubstantiation auf der Place de la Révolution zuteil werden.

Die letzten Tage brachten gute Neuigkeiten für die Republik und schlechte für uns Inhaftierte. Die Aufständischen in der Vendée wurden bei Savenay vernichtend geschlagen und die Reste ihrer ›großen Armee‹ aufgelöst. Damit geht – hoffentlich – das schrecklichste Kapitel des Bürgerkrieges zu Ende. Die Generale Hoche und Pichegru haben die Österreicher über die Weißenburger Linien zurückgetrieben: das Oberelsaß ist wieder in unserer Hand. Auch die Nord- und Westgrenze scheint vorerst gesichert: Die Österreicher stoßen in Belgien, ihren Erblanden, auf so viel Übelwollen, daß sie gegen die französische Nordgrenze nicht mehr viel ausrichten werden. Und die Preußen sind so sehr mit der Sicherung ihrer polnischen Beute beschäftigt, daß sie vorerst wohl weder Lust verspüren noch militärische Kraft genug haben, erneut gegen Frankreich vorzustoßen.

Damit sind die Hauptgefahren für die Sicherheit der Republik vorerst gebannt. Die Republik könnte aufatmen. Jetzt könnte sich Robespierre auch im Innern eine Politik der Mäßigung und der Nachsicht leisten. Was aber tut er statt dessen? Er dringt auf eine ›Beschleunigung der Urteile‹, d. h. auf Verschärfung des Terrors, obwohl eine solche Maßnahme sich mit der jetzt verringerten nationalen Gefahr nicht mehr begründen läßt.

Solange das Vaterland in Gefahr war, gab es keine Alternative zur revolutionären Diktatur, zum Sammelkönigtum in Gestalt des Wohlfahrts- und Sicherheitsausschusses. Von jetzt an aber ist derjenige der Feind, der die Diktatur beibehält. Wird Robespierre der Versuchung widerstehen, die Alleinherrschaft anzustreben, ein neues Papsttum, eine neue Tyrannis auf dem Rücken des Volkes zu errichten?

Jacques sagte mit düsterer Miene, militärisch habe die Republik wohl gewonnen, aber moralisch habe sie verloren. Als ich ihn fragte, warum er dies sage, hüllte er sich in Schweigen.

Pariser Abtei-Gefängnis, 2. Januar 1794

Liebe Sara!
Sei herzlich bedankt für deine Sendung, für das Geld und die mir hier so notwendigen Dinge des täglichen Gebrauchs. Wie sehnlich habe ich eine

Nachricht von dir erwartet und wie hat sie mich doch betrübt! Was gäb ich drum, jetzt an deinem Krankenlager zu sitzen, dir das liebe Gesichtchen zu streicheln, dich zu umsorgen und in deinem Kummer zu trösten! Was gäbe ich drum, mit dir zu sprechen, mich dir zu erklären! Der Schlag, der uns beide getroffen, hat dein Herz verwirrt, mein teures Mädchen. Es erliegt deiner empfindlichen, von den Schrecken der Zeit aufgewühlten Einbildungskraft. Ich habe mich nicht gewandelt, nur die Zeiten haben sich gewandelt. Ich bin noch derselbe, der ich war, bevor ich das Amt übernahm. Nein, weder ich noch die anderen Mitglieder des Revolutionsgerichtes sind von Natur aus ›blutrünstige Wesen‹ oder wären gleichsam über Nacht dazu geworden. Wir erfüllten nur unsere patriotische Pflicht. Mein Herz ist nicht gemacht zum Blutvergießen; wisse, daß meine Strenge nicht das Werk meines Gefühls sondern meiner Vernunft war und daß ich unaussprechlich litt, wenn mich das Amt zu strengen Urteilen zwang.

Ich konnte auch nicht, als du mir dein Jawort gabst, sogleich von meinem Amte zurücktreten. Du weißt, welches Damoklesschwert über dem ganzen Département und über den Straßburger Gefängnissen hing (und wohl noch hängt, wie ich fürchte), seit ein gewisser Genius aus Paris kam. Du weißt, welcher ganz andere Schrecken schon auf der Tagesordnung stand, den ich zu hindern suchte kraft meines Amtes. Wenn aber jetzt dieselben Leute, die mich noch vor kurzem der Nachsicht im Amte tadelten, mich jetzt anklagen, es mit zu großer Strenge, mit Willkür und Selbstherrlichkeit ausgeübt zu haben, so beweist schon dieser offenkundige Widerspruch, daß sie meinen Sturz aus ganz anderen Gründen betrieben als aus jenen, die sie jetzt vorschützen.

Verliere nur nicht den Mut, mein teures Mädchen! Die Zeit wird alles klären. Ich habe der großen Gesellschaft der Pariser Jakobiner meinen Fall dargelegt, sie wird einem rechtschaffenen Mann gewiß Gerechtigkeit widerfahren lassen.

Ich weiß wohl, daß männliche Vernunft und weibliche Empfindung oftmals gänzlich unvereinbar sind – besonders in diesen kriegerischen Zeiten. Sei indes versichert, daß meine Empfindung für dich und meine Liebe zu dir von alldem gänzlich unberührt ist. Wenn du mich aber ausstößt aus deinem Herzen, so müßt' ich verzweifeln.

Weißt du noch, wie wir beim großen Jahrmarkt zu Hagenau zusammen vor dem Flusenkasten standen? Wie ich den Kopf in die große Papprööhre steckte, durch die ein vom Blasebalg erzeugter Wind ging – und oben kamen die Flusen und Flausen als kleine Papierschlangen und Schnitzel wieder heraus. Und wie ich dich fragte: Ob du sie denn habest herausfliegen sehen, die Liebesflausen in meinem Kopfe? Es könnt' gar nicht sein, sagte ich und deutete auf mein Herz, sie seien ja hier fest eingeschlossen. Da leuchteten deine Augen. Bitte gib mir bald wieder Nachricht von dir und deinem Zustand! Daß du mir schnell gesundest, ist jetzt das Wichtigste. Hast du Nachrichten von Marianne und den Freunden? Hat man sie auch inhaftiert? Grüße deine Eltern von mir, deren Kummer auch der meinige ist.

In inniger Liebe
dein Eulogius

4. Jan.

Komme mir vor wie eine gefangene Ratte im Käfig. Kein Verhör, kein Verbalprozeß, kein Schriftsatz. Gar nichts. Keine Antwort von den Pariser Jakobinern. Wie soll ich mich zu meiner Verteidigung rüsten, wenn ich nicht weiß, wessen man mich beschuldigt?

Heute haben zwei reiche Spekulanten und Assignaten-Wucherer die Todeskutsche bestiegen. Die Guillotine auf der Place de la Révolution ist jeden Tag im Einsatz. Ob man sich der Hamsterer und Nagetiere der Nation nicht auch auf andre Weise entledigen könne als durch die ›Mausefalle der Nation‹, fragte Jacques. Mir fiel die Geschichte von dem unbekannten Vielfraß ein, der wochenlang im Keller der Stamms genistet und den Sara zuletzt mit List vertrieben. Ich erzählte sie Jacques. Er lachte und sagte, das sei noch besser als das ›Comité der Milde‹.

Die gewitzte Rattenfängerin

Keiner hatte diesen Mitbewohner bislang zu Gesicht bekommen; aber daß die Familie Stamm einen heimlichen Kostgänger im Vorratskeller beherbergte, sah man an den angefressenen Kartoffeln, die im Keller lagerten, an den traurigen, bis auf das Gehäuse abgenagten Überresten der Äpfel, den vertilgten Möhren und Kohlrüben. Vergebens suchten Sara und Daniel den Keller nach dem verborgenen Schlupfwinkel dieses Vielfraßes ab, er war nicht zu finden. Man rätselte lange, um was für ein Vieh es sich handeln könne, das solche Verheerungen unter den familiären Vorräten anrichtete. Daß es sich um Mäuse handelte, konnte man ausschließen; dem Appetit des unbekannten Mitbewohners nach mußte es sich um ein viel größeres Nagetier handeln, vielleicht um einen Siebenschläfer oder um eine echte Kellerratte. Schließlich entdeckte Sara verdächtige Löcher in der bröseligen Lehmwand, dort wo die Kohlen gelagert waren, Löcher, die auf weitverzweigte Gänge im Mauerwerk schließen ließen. Daniel mauerte die Schlupflöcher des garstigen Schmarotzers sogleich zu – zum gelinden Entsetzen seiner sanftmütigen Schwester, die dem Verderber der familiären Vorräte gleichwohl ein so grausames Ende nicht bereiten wollte. Ihn lebendig einzumauern und langsam verhungern zu lassen, erschien ihr als eine gar unchristliche Lösung. Darum war sie fast erleichtert, als sich am nächsten Tage zum großen Verdruß ihres Bruders zeigte, daß sich gleich neben dem zugemauerten Loch ein neuer Ausgang in der Kellerwand auftat, durch den der unbekannte Mitbewohner seine Freiheit wiedererlangt und sich sogleich an dem eingekellerten Blumenkohl vergangen hatte, von dem nur noch die Strünke übriggeblieben.

Schließlich schickte man nach dem Rattenfänger, aber der war gerade krank und unpäßlich.

Da kam Sara die rettende Idee. Sie sagte sich, daß dasselbe Lockmittel, das den ungebetenen Vielfraß in den Keller gelockt, ihn auch wieder aus diesem vertreiben müsse. Zu diesem Zweck entfernte sie zunächst sämtliches Gemüse und Obst aus dem Keller. Dann stellte sie einen Teller auf, der mit verschiedenen kleingeschnittenen Gemüsesorten, Apfelscheiben, Blumenkohl, Möhren belegt war. Den Tag über blieb alles unberührt. Doch siehe da, als sie des andern Morgens in den Keller kam, war der Teller leergefressen. Das Untier war demnach erstens ein Nachttier und zweitens ein wahlloser Allesfresser. Der nächste Schritt war, es gehörig hungern zu lassen. Für zwei Tage blieb alles Gemüse und Obst aus dem Keller entfernt. Am dritten Tage schließlich ging Sara wieder in den Keller und baute eine Art Laufsteg zusammen: sie legte ein Brett vom Kellerboden an den Vorsprung des Kellerfensters und belegte es mit frischen Gemüse- und Kartoffelscheiben. Dann öffnete sie das Kellerfenster und verlängerte die vegetarische Freßspur bis in den Hof. Zu Beginn der Dämmerung lief sie rasch die Treppe hinauf zum darüberliegenden Fenster im ersten Stockwerk und steckte den Kopf heraus: vielleicht würde sich der ungebetene Gast, von der Lockspeise angelockt, ja endlich zeigen. Da er sich nur des Nachts auf die Pirsch machte, war sie auf langes Warten gefaßt. Sie spähte wohl eine halbe Stunde. Endlich sah sie, wie sich unter ihr am offenen Kellerfenster erst ein braunes und schnüffelndes Näschen, dann der spitze Kopf und schließlich der fette Corpus einer großen Ratte zeigte, die mit einem Satze aus dem Fenster sprang, um sich auch des im Hofe ausgelegten Futters zu bemächtigen. Augenblicklich rannte Sara die Treppe hinunter in den Keller und schloß das Fenster, so daß dem Vieh der Rückweg versperrt war. Von diesem Tage an waren die Kellervorräte der Stamms wieder vor allen Nagetieren sicher, und Saras originelle Methode ließ selbst den alten Rattenfänger staunen, der darauf noch nicht gekommen war.

Friedrich Cotta nahm diese Begebenheit sogleich zum Anlaß für eine philosophische Zeitungsglosse über den Hunger, der nicht immer ein Fluch sei, sondern manchmal auch der bedrängten und darbenden Kreatur den Weg in die Freiheit weise.

XII.

Ich hatte Christoph Friedrich Cotta bereits in Stuttgart kennengelernt, und schon bald waren wir Freunde geworden. Oft saßen wir bei Eulogius abends vor dem Kamin zusammen, in dem ein kleines Holzfeuer knisterte, um bei einer Karaffe Wein über Gott und die Welt, über die jüngsten Begebenheiten bei Hofe und die württembergischen Verhältnisse zu disputieren, in denen sich Friedrich vorzüglich auskannte. Er war der älteste Sohn der bekannten Tübinger Verleger-Familie*. Noch minderjährig wurde er unter der Vormundschaft seines Vaters Postverwalter derer von Thurn und Taxis in Tübingen. Der Vater hatte ihn früh zur Buchhandelslehre und dazu bestimmt, das traditionsreiche Verlagshaus zu übernehmen. Doch der Sohn wollte kein Gewerbe erlernen, er wollte Gelehrter werden und wußte sich sein Jurastudium gegen den väterlichen Willen zu ertrotzen. Er fühlte sich zu den unruhigen Eleven des Tübinger Stiftes hingezogen, das später durch seine Zöglinge Hegel, Hölderlin und Schelling berühmt werden sollte. Schon zehn Jahre vor dem Sturm auf die Bastille atmete er hier die Luft des heraufziehenden Revolutionszeitalters. Indes mußte er Stadt und Universität bald wieder wegen einer ›unehrenhaften Affäre‹ verlassen. Mit einer hübschen Dienstmagd im väterlichen Anwesen hatte er eine Liebschaft begonnen. Die Folgen blieben nicht aus. Er war damals fünfundzwanzig Jahre alt und ohne jede Aussicht auf bürgerlichen Erwerb als Voraussetzung für eine Heirat. Das schwangere Mädchen zeigte ihn beim Rektorat der Universität an, die Affaire wurde unter Nennung seines Namens veröffentlicht, er selbst zu einer Ordnungsstrafe und zu einer jährlichen Zahlung von 10 Gulden auf vierzehn Jahre verurteilt. Mit Rücksicht auf den guten Namen seines Vaters in Tübingen ging er nach Marburg, wo er das Jurastudium abschloß. In Heidelberg erwarb er den juristischen Doktortitel und machte sich bald als Rechtshistoriker und Publizist einen Namen. Den Standpunkt des ehemaligen Hofrechtshistorikers hinter sich lassend, wandte er sich den naturrechtlichen Auffassungen Rousseaus und dem modernen Konstitutionalismus zu. 1786, im selben Jahr, da Eulogius an die herzogliche Hofkappelle berufen wurde, übernahm er die Redaktion

---

* Sein sechs Jahre jüngerer Bruder Johann Friedrich Cotta übernahm 1787 die Leitung der Cotta'schen Buchhandlung in Tübingen, deren Aufschwung er durch die Herausgabe von Schillers »Horen« begründete. Er wurde zum Verleger Goethes und Schillers u. a. bedeutender Autoren der deutschen Klassik u. Romantik.

der *Stuttgartischen privilegirten Zeitung.* (Die Cottasche Familie hatte seit langem das Stuttgarter Zeitungsprivileg gepachtet.) Kurz darauf wurde er von Herzog Carl Eugen als Privatdozent an die Hohe Carlsschule berufen, wo er Allgemeines Teutsches Staatsrecht und Württembergisches Territorialrecht lehrte. Doch Friedrich begnügte sich nicht mit der bloßen Rechtswissenschaft und Lehre, sein ausgeprägter Gerechtigkeitssinn verband sich mit warmem Mitgefühl gegenüber seinen ärmeren Mitbrüdern, den sogenannten einfachen Leuten. Auch bewies er einen untrüglichen Spürsinn, der sich mit Beharrlichkeit paarte, wenn es darum ging, die vertuschten Gemeinheiten landesherrlicher Politik und ihre in den Akten verklausulierten ›criminellen Machenschaften‹ ans Licht zu ziehen, selbst wenn er von seinem subversiven und gefährlichen Wissen, bei Strafe, ein ähnliches Schicksal wie seine Großeltern Pirker oder der Dichter Daniel Schubart zu erleiden, kaum einen öffentlichen Gebrauch machen konnte. Vor allem seinem Einfluß war es zu danken, daß sich Eulogius, bislang mehr mit dem Nachholen versäumten Lebens und seinen Affären beschäftigt, wieder jener Sphäre zuwandte, die gleichsam das spiegelverkehrte Abbild des höfischen Lebens verkörperte und die so empörend war, daß man entweder ein Herz aus Stein haben oder ein Zyniker sein mußte, um sich nicht an ihr zu stoßen.

Paläste und Hütten

So manches Mal wanderten wir, unter Friedrichs kundiger Führung, durch die Dörfer und Flecken um den Leonberger Forst. Hier hatten wir eine ganz andere Welt vor uns als in der Residenzstadt, eine Welt voller Elend, Armut, Schmutz und Erniedrigung, wo man bei Erwähnung des Namens seiner Durchlaucht auf versteinerte Mienen traf.

Zahllos waren die Klagen des niederen Volkes, die wir bei unseren Wanderungen durch diese tristen Hinterhöfe des Herzogtums vernahmen. Viele Schicksale und Szenen, die wir hierbei erlebten, hat Eulogius in seinen Notaten vom Sommer 1787 festgehalten; ich gebe hiervon eine kleine Auswahl wieder, die aufzeigen mag, wie sein Blick auf die höfische Gesellschaft und auf die eigene Stellung in ihr sich grundlegend wandelte.

28. Juli
Feuerbach. Ein Mann, krank, steht an der Gasse und bietet ein Heiligenbildchen und Abendmahlsbrot zum Kauf an. Wir fragen ihn, wie er ins Elend gekommen. Er war einmal Bauer und Fuhrfröner für Schloß Solitude. Während er seine Zugochsen für die Fuhr- und Baufronen hergeben mußte, verfaulte ihm der Weizen auf dem Halm. Konnte seine Abgaben und den

Zehnten nicht mehr berappen, kam für zwei Monate in den Schuldturm, danach mußte er seine Hütte verkaufen. Die Frau ist vor Kummer gestorben, der älteste Sohn sucht in der Neuen Welt sein Glück.

Zuffenhausen. In einer Schenke. Am Nebentisch ein Bauer, der seinen Kummer mit Schnaps betäubt. Zwei seiner Söhne, die das Feld bestellen sollten, wurden zur Armee gepreßt. Dem einen Sohn drohten die Hzgl. Werber, ihn wegen Wilddiebstahls anzuzeigen (dabei hatte er bloß einen Hasen erlegt) und ins Gefängnis zu bringen, wenn er sich nicht einschreiben ließe. Kaum aber hatte er den Uniformrock angezogen, verkaufte der Herzog ihn samt seiner Kompagnie an die Holländer, mit denen er einen Subsidienvertrag unterhält. Der Sohn fiel in Ostindien. »Jetzt liegen seine Gebeine irgendwo am Ende der Welt«, klagt der Vater.

30. Juli

Gerlingen auf dem Marktplatz. Ein alter Mann, den Beinstumpf untergeschlagen, hockt auf dem nackten Pflaster. Die hölzerne Krücke neben sich. Seine einzige Habe ist eine Mundharmonika, auf der er eine wehmütige Weise spielt. Wo er sein Bein verloren habe, fragen wir ihn. Er habe es nicht beim Juden versetzt, sagt er. Der arme Teufel war seinerzeit als Handfröner beim Solitude-Bau eingesetzt. Als er mit einem schweren Felssteine auf dem Gerüst stand, verlor er das Gleichgewicht und stürzte ab. Sein Bein mußte geschnitten werden. Er bat die Hzgl. Rentkammer um ein jährliches Gratial, erhielt aber nur eine einmalige Zahlung von 36 Kreuzern. Dabei hatte er ein Weib und fünf Kinder. Die kamen ins Armenhaus.

31. Juli

Treffen in einem Wäldchen einen zerlumpten Jungen beim Beerensammeln, 12 Jahre alt. Er ist aus dem dörflichen Armenhaus ausgerückt, wo seine jüngeren Geschwister sind. Er hungert lieber, als im Armenhaus zu bleiben, wegen der fürchterlichen Schläge, die er bekommt, da er manchmal sein Bett verunreinigt. Er lebt von Beeren, Waldfrüchten und Stehlen. Wir fragen ihn, ob er nicht gerne etwas lernen würde. Ja, schon, antwortet er, aber im Armenhaus lerne er nichts. Sein größtes Glück sei, noch nicht wieder eingefangen zu sein.

1. August.

Wieder zurück in Stuttgart. Die Szenen des Elends, deren wir bei unseren Wanderungen ansichtig wurden, gehen mir nach und haften erst recht durch den Kontrast zu dem hiesigen Luxus und Reichtum. Hier in Stuttgart wird man der Armut nur deshalb nicht gewahr, weil der Bettel drakonisch bestraft wird – mit Stock, Peitsche, Block am Beine oder Einsteckung ins »Arbeitshaus« auf Jahr und Tag und wöchentlicher Züchtigung. Wenn man schon sonst nichts gegen den Bettel tut, wollen sich die frommen Christenmenschen wenigstens den Anblick ersparen.

Zu allem überflüssigen Luxus, gleichsam als Aperitiv zu ihren Gelagen, gönnt sich die höfische Gesellschaft auch noch den Luxus aufgeklärter Gesinnung, nascht hier ein wenig von der Enzyklopädie, dort ein wenig von Wieland und Herder. Wahrlich, wenn auch kein Schmeichler, so bin ich doch Teil der landesherrlichen Heuchelei, ihre bezahlte Zunge, auskömmlich besoldeter Mitspieler in dieser aufklärerischen Maskerade des Hofes. Eu-logius, der Schönredner!

2. August.
»Wir wissen, daß wir aus dem Tode in das Leben gekommen sind, denn wir lieben die Brüder. Wer den Bruder nicht liebet, der bleibet im Tode.

Wenn aber jemand dieser Welt Güter hat und sieht seinen Bruder darben und schließt sein Herz vor ihm – wie bleibet die Liebe Gottes bei ihm?

So jemand spricht: ›Ich liebe Gott‹, und hasset seinen Bruder, der ist ein Lügner. Denn wer seinen Bruder nicht liebet, den er siehet, wie kann er Gott lieben, den er nicht siehet?« (Johannes-Evangelium)

5. Sept.
Krankenbesuch im Spital. Während ich bei Nepomuk in der Praxe saß, kam eine ärmliche Frau mit ihrer zwölfjährigen Tochter. Das Kind war fein herausgeputzt. Die Mutter hatte es vor ein paar Monaten um eine Summe von fünf Talern an eine Kupplerin verkauft, damit es nicht länger darben müsse. Doch seit es diesen fürchterlichen Ausschlag habe, tauge es nicht mehr für das Geschäft, und die Kupplerin fordere jetzt ihr Geld zurück. Nepomuk sagte der Mutter, ihr Kind werde nur dann von dem schmerzenden Ausschlag genesen, wenn es das Geschäft der Buhlerei aufgebe. Aber dies sei unmöglich, so die Mutter, denn das Mädchen sei der Kupplerin eine beträchtliche Summe schuldig geworden. Diese Schuld müsse es abarbeiten.

Das Schicksal des Mädchens bestürzt mich. Die Kuppelei ist überall im Herzogtum ein blühender Erwerbszweig. Und viele Mädchen aus armen Verhältnissen ziehen das Bordell dem Arbeitshaus vor, wo ihnen in vierzehnstündiger Arbeit das Mark ausgesaugt wird.

Die feine Moral ist nur für die besseren Stände. Gleichviel, ob wir die Messe auf deutsch oder lateinisch lesen – im Bilde des Gekreuzigten beten die Armen doch nur das Bild ihrer eigenen Ohnmacht und Hilflosigkeit an.

8. Sept.
Habe heute meine samtene Weste und meine Kniehose aus weißem Barchent beim Juden versetzt. Dann ging ich mit dem Erlös zu der Mutter, die ihre Tochter verkauft. Ich fragte sie, wieviel das Mädchen der Kupplerin schuldig geworden. Zehn Taler, war ihre Antwort. Und wieviel der Dienst an einem Freier wert sei? Acht Groschen. Da 24 Groschen ein Taler sind, hätte das Mädchen also dreißig Kunden über sich ergehen lassen müssen, um ihre Schuld bei der Kupplerin abzutragen. Ich gab der Mutter das Geld und forderte sie mit aller Strenge auf, es sofort zur Kupplerin zu tragen, um das Mädchen loszukaufen. Sie weinte vor Freude, warf sich vor mir auf die Knie und hätt' mir die Füße geküßt, hätt' ich sie nicht daran gehindert.

✳

»Wo dicht bewachsene Wälder erst noch Sein erfinderischer Geist zum Elysium umschuf, da stehen jetzt hesperische Gärten und Haine, die Musen herzulocken. Und nun heben aus einsamen Plätzen Paläste die Häupter ...« Diese dithyrambischen Verse kamen aus dem verknitterten Munde des Hzgl. Baurates Freiherr von R., eines greisen Herrn im blauen Überrock und grüner Sammetweste, den die Last der Jahre gebeugt hatte. Auf den elfenbeinernen Knauf seines Spazierstocks gestützt, fuhr er mit seiner brüchigen Stimme zu präludieren fort:
»Nach Ihro Gnaden Wunsch sollte die *Solitude*, die Einsamkeit, Seiner Allerhöchst Durchlaucht verhelfen, von dem Getümmel und den Täuschungen der Welt sich erholend, Stunden der Muße und der Zurückgezogenheit allhier verleben zu können.«
Es war ein lauer Sommertag, und ein azurblauer Himmel stand über dem Schloß, das auf dem Plateau eines von Ost nach West gegen Leonberg sich erstreckenden waldreichen Höhenzuges thronte und in leuchtendem Weiß weit hinaus ins Land grüßte. Mit Bedacht hielten Eulogius, Friedrich und ich auf einen gewissen Abstand zu der erlauchten Besuchergruppe, die soeben auf dem Platz vor dem Schlosse vorgefahren war und sich vis-à-vis der von zwei Seiten begehbaren Freitreppe um den Schloßführer versammelt hatte. Mehrere hohe Herrschaften von auswärts waren darunter, adelige Kavaliere mit wippenden Federbüschen und zierliche Damen mit

Wespentaillen und aufgeplusterten Reifröcken, die bunt bemalte Seiden-
und Fächerschirme in den Händen hielten. Wir aber, die zur »bürgerlichen
Canaille« gehörten, hatten es als eine besondere Ehre zu betrachten, uns an
diesem Sonntagnachmittage dieser erlauchten Gesellschaft um den Freiherr
von R. anschließen zu dürfen; dies um so mehr, als der Herzog selbst seinem legendären Lustschloß, das jetzt vornehmlich als Husarenkaserne
diente, seit vielen Jahren den Rücken gekehrt und mit Rücksicht auf seinen
neuerlichen Ruf als geläuterter Fürst und fürsorglicher Landesvater auch
nicht mehr wünschte, diesen früheren Schauplatz exzessiver Lustbarkeiten
und verschwenderischer Festlichkeiten wiederzubeleben. Daß wir gleichsam den Troß der vornehmen Besuchergruppe bildeten, war indes nicht nur
dem Respekt und der ständischen Rangfolge geschuldet, vielmehr dem
Umstande, daß wir durch Friedrich, der sich als Jurist vom Fache mit der
Geschichte, den rechtlichen und fiskalischen Aspekten des Schloßbaues eingehend befaßt hatte, eine clandestine Führung ganz eigener Art erhielten,
bei der uns allerdings Hören und Sehen verging.

»Wie Sie sehen, hochverehrteste Gäste«, der greise Freiherr von R. deutete mit seinem Spazierstock zur Schloßkuppel, von deren Scheitelpunkt
weithin eine Statue in Goldglanz grüßte, »schmücken die Umrandung der
Kuppel zwölf Statuen, die fürstlichen Tugenden darstellend: Weisheit, Mäßigung, Güte, Gottesfurcht, Gerechtigkeit, Milde, allwelche in der Person
Unserer Allerhöchsten Durchlaucht in schönster Harmonie vereiniget
sind.«

Eine andachtsvolle Stille, unterbrochen nur von gelegentlichen Ausbrü-
chen des Entzückens, kam unter den Besuchern auf, die mit den Händen
die Augen beschirmten, um nicht von dem im Sonnenlicht funkelnden
Goldglanz der Statue, welche die Kuppel krönte, geblendet zu werden.

Doch meine ästhetische Freude an der zierlich gegliederten Barockfas-
sade, die de la Guêpière vollendet hatte, wurde rasch ernüchtert durch eine
monströse Zahl, eine Zahl mit sechs Nullen, die sich meinem Vorstellungsvermögen entzog: *eine Million Gulden* hatte der Bau dieser architektonischen Perle, genannt Solitude, gekostet; *eine Million*, erpreßt aus dem
Mark des Volkes, bezahlt mit dem Blut, dem Schweiß und dem Elend der
Untertanen.

»Stellt euch zehn Tonnen puren Goldes vor!« sagte Friedrich leise. – Und
dies waren, wie er uns akribisch vorrechnete, nur die Baukosten für die Solitude. 1762, im Jahr des Baubeginns, zählte Württemberg etwa 460 000 Einwohner mit einem geschätzten Einkommen von jährlich rund 3 Millionen
Gulden. Dies hinderte Carl Eugen aber nicht, in den Jahren 1758-1765 weit

mehr als 7 Millionen dem Volke abzunehmen. Allein aus Kloster-, Stifts- und geistlichen Verwaltungen ließ er über 3 Millionen Gulden für seine privaten Vorhaben abzweigen. Eine andere Art der Geldbeschaffung hatte darin bestanden, hohe und niedere Dienststellen öffentlich auf dem Marktplatz an den Meistbietenden zu versteigern.

Der Freiherr von R. führte uns ins Schloß durch das Untergeschoß, dessen Räume hinter den Bögen des Arkadenbaus lagen. Über eine Wendeltreppe gelangten wir sodann in die Räume der Beletage, die von wenigen betreßten Lakaien beaufsichtigt wurden. Das Kleinod der Beletage war das legendäre blaue Assemblée-Zimmer, das den vornehmen Damen nicht enden wollende Ausdrücke des Entzückens entlockte. Die Wände waren mit blauem Täfelwerk und vergoldeter Holzschnitzerei versehen, mit Surporten und zahlreichen Gemälden, zumeist Wasserfälle darstellend, die über den Trumeaux mit geschnitzten und vergoldeten Einfassungen hingen. Es gab hier zwei Marmorkamine mit Heizgeräten aus Messing, die Kaminaufsätze waren aus Porzellan; die Fauteuils ›en Cabriolets‹ zierte blauer Damast, ebenso die beiden Canapés, die Fenstervorhänge, auch ›Gros de tourne‹ genannt, die Quasten und Knöpfe. Man hatte die gespenstische Empfindung, ein verlassenes und verwunschenes Feenschloß zu besichtigen, das gleichwohl mit großem Aufwande vor dem Verfall geschützt werden sollte.

Dem blauen Assemblée-Zimmer standen die anderen Räume, in anderen Farben gehalten, in nichts nach. Was den Räumen eine besondere Note verlieh, war das überall zur Schau gestellte Porzellan: neben vielen Fayencen aus Ludwigsburg, außerdem Porzellan aus Dresden, Holland, China und Japan, welches allein schon das Schloß als eine Art Kunstkammer berühmt machte.

Indes rauschten die kunstsinnigen Erklärungen des Schloßführers an meinen Ohren vorbei. Im Geiste sah ich wieder den einbeinigen Alten aus Gerlingen vor mir, der auf dem Pflaster hockend seine traurigen Mundharmonikaweisen spielte. Der Gegenwert von zwei, drei dieser kostbaren Porzellanfiguren, dachte ich mit kaltem Zorne, hätte wohl ausgereicht, um diesen armen Handfröner samt seiner Familie vor dem Bettel zu bewahren.

Nachdem wir das Schloß wieder verlassen hatten, wandten wir uns südwärts zur Orangerie und den Treibhäusern. Von dort gelangten wir zur ›Fünf-Eichen-Terrasse‹, wo eine Kostbarkeit ganz eigener Art auf uns wartete, das ›Chinesische Haus‹, auch ›Fünf-Eichen-Schlößchen‹ genannt. Die Zierde der Kuppel bestand aus einer Figurengruppe mit einem tabakrauchenden chinesischen Kaiser und einem schirmtragenden Diener. Viele der

Figuren waren vergoldet, am Schirm hingen harmonisch gestimmte Glöckchen, die bei entstehendem Wind in zartem Klange ertönten.

»Wie sagte doch Voltaire über die barocken Wüstlinge?« flüsterte Eulogius mir zu. »Hier badet sich eine schmutzige Seele im klaren Wasser der Kunst rein.«

Nachdem wir das Chinesische Haus wieder verlassen, marschierten wir ostwärts, am Großen Bassin vorbei und gelangten zu der alten Akademie (mit Kavaliers- und Elevenbau), welche hier vor ihrem Umzug nach Stuttgart als ›militärische Pflanzschule‹ gegründet worden war. Beim Lobpreis dieser segensreichen Einrichtung, aus der so viele vortreffliche Staatsdiener, Wissenschaftler und Künstler hervorgegangen, auch Sänger, Kastraten und Spieler für das Stuttgarter Theater und Opernhaus, verfiel der Schloßführer wieder in seine dithyrambischen Verzückungen.

Danach beschrieb er in allen Einzelheiten die vom Herzog höchstselbst inszenierte große Festivität zur Feier des russischen Großfürstenpaares, welches im Jahre 1782 auf der Solitude weilte, und die »wahrhaft himmlische Illumination« des Lustschlosses, der Alleen, Gartenanlagen und Nebengebäude; 90 000 Ampeln brannten zu Ehren des russischen Thronanwärters und Großfürsten Paul.

Friedrich konterkarierte den höfischen Panegyrikus durch eine Anekdote über jene Festwochen, die der Volksmund überliefert hatte: Auf einem Spaziergang traf der Großfürst Paul, der gerne inkognito ging, einen biederen Mann aus dem Volke und fragte ihn, ob er auch begierig sei, den russischen Großfürsten zu sehen? Der gab zur Antwort: Er brauche den hohen Herren nicht persönlich zu sehen, denn er wisse im voraus, daß er ihn zehn Jahre lang auf seinem Steuerzettel sehen werde.

Just in dieser Nacht übrigens, da die Solitude in ein Lichtermeer getaucht ward, unternahm der junge Friedrich Schiller, der sich auf der »militärischen Pflanzschule« in seiner Berufung zum Dichter höchst gefährdet sah, mit seinem Freund Andreas Streicher die Flucht nach Mannheim. Diese für das Herzogtum eher peinliche Denkwürdigkeit erwähnte der greise Schloßführer allerdings nicht.

Während wir am ›Lorbeerhaus‹ vorbei zur Reithalle hinübergingen, gab uns Friedrich einen genauen Rapport über das wohl finsterste Kapitel des Schloßbaus: über das System der feudalen Fron- und Zwangsarbeit. Nicht genug damit, daß große Gemeindeländereien für die Schloßanlagen widerrechtlich und entschädigungslos enteignet worden waren, erfolgte auch die Herbeiholung der Arbeiter, wie schon sechzig Jahre zuvor beim Bau des Ludwigsburger Schlosses, unter Mißbrauch der geltenden Fronpflicht. Es war ein weites Gebiet, aus dem die Arbeitskräfte herangezogen wurden; aus allen Städten und Dörfern des Leonberger Forstbezirks, der auf viele benachbarte Bezirke zwischen Neckar und Würm, Enz und Nesenbach übergriff, hatten sich die männlichen Erwachsenen zu stellen. Die Zahl ihrer Frontage, einschließlich der Forst- und Jagdfronen, betrug jährlich 120 bis 130 Tage.

Der Anmarsch der Handfröner zur Baustelle erfolgte in der Nacht, ihre Arbeit endete erst bei Sonnenuntergang. Die Handfröner hatten mit eigenem Gerät, mit Schaufel, Hacke, Pickel, Butten und Tragkästen zur Beförderung des Erdaushubs zu erscheinen. Sie bekamen weder Lohn noch Ersatz für Abnützung der Kleider und Schuhe, nicht einmal etwas zur Verpflegung. Die Fuhrfröner rekrutierten sich aus der Bauernschaft, die mit Wagen, Pferden und Ochsen zu dienen hatte. Nach der amtlichen ›Frontax‹ war für die Fuhrfröner wohl eine kleine Entschädigung ausgesetzt, die aber kaum die Selbstkosten deckte und ohnehin nur selten ausbezahlt wurde. Da der zeitliche Einsatz vom Schloßbaumeister diktiert wurde, waren die Bauern oft nicht mehr in der Lage, ihre eigenen Felder zu bestellen; außer Menschen fehlte es auch an Zugvieh, um die Ernten rechtzeitig unter Dach zu bringen. Nicht besser erging es Lieferanten, Künstlern, Handwerkern, Kunsttischlern, Ziselieren, Stukkateuren, Vergoldern und Quartiergebern der Arbeitskommandos, die jahrelang wegen ihrer Geldforderungen zu verhandeln hatten. Viele Gläubiger gerieten ins Elend und erlebten die Auszahlung nicht mehr.

Wer aber kennt ihre Namen, wer die unsäglichen Fronen und Leiden dieser vielen namenlosen Erbauer? Keine Schloßchronik, kein Schloßführer, kein Geschichtschreiber erinnert sich ihrer oder hält es für wert, nach ihnen und ihren Schicksalen zu fragen. Aber daß Carl Eugen der Bauherr von Schloß Solitude ist, Nicolas Guibal sein vorzüglichster Bildhauer und Stuckmaler und R.F.H. Fischer sein bedeutendster Architekt, dies weiß jeder Gebildete im Lande. Der ganze Bau unserer Überlieferung steht auf dem Kopf und beruht, wie in der Laterna Magica, auf einer optischen Täuschung.

»Man hat amtlicherseits nie gezählt«, mit diesen Worten beschloß Friedrich seinen Rapport, »wie viele Fröner vor Hunger, Entkräftung und Krankheit während der Baujahre umgekommen sind. Dafür aber werden wir jetzt gleich erfahren, wie viele prächtige Pferde einst den Hzgl. Marstall und seine Gestüte füllten und welch ein Pferdenarr Unser Gütigster Landesvater ist.«

Wir waren beim Marstall angekommen. Es war ein massiver Steinbau von gigantischen Ausmaßen, dessen Frontmitte von einer Kuppel überwölbt wurde, auf welcher zwei Pferde von Holz standen. In der Mitte des langen Ganges unter der Kuppel waren vier Brunnen, flankiert von Statuen mit wasserspeienden Pferden. Indessen präludierte, wenige Schritte vor uns, der Freiherr von R.: »Dieser Marstall, verehrte Gäste, sucht seinesgleichen in ganz Europa. Er hat eine Seitenlänge von 900 Fuß. 700 Stuten und Fohlen befanden sich einst auf den Hzgl. Gestüten, allein in diesem Marstall standen 376. Ja, man kann mit Wahrheit sagen, daß an keinem kaiserlichen oder königlichem Hofe ein gleich prächtiger Pferdebestand gesehen worden ist: Rappen, Mohrenköpfe, Schwarzbraune, Schwarzschimmel, Kirschbraune, Goldbraune, Goldfalchen, Perlenfalchen, Braunschecken, Schweißfüchse sowie Gold-, Apfel-, Weißschimmel. Die Perle unter den Pferden aber ist des Herzogs Leibpferd. Nicht von ohngefähr trägt es den Namen ›Admirable‹!«

Die Kavaliere und ihre Damen applaudierten pflichtschuldigst.

»Wenn die ärmeren Landeskinder«, murmelte Eulogius mit finsterer Miene in den Applaus hinein, »wenigstens der Gunst teilhaftig würden, ins Geschirr gespannt zu werden, um die Hzgl. Karossen zu ziehen, so würde man sie wohl ebenso reinlich und gut im Futter halten wie diese vortrefflichen Rösser.«

Als launigen Ausklang des Tages hatte der Freiherr von R. die Besichtigung des Seepavillons am Bärensee mit anschließender Kahnfahrt vorgesehen; dort nämlich hatte der Herzog eine kunstvolle Vergnügungsstätte zu Wasser samt nachgebauten venezianischen Gondeln, der sogenannten Bärensee-Flotille, anlegen lassen. Doch uns stand nicht mehr der Sinn nach solchen Lustbarkeiten, und noch einen Panegyrikus aus dem Munde des bestallten Lobhudlers Seiner Durchlaucht hätte uns am Ende noch zu unbedachten Äußerungen, wohl gar zu einer Majestätsbeleidigung provoziert. Und da keiner von uns begehrte, wie der Dichter Daniel Schubart den Rest seiner Tage auf dem Hohen Asperg zu verbringen, zogen wir es denn vor, uns unter den gebotenen Kratzfüßen von unserem Schloßführer und den anderen hohen Herrschaften zu verabschieden.

Wir marschierten zum Schloßplatz zurück und mieteten uns einen Fiaker, der uns zurück nach Stuttgart beförderte. Während der Fahrt durch die aus dem Talgrund aufsteigenden Nebel, die sich über Wälder und Alleen legten, schien jeder in seine eigenen Gedanken versunken; schweigend saßen wir auf der Bank, noch wie betäubt von dem obszönen Kontrast der Paläste und Hütten.

»Ihr seht«, brach Friedrich endlich das Schweigen, »diesem von Lorbeerhainen umgebenen Elysium fürstlicher Bau- und Lebenskunst merkt man es nicht an, welchem System der Beraubung es entsprungen ist. Dies erst nenne ich die wahre ästhetische Vollendung, die ihren kriminellen Ursprung vergessen macht!«

Kurz vor dem Stadttore aber warf Eulogius ein Wort in die Dämmerung, das ich mein Lebtag nicht vergessen werde, ein Wort schärfer noch als ein Schwerthieb und von solch grausiger Gegenständlichkeit, daß sich mir sogar jetzt wieder, da ich es niederschreibe, die Nackenhaare sträuben: »Der Tag wird kommen«, sagte er, und dabei sah ich das Weiße in seinen Augen blitzen, »da man die Herren dieser Erde mit den Eingeweiden der Priester erwürgen wird.«

In Ungnade

Von nun an änderte sich der Ton seiner Predigten. Das philosophisch-abstrakte Element nahm er zurück, ebenso das rhetorische Dekor, die ziervoll verschnörkelte Rede, mit der er bei Hofe so reüssiert und die Gebildeten beeindruckt. Er sprach jetzt schlichter und einfacher, dafür wurde seine Botschaft prosaischer, schärfer, herausfordernder für den Hof und die vornehme Gesellschaft. Er hob fortan den Gedanken der Brüderlichkeit und der tätigen Nächstenliebe hervor, in der er den wesentlichen und unzerstörbaren Gehalt der christlichen Lehre erblickte. Tätige Nächstenliebe zu üben, predigte er, sei wichtiger als das Anhören der Messe, wichtiger auch als die nach innen gewandte pietistische Frömmigkeit, die keinem nütze und oft nur auf eine fromme Selbstbespiegelung hinauslaufe. Daß er die Werke des Glaubens über den Glauben selbst stellte, war den Strenggläubigen sowie den pietistischen Schwaben ein Ärgernis. Da er sich indes stets auf Stellen der Hl. Schrift berief, etwa auf die Epistel des Hl. Jakobus, dem Namensgeber der Jakobiner, konnte ihn niemand der Häresie oder der fälschlichen Exegese beschuldigen.

Öffentlichen Anstoß erregte er erst mit seiner prosaischen Deutung der biblischen Wunder, vor allem des Wunders von der Brotvermehrung und der Speisung der Fünftausend, das er nicht als bares Wunder auffaßte, welches Jesus vollbracht, sondern

als ein Gleichnis für das Teilen und den Geist der Brüderlichkeit: Dieser erst wirket die wahren Wunder, indem die ›zwei Brote und fünf Fische‹, mithin das tägliche Brot geteilt wird und so viele satt machet; indem also dem einen das Überflüssige genommen und dem anderen das Nötige gegeben wird, hat sich das Brot gleichsam und in den Augen der Hungrigen buchstäblich vermehrt.

Als Eulogius andern Tages mit den anderen Hofkaplänen am Tische des Herzogs speiste, erhielt er von diesem eine deftige Rüge. Was ihm wohl einfalle, die Wunder Christi als pure Gleichnisse zu deuten und sie noch dazu auf so vulgäre Weise nach Art des Wirtshauses auszulegen, schalt ihn der Regent, während er sich mit dem Zahnstocher die Reste des Entenbratens aus dem durchlauchtigsten Gebiß kratzte.

Wenig später erfuhr Eulogius durch seinen Kollegen Werckmeister, daß Serenissimus nicht beabsichtige, ihn zu säkularisieren. Dies war ein schwerer Schlag für ihn, denn nur wenn er den Status des Ordensgeistlichen mit dem des Weltgeistlichen vertauschen konnte, wozu der Herzog ihn gnädigst beim Vatikan recommodieren mußte, war er auf Dauer der römisch-katholischen Dienstbarkeit entbunden. Im Falle aber, daß Carl Eugen seinen Hofprediger wieder entließe, drohte ihm die Rückkehr ins Kloster.

Werckmeister und die Kollegen rieten ihm an, sich bei seinen Predigten hinfort auf rein geistliche und moralische Gegenstände zu beschränken und jeden aufrührerischen Ton zu vermeiden. Ob denn die himmelschreienden Zustände im Lande etwa kein moralischer Gegenstand wären? Er denke nicht daran, jetzt seinen Rücken krumm zu machen und sich die Zunge verbieten zu lassen, konterte er. Zwischen stolzer Selbstbehauptung und resignativer Einsicht in seine abhängige Lage, beziehungsweise dem demütigenden Wunsche, des Potentaten Gunst zurückzugewinnen, schwankte er in den nächsten Wochen hin und her und vermied alles, was einen neuerlichen Affront herbeiführen könnte. Doch zog er sich mehr und mehr vom höfischen und gesellschaftlichen Leben zurück. Nur ins Comödienhaus ging er hin und wieder, denn er liebte die Komödie, vor allem die italienische. Er widmete sich wieder mehr seinen geistlichen Arbeiten und der praktischen Seelsorge. Er verbrachte viel Zeit bei mir im Spital, wo er den Kranken zusprach, ihnen nicht nur geistlichen Beistand gab, sondern sie auch mit lebensvollen Geschichten unterhielt und erheiterte, die er zum Teil dem *Decamerone* entnahm.

Ein besonderes Erlebnis lockte ihn indes bald wieder aus der Reserve. Er bereitete gerade eine Predigt vor über *die Fürsorgepflicht des Fürsten gegen die Armen im Staate*. Um sich bezüglich des Gegenstandes seiner Predigt keine Blößen zu geben, beschloß er, das Stuttgarter Waisenhaus zu visitieren, das ein Vorzeigeobjekt des Herzogs in Sachen Armenfürsorge war. Carl Eugen höchstpersönlich hatte es seinen Hofkaplänen als Einrichtung nach besten philantropischen Grundsätzen angepriesen. Früher seien die Waisenkinder dem Stadtsäckel stets zur Last gefallen. Jetzt aber hätten die verlorenen Kinder Gottes nicht nur eine feste Heimstatt gefunden, sondern könnten am Spinnrad auch ihre Geschicklichkeit ausbilden. Aus traurigen und verwahrlosten Bettelkindern seien so übers Jahr emsige und nützliche Glieder der Gesellschaft geworden, die man mit Freude und Zuversicht ihr löbliches Tagewerk verrichten sehe. Die Baumwollspinnerei werfe im übrigen so viel ab, daß wenigstens die Kosten für Logis, Kleidung und Ernährung davon bestritten werden könnten. Das Waisenhaus trage sich selbst.

Doch welches Bild bot sich Eulogius, als er die große Werk- und Spinnstube betrat? Er hat es im Tagebuch festgehalten:

Nie sah ich ein so anschauliches Gemälde von menschlichem Elend als in dieser Stube! An die siebzig Waisen, Knaben und Mädchen, von denen die ältesten vielleicht zwölf, dreizehn Jahre alt sein mögen, sind hier zusammengepfercht. Alle sehen bleich aus wie die Leichen, haben matte Augen; kein Zug von Munterkeit ist an ihnen sichtbar. Einige haben verwachsene Füße, andere verwachsene Hände, und alle starren vor Krätze, die alles Mark auszusaugen scheint. Die Stube ist schwarz von Öldampf, und an den Wänden fließen die Ausdünstungen herab, die diese elenden kleinen Arbeitstiere von sich geben. Und ihre ganze Arbeit ist das Spinnen. Einige, besonders die Kleinen, spinnen sitzend, die anderen stehend.

Mit Bestürzung musterte ich diese Herde Kinder, deren Versorger im Grabe modern.

Im zartesten Alter werden diese Würmchen abgerichtet zur täglichen Fron, die vielen Keime, die der Schöpfer gepflanzt, erbarmungslos zertreten und sie in eine Lage versetzt, daß sie an Körper und Geist klein und zerbrechlich bleiben müssen. Während andere Kinder in freier Natur herumspringen, spielen und lachen und sich einen Schatz von Kenntnissen sammeln, sind diese Elenden ans Rad gefesselt, und der einzige Gegenstand ihrer Betrachtung ist die Spindel.

Durch ein Klingelzeichen kündigte der Wollkämmer, der ihr unmittelbarer Aufseher ist, die Pause an. Wie auf Kommando unterbrachen die Kinder ihre Arbeit, falteten ihre mit Narben bedeckten, an den Fingerkuppen hornhäutig verdickten Händchen, leierten erst ein Vaterunser und danach zwei, drei Psalmen herunter, die ihnen ganz gleichgültig waren. Ich erwartete, daß nun Vesperzeit sei oder die Kinder für kurze Zeit ins Freie, auf die Spielplätze, laufen würden. Doch zu meiner Verwunderung rückten sie nach Beendigung der Gebete sogleich wieder hinter die Spinnräder.

Ob ihnen denn keine Zeit zum Essen und Trinken zustehe, fragte ich den Wollkämmer. Schon, schon, gab dieser zur Antwort, doch wollten sie eben gern erst ihr Tagwerk fertigbringen. Da vergäßen sie eher das Essen und Trinken, ehe sie vor geendigtem Tagwerk weggingen.

Mir verschlug es die Sprache ob der kaltblütigen Auskunft. Endlich, die Luft mir aus den Eingeweiden pressend, fragte ich, wieviel Garn denn von den Kindern gefordert werde.

Er liefere noch einmal soviel Garn als sonst, sagte der Wollkämmer. Die Herren Waisenväter seien wohl recht zufrieden mit ihm.

Es müßten wohl, fragte ich, ganz besondere Mittel zur Anwendung kommen, so viele Kinder zu solchem Fleiße zu erziehen? Die habe er auch, sagte der Wollkämmer. Ob ich seine Erziehungsmittel kennenlernen wolle.

Ich ging hinter ihm her durch den Werkraum, an dessen Ende sich eine Tür befand. Doch welch ein Anblick bot sich mir, als sie aufgeschlossen ward: fünf Kinder waren hier förmlich auf die Folter gespannt. Dreien waren die Arme ausgedehnt und die Hände an eine Stange gebunden, so daß sie in einer Stellung waren, die mit der des Gekreuzigten große Ähnlichkeit hatte. Zwei Knaben knieten auf der feuchten Erde, während ihre Arme über dem Nacken an einen schweren Holzbalken gebunden waren, der ihren nackten Rücken beschwerte.

Was denn diese Kinder verbrochen hätten, fragte ich. Sie hätten ihr bestimmtes Gewicht an Wolle und Baumwolle nicht aufgesponnen, war die Antwort.

Und dafür müssen sie solche Folter leiden? Ich verließ sofort das schreckliche Haus, rief zwei der Waisenväter herbei und fragte, ob sie wüßten, was für Grausamkeiten in ihrem Haus getrieben wurden. Selbst diese erschraken, erteilten dem Wollkämmer einen Verweis und befahlen, die Kinder loszubinden. Diese richteten sich auf und gingen so langsam wie ein Missetäter, der von der Folterbank abgespannt worden. Der Wollkämmer entschuldigte sich und sagte, er könne ja nimmer Garn genug liefern. Wenn er es nicht so mit den Kindern mache, so werde er sie nimmermehr dahin bringen, daß sie so viel lieferten, als die Waisenväter verlangten. Das Waisenhaus müsse doch mit Gewinn arbeiten.

Wenn wir die Kinder unserer entschlafenen Mitbürger nach Algier verhandelten, könnten sie barbarischer behandelt werden? Haben denn Kinder gar keine Rechte?

Eulogius richtete erst eine schriftliche Beschwerde an die Waisenväter der Stadt. Er sprach von der Verhöhnung des philantropischen Gedankens, und ob es denn die Bestimmung eines städtischen Waisenhauses sei, mit Gewinn zu arbeiten und die gewerblichen Spinnereien im Preis noch zu unterbieten?

Er erhielt keine Antwort. Daraufhin richtete er seine Beschwerde an die ›Landschaft‹, doch auch die Vertreter der Stände blieben ihm die Antwort schuldig. Schließlich wandte er sich in einem Brief an den Herzog persönlich, wobei er nicht versäumte, diesen mit der vorgeschriebenen Ergebenheitsadresse enden zu lassen, die aber durch eine versehentlich falsche Genetivbildung – oder war es doch kein Versehen? – just das Gegenteil provozierte:

Ihro Durchlaucht treugehorsamster Diener, dessen Weisheit und Güte jedem Untertan, in Sonderheit dem Verfasser dieser Zeilen, stets gegenwärtig ist.

Die Antwort kam prompt: Der Herzog ermahnte ihn zum letzten Mal, sich nicht in Dinge zu mischen, die ihn nichts angingen und von denen er nichts verstünde. Im übrigen wünsche er, ihn nicht mehr an seiner Tafel und bis zum Hl. Christfest auch nicht mehr auf der Kanzel der Hofkapelle zu sehen.

Eulogius war durch diesen Bescheid bis ins Mark getroffen. Daß sein ehemaliger Gönner ihn, die ›Zierde der Hofkapelle‹, jetzt so kalt abservierte, traf und kränkte ihn mehr, als er zugeben mochte und als ich es für möglich gehalten. Denn obschon er sich längst keine Illusionen über die aufgeklärte Despotie des Herzogs mehr machte, Dankbarkeit und Respekt hatte er dem, der ihn aus dem Kloster gezogen und ihm eine so komfortable Stellung verschafft, gleichwohl entgegengebracht. In seiner Gekränktheit und ohnmächtigen Wut glich er einem ausgebrochenen Vulkan; und kein Tag, keine Stunde, da wir unter uns waren, verging, ohne daß er Feuer und Lava spuckte, das Bildnis seines ehemaligen Protektors mit Worten spießte, räderte und in effigie verbrannte. Noch nie hatte ich den Freund so voller Gift und Galle erlebt, so aufgewühlt von Revanchegedanken, die freilich jeden Realitätssinns entbehrten und von einer schier lächerlichen Selbstüberschätzung zeugten: Vor das Reichskammergericht zu Wetzlar wollte er ziehen, um den Herzog zu verklagen, gar vor den Kaiserlichen Hof zu Wien, als ob man dort auf einen kleinen Hofkaplan wie ihn gerade gewartet hätte und sich einer solchen Bagatellsache annehmen würde. War – so frage ich mich heute – seine persönliche Kränkbarkeit und Verletzbarkeit nicht vielleicht doch ein dominanter Zug seines Wesens, stärker noch als sein christliches Mitgefühl mit den Erniedrigten und Beleidigten? Denn wo jenes vorherrschend ist, kühlt nach meiner Erfahrung der Schmerz einer persönlichen Kränkung auch wieder ab.

Freilich, sein Fall war tief und außer mit demütigenden auch mit menschlich enttäuschenden Erfahrungen verbunden. Von nun an spürte er auf

Schritt und Tritt, was es bedeutete, beim Herzog in Ungnade gefallen zu sein. Er durfte nicht mehr an seiner Tafel speisen, er erhielt keine Billette und Einladungen mehr; selbst bei seinen selten gewordenen Besuchen im Comödienhaus ging man ihm aus dem Weg. Die Hofschneiderei weigerte sich, seinen Rock auszubessern, die Kanzlei verzögerte immer wieder die Auszahlung seines Salärs und behandelte ihn wie einen Almosenempfänger, selbst mancher Lakai verweigerte ihm den Gruß oder gab unflätige Antworten. Kurz, der Hof schnitt ihn wie einen Aussätzigen.

Jetzt, da er die Protektion des Herzogs verloren, gingen auch die katholischen Prälaten aus der Reserve. Sie hielten ihre Gläubigen an, bei diesem »irreligiösen Freigeist«, der die Offenbarung und die Wunder Christi zu puren moralischen Gleichnissen herabwürdige, nicht mehr in die Messe zu gehen, noch von ihm das Abendmahl zu empfangen. Selbst sein Kollege Werckmeister rückte von ihm ab und mied seine Gesellschaft, um sich nicht zu kompromittieren. Und wären nicht Friedrich und ich gewesen und einige wenige protestantische Familien, die seinen Bürgermut vor Fürstenthronen hoch schätzten, er wäre in Stuttgart bald vollkommen verlassen gewesen. Seine Lage wurde indes von Woche zu Woche hoffnungsloser. Als er eines Tages die École des Demoiselles betreten wollte, um wie gewohnt seinen Religionsunterricht abzuhalten, wurde er mit Gewalt vom Vorsteher und seinen Gehilfen daran gehindert. Er überlegte, ob es nicht besser sei zu demissionieren, bevor der Herzog ihn aus dem Amt jagen würde. Aber wovon sollte er dann leben? Nicht einmal eine einfache Pfarre würde man ihm im Herzogtume noch überlassen. In den Franziskaner-Orden zurückkehren, sich selbst wieder hinter Klostermauern begraben aber kam für ihn nicht in Frage. Eher würde er sich, wie er zu meinem nicht geringen Schreck sagte, eine Kugel in den Kopf schießen oder wie Karl Moor mit seinen Räubern in die Wälder ziehen. Friedrich Schillers genialisches Jugenddrama, das am 14. November 1788 im Stuttgarter Schauspielhaus Premiere hatte, traf denn auch genau seine Gemütsverfassung:

Ach, wenn es doch im wirklichen Leben ebenso zuginge wie auf der Schaubühne! Statt dessen überall feige Anpassung, Kadavergehorsam und erbärmlicher Opportunismus. Dagegen Karl Moor: »*Ich will aus Deutschland eine Republik machen, gegen die Rom und Sparta Nonnenklöster sind!*« *Jeder Satz ein Keulenschlag auf dieses verderbte Jahrhundert, ein Brandzeichen für die Freiheit.*

Man möchte doch, wie Karl Moor und seine Verschworenen auf der Scene, einmal so von der Kanzel herunterdonnern und wettern, daß die

feinen Herren und Dämchen drunten nicht mehr wissen, wo ihnen die
Perück' steht und die feilen Höflinge sich vor Schreck ins Beinkleid pissen!

Indes, er hatte Glück im Unglück. Durch unseren gemeinsamen Studienfreund Thaddäus Dereser, der seit einigen Jahren an der neugegründeten
Bonner Universität als Professor für Bibel-Exegese und orientalische Sprachen wirkte, hatte er erfahren, daß der Kurator Baron von Spiegel zum Diesenberg in der noch schwach besetzten philosophischen Fakultät gerade
eine neue Professur für ›Schöne Wissenschaften‹, d. h. für Literatur und
Dichtkunst einrichtete. Eulogius wandte sich sogleich an die Gebrüder
Joseph und Franz Cölestin von Beroldingen, der erste war Domherr zu
Speyer, der zweite war des Baron Spiegels Mitkapitular in Hildesheim. Die
beiden hochwohlgeborenen Brüder waren seit den Augsburger Tagen seine
Freunde und Gönner und empfahlen ihn, ebenso wie es Thaddäus tat, auf
das wärmste dem Kurator der Bonner Universität. Der Kölner Kurfürst
indes wollte sich nicht wieder mit einem Ordensgeistlichen belasten, der
von anderen Oberen abhängig wäre, und stellte als Vorbedingung seiner
Anstellung seine Entlassung aus dem Franziskanerorden.

Als Eulogius, Wochen später, die Eildepesche in Händen hielt, die seine
Berufung zum »Professor für Schöne Wissenschaften an der Universität zu
Bonn« aussprach, unter der Bedingung, daß er seine Säkularisierung erreiche, schwebte er wie auf Wolken. Daß Fortuna ihn, den ehemaligen Mönch
und bei Herzog Carl Eugen in Ungnade Gefallenen, derart begünstigte, ihn
jetzt sogar mit der Professorenwürde bedachte, dies hatte er nicht zu hoffen
gewagt. Mit Eifer betrieb er sogleich das Geschäft seiner Säkularisierung.
Dieses gestaltete sich indes viel schwieriger, als er geglaubt, denn Carl Eugen
weigerte sich, für seinen renitenten Hofprediger in dieser Sache auch nur
den kleinen Finger zu rühren. Die Wintermonate über saß Eulogius in Stuttgart wie auf glühenden Kohlen, da sich in seiner Angelegenheit so gut wie
gar nichts bewegte. Zwischen Hoffnung und Niedergeschlagenheit hin- und
hergerissen, schrieb er verzweifelte Briefe an seinen früheren Protektor, den
Weihbischof von Ungelter, und rang sich zwei Bittgesuche an den Herzog
mit den unabdingbaren Demutsgebärden und subalternen Ergebenheits-
adressen ab, die er selbst als blanke Heuchelei empfand:

Tränen füllen mein Auge bei dem Gedanken, die Erwartungen enttäuscht
zu haben, die Ihro Durchlaucht, mein großherzigster Gönner, in mich
gesetzt, da er mich einst aus dem Kloster gezogen, usw ...

In Wirklichkeit wünschte er Seiner Durchlaucht, dieser »miserablen Karikatur des französischen Sonnenkönigs« – wie er ihn zu nennen pflegte –, die Pest an den Hals. Aber der Herzog ließ ihn, trotz aller Bittgesuche, weiter zappeln. Wenn er sich zuletzt doch, nach mehrmaliger Intervention des Weihbischofs von Ungelter, dazu entschloß, das Säkularisierungsgesuch seines zwar unbequemen, aber namhaften Hofpredigers zu unterstützen, so nur, um ihn ohne öffentliches Aufsehen und ohne Einbuße seines eigenen Ansehens wieder loszuwerden. Erst im Januar 1789 erreichte Ungelter in Rom die Überführung seines Schützlings in den Weltklerus; es wurde März, bis die Säkularisierungsverfügung in Bonn eingetroffen war und der Kölner Kurfürst Max Franz die Anstellungsurkunde unterschrieb, die dem neuen Professor ein Gehalt von 400 Reichstalern zusprach.

Endlich war er vom Orden losgebunden und auf Dauer von der Aufsicht des römischen Stuhles befreit. Endlich konnte er sich, von einem Kurfürsten beschirmt, der »als Freund wahrer Aufklärung« einen guten Ruf genoß, den schönen Wissenschaften und den Musen widmen, denen schon immer seine Liebe gegolten. Er fühlte sich wie neugeboren und fragte sich und mich immer wieder verwundert, womit er soviel *fortune* wohl verdient. Ich freute mich mit ihm, und hatte selbst um so mehr Grund zur Freude, als auch meine berufliche Laufbahn zur selben Zeit eine sehr günstige Wendung nahm. Durch den Coadjutator von Dahlberg hatte ich einen Ruf als Professor medicinae an die Mainzer Universität erhalten mit dem Auftrage, meine Forschungen und Erkenntnisse über den Einfluß der Seele und der Einbildungskraft auf den Körper, in Sonderheit bei der Hypochondrie, der Melancholie und der Besessenheit, worüber ich inzwischen einiges publiziert, den Studiosi und der akademischen Welt mitzuteilen.

So waren wir denn beide, gleichsam aus heiterem Himmel, mit der akademischen Würde bedacht worden und konnten uns hinfort unseren wirklichen Neigungen und Interessen widmen. Überflüssig zu sagen, daß wir im Frühjahr 1789 der Residenzstadt Carl Eugens und seiner württembergischen »Bastille«, dem Hohen Asperg, frohgemut den Rücken kehrten, um alsbald den neuen Kreis unseres Wirkens – ich den Mainzischen und Eulogius den Bonnischen – zu betreten. Nur einen ließen wir höchst ungern in Stuttgart zurück: unseren gemeinsamen Freund Christoph Friedrich Cotta.

XIII. Geistercitation

Mit dem Glockenschlag sechs verließ Eulogius wie gewöhnlich die Bibliothek, um ins Dormitorium zurückzukehren. Doch als er seine Kammer betrat, bot sich seinen Augen ein überraschender Anblick: Der Raum war in ein dämmriges Clair-obscure getaucht, und zunächst nahm er nur die schattenhaften Umrisse mehrerer Personen wahr. Zwei Herren hatten es sich auf seiner Pritsche bequem gemacht, ein dritter auf der Bettstatt des Grafen; auf den beiden Fauteuils aber saßen, mit ihren Fächern wedelnd, zwei Damen mit Federhüten, eine ältere und eine jüngere; in letzterer erkannte er, als er näher trat, die Beischläferin seines Zellengenossen. Alle Blicke waren auf Merville gerichtet, der in einem offenen schwarzen Seidenmantel mit lilafarbenen Aufschlägen vor dem verhängten Fenster stand – neben einer würfelförmigen Apparatur, einem von allen Seiten schwarz ummäntelten Kasten, dessen transparente Vorderseite von hinten durch eine verborgene Lichtquelle, die einzige im Raume, beleuchtet wurde. Was wurde hier gespielt, und wie kam diese seltsame Apparatur in die Kammer?

»Nur herein, wenn's kein Schneider ist!« empfing ihn Merville mit alertem Spotte, worauf sich alle Köpfe ihm zuwandten und Gelächter die Kammer füllte. Einen Moment stand Eulogius ratlos vor seiner besetzten Pritsche. Schon wollte er sich wieder zur Tür wenden, da er wenig Lust verspürte, sich zum Gespött dieser seltsamen Gesellschaft zu machen, da sagte der Graf: »So bleiben Sie doch, Monsieur! Wir stehen gerade am Beginne einer äußerst delikaten Séance, die auch Ihnen Vergnügen bereiten wird! Gerade für Sie als Mann der philosophischen Fakultät dürfte sie nicht ohne Interesse sein. Tun Sie uns den Gefallen und nehmen Sie Platz, ein Stuhl ist ja noch frei!«

Sollte das etwa eine Art Geistercitation oder spiritistische Sitzung werden? Eulogius zögerte einen Moment, aber seine Neugierde, welches Spektakel sich hier anbahnte, überwog seine Aversion gegen diese adelige Bagage, die so ungeniert von der Kammer Besitz ergriffen hatte. Die beiden Herren gesetzteren Alters, die auf seiner Pritsche Platz genommen, kannte er vom Sehen, sie bewohnten die Kammer nebenan. Der eine war ein ehemaliger Marquis namens Soullié, der andere hörte auf den Namen Roche-Fort und war Oberst der Palastwache Seiner hingerichteten Majestät Louis Capet gewesen – beide beinharte Royalisten und erstklassige Anwärter für das Schafott. Ihre Köpfe zierten kurze Perücken, die seitwärts zu Locken gekräuselt waren. Der dritte jüngere Herr mit kahlem und eiförmigem Schädel war der Abbé F., dem er des öfteren schon auf dem Korridor begegnet. Die beiden Damen, die reifere sowohl, eine Baronin von D., wie die junge Comtesse A., hatten sich in Schale geworfen, als wenn sie zu einem Hofball gingen: sie trugen Schnürbrüste und Bouffanten, wie sie zur Zeit des Königtums in Mode waren.

Eulogius nahm Platz neben der Comtesse, die sogleich mit gerümpfter Nase ihren Stuhl von ihm wegrückte und mit dem Fächer zu wedeln begann, als müsse sie sich vor seinen Miasmen schützen.

»Chèrs frères et amis de la vérité et de la vertu!« hub Merville mit sonorer Stimme an, indes ein maliziöses Lächeln seinen Mund umspielte. Den Körper leicht nach vorne gebeugt, das ganze Gewicht auf das Spielbein legend, lag in seiner Haltung etwas Leichtes und Tänzelndes.

»Bekanntlich leben wir heuer im Zeitalter eines säkularen Umbruchs. Denn säkularisiert und republikanisiert wurde alles, was unseren Vorfahren hoch und heilig war: die Religion und die alten christlichen Heiligen, die Kirchen und Klöster, ja, selbst die Friedhöfe und Bestattungskulte. Inzwischen freilich nimmt die Dechristianisierung Formen an, die den Komödiendichter inspirieren müßten, wenn wir noch welche hätten, die den Namen verdienten. Etliche Konventsabgeordnete, die im Verdacht der Mäßigung stehen, suchen diesen jetzt durch besonderen Fanatismus in religiösen Dingen zu widerlegen. Sie verhelfen der Schreckensherrschaft zu ihrer unfreiwilligen Parodie, indem sie diese nicht nur über Personen, sondern über Dinge ausüben: Sie enthaupten Heiligenbilder, sie richten Statuen hin und schicken an den Konvent ganze Karren voll geköpfter Heiliger, welche dann in der Münze verschwinden. Die Gebeine der Hl. Genoveva, Schutzpatronin von Paris, die seit Attilas Tagen höchste Verehrung genoß, wurde auf der Place de Grève verbrannt, um auch die letzten Reste des Aberglaubens auszurotten. Nachdem die Büsten der alten christlichen Heiligen vom Sockel gestürzt und ihre Reliquien und Gebeine zu Asche geworden, gehen wir nun, so könnte man glauben, einer ganz und gar säkularisierten Epoche entgegen, deren Sinn nur noch auf das Weltliche, Materielle und Gesellschaftliche ausgerichtet ist. Doch weit gefehlt! Auf einmal nämlich sehen wir uns von ganz neuen Heiligen umgeben, Heiligen einer ganz neuen Art, deren Büsten die neuen Tempel zieren, welche man ›Tempel der Vernunft‹ nennt, und deren Standbilder bei den Massenaufmärschen der Republik gleich heiligen Monstranzen mitgeführt werden ... Was aber ist eigentlich ein Heiliger? Ein Heiliger, spottete schon Voltaire, ist ein toter Sünder, bearbeitet und neu herausgegeben.«

Die kleine Gesellschaft wieherte vor Vergnügen, und der Witz des Grafen wirkte unversehens auch auf Eulogius' Zwerchfell.

»Nun wollen wir heute – nur zu unserem Plaisir versteht sich, denn die Erschütterungen der Lachmuskeln sind über jeden Verdacht der Conspiration und des Hochverrates erhaben –, nun wollen wir also jene toten Sünder neueren Datums, welche diesem Jahrhundert der Aufklärung und Philosophie ihren Stempel aufgeprägt und die ganz gegen ihren Willen in den Ruch der Heiligkeit geraten sind, einmal zitieren.«

Eine erwartungsvolles Flüstern und Tuscheln machte die Runde; auch Eulogius war gespannt ob dieser Ankündigung.

»Freilich wird es nicht ganz leicht sein«, fuhr Merville fort, »gerade diejenigen, welche zu ihren Lebzeiten die Existenz der unsterblichen Seele hartnäckig leugneten, dazu zu bewegen, uns ihre Erfahrungen im reinen Geiste mitzuteilen. Man wird wohl zugeben, Svedenborg hatte es da leichter als ich, denn er zitierte ja stets willfährige Geister, die sich als verbriefte Engel zum Dialog mit uns Sterblichen seit alters her gerne bequemen. Wir dagegen haben es hic et nunc mit Geistern zu tun, die es ihrem eigenen rationalistischen Begriffe nach eigentlich gar nicht geben dürfte und die sich dem Gespräche mit uns, widerspenstigen Jungfern gleich, hartnäckig verweigern. Indes wird uns diese ingeniöse Apparatur«, der Graf deutete nun auf das beleuchtete Rundfenster des würfelförmigen Kastens, »mit der sich der Marquis de Soullié hier die Tage verkürzt und die er mir freundlicherweise auslieh, dieses ingeniöse optische Gerät, sage ich, wird uns helfen, nach Art des platonischen Höhlengleichnisses wenigstens die Schatten, die Abbilder jener berühmten Jahrhundertgeister zur Erscheinung zu bringen, deren Gebeine heute im Pantheon oder unter geweihter Erde ruhen. Und sobald sie erschienen sind, dürft ihr, chers frères et amis, sie mit euren drängenden Fragen bestürmen.«

Merville holte nun ein Kreidestück aus der Innentasche seines Mantels und zog rund um die Apparatur einen magischen Kreis. Dann nahm er einen silbernen Brieföffner vom Bord und malte mit diesem unsichtbare Lettern in die Luft. Dabei stieß er im Flüstertone, wenn auch mit sich steigernder Erregung, allerlei unverständliche Formeln aus, die zuletzt in der Anrufung gipfelten: »Tetragammon! Tetragammon! Diderot, apparaîsnous!« Diese Evokationsformel war natürlich ein Zitat aus Cagliostros berühmten Geistercitationen.

Nachdem er diese Formel mehrfach, unter theatralischem Gestikulieren wiederholt, erschien tatsächlich – Eulogius traute kaum seinen Augen – auf dem transparenten Rundfenster der Apparatur das zwar schattenhafte, aber doch scharfe und charakteristische Konterfei des berühmten Enzyklopädisten. Der Schattenkopf wirkte um so echter und lebendiger, als er sich zu bewegen schien, offenbar rief das Flackern der im Innern der Apparatur verborgenen Lichtquelle diesen täuschenden Eindruck hervor. Die Ausdrücke des Staunens, die »Ah!« und »Oh!« und »Mon Dieu!«, wollten kein Ende nehmen.

Mit erregter Flüsterstimme wandte sich die junge Comtesse an den Abbé F.: »Wie macht der Meister das bloß?«

»Weiß der Himmel«, murmelte der Abbé, »es liegt wohl an dieser Apparatur.«

Die Besucher waren so gebannt von dem sich bewegenden Schattenkopf Diderots, daß Merville sie zweimal auffordern mußte, ihre Fragen zu stellen. Der Marquis de Soullié eröffnete schließlich den Reigen. Er fragte den Schattenkopf, wie er sich denn in der anderen Welt befinde.

Eine Stimme, die seltsam verfremdet und abgehackt klang, antwortete in einem ebenso rechthaberischen wie abfälligen Tone: »Ich bleibe dabei: Es gibt keine andere Welt. Der Tod ist nur ein Ende allen Übels, und nach demselben hat man kein Vergnügen, aber auch kein Leiden. Man ist nach dem Tode sehr aufrichtig, befreit von allen Rücksichten – auch gegen sich selbst. Solange man lebt, belügt man sich selbst wie alle anderen. Vollkommene Wahrhaftigkeit ist daher erst nach dem Tode möglich.«

Eulogius war verblüfft, denn die Stimme kam zwar aus der Richtung Mervilles, aber offenbar nicht von ihm, denn seine Lippen bewegten sich augenscheinlich nicht.

Nach einer Weile staunender Ergriffenheit fragte der Oberst Roche-Fort die Silhouette Diderots, was dieser denn mit all seiner Wissenschaft und Gelehrsamkeit jetzt da oben anfange. Die Stimme erwiderte in larmoyantem Tone: »Selig der Mann, der nichts zu sagen hat, und davon absieht, diese Tatsache mit der Feder zu beweisen. Soviel zur Enzyklopädie. Im übrigen ist es hier oben genauso langweilig wie unten auf Erden. Weder unter den Erzengeln noch unter den Engeln der niederen Grade findet man Geister mit eigenen Gedanken. Die Engel plappern alles den Erzengeln nach und diese dem Herrn, der sich nie blicken läßt. Die sogenannte Ewigkeit ist nur eine Paraphrase des schlechten Geschmacks, wie er auf Erden herrscht. Der einzige Unterschied ist, daß die Salons hier oben nicht beheizt sind, aber gottlob empfindet man die Kälte nicht mehr. Noch einen anderen Vorteil hat das Dasein im reinen Geiste: Man muß nicht mehr verdauen und braucht keinen Nachtstuhl mehr. Mehr habe ich Euch nicht zu sagen.«

Mit diesen Worten verschwand der Geisterschatten auf dem Schirm. Die kleine Gesellschaft lachte und amüsierte sich, als befände sie sich in der Comédie Française. Gleichzeitig hielt die Verwunderung an, und man fragte sich irritiert, woher nur die Stimme des Schattenbilds komme. Der Abbé F. erhob sich sogar von der Pritsche und hob den schwarzen Tuchzipfel empor, der die Apparatur von den Seiten bedecke, um etwa dahinter den verborgenen Stimmenerzeuger zu entdecken.

»Teufel auch!« rief er verdutzt. »Wie macht der Meister das bloß?«

»Wußten Sie denn nicht, lieber Abbé«, belehrte ihn augenzwinkernd der Marquis de Soullié, »daß des Grafen Bauch noch beredter ist als seine Zunge?«

Eulogius' Verblüffung wuchs, denn er hatte noch nie einen Bauchredner gesehen oder gehört. Sein Zellengenosse war wirklich ein trickreicher Bube. Und er hatte Esprit, dies mußte man ihm lassen.

Merville beschwor sodann, auf die gleiche theatralisch-parodistische Weise wie vordem den Geist, bzw. Schatten Voltaires, dessen hervorstechende Habichtsnase glänzend getroffen war. Von schwindsüchtigem Hüsteln unterbrochen, ließ sich dieser folgendermaßen vernehmen: »Was die Philosophie betrifft, so weiß ich nun, daß ich recht hatte: Daß alles nicht wahr ist, was uns die Philosophen, Philantropen und Tugendapostel vorschwätzen. Die Aufklärung ist nur ein langweiliges Märchen, sie verwandelt das große geheimnisvolle Buch der Natur in ein staubtrockenes Lehrbuch und denkt sich den Menschen als eine beliebig reparierbare und vervollkommnenbare Newtonsche Maschine. Übrigens hat sich der Erzbischof von Paris höchst lächerlich gemacht, als er mir ein christliches Begräbnis versagte. Ich werde hier oben jetzt recht schief angesehen.«

»Was halten Sie, Monsieur de Voltaire«, fragte nun der Abbé F., »von dem gallischen Hahn, der zu Ihren Lebzeiten noch verschnupft war, jetzt aber aus voller Kehle kräht?«

»Ich halte mir die Ohren zu.«

»Und wie denken Sie über die Republik und ihre Volksvertreter?«

»Die Laster der Mehrheit nennt man heutzutage Tugend!« kam prompt die Antwort. »Jeder Abgeordnete führt das Gemeinwohl im Munde und ist doch von seinem eigenen Ehrgeiz beseelt. Und jeder, so fortschrittstrunken auch immer, will etwas von früher übernehmen: der eine seine Perücke, der andere seine Mätresse, der eine seine Mühlen, der andere seine Werften, der eine seine Ländereien, der andere seine Renten und Wertpapiere. So hängen sie an die verbrieften Menschenrechte das heilige Recht der Bereicherung.«

Diese Replik des philosophischen Spötters wurde von den Gästen mit Applaus bedacht. Sodann wandte sich die junge Comtesse an den Schattenkopf: »Man sagt, Monsieur de Voltaire, Ihr Genie sei der Zeit um hundert Jahre voraus gewesen. Hat die Zeit Sie jetzt eingeholt?«

»Nicht das Genie ist seiner Zeit um hundert Jahre voraus«, antwortete der Schatten Voltaires, sondern der Durchschnittsmensch ist um hundert Jahre hinter ihr zurück. Er bildet sich jedoch ein, stets auf der Höhe der Zeit zu sein.«

Wieder Gelächter und Händeklatschen.

Schließlich fragte der ehemalige Oberst Roche-Fort mit kaum verhohlener Schadenfreude: »Sind Sie, Monsieur de Voltaire, vielleicht auch schon jenem Revolutionsheiligen jüngeren Datums begegnet, den Charlotte Corday vor wenigen Monaten mit sieben Messerstichen ins Jenseits befördert? Ich würde zu gerne wissen, wie er sich jetzt befindet.«

»Ach, Sie meinen diesen Herrn Marat«, seufzte der Geist Voltaires. »Wie Sie wissen, hatte ich schon als Mitglied der Akademie die Ehre mit diesem Herrn. Er gab mir zur Begutachtung ein Heftchen mit dem Titel ›Über den Menschen‹. Darin erklärte er, daß die Seele ihren Sitz in der Gehirnbaumrinde habe und von dort auf die hydraulische Maschinerie des Körpers einwirke. Für derartigen Sottisen, die sich als Wissenschaft ausgeben, hatten wir seinerzeit nicht einmal ein Gelächter übrig. Obschon jetzt befreit von seiner körperlich-hydraulischen Hülle, leidet Herr Marat noch immer am Juckreiz und kratzt sich ununterbrochen, vornehmlich dort, wo er den Menschen, will sagen, sein Geschlecht vermutet. Selbst unter uns Geistern seligen Angedenkens wittert er überall Verräter und ist außer sich vor Wut und Enttäuschung, daß es hier oben niemanden mehr zum Exekutieren gibt. Jedermann geht ihm aus dem Wege. Doch Sie verzeihen, Messieurs Dames, wenn ich mich jetzt in die ›beste aller Welten‹ zurückziehe. Das Disputieren ermüdet mich.«

Mit diesen Worten verschwand der Schatten Voltaires vom Schirm.

Die Damen tupften sich mit dem Schnupftuch die Lachtränen aus den Augen. Eulogius aber war das Lachen vergangen. Sein Zwerchfell, das ihm bis eben noch den Genuß heiterer Entspannung gegönnt, sperrte sich. Daß Merville den Märtyrer der Freiheit und das Idol der Revolution, dem auch er große Verehrung entgegenbrachte, mit solch beißendem Spotte bedachte und sein Andenken derart herabsetzte, das ging ihm an die Nieren, ja, erzürnte ihn.

Sodann ließ der Graf das Konterfei Jean-Jacques Rousseaus auf dem Schirm erscheinen. »Was ich vor allem bedaure«, sagte dieser mißgelaunt, »daß es hier in der himmlischen Sphäre keine so reizenden, sittsamen und in Maßen koketten Frauenzimmer gibt wie meine Thérèse. Man mag sagen, was man will, unsere fleischerne Hülle im Leben war doch keine üble Erfindung. Leider plagen mich die Gebresten, die mich auf Erden heimsuchten, auch noch in der jenseitigen Welt. Ich dachte, mit der irdischen Hülle schüttele man auch die eingebildeten Krankheiten ab; dies war ein Irrtum. Ich verspüre noch immer jenen furchtbaren Harndrang, der mich auf Erden hinderte, länger als eine Stunde in einem Salon zu verharren.«

Nun wandte sich die Baronin von D. an den Schatten Rousseaus: »Aber verdanken Sie nicht just diesem profanen Gebreste Ihre unerhörte schriftstellerische Energie? Da Sie Ihre Blase nicht entleeren konnten, entleerten Sie desto ausgiebiger Ihren Geist.«

Die kleine Gesellschaft war außer sich vor Plaisir. Eulogius aber empörte es, wie diese frivole adelige Gesellschaft hier an den Großen der französischen Philosophie und Aufklärung ihr Mütchen kühlte und sich selbst noch an deren körperlichen Gebrechen delektierte.

Sogleich hakte der Abbé F. im Tone gespielter Sorge nach: »Ich hoffe doch sehr, verehrter Jean-Jacques, daß Sie auch in der anderen Welt noch die Möglichkeit haben, sich zu vervollkommnen und Ihre Mit-Geister zu besseren und tugendhafteren Wesen zu erziehen!«

»Nein!« gab der Geist Rousseaus seufzend zur Antwort. »Denn hier oben gibt's keinen Fortschritt mehr. Eben darum müßt Ihr auf Erden versuchen, Euch zu perfektibilisieren. Allerdings ist mir meine Losung ›Zurück zur Natur‹ gar übel bekommen. Ich krieche jetzt auf allen vieren durch die zugige Ewigkeit. Überhaupt werde ich von zunehmenden Zweifeln geplagt bezüglich meines berühmten Erziehungsgedankens und meiner Idee vom Naturrecht, derzufolge die menschliche Natur an sich gut sei und nur durch die Einrichtungen der Gesellschaft und der Zivilisation verdorben werde. Wenn ich mir so das Treiben auf Erden betrachte, etwa das des Marquis de Sade, der, obschon er jetzt die Jakobinermütze trägt, sich schon wieder an etlichen Knaben vergriff, oder wenn ich an die Massaker des September denke … ach, ich fürchte, Thomas Hobbes hat leider doch recht mit seinem ›Homo homini lupus est!‹« Der Geist Rousseaus stöhnte auf, als winde er sich in metaphysischen Qualen.

»Muß es Sie nicht noch mehr bekümmern, verehrter Jean-Jacques«, fragte der Marquis de Soullié, »daß Ihre Lehre von der natürlichen Gleichheit der Menschen jetzt mittels der Köpfmaschine exekutiert wird? Und daß just ein Verehrer von Ihnen, ein ehemaliger Professor der Philosophie, sich zum Herrn über Leben und Tod aufschwingt?«

»Ich bitte Sie inständig«, ächzte Rousseaus Geist, »sprechen Sie seinen Namen nicht aus! Dieser Herr, den man den ›Marat von Straßburg‹ nennt und der mich doch auf so grausame Weise mißversteht, raubt mir den ewigen Schlaf. Dank allzuviel Tugend siegen jetzt die Kräfte der Hölle. Doch bitte ich Sie, mich jetzt zu entschuldigen, ich verspüre wieder diesen unbezwinglichen Harndrang. Und hier oben gibt's nicht mal Harnsonden!«

Damit verschwand der Schatten Rousseaus auf dem Schirm. Eulogius saß wie versteinert. Wie er hier vorgeführt und gefleddert wurde! Das Blut schoß ihm in die Schläfen. Endlich schnellte er von seinem Stuhl und rief mit bebender Stimme in die ausgelassene Runde hinein: »Das Lachen, meine Damen und Herren, wird Ihnen schon noch vergehen, wenn Sie demnächst vor dem Pariser Revolutionstribunal stehen!«

Dann stürzte er zur Tür hinaus. Er hörte gerade noch, wie Merville ihm nachrief: »Wir lassen Ihnen gerne den Vortritt, Herr Großinquisitor. Denken Sie an unsere Wette!«

Er ging den Korridor entlang bis zur Galerie. Hier schlug ihm ein eisiger Wind entgegen. Niemand war zu sehen. Er ging bis zur Treppe, doch da wurde ihm die Luft so knapp, daß er anhalten mußte. Um Atem ringend stand er eine Weile, indem er sich mit beiden Armen auf das Geländer stützte, und starrte hinab in die Tiefe. Auf dem schneebedeckten Hof patrouillierten nur noch ein paar Wachen.

Ein gefangener Jakobiner im Trakte der Aristokraten – jetzt erst wußte er, welche Seelenfolter dies war. Merville, diese perfide Canaille, hatte die ganze Séance wohl nur um seinetwillen inszeniert, um ihn coram publico lächerlich zu machen, ihn vermittels Citation derselben Philosophen, durch deren Schule er gegangen und deren Lehren er als Professor der Bonner Universität seinen Studenten nahegebracht, in Grund und Boden zu stampfen. Und gleichzeitig bot er diesen aristokratischen Hofschranzen, deren Zeit längst abgelaufen war, noch einmal das pikante Vergnügen einer Generalabrechnung mit denen, die sie entthront und entmachtet hatten. Wahrscheinlich hatte er ihn auch nur um dieses abgefeimten Vergnügens willen vor den Attacken der royalistischen Schläger bewahrt – und nicht etwa aus menschlichem Anstand, geschweige denn Liberalität. Daß dieser blaublütige Bauchredner zudem über Bildung und Witz verfügte, machte die Kränkung nur um so ätzender.

Nachdem er wieder etwas freier atmen konnte, ging Eulogius weiter, stieg die Treppe hinab und verließ das Dormitorium. Er begab sich auf dem kürzesten Wege in das Nebengebäude, wo Jacques und Savany untergebracht waren. Die bis zum Neun-Uhr-Appell verbleibende Stunde verbrachte er wortkarg und übellaunig beim Kartenspiel mit den Kameraden.

XIV. Professor für »Schöne Wissenschaften«

Keiner der Professoren der ersten Bonner Universität hat die Aufmerksamkeit der Zeitgenossen mehr erregt als der neue Ordinarius für »Schöne Wissenschaften«. Wann immer ich damals zu Mainz oder anderswo von der Bonner Hochschule reden hörte, fiel zuerst der Name Eulogius Schneider, als sei er gleichsam die Hauptperson, als inkorporiere sich in ihm der Geist dieses neuen akademischen Institutes, das der höchst verdienstvolle Kurator Baron von Spiegel zum Diesenberg aufgebaut hatte und das als »Bollwerk der Aufklärung« im Rheinlande galt.

Unter der Schirmherrschaft des Kölner Kurfürsten Max Franz, jüngster Sohn Maria Theresias und Bruder des österreichischen Kaisers Josef II., hatte sich die Maxische Akademie, die 1783 zur Universität erhoben worden war, einen ausgezeichneten Ruf erworben. Indes sah sie sich von Anfang an dem heftigsten Konkurrenzneid der benachbarten churkölnischen Universität ausgesetzt, die unter dem ultramontanen Einfluß des Kölner Domkapitels zu einer wahren Klippschule der Scholastik verkommen war und »die ganze kölnische Erzdiözese verdunkelte« (wie die *Mainzer Monatszeitschrift* schrieb). Das Kölner Domkapitel machte sich zum warnenden Träger des Mißvergnügens über das kurfürstliche Werk. Besonders erbost war es über die kurfürstliche Verfügung von 1786, derzufolge nur solche Studenten zur öffentlichen Anstellung im Erzbistum zugelassen seien, die Zeugnisse der neuen Bonner Universität vorweisen konnten.

Und verbargen sich hinter den Trägern der Talare, den Professoren, die der Kurfürst und sein Kurator ohne Rücksicht auf das Kölner Domkapitel berufen hatte, denn nicht mehrenteils irreligiöse Freigeister, ausgewiesene Ketzer und unverschämte Pamphletisten gegen den Römischen Stuhl? Allen voran dieser Thaddäus Dereser, Professor für Bibelhermeneutik und orientalische Sprachen, dem man schon an seiner langen Rübennase den Häretiker ansah. Dieser hergelaufene Exeget aus dem Karmeliterorden hatte nicht nur die Frechheit, seine Disputationen auf deutsch zu halten; er scheute sich auch nicht, die zersetzenden Bibelforschungen protestantischer Irrgläubiger in seinen Schriften und Vorlesungen vorzutragen. Nicht minder verderbt als die theologische erschien die philosophische Fakultät. Dieser dem Minoritenkloster entlaufene Lumpaci namens van der Schüren zum Beispiel, den man auf den Lehrstuhl für Logik und Metaphysik gesetzt hatte, der lief mit langen Haaren ohne Krone, mit einem runden hohen Hute, in einem bald grünen, bald roten Kleide, in neumodischen Stiefeln und seidenen Strümpfen in Bonn herum und gab Ärgernis schier der ganzen Stadt. Und dieser ausgemachte Stutzer und Bonvivant hatte auch noch die Stirn, in seinen Kollegien das spitzfindige, ausgeklügelte und zersetzende System des Königsberger Philosophen zu lehren, das man die »Kantische Philosophie« nannte. Alles, selbst die einfachsten Gewißheiten des Denkens und Glaubens, hätten sich vor dem Richterstuhl der sogenannten »Kritik der theoretischen und praktischen Vernunft« zu verantworten, hörte man neuerdings die Grünschnäbel tönen, die das Kolleg van der Schürens besuchten. Und um das Maß vollzumachen, hatte man jetzt auch noch diesen sattsam bekannten ehemaligen Franziskaner-Pater Eulogius Schneider auf den Lehrstuhl für »Schöne Wissenschaften« gesetzt, als hätte dieser entkuttete Mönch mit seinen häretischen und aufrührerischen Predigten nicht schon genug Wetter gemacht. Nein, diese Bonner Universität war wirklich eine schändliche Brutstätte des Unglaubens und der Ketzerei, ein wahres Sodom! – So dachten, grollten und geiferten die Kölner Domherrn und die Honoratioren der im Schatten der Bonner versunkenen Kölnischen Universität samt ihren vielen dienstbaren Geistern und Pasquillanten.

Als Eulogius das Bonner Pflaster betrat, ahnte er wohl nicht, auf welch glattem Parkett er sich da bewegte. Zwar war ich es von meinem Freunde schon gewohnt, daß, wo und wann immer er die öffentliche Arena betrat, er diese mit Kraft und Verve betrat und ein entsprechendes Echo hinterließ; in Bonn jedoch hat er, wenn man den Berichten und den öffentlichen Blättern glauben darf, gleich zu Beginn wahre Triumphe gefeiert und wurde wie ein aufgehender Stern, wie ein Genius umschwärmt.

Zwei Wochen bevor in Frankreich die Generalstände zusammentraten und die Revolution begann, hielt er in der Alma Mater Bonnensis, in Anwesenheit des Kurfürsten, des Kurators und sämtlicher Professoren, seine Antrittsrede *Über den gegenwärtigen Zustand und die Hindernisse der schönen Literatur im katholischen Deutschland.* Sie war, wie ich bei späterer Lektüre mit Genugtuung feststellte, ganz im Geiste seines alten Vorbildes Konrad Celtis gehalten, im Geiste der Synthese von humanistischer Gelehrsamkeit, Aufklärung und Poesie. Er war den Idealen seiner Jugend also treu geblieben. Er feierte die mit der Aufhebung des Jesuitenordens angebrochene neue Epoche der Denkfreiheit, forderte eine Befreiung des hinter der protestantischen Literatur zurückgebliebenen katholischen Schrifttums von scholastischen Fesseln und läutete eine neue Epoche der Literatur im katholischen Deutschland ein.

Mit der Autorität des akademischen Lehrers ausgestattet, suchte er sogleich, die neue Denkfreiheit in seinen Kollegien zu bewähren. Er dozierte nicht nur, wie weiland die Professoren, vom Katheder herab, sondern hielt auch regelmäßige Aussprache mit seinen Studenten und ermunterte sie zum kritischen Dispute. Dies war für deutsche Hörsäle eine unerhörte Neuerung. Und seine Kollegien hatten mit neunzig Hörern, unter denen sich auch der junge Bonner Hofmusikus und Tonkünstler Ludwig van Beethoven befand, einen für damalige Verhältnisse sehr großen Zulauf, welches, wie ein Rezensent schrieb, *dem Geschmack des Bonnischen Publikums gewiß Ehre macht und dem Kraftgenie des vortrefflichen Professors neuen Schwung geben muß.*

Im Juli 1789, wenige Tage nach dem Sturm auf die Bastille, deklamierte er gar vom Katheder herab seine soeben geschriebene Ode *Auf die Zerstörung der Bastille*, als handle es sich um ein Gedicht von Klopstock.

> *Dort lieget sie im Schutte, die Bastille,*
> *Der Schrecken einer Nation!*
> *Dort lieget sie! Die fürchterliche Stille*
> *Durchbricht nicht mehr des Jammers Ton.*
>
> *Nicht ferner wird lebendig hier begraben*
> *Der Weise, der die Wahrheit schrieb,*
> *Der unbestochen von des Fürsten Gaben*
> *Und taub bei seiner Drohung blieb (...)*
>
> *Gefallen ist des Despotismus Kette,*
> *Beglücktes Volk! Von deiner Hand:*
> *Des Fürsten Thron ward dir zur Freiheitsstätte*
> *Das Königreich zum Vaterland*
>
> *Kein Federzug, kein: Dies ist unser Wille!*
> *Entscheidet mehr des Bürgers Los.*
> *Dort lieget sie im Schutte, die Bastille.*
> *Ein freier Mann ist der Franzos!*

Solche unerhörten Töne hatte man in den Heiligen Hallen der Alma Mater Bonnensis noch niemals vernommen.

Ich, der ich einige Mühe hatte, mich auf meinem Mainzer Lehrstuhl einzurichten und meiner neuen Aufgabe gerecht zu werden, staunte in der Folgezeit nicht schlecht, welche Flut von Veröffentlichungen in kürzester Frist der Feder des Freundes entsprangen. Es war, als wenn mit seiner Berufung nach Bonn das Wehr geöffnet worden wäre, das den Strom seiner Gedanken und Aktivitäten bisher eingedämmt hatte. Kaum war das erste, das Sommersemester vorüber, begann er auch schon, ein Lehrbuch über sein neues Fach zu schreiben, welches bald unter dem Titel erschien: *Die ersten Grundsätze der schönen Künste überhaupt und der schönen Schreibart insbesondere.* Gleichzeitig gab er eine Auswahl seiner früheren Predigten in Druck. Die Rezensenten der aufgeklärten Blätter rühmten sie einhellig wegen der scharfen Verurteilung des Vorurteils und des religiösen Fanatismus und bewunderten den Mut, mit dem dieser Prediger den Großen der Erde ihre Pflichten vorhielt.

Und welche Ehre für ihn, als er dazu ausersehen ward, vor dem Wetzlarer Reichskammergericht die Totenrede auf Kaiser Joseph II. zu halten, der im Februar 1790 gestorben war, und dessen Reformen er den deutschen Fürsten als leuchtendes Beispiel vorstellte. Vor der höchsten juristischen Instanz des Reiches als Festredner auftreten zu dürfen und vor diesem erlauchten Forum für die verfassungsmäßige Beschränkung der fürstlichen Gewalt, für die Säkularisierung und Zurückdrängung des kirchlichen Einflusses aus dem Erziehungswesen und dem öffentlichen Leben eine Lanze zu brechen, welch eine Genugtuung, welch ein Triumph für ihn! Nun stand er auf dem Gipfel seiner Reputation als akademischer Lehrer und öffentlicher Streiter für die unverbrüchlichen Rechte der Untertanen. Man feierte ihn, lud ihn zu Empfängen, Banketten und Festivitäten; selbst Grafen, Barone und andere Hoheiten erwiesen ihm ihre Reverenz, sein Name ward zum Begriff – im Rheinland und weit darüber hinaus. Seine Schwester Marianne, die er aus Wipfeld nach Bonn geholt, hatte viel zu tun, um die vielen Diners und Soupers auszurichten und das oft gebrauchte Gästezimmer in Schuß zu halten.

Gleich einem genialischen Tausendsassa suchte er nun in allen Rollen zugleich, als akademischer und Gymnasiallehrer, als Kanzelprediger, Schriftgelehrter und Reformator, als Verfasser ästhetischer Lehrbücher, polyglotter Übersetzer und Poeta laureatus zu glänzen, ohne doch die ringsum lauernden Gefahren, die versteckten Neider, Kabalenmacher und Feinde wahrzunehmen, die nur darauf warteten, ihn von seiner Höhe wieder herabzustürzen. Angesichts der französischen Umwälzungen begann sich nämlich auch in jenen deutschen Kleinstaaten, in denen bislang mehr oder weniger Toleranz, Liberalität, Presse- und Redefreiheit herrschte, der Wind wieder zu drehen. So auch in Bonn. Bei Hofe und in den meisten öffentlichen Blättern war man der Meinung, die allzu freisinnigen Lehren der Aufklärer seien schuld daran, daß in Frankreich an Thron und

Altar gerüttelt werde, der Kurfürst daher gut beraten sei, der »ungezügelten Neuerungssucht« seiner Professoren einen energischen Riegel vorzuschieben.

Davon unbeeindruckt ließ Eulogius im Frühjahr 1790 in einem Frankfurter Verlag seine erste Gedichtsammlung erscheinen, der er seine Bonner Antrittsrede beifügte. Da ich selbst niemals poetische Ambitionen hatte, darf der Leser versichert sein, daß ich frei von literarischem Konkurrenzneid gegenüber meinem Freunde war, der sich nun auch in der schöngeistigen Welt als Dichter und ›Originalgenie‹ gefeiert sah. Daß er eine vorzügliche Feder führte, ein geschickter Reimeschmied und Verskünstler war, dies sei ihm unbenommen. Was mich jedoch irritierte, war die Entdeckung, daß er nicht eine wohl durchdachte und geprüfte Auswahl vorgelegt, vielmehr seine gesamte poetische Produktion mit einem Schlage auf den Markt geworfen hatte. Welche Ungeduld, welch unglücklicher Ehrgeiz, welcher Dämon trieb ihn, gleich alles auf einmal – das Gelungene wie das weniger Gelungene, das Fertige ebenso wie das Halbfertige – auf den öffentlichen Tisch zu legen? Warum konnte er nicht abwarten und die unreifen Früchte seiner Sammlung ausreifen lassen, bevor er sie preisgab? War sein unmittelbarer Geltungsdrang nicht doch stärker als sein poetischer Schaffensdrang, welcher auch lange und stille Perioden des Wachsens, abseits vom Lärm der öffentlichen Bühne, nötig hat? Suchte und erstrebte er vor allem die öffentliche Provokation, weil er im Grunde seines Herzens wußte, daß das Schicksal ihn doch nicht zum Dichter(fürsten) bestimmt hatte? Mich erinnerte sein Gebaren nicht von ohngefähr an Leute, die an einem Tage ihr gesamtes Mobiliar versteigern, wie es ihm ja in Bonn auch bald widerfahren sollte.

Wenn seine Gedichtsammlung gleichwohl viele Käufer fand und ihr ein erstaunliches Echo zuteil wurde, so daß noch im Jahr ihres Erscheinens eine zweite Auflage erfolgte, dann – so scheint mir – vor allem aus folgenden Gründen: Anders als in den protestantischen Ländern hatte sich im jesuitisch geprägten katholischen Deutschland bislang noch kein geistlicher Autor als Dichter und Literat hervorgetan; sodann wurde es als unerhörter Tabubruch empfunden, daß just ein ehemaliger Mönch und Zölibatär erotische Töne und Themen anschlug, von denen ein gut Dritteil seiner Gedichte handelte; vor allem aber machte sein poetischer Almanach Furore durch den unbekümmerten Spott, mit dem hier kirchliche Einrichtungen und Gebräuche, von der Reliquienverehrung bis zu den Ordensheiligen, traktiert wurden, und durch die offenen Angriffe auf den Zölibat, die römische Kurie und die als »gepurpurte Spione und Straßenräuber« bezeichneten Nuntien. Nicht genug damit, hatte sich der Verfasser mit seiner Ode *Auf die Zerstörung der Bastille* auch noch auf das politische Terrain begeben, wobei er an der Berechtigung der französischen Revolution nicht den geringsten Zweifel ließ, indes man gerade überall in Deutschlands Schreibstuben und Kanzleien, auch in den Bönnischen, die Federn spitzte, um die Illegitimität eines solchen, die alte Ordnung über den Haufen werfenden Umsturzes, wie er in Frankreich geschah, mit viel Sophistik und liebedienerischer Gelehrsamkeit nachzuweisen.

Man kann sich wohl vorstellen, daß der Kurfürst, dessen Name an der Spitze des imposanten Subskriptionsverzeichnisses stand, nicht wenig betroffen war von dieser Gedichtsammlung, die alle heißen Eisen der Epoche ungeniert anfaßte und an den Altären, wenn nicht gar an den Thronen, rüttelte. Und dies war noch dazu, oh Skandal, das Werk eines Priesters und Jugenderziehers, dem er selbst und sein Kurator die Tore zu seiner Universität und seinem Gymnasium geöffnet. Max Franz, um den guten Ruf seiner Diözese und seiner von vielen Seiten angefochtenen Universität, nicht zuletzt um sein eigenes Ansehen besorgt, ergriff sogleich entschiedene Gegenmaßnahmen: Der Vertrieb der Gedichtsammlung innerhalb des Erzbistums Köln wurde bei Strafe untersagt. Damit nicht genug, veranlaßte der Kurfürst eine Untersuchung durch eine geistliche Synodalkommission, ein Ketzergericht, vor dem der Inquisite im Professorentalar vier Stunden Rede und Antwort stehen mußte, um sich von dem Vorwurf zu reinigen, sein Unterricht am Bonner Gymnasium würde gegen »die guten Sitten« und die »Reinheit der katholischen Lehre« verstoßen.

Fürstengunst oder Volksfreiheit

Obschon tief gekränkt über die zwiefache öffentliche Abstrafung, hielt Eulogius eine Weile still; schließlich wollte er nicht sein Lehramt verlieren und beim Kurfürsten gänzlich in Ungnade fallen. Und so wurde er zu Beginn des Wintersemesters 1790/91, bei Gelegenheit des Rektoratwechsels, zum Dekan der Philosophischen Fakultät ernannt. Zum neuen Stein des öffentlichen Anstoßes wurde indes eine die religiöse Unterweisung betreffende Lehrschrift aus seiner Feder, die er seinen jungen Freunden und Schülern widmete. Dieser *Katechetische Unterricht in den allgemeinsten Grundsätzen des praktischen Christentums* beschränkte sich darauf, die Grundprinzipien der christlichen Morallehre in leicht faßlicher Form darzulegen. Obwohl die Veröffentlichung vom kurfürstlichen Zensor genehmigt worden war, führte sie sofort zu erneuten Konflikten mit dem Kölner Domkapitel. Einige von diesem herausgegebene Gegenschriften behaupteten, dieser Katechismus sei mit den Glaubenslehren der Kirche unvereinbar, da in ihm das Christentum als Glückseligkeitslehre aufgefaßt, die Vernunft über die Offenbarung gestellt und die Nächstenliebe als die wesentlichste Religionshandlung des Christen bezeichnet werde. Leben und Botschaft Jesu würden wohl in ihrer moralischen Vorbildlichkeit dargestellt, doch fehle jeder Bezug auf seine Gottessohnschaft wie auf die Hl. Trinität. Nicht lange und Monsignore Pacca, der päpstliche Nuntius, wurde beim Kurfürsten vorstellig und verlangte die sofortige Entlassung des unbotmäßigen Professors, der solche ›sozinianische Irrlehren‹ verbreite. Der Kurfürst gab dieser Forderung zwar nicht nach, aber er beauftragte seinen Kurator, den Baron Spiegel, die Verbreitung des Katechismus zu untersagen, seinen Verfasser zur Verantwortung zu ziehen und seinen Unterricht am Gymnasium einem anderen Lehrer zu übertragen.

Obschon erbittert ob dieser neuen Maßregelung, schluckte Eulogius die Kröte, denn immerhin behielt er noch seinen Lehrstuhl. Zugleich ersuchte er die theologischen Fakultäten von Salzburg und Würzburg um Gutachten, welche die Unbedenklichkeit seines Katechismus attestieren sollten. Im Februar 1791 schrieb er mir resigniert:

Ich kann mir kein freimütiges Wort mehr erlauben, ohne Gefahr zu laufen, meines Lehramtes verlustig zu gehen. Ach, es ist doch in Teutschland ein elend Ding um die Freiheit! Kaum hat man ihr ein Guckloch, ein Fensterchen geöffnet, damit der tausendjährige Muff abziehe und frische Luft hereinströme, wird es sogleich wieder verriegelt. Kaum hat man sich vom Knebel befreit, wird er einem wieder in den Hals gestopft. Ich frage dich: Was nützt der schönste Gedanke der Freiheit, wenn er nicht zur Verwirklichung drängt oder wenn die Wirklichkeit nicht zum Gedanken drängt? Sollen wir denn bloße Zaungäste jener gewaltigen Umwälzungen sein, die jenseits des Rheins vorgehen? »Frankreich schuf sich frei«, schrieb dieser Tage der Autor der ›Messiade‹* und fügte die melancholische Frage hinzu: ».. . und wir – ach, ich frag umsonst; Ihr verstummet, Deutsche!«

Seit man mir den Maulkorb umgehängt, bin ich in Gedanken wieder flüchtig, zieht's mich im Geiste über den Rhein.

So streckte er denn seine Fühler nach Frankreich aus. Ende Mai 1791 las er in der *Kaiserliche Reichs-ober-Postamtszeitung zu Cölln* eine Anzeige aus Straßburg: *Hier empfängt man auch ausländische Geistliche, um die Lehrstühle an der bischöflichen Universität und im Seminar neu zu besetzen.*

---

* Klopstock

Er richtete sogleich an das Straßburger *Collège royal* ein Bewerbungsschreiben. Als er es der Post übergab, wußte er noch nicht, daß inzwischen eine neue Anzeige des Kölner Domkapitels an den Kurfürsten ergangen war, da trotz des ergangenen Verbotes der inkriminierte Katechismus im Erzstift Köln wieder verkauft werde. Max Franz erließ sofort ein neues verschärftes Rescript mit der Weisung, allen Buchhändlern den ferneren Verkauf bei hundert Goldgulden Strafe zu verbieten.

Mehrere Tage rang Eulogius mit sich, ob er auch diesen erneuten Censurakt schweigend hinnehmen sollte. Erst hatte man seine Gedichtsammlung, dann seinen Katechismus verboten. Bald würde man alles verbieten, was aus seiner Feder kam – da konnte er sie gleich aus der Hand legen. Sollte er, mit Rücksicht auf den Kurfürsten und seine befehdete Universität, seinen Rücken krumm machen? Sollte er als geduckter und gedeckelter Professor zu Bonn weiter ein unwürdiges und subalternes Leben fristen? Und wie stand er vor seinen Freunden, vor seinen Studenten und Lesern da, wenn er die neue Maßregelung jetzt mit Stillschweigen überging? Er war schließlich nicht irgendein Anonymus, er war eine öffentliche Instanz, die verkörperte Stimme der Aufklärung und der jungen demokratischen Bewegung im Rheinland. Wie hieß es doch in einem seiner Gedichte?

> *Was hülf' es, wenn ich Türkenblut*
> *Champagnerwein und Austern schlürfte,*
> *Und doch dabei nicht schreiben dürfte?*
> *Die Freiheit ist mein höchstes Gut!*

Nein, lieber das Risiko einer ungesicherten Existenz auf sich nehmen, als die Achtung vor sich selbst und den Respekt seiner Freunde, Anhänger und Leser zu verlieren!

Noch war zwar keine Antwort aus Straßburg gekommen, doch da trafen die für ihn günstigen Gutachten aus Salzburg und Würzburg ein. Anfang Juni 1791 protestierte er in einer Erklärung, die erst im *Frankfurter Staatsristretto*, sodann in der *Oberdeutschen allgemeinen Literaturzeitung* abgedruckt wurde, gegen die kurfürstliche Kabinettsordre und begründete den Weiterverkauf seines Katechismus mit dem freisprechenden Urteil der Würzburger und Salzburger Theologischen Fakultät. Am 7. Juni ließ ihn der Kurfürst zu sich in die Residenz kommen.

Während er die weiten Anlagen der Orangerie durchquerte und dann die Schloßtreppe hinaufstieg, stand ihm wieder die bittere Erfahrung vor

Augen, die er in Stuttgart gemacht; und mit Beklommenheit dachte er an die Verantwortung, die er für Marianne übernommen, welche ihm freiwillig nach Bonn gefolgt war. Wie sollte er fortan sich und die Schwester ernähren, geschweige denn der Familie in Wipfeld, die nach dem Tod des Vaters in sehr dürftigen Verhältnissen lebte, die nötigen monatlichen Unterstützungen zukommen lassen, wenn er jetzt seines Lehramtes verlustig ging?

Als er dann in Begleitung eines Lakaien die riesigen und prunkvoll ausgestatteten Räume durchschritt – die lange Ahnengalerie, den Marmorsaal und das Vorzimmer –, befiel ihn Mutlosigkeit, und fast bereute er wieder seinen öffentlichen Protest gegen die Kabinettsordre, mit dem er eine quasi sichere Lebensstellung aufs Spiel setzte. War der Preis nicht zu hoch? Gleichzeitig ärgerte es ihn, daß schon die überbordende Pracht und prunkende Würde des kurfürstlichen Palastes, den er soeben durchschritten, die unwillkürliche Wirkung hatte, sein Selbstgefühl zu knicken. Mit einem mulmigen Gefühl betrat er das Audienzzimmer. Der Audienzstuhl, der unter einem Baldachin auf einem mit rotem Sammet überzogenen Podest stand, war noch leer. Seine Durchlaucht ließen warten. Während er seine Augen über die mit karmesinrotem Samt bekleideten Wände, die mit Gold- und Silberdraht gestickten Pilaster, den Kamin aus sächsischem Marmor, die geschliffenen Spiegel zwischen den Fenstern und über die ornamentalen Malereien schweifen ließ, fragte er sich, ob es in Anbetracht seiner abhängigen Lage nicht doch ratsamer sei, auch diese Kröte zu schlucken und vor dem Kurfürsten klein beizugeben, um seinen Lehrstuhl und seine Bezüge zu behalten.

Da trat mit eisiger Miene, die Arme unter dem Silberkreuze verschränkt, das seine Brust zierte, Max Franz herein. Er nahm gar nicht erst auf dem Audienzstuhle Platz, sondern blieb an der Türschwelle stehen. Kurz und bündig erklärte ihm der Regent, seine Langmut sei zu Ende und das Tischtuch zwischen ihnen zerschnitten. Dann fügte er in scharfem Tone hinzu: Er, Schneider, halte sich wohl für einen zweiten Martin Luther, indes habe er sich nur wie ein ›bäurischer Trotzkopf und rechthaberischer Pfaffe‹ aufgeführt.

Eulogius' Anfall von Reue und Kleinmut war wie weggeblasen. Hatte er es etwa nötig, sich von dem gleichaltrigen Manne derart abkanzeln zu lassen, nur weil er der Sohn Maria Theresias und mit der Kurwürde bekleidet war? Und in aufschießendem Zorne gab er zurück: Ihro Durchlaucht seien selber ein Pfaffe, sonst hätten Ihro Durchlaucht ihn nicht dem Kölner Domkapitel und der Kurie als Bauernopfer dargebracht! – Der Kurfürst erbleichte ob dieser respektlosen Replik, dann wandte er sich wortlos um und verließ das Audienzzimmer. Kurz darauf erschien sein Vorleser Wreden und eröffnete dem Supplikanten, daß man unverzüglich sein Entlassungsgesuch und seine Ausreise aus dem Erzstift Köln innerhalb von zehn Tagen erwarte; dann sei man auch bereit, ihm das Jahresgehalt zuzüglich hundert Karolinen auszuzahlen. Danach wurde er von einem Lakaien höchst unsanft aus dem Palais expediert.

Als er sein Entlassungsgesuch aufgesetzt hatte und in Mariannes erschrockenes und bleiches Gesicht sah, bereute er zwar für einen Moment seinen Stolz. War er nicht zu teuer erkauft? Aber nun waren die Würfel gefallen. *Fürstengunst oder Volksfreiheit – dazwischen gibt es kein Drittes. Alea iacta sunt!* schrieb er mir nach Mainz, bevor er seine Koffer packte.

Ein halbes Jahr später folgten ihm Thaddäus Dereser, der Kantianer van der Schüren und der Mathematikprofessor Jochmaring ins Elsaß nach. Nach der Vertreibung ihrer vier streitbarsten und profiliertesten Professoren versank denn auch die philosophische und theologische Fakultät der Maxischen Universität in die Bedeutungslosigkeit. Die Bonner Vorkommnisse waren kein Einzelfall. Überall in den deutschen Landen machten die Obrigkeiten jetzt gegen die Bannerträger der Aufklärung mobil. Zu groß war ihre Angst, daß das französische Beispiel auch in ihren Ländern Schule machten könnte. Fast alle namhaften deutschen Kritiker des Feudalwesens und des Klerus – unter ihnen auch etliche unserer Freunde aus Süddeutschland und dem Rheinland – wurden früher oder später als »Freiheitsschwindler« und »Demagogen« verfemt, verfolgt, zur Auswanderung genötigt oder des Landes verwiesen. So auch der junge Staatsrechtler Carl Clauer, der als einziger unter den geduckten Berliner Literaten eine offene publizistische Fehde mit Justus Möser, der damals sakrosankten Autorität auf dem Gebiete des Staatsrechtes und der feudalen Vertragstheorie, gewagt hatte. Christoph Friedrich Cotta wurde gar zum »württembergischen Staatsfeind« erklärt, da er es gewagt hatte, in seiner Stuttgarter Zeitung *Teutsche Staatsliteratur* französische Revolutionsprodukte abzudrucken und ausführlich zu kommentieren.

Auch ich sah mich zuletzt genötigt, meinen Mainzer Lehrstuhl zu verlassen. Die Veranlassung war ein freches Spottgedicht aus der Feder eines meiner Studenten gegen die Geliebte und Favoritin des obersten Mainzer Zölibatärs, Sophie Gräfin von Coudenhofen. Es wurde eines Nachts am exponiertesten Mainzer Brunnen angeschlagen, den der Kurfürst im Jahr davor hatte erbauen lassen, der aber eines unten angebrachten Loches wegen immer leer war. Ich möchte es dem Leser nicht vorenthalten:

Rinne, Brünnchen in den Stein,
Dein Kessel wird nie voller sein.
Zahlt, Mainzer, Steuern noch so sehr,
Doch bleiben Eure Kassen leer;
Doch hätt' dein Kessel nur kein Loch,
Ich wett', er füllte sich wohl noch.
Und hätt' die Coudenhoven keins
Wie wohl wär dir's, du armes Mainz!

Dieses frivole Gedicht wurde in Mainz zum Gassenhauer und machte bald in allen Gaststuben die Runde. Die kurfürstliche Polizei suchte mit allen Mitteln, den anonymen Verfasser ausfindig zu machen – ohne Erfolg. Bald aber erschien ein Polizeispitzel in meinem Kolleg, der seinen Vorgesetzten wohl die Meinung beibrachte, daß der Verfasser des skandalösen Gedichtes sich durchaus unter meinen Studenten verbergen müsse. Ich wurde einem hochnotpeinlichen Verhör unterzogen, bei dem ich mich ignorant stellte. Während meiner Abwesenheit wurde meine Wohnung durchsucht, etliche »verdächtige Papiere« wurden beschlagnahmt, unter denen sich auch einige französische Flugschriften befanden. Ich wurde verdächtigt, einer der Anstifter und ›geistigen Rädelsführer‹ der subversiven Umtriebe in der Stadt zu sein, womit mir, weiß Gott, zuviel der Ehre geschah; denn bei aller Sympathie für die französische Revolution, war ich doch als jung Vermählter der Verantwortung eingedenk, die ich für meine Frau und Familie trug, und viel zu vorsichtig, um mich so weit hervorzuwagen, wie es Eulogius in Bonn, Carl Clauer in Berlin und Friedrich Cotta in Stuttgart getan. Im Juni war meine Lage so unerträglich und unhaltbar geworden, daß ich beschloß, mit meiner Familie Mainz zu verlassen und mich ebenfalls in Straßburg nach einer neuen Stellung umzusehen.

Nur kurz währte die Epoche der neuen Denkfreiheit in unseren Landen; sie fand ihr schmähliches Ende in verschärfter Zensur und Gesinnungsschnüffelei, in Spitzelwesen und Polizeischikane. So war es denn kein Zufall, daß wir uns alle in Straßburg wiederfanden.

XV. Confessions (3)

4. Jan. 1794

Der Tod streicht schon an meine Kammer. Gestern bestieg Soullié, ci-devant Marquis, der die Kammer nebenan bewohnte, das Schafott. Merville und andere auf dem Korridor gingen heute zum Zeichen ihrer Trauer ganz in Schwarz. Der Marquis vertrieb sich hier mit optischen Experimenten die Zeit. »Was ist Schatten?« hörte ich ihn gestern noch auf dem Korridor räsonieren. »Schatten ist nicht einfach Abwesenheit von Licht, es ist Äther minus Licht!« Jetzt ist er selbst nur noch ein Schatten, ein Schemen. Wer weiß, vielleicht werd' auch ich bald ins Schattenreich eingehen und meine Seele in den Weltäther – minus Licht.
Noch freilich bekomme ich hier die lieblichsten Komplimente zu hören. Der Abbé F. sagte mir heute in schöner Offenheit: »Mein einziger Trost ist, daß Scheusale wie Sie und Saint-Just offenbar auch Teil des göttlichen Schöpfungsplanes sind!«

5. Jan.

Täglich kursieren hier neue Geschichten von heldenmütiger Aufopferung, wundersamer Rettung oder gemeinsamem Liebestod; meist sind Frauen die Heroinen all dieser Romanzen und Legenden. Ich sauge sie begierig auf, wohl wissend, daß sie von der Phantasie der Erzähler meist ausgeschmückt werden, welche sich nach ihren Frauen sehnen. Diese ganz persönlichen, menschlichen Dramen werden auf rätselhafte Weise von Gefängnis zu Gefängnis weitergetragen und kolportiert, als gäbe es ein unterirdisches Botensystem, und sie beschäftigen die meisten Häftlinge mehr als das Schicksal der Revolution und das Kriegsgeschehen an der Front.

Heute erzählte Jacques eine Geschichte, die ebensoviel Heiterkeit wie Rührung auslöste: In Lyon wurde ein Weinhändler namens Lefort als Verdächtiger verhaftet. Seine Frau, die für sein Leben zitterte und vergebens alle Mittel versucht hatte, ihm die Freiheit zu verschaffen, erkaufte endlich die Erlaubnis, ihn einen Augenblick in seiner Zelle zu sprechen. Zur abgemachten Zeit flieht sie förmlich in seinen Kerker. Ohne sich bei leeren Ausdrücken von Schmerz und Zärtlichkeit aufzuhalten, zieht sie sich sogleich aus und bewegt ihren Mann, die Kleidungsstücke mit ihr zu wechseln und so verkleidet das Gefängnis zu verlassen, während sie an seiner Stelle zurückbleibt. Alles gelingt nach Wunsch, und der Mann entkommt glücklich. Erst am nächsten Morgen wird die List entdeckt. »Unglückliche, was hast du getan?« sagt der Kerkermeister zu der Frau, die den Rock ihres Mannes trägt. »Meine Pflicht!« antwortet sie fest. »Du tue deine!«

6. Jan.
Camille Desmoulins, der den ›Ausschuß der Milde‹ forderte, wurde soeben aus der Pariser Jakobiner-Gesellschaft ausgestoßen. »Camille streift an die Guillotine!« ließ Robespierre durch seinen Stabträger Nicolas verkünden. Das ist so gut wie ein Todesurteil. Erst hat Robespierre ihn als Werkzeug gegen Anacharsis Cloots benutzt, jetzt opfert er auch das Werkzeug. Wer wird der nächste sein?
Hätte ich mich, hätten wir alle uns in dem ›Unbestechlichen‹ getäuscht? Verrät er jetzt die Grundsätze der Freiheit und Gleichheit, unter denen er angetreten und als deren oberster Wächter er uns und den Sans-Culottes so lange gegolten? Man könnte gänzlich irre an ihm werden.

7. Jan.
Heute wurden wieder vier Insassen vors Pariser Tribunal gekarrt: eine Marquise de V., ihre Gouvernante und ihr schwachsinniger Sohn, von dem es heißt, er fresse seine eigenen Exkremente; die vierte war eine Adelige aus dem Hause Riqueur, die sich hier als Liebeströsterin einen Namen gemacht. Sie sei, so wird erzählt, guter Hoffnung. Doch der Gefängnisarzt hat ihre Schwangerschaft nicht anerkannt. Noch im Hof schrie und tobte die Unglückliche, verfluchte den Arzt und schimpfte ihn einen »Kindesmörder«. Sie wurde mit Gewalt in die Kutsche gezerrt.
Diese fürchterliche Szene hat in mir eine andere wachgerufen, die ich vergessen hatte. Nach der Gerichtsverhandlung gegen einen gewissen Hügel* warf sich eine Frau, die sichtlich guter Hoffnung war, vor mir auf die Knie und bat mich schluchzend, im Namen ihres ungeborenen Kindes, ihren Gatten und künftigen Vater zu schonen. Der war Chef einer Truppenbekleidungs-Werkstatt und wegen Veruntreuung und Unterschlagung zum Tode verurteilt worden; er hatte der Armee Uniformen, Stiefel und Ausrüstungen zu Wucherpreisen angedreht. Doch ich sagte zu ihr: »Das Gesetz läßt keine Ausnahme zu!« und wandte mich ab. Und so kam der werdende Vater noch selbigen Tages aufs Blutgerüst. Schließlich konnten wir das Gesetz und den Grundsatz der Gleichheit vor dem Gesetz nicht beugen nur einer Wöchnerin zuliebe.

---

* Heinrich Hügel, vom Straßburger Revolutionstribunal am 24. Nov. 1793 zum Tode verurteilt

9. Jan.

Ein Häftling, der aus Bordeaux kommt, erzählte uns heute, wie Tallien, Conventskommissar in Bordeaux, die Schreckensherrschaft ausgeübt und zugleich, dank seiner corrupten Natur, einige Leute mit dem Leben davonkommen ließ. Vor seinem Fenster ließ er die Guillotine aufstellen, indes seine Geliebte die Kasse verwaltete. Sie war ihm äußerst einträglich. Alles ist Handel in Bordeaux. Tallien trieb Handel mit dem Leben. Doch habe er auch Leuten aus Gefälligkeit das Leben gerettet.

Einmal durchbrach ein Kind, ein kleines Mädchen, die Menge der Sans-Culottes, die den Commissar umgab, drang bis zu diesem vor und bat ihn um die Freilassung seiner Mutter. Tallien tat so, als gerate er in eine furchtbare Wut, schwor, fluchte, schlug das Kind. Die gar nicht zartfühlende Menge fand, daß der Bürger Abgeordnete sich in seinem patriotischen Zorne zu weit treiben ließ. Darauf fragte er die Menge, ob er Gnade vor Recht gewähren und dem Kinde seine Mutter wiedergeben solle. Die Menge bejahte, die Mutter kam frei.

Ich hätte nie wie Tallien Handel mit dem Leben treiben, noch eine solche Szene aufführen können. Meine Straßburger Feinde versuchten so manches Mal, mir Fallstricke zu legen. Aber Marianne hatte strengste Auflage, die Bittsteller und Angehörigen der in Haft Genommenen schon an der Wohnungstür abzuweisen. Manche kamen sogar mit Geld und Geschenken, um den Öffentlichen Ankläger zu bestechen. Schöne Frauen belagerten das Gericht, um für ihre verhafteten Verwandten, Brüder und Schwestern zu bitten oder sich gar mir selbst als Geschenk anzubieten. So wollten sie die Gerechtigkeit zur Hure machen.

Noch keine Antwort von Sara. Freilich, auch die Post wird zensiert. Wer weiß, ob sie meinen Brief überhaupt bekam. Hoffentlich überwindet sie die Crisis, kommt wieder zu Kräften und zu sich selbst zurück.

12. Jan.

Die Baronin D. jammert hier den halben Tag über den Verlust ihrer Domestiken; ohne diese kann sie sich nicht ankleiden noch parfümieren, nicht waschen noch frisieren. Der Verlust ihrer Dienstboten scheint ihr schlimmer als die Aussicht auf das Schafott, das sie von diesem täglichen Ungemach für immer befreien dürfte. Doch diesen tröstlichen Gedanken scheint sie erst gar nicht zu fassen. Da lobe ich mir jenen Porträtmaler, der gestern die Todeskutsche bestieg. Als die Wärter kamen, ihn zu holen, sagte er nur: »Ihr kommt gerade zum rechten Zeitpunkt. Mein Porträt ist fertig.«

15. Jan.

Anton Zimmermann* ist eben hier eingeliefert worden. Er berichtete mir von den jüngsten Verhaftungen in Straßburg, und was sich dort alles gegen mich zusammenbraut. Mehrere Freunde haben in einem gemeinsamen Brief an Louise Kienlin, die sich hier für die verhafteten Patrioten einsetzt, gegen meine Verhaftung protestiert und meine Freilassung verlangt. Aber ach, wie teuer kam ihr Mut sie zu stehen!

Auf Betreiben Monets wurden alle meine Mitstreiter, in Sonderheit die, welche ich seinerzeit aus Deutschland gerufen, aus der Straßburger Jakobinergesellschaft ausgeschlossen und als meine »Mitverschworenen« und mutmaßliche Agenten über ihre Beziehungen zu mir eingehend verhört. Am 10. Januar hat man elfe von ihnen verhaftet: Butenschön wurde ins Straßburger Seminarium verbracht, Cotta nach Paris gekarrt, er sitzt wahrscheinlich in der Conciergerie, Jung und Wolff sind in Dijon, die Brüder Edelmann in Besançon eingekerkert. Carl Clauer, der seit Wochen schwer krank und nicht transportfähig ist, wurde in seinem eigenen Haus unter Arrest gestellt. Nur Nepomuk ist der Verhaftung entgangen; er ging ja auch rechtzeitig zu mir auf Distanz und hat sich in seinem Spital verkrochen.

Vergebt mir, unglückliche Opfer des Patriotismus! Mein Sturz riß euch mit. Ihr seid nun doppelt unglücklich: In Deutschland würdet ihr gehängt, wenn man euch bekäme, und in Frankreich werdet ihr eingekerkert durch boshafte Mißdeutungen eines Gesetzes, das euch jetzt wieder als »Ausländer« ansieht.

Ein gewisser Fiesse, Beamter des Départements, durchzieht jetzt im Auftrage des Petit Maire von Straßburg und der ›gereinigten‹ Volksgesellschaft das Tal der Bruche, um »Zeugnisse meines Amts- und Machtmißbrauches«, meiner »Blutrünstigkeit« und meiner »Erpressungen« zu sammeln. Meine gesammelten »Untaten« will man hernach dem Pariser Sicherheitsausschuß und Fouquier-Tinville zuschicken.

Wie aber wird man Sara zusetzen, die diesem »Monster« die Hand zum Ehebunde gereicht! Mein armes Weib! Und ich kann nichts für sie tun.

---

* Anton Zimmermann, der verjagte Wieslocher Pfarrer, war Philosophieprofessor in Heidelberg. Nach der französischen Besetzung des Rheinlandes war er für kurze Zeit Regierungschef in Dürkheim und kam nach dem Fall von Mainz als Flüchtling nach Straßburg, wo er als Nationalagent für das Straßburger Tribunal tätig war.

16. Jan.

Erwachte heute mit einem schönen Traum:

Ich stehe mit Sara am Arme – sie trägt noch immer das Brautkleid aus weißem Atlas – auf der Brücke der Mühlengasse, die über drei Inseln hinweg-
führt. Wir lehnen beide am Geländer, unter uns die mächtig angeschwollenen
Wasser der Ill, die sich hier in vier Arme teilt; vor uns das alte Gerberviertel
mit seinen eng gestaffelten Fachwerkhäusern, an deren offenen Dachböden
die Häute zum Trocknen aushängen. Vor den Treppen, die bis ins Wasser reichen, liegen kleine vertäute Boote und Kähne, Schwäne und Enten ziehen ihre gemächliche Bahn, Möwen und Mauersegler fliegen kreischend durch die
Lüfte und umkreisen die Gischt sprühenden Räder der Korn- und Ölmühlen.
Auf den Dächern der Häuser liegt ein Hauch Schnee, und doch ist es so lau
wie im Frühling. Ein sonniger Dunst taucht die ganze Szenerie in ein verklärendes Licht. So muß es wohl, dünkt mich, in Venedig sein, das ich nur von
Gemälden her kenne. Die drei Festungstürme der Gedeckten Brücken ragen
aus der dunstigen Ferne empor, und es kommt mir ein wenig wunderlich vor,
daß ich hier, ohne Bewacher, Arm in Arm mit meiner Braut auf der Brücke
stehe und nicht mehr im Kettenturm bin. Sara sieht mich an, ihre leuchtenden Augen scheinen mir etwas Wichtiges sagen zu wollen. Sie nimmt meine
Hand und führt sie sanft über ihren Bauch. Da fühle ich: Sie ist guter Hoffnung und umschlinge das werdende Leben in ihrem Leib; den Kopf in ihren
Nacken gebettet, sehe ich unter mir die funkelnden Wasser der Ill und fühle
mich fortgeschwemmt, fortgerissen in einem Wirbel des Glücks.

Als ich die Augen aufschlug und mich hier in der Abtei wiederfand, war
mir's, als falle ich wie durch eine Falltür aufs harte Pflaster.

Aus Saras Tagebuch (2)

19. Sept. 1791

Eulogius kam heut aus Oberbronn zurück. Er brachte mir ein Körbchen
mit Liqueur und Zuckerwerk mit. Wie reizend von ihm! Wir gingen an der
Ill im Gerber- und Mühlenviertel spazieren. Es war ein diesiger und windiger Tag, nur ab und an blitzte die Sonne durch die Wolken. Über dem Wasser stiegen schon die herbstlichen Nebel auf. Nach Kinderart rutschten wir
die abschüssigen Eisengeländer herunter, welche die Uferstege säumen, und
hatten es lustig dabei. Er rutschte mir stets – ein Bild für die Götter! – mit
wehender Soutane voraus, um mich dann unten aufzufangen. Mehrmals
kamen uns Bürger im Gehrock mit ihren Mamsells entgegen, die diese
Szene mit verwunderter Miene betrachteten. Sie hatten sich wohl mehr
Anstand und Würde von ihrem neuen Münsterprediger erwartet.

Danach kehrten wir in einer Schenke ein und tranken ein Glas Punsch. Er erzählte mir lustige Schnurren aus seiner frühen Priesterzeit, vom Malheur seiner ersten Kindstaufe, wie ihm der kreischende und strampelnde Säugling, der ihm auf dem flachen Handteller lag, als er ihn mit Weihwasser besprengte, ins Taufbecken rutschte. Wie er sodann von seinen Oberen zur Nacherziehung im Konvente verdonnert wurde, welche darin bestand, das Taufen und den fachgerechten Griff an Puppen zu üben, was den Vorteil hatte, daß ihm keines der kleinen hölzernen Kinder Gottes in den Ärmel seiner Soutane pinkeln konnte, wie es ihm bei späteren Kindstaufen manches Mal geschehen.

Mit Wärme erzählte er mir sodann von seiner Familie, seiner Mutter zumal, die vor zehn Jahren starb, und malte ihr Bild in so lebhaften Farben, daß ich es vor mir sah. Auch von seinen vielen Schwestern zeichnete er hübsche Porträts. Ich fragte ihn nach dem goldenen Ringlein, das er am Finger trägt, und welche Bewandtnis es damit habe. Da wurde er auf einmal sehr traurig. Er trage ihn zum Andenken an seine tote Schwester Marie, die mit neunzehn Jahren ins Wasser gegangen. Als ich ihn nach dem Grund fragte, füllten sich seine Augen mit Tränen. Ich wollte nicht weiter in ihn dringen, da ich sah, wie nahe ihm der Freitod seiner Schwester gegangen, an der er wohl sehr gehangen.

Während des Rückwegs blieb er auf der Mühlenbrücke plötzlich stehen, sah mich an, und strich mit der Kuppe seines Fingers sacht über meine Lippen. »Wär' ich ein Maler«, sagte er, »so würd' ich meine ganze Kunst darauf verwenden, das Geheimnis dieser göttlichen Grübchen zu ergründen.« Er kann so weich und zärtlich sein.

Warum nur erscheint er mir in Gesellschaft manchmal so anders und ein wenig fremd? Dann nämlich muß er stets das große Wort führen und im Mittelpunkte stehen, als gelte es, sich zu beweisen. Dabei ist er mir so, wie ich ihn heute erlebt, viel lieber und näher.

20. Sept.
Großmutter und Tante schimpften heute wieder um die Wette mit mir. Auch die Mutter mischte sich ein. In der Nachbarschaft gebe es schon böses Gerede, daß ich mit den Deutschen poussiere und daß man mich gar mit dem ›welschen Prediger und Professor‹ habe promenieren gesehen, der seinem geistlichen Stand wenig Ehre erweise. Zum Glück nahm der Vater für mich Partei. Eine Schwalbe, wies er Mutter und Schwester zurecht, mache noch keinen Sommer, und eine Promenade mit einem Hausfreund noch keine gefallene Tochter.

Freilich, das Getratsche hinter meinem Rücken ist kränkend. Als ich heut vom Wochenmarkte kam und meinen Korb auspackte, fand ich darin einen Zettel mit dem Spottvers: »Im Hause Stamm/ Da geht's hoch her/ Von Mann zu Femme/ poussiert man sehr.« Irgendein Krämer hat mir den zum Gemüse gepackt. Seit die deutschen Freunde in unserem Hause verkehren und ich die Versammlungen am *Spiegel* besuche, hab' ich meinen Ruf bei den hiesigen Pfahlbürgern weg.

23. Sept.
Gestern kam Friedrich zurück. Er brachte mir eine neue pädagogische Abhandlung von Basedow mit, die er beim Buchhändler erstanden.

Abends gingen wir ins Konzert. Pergolesis ›Stabat Mater‹ – von zwei Contertenören gesungen. Eine Musik zum Dahinschmelzen und Vergehen. Wie um den Gleichklang unserer Empfindungen zu besiegeln, den die herrlich reinen Stimmen in uns auslösten, streichelte er sanft meine Hand. Dann sagte er leise: Wenn er eine solch göttliche Musik höre, könne er seinen ärgsten Feind in die Arme schließen, sogar den Herzog von Württemberg.

Ich war darob ein wenig traurig, denn ich hatte gehofft, mir gewünscht, er würde etwas Zärtliches zu mir sagen. Vom Herzog zu Württemberg wollt' ich zuallerletzt hören.

28. Sept.
Heut morgen ist Friedrich wieder abgereist. Als Mitglied des Correspondenzausschusses und des Geheimen Nachrichtendienstes ist er jetzt viel unterwegs. Vorher kam er noch kurz vorbei, um sich zu verabschieden. Er machte mir ein hübsches Medaillon zum Geschenk. Klappt man es auf, sieht man auf dem kleinen Oval, en minature und schön koloriert, die ›Göttin der Liberté‹ mit der wehenden Trikolore. Doch drückt man einen kleinen Stift am unteren Rande, springt das Oval wie ein Deckel auf – und darunter erscheint ein zweites Oval mit einer andern Gravur: Friedrichs Porträt im Profil. Er ließ es von einem Miniaturenmaler nach seinem Schattenriß anfertigen. Damit ich ihn, wenn er verreist sei, nicht aus dem Auge und dem Sinne verliere, sagte er, indes er mir das Medaillon, das an einem silbernen Kettchen hängt, um den Hals legte. Ich ging den ganzen Tag wie auf Wolken, sang alte Kinder- und Ammenlieder während der Arbeit und liebkoste sogar die Katze, obschon sie grad' eine Singdrossel gerupft hatte.

29. Sept.

Ludwig neckte mich heut wegen des Medaillons und sprach mich mehrfach mit ›Frau Cotta‹ an. Er solle mit dem dummen Gerede aufhören, wies ich ihn zurecht. Da grinste er frech und sagte: Es sehe doch ein Blinder, daß Friedrich auf Freiersfüßen wandle. War den Tag über unruhig und abgelenkt, konnte nichts wie sonst anpacken und richten. Hab' viel über Friedrich und mich nachgedacht. Er ist ein so feiner und gerader Mensch, so liebenswürdig und väterlich und gewiß kinderlieb, zudem ein Mann von Geist und hoher Gelehrsamkeit. Und doch, wenn er mich jetzt fragen tät, ob ich sein Weib …? So lieb ich ihn hab' – ans Heiraten denk ich noch gar nicht. Will nicht sogleich von einem Hausstand in den anderen, von einer Verantwortung in die nächste gezogen werden. Möcht auch einmal Zeit für mich selber haben, Zeit für's Lesen und Zeichnen, für's Lernen und Disputieren und für Freundschaften – gerade jetzt, in diesen aufregenden Zeitläuften, wo alles sich umwälzt und sich fast mit jedem Tag die Dinge verändern. Vor allem aber möchte ich gern Erzieherin werden und erst auf eigenen Füßen stehen, vor ich Ehefrau und Mutter werd. Die Vögel singen doch auch erst, vor sie ihr Nest bauen. Hat nicht der Wind erst mein kleines Segel gebläht, um mich hinaus ins Offene zu tragen? Und da sollt ich gleich wieder vor Anker gehen? Bin doch grad' erst dabei, die interessanten männlichen Kontinente zu entdecken. Columbus hat auch erst geglaubt, den Seeweg nach Indien gefunden zu haben – und dann war's Amerika.

2. Okt.

Las zwei kleine Schriften, die mir Nanette auslieh: »De l'égalité des deux Sexes« von François Poullains de la Barres aus dem Jahre 1673 (ein Pariser Frauenklub hat sie neu aufgelegt). »Die Vernunft«, schreibt de la Barre, »ist weder männlich noch weiblich, sondern hat gar kein Geschlecht. … Alles, was Männer über die Frauen geschrieben haben, ist verdächtig, denn sie sind zugleich Richter und Partei.« Und der Philosoph Condorcet, der auch Abgeordneter der Constituante ist, schreibt: »Das Recht, sich direkt mit den Angelegenheiten ihres Landes zu befassen, ist ein Recht, das die Menschen nicht aufgrund ihres Geschlechtes besitzen, sondern aufgrund der Tatsache, daß sie vernunftbegabte Wesen sind.«

Freilich, wer als Weib solchem Grundsatze folgt und sich in die öffentlichen Angelegenheiten einmischt, muß wohl oder übel einen hohen Preis dafür zahlen. Davon gab mir Nanette, die mich jüngst zum Kaffee lud, ein Beispiel. Sie erzählte mir von ihrem aufregenden Leben zwischen ›Bühne und Tribüne‹. Doch wie übel erging es ihr, als sie selbst es das erste Mal wagte, an einem Demonstrationszug teilzunehmen – im Februar 1790, da der Schwur der Nationalversammlung auf die Verfassung mit einem öffentlichen Tedeum gefeiert wurde. Nanette mischt sich unter die Abgeordneten, die zur Nôtre-Dame gehen. Sie wird bemerkt, man macht über sie abfällige Bemerkungen, man schubst sie aus dem Zuge heraus, und als sie es wieder versucht, im Zuge mitzulaufen, maltraitiert man sie übel. Dabei marschieren viele Menschen im Zuge der Abgeordneten mit, ohne selbst Abgeordnete zu sein, aber eben nur Männer.

Doch Nanette läßt sich nicht entmutigen. Sie wird Mitglied in einem Klub, in dem auch Frauen als gleichberechtigte Mitglieder zugelassen sind. Der Klub macht Vorschläge über ein neues Ehe- und Scheidungsrecht, fordert die Zulassung weiblicher Geschworener – und sogar das Wahlrecht für Frauen.

Was aber hat sie seitdem nicht alles an übler Nachrede erlitten! Die Zeitungen schrieben – sie zeigte mir die Ausschnitte –, sie habe nur deshalb das politische Terrain betreten, um sich Männer zu angeln. Man zog sie als ›Mannweib‹, ›Lebedame‹, ›Heldin des Schlafzimmers‹ durch den öffentlichen Dreck. Zuletzt hat sie es kaum noch gewagt, in Paris alleine auszugehen, da sie auf offener Straße angepöbelt und manchmal förmlich bedroht wurde. Nicht zuletzt um der üblen Fama zu entgehen, hat sie Paris verlassen.

Nun, wenn ›die Vernunft auch kein Geschlecht hat‹ – die Hauswirtschaft, der tägliche Kram und die Pflege der kranken Großmutter, die mich grad' wieder ruft, hat eines. Außerdem will das Essen auf dem Markte besorgt, der Küchenofen geheizt, der Waschzuber gefüllt, die Wäsche geschrubbt, aufgehängt und gebügelt und Ludwigs zerrissene Schuluniform geflickt sein.

12. Okt.
Friedrich ist noch immer unterwegs. Und so ging ich gestern abend zusammen mit Daniel, Carl, Nanette und Eulogius auf den Jahrmarkt am Münsterplatz, den man höchst patriotisch ausgerichtet hatte. Ein Gaukler balancierte, unter dem großen Beifall des Publikums, die Pike der Brüderlichkeit auf seiner Stirn. In einer Wurfbude warfen wir mit Bällen gegen einen turmartigen Aufbau von Büchsen, der eine Miniatur-Bastille vorstellte. Viel Volks versammelte sich um den Feuerfresser, der hoch vor der Tribüne in weißer Pumphose und nacktem Oberkörper stand; grell beschienen von bunten Flammen aß er aus einem Handbecken eine züngelnde Lohe, daß alle Gesichter im Kreise rot, gelb, grün und violett widerspiegelten. Etliche Pärchen strömten ihm zu, denen er zwischen zwei Flammenmahlzeiten seine Liebesträ015nklein verkaufte. Dohlen kreischten um den Münsterturm und flogen über das phantastische Bild.

Als grad' alle Blicke auf den Feuerfresser gerichtet waren, küßte Eulogius mich auf den Nacken. Ich war ganz verwirrt. Er sah mich an wie ein ertappter Sünder, kaute auf der Lippe und sagte dann: »Ich weiß ja, Sara für Friedrich – für mich die Sahara!« Da mußt' ich lachen, weil er das so hübsch und zugleich mit so schmerzlicher Miene gesagt hatte.

Aber meine fröhliche Laune war dahin. Fühlte mich den ganzen Abend befangen in seiner Gegenwart. Ich freu' mich immer, ihn zu sehen, und doch geht es mir seltsam mit ihm: Manchmal fühl' ich mich ihm sehr nahe und dann wieder fern. Er kann so weich und empfindsam, so witzig und mitreißend sein – und dann wieder so abwesend, melancholisch und schroff. Er ist wie ein knisterndes, glühendes Feuer im dunklen Walde, das einen anzieht und wärmt – und plötzlich, man weiß nicht woher, ist ein frostiger Windhauch um einen. Mit Friedrich ist es anders. Mit ihm verbindet mich ein gleichbleibend Gefühl von Vertrauen, Achtung und Zärtlichkeit, bei ihm fühl' ich mich niemals befangen. Hab heut wieder sein Medaillon getragen.

13. Oktober

Friedrich ist wieder da. Er hatte dem Vater so viel zu erzählen, daß es mir schien, er sei in Gedanken noch immer auf Reisen. Er war auch jenseits des Rheins und sah mit Besorgnis, wie die französischen Emigrantenheere gegen uns rüsten.

Auf einmal drang aus dem oberen Stockwerk lautes Gelächter; da verdüsterte sich seine Miene, und er fragte, ob denn Eulogius auch wieder da sei. Auf dem ›wieder‹ lag ein unwirscher, fast bitterer Ton. Ja, sagte ich, er helfe Ludwig bei den Griechischaufgaben. Da zog er seine Ziehharmonika-Stirn und sagte: »Wußte gar nicht, daß Ludwig es nötig hätte.« Als Eulogius dann zu uns herunterkam und sich zu uns setzte, war alles wie sonst. Die Freunde sprachen ausgiebig über die neuesten Revolutionsbegebenheiten, als ob nicht das geringste zwischen ihnen stünde. Ich aber war in Gedanken ganz woanders. Es wundert mich, wie die Männer das können – von allem Möglichen reden, nur nicht über das, was gerade in ihrem Herzen vorgeht. Ich hoff' nur, Friedrich ist nicht gekränkt. Es wäre mir lieber, er würd' es mir sagen. Und ganz fürchterlich ist mir der Gedanke, daß sich die Freunde um meinetwillen entzweien könnten, daß ich den einen um des anderen willen verlör. Möcht' sie doch beide behalten.

XVI.

Bevor wir den neuen Schauplatz unseres Helden betreten, auf dem dieser seine größte Wirksamkeit, im Guten wie im Bösen, entfalten sollte, muß ich dem Leser ein Geständnis machen: Ich empfinde noch immer dasselbe Ungenügen wie zu Beginn dieser Niederschrift. Noch immer ist mir so, als sei der spätere Vollstrecker der *terreurs* eine *andere* Person als diejenige, welche ich dem Leser bislang vorgestellt habe und mit der ich selbst über so viele Jahre durch gemeinsame Erfahrungen, Erlebnisse, Interessen, Gesinnungen, auch durch ähnliche Pressionen und Verfolgungen, verbunden gewesen.

Mir ist freilich bewußt, daß ich an ihm gerade das bewunderte, was mir selber in gewissem Maße ermangelte: die Kühnheit und kompromißlose Unbedingtheit, mit der er für seine freiheitlichen Ideen und Gesinnungen stritt, und daß er für seine Überzeugungen stets mit seiner *ganzen Person* einstand – was unter unseren Landsleuten eher die Ausnahme als die Regel zu sein pflegt. Zwar huldigten die deutschen Dichter und Denker in ihren philosophischen und literarischen Schriften gern dem Geiste der Aufklärung, träumten am Kamine von Freiheit und Gleichheit, was sie indes für gewöhnlich nicht daran hinderte, vor jedem Fürsten und seiner Mätresse, vor jedem Minister und Hofrat zu katzbuckeln. Zu tief saß ihnen der Respekt vor den Obrigkeiten in den Eingeweiden, zu abhängig war ihre Lage in den deutschen Kleinstaaten, als daß sie ihren freien Gedanken auch entsprechende Taten folgen ließen.

Bürgermut vor Fürstenthronen, der sich in Deutschland nur selten hervorwagte – bei dem Helden dieser Blätter war er reichlich zu finden. Unliebsame, von Kirche und Obrigkeit unterdrückte Wahrheiten und Mißstände nannte er schonungslos beim Namen, und nie hat er vor der Arroganz der Macht seinen Rücken gebeugt. Zwar blieben mir und den Freunden die Widersprüche und bedenklichen Seiten seines Charakters nicht verborgen; sie wurden indes von seinen kämpferischen Tugenden und vielseitigen Talenten dergestalt aufgewogen, daß wir die ersteren zu übersehen geneigt waren. Wenn er auch sein empfindsames Gemüt gerne hinter Spott, Ironie, Satire und männlichem Gebaren zu verstecken suchte, verleugnen konnte er es nicht. Wenn auch seine geistige Superiorität von manchen als Hochmut ausgelegt wurde, seine Ergebenheit für die großen Ideale des Zeitalters stand für uns außer Zweifel. Wenn auch sein leicht verletzlicher und verletzender Stolz den Umgang mit ihm nicht immer leichtmachte, so war er doch ein anhänglicher und treuer Freund.

Und doch, im nachhinein frage ich mich, ob in seinem Wesen nicht von Anfang an auch ein verborgener selbstzerstörerischer Zug wirkte. Wies nicht bereits das Szenario seiner Schicksale in Deutschland ein immer wiederkehrendes Muster auf? Ob als junger Studiosus in Würzburg, ob als Toleranzprediger zu Augsburg, ob als Hofprediger zu Stuttgart, ob als Professor zu Bonn, immer wieder preschte er vor, brach er mit bis dahin als unantastbar und heilig geltenden Regeln und Grundsätzen, rüttelte er an kanonisierten Wahrheiten, rebellierte er gegen kirchliche und weltliche Obrigkeiten, um von der eben erklommenen Höhe seiner Laufbahn wieder herabgestürzt, angeschwärzt und verfolgt zu werden. Lag in dieser immergleichen Abfolge von kühnem Regelbruch und öffentlicher Abstrafung, von trotzigem Aufbegehren und In-Ungnade-Fallen nicht auch eine Art zwanghafter Wiederholung, die nicht nur der bedrückenden Enge der deutschen Verhältnisse geschuldet war, sondern auch einem undurchschauten Gesetz seines Charakters folgte?

Bevor ich in meiner Erzählung fortfahre, muß ich ein weiteres Ungenügen eingestehen, das sich weniger auf die Person dieses schwierigen Helden, vielmehr auf die Darstellung seiner Schicksale in Frankreich bezieht. Da der Kampf für Freiheit und Menschenrecht sein Lebensthema war, ist auch seine persönliche Laufbahn mit der Geschichte der *Grande Révolution* auf engste verknüpft. Ohne Blick auf den historischen Zusammenhang lassen sich die Beweggründe seines Handelns kaum verständlich machen. Doch selbst jetzt, da ich, in meiner geruhsamen Genfer Dachstube sitzend, Rückschau halte auf diese Epoche, in der sich der Gang der Geschichte wie nie zuvor beschleunigte, erfaßt mich beinahe wieder dasselbe Schwindelgefühl wie damals, als ich mitten darin war. Nicht nur die alte Ordnung der Dinge, auch das herkömmliche Zeitgefüge war durch die Revolution vollkommen aus den Fugen geraten. Es gab kein geruhsames und beschauliches Verstreichen der Zeit mehr, in der man die gerade zurückliegenden Ereignisse sich in Ruhe vergegenwärtigen, sichten und bewerten konnte; denn kaum hatte man damit begonnen, stürzten schon neue Nachrichten und Ereignisse – bald großartige und erhebende, bald schreckliche und aufwühlende – auf einen ein, riß einen die Kunde von neuen Umwälzungen, politischen Erdbeben, militärischen Siegen oder Niederlagen aus der Beschaulichkeit des Nachdenkens wieder heraus. Kaum schien die eine Krise behoben, so daß man glaubte, endlich aufatmen zu können, taumelte das Land schon in die nächste. Kaum schien sich die revolutionäre oder gegenrevolutionäre Flut besänftigt zu haben, brach sie mit Macht von neuem los. Man hatte es oft schwer, von der Wucht und Schnelligkeit der Ereignisse nicht erdrückt zu werden und bei den immer neuen Wendungen des großen Revolutionsdramas den eigenen Standpunkt zu finden. Dieses Gefühl der Atemlosigkeit, des den Ereignissen Hinterherhechelns, befällt mich auch jetzt wieder, da sich meine Darstellung nun dieser explosiven Epoche nähert. Wenn's stürmt, so entscheidet Leidenschaft, und wehe dem, der dann mit trockener Bücherweisheit dreinschlagen will. Dies möge der Leser mitbedenken, wenn er sich, gleich einem Geschworenen, zuletzt sein Urteil über den Angeklagten, das heißt über den Helden dieser wahren Geschichte zu bilden hat. Mir aber möge er es nachsehen, wenn ich, aufgrund allzu großer Nähe zu den Ereignissen, dieselben nur bruchstückhaft und durch die eigene Wahrnehmung filtriert beschreiben kann.

Straßburg und die Revolutionierung der Sitten

Am 23. Juni 1791 kam Eulogius in Straßburg an. Ich war mit meiner Familie schon eine Woche zuvor eingetroffen, und so feierten wir bei einer Bouteille Elsässer ein herzliches Wiedersehen. Die ersten Tage wohnte er bei mir, bis seine Schwester Marianne mitsamt dem Erlös aus dem Verkauf des Meublements und der Effektiva aus Bonn eintraf und beide ihr Domizil in der *Dauphinengasse* nahmen, im Eckhaus zum Staden an der Ill.

In der quirligen elsässischen Hauptstadt fühlte er sich bald in seinem Element. Kaum ein Schritt war hier möglich, ohne den neuen Ideen in Tatsachen und Zeichen zu begegnen. Überall hörte man die neuen Wahlsprüche, den Leberuf der Freiheit, des Gesetzes, des souveränen Volkes, der Nation. Überall brachen die Zeichen der neuen Epoche sichtbar hervor, sah man Freiheitsbäume aufgerichtet, die Farben und Losungen der Revolution in Tafeln, Inschriften und Bildern vervielfältigt, die dreifarbige Kokarde an jedem Hute, dreifarbige Fahnen auf jedem öffentlichen Gebäude. Die Adelswappen, die bislang die Giebel der herrschaftlichen Paläste schmückten, wurden abgehauen wie unnützer Plunder. Auch die alten Heiligen hatten ausgedient. Selbst der Heilige Christophorus, Schutzpatron der Konditoreien, hatte den neuen Ladenschildern weichen müssen, auf denen jetzt in goldenen Lettern stand: »Auf die Erstürmung der Bastille!« oder »Auf die Nationalversammlung!«. Und überall hörte man die patriotischen Lieder. Das ›Ça ira, ça ira, ça ira‹ war in vollem Schwange; jeder Straßenjunge wußte die scharfen und kantigen Worte und sang sie nach der leicht rohen Weise des Volkes mit aller Kraft der Lungen.

Und welch ein buntes und farbenfrohes Bild boten Straßburgs Plätze und Straßen nicht dem Auge des Neuankömmlings! In den Gassen roch es nach gegrillten Zwiebeln, die von fliegenden Händlern feilgeboten wurden; die

Kolporteure riefen die neuesten Nachrichten aus; auf den Plätzen boten Getränkeverkäufer und Mädchen in rot-weiß gestreiften, baumwollenen Miedern Limonade, Milch und Kaffee an, die sie in metallenen Behältern auf dem Rücken mit sich trugen. Auf den engen Straßen und Gassen, deren schlechtes und ungleiches Pflaster leicht zum Stolperstein werden konnte, herrschte ein unglaubliches Gewimmel und dank der vielen Kutschen, Droschken und Kippkarren, mit denen die Landbewohner ihre Fracht und Waren beförderten, eine Art chronischer Verstopfung. In den Rinnen und am Rande der Plätze häufte sich der Unrat, in dem Hunde, Katzen und Hühner herumwühlten – in punkto Sauberkeit, Hygiene und sanitäre Verhältnisse bot Straßburg, dem Medicus zumal, ein erbarmungswürdiges Bild. Doch weder der Unrat noch die vielen Haustiere noch die drangvolle Enge hinderten die aus Elsässern, Franzosen und Emigranten gemischte Einwohnerschaft daran, die Straßen und Plätze wie eine Bühne zu benutzen, auf der sie sich in ihren neuen Bürgergarderoben zur Schau stellten. Die Farben ihrer Kleider – blau und rot, kombiniert mit weiß, der Königsfarbe – zitierten bewußt die Farben der im Winde flatternden Trikoloren. Von dem fröhlichen Exhibitionismus schienen selbst die Garanten der neuen Ordnung, die Vertreter der Nationalgarde, angesteckt zu sein, deren kriegerische Posen lediglich der Schaustellung ihrer neuen Uniformen dienten; das Weiß der Hemdbrust, das Blau ihres Fracks und das Krapprot der Manschetten stach sofort ins Auge. Selbst in der sommerlichen Hitze trugen sie die unmöglichsten Kopfbedeckungen: Fellmützen mit rotem und grünem Federbusch, schwarze Zweispitze mit Goldrand, mit Tigerfell oder Roßhaar geschmückte Helme.

Die Revolution war nicht nur eine große geistige und politische Neuschöpfung, sie hatte auch die Sitten und die Mode umgewälzt. Die alten ständischen Kleiderordnungen, Trachten, Haartrachten, Kopfbedeckungen galten nicht mehr. Zugleich mit den Adelstiteln waren auch die gepuderten und gelockten Perücken verschwunden. Statt der ehemaligen Spitzhüte, der bestickten Röcke, der Kniehosen und weißen Strümpfe trugen die »Patrioten« jetzt einfache runde Hüte mit der Kokarde am Hutband, den (nationalen) Gehrock in der blauen Königsfarbe, lange Hosen und einen kurzen Säbel, der im Bund steckte. Die Revolutionierung der Mode, stellten wir staunend fest, wenn wir über Straßburgs Straßen und Plätze flanierten, kam vor allem den Frauen zugute. Die ›Emanzipierten‹ jedenfalls freuten sich sichtbar der neuen Körperfreiheit, die Rousseau seit langem gefordert, und hatten sich der Schnürbrüste und Reifröcke, Bouffanten und Polster unter den Kleidern entledigt. Sie trugen einfache Woll- oder Kammgarnröcke, die in den Nationalfarben gestreift waren. Die Rockfalten waren meist auf dem Rücken angebracht, um Taille und Hinternpartie richtig zur Geltung zu bringen. Statt der bisher üblichen weit abstehenden Manschetten trugen sie eng anliegende, am Handgelenk festgeschnürte Ärmel, welche die schönen Rundungen ihrer Arme nicht mehr versteckten, sondern gefällig zur Geltung brachten. Brusttücher aus feinstem Linnen und weiße Schultertücher mit blau-weiß-roten Fransen erfreuten sich großer Beliebtheit. Freilich gab es neben den À-la-française-Gekleideten auch viele Bürgerinnen, die noch an den alten elsässischen Trachten mit ihren ausladenden Flügelhauben und ihren bis zum Halse zugeknöpften Blusen und Miedern festhielten.

Man sah in diesem Sommer des Jahres 1791 allerdings auch schon andere, finster dreinblickende Gestalten: die Vorboten des kommenden Krieges und Bürgerkrieges. Sie schienen der farbenfrohen Menge die Stirn bieten zu wollen, indem sie sich als Zeichen ihrer Trauer um die vergangenen Zeiten ganz in Schwarz kleideten: schwarzes Hutband, Kniehose aus schwarzem Kaschmir, schwarze Seidenstrümpfe und auf Hochglanz polierte Schuhe. In ihren hochmütigen Mienen stand die Verbitterung von Leuten, die sich jetzt gefallen lassen mußten, von ihren eigenen Domestiken mit ›Bürger‹ statt mit ›Seigneur‹, ›Comte‹ oder ›Marquis‹ angeredet zu werden. Das arglose Volk grüßte sie freundlich, ohne den Haß wahrzunehmen, der in den Gesichtern der entthronten Adeligen stand, die mit den französischen Emigrantenheeren, welche jenseits des Rheins standen, oftmals geheime Verbindungen pflegten und ihnen Geldmittel zukommen ließen.

Ungeachtet des Menschengetümmels und der Verstopfung auf Straßburgs Straßen und Gassen hatte man gleichwohl nicht das Gefühl, in einer beengten Enklave zu leben. Die zahlreichen, teils neu angelegten und großzügig gestalteten Plätze, auch die schönen Promenaden und bepflanzten Chausseen außerhalb der Wälle boten den Bewohnern reichlichen Auslauf. Und die vielen Wasserläufe verliehen der Stadt das pittoreske Aussehen einer am Wasser gebauten Feste; teilt sich doch die Ill an ihrem Eingange in fünf Arme, deren jeder eine oder mehrere Korn- und Ölmühlen antreibt und außerdem mehrere Kanäle und Gräben mit Wasser speist, auch die Kanäle rund um die Zitadelle und die Stadtwälle. Die zahlreichen Brücken, die über die Ill führen, die Fischerboote, Kähne und Barken, die vielen Mühlen, Möwen und Wasservögel, namentlich im Gerberviertel La petite France, überhaupt der leicht zu gewinnende Blick aufs Wasser verschaffte einem die schöne Illusion, eher in einer Flußlandschaft oder in einer holländischen Küstenstadt zu leben.

Wie sehr indes auch die wohlhabende Hauptstadt des Elsaß vom sozialen Kontraste gekennzeichnet war, zeigte sich zwar weniger im architektonischen Bilde der Stadt – denn die Hüttenbewohner lebten zumeist extra muros –, dafür um so deutlicher in der wachsenden Zahl der Bedürftigen und Almosenempfänger, die in den städtischen Armenhäusern und Hospizen untergebracht waren. Es zeigte sich auch an den vielen fliegenden Händlern und Trödlern – die meisten von ihnen waren Juden –, die barfüßig oder in Holzpantinen und in armseliger Kleidung an den gesetzlich bestimmten Markttagen nach Straßburg kamen, um ihren Trödel zu verkaufen, und die jeden Abend auf ein Trompetensignal, das vom Münsterturme erscholl, die Stadt wieder verlassen mußten; denn die Juden hatten, mit Ausnahme des reichen jüdischen Händlers Cerf Beer und seiner großen Familie, in Straßburg kein Bleibe- und Wohnrecht, die Stadtväter duldeten weder ein Judenviertel noch eine Synagoge.

Am späten Nachmittage traf ich mich mit Eulogius und den Freunden des öfteren auf dem Paradeplatz im Zentrum der Stadt, dem heutigen Kleber-Platz, wo der *Altar des Vaterlands* und der Freiheitsbaum standen und die großen politischen und militärischen Kundgebungen veranstaltet wurden: die revolutionären Bürgerfeste, die Truppenparaden, die Staatsempfänge und die Einschreibungen zu den Freiwilligen-Bataillonen, in der Folgezeit auch die öffentlichen Guillotinaden. Hier drängte sich alles vor dem Hôtel de la Maison rouge, vor den Plakatwänden und öffentlichen Anschlagzetteln, auf denen die neuesten Bekanntmachungen des Magistrats und die jüngsten Dekrete der Pariser Nationalversammlung zu lesen waren oder von Kolporteuren ausgerufen wurden. Und es war für uns faszinierend zu sehen, welch warmen Anteil selbst die Menschen der niedrigsten Volksklassen, etwa die Wasserträger, an den öffentlichen Angelegenheiten nahmen, wie sie ihre Eimer wohl zehnmal niedersetzten, um erst zu hören, was der Kolporteur ausrief oder was einer von denen, die vor den Plakatwänden und Bekanntmachungszetteln sich aufgebaut hatten, mit lauter Stimme ablas und wie die anderen darüber urteilten. Vier oder fünf dieser armseligen Lastträger traten mit einem ihrer Kameraden, der den Vorzug besaß, Gedrucktes lesen zu können, in Verbindung, legten ihre Lisards zusammen, um sich davon gemeinschaftlich eines der fliegenden Blätter des Tages zu kaufen. Dann rückten sie zwischen ihren Eimern dicht zusammen, um dem vorlesenden Kameraden mit vorgehaltenem Ohre und offenem Munde zuzuhören. »Erst eine öffentliche Meinung, an der auch die Wasser- und Lastenträger teilhaben«, pflegte Eulogius zu sagen, »verdient, öffentliche Meinung genannt zu werden.«

Die allgemeine Wißbegier und Teilhabe an den öffentlichen Angelegenheiten wurde durch eine Vielzahl von Zeitungen und Journalen in Gang gehalten und befriedigt, fernerhin durch die vielen Cafés, die zu wahren Disputierklubs geworden, vorrangig jedoch durch die zahlreichen politischen Klubs. Die bedeutendste Rolle unter diesen spielte die *Gesellschaft der Freunde der Konstitution*, welche gleichsam das politische Herz der Stadt verkörperte. Zu ihren mehr als vierhundert eingeschriebenen Mitgliedern gehörten die hohen Beamten der elsässischen und der französischen Verwaltungen, die Patrizier, Besitzbürger und reformwilligen Adeligen, die geistlichen Würdenträger der protestantischen Kirche, die Spitzen der Armee und die Vertreter des intellektuellen Bürgertums, die Professoren, Publizisten und Künstler.

Die Sitzungen der Gesellschaft fanden gewöhnlich nach sechs Uhr im alten Zunfthaus *Zum Spiegel* statt. Der große Versammlungsraum, der bis zu zweitausend Zuhörer faßte, lag im Erdgeschoß, wo auch das *Café zum Spiegel* war. Der Rednerkanzel gegenüber hatte man die Büste des Nationalheiligen J. J. Rousseau aufgestellt. Freilich saßen die Damen von den Männern abgesondert. Doch die Simplizität, mit der man sich hier ›Bruder‹ und ›Schwester‹ nannte, kontrastierte überraschend angenehm mit dem Tone, an den die sogenannte gute Gesellschaft gewöhnt war. Und es war für uns faszinierend zu sehen, mit welcher Selbstverständlichkeit hohe Magistratspersonen und Aristokraten neben Männern und Frauen des Volkes, braven Bürgersleuten, Handwerkern samt ihren Frauen und dem Gesinde, auf den gleichen harten Holzbänken der Tribüne saßen, um den Rednern zu lauschen, die Abend für Abend aufs Katheder stiegen, Beschlüsse der Nationalversammlung lobten oder herber Kritik unterzogen, die Fragen des Tages bedachten und sich in Disputen über die Prinzipien der Konstitution verloren. Demokratische Spielregeln herrschten vor: Redefreiheit, Diskussionsfreiheit, ein brüderliches Miteinander. Die turnusmäßig wechselnden Präsidenten, Vizepräsidenten, Sekretäre der verschiedenen Ausschüsse wurden gewählt und hatten gewissenhaft Rechenschaft über ihre Arbeit abzulegen.

Die Standesgleichheit, die noch lange bloße Theorie bleiben sollte, war mit Hilfe der Konstitutionsgesellschaften, die sich ab 1790 in ganz Frankreich ausgebreitet hatten, bereits in die Sitten übergegangen. Der Grobschmied wurde hier gegen die Magistratsperson oder den Hofmann gestellt. Mit dem einen machte man nicht mehr Umstand als mit dem anderen. Man pfiff den einen aus, wenn er schlecht, beklatschte den anderen, wenn er gut sprach. So hatte der Bürgersmann endlich Gelegenheit, seine Kräfte am Baron oder Marquis zu messen, wodurch notgedrungen beide zu richtigeren Begriffen von sich selber gelangten.

Wir waren just zu dem Zeitpunkt nach Straßburg gekommen, da sich die Stadt, ja, ganz Frankreich, wegen der mißglückten Flucht des Königs in heller Aufregung befand. Der König, als sein eigener Kammerdiener verkleidet, hatte mitsamt seiner Familie versucht, aus Frankreich zu fliehen, war aber in der Nacht vom 21. auf den 22. Juni 1791 in Varennes, wenige Kilometer vor der Grenze zum Deutschen Reiche, erkannt, zur Umkehr gezwungen und unter schwerster Bewachung nach Paris zurückgeführt worden. Wie, der König ließ die eigene Nation im Stich, der er noch im Jahre zuvor, beim Föderationsfest des 14. Juli, einen feierlichen Treueid geleistet hatte? Wollte er sich etwa mit den Königen und Fürsten Europas und den Emigrantenheeren, die von seinen eigenen hochwohlgeborenen Brüdern angeführt wurden, gegen sein eigenes Volk verbünden?

Die Sturmglocken wurden geläutet, der Straßburger Stadtrat und der Rat des Départements versammelten sich in Permanenz; die Nationalgarde und die Garnison wurden in Alarmbereitschaft gesetzt und die Grenzkontrollen am Rhein verschärft. In der Konstitutionsgesellschaft, die gleichfalls in Permanenz tagte, stieg das patriotische Fieber auf den Siedepunkt; jeden Augenblick lüftete man seinen Hut, um in den heroischen Chorus einzufallen: *Frei leben oder sterben! Tod den Tyrannen!* Auf dem Paradeplatz wurden wir dieser Tage Zeuge einer wahrhaft burlesken und gleichzeitig prophetischen Szene. »Was!« rief ein Wasserträger, »der König läßt sich als Bedienter verkleiden, er vermummt sich mit einem grauen Rock und einer kleinen Perücke. Er spielt seinen eigenen Kammerdiener?« Und dann nahm er seinen Blecheimer, kippte den Rest Wasser auf das Pflaster, und indem er sich den leeren Eimer über den Kopf stülpte, rief er aus: »Dann bin ich König von Frankreich!« »Zu Diensten, Sire!« brüllten seine Kameraden, die sogleich ihr Knie vor der neuen sansculottischen Majestät beugten, welche mit einem Wasserkübel gekrönt war und statt eines Szepters einen Besenstiel führte. Die Menge belohnte diese Szene mit Gelächter und einem fröhlichen Pfeifkonzert.

In der Tat sollte der skandalöse Fluchtversuch der königlichen Familie, durch den sich Ludwig XVI. selbst kompromittierte, zu einer entscheidenden Zäsur für die weitere Entwicklung der Revolution werden. Die Einheit der Nation, die bislang durch den Monarchen repräsentiert wurde, hatte einen tiefen Riß erhalten: die Anhänger der konstitutionellen Monarchie, die *Feuillants*, und ihre Gegner, die *Jakobiner* und *Republikaner*, begannen sich im ganzen Lande zu formieren.

Am 25. September 1791 wurde in Straßburg unter feierlichem Gepränge die Konstitutionsakte eingeweiht, zu der, nach zähem Ringen, zuletzt auch der kompromittierte König seine Zustimmung hatte geben müssen. Sie wurde auf dem Paradeplatz inmitten einer riesigen Menschenmenge feierlich verlesen. Die ganze Stadt war illuminiert, großes Glockengeläut, Ehrensalven der Artillerie auf den Stadtwällen, Festessen für die Waisen- und Findelkinder, die Stadtarmen und die bedürftigen Greise auf der Terrasse des alten bischöflichen Palais.

Wir feierten das denkwürdige Ereignis durch ein großes Fest im Hause Stamm. Wein und Punsch flossen reichlich; immer wieder klirrten die Gläser und wurden gemeinschaftliche Toasts auf die »erste Konstitution eines freien Volkes« ausgebracht. Die Gebrüder Edelmann spielten eine Mazurka, Polka und Polonaise nach der anderen auf, indes wir uns tanzend, zuweilen auch im rhythmischen Gänsemarsch, die Hände auf die Schultern des jeweiligen Vordermannes oder Weibes gestützt, über die Terrasse und durch den geschmückten Garten bewegten. In den Tanz- und Verschnaufpausen aber gab Nanette mit ihrer kehligen Stimme Revolutionscouplets zum besten, welche begeistert beklatscht wurden.

Später servierten Sara und die Mutter den Festtagsschmaus – gespickte Lammkeule mit diversen Zutaten – auf dem ausgezogenen Tisch unter dem Nußbaum im Garten. Doch bevor der Père Stamm den Braten tranchierte, bestand Carl darauf, den Nußbaum zum ›Freiheitsbaum‹ umzuschaffen. Er schwang sich auf den Baum, um nach einer halsbrecherischen Kletterei endlich auf dem Wipfel unter großem Applaus die rote Mütze anzubringen.

Und wie lustig hatten wir es bei Tische! Wir gingen die Namen von Straßburgs Hochwohlgeborenen durch und legten sie einmal ganz wörtlich aus. Ob wir wohl wüßten, fragte Friedrich die Runde, welch profaner Name sich hinter dem Titel eines Marquis de Verneuil verberge? ›Chasse-pou‹, zu deutsch ›Läusejäger‹! Der Name seiner Großmutter gehe gar auf ›Croque-fromage‹, zu deutsch ›Käsefresser‹ zurück. Sodann ergötzen wir uns an den ›Familientragödien‹, die aus Straßburgs adeligen Häusern berichtet wurden. Von einer Marquise de W. wurde erzählt, sie habe, nachdem sie ihren ganzen Vorrat an Melissengeist aufgebraucht, ihrem Gatten erklärt, daß sie ihm künftig die Erfüllung ihrer ehelichen Pflichten verweigere. Denn sie könne den Gedanken nicht ertragen, fortan keine adeligen SpRößlinge, sondern nur noch einfache Aktivbürger[*] in die Welt zu setzen.

---

[*] Nach dem Zensuswahlrecht der 1. Nationalversammlung (Konstituante) waren nur vermögende Bürger, die einen bestimmten Steuersatz entrichteten, wahlberechtigt; sie wurden ›Aktivbürger‹ genannt – im Gegensatz zu den ›Passivbürgern‹ der unteren und minder bemittelten Klassen, die kein Wahlrecht hatten.

Wenn die Aristokraten derart zu Passivbürgern würden, warf Daniel feixend ein, stehe der Fortpflanzung der Republikaner nichts mehr im Wege. Zumal auch die Majestäten höchstselbst, setzte Eulogius mit Schalksmiene hinzu, nach ihrer mißglückten Flucht nicht mehr so könnten, wie sie gerne wollten. Marie-Antoinette – so höre man aus Paris – könne nicht einmal ihre Toilette machen oder ihre Bettpfanne besteigen, ohne daß ein Bürgersoldat mit aufgepflanztem Bajonett sie bewache. Und der König könne das Schlafzimmer seiner Gemahlin nicht mehr ohne bewaffneten Geleitschutz betreten. Der Ärmste sei unfreier als sein niedrigster Lakai; nicht einmal mehr seinen Gattenpflichten könne er genügen, ohne daß er dazu der ausdrücklichen Genehmigung der Nation bedürfe.

Wir lachten wie bei einer Molièreschen Komödie.

Schließlich kam man überein, die Wunschliste dessen, was sich ein jeder von der Revolution erwarte und erhoffe, in einem Satze zusammengefaßt und mit dem jeweiligen Namen versehen, auf einen Bogen Papier zu schreiben und diesen, fein zusammengerollt, mit Hilfe eines kleinen Ballons, wie sie nach Montgolfieris Ballonfahrt in Mode gekommen, aufsteigen und zu unseren deutschen Brüdern und Schwestern über den Rhein fliegen zu lassen. Und so geschah es denn auch. Nachdem alle Botschaften für die »bessere Zukunft der Menschheit« gesammelt, wurde die eng beschriebene Rolle mit einem Faden umwickelt und an den aus Streifen dünnen Seidenpapiers zusammengeklebten Ballon gebunden. Dieser wurde über eine Flamme gehalten, bis sich die Luft darinnen genügend erhitzt; alsdann ließen wir den Ballon mit der teuren Fracht unserer Wünsche unter großem Jubel in die Lüfte steigen, wo er bald in den Nachthimmel entschwand. Indes dürfte er schwerlich über den Rhein geflogen sein; denn, wie uns ein Blick auf den Windhahn des Dachfirstes belehrte, blies der Wind nicht zum Rheine hin, sondern in die entgegengesetzte Richtung.

Nicht ohne Rührung denke ich daran, wie beschwingt und hoffnungsfroh wir damals, im Sommer und Herbst des Jahres 1791, noch waren. Der Horizont der Geschichte lag vor uns wie ein heller und verheißungsvoller Tag. Die Revolution strahlte im Glanz ihrer Jugend und Unschuld. Sie war ja auch, von einigen blutigen Szenen und Ereignissen abgesehen, die bis dahin friedlichste Staatsumwälzung der neueren Geschichte, und wir verbanden mit ihr, trotz Kirchenkampf und drohender Invasion, die schönsten Prospekte und Vorstellungen für die Zukunft Europas und der Menschheit. Waren die Hoffnungen, die damals unsere Herzen erwärmten und unsere Tatkraft beflügelten, auch in mancher Hinsicht zu idealisch gedacht und von der prosaischen Wirklichkeit entfernt, es waren gleichwohl menschliche, auf die allgemeine Wohlfahrt und das Glück der Individuen wie der Völker gerichtete Träume. Wie traurig und leer dagegen die heutigen restaurativen Zeiten, da man dem Traum von einer humaneren und gerechteren Gesellschaft so gründlich die Flügel gestutzt hat, daß, wer an ihn noch erinnert, nur noch ein spöttisches Gelächter oder müdes Achselzucken erntet. Wir verstanden die Philosophie der Aufklärung, vergleichbar den alten römischen Stoikern, vor allem als einen Auftrag an uns selbst, *die Verhältnisse zum Besseren zu verändern.* »Wo aber keine Vision ist«, pflegte Eulogius die Sprüche Salomonis zu zitieren, »wird das Volk wüst und leer.«

Von den Mühen der Ebenen

In den ersten Monaten seines Hierseins war das gebildete und patriotische Straßburg von dem neuen Münsterprediger, der schon bei seiner Antrittspredigt den Eid auf die Verfassung geleistet hatte, enthusiastisch eingenommen. Seine Bewunderer nannten ihn bald den »zweiten Demosthenes«. Wohin er kam, ging man ihm mit offenen Armen entgegen; überall, besonders in der Konstitutionsgesellschaft und in den protestantischen Kreisen und Familien, erscholl sein Lob. Wenn er behenden, weit ausgreifenden Schrittes an das Rednerpult trat, ging ein erwartungsvolles Raunen durch den großen Saal im *Spiegel.* Die Frauenzimmer erfreuten sich seiner vielversprechenden Miene, seiner blitzenden Augen und des Schwunges, den er sogleich in die Versammlung brachte. Die Männer bewunderten seinen schnellzüngigen Witz, seine kunstfertige und doch volkstümlich-bildhafte Rhetorik und polyglotte Beredsamkeit.

Auch mit seinem neuen Dienstherrn Franz-Anton Brendel, dem ersten frei und demokratisch gewählten konstitutionellen Bischof des Niederrheins, verstand Eulogius sich gut, zumal der gemütliche Volksbischof auch aus dem Frankenland stammte. Brendel hatte ihm sofort die Stelle eines bischöflichen Vikarius und einen Lehrstuhl für kanonisches Recht und geistliche Beredsamkeit am Seminarium angeboten. Dieser war immerhin ein respektabler Ersatz für jenen, den er in Bonn hatte verlassen müssen. Um so verwunderter waren ich und die Freunde, daß er sich nach Art eines freiwilligen Exils alsbald auf das Land versetzen ließ. Erst aus seinen nachgelassenen Tagebüchern ist mir der Beweggrund hierfür ersichtlich geworden.

Zur nämlichen Zeit drückten den neuen Volksbischof schwere Sorgen. Seit Frankreich revolutionär geworden war, hatte der alte Klerus ein Privileg nach dem anderen eingebüßt. Die neue, von der Nationalversammlung verabschiedete *Zivilverfassung des Klerus* verlangte von den Geistlichen, die jetzt vom Staate bezahlt wurden, den Eid auf die neue Verfassung. Die

Majorität der Geistlichen indes weigerte sich, einer nationalen Kirche zu dienen, die der Botmäßigkeit des Papstes, des Stellvertreters Christi auf Erden, entzogen war. Vor allem der emigrierte hohe Klerus wetterte und schäumte gegen die neue gallikanische Volkskirche – und dies nicht nur aus kanonischen Gründen, war er doch durch die Nationalisierung und den Verkauf der Kirchengüter um seine fettesten Pfründe gebracht. So war es zu einem regelrechten Schisma, zu einer Spaltung in zwei Kategorien von Geistlichen gekommen, in die *constitutionelles*, welche den Eid auf die Verfassung leisteten, und in die *réfractaires*, die diesen Eid verweigerten, da sie nach wie vor den Papst als ihren einzigen geistlichen Oberherrn anerkennen wollten.

Doch seit in Paris ein päpstliches Breve verbreitet wurde, das eine Art Kriegserklärung an die Revolution darstellte, stand Frankreich am Rande eines Religionskrieges. Papst Pius VI. ergoß sich darin in Beschimpfungen gegen die Menschenrechtserklärung und gegen die französische Verfassung, erklärte die demokratischen Wahlen der geistlichen Oberhäupter für null und nichtig und verbot ihnen die Austeilung der Sakramente. Und so schürten die eidscheuen Geistlichen den Aufruhr unter den Bauern. Ihr mit Wut von den Kanzeln geheultes Dies irae war nichts anderes als ein Ruf nach dem ewigen Feuer. Manche versprachen den Gläubigen, daß sie für den Mord an einem konstitutionellen Prediger eher die Absolution erhielten als für die Teilnahme an seiner Messe.

Am 17. Juli 1791 erließ die Nationalversammlung ein verschärftes Dekret gegen die eidscheuen Geistlichen. Diejenigen, welche bereits ihrer Ämter enthoben waren, erhielten Befehl, sich unverzüglich nach Straßburg zu begeben, andernfalls man sie ins Innere Frankreichs deportieren werde. In den ländlichen Gemeinden desertierten sie nun en bloc, um der angedrohten Deportation zu entgehen; als Hausierer, fliegende Händler, Hauslehrer oder fahrende Ärzte verkleidet, suchten sie auch weiterhin die ihnen anvertrauten Seelen zu indoktrinieren. Nicht wenige flüchteten in die Wälder, wo sie bald zu Anführern bewaffneter Briganten wurden; andere setzten sich über den Rhein ab, um sich mit den französischen Emigrantenheeren zu verbünden.

Um die verlassenen Sprengel und Pfarreien neu zu besetzen und der Wühlarbeit der untergetauchten *réfractaires* Einhalt zu gebieten, schickte Bischof Brendel viele seiner geistlichen Bediensteten und Vikare aufs Land. Im Zuge dieser Kampagne nun war es, daß Eulogius die verlassenen Pfarreien von Kuttolsheim, Dossenheim, Fossenheim und schließlich die von Oberbronn übernahm. Während seines Dienstes in diesen fanatisierten

Gemeinden lernte er die Mühen der Ebenen kennen. Seine respektablen akademischen Titel nützten ihm hier so wenig wie seine geistliche Beredsamkeit. Vergebens lud er die Oberbronner ein, in seine Messe zu kommen und seiner Botschaft zu lauschen: die Kirche blieb leer; nur zwei, drei Patrioten und ein paar Neugierige gaben ihm dann und wann die Ehre. Allein des Küsters Schäferhund, der es sich gern am Fuße der Kanzel bequem machte, erwies sich als zuverlässig patriotisch entflammbar, indem er hin und wieder durch lautes Gebell den Ausführungen des Zweibeiners in der schwarzen Soutane über die Versöhnung des Evangeliums mit der neuen Freiheit akklamierte. Der Beichtstuhl blieb leer, das Taufbecken setzte schon Moos und Schimmel an, Beerdigungen vollzogen sich ohne ihn und höchst geheimnisvoll des Nachts, und die Brautleute gingen eher in den Wald oder über den Rhein, um dort von einem eidscheuen Priester ihres Vertrauens den Segen zu empfangen.

Solche, dem Aberglauben und religiösen Fanatismus entspringende Possen wären wohl Stoff für den Satiriker gewesen; indes war Eulogius nach Wochen seines geistlichen Frondienstes in dieser verstockten und feindseligen Gemeinde, die ihn mit allen Mitteln zu demütigen und zum Rückzug zu zwingen suchte, vollkommen entnervt. Er verzichtete auch auf die üblichen Hausbesuche und zog sich verbittert in seine verwaiste Pfarre zurück, um sich einer Abhandlung *Über die Erziehung der Töchter* zu widmen.

Doch während dieser selbstgewählten »Verbannung in die Wüste«, wie er später jene Zeit scherzeshalber benannte, beschäftigte ihn in Wahrheit ein ganz anderer Gegenstand, dem er etliche Seiten seiner damaligen Niederschriften widmete: Es war die schöne Sara, die er sich vergebens aus dem Kopf zu schlagen suchte. Ihretwegen vor allem hatte er Straßburg verlassen; doch wollen mir die Beweggründe dieser Flucht, soweit er sie im Tagebuch selbst benennt, nicht recht einleuchten. Gewiß, er war seinem alten Freunde und Mitstreiter Friedrich Cotta ins Gehege gekommen, der ja schon länger im Hause Stamm verkehrte und früher als er um Saras Neigung zu werben begonnen hatte. Aber war das Grund genug, um auf den Gegenstand seiner Liebe freiwillig Verzicht zu tun und diesen, gleichsam vorbeugend, zu heroisieren?

18. August 1791
Ein Narr, der sich in ein Weib bloß deshalb verguckt, weil schon der Freund ein Auge auf es geworfen. Sollen denn Brüder und bewährte Compatrioten eines Weibes wegen zu Rivalen und Feinden werden? Da seien Gott und

die Freundschaft vor. Im übrigen gibt's wohl noch andere hübsche Dinger in Straßburg ...

21. August
Komme mit der Abhandlung gut voran. Die Arbeit hilft mir, die blonde Venus mit den Glückszeichen in den Mundwinkeln zu vergessen. Auch wenn sie ein helles Köpfchen ist und für ein Frauenzimmer erstaunlich belesen, sie ist recht vorlaut und vorwitzig. Das ziemt sich nicht für ihr Geschlecht. Als ich jüngst mit ihr über Campes und Basedows pädagogische Konzeptionen sprach, wußte sie alles besser. Und lief obendrein mit bloßen Armen und nackten Füßen durch den Salon, weil es so heiß war. Wir sind doch nicht in Tahiti! ... Wenn sie nur nicht so anmutig und liebreizend wäre! Denn, zum Teufel, das ist sie.

15. Sept.
Die alte biblische Redeweise »Und er erkannte sein Weib« kam mir heute wieder in den Sinn. Schlicht und schön ist der Ausdruck, eine Formel für das Glück. Etliche Weiber habe ich gehabt, seit ich das Kloster verlassen, und doch keines erkannt – und bin selber von keinem erkannt worden. Ist eine von denen, die ich begehrt und besessen, je zum Spiegel meiner selbst geworden? Was ist all mein aufgeklärtes Wissen, all meine philosophische Erkenntnis denn wert, wenn ich mich selbst nicht in einem Weibe erkennen kann, wenn dieser Spiegel für mich trüb und blind bleibt? Oder hält die Zukunft ihn noch für mich bereit?

17. Sept.
Muß man nicht Verzicht tun auf das eigene persönliche Glück, muß man nicht frei und ungebunden sein, wenn man das Glück der Menschheit befördern, zur Befreiung der Völker von Despotismus, Knechtschaft und Unmündigkeit beitragen will? Ist nicht alles andere dagegen zweitrangig, engherzig, zwerghaft, profan und mit dem Signum der Vergänglichkeit geschlagen? Nein, dies ist nicht die Zeit, am eigenen Herd mit Weib und Kind das kleine persönliche Glück zu schmieden. Diese Epoche verlangt ungebundene, unerschrockene, freiheitsliebende und tatkräftige Männer, gestählt an Herz, Verstand und Gesinnung.

Wenn denn das christliche Jenseits und die ›Unsterblichkeit der Seele‹ nur trostvolle Chimären sind, dann möchte man doch eine breite Spur im Diesseits, d.i. in der Geschichte hinterlassen. Es gibt kein anderes Jenseits als das Gedächtnis der Nachwelt.

Doch kaum war er wieder für ein paar Tage in Straßburg, führte ihn sein erster Besuch ins Haus der Familie Stamm. Nach Oberbronn zurückgekehrt, notiert er seufzend:

Als ich wieder im Fond der Kutsche saß, war es mir, als tauche ihre reizende Gestalt vor den Hügeln auf, welche die untergehende Sonne in ein bengalisches Licht getaucht. Auch als ich die Augen schloß, sah ich sie vor mir. –Von ihr geht etwas aus, das meine kältesten Winkel durchdringt und mich an glückliche Kindertage erinnert, als ich zur Sommerszeit mit Marie auf die knorzigen Uferweiden kletterte, während die Mutter im klaren Wasser des Main die Linnen wusch.

Wahrlich, sie hat alles, um einen Mann glücklich zu machen: Anmut, Esprit und Mütterlichkeit – wo fügt sich das sonst bei einem jungen Weibe zusammen? Indes, wenngleich ich sie auch für mich einzunehmen weiß, bin nicht geschaffen für die Teilhabe an solchem Glück. Ich beneide Friedrich, dem augenscheinlich ihre Neigung gilt. Sara für ihn – für mich die Sahara! Wie gehabt.

Einmal, als er von einem Spaziergang in sein Pfarrhaus zurückkehrte, fand er die Tür von Kugeln durchlöchert und die Fensterscheiben eingeschlagen. Kaum war der Schaden notdürftig repariert, sah er sich einer weiteren Provokation ausgesetzt. Eines Mittags, es war Erntezeit, spazierte er über die Gemeindewiesen; da hielten die Bauern wie auf ein Zeichen plötzlich im Mähen des Kornes inne, hoben drohend ihre Sensen und stimmten ein Kampflied im elsässischen Dialekt an, dessen gehackter Refrain ihm den Schweiß auf die Stirne trieb. Er ging eiligen Schrittes weiter und war froh, als er endlich durch das Stadttor war.

Um drohenden Unruhen und Anschlägen auf den konstitutionellen Prediger vorzubeugen, bat der Bürgermeister von Oberbronn schließlich das Département um die Entsendung einer Schutzwache. Dieser Bitte wurde entsprochen. Von nun an stand bald vor dem Pfarrhaus, bald vor dem Kirchenportal bei Tag und bei Nacht ein mit Pike und Bajonett bewaffneter Posten. Die offenen Feindseligkeiten gegen den ›welschen Professor‹ hörten zwar auf, hin und wieder fand sich auch eine Familie, die ihr Kind von ihm taufen oder einen Toten von ihm bestatten ließ, aber seine Messen waren auch weiterhin so spärlich besucht, daß es kaum lohnte, sie abzuhalten.

Nach zwei Monaten in Oberbronn warf er die Flinte ins Korn und kehrte der verwünschten Pfarre den Rücken. Bischof Brendel aber machte er gleich nach seiner Rückkehr nach Straßburg die bittersten Vorhaltungen, daß er ihn in diese ländliche Wüstenei verschickt. Lieber wolle er nach Afrika auswandern und den Affen auf den Bäumen predigen als diesen elsässischen Stockfischen und kreuzkatholischen Ottern. Der Bischof hörte sich ruhig diese Schelte an, dann sagte er mit feiner Ironie, der ein unüberhörbarer Tadel beigemischt war: Die Erfahrung in Oberbronn sei vielleicht ganz heilsam für den Herrn Professor gewesen, denn sie habe ihm vor Augen geführt, wie groß die Kluft zwischen dem hochfliegenden Ideal und der prosaischen Wirklichkeit sei. Rom sei auch nicht an einem Tage erbaut worden; noch viel weniger lasse sich das Reich der Konstitution und der Aufklärung in zwei Monaten errichten. Wer die Welt zum Besseren ändern wolle, der brauche eben nicht nur ein Ideal, sondern mehr noch Geduld und Nachsicht mit den kleinen, störrischen und unvollkommenen Menschlein, die in ihrem alten Trotte zu gehen gewohnt seien wie der Esel ums Mühlrad.

Auch wenn Eulogius nicht der Mann war, geduldig die steinigen Äcker des Vorurteils zu bearbeiten, so gab er sich doch alle Mühe, durch seine Reden in der Konstitutionsgesellschaft und durch seine Predigten im Münster das junge und noch schwankende Reich der Konstitution zu befestigen. Da er als Redner sehr gefragt war, reiste er viel im Département herum, um bei der Gründung neuer Konstitutionsgesellschaften mitzuwirken, Freiheitsbäume einzuweihen und den örtlichen Patrioten mit Rat und Tat zur Seite zu stehen.

Auch war er unermüdlich tätig, um die beiden rheinischen Départements mit zweisprachigen Religions- und aufgeklärten Volkslehrern zu versehen, die er im Auftrage seines Bischofs vor allem in den deutschen Landen anzuwerben suchte. Hierbei kamen ihm seine weitreichenden Verbindungen zugute. Dank seiner beharrlichen Appelle folgten seinem Rufe bald über dreißig Geistliche und Theologen aus Deutschland, unter ihnen seine besten Schüler, einige seiner Kollegen aus Bonn und schließlich auch, wie schon erwähnt, unser alter Freund Thaddäus Anton Dereser, der einen Stuhl für orientalische Sprachen an der katholischen Universität Straßburgs erhielt.

Sein Versuch aber, sich die ›mediceische Venus von Straßburg‹ aus dem Kopfe zu schlagen, indem er sich vornahm, dem Hause Stamm eine Zeitlang fernzubleiben, sollte ihm gründlich mißlingen, zumal er wohl nicht damit rechnete, daß auch eine Jungfer Venus sich über die engen Grenzen der Sittsamkeit, die ihrem Geschlechte gesetzt, munter hinwegsetzen und plötzlich die Höhle des kranken Löwen betreten könne.

Aus Saras Tagebuch (3)

18. Okt. 1791

Habe heute Eulogius besucht.

Doch welch ein Bild komischen Jammers bot sich mir dar, als mich seine Schwester in den Salon führte! Er saß mit gramvoller Miene in seinem grauwollenen Hausmantel im Lehnstuhl, um Kopf und Kiefer ein dickes Tuch gewickelt, das über dem Scheitel verknotet war. Ein Ausdruck ungläubigen Staunens malte sich in seinem Gesicht, als er meiner ansichtig wurde.

Ich konnte ein Schmunzeln nicht unterdrücken und bekannte sogleich den Grund meiner etwas pietätlosen Heiterkeit: Der wortgewaltige Prediger, der von der Kanzel herab Frankreichs Feinde mit Worten zerschmettert, sehe hier, in seinen eigenen vier Wänden, ganz unheroisch aus – wie ein leidender Osterhase! Der Vergleich schien ihm wenig zuzusagen, wie seine finster zusammengepreßten Brauen mir bedeuteten. Doch war er mit einem Ruck, wie man es einem Zahnleidenden gar nicht zutrauen würde, aus dem Lehnstuhl heraus, um mir kavaliersmäßig aus der Mantille zu helfen. Er zeigte mir gleich die geschwollene Backe unter dem Wickel, wo ihm am Vortage ein eitriger Backenzahn extrahiert worden. Die Zahnbrecher, klagte er, fackeln ja nicht lange herum, sie setzen einen auf den Stuhl, der Gehilfe reiße und presse einem die Kiefer auseinander wie einem tollwütigen Hund, während der Chirurgus, ohne auf des Patienten Gejaul und Gejammer zu achten, einem mit der Brechzange ins Maul fahre und so entsetzlich zerre und reiße, daß man glaube, er reiße einem den Kopf ab.

Da bevorzuge ich doch, sagte ich, die gute sanfte Hausmethode, die man stets bei mir und den Brüdern angewandt: Man wickle um den Zahn einen Zwirnsfaden, den man an die Türklinke binde. Die Tür einmal kräftig zugeschlagen – und wupp! – sei der Zahn heraus.

Die Methode kenne er auch, sagte er, aber bei ihm sei immer der Faden gerissen und der Zahn darinnen geblieben. Wahrscheinlich säßen seine Wurzeln zu tief und fest. Bei aller Furcht vor den Zahnbrechern habe er doch einen Heidenrespekt vor ihnen. Sie seien jedenfalls radikal im lateinischen Sinne des Wortes, indem sie ›eine Sache an der Wurzel packen‹!

Ich nahm Platz in einem Fauteuil, der seinem Lehnstuhl gegenüberstand. Als er jedoch die Hand an den Kopfwickel legte, um sich diesen vom Haupte zu ziehen – mir diesen Anblick zu bieten, ging wohl doch gegen seine Mannesehre –, protestierte ich heftig: Nein, nein, das dürfe er keinesfalls, der Wickel sei ja notwendig und lindere den Schmerz. Und überhaupt fände ich ihn recht kleidsam. Er ließ sogleich die Arme wieder sinken und sagte mit komischer Resignation: Nun denn, so gebe er mir wenigstens das Sujet für eine neue Karikatur.

Ich war froh, daß er trotz seines Zahnleidens so guter Dinge war. Ich erzählte ihm, daß mein Vater bei solchen Gelegenheiten gerne die stoische Philosophie bemühe, welche gebiete, die Unpäßlichkeiten der Natur und die Schmerzen des Leibes mit Gleichmut zu ertragen. Aber schon der geringste Zahn- oder Kopfschmerz lasse ihn kapitulieren vor der Haltung des stoischen Weisen; denn er wünsche nur noch, Philosophie hin, Philosophie her, den Schmerz wieder loszuwerden.

Er kenne ein wirksameres Remedium als die Stoa, sagte Eulogius. Und indem er sich auf seinem Lehnstuhl vorbeugte, ergriff er meine Hand und schob sie sachte unter das Wickeltuch auf die entzündete Backe. Dann, sich wieder zurücklehnend, wobei er meinen Arm mit sanfter Gewalt mitzog, schloß er die Augen und sagte genießerisch: »Siehe, jetzt läßt der Schmerz nach!«

Das war eine zärtliche Finte! Ich fühlte mein Herz pochen wie eine kleine Pauke. Eine ganze Weile verharrten wir so und sprachen kein Wort. Nur manchmal öffnete er kurz die Augen und blinzelte mich dankbar an, um sie sogleich wieder zu schließen, als wolle er den Augenblick so lange als möglich hinauszuziehen.

Erst als die Tür zum Salon aufging und Marianne mit dem Teeservice hereintrat, zog ich rasch, wie eine ertappte Diebin, die Hand von seiner Backe unter dem Wickel zurück.

Der geistliche Pantagruel

So unermüdlich und mit Erfolg er der Revolution neue Anhänger, Freunde und Mitstreiter gewann, er wäre nicht Eulogius gewesen, wenn er seinen in Deutschland erworbenen Ruf, ein Naturtalent in der Erregung öffentlichen Ärgernisses zu sein, nicht bald auch in Straßburg bewährt hätte. Am 21. Oktober 1791 hielt er, wie zur Revanche für das Oberbronner Debakel, in der Konstitutionsgesellschaft einen *Diskurs über die Heirat der Priester*, indem er die Unvereinbarkeit des Zölibats mit der »natürlichen Religion« nachwies, welche allein einem freien Volke gemäß sei. Es war ein öffentlicher Anschlag auf das Sanktuarium der katholischen Sittenlehre, zugleich ein Meisterstück geistlicher Beredsamkeit in der Form der Satire. Daß es sich hierbei vermutlich auch um den Befreiungsschlag eines bis über die Ohren verliebten Zölibatärs handelte, ahnte wohl niemand. Hier ein Auszug aus seinem Discours, welcher bewirkte, daß so manche Damen auf den Tribünen, unter ihnen auch Sara und Nanette, von ihren Schnupftüchlein

Gebrauch machen mußten, um sich die Lachtränen aus den Augen zu wischen:

Wo, liebe Freunde und Mitbürger, steht denn geschrieben, daß die Diener Gottes sich der Keuschheit befleißigen müssen, um sich als gute Seelenhirten zu beweisen? Gewiß, der Apostel Paulus predigte die Keuschheit, aber mich dünkt, als vielreisender Junggeselle hat er nur aus der Not eine saure Tugend gemacht. Waren denn nicht die meisten Apostel verheiratet, als Christus sie berief, desgleichen die Priester der ersten Kirche? Und Jesus selbst? War er denn nicht die Frucht einer gewöhnlichen Ehe? Wenn der Hl. Joseph wirklich so keusch gewesen wäre, wie man ihm nachsagt, wäre die Jungfrau Maria wohl schwerlich mit einem Knäblein niedergekommen; es sei denn, man hält es in dieser Frage mit dem Hl. Augustinus, welcher behauptet, die Hl. Jungfrau habe Jesus durch die Ohren empfangen. Solches dünkt mir indes wenig wahrscheinlich. Erstens bedarf Gott, da er ein nicht stoffliches Wesen ist, keiner Öffnung, um in den Körper der Jungfrau einzudringen. Zweitens hat bislang noch kein Anatom eine Verbindung zwischen dem Gehörgang und der Gebärmutter gefunden. Drittens hätte die Mutter Gottes, im Falle einer Empfängnis durch die Ohren, auch auf dem gleichen Wege gebären müssen. Nur in diesem Falle, der in der Medizingeschichte bislang noch niemals berichtet worden, hätte sie Anspruch, sich nach der Entbindung als Jungfrau betrachten zu dürfen. Im übrigen hat es mir niemals eingeleuchtet, warum die Kirche die Wonnen des Fleisches verteufelt, die Schmerzen der Geburt jedoch adelt, wo doch letztere nur die Folge der ersteren sind ...

Liebe Freunde und Mitbürger! Einmal ganz frank und frei gesprochen: Ist's denn nicht wider alle Natur und Vernunft, daß gestandene Familienväter und Mütter die Vergebung ihrer fleischlichen Sünden just von denen erwarten, die dank des Zölibats und mangels Gelegenheit gar nicht sündigen können? Welcher Musikant käme wohl auf die Idee, daß ihm just ein Tauber und Gehörloser die richtige Melodie vorspiele?.

Und ist nicht der Zölibat die Hauptquelle der katholischen Doppelmoral und Heuchelei? Indes sich römische Bischöfe und Kardinäle des Nachts bei ihren Mätressen tummeln, predigen sie den gewöhnlichen Geistlichen die Enthaltsamkeit nach dem Motto: Quod licet jovi, non licet bovi! Erst wenn auch dem Stiere, bevor er zum Hornochs geworden, erlaubt ist, was Zeus sich schon immer erlaubt, geht's mit rechten und natürlichen Dingen zu. Darum wünsche ich mir, daß endlich einmal ein Priester im Département, der Stimme der Natur statt der seiner scheinheiligen Oberen folgend, ein Beispiel von echtem Bürgersinn und Mannesmut gebe, indem er sich verheirate oder sich endlich zu der Haushälterin bekenne, mit der er mehr als nur das Abendmahl teilt und die er doch ängstlich vor den Augen der Welt verbirgt. ...

Durch den großen Saal im *Spiegel* schallte ein olympisches Gelächter. Sein mit pantagruelischem Witze vorgetragenes Plädoyer für die Verheiratung der Priester, die zwei Jahre später in ganz Frankreich Mode werden sollte, wurde mit viel Beifall und auch einigen Pfiffen bedacht; und die Konstitutionsgesellschaft beschloß, seine Rede unverzüglich in beiden Sprachen drucken zu lassen. Freilich wurde er sogleich gefragt, warum denn er selbst nicht mit gutem Beispiele vorangehe, worauf er etwas verlegen erwiderte, er werde es tun, sobald er die Richtige gefunden habe.

Am Tage nach diesem Discours sah man an allen Straßenecken Straßburgs Flugschriften angeschlagen, welche seinen Vorschlag bezüglich der Verheiratung der Priester auf das heftigste bestritten und die Unterschrift des Bischof Brendel und seiner anderen elf Vikare trugen. Sein oberster Dienstherr distanzierte sich öffentlich von den Thesen seines Vikarius. Damit war der Skandal gegeben, Eulogius wieder einmal in aller Munde – und in seinem ketzerischen Element. Kaum öffentlich angeschlagen und ausgehängt, wurden die Gegenmanifeste der bischöflichen Diözese in der folgenden Nacht von Mitgliedern der Konstitutionsgesellschaft wieder ganz pietätlos abgerissen, worauf die erzürnten Vikare und Helfer des Bischofs tags darauf ihre Klebeaktion wiederholten, mit dem gleichen Effekt, daß ihre Affichen erneut entfernt und in alle Winde zerstreut wurden. Dieser Krieg der bischöflichen Plakateure und Kleber mit den patriotischen und antiklerikalen Abreißern, an dem vor allem die Druckereien verdienten, wogte einige Tage hin und her, die öffentliche Meinung wogte mit, schwappte bald nach der einen, bald nach der anderen Seite und teilte sich schließlich in zwei Lager, die sich wortreich bekriegten. Die heftigen Debatten belebten auch die Bierstuben und Cafés, die Theatersäle und Seminare und machten den Nestbeschmutzer der katholischen Sittenlehre ausgesprochen populär. Ja, in den Spielhäusern und Kegelstuben wurden sogar Wetten abgeschlossen, welcher bekannte Priester wohl als erster den heiligen Bund der Ehe eingehen werde – und mit wem. Und das einfache Volk machte sich fortan einen Spaß daraus, jedes neue Findelkind, das vor der Pforte einer Kirche oder des Findelhauses aufgefunden wurde, auf seine Ähnlichkeit mit gewissen stadtbekannten Priestern zu taxieren. In den Kaffeekränzchen und den Salons der Stadt aber wurde eifrigst darüber gemutmaßt, auf welche Jungfer das begehrliche Auge des bischöflichen Vikarius und »berühmten Professors« gefallen sein könnte, um seine Ablehnung des Zölibats demnächst in Fleisch und Bein zu bekunden.

Da es sich inzwischen herumgesprochen hatte, daß dieser häufig im Hause Stamm verkehrte, bekam Sara neuerdings, wenn sie auf den Markt zum Einkaufen ging, von den jungen Burschen und Marktweibern allerlei Anzüglichkeiten zu hören. Sie tat zwar so, als ginge sie das Gerede nichts an – schließlich mußte sie auf ihren Ruf und den ihrer Familie bedacht sein –, sie konnte indes nicht verhindern, daß sie hin und wieder einen roten Kopf bekam. Insgeheim aber lachte sie über den possierlichen Meinungskrieg, den Eulogius mit seinem frivolen Pamphlet vom Zaun gebrochen. Die Geburt des Heilands aus dem Ohr der Hl. Jungfrau inspirierte sie übrigens zu einer hübschen Karikatur, die den Titel trug »Der kleine Mann im Ohr«, alsbald in den Druck ging und von den fliegenden Händlern verkauft wurde.

Die Gegenattacke freilich ließ nicht lange auf sich warten. Die eidscheuen Priester und ihr katholischer Anhang in der Nationalgarde streuten alsbald das Gerücht aus, daß der hergelaufene deutsche Prediger, der so gotteslästerliche und atheistische Ansichten vertrete, die Absicht habe, bei seiner nächsten Predigt im Münster sogar die Nichtexistenz Gottes beweisen zu wollen. Für den Fall, daß er sein Vorhaben wahr mache, werde man ihn in die Hölle schicken, das heißt: von der Kanzel schießen. Diese Drohung war nun nicht mehr auf die leichte Schulter zu nehmen. Friedrich, Carl, Thaddäus, Sara und ich waren in großer Sorge um Eulogius, denn den fanatischen *réfractaires* war alles zuzutrauen. Wir beschworen ihn, angesichts der Gefahr eines Attentats lieber auf seine Predigt zu verzichten. Doch dies lehnte er ab. Man dürfe sich nicht einschüchtern lassen, sagte er mit entschlossener Miene. Wenn er jetzt kneife, hätten die eidscheuen Priester und ihr Anhang einen unwiederbringlichen Sieg errungen. Wenn er denn unbedingt die Kanzel besteigen wolle, bedrängten wir ihn, solle er jede Provokation vermeiden und auf keinen Fall Öl ins Feuer gießen. Dies versprach er.

Vor Beginn seiner nächsten Predigt im Münster unterzog die Stadtwache etliche Besucher, Nationalgardisten wie Schwarzröcke, an der Pforte einer Leibesvisitation. Die Kirche war brechend voll, und es herrschte eine gespannte Atmosphäre. Wie erstaunt und enttäuscht aber waren die zahlreich erschienenen Gegner des patriotischen Erzketzers und die Schreiberlinge der ultramontanen Blätter, als sie statt des vermeintlich atheistischen Pamphlets eine gefühlvolle und im Tone sehr gemäßigte Predigt zu hören bekamen, die den Titel trug: *Das Betragen eines aufgeklärten und christlichen*

Patrioten, gegen die sog. Nichtconformisten. Eine Predigt über Matthäus XVIII, Vers 32, 33.

Es fiel auch kein Schuß; dafür entglitt dem tolpatschigen Meßdiener bei dem Versuch, eine züngelnde Altarkerze zu löschen, die dem Saum des roten Sammettuches mit dem Brevierbuch obenauf schon gefährlich nahe gekommen, die Kupferglocke, welche mit Getöse auf den steinernen Boden schlug, worauf alles zusammenzuckte, auch der Prediger auf der Kanzel, der eine gute Zielscheibe abgab. Doch dann hob er die Brauen und sagte gelassen: »Nicht alles, was kracht, ist darum schon ein Gottesurteil!«, worauf alles lachte und wir uns erleichtert in die Kirchenbänke zurücklehnten. Mit diesem Intermezzo hatte Eulogius vorerst den Zunder aus der explosiven Angelegenheit genommen und auch seinen Bischof wieder halbwegs versöhnt. Die rufmörderische Verleumdung, daß der neue Münsterprediger ein Atheist und Gottesleugner sei, war fürs erste vom Tisch, sollte jedoch bald wieder aufkommen.

Ach, hätte er doch die belebende Rolle des geistlichen Pantagruel weitergespielt, zu der er so viel Talent mitbrachte, er hätte vielleicht seine letzten Tage nicht in der Pariser Abtei verbracht, das Schafott vor Augen.

XVII. Confessions (4)

15. Jan. 1794
Noch immer keine Antwort von Sara. Jacques suchte mich zu trösten mit der Unsicherheit der Postwege. Und wer wisse denn, ob die Briefe nicht von der Censur abgefangen würden. Aber er selbst empfängt Post von seiner Frau aus Lyon – und auch andere Kameraden hier.

Ist die Waagschale ihres Gefühls gegen mich ausgeschlagen? Hat sie mich aus ihrem Herzen verbannt? Ich log ja auch, als ich ihr schrieb, ich sei noch derselbe wie früher. Ich bin es nicht.

16. Jan.
Fabre d'Eglantine, der bekannte dramatische Schriftsteller, der zu den Freunden Camille Desmoulins und Dantons zählt, verhaftet. Er wird beschuldigt, eine halbe Million Franken für die Fälschung von Dokumenten der »Ostindienkompagnie« veruntreut zu haben. So steht's in den Zeitungen. Aber der wahre Grund seiner Verhaftung sei, meint Savany, daß Robespierre Angst vor der scharfen Zunge dieses beim Pariser Publikum sehr beliebten Satirikers habe und daß er sich der Faction der *Nachsichtigen* entledigen wolle.

Als Verleumdungswerkzeug gegen Fabre habe man einen gewissen Delaunay (Abgeordneter des Konvents) benutzt, der seit Wochen in Haft sitzt. Delaunay habe Fabre nur belastet, um seinen eigenen Kopf zu retten. Um die gewünschten Aussagen von ihm zu erpressen, habe man ihm in der Haft ein Luxusleben gestattet. Alles sei im Überfluß vorhanden: ausgesuchte Weine, köstliche Früchte, Mädchen besonders, alles, wodurch das Gewissen geschwächt, getrübt, betäubt werden könne. Im Rausch habe er dann alles enthüllt, was Fabre zum ›Fälscher‹ und ›Vaterlandsverräter‹ stempeln und aufs Schafott bringen wird.

Sollte die Justiz der Jakobinerrepublik in einem solchen Sumpf von Intrigen, Verleumdung und Meineid versinken? Dann wären auch ich und die Freunde verloren. Weiß freilich nicht, wie vertrauenswürdig Savany ist, ob er die Dinge nicht übertreibt oder ins Gemeine und Niederträchtige verdreht. Kenne ihn noch zu wenig. Aber in den Pariser Verhältnissen kennt er sich aus.

17. Jan.
Er habe mehr Angst vor der Nacht, sagte Jacques heute, als vor Sanson, dem Henker. Da hätten wir Klerus und Kirche, die Heiligen und das Jenseits abgeschafft, aber die Geister der Toten fänden uns doch. Erst wenn der

ewige Schlaf beginne, hätten sie über uns keine Macht mehr. Wie gut ich ihn verstehe.

Ich fragte ihn, was denn ihm auf der Seele liege, welches »Verbrechen« das sei, von dem er mir schon auf dem Karren gesprochen. »Willst du, daß ich bei dir die Beichte ablege?« gab er zur Antwort. »Doch wie kann einer, der selber Blut an den Händen hat, andren die Absolution erteilen? Wenn du mich freisprächest, tätest du es nur, um deine eigene Bürde zu erleichtern. Eine solche Absolution ist nichts wert!« Dies kränkte mich, und ich war ihm den ganzen Tag böse.

19. Jan.
Heute wurde die ›Göttin der Vernunft‹ hier eingeliefert. Die Republik sorgt auf dem Höhepunkt des Schreckens für ihre eigene Travestie. Madame M., eine bekannte Pariser Schauspielerin, die beim ›Fest der Vernunft‹ in Nôtre-Dame die nämliche Allegorie dargestellt, entstieg in einem samtenen Kleide der Gefangenenkutsche und durchschritt den Hof der Abtei wie eine Bühne. Sie erhielt, besonders von den Aristokraten, die sich sogleich oben auf der Galerie versammelten, rauschenden Beifall. Daß dieser der reine Hohn war, schien sie nicht zu bemerken. Sie hielt zweimal im Schreiten inne und verneigte sich huldvoll. Sie ist die Sensation und der Gesprächsstoff des Tages. Während die Männer sie sehr hübsch und attraktiv finden, wird sie von den Frauen als ordinär abgetan. Den ganzen Tag waren die Lästerzungen zu vernehmen: »Sieht sie nicht aus wie eine abgetakelte Mätresse? Ich glaube, Diderot und Voltaire hätten diese ›Göttin der Vernunft‹ nicht einmal mit der Kohlenzange angefaßt!« etc. ...

Es ist schon kurios, wie selbst unter diesen Gefährtinnen des Todes noch die weibliche Eifersucht auf die neue Konkurrentin laut wird. Vielleicht beweisen sie sich so, daß sie selbst noch lebendige und anziehende Geschöpfe sind.

20. Jan.
Im Dämmer des Erwachens ergriff mich eine so reißende, schmerzende Sehnsucht nach Sara, nach ihrem Leib, ihrem Schoß, ihrer Zärtlichkeit, ihrer Vergebung, daß ich, um meinen Schmerz zu betäuben, meinen Kopf gegen die Wand schlug.

21. Jan.
Merville bewahrte mich heut wieder vor den Attacken zweier Royalisten, die mir auf dem Korridor auflauerten. Als ich ihm für sein Einschreiten

dankte, sagte er: Zu den wenigen Prinzipien, die er habe und hochhalte, gehöre dasjenige Voltaires, der noch die Freiheit und Meinungsfreiheit seiner ärgsten Feinde verteidigt habe. Wenn auch ein Aristokrat, der mich wohl in die Hölle wünscht – der Mann hat Courage.

Ach, was die Zeiten aus uns machen! Fühle mich sterbenselend, kalt, leer, ausgebrannt wie ein verglühtes Stück Holz.

Der Schatten

»Kennen Sie die Geschichte, wie Alexander der Große seines Vaters Pferd zähmte?«

Merville, der in seinem scharlachroten Hausmantel am Tisch vor dem Fenster saß, über seine Tarotkarten gebeugt, sah seinen Mitbewohner fragend an. Eulogius, auf seiner Pritsche liegend, hob kaum die Augen aus Rousseaus *Confessions*, in die er sich gerade vertieft hatte; ihm war nicht nach Reden und Disputieren zumute, auch wenn sein Zellengenosse augenscheinlich Langeweile hatte.

»Sie kennen die Geschichte nicht? . . . Nun, der junge Alexander sah, wie sein Vater sich vergebens mühte, dem wilden Roß Zaum und Zügel anzulegen; auch die besten Krieger seines Heeres vermochten es nicht. Das Roß bäumte sich jedesmal auf, schlug mit den Hufen aus und trieb jeden, der sich ihm mit dem Zaumzeuge näherte, in die Flucht. Eines Tages hatte der junge Alexander eine Art Eingebung. Im Stall, wo das wilde Roß stand, war es ziemlich dunkel, so daß es keinen Schatten warf. Da führte er es hinaus in den Hof, in die Sonne, ins helle Tageslicht. Zum ersten Mal erblickte das Roß seinen eigenen Schatten – und erschrak. Es erzitterte vor seinem dunklen Widerpart und stand stille. Da legte ihm Alexander ruhig Zaumzeug und Zügel an.«

»Und was soll mir diese Geschichte?«

Merville lächelte hintersinnig. »Nun, Sie erinnern mich an jenes Roß, das vor seinem eigenen Schatten erschrickt.«

»Was Sie nicht sagen!«

»Sie verlassen die Kammer – da halten Sie den Kopf noch gerade. Nach zehn Schritten lassen Sie ihn schon hängen und legen die Hände auf den Rücken. Sie haben zwar die Augen offen, aber anscheinend sehen Sie weder vor sich noch neben sich irgend etwas. Schließlich bewegen Sie die Lippen, sprechen mit sich selbst, wenn auch fast unhörbar für andere, wobei sie manchmal die Hand freimachen, wie um zu deklamieren. Schließlich bleiben Sie mitten auf dem Korridor stehen und gehen dann plötzlich in dieselbe Richtung, aus der Sie kamen. Als ob Sie schlafwandeln – mit offenen

Augen! ... Sie könnten einem leid tun, wären Sie nicht just der ›Marat von Straßburg‹.«

Eulogius biß sich auf die Lippen. Das hätte ihm gerade noch gefehlt, sich von dem Grafen bedauern zu lassen. Am meisten ärgerte ihn diese erzwungene Intimität, die jenen zum Zeugen seiner Verstörungen machte. Er wollte eben zu einer trotzigen Replik ansetzen, da sagte Merville:

»Ich weiß, Ihr Stolz und Ihr patriotisches Ehrgefühl gestatten es Ihnen nicht, just von einem ›aristocruche‹* bemitleidet zu werden. Keine Sorge, ich werde Ihnen diese Schmach nicht antun. Aber die Ironie der Geschichte hat uns beide nun einmal, wie in Dantes Inferno die Geizigen und die Verschwender, in den gleichen Höllenkreis gebannt. Ob man will oder nicht, man entkommt einander nicht. Wußten Sie eigentlich, daß Sie im Schlafe sprechen?«

Eulogius starrte ihn an. War das wahr oder nur wieder eine von Mervilles boshaften Finten?

»Oh ja, Sie brabbeln wirres Zeug. Sie rufen den Namen eines Weibes – ›Sara‹. Manchmal wird auch ›Sahara‹ daraus. Heute morgen, zwischen Schlafen und Erwachen, riefen Sie: ›Im Namen des Gesetzes, Sie sind verhaftet!‹ Ich dachte schon, Sie meinten mich, aber dann riefen sie mehrmals den Namen ›Michael‹ aus. Als ob Sie den Erzengel Michael verhaften wollten. Oder parodieren Sie sich selber im Traume? Ihre Seele, mein Bester, gleicht einem lecken Faß, aus dem es unentwegt tropft.«

Eulogius spürte, wie ihm die Ohren rot wurden. Daß er, ohne es zu wissen, nächtens seine Herzensgeheimnisse ausplauderte, erfüllte ihn mit Scham; und es ärgerte ihn maßlos, daß Merville dies auch noch mitbekam. War er vielleicht doch als Spitzel auf ihn angesetzt, um ihn auszuhorchen, gar seinen Schlaf zu belauschen?

»Ihre nächtlichen Wüstenwanderungen«, sagte Merville, indes er mit routinierten Griffen eine neue Reihe Tarotkarten auslegte, »gehen mich zwar nichts an, aber sie fallen gewissermaßen in mein Fach. Als praktizierender Magnetiseur und Forscher auf dem Gebiete des Somnambulismus habe ich nun mal ein leidenschaftliches Interesse an den dunklen, den Schattenseiten der menschlichen Seele. Und Sie sind gerade unter diesem Aspekt ein hochinteressanter Casus für mich.«

»Allerdings«, versetzte Eulogius bissig, »sah ich zu Straßburg zuweilen, wenn ich die beleuchtete Gasse hinaufging, wie mir ein Schatten folgte. Er entpuppte sich als ein Spitzel der Royalisten. Ich ließ ihn verhaften. Da war ich ihn los.«

---

* Sansculottisches Schimpfwort für »Aristokrat«

Merville lachte. Dann erwiderte er mit genüßlicher Suffisance: »Seinen Schatten, mein Bester, wird man nicht los. Sehen Sie den Ihren dort an der Wand!« Er wies mit seiner ausgestreckten Rechten auf das schattenhafte Konterfei, das die Lampe auf die gegenüberliegende Wand warf. »Versuchen Sie nur, ihm Handschellen anzulegen oder ihn abführen zu lassen – er schleppt Sie, sein Original, immer mit. Sooft wir nicht sehen, wo unser Schatten steht, wird es böses Blut geben. Dann steht er nämlich *hinter* uns. Und wenn wir glauben, keinen Schatten zu haben, dann *hat* er uns. Dann geht er mit uns durch wie der Leibhaftige.«

Eulogius legte das Buch aus der Hand, wobei er unwillkürlich sein Schattenbild an der Wand musterte, das seine Bewegung mit einer unheimlichen Genauigkeit wiederholte, als wolle es ihn nachäffen. »Wenn ich Sie recht verstehe«, entgegnete er, »wollen Sie den guten alten christlichen Teufel, den wir gerade abgeschafft haben, wieder rehabilitieren. Sie entkleiden ihn nur seines alten heidnischen Zubehörs, seiner Hörner, Hufe und Zinken. Sie entchristlichen ihn, indem Sie ihn mit einem Namen aus der optischen Wissenschaft belegen. Denn freilich wirft ein jedes beleuchtete Ding seinen Schatten. Na und? Ich kann daran nichts Mystisches finden.«

»Vielleicht ist ja die größte Erfindung des Teufels, die Welt im Namen der Vernunft und der Aufklärung glauben zu machen, es gäbe ihn nicht mehr. Doch lassen wir den alten Teufel der Christenheit! Ich spreche auch nicht von der Optik, sondern von der dunklen Seite in uns, die wir nicht erkennen wollen. Der Schatten – das ist all das, was wir an uns selbst zutiefst ablehnen, verabscheuen und daher ins Dunkel unserer Seele verbannen, weil es nicht zu dem tugendhaften Bild paßt, das wir uns von uns selbst gemacht haben. Zuweilen wirft er uns auch, wie in der Camera obscura, ein spiegelverkehrtes Bild unserer selbst zurück: Wir sehen etwa die Uneigennützigkeit, den Altruismus, die Aufopferung für das allgemeine Wohl als unsere höchste Tugend an. Unser Schatten aber zeigt uns den versteckten Egoisten und Machiavellisten in der edlen Verhüllung des Altruisten. Kein Wunder, daß wir ihm mit allen Mitteln auszuweichen suchen, nicht wahr? Und daß wir – wie das wilde Roß Alexanders – heftig erschrecken, wenn wir ihm plötzlich im hellen Licht des Tages begegnen oder wenn wir gewahr werden, was er hinterrücks, unseren besten Absichten zum Trotz, angerichtet hat.«

Eulogius wurde es mulmig zumute, und er hatte das starke Bedürfnis, diesen obskuren Disput zu beenden. Doch der redselige Alte tat ihm den Gefallen nicht.

»Ich hatte mal einen Fall, der mich von ferne an den Ihren erinnert. Es handelte sich um einen hochgelahrten Mann, der sogar Mitglied der

Akademie der Wissenschaften war. Nun geschah es zuweilen, daß er sich, wenn er morgens erwachte, in seinem eigenen Kohlenkeller wiederfand: die Hände schwarz, das Gesicht rußig, die Haare voller Kohlenstaub. Er konnte sich überhaupt nicht erinnern, wie ausgerechnet er, ein Mann, der in den luftigen Höhen der Philosophie und Aufklärung zu wandeln gewohnt war und sich stets unter Kontrolle hatte, dort hingekommen war. Er war ziemlich erschüttert, daß er im Schlafe Dinge tat, von denen sein Wachbewußtsein nicht die geringste Ahnung hatte. Der Casus spricht, wie Sie zugeben werden, sehr für die Doppelnatur der menschlichen Seele: Unser bewußtes Selbst scheint einen dunklen Widerpart zu haben, von dem es nichts weiß oder nichts wissen will und der doch plötzlich Herr über uns wird, unserer gesunden Vernunft und unserem viel gerühmten ›freien Willen‹ zum Possen. Nun, bislang glaubte ich, daß dieser dunkle Bruder nur während des Schlafes und in den somnambulen Zuständen von uns Besitz ergreift. Das bizarre Schauspiel der Revolution indes belehrte mich, daß auch der Rausch und Taumel der Ideen, die Ekstase der Freiheit, Gleichheit und Brüderlichkeit, die Menschen in einen Zustand versetzen kann, der dem des Schlafwandlers recht ähnlich ist; daß sie dann Dinge tun, von denen sich der gesunde Menschenverstand nichts träumen läßt. Wie ist das eigentlich«, Merville hielt wieder seinen bannenden Blick auf ihn gerichtet, »wenn man einen Menschen zum Schafott führt? Jetzt ist er noch lebendig, er atmet wie wir, bewegt Arme und Glieder wie wir – und wir wissen, wenige Augenblicke später wird er mausetot sein, und wir selbst sind die Ursache davon?«

Mit Galle stieß Eulogius hervor: »Die Ursache davon ist allein er selbst, sein eigenes Verbrechen gegen das Gesetz oder seine eigene Verräterei.«

»Gut. So rechtfertigt sich unser Verstand. Aber unser Gefühl? Auch wenn wir uns hundertmal sagen: Dieser Mensch ist nach dem Gesetz schuldig, er ist ein Erzaristokrat, ein Conterrevolutionär, ein Verräter, ein Wucherer, er hat den Tod verdient – *wir* sind es, die das Todesurteil unterschrieben, *wir* sind es, die ihn zum Richtplatz führen, *wir* haben die Verantwortung dafür, daß sein Leben von einem Augenblick auf den anderen ausgelöscht wird. Wie fühlt man sich dabei?«

»Monsieur! Sie stören mich in meiner Lektüre«, sagte Eulogius in apodiktischem Ton und senkte die Augen wieder ins Buch. Aber er tat nur so, als ob er weiterlese, denn er konnte sich nicht mehr auf den Text konzentrieren.

Doch Merville war nicht willens zu schweigen. »Sie kennen gewiß das Wort des Apostels: *Das Gute, das ich will, das tue ich nicht, sondern das Böse, das ich nicht will.* Hier ist noch das alte Wissen um den Schatten, um die dunkle Seite in uns. Im späteren Christentum ging dieses Wissen leider verloren. Nach Augustinus *Civitas Dei* muß das Böse durch das Gute vernichtet werden – eine gefährliche Lehre, denn jetzt will der Christ eins mit dem Guten werden und verliert so die Beziehung zu seinem Schatten. Ebenso sein Nachfahre, der Jakobiner! Auch wenn er Thron und Altar umgestürzt hat und Gott ihm gleichgültig geworden ist, er trennt ebenso strikt das Gute vom Bösen, die Tugend vom Laster, das Licht vom Schatten wie der Christ. Aber nicht der Schatten, der zu uns gehört als unsere andere Seite, ist das Böse. Dieses entsteht erst aus der Begierde, ihn zu verleugnen, ihn loszuwerden. Und wie wird man die eigene Sündhaftigkeit und Unvollkommenheit, das eigene Böse, das man an sich selbst nicht erträgt, am besten los?«

Merville sah ihn an wie der Examinator seinen Schüler, von dem er weiß, daß er ihm die Antwort schuldig bleiben wird. »Indem man es an anderen verfolgt und auszumerzen trachtet. Eben darum ist der heutige Jakobiner, der Streiter für Menschenrecht und Freiheit, nicht weniger verfolgungssüchtig als sein Vorfahre, der von der Idee des Guten besessene katholische Christ und Kreuzritter. Aber ...«, er hob genüßlich die Stimme, »der Schatten folgt ihm auf dem Fuße wie der Spürhund dem Verbrecher. Manchmal reißt er ihn auch aus dem Schlafe und schlägt ihn mit dem Kopf gegen die Wand. Voilà la calamité!«

Jetzt war es genug! Mit einem Ruck war Eulogius von der Pritsche und trat auf den Grafen zu. »Sie selbsternannter Fürst der Schattenwelt! Reden wir einmal von Ihrer dunklen Seite und den Verbrechen Ihrer noblen Kaste! Jahrhundertelang haben Sie und Ihresgleichen das Volk weniger als Vieh geachtet und es zu einem armseligen Schattendasein verdammt – zu Not, Fron und Leibeigenschaft, zu Unwissenheit und vollkommener Rechtlosigkeit. Jahrhundertelang hat der Feudalherr dem Untertanen das Fell über die Ohren gezogen und ihm, wie jene Vampire, die sich des Nachts auf ihre Opfer stürzen, das Mark und Blut ausgesaugt. Jahrhundertelang hat er ihn, wann er nur wollte, aufs Schlachtfeld geschickt und ihn seinem Halsgericht unterworfen mit Rad und Galgen, Spießen und Brennen bei lebendigem Leibe. Aber als das Volk endlich seiner natürlichen Rechte gewahr wurde und sich die Freiheit und eine Konstitution erkämpfte, da entfachten die Aristokraten, die Pfaffen und Königsknechte den Bürgerkrieg. Mit Feuer und Schwert suchten sie die Republik zu vernichten und die befreiten Untertanen wieder an die Kette des Despotismus zu schmieden. Und jetzt wundert sich der Herr Aristokrat und jammert darüber, wenn den Sans-Culottes der Geduldsfaden reißt und sie ihn an die Laterne hängen oder ihm gar den Kopf kürzen. Jetzt lamentiert er über das böse Blut, das er und seine verräterische Kaste selber erzeugt haben. Die Verbrechen seiner eigenen Spezies will er nicht sehen, über die Gräberfelder mit Hunderttausenden von Toten, die die dynastischen Kriege seiner Könige und Fürsten gekostet haben, schweigt er sich vornehm aus. Dafür aber schreit er uns Jakobiner als Verbrecher aus, weil wir die bedrohte Volksfreiheit mit allen Mitteln, auch mit denen des Terrors, zu behaupten suchen. ... Jawohl! Ich habe meine Hände mit dem Blut der Conterrevolutionäre und Verräter befleckt, und – Sie haben ganz richtig beobachtet – ich träume schlecht. Denn Blut bleibt nun einmal Blut. Aber Sie, Monsieur Blaublut, sind der letzte, der das Recht hätte, sich als mein Richter aufzuspielen und von mir Rechenschaft zu fordern!«

Merville hob erstaunt seine buschigen Brauen, dann erwiderte er gelassen: »Ich halte es, obschon kein Freund der Kirche, mit dem alten Bibelwort: ›Wir sind allzumal Sünder, und darum wollen wir niemandes Richter sein.‹ Im übrigen soll es auch Adelige geben, für die die Erklärung der Menschenrechte nicht bloß ein Lippenbekenntnis ist. Standen denn nicht viele Adelige in den ersten Jahren an der Spitze der Revolution? Und ist's nicht kurios, daß Sie just mich zum Erzaristokraten ernennen, einen Mann, der Sie selbst so manches Mal vor den Attacken der hiesigen Royalisten beschützte?«

Die Erinnerung daran stimmte Eulogius' Zorn wieder herab; gleichzeitig verdroß es ihn, daß er ausgerechnet einem Aristokraten zu Dank verpflichtet war.

»Das vergesse ich Ihnen auch nicht«, sagte er mißmutig, »aber wenn Sie glauben, just an mir und den Jakobinern Ihre misanthropische Philosophie exemplifizieren zu können, die Sie sich aus dem Somnambulismus zusammengebraut haben, täuschen Sie sich sehr! So manchen Schurken und Wucherer, der sich auf Kosten der Sans-Culottes bereicherte, die Assignate herabsetzte, doppelte Preise machte oder die Leute gegen die Republik aufwiegelte, ließ ich die ganze Strenge des Gesetzes spüren. Warum? Etwa weil ich selber ein heimlicher Spitzbube, ein neidischer Hengst bin oder insgeheim dem Laster der Habsucht fröne, wie Ihre zynische Philosophie unterstellt?«

»Weiß ich, welchen Lastern und Leidenschaften Sie insgeheim frönen?« entgegnete Merville mit ätzender Ruhe. »Wenn es die Habsucht nicht ist, dann ist es vielleicht die Ehrsucht, die Selbstgerechtigkeit oder der heimliche Genuß der Macht, die Ihnen das Amt des Öffentlichen Anklägers verlieh.«

»Sie bilden sich allerhand ein, Meister!« versetzte Eulogius sarkastisch.
»Glauben in meiner Seele lesen zu können wie der Hellseher im Kaffee-
satz, wie?«

»Denken Sie nur an Robespierre! Der ehemalige Kirchenrichter von
Arras schied einst aus dem Amte, weil er ein Gegner der Todesstrafe war
und kein Todesurteil unterschreiben wollte. Noch zur Zeit der Constituante
brillierte er als glühender Verfechter der Freiheit und Gleichheit. Und heute
ist er der Oberinquisitor der ganzen Nation, dem die Haftbefehle und die
Todesurteile schneller von der Hand gehen als den vormaligen Despoten die
lettres de cachets.«

Der Name Robespierre legte sich Eulogius schwer aufs Gemüt, waren
ihm doch der »Unbestechliche« und sein neues Papsttum inzwischen selbst
suspekt geworden.

»Wie kommt es denn«, fuhr Merville fort, »daß aus glühenden Streitern
für Menschenrecht und Freiheit, die der Tyrannis und Willkür ewige Feindschaft schworen, am Ende selber machtgierige Herrscher und Tyrannen
werden? Weil sie ihre dunkle Seite, den Schatten ihrer eigenen Herrschsucht
und Machtliebe nicht erkennen, der sich hinter dem Banner ihrer Freiheits-
und Gerechtigkeitsliebe verbirgt. Was der Mensch aber an sich selbst nicht
erkennen will, dies bemächtigt sich seiner früher oder später. So wird er
dem, was er bekämpft, am Ende zum Verwechseln ähnlich. So kommen die
rebellischen und aufständischen Söhne zuletzt wieder auf ihre Väter heraus
und wollen sich doch in ihrem Bilde nicht wiedererkennen. Das ist die traurige, die immer wiederkehrende Litanei der Geschichte!«

Eulogius wollte hierauf erwidern; und sei es nur, um diesem unerträglichen Besserwisser nicht wieder das letzte Wort zu lassen, aber er wußte
nicht wie und nicht was, und fühlte sich auf einmal sehr müde. Dieser Disput ging ihm an die Nieren, und er hatte das dringende Bedürfnis, ihn zu
beenden. Er ging zu seiner Pritsche zurück, streckte sich hin und blätterte
lustlos weiter in Rousseaus *Confessions*.

Der Graf fächelte indes die Tarotkarten zusammen, legte sein Haarnetz
an und machte sich bettfertig.

Nicht lange, nachdem dieser eingeschlafen war, löschte auch Eulogius die
Kerze über dem Bord und zog sich die Decke bis zum Halse. Aber er
konnte nicht einschlafen. Daß Merville zum Voyeur seiner Verstörungen,
gar zum Mitwisser seiner nächtlichen Selbstgespräche geworden – schon
dies war Grund genug, sich dem Schlaf zu verweigern. War seine Seele wirklich ein ›leckes Faß, aus dem es unentwegt tropfte‹? Daß er von Sara

träumte und ihren Namen rief, dies mochte er wohl glauben. Aber was hatte Michael, nicht der Erzengel, sondern sein *Vater* Michael in seinen Träumen zu suchen? Wollte er etwa seinen Alten in Haft nehmen und ihm den Prozeß machen? Der Gedanke amüsierte ihn beinahe. Verdient hätte er es schon, dieser mürrische Despot der Familie, der der Mutter das Leben so sauer gemacht und ihn, seinen Jüngsten, für die läßlichsten Sünden und bei den geringsten Widersetzlichkeiten gnadenlos abgestraft hatte. Gern, allzugern hätte er ihn einmal zur Rechenschaft gezogen für all das, was er als Knabe unter ihm gelitten. Aber der Alte war seit drei Jahren tot.

Ihm fiel wieder jene Szene ein, die er ihm nie verziehen hatte: Wegen eines harmlosen Bubenstreiches, an den er sich nicht mehr erinnerte, sollte er einmal mit der neunschwänzigen Katze gestraft werden. In unsäglicher Angst lief er aus dem Hause, in den nahe gelegenen Wald und kehrte erst nach Einbruch der Dunkelheit wieder heim. Der Vater, der schon einen Knecht ausgeschickt hatte, um nach ihm zu suchen, gab ihm auf der Stelle die angekündigte Peitsche. Doch es folgte eine sehr viel schmerzlichere Strafe: Auf einem Stück Pappe schrieb er alle seine Unarten auf, und diese Pappe heftete er ihm mit einer Wäscheklammer vor die Brust. Dann wurde er, vor den Augen der ganzen Familie, vor die Wand gestellt und mußte den Abend über so ausharren, während die anderen das Nachtmahl einnahmen. Jeder Nachbar, der vorbeikam, sah den kleinen Missetäter da wie am Pranger stehen. Vergeblich bat die Mutter den Vater um seine Befreiung. Doch dieser erwiderte kalt: »Jeden Abend, drei Tage lang, soll der Schandbube, der uns einen solchen Schreck machte, bei Wasser und Brot Schildwache stehen!« Und so geschah es denn auch. – Daß der Vater die Mutter überlebt hatte, obgleich er ihrer nicht wert war, nein, dies hatte er ihm nicht gegönnt.

Kaum hatte er diese alte demütigende Familienszene verscheucht, drehte sich das Wort des Apostels wie ein Mühlrad in seinem Kopfe, wobei er es unwillkürlich verdrehte und sich zugleich über den Unsinn ärgerte, der dabei herauskam: *Das Böse, das ich will, tue ich nicht, sondern das Gute, das ich nicht will.* Aber er hatte doch das Gute, das Beste gewollt, mit all seinen Kräften für die heilige Freiheit, das Menschenrecht, die Republik gekämpft – und sie mit allen gebotenen Mitteln verteidigt . . . Der hohe Zweck heiligt die Mittel, und sind die guten Mittel einmal erschöpft, dann helfen nur noch die schlimmen. In der Not greift auch der Arzt zum Skalpell – wie die bedrohte Republik zur Operation des Schreckens. Sie hatte doch gar keine andere Wahl angesichts so vieler Feinde.

Wie hatte Jacques kürzlich gesagt? Die Revolution sei zu einer ›blutigen Quacksalberei‹ verkommen – ein schlimmes Wort, über das sie heftig anein-

290

ander geraten waren. Eine Revolution zu machen, hatte er erwidert, sei fast ein Kinderspiel, verglichen mit der Schwierigkeit, ihre Errungenschaften gegen eine Welt von inneren und äußeren Feinden zu verteidigen. Und dies gehe nicht ohne Blutvergießen ab, auch wenn dabei unschuldiges Blut vergossen werde. Oder ging's mit dem Régime de la terreur wie mit gewissen Giften, welche in kleinen Dosen heilsam, in größeren dagegen tödlich wirken? Wie, wenn die schlimmen Mittel auch den guten Zweck bis zur Unkenntlichkeit entstellen, ja, ihn zuletzt gar zerstören würden, die Operation zwar gelungen, der Patient aber tot wäre? ... Manchmal, wenn er der fahrbaren Guillotine voranritt, hatte es Augenblicke gegeben, da er sich vorkam wie ein schrecklicher Narr.

XVIII.

Zuweilen, wenn ich in meiner Genfer Klause sitzend an diesen Blättern schreibe, beschleicht mich ein Gefühl der Vergeblichkeit: Wen interessieren heute noch die Schicksale jener ersten Generation revolutionärer Demokraten, die unter hohem persönlichen Risiko für Menschenrecht, Konstitution und Volkssouveränität gestritten; wen interessiert, welche Konflikte und Kämpfe sie hierbei zu bestehen, welche Widerstände sie zu überwinden, welche Blessuren und Beschädigungen sie zu erleiden hatten; wen interessiert noch, in welche Irrtümer und Übertreibungen sie fielen, in welche oft tödlichen Engpässe und Fallen sie zuletzt gerieten? Seit den Karlsbader Beschlüssen von 1817 widmet sich das Europa der Heiligen Allianz mit Inbrunst der Verfolgung der sogenannten Demagogen, unter welchem Begriff Demokraten und Republikaner aller Couleur, Jakobiner, Proudhonisten, Saint-Simonisten und Sozialisten subsumiert werden. Der heutige Biedermann zuckt schon zusammen, wenn er nur das Wort »Jakobiner« aussprechen hört, und denkt dabei unwillkürlich an den Henker und das Schafott. Dabei besteht die eigentliche Tragödie dieser Bewegung darin, daß sie als eine genuin aufklärerische, freiheitliche, demokratisch-konstitutionelle und soziale Bewegung beginnend und als solche erstmalig in die Welt tretend, etwas ganz anderes gewollt und intendiert hat als das, was unter den mörderischen Bedingungen des Krieges und Bürgerkrieges am Ende »heraus«kam.

Messe ich das einst so sehnsüchtig Gewollte an seinem Ergebnis, das heißt an Terrorherrschaft, napoleonischem Imperialismus und der heutigen Restauration, wende ich somit auf die Revolution das alte Bibelwort »An ihren Früchten sollt ihr sie erkennen« an, so steht es allerdings schlecht um das einst so gut Gewollte; nicht minder um meine ›Helden‹. Und ich müßte die Feder niederlegen, das müde Haupt mit der Hand stützen und wie Dürers ›Melancolia‹ untätig in die Ferne starren. Doch wir befinden uns nicht am Ende der Zeit und nicht am Ende der Geschichte. Es ist über die »Früchte« der Revolution das letzte Urteil noch nicht gefällt, und mich erfüllt eine Art trotziger Hoffnung, daß es auch in diesen Zeiten, da sich der herrschende Zynismus mit der Ignoranz und der Geschichtsverdrossenheit paart, noch immer unbefangene Menschen und neugierige Leser geben wird, welche nach der Wahrheit der Geschichte nicht anders suchen als ich. Dieser Glaube hat mich meine zeitweiligen Anfälle von Resignation überwinden und die Niederschrift dieser Blätter fortsetzen lassen. Die Wahrheit der Geschichte aber ist wohl niemals rein zu haben, sie läßt sich nicht einfach nach alter christlich-dualistischer Manier in »gut« und »böse«, »Aut Caesar – aut nihil!« zerteilen, sie ist vielmehr, wie alles Lebendige, gemischt und durchwachsen. Und wer weiß, vielleicht kommt eine Zeit, die uns Dank weiß und ein besseres Verstehen.

Der ernüchterte Ratsherr

Nur wenige der eingewanderten deutschen Freiheitsfreunde, die ihre Talente in den Dienst des Aufbaus der neuen bürgerlichen Gesellschaft stellen wollten, hatten das Glück, in der elsässischen Hauptstadt eine auskömmliche Anstellung zu finden; manche suchten sich als Sprach- oder Hauslehrer zu verdingen oder – wie Carl Clauer und Friedrich Cotta – als Journalisten und Mitarbeiter einer der vielen Straßburger Zeitungen ihr Brot zu verdienen. Ich gehörte zu den Begünstigten; Ärzte werden überall gebraucht, und so erhielt ich schon bald eine Anstellung im städtischen Bürger-Spital, das eine feste Anzahl von Plätzen für kranke Pensionäre und Pfründner hatte, aber auch arme Bürger, die außerstande waren, ihren Lebensunterhalt selbst zu verdienen, auf Kosten der Stadtkasse behandelte und verpflegte.

Indes zeigte sich schon bald, daß der vorurteilslose und kosmopolitische Geist, der innerhalb der Straßburger Konstitutionsgesellschaft herrschte oder zu herrschen schien, außerhalb derselben kaum eine Stütze fand und daß die alteingesessenen elsässischen Bürgerfamilien den deutschen Immigranten und Wahlfranzosen, welche nicht vom Münsterturme abstammten, mit Mißtrauen und hartnäckigen Vorurteilen begegneten. In ihren Augen waren und blieben wir *die Fremden* und *Hergeloffenen*, denen sie ihre Salons und intimen Zirkel, erst recht den Zugang zu den öffentlichen Ämtern verschlossen.

Von den vielen deutschen Freiheitsfreunden, welche die Stadt inzwischen beherbergte, war Eulogius der einzige, dem binnen kurzem der Zutritt in das Sanktuarium der Straßburger Bürgerschaft gelang. Seine Predigten im Münster, seine Auftritte und Reden in der Konstitutionsgesellschaft hatten ihn so populär gemacht, daß er bei den Neuwahlen zur Munizipalität im November 1791 mit einer ansehnlichen Stimmenzahl in den Gemeinderat gewählt wurde. So wohnte er hinfort mit beratender Stimme den Sitzungen der erlauchten städtischen Körperschaft im ehemaligen Palais Rohan bei, in welcher der Maire Dietrich den Vorsitz führte.

Der Mineraloge und vormalige Baron Frédéric de Dietrich, der einer alteingesessenen und reichen Straßburger Patrizierfamilie entstammte – sein Vater war Besitzer ergiebiger Erzgruben –, war ein stattlicher und eleganter

Mann von 43 Jahren, dessen Verbindlichkeit gegenüber jedermann sich in seinem allzeit abrufbereiten Lächeln zeigte. Der Maire hatte sich unbestreitbare Verdienste um die Stadt erworben. Er genoß das persönliche Vertrauen des Königs, der ihn 1789 zum königlichen Kommissar für das Elsaß ernannt hatte, und unterhielt beste Kontakte zum Hofe und zu den Pariser Ministerien. Durch sein geschicktes Equilibrieren zwischen den verschiedenen Ständen und Interessen und durch seine gekonnte öffentliche Repräsentation hatte er die Sympathien und das Zutrauen der Bürger gewonnen und war zum zweiten Mal mit großer Mehrheit zum Bürgermeister gewählt und sogar mit der Bürgerkrone bedacht worden. Madame Dietrich, eine ausnehmend schöne und elegante Frau, führte zudem einen glanzvollen Salon, in dem sich die Spitzen der Straßburger Gesellschaft allwöchentlich trafen.

Indes, schon die ersten Wochen seiner Mitgliedschaft im Gemeinderat hatten Eulogius ziemlich ernüchtert. Ungeachtet ihrer rituellen Bekenntnisse zur Revolution und Konstitution, hingen die dreißig Notablen einem höchst konservativen und behäbigen Lokalpatriotismus an. Was Wunder, entstammten die meisten doch der alten seigneuralen Verwaltung von vor 1789 und gehörten denselben Patrizierfamilien an, die schon zur Zeit des Ancien Régime in der Stadt das Sagen gehabt. Man hatte nur neuen Wein in alte Schläuche gefüllt. So galt denn auch die erste Sorge der Stadtväter der Erhaltung jener diversen Finanz-, Steuer-, Pacht- und Zollprivilegien, die dem Elsaß seit 1681, da man es dem Königreich Frankreich einverleibt, konzediert worden waren. Entsprechend lau war ihr Interesse an jenen tiefgreifenden revolutionären Neuerungen, die aus der französischen Hauptstadt kamen. Daß das Volk, nachdem es seine Munizipalen und Volksvertreter gewählt, gefälligst Ruhe und Ordnung zu wahren, vor allem das Eigentum und die Krone zu respektieren habe, war hier die allererste Sorge.

Zuweilen hatte Eulogius das befremdliche Gefühl, sich in einem Kollegium von Hofräten zu befinden, wie er sie am württembergischen und Bonner Hofe kennengelernt. Auch wenn die Ratsherren und Munizipalen keine Perücken mehr trugen, auf den Kratzfuß und die subalternen Anreden verzichteten, gegenüber dem hochwohlgeborenen Maire benahmen sie sich noch immer wie Subalterne gegenüber dem früheren Ammeister*. Ihre Reden und Ansprachen trieften von schmeichelhaften Referenzen an die Adresse des Stadtoberhauptes, dem ein jeder nach dem Munde zu reden suchte.

---

* Bezeichung für das Stadtoberhaupt zur Zeit des Ancien Régime

Der Gegensatz der Charaktere zwischen dem Neuling im Gemeinderat, der unfähig zu schmeicheln und bis zur Schroffheit geradeheraus war, und dem geschmeidigen Maire, der die Courtoisie des Barons mit der honigsüßen Beredsamkeit und den feinen Schlichen des wendigen Hofmannes verband, konnte allerdings kaum größer sein. Dieser war, obschon Protestant, in Paris katholisch geworden (wie man in Straßburg sagte) und hatte seine beiden Söhne zum katholischen Abendmahl hingeführt, um bei den königlichen Prinzen eine Sekretärstelle zu erhalten. Als er als königlicher Kommissar nach Straßburg zurückkehrte, ging er mit seiner Familie wieder in die protestantische Kirche zum Abendmahl, womit er sich die Gunst der protestantischen Einwohner erwarb, die ja die Hauptstützen der neuen Ordnung waren. Ungeachtet seiner guten, wenngleich diskreten Beziehungen zum Hochadel, verstand es Dietrich, sich auch beim einfachen Haufen beliebt zu machen: Man sah ihn auf der Gasse sich väterlich zu den Kindern des Volkes herabbeugen und mit ihnen Ball oder Murmeln spielen; man sah, vor den Wahlen zur Munizipalität, arme Waisenkinder auf seinem Arme, die er mit Biskuit und Zuckerwatte fütterte; man sah ihn im Spital an der Bettstatt der Kranken und Siechen sitzen, denen er Trost und Hoffnung zusprach; und die öffentlichen Blätter, deren Redakteure ihm meistens persönlich verpflichtet waren, konnten das »goldene Herz« des Stadtoberhauptes gar nicht genugsam rühmen. Vor den Wahlen hatte er etliche Bacchantenfeste gegeben, um sich die Bürger geneigt zu machen; auch das Landvolk wurde durch solche Bankette und das hierbei reichlich fließende Freibier gewonnen und gab bereitwillig denen, die der spendable Maire zu den Ämtern vorschlug, seine Stimme. Da er sich auf diese Weise auch der Loyalität seiner wichtigsten Beamten und Beiräte versichert hatte, die ihm mehr oder weniger verpflichtet waren, konnte er diese nach seinem Willen wie Drahtpuppen lenken.

Nur einer im Gemeinderat bekundete bald, daß er nicht willens war, sich dem stillen Konsens dieser patrimonialen Vetternwirtschaft und der sakrosankten Autorität des Stadtoberhauptes zu beugen.

Es war ein trüber und nebliger Januarmorgen des Jahres 1792, als sich der Gemeinderat wie gewöhnlich im Großen Sitzungssaal des ehemaligen Palais Rohan versammelte, dessen Wände mit schweren Gobelins und den lebensgroßen Porträts der mit ehrwürdig-finsterer Glaubensstrenge dreinblickenden Erzbischöfe drapiert waren. An langen Mahagonitischen, die halbmondförmig um den Sitz des Maire gruppiert waren, saßen mit gravitätischen Mienen die Notablen zur Linken und Rechten des Stadtoberhauptes, welches in einem rot gepolsterten Stuhl mit hoher Rückenlehne thronte. Hinter diesem erhob sich eine gewaltige Büste mit einer in Gips gearbeiteten üppigen und vollbusigen Göttin der Freiheit, die über ihrem Haupte die dreifarbige Trikolore schwang und einen fast frivolen Kontrast zu den Bildnissen der zugeknöpften Kirchenfürsten mit Krummstab und Mitra bildete. Dieser jüngsten Anschaffung des Magistrats war im Kreise der Notablen eine stundenlange Debatte um die Frage vorausgegangen, ob diese weibliche Allegorie der Freiheit nicht zu bedenklichen Mißdeutungen Anlaß geben und das sittliche Empfinden der Bürger verletzen könne. Einige Ratsherrn hatten moniert, das höchste Gut der Nation, die Liebe zur Freiheit, dürfe nicht mit niederen sinnlichen Regungen in Verbindung gebracht werden, die der Reinheit des Ideals abträglich wären. Auch die Hl. Jungfrau sei mit gutem Grunde niemals ohne Brusttuch dargestellt worden. Die Hl. Jungfrau und Mme. de Liberté, hatte Eulogius ein wenig lax in diese Debatte geworfen, gehören ja auch nicht zur selben Familie – eine Bemerkung, die mit pikierten Mienen quittiert worden war.

Der Maire Dietrich schwang die Glocke und eröffnete die heutige Sitzung, wobei er sich nach links und rechts kurz verneigte und sein verbindliches Lächeln auflegte:

»Meine Herren, wir haben heuer in einer sehr delikaten Angelegenheit zu beraten, bei der es einerseits um die genuinen Interessen der Stadt, andererseits um den Vollzug eines Dekretes geht, das die Konstituierende Versammlung noch in den letzten Tagen ihres Bestehens erlassen hat. Es handelt sich um das Dekret über die rechtliche Gleichstellung der Juden vom 26. Sept. 1791.«

Ein Raunen, Räuspern und Hüsteln ging durch den Raum. Die Ratsherrn legten die Stirn in sorgenvolle Falten, lehnten sich seufzend und mit hochgezogenen Brauen in ihren Fauteuils zurück und tauschten mit ihren Nachbarn bedenkliche Blicke.

»Wie Sie wissen, meine Herren«, fuhr der Maire fort, »siedeln derzeit im Elsaß etwa zwanzigtausend Bürger mosaischen Glaubens. Seit einiger Zeit schon fordern sie das aktive Bürgerrecht für sich. Sie erinnern sich an den Zwiespalt, der angesichts dieser Frage den Busen der Stadt förmlich zerriß: die Gesellschaft der Freunde der Konstitution befürwortete das Ansinnen der Juden, indes der Straßburger Gemeinderat dagegen in einer eigenen Adresse bei der Nationalversammlung protestierte. Nun aber hat die rechtliche Gleichstellung der Juden mit dem neuen Dekrete Gesetzeskraft erhalten. Und dies, meine Herren, impliziert auch«, der mit dem roten Ordensband geschmückten Brust des Maire entwand sich ein tiefer Seufzer, »das

Wohnrecht für Juden in Straßburg, welches den alten und ehrwürdigen Statuten der Stadt zuwiderläuft und nur ausnahmsweise, dank eines königlichen Privilegs, der Familie des jüdischen Handelsmannes Cerf Beer zugestanden worden. Derweilen nun häufen sich die Anträge von Juden, in der Stadt wohnhaft zu sein und hierselbst Grund und Hauseigentum zu erwerben ... Da mir nichts mehr am Herzen liegt als der innere Frieden der Stadt und des Départements, möchte ich die Angelegenheit, wenn irgend möglich, zur Zufriedenheit aller Parteien und Konfessionen, der Juden wie auch unserer christlichen Concitoyens, geregelt wissen. Und hierzu erbitte ich Ihren hochwohllöblichen Rat!«

Das vom Maire Dietrich dargelegte Problem schien sich bleischwer auf die Gemüter der christlichen Notabeln gelegt zu haben; verlegen rückten sie ihre Zwicker auf den Nasen zurecht, strichen sich mit der Hand über die Stirne und durch den Bart und blickten besorgt in die Runde. Endlich ergriff ein älterer Herr mit eisgrauen Augen und versilbertem Backenbarte, seines Zeichens Notar, das Wort:

»Hochverehrter Herr Bürgermeister! Bei allem gebotenen Respekt gegen unsere Volksrepräsentanten, bei aller Liebe zur Konstitution, zur Nation und zu seiner Majestät, dem König – nicht alles, was aus Paris kömmt, ist der Weisheit letzter Schluß. Mit großer Besorgnis habe ich jenes Dekret zur Kenntnis genommen, das den Beschnittenen die vollen Bürgerrechte gewährt. Denn ich fürchte, auch das neue Gesetz wird nicht bewirken, daß dieser Menschenschlag seine Sitten ändert und seinen Hang zum Wuchern und Schachern ablegt. Ja, wenn man den Juden das Recht einräumt, in unserer Stadt zu wohnen und zu markten, wie's ihnen beliebt, so werden sie bald nicht nur alle geistlichen Güter aufkaufen, sondern auch, vermöge der Schuldforderungen, die sie an die Christen besitzen, das Eigentum der ihnen verpfändeten Güter erwerben, und sich auf diese Art den größten Teil des im Elsaß gelegenen Grundeigentums aneignen. Im übrigen ...«

»Mit Verlaub!« unterbrach ihn der Maire mit leichtem Tadel im Tone. »An dem neuen Gesetze führt kein Weg vorbei. Der Gemeinderat der Stadt aber sollte sich keinesfalls der Verdächtigung oder gar dem Vorwurf der Unbotmäßigkeit gegen die Dekrete der Nation aussetzen.«

»Wenn ich mir einen Rat erlauben darf, verehrter Herr Dietrich«, nahm nun ein Straßburger Bankier und Geldmakler das Wort, dessen schmales Gesicht mit dem spitzen Kinn und den langen Ohren etwas Füchsisches hatte, »auch ich meine, wir sollten dem neuen Gesetze formal entsprechen, was ja nicht heißt«, ein maliziöses Lächeln spielte um seine Mundwinkel, »es auf den Buchstaben genau zu erfüllen! Man billige den Juden nur das

Wohn- respektive Mietrecht in der Stadt zu, untersage ihnen aber zugleich, kraft einer munizipalen Verfügung, den käuflichen Erwerb von Haus- und Grundeigentum im höheren Interesse der Stadt und ihres inneren Friedens!«

Dieser Vorschlag wurde mit anerkennendem Kopfnicken und dezentem Klopfen gegen die Tischplatte bedacht.

Das Wort ergriff nun ein korpulenter stiernackiger Mann, Straßburgs vermögendster Tuchhändler: »Meine sehr verehrten Herren Notabeln! Auch wenn dieser Vorschlag einiges für sich haben mag, leidvolle Erfahrung mit jenem Volke, das sich für auserwählt hält und das doch, Gott sei's geklagt, nur zu einem Gewerbe taugt, nämlich zum Wuchern und Schachern, hat mich gelehrt: Gibt man dem Jud den kleinen Finger, nimmt er sich gleich die ganze Hand. Hat man ihm einmal das Wohnrecht in der Stadt konzediert, wird er sich bald ungehinderten Zutritt zum Markte verschaffen. Es wäre ihm ein leichtes, durch seine Gewandtheit, seine Ränke und durch die Lockung der niedrigen Preise sich auch des Handels zu bemächtigen und so das Verderben vieler redlicher Familien herbeizuführen; gar nicht zu reden von den moralischen Gefahren, welchen die Jugend und die Dienstboten durch den Umgang mit diesem zur Lüsternheit geneigten Volk ausgesetzt wären.«

Ein schmächtiger Herr mit Tonsur, Vorsteher einer Klerisei, hatte den Schluß seines Vorredners mit heftigem Kopfschütteln begleitet. »Meine Herren, so seien wir doch vernünftig! So sehr es uns auch verdrießen mag, die Ansiedlung der Juden in Straßburg läßt sich, auch mit Berufung auf die alten Statuten der Stadt, nicht mehr verhindern. Denn das aktive Bürgerrecht impliziert auch das Recht auf die freie Wahl des Wohnortes. Es kommt freilich darauf an, was man unter Ansiedlung versteht. Man kann diese ja räumlich begrenzen, auf ein kleines Areal, wo der Jud unter sich bleibt, so daß er die guten Christenmenschen nicht weiter stört mit seinem Sabbatgejammer und seinem Knoblauchgestank. Die Stadt räumt ihm, sagen wir, eine bestimmte Gasse ein, wo er wohnen, trödeln, schachern und zu seinem Gotte Jehova beten darf, soviel er will. Um der seelischen und gesundheitlichen Hygiene willen sollte man aber diese Gasse durch eine Ummauerung, die nur einen offenen Durchgang, ein Judentor aufweist, von der übrigen Stadt absperren, wie es in etlichen deutschen Reichsstädten der Brauch. Damit ist dem Gesetz Genüge getan und trotzdem der Jud separiert.«

Mit zunehmendem Widerwillen, der in ihm fast ein körperliches Gefühl der Übelkeit auslöste, war Eulogius dieser Debatte gefolgt. Daß im gemeinen Volke die übelsten Vorurteile gegen das Volk Judäa weit verbreitet waren, dies wußte er aus eigener Erfahrung. Aber daß in der höchsten politischen Körperschaft der Stadt, unter gebildeten Ratsherrn und Honoratioren die gleiche Feindseligkeit gegen die Juden vorherrschte, dies hätte er kaum für möglich gehalten, wenn er es nicht eben mit eigenen Ohren vernommen hätte. Er stellte sich vor, die kleine ›Judenhof‹ genannte Siedlung, die zwischen Finckweiler und der Elisabethstraße lag, wo die etwa sechzigköpfige Familie und Verwandtschaft Cerf Beers wohnte, würde demnächst von einer Mauer umfriedet werden, damit den ›guten Christen‹ und Straßburger Bürgern der Anblick der Stadtjuden möglichst erspart bliebe. Er mochte und schätzte den alten Cerf Beer, einen korpulenten Mann von gemütlichem und humorigem Wesen, der zwar den Kaftan, nicht aber das runde schwarze Käppchen abgelegt hatte, das seinen fast kahlen Schädel bedeckte. Er hatte schon manchen Obstler im gastfreundlichen Hause des Alten getrunken, der nicht nur köstliche Witze auf Lager hatte, sondern auch ein warmherziger Patriot und Fürsprecher für die Rechte seiner ärmeren Glaubensbrüder war, die jeden Tag auf ein Trompetensignal die Stadt wieder verlassen mußten.

Kaum hatte der Abbé seine Rede beendet, nahm Eulogius das Wort: »Schämen Sie sich, Herr Abbé! In etlichen Gemeinden des Elsaß wurde erst jüngst die Vollendung der Konstitution von Christen und Juden gemeinschaftlich gefeiert – und Sie wollen unsere jüdischen Concitoyens wieder ins Ghetto sperren? Auch Christus war ein Jude – haben Sie das schon vergessen?« Und indem er nun der Reihe nach seine Vorredner ins Visier nahm: »Und Sie, meine Herren, Ihre Verachtung der mosaischen Brüder entspringt dem blinden Vorurteil, dem puren Geschäftsneid und ist mündiger Bürger, welche dem Geist der Verfassung und der Menschenrechte verpflichtet sind, im höchsten Grade unwürdig.«

Die Notabeln glotzten ihn an, als hätten sie sich verhört. Sie waren von diesem Affront so überrascht, daß sie in ihren Sesseln förmlich zu Wachsfiguren erstarrten. Der Abbé zuckte mit den Augenlidern, als habe ihn dort ein Insekt gestochen. Selbst der sonst so geistesgegenwärtige Maire Dietrich saß da mit hängendem Doppelkinn und einem Ausdruck ungläubigen Entsetzens. Die momentane Lähmung der Ratsherrn nutzte Eulogius, um in seiner Replik fortzufahren:

»Seit undenklichen Zeiten waren die Juden im Elsaß geduldet; aber sie genossen nirgends die Rechte und Vorzüge des Bürgers. Sie mußten den Orts- und Gutsherren ihr Schutzgeld zahlen, die sich im übrigen wenig um ihr Elend bekümmerten. Man ließ sie kaum die Luft umsonst atmen, und sie hatten nicht einmal die Ehre, königliche Untertanen zu heißen. Die

Revolution zog sie endlich aus der Verachtung heraus, in welcher sie bis dahin gelebt. Gewiß, es ist wahr, daß sich ein großer Teil jenes Volkes bislang vom Handeln und Unterhandeln genährt hat, von Geschäften, die nicht immer ehrenhaft sind. Aber ich frage Sie, meine Herren, war es denn anders möglich, als daß eine Nation, die zur politischen Nichtigkeit und Knechtschaft jahrhundertelang verdammt war, in dieser Weise ihr Leben fristen mußte? Die Juden in unseren Gegenden durften weder Handwerk noch Feldbau treiben, der Zugang zu Zünften und Universitäten, zu bürgerlichen Berufen und öffentlichen Ämtern war ihnen verwehrt. Was blieb ihnen also, außer zu handeln, zu feilschen und oftmals zu wuchern, wenn sie nicht Hungers sterben wollten?«

»Aber jetzt ist ihnen erlaubt«, unterbrach ihn der Notar, »Ackerbau, Handwerk und ein ordentliches Gewerbe zu treiben – und trotzdem tun sie es nicht. Warum nicht? Wollen Sie uns dies bitte erklären, Sie zweiter Moses vom Heiligen Berge!«

Die noch eben verkniffenen Münder der Notabeln lösten sich zu einem spöttischen Gelächter.

»Die Antwort ist einfach, meine Herren. Die erwachsenen Juden haben nichts gelernt, und ihre Kinder werden von Christen, die sie unterrichten sollen, nicht zur Lehre angenommen. Die wechselseitige Näherung von Juden und Christen wird auf beiden Seiten durch religiösen Fanatismus gehindert. Lasset uns dafür sorgen, daß der Fanatismus und die Tochter desselben, die Intoleranz, verbannt werden; so wird bald alles eine andere Gestalt annehmen. Allein so etwas ist nicht das Werk von wenigen Tagen und Wochen; es gehören Zeit, Geduld, Erfahrung und ein anhaltend guter Unterricht dazu. Sorgen wir dafür, daß der Nationalunterricht bald eingeführt werde: Dann werden die Kinder des Vaterlands, ohne Unterschied der Religionen, sich gemeinschaftlich versammeln und nach den gleichen Grundsätzen der Konstitution gebildet werden; dann wird auch niemand mehr einen Jüngling, der etwas lernen will, darum verstoßen, weil er Gott nach Moses Weise verehrt.«

»Mit Verlaub, werter Herr Vikarius«, warf einer der Notabeln in höhnendem Tone ein, »eher wird sich ein eingefleischter Zölibatär zur Ehe bekehren lassen als ein Jud zu einem ehrlichen Gewerbe.« Ein dröhnendes Gelächter ging durch die Reihen der Notabeln, die dem Neuling im Rat seine Standpauke nunmehr durch allerlei Spitzen und üble Witze auf Kosten der Juden vergalten.

Nachdem die Herren sich ausgelacht hatten, erklärte Eulogius in entschiedenem Tone:

»Will man dem Wucher und Betrug wehren, dann mache man Gesetze gegen Wucherer, Betrüger und Diebe, aber man vollziehe sie ohne Unterschied der Religionen. Denn vor dem Gesetze wie vor der Vernunft gilt nur der Mensch, der Bürger. Jede Verordnung, welche besonders wider die Juden gemacht würde, wäre ein Widerspruch mit den ersten Grundsätzen der Freiheit und Gleichheit.«

So ging es noch eine Weile hin und her; indes zeitigte sein Plädoyer für die Bürgerrechte der Juden bei den Ratsherren nicht die geringste Wirkung, es löste im Gegenteil immer höhnischere Einwendungen aus. Schließlich war es Eulogius satt, und so erklärte er in frostigem Tone, daß er es, als Mitglied dieses Rates, für seine Bürgerpflicht halte, alle Verordnungen wider die Juden, falls der Magistrat sie beschließen sollte, unverzüglich der Pariser Nationalversammlung anzuzeigen.

Diese Androhung löste einen Tumult aus; einige Notabeln stießen Beschimpfungen gegen den »Parvenu« und »Nestbeschmutzer« aus; andere ballten die Fäuste oder schlugen, zum Zeichen ihrer Empörung, mit den Schäften ihrer Zierdegen gegen das Tischholz. Der Maire Dietrich, der sich mit dem Schnupftuch den Schweiß von der Stirn tupfte, schwang die Glocke und forderte eine Unterbrechung der Sitzung.

Nach diesem Eklat war Eulogius im Straßburger Gemeinderat zur Persona non grata geworden. Daß er die altgedienten Notabeln bei einem groben Unrecht gegen die Juden ertappt hatte, verziehen sie ihm nicht. Von Stund an zeigten sie ihm die kalte Schulter. Man tuschelte, spöttelte oder gähnte ostentativ, sobald er das Wort ergriff, man mokierte sich über seine fadenscheinige Soutane und schnitt ihn auf alle mögliche Weise. Auch das Stadtoberhaupt ging zu ihm auf Distanz und behandelte ihn wie einen Querulanten und Wichtigtuer. Selbstredend erhielt er auch keine Einladungen mehr in den Salon Dietrich. Denn die »gute« Gesellschaft lädt jemanden, der ihr einmal auf den Tisch gespuckt, nicht wieder ein. Die elsässischen Juden aber, auch die Familie Cerf Beer, dankten ihm durch viele Zuschriften und persönliche Einladungen für seine beherzte Intervention zu ihren Gunsten, die nicht seine letzte sein sollte.

Feuillants und Jakobiner

Indes war es nicht nur sein Plädoyer für die rechtliche Gleichstellung der Juden, das den Neuling im Rat zur Persona non grata machte, sondern auch sein öffentliches Eintreten für jene Partei, welche man die »demokratische« oder auch »die Jakobiner« nannte. Ebenso wie ich bekannten sich schon bald die meisten unserer Freunde zu dieser Partei, vielmehr

Bewegung, die sich aus den politischen Richtungskämpfen der Zeit herausgeschält hatte.

Nach der mißglückten Flucht des Königs zerbrach die Einheit und das politische Zweckbündnis des *tiers état*, das im gemeinsamen Kampf gegen Adel und Klerus geschmiedet worden war. Der dritte Stand zerfiel in zwei sich heftigst bekriegende politische Lager: *Feuillants* und *Jakobiner*. Schon am 16. Juli 1791 war es unter den Jakobinern von Paris zur Spaltung gekommen, als die meisten Mitglieder der Nationalversammlung und die Anhänger Lafayettes, des Chefs der Pariser Nationalgarde, den alten Klub in der Rue Saint-Honoré verließen, um im ehemaligen Feuillantiner-Kloster den Gegenklub der *Feuillants* zu gründen. Das oft gebrauchte Begriffspaar »Gemäßigte« und »Radikale« trifft indes nicht den Kern und Inhalt der politischen Kämpfe, die jetzt wie ein Orkan, im Elsaß erst mit einigen Monaten Verspätung, losbrachen.

Die *Feuillants* in der Nationalversammlung und ihre Führer hatten mit allen Mitteln versucht, den nach Varennes geflüchteten und nach Paris zwangsweise zurückgeführten König vor der Öffentlichkeit reinzuwaschen, um als Gegenleistung seine Zustimmung zur Verfassung einzuholen, die ihn zum Haupt der Exekutive bestimmte mit dem Recht zur Einsetzung und Entlassung der Minister, und ihm obendrein ein unumschränktes Veto-Recht einräumte. Robespierre und die Jakobiner dagegen, erst recht der radikalere Klub der Cordeliers, dem Danton, Camille Desmoulins und Marat nahestanden, mißtrauten einer konstitutionellen Monarchie, deren Exekutive von einem König abhing, der mit seinem Veto die Beschlüsse der Nationalversammlung beständig blockierte und im Verdacht stand, sich mit den ausländischen Mächten und Königen gegen die eigene Nation verbünden zu wollen. Sie forderten ein ›Hochverrats-Verfahren‹, riefen überall im Lande zu antimonarchischen Kundgebungen auf. Sie verlangten überdies mehr politische Teilhabe und Rechte für die unteren Volksklassen sowie Sofort-Maßnahmen gegen Teuerung und Spekulation, gegen den Hunger und die sich rapide ausbreitende Armut.

Die schreckliche Hungersnot von 1789 hatte seinerzeit zu jenem Bauernaufstand geführt, der im Volk den Beinamen *grande peur* erhielt, und der zum Auslöser der Revolution werden sollte. Da jedoch die neue Regierung auch den hochverschuldeten Staatshaushalt des Ancien Régime übernehmen mußte, hatten sich die Bedingungen für das tägliche Leben seither kaum gebessert. Durch eine schnelle Entäußerung der Kirchengüter und der Krondomänen, für die im Gegenzuge Assignate ausgegeben wurden, hoffte die Konstituierende Versammlung, dem drohenden Staatsbankrott zu entgehen. Der Assignat wurde zur Banknote, und die zur Schuldentilgung gedachte Maßnahme schlug in ihr Gegenteil um: Man nutzte sie zur Schließung der Haushaltslücken und setzte die Notenpresse in Gang. Da die Emissionen mit steigendem Bedarf in die Milliarden kletterten, führten sie zu einer ungewöhnlich raschen Inflation. Für Spekulanten dagegen erwies sich der inflationäre Assignat als wahre Wohltat. Er erlaubte ihnen, Nationalgüter sozusagen auf Vorschuß aufzukaufen und bei Ausnützung des Geldverfalls Millionenvermögen zusammenzuraffen. Aus ihnen schoß eine einflußreiche Schicht von Neureichen und Revolutionsgewinnlern ins Kraut, die sich den Zorn der unteren Volksklassen zuzog. Der Priester Jacques Roux, Tribun der Pariser Arbeiterviertel, dessen Flugschriften bald auch zu uns nach Straßburg gelangten, verlieh ihrer Empörung Ausdruck:

Vor der Einnahme der Bastille waret ihr in Lumpen gekleidet, und jetzt beleidigt Ihr durch Euren Prunk das öffentliche Elend. Ihr hattet kaum eine Unterkunft, und nun bewohnt Ihr Paläste. Ihr besaßet gerade einen Pflug, und nun seid Ihr Eigentümer beträchtlicher Liegenschaften. Ihr errichtet einen ganz kleinen Straßenhandel, jetzt haltet Ihr riesige Lager; Ihr dientet für Lohn als Bürogehilfen, jetzt rüstet Ihr Kriegsschiffe aus ... Ich wundere mich daher gewiß nicht mehr, daß es so viele Personen gibt, die dem Anschein nach für die Revolution entbrannt sind. Sie hat ihnen einen wertvollen Vorwand geliefert, auf ›patriotische‹ Weise und in kurzer Zeit Schätze auf Schätze zu häufen.

Die Inflation traf nicht nur Rentner und Beamte, sondern vor allem die kleinen Gewerbetreibenden, Handwerker, Gesellen und Taglöhner. So trieben die Lebensmittelpreise bald ähnliche Blüten wie zuvor im Ancien Régime, besonders die Mehl- und Brotpreise. Der einfache Mann aber wollte leben und ein Auskommen haben. In manchen Städten und Gemeinden kam es daher schon im Frühjahr 1792 erneut zu spontanen Hungerrevolten der Armen. In Paris und den großen Städten Frankreichs, auch in Straßburg, gaben die armen Bürger durch Straßenplakate ihren Klagen immer wieder Ausdruck:

Bürger, wir werden betrogen! Die Armut nimmt täglich zu, und es wird nichts ausgemacht. Man gibt uns gute Worte, und wir sterben vor Hunger. Es ist Zeit, daß unser Unglück ein Ende erreicht.

In den gewählten Vertretungen bis herunter zum dörflichen Gemeinderat aber wurde die Stimme der Armut nur selten vernommen; dafür hatte das

Wahlgesetz gesorgt. Das Zensuswahlrecht nämlich, das durch die erste Verfassung von 1791 abgesegnet worden war, hatte zur Folge, daß die örtliche Macht in die Hände der höheren Steuerklassen geriet und dort verblieb. Die Wahlmänner, rund fünfzigtausend an der Zahl, mußten Direktsteuern im Wert von mindestens zehn Tagelöhnen nachweisen und Kandidaten für die nachfolgende Nationalversammlung gar den Besitz von Grund und Boden. Dieses Zensuswahlrecht ersetzte die Vorherrschaft des sang- und klanglos untergegangenen blaublütigen Adels durch eine zweigestufte ›Aristokratie des Geldes‹, die Volksmassen hielt es von der politischen Entscheidungsfindung gänzlich fern.

So wird die Volksvertretung, erklärte Marat, nachdem sie proportional zur Direktsteuer geworden ist, das Reich in die Hände der Reichen zurückgeben, und das Los der stets unterworfenen, stets unterjochten und stets unterdrückten Armen wird sich niemals durch friedliche Mittel verbessern lassen.

Für die *Feuillants* und bürgerlichen Notablen dagegen, die dank des Zensuswahlrechtes in der ersten Nationalversammlung die Mehrheit der Abgeordneten stellten, war die Revolution mit der Verabschiedung der Verfassung von 1791 im Grunde vollendet. Sie wollten ihre Vorrechte in die neue Zeit hinüberretten und sich jeder Weiterentwicklung der Demokratie widersetzen. Sie wollten die Nation als eine Nation von Eigentümern erhalten wissen, die wachsende Kluft zwischen Arm und Reich bekümmerte sie nicht. Sie tauften ihren Eigennutz auf den Namen ›Allgemeines Wohl‹, um besser zu ihrem Ziel zu gelangen. Am 30. September 1791 lösten die bürgerlich Saturierten der ersten Revolutionsetappe die Konstituante selbstzufrieden auf, um der Legislative, der Gesetzgebenden Versammlung, Platz zu machen. Doch schon bald zeigte sich, daß die erste, noch halbmonarchische Verfassung von 1791 nur eine Übergangsform, eine Brücke zwischen der absoluten Monarchie und der Republik war, ein Provisorium, das vom Drängen der Volksbewegung bald überholt werden sollte.

Zu Anfang des Jahres 1792 gerieten auch Straßburg und die hiesige Konstitutionsgesellschaft in den Strudel jener Parteikämpfe, die in der französischen Hauptstadt schon seit längerem tobten. Die ›gute‹ Gesellschaft Straßburgs, die sich um den Maire Dietrich scharte, wollte vor allem ihre Ruhe haben. Sie und besonders ihre Damen fanden es im höchsten Grade unschicklich, sich mit Jakobinern abzugeben, schon das Wort ›Republik‹

löste bei ihnen den *dégoût*, den Abscheu aus. Dabei dachten sie unwillkürlich an Pöbelherrschaft und Anarchie.

Das Stadtoberhaupt fand denn auch bald die Mittel, um die ihm lästig gewordene Konstitutionsgesellschaft, die ein so wachsames Auge auf die Verwaltungen und öffentlichen Beamten warf, in Mißkredit und Verruf zu bringen und durch Zerwürfnisse zu spalten. Dem Fallstrick der Spaltung in eine französische und deutsche Gesellschaft suchten wir auszuweichen, indem wir zweimal wöchentlich Sitzungen in deutscher Sprache auf dem Poêle des cordonniers abhielten. Doch auch dies konnte die Spaltung nicht verhindern. Am 7. Februar 1792 kam es schließlich zum demonstrativen Auszug der *Feuillants* und Anhänger Dietrichs aus der Konstitutionsgesellschaft. Einen Tag später gründete Dietrich im Auditorium bei der Neuen Kirche eine *Neue Gesellschaft der Freunde der Konstitution*. Von der alten Gesellschaft am *Spiegel* aber, die Eulogius zu ihrem Vizepräsidenten wählte, blieb nur eine Handvoll konsternierter Mitglieder übrig – unter ihnen Friedrich Cotta, Carl Clauer, Thaddäus Dereser, Daniel Stamm, Charles Laveaux, die Gebrüder Edelmann, Felix Anton Dorsch, Friedrich-Georg Pape und ich – die treuherzig ihren Eid erneuerten, sich nicht zu trennen und der Pariser Gesellschaft der Jakobiner verbunden zu bleiben.

Da hockten wir wie ein verlorenes Häuflein im großen Saal zum *Spiegel* und blickten mit trübsinnigen Mienen rundum auf leere Stuhlreihen und verlassene Tribünen. »Was nun, verehrter Jean-Jacques?« befragte Eulogius, in einem Anfall von Galgenhumor, die Büste Rousseaus, die hinter dem verlassenen Rednerpult an der Wand hing. »Sollen wir jetzt an den Genfer See ziehen und fortan in unserem Garten Blumenkohl züchten?«

Dies war für uns alle ein schwarzer Tag; denn nachdem der Maire die angesehensten und einflußreichsten Bürger der Stadt, nahezu alle öffentlichen Beamten, Bankiers, Handelsherren, Kaufleute, die meisten Professoren und geistlichen Würdenträger im Klub der *Feuillants* versammelt hatte, drohte unser arg geschrumpfter Klub in die politische Bedeutungslosigkeit zu sinken.

In den schwierigen Wochen nach diesem Aderlaß, da etliche Klubmitglieder schon resignieren und die Köpfe in den Sand stecken wollten, legte Eulogius eine bewundernswerte Energie, Tatkraft und Gelassenheit an den Tag. Es sei besser, ein Viertel reinen Weines zu genießen, war seine Devise, als eine volle Flasche gepanschten, von dem man sich nur einen Kater hole. Und man sage, was man will: Seinem Sendungsbewußtsein und seiner Tatkraft vor allem war es zu danken, daß der Straßburger Jakobinerklub diese schwere Crisis nicht nur überlebte, sondern bald wieder einen neuen

Aufschwung nahm. Mit unermüdlicher Energie warb er um neue Mitglieder, bereitete die öffentlichen Sitzungen vor, leistete Aufklärung über die Grundsätze der Verfassung und belehrte die kleinen Leute, die des Schreibens und Lesens meist unkundig waren, über ihre neuen staatsbürgerlichen Rechte und Pflichten. Auch stand er manchem Bürger und bedrängtem Patrioten, der von der Verwaltung schikaniert oder den Gerichtsstellen ungerecht behandelt wurde, mit Rat und Tat bei. So sehr er auch von den Straßburger Notabeln und ihren Blättern angefeindet wurde, bei den *petits gens* und den elsässischen Juden, die in ihm den Anwalt ihrer Interessen erblickten, genoß er hohe Achtung, Dankbarkeit und Respekt.

Aber nicht nur die ›Passivbürger‹ der unteren Volks- und Steuerklassen sahen in der ersten, noch halbmonarchischen Verfassung von 1791 ihre ureigenen Belange und Interessen kaum berücksichtigt, auch die Frauen und Frauenklubs, die sich, im dritten Jahr der Revolution, von dieser mehr Rechte für »die andere Hälfte des Menschengeschlechtes« versprochen hatten, mußten bald ernüchtert und enttäuscht feststellen, daß zwar viel von der ›Brüderlichkeit‹, doch kaum von der ›Schwesterlichkeit‹ die Rede war und daß die meisten Patrioten, gleichviel ob Feuillants oder Jakobiner, Royalisten oder Republikaner, allemal unbelehrbare Patriarchen waren. In der berühmt gewordenen *Erklärung der Rechte der Frau und Bürgerin* von Olympe de Gouge las sich das so:

Seltsam, blind, vor lauter Wissenschaften förmlich aufgedunsen und degeneriert in diesem Jahrhundert der Aufklärung und der Weisheit, möchte Er (der Mann) wie ein Despot über ein Geschlecht herrschen, das über alle Geistesgaben verfügt. Er möchte gern von der Revolution profitieren und ist ausschließlich auf seine rechtliche Gleichstellung bedacht. Alles andere ist ihm gleichgültig. . . .

Die Frau ist gleich geboren und bleibt dem Manne gleich in allen Rechten. Die sozialen Unterschiede können nur im allgemeinen Nutzen begründet sein. . . .

Da alle Bürgerinnen und Bürger vor dem Gesetz gleich sind, müssen sie, je nach ihren Fähigkeiten, auch gleichen Zugang zu sämtlichen Ämtern und Würden, öffentlichen Einrichtungen und Stellen haben, wobei es außer ihrer Tugendhaftigkeit und ihren Begabungen kein anderes Auswahlkriterium geben darf. . . . Niemand darf wegen seiner Meinung, auch wenn sie grundsätzlicher Art ist, verfolgt werden. Die Frau hat das Recht, das Schafott zu besteigen. Sie muß gleichermaßen das Recht haben, die Tribüne zu besteigen.

Aus Saras Tagebuch (4)

25. Februar 1792

Neulich schlugen die Wellen hoch im Hause Stamm, und das beschäftigt mich noch immer.

Nanette hatte die Erklärung der Gouge vorgelesen und dann ein Scherbengericht über Rousseau gehalten, denn auch der philosophische Abgott der Jakobiner vertrete bezüglich der Rolle der Frau leider die stupidesten Vorurteile und Ansichten. Sie las aus dem *Emil oder über die Erziehung* die einschlägigen Stellen vor, jene nämlich, wo Rousseau die ›Sanftmut als erste und wichtigste Eigenschaft der Frau‹, ihre Gehorsamspflicht gegenüber dem Manne, ihre ›Sucht zu gefallen‹, ihren Hang zu Putz und schönen Kleidern aus der ›natürlichen Bestimmung‹ unseres Geschlechtes zu beweisen sucht.

Ich zitierte dann auch, und zwar einen Abschnitt, der mir schon immer ärgerlich war, weil er dem Anscheine nach uns so schmeichelt: »Sie (seine Sophie) versteht es vorzüglich, sich vorteilhaft zu kleiden, aber sie haßt kostbare Kleider. Ihr Anzug ist bescheiden, aber doch eigentlich sehr kokett. Sie ist nicht aufdringlich mit ihren Reizen, sie verdeckt sie; aber indem sie sie verdeckt, läßt sie sie erraten, ... und man könnte glauben, dieser einfache Aufzug sei nur dazu da, um in unserer Einbildung stückweise abgelegt zu werden!«

Was denn daran so verwerflich sei, fragten die Männer.

Im Grunde verlange Rousseau, erwiderte ich, daß man schon den jungen Mädchen die verführerischen Künste einer Kokotte beibringe; denn sie seien vornehmlich dazu da, den Appetit des Mannes zu erregen.

Dies sei eine allzu akribische Mißdeutung Rousseaus, tadelte mich Friedrich und widerlegte mich mit vielen Worten, von denen ich nur behalten habe, daß er mich gänzlich mißverstand.

Nanette aber spitzte meine Kritik noch um einiges zu, indem sie folgende Stelle vorlas: »So ist die Ungewißheit, ob die Schwäche der Stärke nachgibt oder ob sich der Wille ergibt, das Süßeste im Siege des Mannes; und es ist eine übliche List der Frauen, diese Ungewißheit zwischen ihr und ihm immer bestehen zu lassen.« – Ihr Kommentar dazu lautete: Weiblicher Widerstand sei erwünscht, weil der Mann sich dadurch als Bezwinger fühlen dürfe. Tue sie ihm diesen Gefallen nicht, weil sie vielleicht allzu verliebt sei, fühle er sich um den schönsten Triumph seiner Männlichkeit betrogen. Damit aber stelle Rousseau allen Wüstlingen einen schönen Freibrief aus. Wenn nämlich der gespielte Widerstand und Unwille der Frau zum moralischen Muß werde, könne jede Zurückweisung des Mannes als Ausdruck weiblicher Koketterie mißachtet und übergangen werden. ›Denn eigentlich will sie ja!‹ Der Wink an den Wüstling, die Frau notfalls mit Gewalt zu nehmen, sei ebenso deutlich, wie die dahinter stehenden Interessen es seien. Nach einem Momente bedrohlichen Schweigens brach der Sturm los. Alles gestikulierte, redete und schimpfte durcheinander. ›Böswillige Unterstellung!‹ – ›Verunglimpfung Rousseaus!‹ – ›Hanebüchener Unsinn!‹ waren noch die gemäßigten Ausdrücke. Und Eulogius spottete: Nach diesen Maximen dürfe kein Mann mehr den kleinen Finger eines Weibes berühren, ohne gleich als Vergewaltiger verdächtigt zu werden. Damit sei die Epoche der Galanterie wohl zu Ende. Er sehe schon, er werde wieder die Kutte nehmen und ins Kloster ziehen.

Nachdem der Tumult sich halbwegs gelegt, fuhr Nanette unbeirrt fort: Wenn die Männer die Frauen wirklich teilnehmen ließen an allen Rechten, bräuchten sich diese nicht mehr als kokette Weibchen zu gebärden und könnten mit den Männern an Fähigkeiten und Tugend wetteifern. Andernfalls werde die Frau das, was ein unterdrücktes, schwaches Geschöpf, das man an Pflichten kettet, nur werden kann: Die Peitsche wäre dann das Geschenk, das jeder Vater am Hochzeitstag seiner Tochter dem Schwiegersohne überreichen sollte, weil er allein es sei, der Vernunft habe.

Der Abend mündete in ein albernes Tohuwabohu und zuletzt in einer weinseligen Verbrüderung der Männer gegen ›Madame Luzifer‹; dieser Spitzname klebt seither an Nanette wie Pech und Schwefel. Der ältere Edelmann trommelte auf dem Klavier eine wilde Rhapsodie; der jüngere röhrte dazu ein Couplet aus lauter Kauderwelsch, bei dem er vergebens nach einem Reim auf ›Peitsche‹ suchte; indes verdrehte Friedrich die Augäpfel und rang die Hände zum Himmel, als erflehe er sich ein göttliches Macht- und Donnerwort. Eulogius endlich, schon ziemlich beschwipst, beugte mit theatralischer Büßermiene vor Nanette das Knie, überreichte ihr einen Brieföffner und bat sie mit brechender Stimme, ihm wie Judith dem Holofernes das Haupt abzuschlagen, denn er sei ein Mann – und also ein Tyrann! Diese Posse steigerte erst recht die Albernheit. Der arme Carl aber suchte vergebens, die Gemüter wieder zur Raison zu bringen und für seine ketzerische Geliebte Partei zu ergreifen; er erntete nur noch Gelächter oder wurde mit mitleidigem Spott bedacht, da er sein Herz just an solch eine ›Amazone‹ gehängt.

Mir war eher traurig zumute.

28. Feb.
Friedrich brachte mir einen Almanach mit Revolutionslyrik mit. Du lieber Himmel! Da ist so viel von Männermut, Männerehre und Heldentod die

Rede, daß man als Weib nur das Hasenpanier ergreifen kann. Würden die Männer sich mehr um die Aufzucht des Nachwuchses bekümmern, um die kleinen Menschlein, die sie mit in die Welt gesetzt, hätten sie für die heldischen Possen gar keine Zeit.

1. März
Gestern Souper bei den Edelmanns. Ich saß neben Friedrich und Carl, und so plauderte ich meistenteils mit ihnen. Sprach auch lange mit Carl über den letzten Abend bei uns, der ihm wohl ziemlich an die Nieren gegangen. Er schäme sich, sagte er, für die Ignoranz und Unempfindlichkeit seiner Freunde bezüglich der Rechte der Frauen, welche Nanette mit so bewundernswertem Mute einklage. Indessen suchte Eulogius, der mit den Brüdern Edelmann uns gegenübersaß, immer wieder unsere Unterhaltung zu stören – durch eine gekünstelte Lustigkeit, indem er den Unterhalter für die ganze Tafel spielte; er reihte Bonmot an Bonmot, aber mich sprach er nicht ein einziges Mal an; ja, es schien mir, als miede er mit Vorsatz meinen Blick. Es war, als wäre ich für ihn gar nicht da. Dies kränkte mich.

3. März
Heute kam E. vorbei, er grüßte mich flüchtig und fragte nach Ludwig, dem er wieder regelmäßig Nachhilfeunterricht im Griechischen gibt. Als ich ihm sagte, Ludwig sei nicht da, wollte er gleich wieder gehen. Ich fragte ihn frei heraus, ob ich ihn durch irgend etwas gekränkt habe. Da sah er mich mit einem halb schmerzlichen, halb vorwurfsvollen Ausdruck an und sagte: Erst kürzlich hätte ich Rousseau dafür getadelt, weil er das Weib ein wenig kokett haben wolle. Aber mein eigenes Verhalten widerlege meine Kritik. Und es tue ihm weh, wenn dasselbe Weib, das ihm so viel bedeute, auch anderen schöne Augen mache. – Ob er den Abend bei den Edelmanns meine? Er nickte. Aber wem ich denn schöne Augen gemacht? – Das wisse ich ganz genau. – Ob er Friedrich damit meine? – Wenn es nur Friedrich wäre, sagte er, damit habe er sich längst abgefunden, er wisse ja, wie sehr ich Friedrich zugetan sei. Aber er habe bemerkt, daß ich auch mit Carl kokettiert hätte. Ich bestritt dies mit Entschiedenheit. Er sah mich zweifelnd an und sagte: »Muß es nicht die Eitelkeit eines jungen Weibes sehr kitzeln, von zwei Männern umworben zu werden, wenn's nicht gar mehr sind? Und ist's nicht ein heimlicher Genuß, beide im Wettstreit um ihre Gunst zu sehen – und sich selbst dabei nicht allzuviel zu vergeben?« Sprach's und ließ mich stehen.

Ich bin wütend auf ihn – und auch wieder nicht. Er ist eifersüchtig, wußte gar nicht, daß ich ihm soviel bedeute. Was aber bedeutet mir dann er und was mir Friedrich?

6. März
Ich wundere mich manchmal, daß Friedrich an mir nie etwas zu tadeln findet. Er lobt mich in allen Belangen. Für ihn bin ich ein Engel, ein gleichsam vollkommenes Wesen. Das kann doch nicht sein. Fühle mich noch so unfertig, in vielem so unwissend und schwankend. Ich habe mit ihm noch keinen rechten Streit gehabt. Gewiß, wir stimmen in vielen Dingen überein; aber selbst da, wo sich verschiedene Meinungen zwischen uns auftun, wie neulich über Rousseau, glättet er am nächsten Tage gleich wieder und gibt mir nach, wohl weil er fürchtet, ich könne ihm weniger gut sein. Dabei scheut er doch, wenn's um die Dinge der Revolution geht, nie den Streit und ficht in seinen Artikeln und Reden tapfer für die von ihm erkannten Wahrheiten. Ich wünschte, daß er mich nicht immer mit Samtpfötchen anfaßte. Bin doch kein Harfenengel, der beim ersten Paukenschlage zerbricht.

8. März.
Ach, ich bin mir selber nicht gut. Hab ich's denn nicht genossen, daß beide an mir Gefallen finden und mir den Hof machen? Welch einem jungen Weibe schmeichelt es nicht, von solchen Männern umworben zu werden? Aber ist es denn schon kokett, wenn ich mir ein hübsches Kleid anziehe, das meine Taille betont, wenn ich mich vor Mutters Toilettenmöbel setze, um mir ein wenig Rouge auf die Wangen zu legen und die Locken zu richten? Tät ich es nicht, würd' es ihnen auch nicht gefallen. Bin ich offen und freundlich gegen beide, gelte ich als kokett. Dabei bin ich ihnen beiden doch nur herzlich zugetan.

Was habe ich nicht alles von Eulogius und Friedrich gelernt, wie sehr hat sich nicht mein Sinn, mein Horizont durch ihre Freundschaft erweitert! Wie viele neue Erfahrungen und freudige Empfindungen verbinde ich nicht mit ihnen! Nein, ich will weder den einen noch den anderen kränken – aber kann ich es hindern? Ich will keinen Wettstreit um meinetwillen zwischen ihnen aufkommen lassen – und läuft es nicht doch darauf hinaus? Oder bin ich nicht ehrlich mit mir selbst und habe, wie E. mir vorwirft, doch einen heimlichen Genuß daran? Ach, daß ich doch mein Herz besser kennte!

Im Banne des Gegners

Der Maire Dietrich und seine Anhänger hatten gehofft, den geschrumpften Jakobinerklub durch Auszehrung erledigen zu können. Diese Rechnung sollte indes nicht aufgehen. In den folgenden Monaten wuchs er auf 286 Mitglieder an und übertraf damit zuletzt den Klub der *Feuillants*, der nur etwa halb so viele Mitglieder zählte. Denn die Zeit und bald auch das Kriegsgeschehen arbeiteten für die Jakobiner und die Republik.

Gleichwohl hatte unser Klub einen schweren Stand; denn im Unterschied zu Paris und anderen großen Städten Frankreichs, repräsentierte er nur eine Minderheit der Stadtbewohner. Nur einige Freiwilligenbataillone und die *petits gens*, Handwerker, Budiker, kleine Ladenbesitzer, Gesellen und Arbeiter schlossen sich ihm an. Die führenden Schichten der Stadt aber zeigten ihm die kalte Schulter. In ihren Augen war der Klub am *Spiegel*, in dem die eingewanderten deutschen Demokraten und einige Franzosen wie Charles Laveaux den Ton angaben, eine Kolonie überspannter *Ausländer*, und von denen wollten sich die alteingesessenen Straßburger nicht die Melodie vorspielen lassen.

Zwar beteuerte Eulogius immer wieder, daß er keinerlei persönlichen Haß gegen Dietrich hege, daß er nur aus Treue zu seinen Grundsätzen und um der Aufklärung seiner Mitbürger wegen, denen der Maire Sand in die Augen streue, so vehement gegen ihn und seine Partei opponiere. Und doch habe ich mich manchmal gefragt, was die Dornen in seine Rede brachte, jene Schärfe und spöttische Heftigkeit, die zuweilen eine schmerzliche Verzerrung auf den Gesichtern seiner Zuhörer hervorrief? Er schien wie gebannt von seinem politischen Erzfeind, dem schier allmächtigen Stadtregenten, zu sein.

Auch wenn er es nie zugegeben hätte, es wurmte ihn eben doch, daß die gute Straßburger Gesellschaft, die ihn anfangs mit offenen Armen empfangen und in ihren Salons herumgereicht hatte, jetzt von ihm abrückte. Freilich, gewisse Straßburger Blätter wurden nicht müde, ihn als einen Abenteurer und Umstürzler zu verschreien. Dabei war er nichts weniger als ein Anarchist oder Gesetzesverächter; ganz im Gegenteil:

Der Gehorsam gegen das Gesetz, pflegte er zu sagen, und so meinte er es auch, *ist das einzige Zeichen eines guten Bürgers. Wenn ich den Antichrist in der Schärpe vor mir sähe, und im Namen des Gesetzes sprechen hörte, so würde ich ihm gehorsamen.*

Bald kam es zu einer veritablen Machtprobe zwischen der Munizipalität und dem wiedererstarkten Jakobinerklub, dessen öffentliche Sitzungen stets von einem mit der Schärpe bekleideten Stadtbeamten observiert wurden, um mögliche Störer der öffentlichen Ruhe und Ordnung sofort anzuzeigen. Einmal erschien, blutig und entstellt, ein konstitutioneller Pfarrer im Klub auf dem *Spiegel*, und berichtete von den schweren Mißhandlungen, welche ihm von fanatischen Mitgliedern seiner Gemeinde zugefügt worden. Da sprang Laveaux auf die Rednertribüne und klagte laut die Verwalter des Départements an, durch ihr Nichtstun die Unruhen am Niederrhein zu begünstigen, was der Wahrheit entsprach, und stellte den Antrag, bei der vollziehenden Gewalt auf deren Absetzung zu dringen. Falls aber diesem Gesuch nicht stattgegeben werde, forderte er die Bürger auf, nach dem Vorbild der Marseiller, unter dem Schutz der Gesetze die Waffen zu ergreifen und selbst in den betreffenden Gemeinden für Ordnung zu sorgen.

Ein paar Tage später wurde Laveaux auf Befehl der Munizipalität verhaftet und in den Turm geworfen, er habe zum Aufruhr gereizt, lautete die Anklage. Das war Öl ins Feuer gegossen; Laveaux war Redakteur der angesehenen französischen Tageszeitung *Straßburger Kurier*, die auch in Paris gelesen wurde. Eulogius verteidigte seinen Compatrioten, man habe nur auf diesen Vorwand gewartet, wetterte er, um den Jakobinerklub seiner führenden Köpfe zu berauben und ihn hernach ganz unter Kuratel zu stellen. Und er verglich die willkürliche Verhaftung und Einkerkerung Laveaux' mit der berüchtigten Praxis der *lettres de cachets* aus der Zeit des Ancien Régime. Das war starker Tobak, und die Wogen schlugen hoch.

Kaum war Laveaux in Haft gesetzt, wurden alle mit der Pariser Muttergesellschaft assoziierten Jakobinerklubs über diesen Vorfall in Kenntnis gesetzt. Eine landesweite Kampagne zugunsten Laveauxs setzte ein, der bald in Frankreichs patriotischer Presse als »Märtyrer für die Freiheit« geadelt wurde, während der Maire Dietrich zum Inbegriff des freiheitsmörderischen Anti-Patrioten avancierte. Beides war freilich übertrieben; doch es gehörte nun einmal zu den Eigentümlichkeiten dieser Epoche, daß man ihren Protagonisten stets zu große Hüte aufsetzte und heroische Epitheta anheftete, ohne das Unverhältnismäßige und Lächerliche daran zu bemerken.

Indes endete die ganze Affaire mit einer schweren Niederlage der Dietrichschen Partei. Die Geschworenen des Kriminalgerichtes sprachen unter dem Druck der mobilisierten Öffentlichkeit Laveaux nach zwei Wochen frei, zumal bei dem Prozeß gegen ihn alle juristischen Formen verletzt worden waren. Laveaux, das Haupt mit einem Lorbeer bekränzt, wurde im Triumphzug durch die Stadt geführt und begab sich für einige Zeit nach Paris, wo er von den dortigen Jakobinern als Nationalheld gefeiert wurde.

Seit der Lossprechung Laveauxs stieg die Erbitterung der Dietrich-Anhänger und *Feuillants*, die auch in der Verwaltung des Départements das Sagen hatten, mit jedem Tage an. Man setzte Eulogius, der nach dem Weggang seines Compatrioten als erster Jakobinerführer auf dem Platze geblieben, Spitzel und Spione auf die Fersen, schnüffelte in seiner Vergangenheit und in seiner Privatsphäre herum. Kurz, man suchte mit allen Mitteln seinen moralischen Charakter verdächtig zu machen und malte in den Gazetten das schwärzeste Bild von ihm.

So unbekümmert er selber austeilen konnte, so schlecht war er im Einstecken und Nehmen. Sein leicht kränkbarer Stolz gestattete ihm nicht, Verleumdungen seiner Person mit Gelassenheit und Souveränität zu begegnen, sie gegebenenfalls mit Schweigen zu übergehen. Bei seiner Stellung als Haupt der demokratischen Partei in der Stadt hätte er wohl ein dickeres Fell benötigt, als die Natur ihm verliehen. Auf den immer wieder in den Blättern der *Feuillants* gegen ihn erhobenen Vorwurf, er habe intolerante Grundsätze, antwortete er:

Freilich habe ich intolerante Grundsätze; das wissen die gnädigen Départementsverwalter und ihre Anbeter am besten. Diese predige ich aber öffentlich ... Ich bin äußerst i n t o l e r a n t gegen Menschen, die ein gutes Volk zu gängeln und unvermerkt an den Rand des Verderbens zu führen suchen. Ich bin i n t o l e r a n t gegen Doppelzüngler, gegen Kabalenmacher, gegen Monopolisten des öffentlichen Einflusses, gegen Halbpatrioten, gegen Einschläferer, gegen Wucherer, mit einem Worte: gegen alle Feinde des Volkes. Diese Intoleranz werde ich predigen, solange ich lebe, sollte ich auch wie der unglückliche Pfarrer von Bärsch auf öffentlicher Straße gemeuchelmordet werden.

Hiermit war ein gefährlich inquisitorischer Ton in seine Polemik gekommen, der auch mich erschreckte. Gewiß, Toleranz gegenüber dem politischen Gegner zu üben, fällt schwer und kostet erst recht Selbstüberwindung, wenn dieser auf Charakter und Moralität des Kontrahenten zielt. Indes konnte und durfte man sich – bei Strafe, dem Gesetz des Gegners zu erliegen – nicht auf dessen Stufe hinabbegeben und schon gar nicht jeden als ›Halbpatrioten‹, ›Verräter‹ oder ›Volksfeind‹ bezeichnen, nur weil er ein Anhänger Dietrichs und der Monarchie war.

Die Intoleranz gehört wohl zu den Geburtsfehlern aller jungen emanzipatorischen Bewegungen in der Geschichte, die ihrer selbst und ihres Erfolges noch ungewiß sind. Sie war freilich keine Spezialität der Jakobiner allein, sondern ein Wesenszug aller Parteien – auch und gerade in der Pariser Nationalversammlung. Die Leidenschaften waren so groß, daß schon die geringsten Meinungsverschiedenheiten tief einschnitten und Grauen erregten. Abweichungen, die oft unbedeutend waren, erschienen bald als ungeheuerliche Vergehen und des Todes würdig. Indem der längst ad acta gelegte religiöse Begriff des ›Ketzers‹ durch den des ›Verräters‹ und ›Volksfeindes‹ abgelöst wurde, hielt der alte christliche Dualismus nunmehr Einzug, gewissermaßen durch die Hintertür, in die Sphäre des Politischen und bereitete damit die späteren Proskriptionen und tödlichen Verfolgungen der jeweils gegnerischen Partei vor.

Was Eulogius sprach, predigte und schrieb, floß gerade aus seinem Herzen. Aber auch das Herz kann ein teuflisch schlauer Sophist sein, und oft betrügen wir uns gerade dann, wenn wir der ehrlichen Überzeugung sind, unser Herz sprechen zu lassen.

Für den 3. Juni 1792 hatte der Stadtrat eine feierliche Zeremonie zu Ehren Simoneaus angesetzt, des Bürgermeisters von Etampes, der von einer aufgebrachten Menge, welche Festpreise für Brot und Getreide forderte, gelyncht worden war. Die ganze Bürgerschaft und alle öffentlichen Körperschaften, auch die der benachbarten Gemeinden, waren zu diesem Anlaß auf dem Platz vor dem Münster aufmarschiert, wo die Totenfeier stattfand. Als bevollmächtiger Sekretär des Jakobinerklubs, der für die öffentlichen Lesungen verantwortlich war, las Eulogius auf dem Platze eine Ode zu Ehren des toten Simoneau ab. Doch welche Überraschung! Jede Tugend, die er dem »Märtyrer für die Freiheit« attestierte, ward in jeder Strophe konterkariert durch ein bestimmtes Laster, welches haargenau auf die Person des Stadtoberhauptes paßte, ohne daß der Name Dietrich auch nur ein einziges Mal fiel. Aber jedermann auf dem Platze verstand natürlich, wer hier durch die Blume bloßgestellt und gegeißelt wurde. Ich gebe die Ode an Simoneau im Auszug wieder:

> *Er versuchte nicht, das Volk zu blenden*
> *Durch Betrug und falscher Andacht Schein,*
> *Und das fromme Christenmal zu schänden,*
> *Um bewundert und gewählt zu sein.*

> *Er verlangte nicht von seinen Söhnen,*
> *Das zu glauben, was ihm Torheit schien;*
> *Führte nicht, um einem Hof zu frönen,*
> *Heuchelnd sie zu fremden Priestern hin.*

Er beherrschte nicht des Volkes Wahlen,
Er betrog den schlichten Landmann nicht;
Sagte nicht bei Gläsern und Pokalen:
»Bürger, schreibt, was Euer Sultan spricht!«

Andre mochten vor Ministern knien,
Mochten küssen eines Prinzen Hand;
Er verkaufte nie den Tuilerien
Sein Gewissen und sein Vaterland.

Ließ er je den Mann in Ketten schmachten,
Der den Schleier von dem Laster zog?
Haßt er jene, die für Freiheit wachten?
Liebt er den, der Freiheitsliebe log?

Mit wachsender Besorgnis folgte ich dem Vortrag des Freundes, der an diesem bewölkten und windigen Junitage auf dem mit Blumen und patriotischen Spruchbändern geschmückten Podest stand, das man vor der Westfront des Münsters aufgebaut hatte. Mit kaltblütiger Ruhe las er diese Ode vom Blatt, als befände er sich im Jakobinerklub. Nach der dritten, vierten Strophe war bei den Zuhörern endlich der Groschen gefallen, einzelne Pfiffe und Buhrufe wurden laut, die sich jedoch nicht zu einem Pfeifkonzert auswuchsen. Es war, als wollten die konsternierten Straßburger die Schmach erst bis zum bitteren Ende auskosten, ihren geliebten Bürgermeister im Angesicht aller auf dem Platze versammelten Körperschaften und Armeecorps derart bloßgestellt zu sehen. Kaum aber hatte Eulogius geendigt, brach ein Sturm der Entrüstung los. Es kam zu einem Tumult und Handgemenge; einige Bürger, unter ihnen auch zwei aufgebrachte Nationalgardisten, stürmten auf das Podest, zerrten den Redner an den Beinen und Rockschößen herunter und schlugen mit Fäusten auf ihn ein; und sie hätten ihm wohl alle Rippen gebrochen, wären nicht sogleich die Stadtbüttel eingeschritten, die das Handgemenge beendeten und den maltraitierten Festredner vor der aufgebrachten Menge in Sicherheit brachten.

Auch nach Beendigung der Zeremonie kochte der Volkszorn auf den Gassen und in den Wirtshäusern weiter, und noch tagelang war in den Bürgerstuben und Cafés, in den Amts- und Ratsstuben von nichts anderem die Rede. Hatte Eulogius mit seinem satirischen *Diskurs zur Heirat der Priester* eine heilsame Debatte ausgelöst und sich zugleich einen volkstümlichen Streich erlaubt, der trotz allen Wirbels seiner Popularität zugute kam, so hatte er mit dieser verkleideten Attacke auf das Stadtoberhaupt gleichsam ein Attentat auf die Ehre der Stadt verübt. Einer von Dietrichs Skribenten rief sogleich in der *Straßburgischen Zeitung* alle guten Bürger auf, den Autor dieser ›schändlichen Ode‹ hinfort der öffentlichen Verachtung preiszugeben.

Die Freunde und ich stellten ihn noch selbigen Tages zur Rede. Ob ihm nicht klar sei, daß er mit diesem mißglückten Auftritt nicht nur seinem Ruf, sondern auch dem Ansehen des Klubs Schaden zugefügt. Ob es ihm denn um die Aufklärung der Bürger oder um den öffentlichen Eklat zu tun sei? Er aber tat ganz unschuldig und überrascht. Er sei ja nie auf die Idee gekommen, daß seine »harmlose« Ode einen derartigen Sturm der Entrüstung auszulösen vermöchte. Indes, ich kannte ihn gut genug, um zu wissen, daß er just dies beabsichtigt hatte. Ich erinnerte ihn an das Bibelwort: »Wer Wind sät, wird Sturm ernten.« – »Besser Sturm als fauler Friede und verlogene Feierlichkeit!« gab er mit gewohnter Effronterie zurück. Wenn die Anspielungen seiner Ode von den Bürgern auf Dietrich bezogen wurden, so nur, weil sie auf stadtbekannten Tatsachen gründeten und der Wahrheit entsprächen. Ein blinder Spiegel werfe eben auch kein Bild zurück. – Es sei aber doch sehr takt- und geschmacklos, hielt ich ihm entgegen, ausgerechnet eine Totenfeier zur Bloßstellung des Stadtoberhauptes zu nutzen. – Takt und Geschmack, gab er achselzuckend zurück, seien vielleicht gut für den Salon, nicht aber für die öffentliche Arena, wo man ohne Rücksicht die Wahrheit herauskämpfen müsse.

Meine Kritik und die der Freunde schien ihn wenig zu berühren. Unserem Rat immerhin, für eine Weile die Stadt zu verlassen, bis sich die Gemüter wieder beruhigt hatten, folgte er. So zog er sich für zwei Wochen nach Sulzbach am Niederrhein im Munster-Tal zurück, wo er sich wieder milderen Stimmungen hingab und ihm eine idyllische Ode an die dortigen Brüder aus der Feder floß. Dieses Fallen von einem Extrem ins andere war bezeichnend für ihn.

Was mich und auch Sara mehr besorgte als der durch seine Ode provozierte Skandal – Skandale können ja auch eine aufrüttelnde und reinigende Wirkung haben –, das war die Gefahr für die eigene Person, der er sich dabei mutwillig ausgesetzt hatte. Daß er damit sein Leben aufs Spiel setzte, schien ihn jedoch wenig zu bekümmern. Als ob er den eigentlichen Genuß darin fand, den Provokateur und Sündenbock zu spielen, nachdem die gute Straßburger Gesellschaft ihn ausgestoßen und er der früheren Rolle des gefeierten Münsterpredigers und allseits beliebten Tribünenredners verlustig gegangen. Denn so konträr beide Rollen auch sind, eines ist ihnen gemein: Es sind Mittelpunktsrollen; und Mittelpunkt mußte er sein – und bleiben – bis zum bitteren Ende.

XIX. Über Gemeinsinn und Egoismus

»Darf ich Sie zu einem guten Schluck einladen?« Merville wog eine Flasche mit dunklem Inhalt und silberfarbenem Etikett in der Hand. »Wenn Sie erst auf dem Karren sitzen, werden Sie es gewiß bereuen, einen so guten Tropfen verschmäht zu haben.«

Überrascht hob Eulogius den Kopf aus seiner Lektüre. Schon lange hatte sein Mithäftling ihn nicht mehr zu einem Likör eingeladen. Nach kurzem Zögern legte er das Buch beiseite, erhob sich von seiner Bettstatt und setzte sich dem Grafen vis-à-vis. Dieser fächelte mit leichter Hand die Tarotkarten zusammen, holte zwei Weingläser vom Bord und schenkte ein.

Eulogius beroch die Blume – ein Duft von Erde und Moschus stieg ihm in die Nase – und nahm einen Schluck. Es war ein vorzüglicher Wein, würzig, süß und vollmundig, das reinste Extrakt einer göttlichen Traube.

Merville drehte die Flasche und wies auf das Etikett. »Ein Muskateller. Jahrgang 85! Ja, die Weine des Ancien Régime konnten sich sehen lassen – im Unterschied zu denen der Republik, die meistens gepanscht sind. Dafür werden die Muskateller der Republik aus blauem Blute vergoren. Nun, wohl bekomm's!« Er schlürfte den dunklen Saft in genießerischen Zügen. Dann lehnte er sich befriedigt in seinem Fauteuil zurück und sagte mit einer entwaffnenden Offenheit: »Ich habe meine Meinung über Sie geändert, wenn Sie so wollen: mein Vorurteil gegen Sie korrigiert.«

Eulogius stutzte. Sollte dies etwa das Präludium zu einer neuen Bosheit sein?

»Erst glaubte ich, Sie seien ein schwärmerischer Jünger Rousseaus. Als dann hier bekannt wurde, welch blutiges Amt im Dienste des Régimes Sie ausgeübt, hielt ich Sie für einen fanatischen Inquisitor, für einen eiskalten Bösewicht im Jakobinergewande, ... aber dies trifft es nicht!«

Eulogius war verblüfft; dies war ein ganz neuer Ton. »Und wofür halten Sie mich jetzt?«

Merville füllte beide Gläser noch einmal nach; dann sagte er lapidar, es klang fast wie ein Bonmot: »Für einen Gutewicht!«

Eulogius lachte. Sein Zellengenosse sorgte doch immer wieder für neue Surprisen. »Eine ganz neue Wortschöpfung! Und was unterscheidet den Gutewicht vom Bösewicht?«

»Nun, der Unterschied ist: Der Bösewicht begeht das Böse aus niederen und eigensüchtigen Beweggründen, der Gutewicht dagegen aus hohen und uneigennützigen Beweggründen. Jener ist ein skrupelloser Egoist, dieser ein skrupelloser Idealist. Gerade weil ihm die Gerechtigkeit auf Erden über alles geht, geht er zuletzt über Leichen.«

Eulogius lachte nicht mehr. Er war perplex; gleichzeitig ärgerte ihn der unverschämt nonchalante, fast beiläufige Ton des Grafen.

»Auch Sie gehören«, fuhr dieser fort, »zu jenen Menschen, deren Herz sich an Ideen berauscht, zumal wenn es sich um große, um ›Menschheitsideen‹ handelt, nicht wahr? Aber den goldenen Utopien dieses Zeitalters liegen Buchträume zugrunde!«

Das herabsetzende Wort »Buchträume« erlöste Eulogius aus seiner momentanen Sprachlosigkeit, und sogleich stand er wieder in voller Rüstung. »Wenn die universellen Menschenrechte bloße Buchträume wären, fragt es sich bloß, warum Millionen Franzosen ihr Leben für deren Verwirklichung hinzugeben bereit sind!«

»Ideale taugen vielleicht für die Schaubühne, nicht aber für die Wirklichkeit. Das Leben fügt sich niemals ganz dem Wollen der Menschen, das Glück läßt sich nicht befehlen, man kann es dem Menschen nicht aufzwingen. Schon Descartes sagte, daß der Mensch das vollkommene Ideal, gleich welches, niemals erreiche – und deshalb wohl beraten sei, sich mit der Annäherung an dasselbe zu begnügen. Ihr Jakobiner aber duldet keine Differenz zwischen dem Ideal und der Wirklichkeit. Überhaupt zweifle ich daran, ob universalistische Ideen, an denen unser Jahrhundert so reich ist, sich realisieren lassen. Schon der Begriff ›universelle Menschenrechte‹ ist eine unzulässige Abstraktion!«

»Eine Abstraktion – warum?«

»Weil dieser Begriff die Existenz eines allgemeinen Sittengesetzes voraussetzt. Die Erfahrung indes lehrt, daß Sitte, Moral, Recht und Gesetz etwas Relatives sind, das von Landstrich zu Landstrich, erst recht von Kontinent zu Kontinent wechselt. Eben darum kann es, wie Edmund Burke so trefflich ausgeführt hat, auch keine universellen Rechte der Menschheit geben!«

Mit einem galligen Gefühl vernahm Eulogius den Namen Edmund Burke, dieses streitbarsten Vertreters der englischen Konservativen, der zur Speerspitze der philosophischen Gegenrevolution in England und auf dem Kontinent geworden war. Noch vor wenigen Wochen wäre es ihm nicht in den Sinn gekommen, ausgerechnet mit einem Aristokraten und Magnetiseur, der für die Vernunftphilosophie nur Spott und Verachtung übrig hatte, eine solche Frage ernstlich zu erörtern. Doch von religiösen Vorurteilen war der Graf frei, er hielt es immerhin mit Voltaire, er war gebildet und hatte Courage. Im übrigen – dies spürte er mit jedem Tage mehr – verloren die politischen Gegnerschaften und eingefleischten Parteilichkei-

ten, angesichts der gemeinsamen Aussicht auf das Schafott, das die Todeskutsche jedem Insassen hier täglich greifbar vor Augen stellte, mehr und
mehr an Gewicht. Und solange man noch disputierte, war man wenigstens
am Leben.

»Sie machen mich staunen«, entgegnete er. »Wollen Sie etwa leugnen,
daß der Mensch ein Urrecht in seiner Brust besitzt, ein ihm eingeborenes?
Daß jeder teilhat an der Gerechtigkeit, wie er teilhat an der Luft. Raubt man
ihm diese, muß die Seele ersticken!«

»Gerechtigkeit, oje!« stöhnte Merville auf. »Das Wort sollte man lieber
gar nicht in den Mund nehmen. Warum? Es ist ein Wort wie ein Fisch. Es
entschlüpft einem, wenn man's greift. Wissen Sie denn nicht, daß zwischen
den Begriffen ›Recht‹ und ›Rache‹ eine Blutsverwandtschaft besteht?«

»Sie sind ein Zyniker, Monsieur!«

»Ein Skeptiker«, verbesserte Merville ihn lächelnd.

»Wollen Sie etwa bestreiten, daß jedem menschlichen Wesen ein moralisches Prinzip und ein Gewissen innewohnt? ›Der gestirnte Himmel über
mir und das moralische Gesetz in mir...‹ – dieses Sittengesetz wohnt in
jeder Menschenbrust. Nur kraft dieses inneren moralischen und sittlichen
Empfindens konnten sich die Völker und Staaten auch auf Gesetze einigen.«

»Sie sind, scheint's, nicht viel in der Welt herumgekommen, sonst wüßten Sie: Was bei uns als unsittlich und unmoralisch gilt, ist bei anderen Völkern selbstverständliche Sitte und umgekehrt. Nehmen Sie als Beispiel die
Nacktheit. In der christlichen Kultur gilt sie als Sünde und ist mit Scham
gekoppelt, bei den Völkern der Südsee gilt sie als natürlich. Die Beschneidung, in der christlichen Kultur ein Tabu, ist bei den Muslimen, Afrikanern
und Juden bekanntlich gängiger Brauch, ja, ein geradezu religiöses Gebot.«

»Gewiß«, erwiderte Eulogius, »gibt es in den sittlichen und moralischen
Vorstellungen der Völker beträchtliche Unterschiede. Aber Sie können doch
nicht leugnen, daß sich in den letzten Jahrhunderten gewisse allgemein ver-
bindliche Moral- und Rechtsvorstellungen herausgebildet haben. So werden
auch die Menschenrechte eines Tages zur universellen Norm werden. Unsere schwarzen Brüder auf Haiti und St. Domingo fordern die Menschen-
und Bürgerrechte schon heute für sich ein und kämpfen für sie.«

»Und doch wurde der Aufstand der Schwarzen auf St. Domingo blutig
niedergeschlagen – und zwar von denselben französischen Kolonialisten,
welche in ihrem Mutterland das ›heilige Menschenrecht‹ auf ihre Fahnen
schreiben. Was lehrt uns dies, nun?« Merville sah ihn herausfordernd an.

»Wollen Sie damit sagen, die Menschenrechte sind nicht unteilbar und
gelten nur für die weißen Besitznehmer?«

»Die Menschenrechte sind ein schöner Luxus, auf den ich ungerne verzichten würde. Aber leider Gottes können nicht alle Menschen im Luxus leben. Für alle reicht es nicht! Man hat ja gesehen, was in Paris geschieht, wenn die Produkte aus unseren überseeischen Kolonien, Kaffee, Zucker, Tabak und Rum ausbleiben und in der Folge die Preise für solche Luxusartikel in die Höhe schnellen: Unsere braven Sans-Culottes stürmen die Läden!* Entweder will man billigen Kaffee und billigen Tabak, oder man will die Sklaven in unsren Kolonien befreien. Beides kann man nicht haben. Auch Sie rauchen mit Genuß Ihre Meerschaumpfeife oder nicht?«

»Ich würde auf den billigen Tabak gerne verzichten, wenn dafür die Sklaven auf den Tabakplantagen frei würden.«

»Ich habe an keiner Stelle des ›Don Quichotte‹ mehr gelacht als dort, wo die Galeerensklaven, die unser Held voll Großmut gerade befreit hat, ihm das Messer an die Kehle setzen. ... Versuchen Sie einmal, die Erklärung der Menschenrechte in der Türkei oder in China zu verkünden – man wird Sie entweder für einen Narren halten oder Sie steinigen. Woher nehmen wir überhaupt das Recht, unsere Ideen und Vorstellungen von Menschenrecht und Freiheit anderen Völkern und Kulturen aufdrängen zu wollen? Was haben wir Franzosen in Frankfurt, Mainz, Speyer und Worms, in Holland und Belgien verloren? Mon Dieu, ich sehe unsere Bürger-Soldaten, die Marseillaise auf den Lippen, schon in den Wüsten Afrikas und in der russischen Tundra stehen, die Neger und die Mushiks bekehren wollend. Wer die Illusion nährt, Menschenrechte in aller Welt garantieren zu können, zumal mit militärischer Gewalt, erreicht das Gegenteil von dem, was er behauptet, erreichen zu wollen.«

»Sie meinen also, Freiheit und Menschenrecht seien eine genuin französische Spezialität und sollten es auch fürderhin bleiben?«

»Nein, Sie verstehen nicht richtig. Die Moral wechselt nicht nur von Landstrich zu Landstrich, von Breitengrad zu Breitengrad; sogar innerhalb ein- und desselben Landes kann sich das, was als Sitte, Recht und Gesetz gilt, von heute auf morgen schlagartig ändern, je nachdem welche Dynastie oder Partei gerade an der Macht ist ... Heute gilt es als moralisch, einen Aristokraten an die Laterne zu hängen, ein paar Jahre früher wurde einer dafür gerädert, gespießt und geviertelt. Woraus folgt: Jedes System einer allgemeinen Moral oder Sittlichkeit, auf das sich die Vorstellung universeller Menschenrechte gründen könnte, ist ein Hirngespinst!«

---

* Anspielung auf den Pariser Ladensturm vom Februar 1793

»Ich könnte Ihnen auch mit dem Philosophen antworten, den Sie selbst so gerne zitieren. Voltaire sagt: ›Das einzige fundamentale und unwandelbare Gesetz, das für alle Menschen gelten kann, ist: *Tue anderen, wie du willst, daß sie dir tun!* Das ist das Gesetz der Natur selbst. Es kann nicht aus dem menschlichen Herzen gerissen werden. Es wird zwar von allen Gesetzen am schlechtesten befolgt, aber es behauptet sich selbst gegen diejenigen, welche es übertreten‹.«

Merville lachte laut auf; die Erschütterungen seines Zwerchfells und seines Embonpoints teilten sich sogar der Tischplatte mit, so daß der Wein in den Gläsern hin- und herschwappte. »Mein lieber Herr Inquisitor!« stieß er kichernd hervor, »Sie sind wirklich ein Fall von tragischer Ironie. Gemäß dieser Maxime müßte Ihr kluges Köpfchen nämlich längst vom Rumpfe gefallen sein. Und nicht bloß einmal!«

»Hätte ich mich eines Verbrechens gegen die Gesetze der Republik schuldig gemacht«, gab Eulogius gereizt zurück, »dann falle mein Haupt aufs Blutgerüst, aber ...«

»... da Sie ein Gerechter sind«, führte Merville seine Replik in leierndem Tone fort, »tragen Sie Ihren Kopf mit vollem Recht auf den Schultern ... Doch bleiben wir bei der Philosophie! Der alte christliche Grundsatz: ›Tue anderen, wie du willst, daß sie dir tun!‹, ist zwar sehr human und mir durchaus sympathisch; aber leider rechnet er nicht mit der wohl hartnäckigsten und, wie mir scheint, inkorrigiblen Konstante der menschlichen Natur.«

»Und die wäre?«

»Der Egoismus! Es ist nun mal eine betrübliche, aber nicht zu leugnende Tatsache, daß uns das eigene Wohlergehen und Leiden, das eigene Glück und Unglück mehr berührt als das unserer lieben Mitmenschen. Und der Mensch ist bekanntlich niemals selbstsüchtiger, als wenn er unglücklich ist. Da nun die Summe des menschlichen Unglücks stets größer ist als die des menschlichen Glücks, wird auch der von euch so verteufelte Egoismus nebst all seinen unschönen Weiterungen wie Eitelkeit, Eigennutz, Habsucht, Machtgier und Herrschsucht immer wieder die Oberhand über die Nächsten- und Bruderliebe, über den Gemeinsinn und die Tugend gewinnen. Folglich ist jede allgemeine Moral, welche die Tugend über den Egoismus, den Gemeinnutz über den Eigennutz stellt, zum Scheitern verurteilt. Denn sie richtet sich gegen die menschliche Natur selbst. Ihr Jakobiner und Jünger Rousseaus aber seid über die alte christliche Verdammung des Egoismus nicht hinausgelangt!«

»Rousseau rechnet durchaus mit dem menschlichen Egoismus, wobei er allerdings zwischen der *amour de soi*, dem natürlichen Selbsterhaltungstrieb, und der *amour-propre*, Eigennutz und Selbstsucht, genau unterscheidet. Gerade das Interesse der Selbsterhaltung aber läßt es dem Menschen geraten erscheinen, sich dem Gesellschaftsvertrag *freiwillig* zu unterwerfen; denn erst dieser setzt ihn wieder in seine natürlichen Rechte ein.«

»Und wenn ich mich nun weigere, mich dem Gesellschaftsvertrag zu unterwerfen?«

»In diesem Falle ist die gesamte Körperschaft ermächtigt, den, der sich weigert, dem Gemeinwillen zu folgen, dazu zu zwingen. Freiheit ist Gehorsam gegen das selbst gegebene Gesetz. Alles andere wäre die Anarchie und würde jedes Gemeinwesen zerstören.«

Merville sah ihn mit Genugtuung an, als habe er ihn endlich dort, wo er ihn haben wollte. »In eurem tugendhaften Gemeinwesen ist folglich kein Platz für Individualisten, Sonderlinge, Außenseiter, Querköpfe, Sittenstrolche, kurz, für solche Menschen, die einfach keine Lust haben, unter dem Gemeinwillen zu leben und sich an euren Tugendbegriff zu halten. Eine schöne Freiheit ist mir das! Im Unterschied zu euch Jakobinern verteidige ich das Naturrecht des absonderlichen Geschmacks, auch und gerade bei der Sinnlichkeit.«

»Sie meinen ein Naturrecht auf zügellose Ausschweifung?«

»Ich rede nicht von Ausschweifung, sondern von Geschmacksunterschieden. Die ersten unseren Augen dargebotenen Objekte, die ersten Klänge oder Gerüche bilden und entscheiden vielleicht unseren Geschmack. Und wem schon als Kind die Vertrautheit mit dem Bösen eingeflößt worden, der wird wahrscheinlich ein Verbrecher.«

»›Die Macht des freien Willens, sich zu unterwerfen oder zu widerstehen, unterscheidet den Menschen vom Tier‹, sagt Rousseau.«

»Ja, ja, der freie Wille«, spottete Merville, »unser liebstes Kind, die teuerste Chimäre der Christianitas! Das Dumme ist nur, daß wir schon mancherlei Einflüsterungen erlagen, als wir noch gar nicht frei genug waren, uns gegen sie wehren zu können. Denn was ist Erziehung, bei Lichte besehen? Es ist die Summe der Einflüsterungen, der Suggestionen, der positiven wie der negativen, die man uns früh in die Seele gesenkt. ... Und was ist die Seele? Sie ist nichts anderes als ein ununterbrochenes stummes Zwiegespräch mit all jenen Stimmen und Geistern, Einflüsterern, Ratgebern, guten wie bösen Idolen, die schon ihren Abdruck in unsern wachsweichen Gemütern hinterließen, als wir noch kaum unseres Willens und unserer gepriesenen Vernunft mächtig waren ... Wo aber«, stieß Merville mit plötzlicher Heftigkeit hervor, »ist dann eure Weisheit, ihr Gesetzgeber und Moralapostel, wenn erwiesen ist, daß diese oder jene Prägung in seiner Kindheit oder

Jugend aus einem Menschen das macht, was man mit schrecklichen Strafen verfolgt?«

Eulogius war überrascht über den plötzlich so heftigen und inquisitorischen Ton des Grafen. Frönte dieser vielleicht selbst irgendeinem absonderlichen Laster, daß er jetzt so aus der Haut fuhr? Unter einigen Häftlingen wurde gemunkelt, Merville sei bekannt für ein ausschweifendes Leben gewesen, in seinem ehemaligen Palais am Quai d'Orléans hätten sich die Kurtisanen und Pariser Libertins die Klinke in die Hand gedrückt.

»Ihre Philosophie«, entgegnete Eulogius, »ist eine schöne Ausrede für jeden Wüstling oder Verbrecher. Er kann sich auf seine unabänderliche Natur berufen, auf die ersten Empfindungen der Kindheit oder auf irgendwelche Einflüsterungen – und ist jeglicher Verantwortung für sein Tun entbunden. Folgte man Ihrer Logik, müßte der Souverän auf jegliche Gesetzgebung bezüglich der Sittlichkeit verzichten, das aber heißt: jedes Verbrechen auf diesem Gebiete ungestraft lassen.«

»Wenn Moral und Sittlichkeit etwas Relatives sind, das heißt eine Frage der Geographie, wie die Erfahrung lehrt«, sagte der Graf apodiktisch, wobei er seine schweren Kinnladen vorschob wie ein Krebs seine Scheren, »dann hat der Staat auch kein Recht, über sogenannte Absonderlichkeiten des Geschmacks zu richten.«

»Sie wollen also keinerlei Grenze zwischen Tugend und Laster, zwischen sittlichen und unsittlichen Handlungen ziehen?«

»Sittlich ist, was meiner Natur entspricht, was mir gefällt und mir die höchste Lust verschafft. Darum darf, nach meinem Dafürhalten, dem Reich der Begierde und der Lust keinerlei moralische Schranke auferlegt werden – mit Ausnahme der Unversehrtheit des menschlichen Lebens. Wer einen anderen tötet, soll dafür bezahlen! Ansonsten sollte alles erlaubt sein: Sapphos Vergnügungen ebenso wie die der alten Griechen und Römer, die sich bekanntlich an Knaben ergötzten. Und wenn einer Vergnügen an der Sodomie findet, soll es ihm keiner wehren oder ihn dafür verurteilen. Das wäre die Republik, von der ich träume – ich gebe zu: eine ganz und gar unchristliche Republik!«

»Sie meinen eine Republik, in der die Libertinage, die Laster und die Entartungen des Adels zur allgemeinen Norm geworden sind – eine Republik der Ausschweifung, in der jeder mit jedem alles treiben kann – mit Ausnahme, ihn umzubringen. Das wäre ein neues Sodom und Gomorrha!«

»Was heißt Entartung?« Merville verdrehte die Augen zur Decke und hob mit theatralischer Gebärde die Arme. »Ihr Jakobiner nennt alles entartet, was nicht in euren braven Tugendkatalog, in eure Spießbürgermoral paßt. Sogar die Ausstellung obszöner Bilder – auch wenn es sich nur um einen weiblichen Akt handelt – stellt ihr unter Strafe; die Göttin der Liberté selbstredend ausgenommen. Diese üppige Dame darf, weil sie die Trikolore schwingt, auch ein bißchen Fleisch und Busen zeigen. Das Nacktbaden an Seen und Flüssen gilt euch als sittliches Delikt. Kurtisanen und sogenannte lasterhafte Frauen wirft man ins Gefängnis. Und da eure erotische Einbildungskraft gerade für die Missionarsstellung ausreicht, haltet ihr jede andere Praxis der Lust für entartet.« Er ergriff die Flasche, füllte nochmals die Gläser nach und fuhr fort: »Auch in eurer Vernunft- und Tugendrepublik darf die Wollust nur dem Zwecke der Fortpflanzung dienen, zur Erzeugung des patriotischen, genauer gesagt, des militärischen Nachwuchses. Hätte der Konvent sonst das älteste Gewerbe der Welt, die Prostitution, verboten?«

»Das Verbot der Prostitution hat nichts mit Bigotterie zu tun. Die Herabwürdigung der Töchter des Volkes zur billigen Handelsware für jeden Wollüstling, der bezahlen kann, verstößt gegen die Würde des Menschen – und damit gegen ein elementares Menschenrecht. Deshalb wurden Kuppelei und Prostitution verboten.«

»Jaja, jetzt triumphieren überall die kleinen und großen Sittenwächter und Tugendheuchler vom Schlage Robespierres. Der leistet sich noch nicht mal eine Mätresse. Vielleicht gehen ihm die Todesurteile ja deshalb so leicht von der Hand. Nichts fördert mehr die Grausamkeit als die Askese und eine heuchlerische Moral. Vielleicht geht es auch in der Revolution – und zwar auf beiden Seiten – so grausam zu, weil uns allen, ob wir nun Adelige oder Bürgerliche, Royalisten oder Jakobiner sind, die kirchliche Moralerziehung, der alte katholische Sündenbegriff und die jesuitische Intoleranz noch in den Eingeweiden stecken . . . Wie lange haben Sie im Kloster zugebracht?«

»Nun, . . . an die acht Jahre!«

»Acht Jahre? Sie Ärmster!« Merville sah ihn mit einem Ausdrucke aufrichtigen Bedauerns an.

»Ob Sie es glauben oder nicht«, setzte Eulogius rasch hinzu, denn schon bereute er seine ehrliche Auskunft, »ich habe als einer der ersten unter den katholischen Predigern Deutschlands eine Lanze für die Toleranz gebrochen!«

»Dann haben Sie sich aber weit von Ihren Ursprüngen entfernt.«

Eulogius schluckte. Die trockene Bemerkung stieß ihm sauer auf. Mit Schärfe entgegnete er: »Toleranz zu üben gegen die Feinde der Republik wäre der Selbstmord der Revolution gewesen!«

»Sie brauchen mir die jakobinischen Doktrinen nicht zu erklären. Ich erleide sie täglich!« Mit verdrossener Miene wandte Merville den Kopf zum

Fenster und starrte hinaus ins Dunkel. Der Disput stockte, und ein längeres Schweigen spannte sich zwischen ihnen.

Endlich kippte Merville den Rest der Flasche in die Gläser und sagte mit schleppender Zunge: »In meiner ›Republik der Ausschweifung‹, wie Sie sie zu nennen belieben, liegt vielleicht mehr Zukunftsmusik als in eurer gleichmacherischen Tugendrepublik, in der sich die Bürger wohl bald zu Tode langweilen dürften. Im übrigen ist die Tugend auf Dauer einfach zu anstrengend. Wer hat schon Lust, sich Tag und Nacht für das ›Allgemeine Wohl‹ aufzuopfern? Eine Republik dagegen, die den Egoismus, den Individualismus und das Vergnügen befördert, streitet nicht wider die Urtriebe der menschlichen Natur, sondern bedient sie. Darin liegt ihre Stärke.«

»Eine Republik, die nicht auf dem Gemeinsinn aufgebaut ist und der das Prinzip der Gerechtigkeit mangelt«, sagte Eulogius fest, »ist früher oder später zum Untergange verurteilt.«

»Nun, wir beide dürften die Entscheidung dieser Frage wohl nicht mehr erleben.« Merville hob sein Glas und nickte ihm mit hängenden Augenlidern zu.

»Trinken wir«, sagte Eulogius – der Muskateller hatte auch bei ihm seine Wirkung getan, »auf das Recht auf Glück! Es ist Bestandteil der Menschenrechtserklärung und der Jakobinerverfassung.«

Erst das Klirren der aneinanderstoßenden Gläser ließ ihn gewahr werden, daß er, einer unwillkürlichen Regung folgend, mit dem Grafen erstmals angestoßen hatte. Dieser sah ihn erstaunt, fast ungläubig an, dann sagte er mit faunischem Lächeln:

»Im Falle, daß wir gemeinsam den Karren bestiegen, würden wir ein pikantes Duo abgeben, nicht wahr? Den Würmern freilich ist's gleich, ob ihnen ein sozialer oder ein libertärer Kopf zum Fraße wird!«

XX. Kreuzzug für die Menschenrechte?

Hiermit erklärt die französische Nationalversammlung, daß die französische Nation, den durch die Verfassung geheiligten Grundsätzen getreu, ... – der öffentliche Ausrufer im blauen Rock und mit dem Dreispitz auf dem Kopfe nahm, bevor er die Augen wieder in das aufgerollte pergamentene Schriftstück senkte, einen kräftigen Luftzug, um den nun folgenden Bandwurmsatz gehörig und ohne Patzer zu Ende zu bringen.

... ›keinen Krieg zum Zwecke der Eroberung zu unternehmen und nie die Waffen gegen die Freiheit irgendeines Volkes zu ergreifen‹, die Waffen nur aufnimmt zur Verteidigung ihrer Freiheit und Unabhängigkeit; daß der Krieg, den sie unternehmen muß, kein Krieg von Nation zu Nation ist, sondern die gerechte Verteidigung eines freien Volkes gegen den ungerechten Angriff eines Königs; daß die Franzosen niemals ihre Brüder mit ihren wahren Feinden verwechseln werden.

Es war der 20. April des Jahres 1792, ein sonniger und wolkenloser Frühlingstag, als diese Botschaft im Ton einer Verkündigung auf dem Münsterplatz und allen Marktplätzen der Stadt feierlich verlesen wurde. Die Bürger jubelten, die Klubisten jubelten, die Freunde jubelten, ganz Straßburg jubelte. Die Glocken wurden geläutet, die Fahnen gehißt, und unter Trommeln, Pauken, Trillerpfeifen und patriotischen Gesängen zogen die Nationalgarden und die Linienregimenter sogleich in militärischer Formation, im Schlepptau so manches Kriegsgerät, durch die Straßen zum Paradeplatz, wo sie sich unter feierlichen Ansprachen stolz und siegesgewiß den Bürgern präsentierten.

Sara und ich waren die einzigen im Freundeskreise, die die Kriegserklärung Frankreichs an das Haus Habsburg, genauer: an den ›König von Böhmen und Ungarn‹, mit Bedrückung aufnahmen. »Was wird jetzt werden?« fragte sie mich, während die bewaffneten Kolonnen an uns vorbeimarschierten. »Wer denkt an die Frauen, die ihre Männer, wer an die Mütter, die ihre Söhne hergeben müssen? Ach, wenn ich mir vorstelle, einer meiner Brüder oder einer von euch muß im Felde sein Leben lassen, wird mir ganz elend zumute!« Indes gingen solche Besorgnisse eines mitfühlend die Zukunft vorausnehmenden Frauenherzens unter im patriotischen Enthusiasmus der Stadt und im lauten Trommelwirbel der Kriegspropaganda, die jetzt das ganze Land erfaßte und das öffentliche Klima merklich veränderte.

326

Gibt es einen ›gerechten Krieg‹? Diese Frage habe ich mir in diesen aufgeregten Tagen und Wochen oftmals gestellt und bin mir noch heute der Antwort keineswegs sicher. Wenn eine Nation einen Krieg um ihre Unabhängigkeit und Freiheit führt, wie zum Beispiel die spanischen Niederlande gegen das Königreich Spanien oder die Vereinigten Staaten von Amerika gegen das Königreich England, wird der Patriot eines jeden Landes wohl antworten, man habe es hier mit einem gerechten Krieg zu tun. So weit, so gut. Wie aber verhält es sich mit einem Kriege, der nicht nur der Selbstverteidigung dient, sondern im Namen von ›Freiheit und Menschenrecht‹ in andere Länder hineingetragen wird, das heißt zu einem ›Kreuzzug für die Freiheit‹ wird? Kann auch solch ein Krieg noch als ein ›gerechter Krieg‹ gelten? – Wenn er nicht auf Eroberung und den Gewinn neuer Territorien aus ist, wenn er nur um der heiligen Menschenrechte willen geführt wird und dazu dient, die Untertanen der Nachbarländer von ihren Despoten und Dynastien zu befreien und ihnen das Geschenk einer freiheitlichen Verfassung zu bringen, dann ist auch solch ein Krieg ein guter, ein gerechter, ein ›heiliger Krieg‹ – so dachten und glaubten damals die meisten Franzosen, so dachte die überwältigende Mehrheit der französischen Nationalversammlung; und so dachten auch die elsässischen und deutschen Patrioten.

Aber kann man denn, wenn auch mit den besten moralischen Absichten, Krieg gegen einen Despoten führen, ohne gleichzeitig das Land seiner Untertanen mit Verwüstung und Tod zu überziehen? Und schweißt nicht gerade der Krieg gegen ein despotisches oder absolutistisches Regime den Herrscher und seine Untertanen, die man ›befreien‹ will, notgedrungen zusammen? Werden sie nicht zum Schulterschluß mit ihrem Despoten förmlich genötigt, wobei der vorhandene Haß gegen diesen hinter dem größeren Hasse auf die Invasoren zurücktritt, auch wenn sie als ›Befreier‹ zu kommen versprechen?

Daß ich zum Befremden meiner Freunde in die allgemeine Kriegsbegeisterung nicht einstimmen konnte, hatte zunächst rein gefühlsmäßige und menschliche Gründe. Da ich von Berufes wegen mit Krankheit und Tod in nahe Berührung kam, hatte ich naturgemäß zum Krieg auch eine andere Einstellung als sie. Im Geiste sah ich mich schon, mit dem Skalpell und der Säge des Chirurgus bewaffnet, im Feldlazarett den versehrten ›Kriegshelden‹ und ›Soldaten der Freiheit‹ unter grauenvollen Schmerzen die verstümmelten und zerschossenen Gliedmaßen amputieren. Vom Standpunkt der Gemeinschaft, der Nation mag es zwar gerechte Gründe für einen Krieg geben, doch vom Standpunkt des einzelnen, der ins Gras beißen muß oder zum Krüppel geschossen wird, sind die hohen und hehren Gründe am Ende null und nichtig und wohl kaum ein Trost in seinem Elend.

»Ein Friede ist nie so ungerecht«, sagte schon Erasmus von Rotterdam, »daß er nicht dem gerechtesten Krieg vorzuziehen wäre.« Ausdruck wahrer Humanität und einer wahrhaft moralischen Politik wäre daher, den Krieg mit allen Mitteln zu vermeiden. Aber daran war keine Seite, waren weder das revolutionäre Frankreich noch das Haus Habsburg, noch das Königreich Preußen, noch die deutschen Reichsfürsten ernsthaft interessiert. Die Eskalation zum Krieg hatte sich denn auch auf beiden Seiten annähernd im Gleichschritt vollzogen.

In der zweiten Nationalversammlung, der Legislative, hatte gegenüber der ersten Versammlung ein Generationswechsel stattgefunden. Man sah keine weißen Haare mehr, hier tagte ein neues, verjüngtes und gerade flügge gewordenes Frankreich in schwarzen Haaren. Das Durchschnittsalter der neuen Abgeordneten war fünfundzwanzig Jahre. Die Jugend, welche noch keinen Krieg erlebt, hatte lärmend das reife Alter vertrieben, dem die Erfahrung der drei schlesischen Kriege noch in den Eingeweiden steckte.

Zwar bot die zweite Versammlung ein ausgeglicheneres Bild als die erste, weil in ihr die beiden privilegierten Stände nicht mehr vertreten waren. Demzufolge fanden sich unter den 745 Abgeordneten keine aristokratischen oder papistischen ›Schwarzen‹ mehr vor. Gleichwohl kam es zu einer deutlichen Polarisierung. 264 ihrer Abgeordneten schrieben sich im Klub der Feuillants ein, die sich hinter den General Lafayette scharten, dem Chef der Pariser Nationalgarde und ›Held der zwei Welten‹, der seine Sporen im amerikanischen Unabhängigkeitskrieg verdient hatte. Auch die Jakobiner waren mit 136 Abgeordneten zahlenmäßig erstarkt. Indes schoben sich in der neuen Versammlung bald junge und brillante Rednertalente aus Bordeaux im Département Gironde in den Vordergrund, von denen sich die erst nachträglich durchgesetzte Bezeichnung *Girondisten* ableitete. Hauptsächlich dem mittleren Bürgertum des Westens und Südens entstammend, hielten diese Rechtsanwälte, Publizisten, Lehrer, Finanzleute und Unternehmer vor allem Verbindung zur großen Geschäftswelt der emporstrebenden Hafenstädte. Neigten sie nach Ursprung und Werdegang zu liberalen Ansichten, so bewogen sie ihre gesellschaftlichen Beziehungen zur Respektierung des Reichtums und des großen Geldes – bei gleichzeitigem Argwohn und tiefsitzendem Mißtrauen gegen die nach mehr Mitsprache verlangenden unteren Volksklassen.

Nachgerade scheint mir, daß der Krieg, gerade in einer Epoche so tiefgreifender Umwälzungen, innerer Kämpfe und Krisen, den zerstrittenen

Parteien wie gerufen kam: als Stifter der nationalen Einheit. Er befriedete, wenn auch nur auf Zeit und zum Scheine, die inneren Zwistigkeiten, er übertünchte die politischen und sozialen Gegensätze, indem er alle Kräfte der Nation auf den äußeren Feind lenkte. Der Krieg ist eben ein genialer Demiurgus, ein teuflischer Ablenkungskünstler, der innere Einheit vorgaukelt, indem er den Zwiespalt nach außen trägt. Vielleicht liegt hierin seine immer wiederkehrende, schier unüberwindliche Anziehungskraft. In der großen nationalen Kriegspartei von 1791/92 fanden denn auch alle gegnerischen und verfeindeten Parteien Frankreichs wie auf einen Ruck zusammen.

Erst im nachhinein ist man ein wenig klüger und weiß, welche durchaus profanen und schmutzigen Interessen, niederen und eigensüchtigen Beweggründe sich neben und hinter den hehren und hohen Idealen verbargen, in deren Namen so viele Franzosen und Patrioten ehrlichen Herzens bereit waren, in den ›nationalen Krieg‹ zu ziehen.

Der Hof versuchte den perfiden Kunstgriff, die abwartenden Interventen in den Krieg zu verwickeln, wenn sie seinem dutzendfach ausgestoßenen Hilferuf nicht aus freien Stücken nachkamen. In Kenntnis der mitleiderregenden Verfassung der Staatsfinanzen und der Armee – mit einem Gutteil Offizieren auf der Fahnenflucht beim ›Gegner‹ und einem weiteren auf dem Sprung, es ihnen gleichzutun – ließ sich der Hof von einer Vision blenden: Ein kurzer Krieg, der an das frederizianische ›Wunderheer‹ schnell verlorengehen mußte, widerlege, zerschlüge und erwürge die Revolution.

Auch die große Mehrheit der Feuillants war für den Krieg und folgte dem General Lafayette, der sein eigenes Kombinationsspiel betrieb. Er hoffte, am Ende das Zünglein an der Waage spielen zu können, wenn er mit dem Oberbefehl die Armee in den Griff bekam. Dann konnte man die ›jakobinischen Unruheherde‹ im Innern ersticken und den ganzen lästigen Revolutionskomplex notfalls durch einen Staatsstreich ›lösen‹.

Was aber bewog die Gironde, sich Hals über Kopf in Kriegspropaganda zu stürzen und alle anderen darin zu überbieten? Sie war überzeugt, daß der Krieg mit den Interessen der Nation übereinstimme und daß der König, der mit seinem beständigen Veto die Beschlüsse der Nationalversammlung blockierte, endlich dazu gezwungen werde, Farbe zu bekennen: entweder der Nation zu folgen oder sich als Haupt der intriganten Hofpartei zu entlarven. Nicht zuletzt spekulierte sie darauf, daß der Krieg den Kredit des Assignaten wiederherstellen würde. Ein Feldzug, der umfangreiche Heereslieferungen versprach, war schließlich keine Sache, die Finanzleuten, Großhändlern, Armeelieferanten und Unternehmern mißfallen mußte.

Und der einfache Mann, der Sansculotte? Er verstand wohl, daß dieser Krieg keine ferne Herrenangelegenheit war. Diesmal war er willens, sich für eine Freiheit, die auch die seine war, zu schlagen. Es war schließlich seine Revolution, der die Hochgeborenen an den Kragen wollten. Er hatte ihnen gezeigt, was eine Forke und was eine Pike ist, und sie hatten davor Reißaus genommen. Wenn es die Herrschaften und die französischen Emigrantenheere, die in Koblenz ihr Hauptquartier hatten, jetzt nach einer Wiederkehr gelüstete, nun gut! Dann gehörte auf einen groben Klotz ein noch gröberer Keil.

Das Ränkespiel hinter den politischen Kulissen freilich durchschaute der ›Mann auf der Straße‹ nicht. Und wir, die gerade eingewanderten französischen Neubürger, durchschauten es zunächst auch nicht. Die Parole vom ›Kreuzzug für die Freiheit‹ wurde denn auch von den meisten politischen Flüchtlingen und Einwanderern, die gerade ihren Despoten entronnen waren, begeistert aufgenommen; hatten sie doch alle den feierlichen Eid geleistet, *der Nation treu bis zum Sterben zu sein* und sich *für die Freiheit selbst aufzuopfern.* Nun wollte keiner gegenüber den Mitbürgern der neuen Heimstatt als Drückeberger und Feigling dastehen.

Nur einige französische Jakobinerführer – am entschiedensten Robespierre und der gebürtige Rheinländer und Wahlfranzose Jean-Baptiste Cloots – stemmten sich gegen die Kriegsbegeisterung ihrer Landsleute. Robespierre hatte früh begriffen, und die Geschichte sollte ihm darin recht geben, daß es einerseits der Hof unmöglich ehrlich meinen konnte, wenn er zu einem ›nationalen‹ Kriege blies, und daß andererseits Revolutionsexport kein Problem löste:

Die ausgefallenste Idee, die im Kopf eines Politikers entstehen kann, ist die Vorstellung, es würde für ein Volk genügen, mit Waffengewalt bei einem anderen einzudringen, um es zur Annahme seiner Gesetze und seiner Verfassung zu bewegen. Niemand liebt Missionare in Waffen, und der erste Rat, den Natur und Vorsicht einem eingeben, besteht darin, die Eindringlinge wie Feinde abzuwehren ... Beginnt damit, Eure Blicke auf die innere Lage zu werfen! Schafft bei Euch selber Ordnung, bevor Ihr daran geht, die Freiheit anderswo hinzutragen.

Zudem war Robespierre wohl bewußt, daß der Krieg eine schlechte Wendung nehmen konnte: Das Heer war desorganisiert, das Offizierskorps der Linientruppen war mit Royalisten durchsetzt, den Soldaten fehlte es an Waffen und Ausrüstung, den Festungen an Munition. Man ist nicht quitt mit dem Volk, warnte er vergeblich, *sobald man ihm den Krieg gibt ... Sogar noch im Falle des Sieges läuft die Freiheit Gefahr, unter den Schlägen eines ehrgeizigen Generals zugrunde zu gehen.*

Der spätere Jakobinerterror hat die Welt vergessen lassen, daß es just Robespierre war, der damals am entschiedensten gegen den Krieg votierte. Ein Gutteil des unversöhnlichen Hasses aber, mit dem Robespierre später die Girondisten verfolgte, rührte daher, daß die ab dem Sommer 1793 von ihm und seinen Parteigängern geführte Republik die verheerenden Folgen eines Krieges auszubaden hatte, den er selbst und seine engeren Mitstreiter nicht gewollt hatten. Und aus dem historischen Abstand betrachtet, waren es letztlich der Krieg und seine schier zwangsläufigen Folgen – die militärische Invasion, der wirtschaftliche Niedergang und der Hunger –, welche zur Diktatur einer Partei, zum Regime des Terrors und zur Selbstzerstörung der Ersten Republik geführt haben. Der Krieg ist wirklich der Vater aller Dinge. Bei Immanuel Kant heißt es: »Der Krieg ist darin schlimm, daß er mehr böse Menschen macht, als er davon wegnimmt.« Die ebenso trockene wie fürchterliche Wahrheit dieses Satzes sollten wir erst noch erfahren.

Von nun an bestimmte das Geschehen an den Fronten die inneren Geschicke Frankreichs in einer Weise mit, wie es niemand vorausgesehen hatte. Der Krieg, der mit zwei Unterbrechungen 23 Jahre dauern sollte, die napoleonischen Eroberungskriege mit eingerechnet, wurde nicht nur zur Schicksalsfrage der Revolution, er prägte tiefgreifend auch unser Leben und unsere persönlichen Biographien. Er veränderte die kollektive Psychologie, zerstörte geistige Konzepte und politische Vorstellungen und Ideengebäude. Er öffnete wahrhaftig die Büchse der Pandora.

Die geladenen Pistolen

Noch freilich blieb unser Alltag vom Krieg ziemlich unberührt, denn der ließ sich nur langsam und zögerlich an, er spielte sich irgendwo draußen an den Grenzen ab, wo es zunächst nur zu Scharmützeln kam; noch waren keine entscheidenden Schlachten geschlagen, noch hatten die Straßburger keine Toten zu beklagen.

Wenige Tage nach seiner Rückkehr aus Sulzbach im Munstertal traf ich Eulogius wieder im Hause Stamm. Auch Friedrich war gekommen, und wie gewöhnlich, setzten wir uns nach dem Souper in den Garten. Es war ein warmer und lauer Juniabend, die schon tiefstehende Sonne warf auf die Rosenhecken und das efeuumrankte Gemäuer einen milden rötlichen

Schein. Nur von jenseits der Gartenmauer drang ferne Marschmusik und der Schlag der Pauken und Trommeln an unser Ohr.

Sara sah an diesem Abend besonders reizend aus in ihrem burgunderroten, leicht dekolletierten Baumwollkleide und dem weißen Brusttuch aus feinstem Linnen, das im Nacken durch ein weißes Band zusammengehalten wurde. Ihre kleinen Füße mit dem hohen Spann steckten in roten Sandalen, die im Tone auf Kleid und Gürtel abgestimmt waren. Eulogius wirkte an diesem Abend ein wenig entspannter als die Wochen davor. Die Beine übereinandergeschlagen und genüßlich an seiner Meerschaumpfeife schmauchend, saß er in einem Korbstuhl aus geflochtener Weide und erzählte uns von den angenehmen Erfahrungen, die er im Kreise der Sulzbacher Brüder gemacht, wobei er hin und wieder launige Bemerkungen einflocht. Übrigens hatte er sich, der sansculottischen und Römermode folgend, einen neuen Haarschnitt zugelegt; sein festes schwarzbraunes Haupthaar war jetzt rund geschnitten und in der Höhe der Augenbrauen gekürzt, was ihm ein verjüngtes Aussehen gab und wodurch die männlich-sehnigen Züge seines Gesichtes noch stärker hervortraten. Und doch wanderte sein Blick unstet im Garten hin und her, sprang von einem Gegenstand zum anderen, als finde er keinen Haltepunkt; schon gar nicht bei Sara, die gerade dabei war, dem an den Ellenbogen durchgescheuerten Pullover ihres jüngsten Bruders runde Lederlappen aufzunähen, während sie gleichzeitig mit uns plauderte. Nur wenn sie lachte, wandte Eulogius unwillkürlich die Augen zu ihr herüber, und dann lag ein schmerzlich verlorener Ausdruck darin.

Auch wenn er darüber nicht sprach, ich konnte die heimlichen Qualen meines Freundes wohl nachfühlen, der nun schon seit mehr als einem halben Jahr in einem vertrackten, heimlichen Wettstreit zu seinem Freunde Friedrich stand und, was diesen betraf, gewiß schlechten Gewissens um Sara warb. Der zwischen den Freunden niemals ausgesprochene Zwiespalt seines Herzens hatte ja zur Folge, daß er die Familie Stamm nur noch gelegentlich und in größeren Abständen besuchte. Ich, der nur äußerer Beobachter dieser verschwiegenen Leidenschaft war, vermag nicht zu entscheiden, ob seine periodischen Rückzüge vor allem der Rücksicht auf den Freund oder seinem Mannesstolz entsprangen – nach dem trotzigen Motto: Lieber gar keinen als den zweiten Platz im Herzen Saras einzunehmen! Oder hatten sie ihren eigentlichen Grund in jenem tief melancholischen Gefühl, das er nur seinem Tagebuch anvertraute? *Weiß wohl, die Weiber leicht für mich einzunehmen, aber bin nicht geschaffen für das gewöhnliche Glück.* Vielleicht war auch ein Stück Berechnung und männlicher Taktik dabei (er war ja nicht unerfahren darin), um die *blonde Venus* durch den ständigen Wechsel von Annäherung und Entfernung, von verschwiegen lockender Werbung und Rückzug in einen gleichsam dauernden Mobilisierungszustand zu versetzen. – Möge sich der Leser aus Saras Tagebuch hierüber selbst eine Meinung bilden! Indes scheint mir, daß das zuweilen Überspannte und Überreizte in seinem Verhalten und bei seinen öffentlichen Auftritten nicht nur durch die überhitzten Zeitläufte, sondern auch durch diesen quälenden Schwebezustand bedingt war, in dem sein Verhältnis zu Sara verharrte.

Nachdem wir über die ersten Vorhutgefechte der französischen Armeen unsere Kenntnisse und Meinungen ausgetauscht hatten, wandte sich das Gespräch einem Thema zu – ich weiß gar nicht mehr, wer damit anfing –, das seit Tagen Stadtgespräch war. Es ging um einen Selbstmordversuch aus Liebeskummer, der die Straßburger mehr zu beschäftigen schien als die noch unklaren und schwer deutbaren Kriegsereignisse. Ein junger Mann aus Straßburg, der sich freiwillig zu den Fahnen gemeldet, war, nachdem er von seiner Angebeteten einen Korb bekommen, von einer Felsenklippe in den Rhein gesprungen. Flußschiffer, die ihn in den Strom stürzen sahen, zogen ihn ans Ufer und brachten den fast Ertrunkenen vor den Friedensrichter. Als er diesem den Grund für seine Verzweiflungstat genannt, ließ man sofort seine Angebetete herbeiholen, die von einer empörten Menge beschimpft wurde. Wie konnte sie nur so herzlos sein und einen jungen Mann, noch dazu einen Volontaire, der für das Vaterland und die Freiheit sein Leben in die Schanze zu werfen bereit war, derart entmutigen, daß er aus Verzweiflung von der Klippe sprang!

Kaum hatte man begonnen, über diesen Fall zu sprechen, kam es zwischen Eulogius und Friedrich zu einem hitzigen Wortwechsel, der sich so rasch und unaufhaltsam entwickelte, daß weder Sara noch ich mäßigend eingreifen, geschweige denn ihn aufhalten konnten. Es war, als ob sich just an diesem Gegenstand das lange schwelende Spannungsverhältnis der beiden Freunde plötzlich entlud.

Eulogius nahm sehr für den jungen Mann und seine Verzweiflungstat Partei, während Friedrich diese mit einer Schärfe tadelte, die seiner sonst so sachlich-abwägenden Denkungsart gar nicht gemäß war, und von ›seelischer Nötigung‹, ja, von ›Erpressung‹ gegenüber dem Mädchen sprach. Wenn das Herz eines Mannes, erwiderte Eulogius hierauf mit plötzlicher Heftigkeit, ganz erfüllt sei vom Bilde seiner Geliebten, wenn er dieses mit allen seinen Sinnen umfasse und doch kein Gehör finde, wenn sich somit der Quell all seiner Freude in den Quell all seines Unglücks verwandle, was bleibe ihm dann noch als die Verzweiflung, die Selbstzerstörung, der Tod?

Und dann zitierte er auf einmal den »Werther«: *Ach, ich habe hundertmal ein Messer ergriffen, um diesem gedrängten Herzen Luft zu machen. Man erzählt von einer edlen Art Pferde, die, wenn sie schrecklich erhitzt und aufgejagt sind, sich selbst aus Instinkt eine Ader aufbeißen, um sich zum Atem zu verhelfen. So ist mir's oft, ich möchte mir eine Ader öffnen, die mir die ewige Freiheit verschafft.*

Ich war überrascht, daß gerade diese Stelle des »Werther« ihm so aus dem Gedächtnis und, wie es schien, aus dem Herzen floß. Auch Sara, die im Stopfen des Pullovers innegehalten, sah ihn, in einer Mischung von Verblüffung und Besorgnis an. Friedrich aber, jetzt wieder kerzengerade, mit über der Brust verschränkten Armen auf seinem Stuhle sitzend wie ein General zu Roß, entgegnete hierauf mit unüberhörbarer Ironie: So sehr er sich auch in die sentimentalischen Leiden des jungen Werther einfühlen könne, sein Selbstmord entspringe nicht gar so edlen Motiven, wie es den meisten Lesern erscheine. Es läge viel gekränkte Eitelkeit darin, die sich übrigens nicht nur auf seine Liebe zu Lotten beziehe, sondern auch auf seinen Ehrgeiz, auf die Zurücksetzung, die er durch die hohe Gesellschaft und den Gesandten erfahren, in dessen Dienst er getreten. Werthers empfindliches Selbstgefühl vertrage keine Kritik oder Kränkung, ohne nicht sogleich in tiefes Selbstmitleid zu verfallen und seine ihm hartherzig erscheinenden Mitmenschen auf das Bitterste zu verklagen.

Sara machte eine erschrockene Miene; ihr schien, ob dieses herben und verletzenden Tones, den sie von Friedrich gar nicht gewohnt war, förmlich die Nadel in den Fingern zu gefrieren. Denn natürlich begriff sie ebenso wie ich, daß seine Kritik an Werthers Verhalten durch die Blume auf Eulogius gemünzt war.

Dieser hatte während Friedrichs Replik mit finsterer Miene seine Pfeife am Stuhlbein ausgeklopft, und er klopfte noch gegen das Holz, als die Asche längst schon heraus war. Man könne, gab er zurück, indem er die leere Pfeife plötzlich wie einen Keil in der Faust schwang, einen Menschen wie Werther so wenig mit dem Maßstab der gesunden Vernunft beurteilen wie einen am Gemüte kranken oder dem Wahne verfallenen Menschen. Denn er sei ja krank vor Liebe und toll vor Leidenschaft, dabei aber grundehrlich in seinem Schmerze und seiner Todessehnsucht und verdiene daher nicht nur unser volles Mitgefühl, sondern auch unsere ganze menschliche Achtung.

Er halte es, erwiderte Friedrich, in dieser Hinsicht eher mit Lotten, die ihrem unglücklichen und in seinem Unglück recht eigensüchtigen Liebhaber, der wenig Rücksicht auf ihr und Alberts Glück nehme, zuletzt auch die

Leviten lese und ihn auf seinen Selbstbetrug aufmerksam mache: *Warum denn mich, Werther? Just mich, das Eigentum eines anderen? Just das? Ich fürchte, ich fürchte, es ist nur die Unmöglichkeit, mich zu besitzen, die Ihnen diesen Wunsch so reizend macht.*

Eulogius starrte den Freund mit einem Ausdruck des Unglaubens an; daß auch dieser ihm mit einem Werther-Zitat Paroli zu bieten wußte, hatte er wohl nicht erwartet. Aber dann, indem er von seinem Stuhle aufsprang und ein, zwei Schritte auf Friedrich zutrat, sagte er mit Bitterkeit in der Stimme: Just damit, mit dieser Verdächtigung seines tiefsten und reinsten Gefühls habe Lotte dem armen Werther den letzten Stich gegeben. Kurz danach habe er sich ja dann auch erschossen. Und nicht zufällig sei es Lotte gewesen, die seinem Diener Alberts Pistolen ausgehändigt.

Ob er damit etwa Lotten die Schuld an Werthers Selbstmord aufbürden wolle, gab Friedrich zurück. Nein, nein, ganz so edel und rein, wie er glaube, sei Werthers Herz auch nicht; immerhin fänden darin recht mörderische Wünsche Platz. Er selbst gestehe in seinem Abschiedsbrief an Lotten: *In diesem zerrissenen Herzen ist es wütend herumgeschlichen, oft, – deinen Mann zu ermorden, dich, mich! – So sei es denn! ...*

Ich war perplex, daß Friedrich, der sich ansonsten kaum mit schöner Literatur beschäftigte, just den »Werther« so gründlich gelesen und memoriert hatte, daß er seine Sicht des Helden sofort mit den nötigen Textstellen belegen konnte. Er hatte ihn sich wohl aus akutem Anlaß noch einmal vorgenommen.

Im übrigen, fuhr er fort, hinterlasse der Selbstmörder immer auch Schuldige; ja dies sei vielleicht gar sein eigentlicher Beweggrund: diejenigen durch seinen Tod zu strafen, die ihm seine dringlichsten Wünsche nicht erfüllt. Wenn er sich vorstelle, wie Lotten zumute gewesen, als sie von Werthers Selbstmord erfuhr, wie und wie lange sie wohl an Selbstvorwürfen gelitten, weil sie ihn nicht daran zu hindern vermocht, dann sei er dem empfindsamen Suizidär durchaus gram.

Saras Gesicht war auf einmal von einer linnenweißen Blässe. Da ich sah, wie sehr sie der Streit der Freunde bedrückte, der alles andere als ein literarischer Disput war, suchte ich etwas vermittelnd Neutrales zu sagen, um den beiden Streithähnen eine Brücke zu bauen: daß Goethe die Frage der moralischen Mitschuld zwar aufgeworfen, sie aber wohlweislich und aus guten Gründen nicht beantwortet habe. Aber die beiden hörten mir gar nicht zu; es war, als hätten sie mich und Sara vollkommen vergessen.

Während Friedrich noch immer kerzengerade auf seinem Stuhle saß – es lag etwas Abweisendes, zugleich Herausforderndes in dieser Haltung –, ging Eulogius, den Kopf zu Boden gesenkt, mit beiden Armen gestikulierend, auf der Terrasse hin und her. Auf einmal blieb er stehen und sagte, uns den Rücken zukehrend, als spräche er mit der Mauer: Auf ein so hohes moralisches Roß könne sich nur jemand setzen, der sich noch nie in den Abgründen der Leidenschaft verloren und noch nie an jene Grenze geraten sei, wo ihm mit der Geliebten zugleich der Daseinsgrund abhanden gekommen. – Dies sagte er in einem Tone, der beinahe verächtlich klang.

Hier endlich suchte Sara einzugreifen. Nein, nein, wandte sie sich feuchten Auges an Friedrich, gram oder gar böse dürfe und könne man Werther nicht sein. Aber daß Lotte sich schuldig gefühlt, weil sie ihm auch noch Alberts Pistolen ausgehändigt, dies möchte sie wohl glauben.

Doch Friedrich, ihren Einwand übergehend, versetzte mit kaltblütiger Ruhe, die eben darum noch verletzender wirkte: Es wundere ihn sehr, daß ein Professor für kanonisches Recht, welches er, Eulogius, am hiesigen Seminarium vertrete, die christliche Sittenlehre so weit hinter sich lasse, derzufolge niemand das Recht habe, dem Schöpfer vorzugreifen, indem er selbst Hand an sich lege.

Mit einer jähen Bewegung wandte sich Eulogius uns wieder zu. Fort mit den Vorurteilen, rief er, welche die schönsten Züge von Leidenschaft und Mut als eine Schwachheit darstellen! Wer den Tod fürchte, werde immer feig sein und bleiben. Man nehme die Furcht vor dem Tode weg, und es werde keine faulen Kompromisse mehr geben, sei's mit einem schal gewordenen Leben, dem der Gegenstand des Glückes abhanden gekommen, sei's mit den Gegnern der Freiheit. Feigheit erzeuge den Despotismus, und Furcht erhalte ihn. Auch er habe stets seine geladenen Pistolen unter dem Bett, und eher werde er sich erschießen, als sich einem glücklos gewordenen Leben zu ergeben oder zuzulassen, wie die Freiheit gemeuchelmordet werde.

Sara schlug die Hand vor den Mund, als müsse sie einen Aufschrei unterdrücken.

In diesem Augenblick kam, gottlob, der Père Stamm aus dem Hause, in der Hand ein Tablett mit Gläsern und eine Bouteille Elsässer, und trat zu uns auf die Terasse, so daß der unglückselige Disput hier sein Ende fand. Zwar gebot die Höflichkeit gegenüber dem Hausherrn, noch einen Augenblick zu verweilen und von dem dargebotenen guten Tropfen zu kosten, aber die scharfen und verletzenden Worte waren nun einmal gefallen, und die Stimmung dieses Abends war uns allen gründlich verdorben.

Nicht lange, und Sara zog sich auf ihre Kammer zurück. Während Friedrich noch mit dem Père Stamm eine etwas mühselige Konversation aufrechtzuhalten suchte, saß Eulogius schweigsam in seinem Stuhl und starrte verloren in sein Glas. Plötzlich stand er auf und verabschiedete sich brüsk. Ich folgte ihm, doch als ich aus dem Hause trat, war er schon die Gasse hinauf. Ich ging ihm nicht mehr nach, denn ich wußte: Was da zwischen den Freunden wie ein böses Geschwür aufgebrochen war, das ließ sich nicht einfach durch das Trostpflaster ein paar guter oder einfühlsamer Worte kurieren.

Aus Saras Tagebuch (5)

17. Juni (1792)
Jetzt ist's geschehen, was ich schon manches Mal befürchtet: daß sich die Freunde um meinetwillen entzweit. Mir ist ganz weh und elend zumute. Und wenn ich dran denk', daß E. geladene Pistolen unterm Bett hat, klopft mir das Herz bis zum Halse. Daß seine Schwester das zuläßt!

Ach, daß die Freunde just den ›Werther‹ benutzten, um sich gegenseitig zu kränken und den anderen in meiner Gegenwart bloßzustellen! Aber ist es nicht letztlich meine Schuld? Habe die Nacht kein Auge zugedrückt.

19. Juni
Erwachte von einem Alb, der mir den ganzen Tag nicht aus dem Sinn ging: Ich sitze neben Friedrich im voll besetzten Gotteshause. Eulogius betritt im schwarzen Ornat die Kanzel und hebt zu predigen an. Aber zu meinem Schrecken spricht er nicht, wie ich erwartet, über die *Übereinstimmung des Evangeliums mit dem Geist der neuen fränkischen Verfassung*, sondern er macht mich zum Thema seiner Predigt: Er lobt mich in überschwenglichen Worten, mit wieviel Gaben und Reizen mich die Natur gesegnet und daß ich ein ›Muster an weiblicher Tugend‹ wäre, wenn, ja wenn – dann hält er inne, eine lange Pause, in der alle Augen auf mich gerichtet sind und ich vor Schreck und Scham in den Boden sinken möchte –, wenn nicht auch ich von dem Hauptlaster meines Geschlechts befallen wäre: Koketterie und Gefallsucht, mit denen das Weib die Männer in seinen Netzen zu fangen suche, um über sie zu herrschen. Dann hebt er die Stimme und sagt im Verkündigungstone: Um nun dieses Weib vor dem moralischen Abgrund ihres Geschlechts zu bewahren, dessen Symbol Eva, die Schlange sei, und der Welt zugleich ein Beispiel von echtem Bürgersinn und Mut zu geben, werde er, als erster Priester des Départements, Sara Stamm zu seinem Weibe nehmen. Wenn man ihn aber daran zu hindern suche – und auf einmal zieht er ein Pistol unter seiner Soutane hervor –, dann werde er sich hier vor aller Augen erschießen. Ich will schreien, um ihn daran zu hindern, aber meine Zunge ist wie gelähmt, und ich bringe kein Wort hervor. Da aber faßt Friedrich meine Hand und ruft dem Prediger auf der Kanzel in ruhigem,

aber vernehmlichem Tone zu: »Geh, du Narr, du parodierst nur den Werther!« Dann fiel ein Schuß, und ich erwachte.

26. Juni

E. war seit einer Woche nicht mehr da, und ich mache mir Sorgen um ihn. Friedrich ist freundlich und liebenswürdig wie immer, doch über jenen unglückseligen Abend spricht er nicht, als wäre gar nichts gewesen. Als ich ihn gestern wieder auf den unglücklichen Disput anzusprechen suchte und ihn bat, sich doch mit E. wieder zu versöhnen, tat er ganz erstaunt. Er wüßte nicht, warum das nötig wäre, er sehe den Werther eben anders, und es sei schließlich nicht seine Schuld, wenn E. darüber so reizbar und unduldsam geworden, daß er sich zuletzt gänzlich im Ton vergriffen habe. Es sei ja nicht das erste Mal.

Mir tut es weh, daß E. um meinetwillen so leidet. Und ich leide, weil ich nicht will, daß er unglücklich ist, und weil ich Angst hab', er könnte sich etwas antun. Aber Friedrich hat kein Auge und Ohr für meinen Kummer.

27. Juni

Weiß nicht, was in die Familie gefahren ist. Jeder fühlt sich neuerdings bemüßigt, mir den ›richtigen Fingerzeig‹ bezüglich der ›Wahl meines Herzens‹ zu erteilen. Als müßt' ich schon morgen vor den Brautaltar treten! Kann man denn nicht mit zwei Männern zugleich auf vertrautem Fuße stehen, ohne daß einem gleich das Pistol auf die Brust gesetzt wird – nach dem Motto: Heirate, Vögelchen – oder stirb! Die Mutter erklärte mir heute mit Bittermiene, auch wenn der Herr Professor und Ratsherr so lautstark für die Verheiratung der Priester die Trommel rühre, sie jedenfalls wolle keinen abgefallenen Gottesmann zum Schwiegersohn.

Selbst Daniel neckt mich seit Tagen mit »meinen beiden Verehrern« und will partout wissen, wem von beiden ich dereinst die Hand zum Ehebunde reichen will: dem stattlichen und vornehmen Juristen, der alle um Haupteslänge überrage, ein »echter Kavalier« und dazu ein »wandelndes Lexikon« sei, oder dem quirligen Mann in der abgewetzten Soutane, der den »Vesuv mit in die Wohnstube bringe«.

Heute nahm mich der Vater beiseite, um auch seine Stimme in den Chorus zu werfen. Er halte auf Friedrich und Eulogius große Stücke, sagte er, beide seien Männer von Geist und hohen Talenten, dazu Patrioten von echtem Schrot und Korn. Und ich solle mich nur nicht irre machen lassen von dem Getratsche und der üblen Nachrede, mit der man gerade jetzt die deutschen Fremdlinge anschwärze, weil sie zu Häuptern der demokratischen Partei in der Stadt geworden.

Freilich, setzte er nach einer langen Gedankenpause hinzu, hoffe er nicht, daß ich in den nämlichen Fall komme wie Buridans Esel, der zwischen zwei duftenden Heuhaufen stehend, sich am Ende für keinen von beiden entscheiden könne. Worauf ich erwiderte, mir seien beide gleich lieb und wert, jeder auf seine Art, und nur der sei ein Esel, der mir einzureden suche, daß ich eine Entscheidung für den einen auf Kosten des anderen zu treffen habe; man befinde sich nämlich weder auf dem Heu- noch auf dem Heiratsmarkte. Der Vater schluckte ob dieser Lektion.

Solange es um Freundschaft gehe, sagte er endlich, möge ich wohl recht haben, aber sobald sich die Liebe einmische, werde die Sache verwickelter. Er habe, wie gesagt, von Friedrich wie von Eulogius eine hohe Meinung. Hochherzig in ihren Gesinnungen und Grundsätzen seien sie beide. Nur seien sie von ihrem Charakter her grundverschieden. Eulogius – ein Feuerkopf, ein leidenschaftlicher Streiter für die Freiheit und Gleichheit, ein mitreißender Redner und Prediger dazu, der für immer neue Überraschungen und Sensationen sorge; aber so prächtig der feuerspeiende Vesuv auch anzusehen sei – hier nahm er Daniels Metapher auf –, danach komme gewöhnlich der Aschenregen. Friedrich sei in seinem Wesen zurückhaltender und gesetzter, wie es sich für einen Mann gehöre, der an der Hohen Carlsschule gelehrt, dafür aber in seinem Urteile vorsichtiger und abwägender, als Charakter beständiger und in sich gefestigter. Der eine sei vielleicht ein Mann für die tolle Liebe, der andere einer fürs Leben. Jugend aber lasse sich leicht vom Drängen und Brausen der Leidenschaften verführen und suche ihr Glück in der Gefahr. Indes, um einen anderen Menschen glücklich zu machen, dazu bedürfe es vor allem der Stetigkeit und Verläßlichkeit des Herzens. Mehr wolle er nicht dazu sagen. Nur könnten im Herzen eines Weibes, sei dieses auch noch so groß, schwerlich zwei Männer zugleich wohnen.

Warum eigentlich nicht, gab ich zurück, das menschliche Herz bestehe ja auch, wie das englische Parlament, aus zwo Kammern. Der Vater lächelte ob dieser Antwort, strich mir zärtlich über den Scheitel und sagte: »Lassen wir's gut sein. Ich will ja nur, daß du glücklich wirst!«

Mein Herz gleicht einer zitternden und schwankenden Magnetnadel, die bald von dem einen, bald von dem anderen Pol angezogen wird. Ach, könnt es doch in der Mitte zwischen den Polen einfach stehenbleiben! Sind mir denn nicht beide gleich lieb und teuer? Oder bilde ich mir dies nur ein, aus Angst, im Falle, daß es sich doch anders verhielte, den einen zu kränken und zu verlieren?

1. Juli

Liebe ich F.? Liebe ich E.? Liebe ich alle beide oder nur das Gefühl, von beiden umworben und geliebt zu werden? Weiß ich denn, was es heißt, einen Mann zu lieben? Wie könnte ich mir da einbilden, zweie auf einmal zu lieben? Ach, bin so verwirrt und mir selber nicht gut.

4. Juli

Ging heute mit Friedrich an den Ufern der Ill spazieren. Er sprach viel von der Zukunft, und es klang, als spreche er von unser beider Zukunft. Seine finanziellen Verhältnisse hätten sich in letzter Zeit um einiges gebessert, und er hoffe, wohl bald einen eigenen Hausstand gründen zu können. Auch mit dem Vater habe er darüber gesprochen. Er möchte dafür gerne ein wenig Sicherheit und Geborgenheit, einen »festen Grund« schaffen – gerade jetzt, wo der Krieg so viel Ungewisses und Unsicherheit mit sich bringe. Später sagte er noch, er habe mich sehr lieb, nahm meine Hände und küßte sie. Ich hätte ihn auch sehr lieb, sagte ich.

Doch als wir dann ins alte Mühlenviertel kamen, war's wie verhext: Ich dachte an jenen herbstlichen Abend im vorigen Jahr, da ich mit E. eben hier spazierenging und wie wir nach Kinderart die Geländer an den Treppen hinabgerutscht und er mich mit leuchtenden Augen aufgefangen.

Friedrich liebt mich von Herzen, gewiß. Und ist so fürsorglich in seiner Liebe. Aber er ist sich meiner scheint's sicher, als ahnte er gar nicht, wie nahe mir E. geht und wie unklar mir meine Empfindungen sind. Gerade jetzt. Freilich, ich wage auch nicht, ihm davon zu sprechen, will ihn ja nicht kränken. Aber daß er es mir so gar nicht anmerkt! Oder will er es nicht merken? Ich komm' mir so undankbar gegen ihn vor. Aber was hilft's, wenn es nun einmal so ist, daß E. mir nicht aus dem Sinn geht!

6. Juli

In der *Straßburger Zeitung* erschien heut wieder ein übles Pamphlet gegen den »hergeloffenen Priester aus Deutschland«, der nur gekommen sei, um »Unruhe und Zwietracht« unter den hiesigen Bürgern zu säen. Ich sprach mit Friedrich über den Artikel. Ja, es sei übel, wie man ihn anschwärze, sagte er, aber Eulogius fordere durch sein eignes Verhalten die üble Nachrede und den Eklat förmlich heraus. Mehr Selbstbeherrschung und Zurückhaltung würden ihm wohl anstehen, aber dies sei wohl gegen seine Natur. Es klang recht spitz, wie er das sagte. Dann wechselte er das Thema.

Ich weiß ja, E. kann manchmal sehr unduldsam und verletzend sein. Aber ist dieser Fehler denn nicht auch Ausfluß seines leidenschaftlichen

340

Charakters, seiner Unbedingtheit in allem, seines Mutes und der männlichen Entschiedenheit, mit der er für seine Überzeugungen ficht? Und was muß er nicht alles an öffentlicher Verleumdung leiden! Man hat Spione und Spitzel auf ihn angesetzt, man versucht, ihn mit allen Mitteln anzuschwärzen, ihm die Ehre abzuschneiden – ist's da ein Wunder, daß ihm manchmal die Galle überfließt? Freilich, er macht sich zu viele und unnötige Feinde, und dies besorgt mich. Aber wenn auch viele ihm feind sind, dafür lieben und verehren ihn die Sans-Culottes, die Juden und alle warmen Patrioten. Und ich weiß doch, wie weich und zärtlich und ausgelassen er sein kann. Gewiß, auch mich hat er manches Mal durch sein Benehmen gekränkt. Aber ist nicht der, der leidenschaftlich liebt, auch besonders verletzlich und kränkbar? Ich vermisse ihn. Und manchmal denk' ich, daß er mehr als Friedrich meiner Liebe bedarf. Aber nein, ich bin ungerecht gegen Friedrich, er braucht mich ja auch.

9. Juli
Nanette besuchte mich heut. Ob mich ein Kummer drücke, fragte sie mich gleich, indem sie mich herzlich unterm Kinn faßte und mir in die Augen sah: »Geh«, sagte sie, »es sind die Männer, nicht wahr? Daß sie der Teufel hole, so ein liebes und munteres Geschöpf zu bedrücken! Komm, laß den Kram einmal liegen, wir gehen jetzt ins Café.«
Und dann gingen wir ins Café Suédois. Sie habe natürlich längst bemerkt, sagte sie, daß Friedrich und Eulogius mir den Hof machen; sie seien wohl beide schrecklich verliebt, und jetzt sei ich im Zwiespalt und mache mir ein schlechtes Gewissen. Das kenne sie gut, diese Zwickmühlen einer falschen Moral. Ich solle mich bloß nicht durch die Moral ins Bockshorn jagen lassen, dieser angeblichen Zierde unseres Geschlechts, mit der uns die Männer behängen wie mit kostbarem Geschmeide, nur damit wir nicht merken, daß sie uns vergoldete Ketten anlegen ... Was sei denn dabei, wenn eine junge hübsche Person wie ich zwei Anbeter habe? Sie habe in Paris zuweilen drei Anbeter auf einmal gehabt. Ich solle bloß nicht so töricht sein, mich für den einen zu erklären und den anderen fahren zu lassen.
Ob es ihr denn nichts ausgemacht habe, fragte ich sie, einen Mann, der sie liebe, leiden zu sehen?
O, doch, den Zwiespalt kenne sie auch. Aber ich solle jetzt bloß nicht in die Mausefalle des Mitleids tappen!
Der Ausdruck war mir recht befremdlich. Wie sie das meine, fragte ich sie.
Die Natur, sagte sie, habe das Weib im ganzen mit mehr Mitgefühl ausgestattet als den Mann. Das bringe schon unsere ›natürliche Bestimmung‹ mit

sich: die Pflege und Aufzucht des Nachwuchses. Keine Mutter könne ihr Kind leiden sehen, und schon gar nicht ihr erwachsenes Kind, den Mann. Der Mann aber wisse dies ganz genau und spekuliere auf diese kreatürliche, gleichzeitig gefährliche Schwachheit unseres Geschlechts. Sie kenne manche Frauen, die sich nur deshalb ihrem Liebhaber hingegeben, um ihn nicht länger leiden zu sehen. Dies nenne sie die ›Falle des Mitleids‹. Habe der Herr seinem verliebten Drange aber erst einmal Befriedigung verschafft, kehre er für gewöhnlich sehr schnell zur Tagesordnung zurück. Wenn Frauen lieben, lieben sie heftig. Männer lieben zwar auch, haben aber zwischendurch zu tun.

Das klang sehr drollig, wie Nanette dies sagte, und wir mußten beide lachen.

Liebenswürdig, zuvorkommend, galant und rücksichtsvoll seien die Männer nur, fuhr sie fort, solange sie werben. Wenn sie das Objekt ihrer Begierde erst *haben*, sei es damit vorbei. Darin seien sie sich alle gleich. Ob er nun die rote Mütze trage oder den Zopf, für den Mann sei die Liebe immer mit dem Jagd- und Besitzinstinkt gekoppelt; und solange dies so sei, werde die Frau als Beute und Eigentum betrachtet. Ich solle daher bloß nichts übereilen.

Das waren gewiß wohlgemeinte Ratschläge, Nanette hat ja so manches mit Männern erlebt, und doch war's an meinem Empfinden vorbei. Bin eben anders als sie. Zuletzt muß man doch nach dem eigenen Herzen gehen.

Der Zufall – oder soll ich es unglückliche Fügung nennen? – wollte es, daß just in diesem Moment Eulogius und Thaddäus hereinkamen. Mir klopfte das Herz, als ich sie sogleich an unseren Tisch kommen sah. E. fragte, ob man sich dazusetzen dürfe. Ich freute mich wohl, ihn wiederzusehen, doch befürchtete ich, Nanette könne unser Thema von eben, den Männern gerade zum Trotze, weiterspinnen und sich womöglich zum Dolmetsch meiner Empfindungen machen. Und dies wollte ich keinesfalls. So zögerte ich mit der Antwort, und Nanette gab sie an meiner statt: Nein, im Augenblick nicht, sagte sie. Sie habe etwas unter vier Augen mit mir zu besprechen. Eulogius' Miene verfärbte sich, er drehte sich wortlos um und schritt rasch davon.

Ich hoff' nur, er hat es nicht in den falschen Hals gekriegt.

10. Juli
Bin wie vor den Kopf gestoßen. Heut morgen erhielt ich von E. ein kurzes, frostiges Billet, des Inhalts: Wenn seine Person mir so gleichgültig oder

zuwider sei, daß ich mich nicht mehr mit ihm an einen Tisch setzen wolle, dann werde er das Haus Stamm nicht mehr betreten, auf daß mir seine Gegenwart hinfort erspart bleibe.

Du lieber Himmel, was ist er auch für eine Mimose! Was hab ich denn verbrochen, außer daß ich gezögert, ihn an unserem Tische Platz nehmen zu lassen? Ich schrieb ihm sogleich zurück: Er sei mir gewiß nicht gleichgültig, das wisse er selbst am besten, und schon gar nicht zuwider. Nanette habe nur eine Privatangelegenheit mit mir besprechen wollen; es sei eben ein unglückseliger Moment gewesen. Und daß ich mich sehr freuen würde, ihn bald wieder bei uns zu sehen.

13. Juli
Alles ist wieder gut!
Heut früh kam Eulogius vorbei; er sah leidend aus, mit Schatten unter den Augen, als habe er die Nacht kein Auge zugedrückt. Ich war noch im Morgengewande. Kaum waren wir allein in der Kammer, bat er mich um Verzeihung für seinen schroffen Brief und sein borstiges Betragen. Es ginge ihm wie dem Igel, der nur deshalb seine Stacheln hervorkehre, um seine empfindlichen Eingeweide zu schützen. Wenn er so unleidlich, schroff und widerhaarig sei, könne er sich selbst am wenigsten ausstehen. Ach, wenn ich wüßte, wie sehr er sich manchmal selbst zuwider sei! Auch komme er sich Friedrich gegenüber vor wie ein Schuft; schließlich habe Friedrich zuerst um mich geworben, und um der Freundschaft willen hätte er verzichten und sich von mir zurückziehen müssen. Aber er habe eben nicht von mir ablassen können; mein Bild verfolge ihn Tag und Nacht. Er habe sich eine Zeitlang einzureden versucht, daß er auch glücklich sei, wenn er in meinem Herzen den zweiten Platz einnehme. Aber er ertrage es nicht, mich so oft zu sehen, mit mir in aller Vertrautheit zu sprechen – und gleichzeitig zu wissen, daß meine Neigung eigentlich Friedrich gelte. Er könne mich ob meiner Wahl gewiß nicht tadeln; Friedrich sei alles in allem der bessere Mann, er sei auch viel liebenswürdiger, vernünftiger, stetiger und überhaupt der wertvollere Mensch, wenngleich – und dann stockte er; nein, er habe kein Recht, so was zu sagen. Was denn, er möge alles sagen, bat ich ihn, denn jetzt, wo schon so viel gesagt sei, solle er nichts mehr zurückhalten. Wenngleich, fuhr er fort, wenngleich er manchmal glaube, daß Friedrich nicht der Mensch sei, die Wünsche meines Herzens alle zu erfüllen ... Aber nein, widerrief er sogleich, er habe kein Recht, so über den Freund zu urteilen, er habe ihm einen schlechten Dienst erwiesen, und dafür schäme er sich. Er habe die ganze Nacht über alles nachgedacht und sei zu einem Entschluß

gekommen: Da er nicht länger wie ein störendes Gespenst zwischen mir und Friedrich stehen wolle, habe er dem Marschall Luckner seine Dienste angeboten und von ihm die Erlaubnis begehrt, ihn als Feldprediger ins Schlachtfeld begleiten zu dürfen. Es sei besser, für die Freiheit zu sterben, als ...

Da hielt ich es nicht länger aus; ich fiel ihm um den Hals und drückte ihn an mich. Was er da rede! Warum er sich selber so schlecht mache! Das sei ja alles nicht wahr. Ich liebe ihn ja, und wolle nicht, daß er in den Krieg ziehe. Er sah mich ungläubig zweifelnd an, dann umschlang er mich und küßte mich auf Mund und Augen und Nacken ... und mir vergingen die Sinne. Ich war glücklich, ihn so zu halten, und bin's noch immer!

Der Krieg und die zweite Revolution

Es war indes nicht nur Saras Liebesbekenntnis, das ihren ›Werther‹ von seinen Leiden erlöste und ihm den seelischen Grund nahm, ins Feld zu ziehen; es war auch der stürmische Fortgang der Ereignisse, der seine Anwesenheit für den Straßburger Klub dringender denn je erforderlich machte. Das Kammerspiel der Liebe wurde denn auch rasch übertönt von dem großen Volksdrama, das unter dem Zeichen von Mars einem neuen Gipfelpunkt zusteuerte.

Der Krieg war, wie sich schon zu Beginn zeigte, miserabel vorbereitet. Die Gironde hatte sich eine schnelle und entscheidende Kampagne erhofft und auf den Vorsprung bei Mobilmachung und Aufmarsch gesetzt. Aber man hatte geflissentlich die von der Finanzmisere erzwungenen Einsparungen übersehen. Der Mannschaftsstand lag weit unter der Sollstärke. Weder die Vorräte noch die Werkstätten reichten für Bewaffung und Ausrüstung der rasch aufgestellten Freiwilligenbataillone und schon gar nicht für den Ersatz aus. Von den adeligen Offizieren war ein rundes Drittel emigriert, einige der fremden Söldnerabteilungen liefen geschlossen zum Feind über.

Das blamable Versagen an der Front und das Putschgeflüster der Kommandeure, begleitet vom höhnischen Frohlocken der Aristokraten, beunruhigte bald auch die regierende Gironde. Sie hatte einerseits Furcht vor den Wogen des Volksprotestes; zugleich wurde ihr die synchrone Widersetzlichkeit von Hof und frondierenden Generälen verdächtig. Gegenüber dem König schlug sie nun sprödere Seiten auf. Sie veranlaßte die Nationalversammlung zu drei Dekreten: Über die Deportierung aller eidverweigernden Priester; über die Auflösung der von Aristokraten durchsetzten Königsgarde; über die Errichtung eines Lagers bei Paris für 20 000 ›föderierte‹ Nationalgarden, die zum 14. Juli am Fest der Föderation teilnehmen sollten, recht eigentlich aber dazu bestimmt waren, die Hauptstadt vor dem heranrückenden Feind wie gegen einen Handstreich der eigenen Generäle zu schützen. Der König legte, wie schon manches Mal zuvor, sein Veto ein. Dies führte zum Bruch mit der Gironde. Ihren Protest gegen das königliche Veto beantwortete Ludwig mit der Entlassung der vier Girondeminister. Dies war Öl ins Feuer gegossen. Der Generalissimus Lafayette stellte sich hinter den König und machte in einem unverschämten Brief an die Nationalversammlung die jakobinischen Klubs, die einen Staat im Staate bilden würden, für alle Unruhen und die innere Unordnung verantwortlich. Er verlangte,

daß die Königsgewalt intakt sei, weil von der Verfassung garantiert, und der König verehrt, weil von der Majestät Nation eingesetzt ... schließlich, daß die Herrschaft der Klubs, durch Sie vernichtet, der Herrschaft des Gesetzes weicht.

Dies war eine offene Kriegserklärung an die Jakobinervereinigungen im ganzen Lande. Von da ab ging es für das Königtum wie für die Nationalversammlung wie für die Jakobiner um Sein oder Nichtsein. Auch für uns, die Jakobiner in Straßburg!

Der Maire Dietrich unterhielt mit dem putschverdächtigen General Lafayette beste Beziehungen, und der Straßburger Gemeinderat schwamm längst im Kielwasser der Lafayettisten und Feuillants. Am 24. Juni verbot die Munizipalität, sich über das Grundrecht der Rede- und Versammlungsfreiheit hinwegsetzend, die öffentlichen Lesungen des Jakobinerklubs, und Dietrich veranlaßte den Gemeinderat zu einer Petition an die Pariser Nationalversammlung, die »anarchistischen und konspirierenden Jakobinerkorporationen« im ganzen Lande zu unterdrücken. Der Maire hatte jedoch unseren politischen Kräftezuwachs unterschätzt. Nach heftigen Protesten mußte die Munizipalität die öffentlichen Lesungen wieder gestatten. Viele Mitglieder und Bürger jedoch wagten es, aus Angst vor Repressalien oder vor der Verhaftung, gar nicht mehr, das Klubhaus am *Spiegel* zu betreten, vor dem bewaffnete Posten patrouillierten.

Nach den militärischen Schlappen der von royalistischen Offizieren befehligten Armeen war unser Verdacht zur Gewißheit geworden: Der Hof wollte die Niederlage Frankreichs absichtlich herbeiführen, um das Ancien Régime wieder zu errichten. In dieser bedrohlichen und stürmischen Situation, die die Stadtbewohner wie die Klubisten in Angst und

Unruhe versetzte, legte Eulogius eine Entschlossenheit, Ruhe und Festigkeit an den Tag, die ihm bald den Ehrentitel eintrug, der »Danton Straßburgs« zu sein. Vor allem seiner unermüdlichen Überzeugungsarbeit war es zu danken, daß sich viele der noch zögerlichen Klubisten nun endgültig zu republikanischen Auffassungen durchrangen. Sowohl in seinem *Argos* wie auch in mehreren, leidenschaftlichen Reden im großen Saal *Zum Spiegel* forderte er – und begründete dies mit messerscharfen Argumenten –, daß jetzt »die Axt an die Wurzel gelegt« und das Königtum suspendiert werden müsse, oder die Revolution sei verloren.

Zwar entnahmen wir den Pariser Zeitungen, die immer erst mit einigen Tagen Verspätung in Straßburg eintrafen, daß sich in der Hauptstadt ein gewaltiger Sturm zusammenbraute. Aber zu bruchstückhaft und verwirrend waren die Nachrichten, als daß man sich einen Reim darauf machen konnte. Die Zeichen sprachen ebensosehr für einen möglichen Staatsstreich wie für eine neue, eine »zweite Revolution«. In den ersten Augusttagen wurde das *Manifest des Herzogs von Braunschweig* bekannt, das auf Drängen des Hofes und von den französischen Emigranten in Koblenz mitverfaßt worden war:

Ihre Majestäten erklären ferner auf ihr kaiserliches und königliches Ehrenwort, daß, wenn das Tuilerienschloß gestürmt oder sonst verletzt, wenn die mindeste Beleidigung dem König, der Königin und der gesamten königlichen Familie zugefügt, wenn nicht unmittelbar für ihre Sicherheit, ihr Leben und ihre Freiheit gesorgt wird, sie eine beispiellose und für alle Zeiten denkwürdige Rache nehmen und die Stadt Paris einer militärischen Exekution und dem gänzlichen Ruin preisgeben, die Verbrecher selber aber dem verdienten Tode überliefern werden.

Dieses Manifest löste in ganz Frankreich höchste Erbitterung aus, auch in Straßburg. Es bewirkte das genaue Gegenteil von der Einschüchterung, auf die der Hof gerechnet hatte: Es trieb das Volk mit dem Rücken zur Wand und entflammte es bis zur Weißglut. Die 48 Sektionen von Paris wandten sich mit einer Petition an die Nationalversammlung, in der sie den König, das Haupt der Exekutive, als *das erste Glied in der Kette der Conterrevolution* brandmarkten und seine Absetzung verlangten.

Dietrich und der Straßburger Stadtrat unternahmen verzweifelte Anstrengungen, um die revolutionäre Flut einzudämmen. Noch am 8. August, zwei Tage vor dem Sturz der Monarchie, ließ Dietrich im Namen des Straßburger Gemeinderates zwei Adressen aufsetzen, die die Anhänglichkeit der Straßburger an die Konstitution und den König nochmals bekräftigten, für den Fall seiner Absetzung aber jegliche Loyalität gegenüber der französischen Nation aufkündigten; die eine Adresse war an die Pariser Nationalversammlung, die andere an Ludwig persönlich gerichtet. Das einzige Mitglied des Gemeinderates, das diese Adressen nicht unterschrieb, war Eulogius. Dagegen richtete, auf seine Initiative hin, der Straßburger Jakobinerklub einen von allen Mitgliedern unterschriebenen Appell an die Nationalversammlung:

Gesetzgeber! Ludwig XVI. ist in unseren Augen ein Undankbarer, ein Meineidiger, ein Verräter. Er ist unwürdig, über ein freies Volk zu herrschen. Wir fordern, daß Ihr kraft der Verfassung seine Absetzung aussprecht. Wir werden den Tod nicht scheuen, um Eure Beschlüsse durchzuführen.

Die Poststationen Straßburgs wurden in jenen Tagen förmlich umlagert, um ja nicht den Augenblick zu versäumen, da die Eilstafetten und reitenden Boten mit den neuesten Zeitungen aus Paris eintrafen. Keine Frau dürfte damals ihren Liebhaber mit mehr Ungeduld erwartet haben als wir die Postillione und die fliegenden Hermesboten. Endlich, am 13. August, traf die befreiende Nachricht ein: Die Pariser Volksbewegung, unter Führung der Jakobiner und der Männer der Kommune, hatte den Palast der Tuilerien gestürmt und der Monarchie den Todesstoß versetzt. Allerdings hatten die aufständische Kommune und die Föderierten etwa 600 Tote zu beklagen, die beim ersten Sturm auf den Palast von den königlichen ›Schweizer Garden‹ niedergeschossen wurden.

Die Nachricht vom Sturz der Monarchie löste unter Straßburgs Republikanern einen ungeheuren Jubel aus. Man tanzte und feierte auf den Gassen und Plätzen bis in die Nacht hinein. Das Klubhaus am *Spiegel* glich einem freudetrunkenen Heerlager; mit glänzenden Augen, weinend vor Rührung und Freude lagen sich die Menschen in den Armen. Es war eine unbeschreibliche Stimmung.

Nachdem am Sieg des Volksaufstandes nicht mehr zu zweifeln war, beschloß die Gesetzgebende Versammlung die einstweilige Amtsenthebung des Königs und die Einberufung eines nach allgemeinem und gleichem Stimmrecht zu wählenden Nationalkonvents, womit die Unterscheidung zwischen »Aktivbürger« und »Passivbürger« gefallen war. Bis zu den Neuwahlen im September bildete ein provisorischer Exekutivrat die Regierung, bestehend aus den wieder eingesetzten Ministern der Gironde und mit Danton als Justizminister. Der geplante Staatsstreich des Generals Lafayette aber war am Widerstand seiner eigenen Truppen gescheitert, die sich geschlossen gegen den beabsichtigten Marsch auf Paris auflehnten. Um ein Haar hätten sie ihren Generalissimus festgenommen, wäre er nicht in letzter Minute über die Grenze zu den Österreichern geflüchtet, von denen er aber trotz seiner »Reue« sehr ungnädig aufgenommen und interniert wurde.

Die unterlegene Partei der Feuillants aber war wie mit Blindheit geschlagen; so unverdrossen arbeitete sie noch nach der *journée révolutionaire* des 10. August gegen sich selbst. Da Dietrich und der Straßburger Gemeinderat noch immer den König als einzige rechtmäßige Autorität ansahen, beschlossen sie, zunächst abzuwarten. Sie ließen alle öffentlichen Lesungen verbieten und den Jakobinerklub abermals schließen. Dieser neue Affront erzürnte nun aber nicht mehr nur die Klubisten, sondern auch die Nationalversammlung und die provisorische Regierung in Paris. Diese schickte sofort außerordentliche Kommissare nach Straßburg, um dem neuen Dekret über die Suspendierung des Königtums Nachdruck zu verleihen und die widerspenstigen Beamten ihrer Stellen zu entsetzen. Der Klub am *Spiegel* wurde wieder geöffnet. Die vakant gewordenen Stellen in der Départementsverwaltung aber wurden nunmehr mit verläßlichen Patrioten besetzt.

Der Maire Dietrich erhielt Befehl, unverzüglich vor den Schranken der Nationalversammlung zu erscheinen, um Rechenschaft über sein Verhalten während der Augusttage abzulegen. Doch zog er es vor, sich dieser unliebsamen Pflicht durch Flucht in die Schweiz zu entziehen, wo er die weitere Entwicklung der Dinge erst einmal abwarten wollte. Seine Flucht veranlaßte ein Anklagedekret, wonach er zu einem Emigranten erklärt und seine Güter in Beschlag genommen wurden.

Die gute Gesellschaft Straßburgs war tief gekränkt, daß viele ihrer alten Verwalter abgesetzt und ihr Stadtoberhaupt so gedemütigt worden war, daß es sich wie ein Dieb bei Nacht aus der Stadt hatte schleichen müssen. Die Mehrheit der Straßburger Bürger war denn auch gegen die neue Ordnung der Dinge, die der 10. August eingeleitet hatte, auch wenn sie es nicht wagten, offen gegen sie zu rebellieren. Aber man sah es ihren versteinerten Mienen an, wie sehr die Vorstellung sie schreckte, daß von nun an auch ihre Domestiken und Gesellen, die Taglöhner und Arbeiter, dito der Pöbel, per Wahlzettel mitentscheiden durften, wer welche Ämter in der Stadt, in den Distrikten und im Département ausüben sollte. Vor allem fürchteten sie, daß nun die Habenichtse und Fremden, die nicht vom Münsterturme abstammten, in der Stadt die Oberhand gewinnen und bald scharenweise in das Heiligtum ihrer Verwaltung eindringen würden. Und daß just der *deut-*

sche Priester und welsche Professor, der zum entschiedensten Gegenspieler ihres geliebten Maire geworden, nun über diesen politisch triumphierte, dies sollten sie ihm niemals verzeihen.

Freude und Schrecken lösten in diesen aufgewühlten Zeiten oftmals im Sturmschritt einander ab. Als in Straßburg die Nachricht von den Pariser »Septembermorden« eintraf, konnten wir es nicht fassen: Über tausend Insassen der Gefängnisse waren in den ersten Septembertagen vom Pariser Mob auf bestialische Weise ermordet worden. Auch in anderen Städten Frankreichs war es zu Gefängnismassakern gekommen, nicht aber in Straßburg. Viele Patrioten, auch ich, glaubten zunächst, es handle sich um royalistische Greuelpropaganda. Doch bald war an den furchtbaren Tatsachen nicht mehr zu zweifeln. Eulogius verurteilte mit Entschiedenheit jede Lynchjustiz:

Ich bin ein Feind von Gewalttaten und blutigen Auftritten. Die persönliche Sicherheit darf von keinem Freunde der Revolution bedroht werden. Ich halte diejenigen, welche das Signal zu Gewalttaten geben, für wahre Koblenzer, denn was könnte unseren Feinden erwünschter sein, als Bürger wider Bürger empört zu sehen!

Hatte die französische Staatsumwälzung bis dahin viele Anhänger und Sympathisanten auch in den deutschen und europäischen Nachbarländern, so sollte nun die Stimmung jäh umschlagen: Im Pariser Volksaufstand des 10. August wie in den Septembermassakern sahen die Gebildeten Europas den »Sündenfall« der Revolution; und voller Abscheu kehrten sie ihr den Rücken. Nur wenige der gedankenvollen, jedoch zur Tatenlosigkeit verurteilten deutschen Freiheitsfreunde wie Fichte, Kant und Hölderlin verteidigten jetzt und in der Folge noch die großen Prinzipien der Französischen Revolution.

Mit dem 20. September kam der Sieg von Valmy, an dem die Truppen der Revolution zum ersten Mal dem Angriff der preußischen und österreichischen Invasionstruppen standhielten. Daß dieser Sieg sich nicht allein dem Kampfesmut der republikanischen Truppen und dem taktischen Geschick des Generals Kellermann verdankte, sondern auch der unverhofften Mitwirkung des Generals »Dünnpfiff«, der die preußische Soldateska zwang, sich mehr mit ihren revoltierenden Därmen und dem »Schiß in der Bux« als mit dem äußeren Feind zu befassen – dies gehört zu den schönen Ironien dieser legendär gewordenen Schlacht.

An eben diesem glorreichen Tage löste sich in Paris die Gesetzgebende Versammlung auf, und der verfassungsmäßige Konvent trat zusammen. Einen Tag später beschloß er die Abschaffung des Königtums: *Frankreich ist Republik!* Ein Dekret verkündete:

Die Könige sind in der moralischen Ordnung dasselbe wie die Ungeheuer in der natürlichen. Die Höfe sind Werkstätten des Verbrechens, Herde der Korruption und Schlupflöcher der Tyrannen. Die Geschichte der Könige ist die Leidensgeschichte der Völker.

Der Titel »Seigneur« oder »Herr« wurde im Schoße des Konvents nicht mehr geduldet. Man ersetzte ihn durch die Anrede »Citoyen« (Bürger). Wir aber hatten, ungeachtet der blutigen Septemberereignisse, in diesen Tagen das erhebende und begeisternde Gefühl, Zeugen und Mitakteure eines epochalen Umbruchs, des Beginns einer neuen Ära der Weltgeschichte zu sein. *So wird* – schrieb Friedrich Cotta in seinem Straßburger Journal – *der 21. Septe. 1792 in jeder Hinsicht die Epoche, wovon ein ganz neuer Teil der Menschengeschichte beginnt.*

Und Eulogius feierte den Anbruch der neuen Ära durch eine kleine satirische Fabel, die er im großen Saal am *Spiegel* zum allgemeinen Ergötzen der Klubisten und Patrioten vortrug:

Alcest

In einer kleinen Stadt Italiens
War einst ein Mann; sein Name hieß Alcest;
Er hatte just das Pulver nicht erfunden,
Doch war er schlicht, und meint' es herzlich gut.
Wenn er nicht schlief, so wacht' er ohne Fehl,
Und wenn er nicht bei seiner Arbeit saß,
So dacht' er über dies und jenes nach,
Und manchmal fiel ihm auch was Gutes ein.
An einem Abend ging er um den Graben
Der kleinen Stadt spazieren; da ertönte
Die Totenglocke. Plötzlich kehrt' er um,
Und eilte nach dem Thore, was er konnte,
Und fragte keuchend, wer gestorben sey.
»Der Gouverneur!« versetzten ihm die Leute.
»Der Gouverneur! Verlass'ne, arme Stadt!
Wer wird denn nun regieren?« schluchzet er,

Und weinte laut. Den Kummer zu vertreiben,
Begab er sich ins nah' Kaffeehaus,
Und ließ sich Limonade reichen. Hier
Vernahm er aus dem römischen Kurier,
Der Kaiser sey gestorben! – »Großer Gott!
Der Kaiser ist gestorben? Welcher Jammer
Für das Reich! Wer wird es jetzt regieren?«
So seufzet er, und will nach Hause gehen.
Da kömmt sein Nachbar und versichert ihm,
Soeben sey die Nachricht angekommen,
Der heil'ge Vater sei zu Rom verschieden.
»Der heil'ge Vater tot! O Christenheit!
Wer wird dich nun regieren? Ferner kann
Die Welt nicht mehr bestehen; morgen kömmt
Der jüngste Tag.« Mit kummervollem Herzen
Und banger Ahnung kehrt' er nun nach Haus,
Und legte sich ins Bette, kreuzte sich,
Erweckte Reu und Leid, und härmte sich
Bis Mitternacht, dann schlief er endlich ein.
Des Morgens stand er voll Besorgnis auf,
Und sah durchs Fenster, ob die Welt noch stünde,
Und siehe da! Die Bäume grünten noch
In seinem Garten, lieblich schien die Sonne,
Die Vögel sangen, Arbeitsleute gingen,
Ins Feld, wie sonst, die Schmiede hämmerten,
Die Krämer machten ihre Läden auf,
Und Alles war, mit einem Wort, wie sonst.
Ei, sprach Alcest getröstet zu sich selber,
Die Stadt bestehet ohne Gouverneur,
Das Reich bestehet ohne Kaiser, selbst
Die Christenheit bestehet ohne Papst!
Die Herren sind uns also überflüssig.

XXI. Die Bartholomäusnächte der Revolution

Nach dem Mittagsmahl ging Eulogius mit Savany über den Innenhof der Abtei. Vor der Mauer gegenüber dem Refektorium blieb Savany auf einmal stehen und wies mit der Hand auf einen verwitterten Flecken von etwa zehn Fuß Höhe, der sich durch seine bräunlich verwaschene Farbe vom übrigen Kalkweiß deutlich abhob. Ob er wisse, was das sei?

Eulogius verneinte.

»Da klebte, bevor man es abwusch, das Blut der Opfer des September!« Savany beschrieb mit der ausgestreckten Rechten einen Halbkreis und sagte im Flüsterton: »Und hier ringsum hatte man eine Art Tribüne errichtet. Für die Zuschauer des Gemetzels. Die Vorstellung dauerte schließlich mehrere Nächte.«

Das schaurige Bild machte Eulogius frösteln. Daß die Ermordung der Gefangenen in aller Öffentlichkeit, gleichsam als nächtliches Spektakel stattgefunden, hörte er zum ersten Mal.

»Die entsetzlichsten Szenen«, sagte Savany mit bitterem Lächeln, »haben sich hier in der Abtei, in Bicêtre und in der Salpêtrière abgespielt ... Übrigens laufen die meisten Septembermörder und ihre Anstifter noch immer frei herum, manche sitzen sogar in den höchsten Regierungsausschüssen.«

Woher er das wisse? Von wem er spreche, fragte Eulogius. Er habe schon zuviel erzählt, sagte Savany und ging rasch weiter.

Eulogius blieb stehen und wandte den Blick noch einmal zurück auf die bräunlich verwaschenen Flecken der hohen Mauer, die verwitterten Blutspuren des Massakers. Er war mißtrauisch gegen Savany, der sich hinter seinem Sarkasmus zu verstecken pflegte. Man wußte nie, wo er eigentlich stand. Vielleicht war er ja ein verkappter Feuillant oder Girondist und hatte ein verschwiegenes Interesse daran, die Jakobiner zu verleumden. Waren doch Robespierre, Danton und Marat damals allesamt als »Septembermörder« verunglimpft worden, gegen Robespierre war sogar Anklage erhoben worden.

Und doch ging ihm die Sache den ganzen Tag nicht aus dem Sinn. Es war ihm, als wüßte Savany Dinge, schaurige Wahrheiten über den September, die man ihnen, die fern der Hauptstadt gewesen, verschwiegen hatte. Aus den Zeitungen hatte man damals nur Ungefähres und Bruchstückhaftes über jene entsetzlichen Nächte erfahren, die sich in den Pariser Gefängnissen abspielten. Dabei war der September auch für seinen politischen Werdegang von größter Bedeutung gewesen. Nur eine strenge und gerechte Justiz, so erklärte und schrieb er nach den Septembertagen, sei in der Lage, eine Wiederholung der furchtbaren Szenen zu verhindern und der Selbstjustiz des Volkes vorzubeugen. Aus diesem Grunde forderte er eine strenge Gerichtsbarkeit und empfahl, das wichtige Amt des Öffentlichen Anklägers im Département gut zu besetzen. Daß er selbst es bald über-nehmen würde, dieser Gedanke lag ihm damals noch fern. Ach, wäre er ihm ferngeblieben!

»Warum willst du es wissen? Hast doch in deinem Amte genug Blutszenen erlebt!« Savany, der auf seiner Pritsche hockte, musterte ihn mißtrauisch aus den Winkeln seiner schmalen griesgrauen Augen.

»Ich will die Wahrheit wissen!« sagte Eulogius, der ihm gegenüber auf einem Stuhl Platz genommen hatte.

Savany fuhr sich mit seinen dicklichen Fingern mehrmals durch den röt-lichen Backenbart. »Du bist Jakobiner! Und woher soll ich wissen, daß du mich nachher nicht verpfeifst – wegen Verbreitung royalistischer Greuelpro-paganda? Das wäre nämlich mein Ende.«

»Glaubst du, ich könnte so heimtückisch sein? Ich gebe dir mein Wort!«

»Was sind Worte und Eide noch wert in diesen Zeiten?« Savany stand langsam auf, öffnete die Tür und spähte in beide Richtungen des Korridors. Nachdem er sich versichert hatte, daß kein Wächter oder Lauscher in der Nähe war, nahm er wieder auf der Pritsche Platz, lehnte den schweren Kopf an die Wand und streckte die Beine aus.

»Die Hölle hat viele Eingänge!« begann er mit gesenkter Stimme. »Durch welchen willst du sie betreten?«

»Erzähle mir, wie es zu den Massakern gekommen ist! Über die Ursa-chen und Hintergründe und wer die Mörder waren?«

Savany verzog seinen Sichelmund zu einem säuerlichen Lächeln: »Ich dachte mir, daß du diesen Eingang wählst. Als Mann der aufgeklärten Ver-nunft fragst du nicht zuerst nach den Opfern, sondern nach den Tätern, den Ursachen und Hintergründen. Das ist weniger schmerzlich, nicht wahr?«

»Warum weniger schmerzlich?«

»Solange wir uns mit den Ursachen und Hintergründen beschäftigen, bleiben uns die Schicksale der Opfer fern. Von den Tätern, den Mördern, können wir uns immer leicht distanzieren, von den Opfern nicht. Freilich sind wir inzwischen so weit gekommen, daß wir auch mit den Opfern kein Mitleid mehr haben, wenn sie nicht von unsrer Partei sind.«

Dies war ein Seitenhieb auf ihn. Savany, dies spürte Eulogius seit länge-rem, hatte ein vorgefaßtes Urteil über ihn. Trotzdem – und das war seltsam –

suchte er förmlich seine Gesellschaft. Von Zuneigung oder gar Freundschaft, wie er sie für Jacques empfand, auch wenn sie manchmal gegensätzlicher Meinung waren, konnte allerdings nicht die Rede sein; dafür war Savany viel zu verschlossen, mißtrauisch und abweisend. Sein teigiges Gesicht mit dem kaum vorhandenen konturlosen Kinn ließ nur selten eine klare Gefühlsregung erkennen. Doch war er sehr belesen, gebildet und führte eine originelle Sprache, deren gelegentliche Lyrismen einen auffälligen Kontrast zu seinem sarkastischen Wesen bildeten. Nicht zuletzt war er ein passionierter Spieler; und so hatten sie sich denn schon manche Stunde hier beim gemeinsamen Karten- und Schachspiel verkürzt. Nun aber wollte Eulogius zur Sache kommen.

»Warum hat keine der konstituierten Gewalten – weder die Nationalversammlung noch die große Gesellschaft der Pariser Jakobiner, noch die Kommune – die Massaker des September verhindern können?«

»Sackgasse!«

»Warum Sackgasse?«

»Deine Frage ist falsch gestellt. Sie muß vielmehr lauten: Warum *wollte* man die Massaker gar nicht verhindern?«

»Man wollte gar nicht? Ja, wer wollte denn ...?«

»Der große *ami du peuple!*«

»Marat?« Ungläubig und mit einem unwillkürlichen Unterton von Ehrfurcht sprach Eulogius den Namen des Mannes aus, den er aus der Ferne so bewundert und dessen politisches Vermächtnis er gleichsam zu dem seinigen gemacht hatte.

»Marat war der Hauptanstifter! Das Überwachungskomitee der Kommune gab den Befehl, die Pariser Gefängnisse zu öffnen und zuvor an jedem Gefängnistor die Namenslisten der Gefangenen auszuhängen. Marat war die treibende Kraft dieses sechsköpfigen Komitees.«

»Das ist nicht wahr! Das ist eine Verleumdung!« stieß Eulogius hervor. Alles in ihm sträubte sich gegen diese ungeheuerliche Behauptung. Er hatte doch nicht, als er in Straßburg die Totenrede auf Marat gehalten, einen Anstifter zum Massenmord geehrt. In Gedanken nahm er das schreckliche Wort gleich wieder zurück, um das Andenken des toten Märtyrers der Revolution nicht zu schänden.

»Dafür gibt es untrügliche Beweise!« sagte Savany ungerührt. »Die Gloriole des Märtyrertums hat das Volk die mörderische Rolle vergessen lassen, die Marat in den Septembertagen gespielt. Die Corday hat ihn mit ihren sieben Messerstichen gleichsam rehabilitiert.«

Eulogius hielt den Atem an. Daß der Ehrentitel »Marat von Straßburg«,

den ihm die elsässischen Sans-Culottes verliehen und auf den er so stolz
gewesen, der Titel eines ... Nein, es konnte nicht sein!

Mit einer genießerischen, fast schadenfrohen Miene registrierte Savany
seine Bestürzung.

»Und Robespierre und Danton? Du wirst ja wohl nicht behaupten, sie
hätten auch bei den Massakern mitgetan?«

»In Taten nicht, aber in Worten viel. Und Worte waren in jenen Tagen
soviel wie Taten. Vor allem Robespierre hat Öl ins Feuer gegossen.«

»Aber warum? Welchen Grund sollte er dafür gehabt haben?« Die Vorstellung, die großen Pariser Jakobinerführer, die leuchtenden Idole der Revolution, seien in die Septembermassaker verstrickt gewesen, kam Eulogius
absurd, ja vollkommen abwegig vor.

»Nun, da du unbedingt erst von den Beweggründen, den Hintergründen
hören willst, so sei es denn!« sagte Savany spitz und verfiel, bei halb geschlossenen Lidern, wieder in jene sonderbare Schaukelbewegung des Kopfes, wie sie gefangenen Tieren eigentümlich ist.

»Worum ging es wirklich in den Septembertagen? Die Kommune hatte,
im Verein mit Danton und den Cordeliers, den Aufstand vom 10. August
organisiert. Nach dem Sturz des Königtums waren die Führer der Kommune die Könige von Paris; und Könige wollten sie bleiben. Sie verfügten
über gewaltige Summen, Gemeindesteuern, Gelder für öffentliche Arbeiten.
Sie hatten der Nationalversammlung die ungeheure Summe von einer Million monatlich für den Polizeidienst abgetrotzt. Die Versammlung aber mißtraute dem Generalrat der Kommune, in dem viele gewalttätige Leute
saßen, die in Marat ihren Propheten sahen. Ende August hatte die Nationalversammlung verfügt, die 48 Sektionen von Paris sollten einen neuen Generalrat wählen. So hoffte sie, die Maratisten loszuwerden. Die Männer des
Generalrates aber, die Sieger des 10. August, wollten sich nicht einfach ab-
wählen lassen. Sie waren entschlossen, ihre eben errungene Macht mit allen
Mitteln zu verteidigen, wenn nötig durch ein Massaker, das den Royalisten
wie der Nationalversammlung zeigte, wer die Keule des Volkszorns in Händen hielt und wer die wahren Souveräne von Paris waren. Der 1. September
sollte zwischen der Nationalversammlung und der Kommune entscheiden.
Und durch seine moralische Autorität deckte Robespierre die Gewaltpartei.
Er erschien am 1. September im Generalrat der Kommune und schlug diesem vor, zurückzutreten und das einzige Mittel anzuwenden, das zum
Heile der Nation bliebe, ›dem Volke die Gewalt zurückzugeben‹.«

»Nun, das war doch rechtens. Das Volk ist schließlich der Souverän!«
warf Eulogius ein.

»Was bedeutete es, in diesen Tagen ›dem Volke die Gewalt zurückzugeben‹? Es hieß, das Zündholz an die Lunte legen. Das Pariser Volk hatte die sechshundert Toten des 10. August noch nicht vergessen. Viele Familien trauerten noch um ihre Angehörigen. Und die Mörder, die königlichen und Schweizer Garden, saßen jetzt, nebst vielen Royalisten, Adeligen und königstreuen Priestern, in den Gefängnissen. Da lag der Gedanke schon nahe, sie der kochenden Volkswut als Beute zu überlassen. Im Grunde brauchte man gar keinen Befehl zum Massaker zu geben, es genügte, Paris in dem Zustand dumpfer Wut zu belassen, der in den Massen gärte. Dieser große Haufe von Männern, die vom Morgen bis zum Abend als Nichtstuer mit leerem Magen das Pflaster traten, litt nicht nur am Elend, sondern an der Untätigkeit. Die Leute streiften umher – verdrießliche Arbeitslose und in Konkurs gegangene kleine Kaufleute, Händler und Handwerker. Vorübergehend hatten sie sich damit befaßt, die Standbilder der Könige zu zerschmettern. Doch warum Abbilder vernichten, warum nicht gleich die Originale? Statt die Könige in ihrem Bilde zu strafen, sollte man sich nicht lieber an den halten, der im Temple gefangen saß, und an die Adeligen und Priester, die zu ihm hielten? ›Wir gehen, um die Feinde an der Grenze zu schlagen‹, so sagte man, ›und hier lassen wir sie einfach zurück?‹«

»Aber«, unterbrach ihn Eulogius, »war nicht auch das Benehmen der inhaftierten Royalisten äußerst herausfordernd? … Man las in den Zeitungen, daß das Volk, das an den Mauern der Abtei entlangging, sie drinnen singen hörte. Die gefangenen Aristokraten verbrachten die Haftzeit bei fröhlichen Gelagen, tranken auf den König, auf die Preußen, die baldige Befreiung. Ihre Mätressen besuchten sie, speisten mit ihnen. Die Gefängniswärter, zu Kammerdienern und Boten geworden, kamen und gingen im Auftrage ihrer vornehmen Herren, holten und trugen vor aller Augen die feinen Weine und köstlichen Gerichte herauf. Das Gold soll nur so in die Abtei gerollt sein. Die Hungernden auf der Straße sahen zu und entrüsteten sich; sie wollten wissen, wie die Gefangenen zu der unerschöpflichen Goldquelle kamen.«

»Wenn du schon alles weißt«, sagte Savany und zog eine fast beleidigte Miene, »wozu fragst du mich dann?«

Eulogius verbiß sich eine Replik. Denn er wollte endlich die ganze Wahrheit über den September erfahren.

»Es ist wahr«, fuhr Savany fort, »die Gefangenen in der Abtei hatten so ziemlich alles, was den Neid des Pöbels erregt. Man vermutete, daß die Unmenge falscher Assignaten, die zur Verzweiflung der Bevölkerung in Paris in Umlauf waren, in den Gefängnissen hergestellt wurden. Die Kommune gab diesem Gerücht neue Nahrung, indem sie eine Untersuchung anordnete. Die Menge hatte große Lust, diese Untersuchung zu vereinfachen und alle miteinander umzubringen – die Adeligen, die Urkundenfälscher und Falschmünzer, ihnen das Falschgeld in die Kehle zu stoßen. Dieser Versuchung zum Morden schloß sich ein anderer Gedanke an, der Gedanke an eine große und radikale moralische Reinigung, die Hoffnung, die Welt durch absolute Vernichtung des Bösen gesund zu machen. Die Kommune, hierin das Organ des Volkswillens, erklärte, sie werde nicht nur die Adeligen festnehmen, sondern auch die Betrüger, alle, die ein böses Leben führten, die Diebe, die Spieler, die Falschmünzer, die Dirnen. Die feste Absicht zu einer moralischen Reinigung erzeugte einen grauenvollen Eifer. Ein paar Tage nach den Massakern kam ein Mann zu Marat mit dem Geständnis, er habe die Schwäche gehabt, einen Adeligen zu schonen; die Tränen standen ihm in den Augen. Der Mann wußte sich nicht zu trösten. Der Volksfreund sprach gütig zu ihm und erteilte ihm die Absolution. Das nächste Mal werde er sich gewiß mannhafter zeigen.«

»Du sprichst von der Wut des Volkes«, unterbrach Eulogius ihn abermals, »aber du vergißt die Todesangst, in der sich das Volk gleichzeitig befand, die verzweifelte innere und äußere Lage! Die Masse der Royalisten blieb ja auch nach dem 10. August heimlich lauernd unter Waffen. Und es war kein Verlaß auf die Nationalgarde, von der ein beträchtlicher Teil noch royalistisch gesinnt war. Paris war voller Agenten des Ancien Régime und des Auslandes. Ludwig XVI. war zwar entthront und gestürzt, aber selbst im Temple war er noch mächtig. Er hatte die Tuilerien verloren, aber behielt Europa; er hatte alle Könige zu Verbündeten und alle Priester bei allen Nationen zu Freunden und Anwälten. Man gab ihm die Herzen der gläubigen Völkerschaften, man schuf ihm Soldaten und der Revolution tödliche Feinde ... Frankreich war das gescheuchte Wild. Spanien und Sardinien hielten hinter ihm das Netz gespannt, vorn zeigten ihm Preußen und Österreich das Fangeisen; Rußlands Zar stieß mit 30 000 Ulanen zu England und lachte. Frankreich aber war damals noch völlig ungedeckt, ohne Mauern, ohne Verteidigung. Die Preußen hatten Longwy und Verdun genommen. Die Truppen des Herzogs von Braunschweig standen fünfzig Meilen vor Paris. Und hatte der Braunschweiger in seinem berüchtigten ›Manifest‹ nicht gerade angekündigt, er werde von Paris keinen Stein auf dem anderen lassen, wenn der königlichen Familie auch nur ein Haar gekrümmt werde? ... Waren nicht jene zwanzigtausend, die am 10. August den Palast der Tuilerien gestürmt, in den Augen der Könige allesamt des Majestätsverbrechens schuldig? Wie zur Zeit der Kriege mit England fürchtete das Volk die

›Geißel Gottes‹, das Jüngste Gericht in Gestalt der anmarschierenden Heere des Herzogs von Braunschweig. Die Erde würde verwüstet werden, die Städte in Brand stehen. Die Könige aber würden nicht nur kommen, um die Revolutionäre zu richten, sondern auch Frankreichs großen Gedanken, die Gerechtigkeit, vom Antlitz der Erde tilgen – das war die Angst des Volkes. Und nichts ist grausamer als die Angst. Da lag der Gedanke wohl nahe, sich *vor* dem Strafgericht der anmarschierenden Heere, an den Feinden oder Geiseln zu vergreifen, derer man habhaft werden konnte: an den gefangenen Adeligen, Royalisten und Priestern . . . War es nicht so?«

»Wenn ich dich richtig verstehe«, sagte Savany in kühlem Ton, »willst du sagen, die Massaker des September seien ein Akt der Notwehr gewesen; das Volk habe in seiner Angst und Not gar nicht anders handeln können. Das aber heißt, die Massaker rechtfertigen, und die Mörder gleich mit dazu!«

»Das habe ich nicht gesagt!« entgegnete Eulogius heftig. »Ich selbst habe damals im Jakobinerklub und in meiner Zeitung die Septembermassaker verurteilt und die Blutszenen aufrichtig bedauert. Ich versuche ja nur, diese furchtbaren Ereignisse zu begreifen . . .«

»Mir scheint eher, du suchst mit allen Mitteln deine liebste Illusion zu retten, den erhabensten Mythos des Jakobinertums!«

»Welchen Mythos?«

»Den Rousseauschen Mythos des Volkes, das seiner wahren und ursprünglichen Natur nach gut, edel und gerecht ist, und zur Furie nur dann wird, wenn es sich an Leib und Leben bedroht sieht.«

»Wer Demokratie will, muß ein Grundvertrauen in das Volk haben.«

»Du übersiehst hierbei nur eine kleine, aber bedeutsame Tatsache: daß sich dieses ›gute und gerechte Volk‹, mit erklärter oder stillschweigender Billigung seiner Repräsentanten, an vollkommen wehrlosen Gefangenen vergriffen und diese in vielen Fällen den barbarischsten Martern unterworfen hat . . . Kann man dies aber noch Notwehr nennen?«

Eulogius schwieg; er war irritiert.

»Nein!« fuhr Savany fort, wobei ein unmerkliches Lächeln seine Lippen umspielte, das seinen Zuhörer erst recht verstörte. »Die Massaker waren kein Akt der Notwehr eines von grausen Phantasien gepeinigten Volkes, sondern ein grausamer Akt der Vergeltung! Und sie entsprangen dem zynischen, mit Feigheit gepaarten Machtkalkül seiner Führer. Weder Robespierre noch der Justizminister Danton, weder die Minister der provisorischen Regierung noch der Bürgermeister Pétion haben es gewagt, Marat und dem Generalrat der Kommune entgegenzutreten. Keiner zweifelte an dem kommenden Blutbad und keiner suchte es zu verhindern. Robespierre ließ sich aus den Gefängnissen ein paar Priester, seine früheren Lehrer, herausgeben; Danton rettete gleichfalls ein paar Freunde; Pétion ließ Madame de Staël aus dem Gefängnis entfernen; Manuel, Prokurator der Kommune, holte Beaumarchais heraus. Und dann zogen sich die Führer zurück und ließen der Schlächterei ihren Lauf. Und ihre ›kluge Zurückhaltung‹ zahlte sich sogar aus: Die Metzeleien setzten sich sogleich in günstige Wahlen für die Kommune um. Am 5. September, während in den Gefängnissen das Morden weiterging, wurde Robespierre, am 8. September Marat gewählt. Die Kommune hielt ganz Paris, einschließlich der Nationalversammlung und der Presse, am Boden. Auch die Journalisten fühlte sich ihres Lebens nicht mehr sicher. Sie waren in den Septembertagen wie erstarrt, sie wagten nicht mal zu schweigen; sie stammelten in ihren Zeitungen, schwankten, lobten beinahe die ›furchtbare, aber gerechte Volksjustiz‹ ... Wie aber sah diese aus?«

Savany hielt einen Augenblick inne und fixierte sein Gegenüber aus den Augenwinkeln. »Wir kommen jetzt zu den Opfern, falls sie dich interessieren.«

Eulogius nickte mechanisch; er mochte noch immer nicht glauben, daß man aus kaltem Machtkalkül der Metzelei ihren Lauf gelassen.

Savany, der seine Verwirrung mit einer kaum verhohlenen Genugtuung registrierte, fuhr in seinem Bericht fort: »Die ersten Opfer waren vierundzwanzig Gefangene, darunter etliche Priester, welche das Überwachungskomitee der Kommune von der Bürgermeisterei in die Abtei überstellt hatte, wohl wissend, was die Gefangenen dort erwartete. Es dauerte nicht lange, bis die vierundzwanzig totgemacht waren; es war nur so viel, um Geschmack an der Sache zu finden.«

»Wie viele waren denn die Mörder?« unterbrach ihn Eulogius.

»Zu Anfang kaum fünfzig Mann. Die Abtei war ihr Hauptquartier. Hier begann es, hier ›arbeiteten‹ sie, und von hier aus wanderten dann die mordenden, sich ständig vergrößernden Haufen zu den anderen Gefängnissen und Hospizen von Paris. Während der Nacht füllten sich die Innenhöfe der Abtei, der Vorplatz der Kirche und die Rue Saint-Margueritte mit ein paar Hundert Menschen. Das grauenhaft Phantastische dieser nächtlichen Szene, die Schreie und Todeskämpfe der Opfer, die düsteren Lichter, hatten sie angelockt, an Ort und Stelle gebannt. Die Beschränktheit des Raumes verschmolz die Zuschauer gleichsam mit der schaurigen Handlung, brachte sie mit dem Blut der Opfer in unmittelbare Berührung. Sie tranken mit den Henkern und wurden selber zu Henkern.«

Eulogius sprang von seinem Stuhle auf und ging in heftiger Erregung auf und ab; schließlich verharrte er am Fenster, die Stirn gegen die Scheibe gepreßt. Er hatte auf einmal die abergläubische Vorstellung, das Schicksal habe ihn mit Bedacht an diesen verfluchten und verfemten Ort gebannt, wo die Metzelei des September ihren Anfang genommen. Zugleich war ihm ein plötzlicher Argwohn gekommen, ein gewisser Verdacht. »Woher weißt du all diese Einzelheiten? ... Warst du dabei?«

»Woher ich das weiß? Ich weiß es von Augenzeugen, die ich befragt, teils von denen, die der Metzelei in der Abtei entkamen, teils von solchen, die sich noch Wochen danach gerühmt, dem *gerechten Volkszorn* tätigen Ausdruck verliehen zu haben.«

»Wie kamst du an diese Augenzeugen?«

»Ich war Mitglied der Untersuchungskommission, die der Konvent über die Septembermorde eingesetzt hat ... Bist du jetzt zufrieden?«

»Erzähl weiter!«

»Hatten sie erst einmal getötet«, fuhr Savany in seinem Bericht fort, »so kannten sie sich selbst nicht mehr und wollten immer weiter töten. Wie stumpfsinnig hörte man in diesen Nächten den Ruf: ›Man muß ein Ende machen!‹ Und darunter verstanden sie nicht nur den Tod der Adeligen und royalistischen Priester, sondern ein Ende machen mit allem Schlechten, Paris reinigen, nichts entkommen lassen, was gefährlich sein konnte: die Diebe, die Falschmünzer, die Assignatenfälscher töten, die Spieler, die Betrüger, sogar die käuflichen Frauen. Es war eine Stimmung der Apokalypse! In dieser fürchterlichen Verfassung fanden viele, die Abtei sei ein zu kleines Betätigungsfeld. Bald ergoß sich eine ungeheure Woge von Menschen zum Châtelet. Das Châtelet war kein politisches Gefängnis; es war zur Aufnahme der Diebe bestimmt. Dort begann ein unterschiedsloses Morden und Töten mit Säbel und Flinte. Nirgends war man mitleidloser. Auf fast zweihundert Gefangene kamen kaum mehr als vierzig Verschonte. Ihnen ließ man das Leben, wenn sie beschworen, in Wahrheit wohl gestohlen zu haben, aber stets darauf bedacht gewesen zu sein, die Reichen und Adeligen, das heißt die wahren Diebe, zu bestehlen. Vom Châtelet ging's weiter zur Conciergerie, wo man die Schweizer Offiziere und andere Gefangene niedermachte, und dann in das Gefängnis La Force. Hier nun saß eine besonders kostbare Geisel gefangen, ein Quasi-Mitglied der königlichen Familie. Die Rede ist von Madame de Lamballe.«

»War sie nicht die Freundin und persönliche Ratgeberin Marie-Antoinettes?«

»So ist es! Das Schicksal, das sie erlitt, ist keine Erfindung des Marquis de Sade; es wurde auch nicht in den abgelegenen Schlössern adeliger Wollüstlinge exekutiert, sondern in den Straßen von Paris unter den Augen des ›guten und gerechten Volkes‹.« Savany hob die Epitheta »gut« und »gerecht« durch ironische Überbetonung hervor, wobei sein Sichelmund wieder dieses irritierende Lächeln zeigte.

»Die Königin hatte Madame de Lamballe aus dem Elend gezogen, und diese vergalt es ihr durch ihre Ergebenheit und unwandelbare Treue. Noch am 10. August saß sie mit der Königin und dem König im Temple gefangen. Man erlaubte ihr indes nicht, dort zu bleiben, und brachte sie nach La Force. Dort fühlte sie sich zunächst sicher. In der Nacht vom 2. auf den 3. September aber vernimmt sie entsetzlichen Lärm, sie lauscht, vergräbt sich in ihrem Bett wie ein Kind, das sich vor dem Schwarzen Mann fürchtet. Gegen acht Uhr treten zwei Nationalgardisten in ihre Kammer. ›Stehen Sie auf, Madame! Es wird nach der Abtei gegangen.‹ Sie ersucht die Gardisten, einen Augenblick hinauszugehen, damit sie sich ankleiden könne. Endlich ist das getan. Aber sie kann vor Angst nicht gehen; zitternd nimmt sie den Arm ihres Bewachers und geht hinunter in den Hof, wo sie ein selbsternannter Gerichtshof empfängt. Sie sieht die Richter, betrunkene Männer mit Blut an den Händen, und die trockene Miene Héberts ...«

»Hébert, der Herausgeber des *Père Duchesne*?«

»Just dieser, der noch heute angesehene Chef der größten Pariser Zeitung! ... Madame de Lamballe wird einem Verhör unterzogen. Die Richter, so hieß es später vor dem Untersuchungsausschuß, seien ihr sogar wohlgesonnen gewesen. Es hätte nur bedurft, daß sie ein bißchen reden konnte, wenigstens ein Wort aus ihrem Munde, das man zu ihrem Heil auslegen konnte. Als man aber von ihr fordert, dem Königtum Haß zu schwören, Haß auch ihrer geliebten Königin, die sie aus dem Elend gezogen, da krampft sich ihr Herz zusammen, und sie verstummt. Sie verliert die Haltung, bedeckt die Augen mit den Händen, wendet sich zur Tür. Man führt sie aus dem Hof, führt sie an die Ecke der kleinen Rue Saint-Antoine. Da liegt eine weiche blutige Masse, ein aufgeschichteter Haufe ganz nackter weißer Leiber: die Opfer der vorangegangenen Metzelei. Dort soll Madame Lamballe die Hand auflegen und dem Königtum feierlich abschwören. Ihr versagt die Stimme, sie sinkt vor den Leichen zu Boden. Noch ist ihr nichts geschehen. In dem Haufen, der sie umringt, gibt es sogar ein paar Leute, die sie retten wollen; freilich nicht ganz umsonst. Madame de Lamballe ist schließlich eine Prinzessin und reich. Und es gibt gewiß viel zu verdienen, wenn man ihr hier heraushilft. Um die am Boden Liegende bilden sich zwei

Parteien, die einen, die sie um eine beträchtliche Summe beschützen, und die anderen, die sie umbringen wollen, da sie die Vertraute und Ratgeberin der verhaßten ›Österreicherin‹ ist. Ein kleiner Perückenmacher namens Charlat, Trommler bei den Freiwilligen, geht auf sie zu und wirft ihr mit einer Pike die Haube vom Kopf; ihre schönen Haare lockern sich und fallen nach allen Seiten herab. Die Pike hat ihr die Stirn gestreift, sie blutet. Der Anblick des Blutes ist wie ein Signal und beendet schlagartig den Streit der beiden Parteien. Einige stürzen sich auf sie, ein anderer kommt von hinten und versetzt ihr einen Keulenschlag; sie fällt und wird im Augenblick von mehreren Stichen durchbohrt. Man stich ihr in die Brüste und in die Scham …«

»Halt ein, ich bitte dich!«

Savany hielt inne in seinem Bericht. Dann sagte er in verwundertem Tone, in dem gleichwohl eine grausame Ironie lag: »Pardon! Ich dachte, du seist in dem Amte, das du versehen, starken Tobak gewöhnt.«

»Der Tod durch die Guillotine ist ja noch gnädig im Vergleich zu solchen Martern.«

»Die Guillotine«, versetzte Savany mit brutaler Sachlichkeit, »verkürzt die physische Marter des Opfers, aber leider auch die Wollust des Marterns und Tötens. Eben hier liegt das Problem: Man prellt – vermittels dieser ingeniösen Maschine – die Zuschauer um einen ihrer vitalsten Instinkte. Und das rächt sich. Denn von Zeit zu Zeit will die Bestie im Menschen heraus und ihre Beute mit den eigenen Krallen zerreißen und zerstücken.«

Eulogius starrte ihn entgeistert an: »Du hast ja eine infernalische Philosophie!«

»Die Geschichte Madame Lamballes ist noch nicht zu Ende. Höre weiter!« Savany bekam wieder seinen glasigen, abwesenden Blick. Dann fuhr er fort:

»Sie hat kaum den Atem ausgehaucht, als die Umstehenden sich auf sie stürzen, um sie zu betrachten. Voyeure und wollüstige Betrachter mischen sich unter die Mörder; man reißt der toten Prinzessin alles herunter: Kleid, Hemd und Unterwäsche – schöne Beutestücke für die Habenichtse. Nackt wird ihr zierlicher, noch im Tode rührender Körper an einem Eckstein hingebreitet, an der Mündung der Rue Saint-Antoine. Ihr Blut, das in kleinen Bächen aus ihrem Körper rinnt, bedeckt diesen von Minute zu Minute mehr, verhüllt ihn endlich den Blicken. Ein Mann stellt sich daneben und wischt das Blut ab. Er weist der Menge den Körper: ›Seht ihr, wie weiß sie war? Seht ihr die schöne Haut?‹ Doch dieser Hinweis, weit davon entfernt, das Mitleid zu wecken, steigert noch den Haß, da die weiße Haut als Zeichen des Adels gilt. ›Der Herr‹ oder ›die Dame mit der weißen Haut‹ gehörten zu jenen häufigen Urteilssprüchen, die in den Septembernächten so gut wie ein Todesurteil waren.

Indessen, sei es um Schmach und Schimpf zu erhöhen, sei es aus Angst, daß die Zuschauer schließlich doch gerührt werden könnten, zerteilen die Mörder den Leichnam. Die einen schneiden die Brüste ab, die anderen die Schamteile, und sie spießen den Kopf und die blutenden Klumpen auf ihre Piken, welche sie im Triumph wie Siegeszeichen durch die Rue Saint-Antoine tragen. Eine ungeheure Menge folgt ihnen, stumm vor Staunen. Eine Frau, die sich vor diesem grauenvollen Anblick flüchten will, stürzt in den Laden eines Perückenmachers. Doch gerade zu diesem wollen die Mörder mit ihrer zerstückelten Beute. Die Frau rettet sich in den Hinterladen und sieht von dort, wie die Mörder den Kopf der toten Prinzessin auf den Ladentisch werfen und zum Perückenmacher sagen, er solle ihn frisieren, sie wollten ihn zum Besuche seiner Herrin in den Temple bringen; es sei nicht schicklich, daß er sich vor der Königin so unordentlich zeige, wie er jetzt sei.

Als die Mörder mit dem Kopf der Madame Lamballe auf der Pike am Temple erscheinen, verlangen sie, unter den Fenstern der königlichen Familie vorbeizuziehen, um von der Königin gesehen zu werden. Man wagt nicht, es ihnen abzuschlagen. Man ersucht gar den König, ans Fenster zu treten, als der leichenblasse Kopf mit seinen langen Locken auf der Pike schwankend daherkommt und sich zur Höhe des königlichen Fensters erhebt. Einer der Kommissare wirft sich zwischen den König und das Fenster, um ihm den Anblick zu ersparen. Aber er kann nicht hindern, daß der König sieht und erkennt.

Der Umzug setzt sich durch ganz Paris fort, ohne daß irgend jemand einschreitet. Man trägt den Kopf ins Palais Royal, und der Herzog von Orléans, ein erklärter Feind des Königshauses, der gerade bei Tische sitzt, sieht sich gezwungen, sich zu erheben, auf dem Balkon zu erscheinen und die Mörder zu grüßen. Seine Mätresse, Madame de Buffon, aber ringt die Hände und ruft: ›Mein Gott! Bald wird man auch meinen Kopf so durch die Straßen tragen.‹«

Eulogius, die Stirn gegen das Fenster gepreßt, atmete schwer und kämpfte gleichzeitig mit den Tränen.

»Vorsicht, Kamerad!« sagte Savany mit ätzender Ironie. Du machst dich verdächtig; denn du trauerst um eine tote Royalistin, um eine Dame der Hofpartei, die eine erklärte Feindin der Revolution war. Spare dir deine Tränen für die Ärmsten der Armen auf, die im September nach grausamen Martern gleichfalls den Tod erlitten. Falls du es hören willst.«

»Weiter«, sagte Eulogius stumpf. Wenn schon in der Hölle, dann wollte er auch die letzten Höllenkreise nicht scheuen.

»Am 2. und 3. September brachte man die politischen Gefangenen um, am 3. und 4. aber Gefangene jeglicher Art. Es fing an mit den Dieben im Châtelet und den Sträflingen bei den Bernhardinern. Nun aber wollte man auch die Hospize leeren, Bicêtre und die Salpêtrière. Das ungeheure Schloß von Bicêtre faßte Tausende von Menschen und beherbergte, außer den Kriminellen, eine große Zahl Unschuldiger: brave Armenhäusler, Greise, Kranke aller Art. Es gab hier auch viele Unglückliche, die das Ancien Régime in seiner Willkür als Irre und Wahnsinnige eingesperrt hatte und die man nur deshalb nicht freiließ, weil man nicht mehr wußte, warum sie hereingekommen waren. Die Zustände in Bicêtre waren unbeschreiblich: zu sieben auf einem Lager, von Ungeziefer halb aufgefressen, von Brot aus fauligem Korn genährt, in feuchten Stätten, oft in Kellern zusammengepfercht, unter dem geringsten Vorwand lahm geschlagen. Wenn es eine Stätte gab, die von der Revolution, von den Rache- und Vergeltungsinstinkten des Volkes geschont werden mußte, so war es dieser erbarmungswürdige Ort. Was war denn Bicêtre und die Salpêtrière, dieses große Bicêtre der Frauen, anderes als die wahre Hölle des Ancien Régime? ... Am 4. September kamen die ersten Banden aus Paris, um Bicêtre zu bedrohen. Es waren dieselben, die bereits vorher im Châtelet die Diebe, und bei den Bernhardinern die Sträflinge niedergemacht hatten. Die Kranken und Gefangenen setzten sich zur Wehr. Dann aber brachten die Mörder Kanonen herbei, um das Schloß niederzuzwingen. Ein Teil von ihnen machte bereits vor der Salpêtrière halt, und hatte den Einfall, ins Frauenhospiz einzudringen. Noch am ersten Tage wurden sie von Nationalgardisten zurückgehalten, am folgenden Tag aber erzwangen sie sich den Zutritt. Sie töteten gleich sechs alte Frauen, ohne anderen Grund oder Vorwand als den, daß sie einsaßen. Dann stürzten sie sich auf die jungen, die öffentlichen Dirnen und töteten dreißig, die sie vorher oder nachher vergewaltigten. Das war noch nicht alles. Sie gingen zum Schlafsaal der kleinen Waisenmädchen und vergewaltigten mehrere von ihnen ... Sie verließen die Salpêtrière nur, um bei der Metzelei in Bicêtre mitzuhelfen. Man tötete hier hundertsechsundsechzig Personen ohne Unterschied: Arme, Irre, zwei Kaplane, den Hausverwalter, zwei Schreiberlehrlinge. Die gewaltige Ausdehnung des Gebäudes gab den Opfern reichlich Gelegenheit zum Widerstand, wenigstens zur Verzögerung ihres Todes. Die Mörder wandten die grausamsten Mittel an: den Stahl, das Feuer, die Mitrailleuse und das Ertränken.

Sie drangen sogar in die Correction, in die Besserungsanstalt ein, in der sich fast fünfzig Knaben befanden. Mit Beulen und Striemen bedeckt, fortgesetzt bei dem geringsten Anlaß geprügelt, hätten diese Knaben das verhärtetste Herz erweichen müssen. Man hätte sie hier fortnehmen, ihnen Luft und Sonne wiedergeben, ihre Wunden verbinden müssen, sie den Händen der Frauen zurückgeben, ihnen Mütter schenken müssen. Der September gab ihnen als Mutter und Amme – den Tod. Dreiundreißig dieser Knaben wurden ermordet. Wer hätte geglaubt, daß diese rasenden Blutnarren des September sich gerade auf jene stürzen würden, die das Ancien Régime bereits so grausam gemartert hatte, daß diese unseligen Opfer in den Siegern der Revolution nicht ihre Befreier, sondern ihre Mörder finden würden? Manche von denen, die in diesen beiden Hospizen mordeten, konnten in Bicêtre ihren Vater finden und ihre Mutter in der Salpêtrière; es war der Arme, der den Armen tötete, das Volk, das das Volk umbrachte. Ich kenne kein zweites Beispiel von einer solch sinnlosen und grausamen Wut ... Etliche von denen aber, die zu den Massakern aufgerufen oder sie stillschweigend gebilligt, sitzen heute im Wohlfahrts- und Sicherheitsausschuß und bieten dem Volke das Schauspiel einer täglichen Hinrichtung. Man hat den Mord legalisiert und ihm eine juristische Form gegeben. Das ist der ganze Fortschritt!«

Eulogius war wie versteinert. Von den Metzeleien in Bicêtre und der Salpêtrière hörte er zum ersten Mal. Nachdem er eine Weile in fassungslosem Schweigen dagestanden, sagte er wie zu sich selbst:

»Was sind das für entmenschte Kreaturen, die so etwas tun können?«

Savany wandte den Kopf und sagte in bitterem Tone:

»Vor dem September habe ich, wie jedermann, Rousseau gelesen, nach dem September las ich den Marquis de Sade. Vor ihm blamiert sich die ›gesunde Vernunft‹, das Rousseausche Menschenbild und dieses glorreiche Jahrhundert der Aufklärung. Bei ihm findest du vielleicht die Antwort.«

Der kriminelle Marquis de Sade, der seine schwarze Philosophie in den Lasterhöhlen und Verliesen des Ancien Régime ausgeschwitzt hatte, war zwar der letzte, bei dem Eulogius Rat suchen würde; aber ihm war jetzt nicht nach Philosophieren und Disputieren zumute.

In tiefer Verstörung verließ er die Kammer.

In der Frühe erwachte er mit dem letzten Bild eines Traums. Er befand sich wieder im Priesterseminar, in dem langen kahlen Raum des Franziskanerklosters zu Bamberg. Obschon er längst die Priesterweihe empfangen, mußte er mit den jungen Novizen die Bank drücken und, nachdem ihn der

Pater Novizenmeister namentlich aufgerufen, mit schweißnassem Gesicht die ersten Kapitel der Genesis auswendig herunterleiern. Und dann unterwarf er ihn einem Kreuzverhör, die Lehre des Hl. Augustinus, den Kampf der Civitas Dei gegen die Civitas Diaboli betreffend. Als er ins Stocken geriet, da er sie eigentlich ablehnte, herrschte der Novizenmeister ihn an, ihm fehle die wahre Glaubensdemut, er sei eben doch ein heimlicher Ketzer, ein ›Verräter‹ am Herrn. Vergebens suchte er in den kurzen Pausen, die ihm zwischen Frage und Antwort blieben, dem Novizenmeister zu erklären, daß er ja längst zum Priester geweiht, daß er es doch nicht mehr nötig habe, noch einmal von vorne zu beginnen und die ganze Stufenleiter der geistlichen Ausbildung wieder hinaufzuklettern. Aber der Pater Novizenmeister verstand ihn nicht, schalt ihn vor allen Novizen für seine gottlose Anmaßung und seinen Ungehorsam und wollte ihm zur Strafe gerade fürchterliche Bußübungen auferlegen ...

Eulogius schlug die Decke zurück und erhob sich fröstelnd von der Pritsche. Merville schlief noch. Er fühlte sich beinahe erleichtert, sich in dieser Gefängniskammer zu wissen, statt im Bamberger Seminar. Lieber sterben, dachte er, als nochmals die Fron dieser geistlichen Zuchtanstalt durchlaufen zu müssen mit ihren dauernden Prüfungen, Zensuren, Strafen, Kasteiungen, Bußübungen. War sein Leben nicht eine ununterbrochene Prüfung gewesen?

Er trat an den Abortkübel, der gleich hinter der Tür stand, nahm den Deckel ab und ließ die Hose herunter, um sein Wasser zu lassen. Dann trat er ans Fenster, hinter dem schon der Morgen graute. Auf dem Hof der Abtei war noch alles still. Selbst die Wache, die vor dem Eingang des Verwaltungsgebäudes postiert war, schien im Stehen zu schlafen.

Er sah wieder die schaurigen Szenen vor sich, die Savany ihm geschildert – diese Bartholomäusnächte der Revolution, die an diesem verfluchten Ort ihren Anfang genommen. Und Marat, der Volksfreund, den er aus der Ferne so bewundert und dessen Tod er aufrichtig betrauert, sollte ihr Anstifter gewesen sein. Noch immer sträubte sich alles in ihm gegen diese ungeheuerliche Behauptung. Wie verläßlich war Savanys Bericht, der Bericht eines Menschen, der Rousseau mit de Sade vertauscht hatte? Andererseits hatte Savany, im Auftrage der Untersuchungskommission des Konvents, genaue Ermittlungen angestellt. Er wußte, wovon er sprach. Solche Szenen und bestürzende Details, wie er sie berichtet, konnte man schwerlich zusammenfabeln. Und saß er nicht deshalb in Haft, weil er zuviel über die Septembermörder wußte?

Aber Marat, der große unsterbliche Marat, der mit solcher Hingabe und Aufopferung für die Republik gekämpft, der so viele Komplotte und Verrätereien aufgedeckt und dessen Gebeine im Pantheon ruhten – ein Anstifter zum Massenmord? Mit Inbrunst hatte er seinen dampfenden Rede- und Schreibstil nachgeahmt; Marats berühmte Zeitschrift *Der Volksfreund oder der Mann mit den tausend Augen* hatte auch das Konzept seines *Argos* inspiriert, bis in den Untertitel hinein: *Argos oder der Mann mit den tausend Augen.* In Marat hatte er sich selbst und seine öffentliche Rolle als unermüdlicher Mahner und Beschirmer der Freiheit gespiegelt gesehen. Und jetzt sollte der Ehrentitel »Der Marat von Straßburg«, den ihm die elsässischen Sans-Culottes verliehen, mit dem Blute des September geschrieben sein? Nein, die Septembermorde waren blindwütige Racheakte des Pöbels für die sechshundert Toten, die beim Tuileriensturm auf dem Pflaster liegengeblieben waren; wer immer den Schweizer Garden den Schießbefehl gegeben hatte, ob der König oder sonst ein Befehlshaber – er trug letztlich die Verantwortung für den September und nicht Marat oder die Männer der Kommune!

Und selbst wenn Marat eine Mitschuld träfe – welcher warme und heißblütige Patriot, der in der ersten Linie focht und sich die Verantwortung eines öffentlichen Amtes auflud, kam mit reinen Händen und reinem Gewissen durch diese Zeiten? Die Geburt der neuen Gesellschaft, des *neuen Menschen*, ging nun einmal nicht ohne Schmerzen und Blutverlust ab. Wer wollte da mit den Geburtshelfern rechten, gar mit Fingern auf ihre blutbespritzten Kittel zeigen? Nur die Lauen, die Memmen und die Indifferenten, die sich aus allem heraushielten, kamen mit sauberen Händen davon, weil sie sie gar nicht erst rührten. Dafür schmorten sie auch in der Danteschen Vorhölle der Gleichgültigen. Weder der Himmel noch die Hölle wollte sie haben.

Die echten Jakobiner und Revolutionäre indes, Männer von unerschrockenem Mute, aufopfernder Vaterlandsliebe, eiserner Disziplin und Gesinnung – Männer wie Marat, wie Danton, wie er selbst –, sie waren schlechterdings nicht mit den Maßstäben der gewöhnlichen, der Spießbürger-Moral zu messen. Sie waren eher dem Siegfried der Nibelungensage verwandt, der seinen Leib in Drachenblut getaucht. Die *terreurs* aber waren die Feuerprobe, das Purgatorium, in dem die neuen Helden des Vaterlandes gestählt wurden – an Herz, Verstand und Gesinnung. Hatte er das Fegefeuer, die Große Prüfung, als man ihm das Schwert der Gerechtigkeit, die *Sainte Guillotine* anvertraute, denn nicht, allen Verleumdungen zum Trotz, mit Auszeichnung bestanden? Hatte er nicht, alle Skrupel, alle Anwandlungen von Schwäche, Mutlosigkeit und Verzweiflung überwindend, heldenhaft standgehalten und die *Drachenbrut der Verräter* vom heiligen Boden der Freiheit vertilgt? ...

An solch heroisch und mythisch verbrämten Gedanken richtete er sich wieder auf, sie wirkten beruhigend, ja, erhebend auf sein verstörtes und niedergedrücktes Gemüt; und Savanys schaurige Enthüllungen über den September und die niederträchtige Rolle, welche Marat dabei gespielt, verblaßten alsbald vor dem Glorienschein der *Grande Révolution*, der seinen Weg noch in den finstersten Stunden der *terreurs* erhellt hatte. Nur ein Gedanke quälte ihn jetzt und erfüllte sein Herz mit dumpfer Besorgnis: der Gedanke an die *letzte Prüfung*, die über seine Amtsführung, sein Leben, seine Ehre, sein Andenken, über seine Stellung in der Geschichte entscheiden würde, die Prüfung vor dem Pariser Tribunal, dem höchsten Gericht der Nation. Wie konnte er ein gerechtes Urteil erwarten, wenn Saint-Just, der Intimus Robespierres, gegen ihn zeugte?

Die Glocke der Abtei-Kirche schlug sechs. Gleich würde der Schließer die Kammer öffnen. Dann hieß es: Antreten zum Frühappell.

XXII. Zerbrochene Freundschaft

In solch stürmischen und welterschütternden Tagen wie in jenen des August und September 1792, da aller Augen auf die große Weltbühne gerichtet waren und ganz Europa den Atem anhielt, pflegen die kleinen menschlichen Dramen zumeist unbemerkt an uns vorüberzugehen. Ich spreche vom Leid unseres Freundes Christoph Friedrich Cotta. Ich weiß nicht, wann er gewahr wurde, daß sich Sara, um die er so beharrlich geworben, just in seinen Freund und Compatrioten verliebt hatte. Ende August ist es wohl diesbezüglich zu einer Aussprache zwischen ihnen gekommen – wie aus einem traurig-lakonischen Tagebucheintrag Saras erhellt. Danach blieb Friedrich für längere Zeit dem Hause Stamm fern. Indes ließ er sich, beherrscht bis zum Übermaß und stolz, wie er war, weder bei den Klubsitzungen noch im Freundeskreise seinen Schmerz anmerken.

Im nachhinein ist es mir eigentlich unbegreiflich, daß er und Eulogius nie über den gemeinsamen Gegenstand ihrer Liebe gesprochen haben oder nur, wie an jenem Abend des unglückseligen ›Werther‹-Disputs, durch die Blume oder treffender gesagt: durch die Distel. Haben beide deshalb so lange das Thema vermieden, um ihre Freundschaft nicht zu gefährden, zumal sie gerade in jenen stürmischen Wochen glaubten, unbedingt zusammenhalten zu müssen? Wäre Friedrich, wie die meisten von uns, nicht so sehr mit den politischen Großereignissen und Erschütterungen beschäftigt gewesen, er hätte wohl schon früher bemerkt, was sich zwischen Sara und Eulogius angebahnt hatte. Aber mir scheint, er wollte es gar nicht wissen, und der Gedanke, Sara an seinen Freund verlieren zu können, war ihm wohl deshalb nie gekommen, weil er ihn um die Ruhe seines Herzens gebracht hätte, die für das innere Gleichgewicht dieses bienenfleißigen Menschen unentbehrlich war. Bei seiner noch ungesicherten beruflichen Existenz glaubte er, sie noch nicht an sich binden zu dürfen, was seiner Werbung eine gewisse Zurückhaltung, wenn nicht gar Unentschiedenheit verlieh. Übervorsichtig in der Mitteilung seiner Gefühle und immer zurückgehalten von seinem Verantwortungsbewußtsein, war er allzusehr auf Sicherung eines Lebens bedacht, das er für planbar hielt. Seine so gezähmte Leidenschaft hatte nicht sehen wollen, was doch sichtbarlich vor aller Augen lag.

Ende September kam er in meine Praxe; er sah leidend aus, war von blasser Gesichtsfarbe und hatte tiefe Schatten unter den Augen. Er litt am Magen und klagte über Anfälle von Übelkeit. Es bedurfte wahrlich keines diagnostischen Scharfblicks, um zu verstehen, was ihm auf den Magen geschlagen war. Und so sprach ich ihn denn offen auf seinen Kummer an, auch wenn ich wußte, daß er nur schwer würde darüber sprechen können.

Ja, sagte er, die ›Sache mit Sara‹ habe ihn schwer getroffen. Nein, er hege ihr gegenüber keinerlei Groll. Es sei schließlich ihre eigene Entscheidung gewesen, sie habe sich frei für den Mann entschieden, zu dem sie sich mehr hingezogen fühle. Dies sei sehr traurig für ihn, aber einen Vorwurf könne er ihr daraus nicht machen.

Ob er auch mit Eulogius darüber gesprochen habe, fragte ich ihn.

Seine Miene verdüsterte sich. Nein, er könne und wolle es nicht, außerdem sei dieser längst nach Hagenau abgereist. Dann, nach längerem Schweigen, setzte er hinzu: Zwar könne er ihm seine Leidenschaft für Sara schlechterdings nicht vorwerfen, niemand könne diese besser nachvollziehen als er selbst, doch just von einem Freunde, dem er vertraut und den er so hochgeschätzt, ›verraten‹ zu werden, dies sei eine bittere Erfahrung.

Ich enthielt mich jeden Kommentars, obschon mir der moralische Vorwurf des ›Verrats‹ hier fehl am Platze zu sein schien. Denn sowenig Moral ein guter Feldherr im Kriege ist, sowenig ist sie es auch auf dem Felde der Liebe und Leidenschaft.

Freilich, setzte Friedrich nach einer Weile hinzu, sei es auch seine eigene Schuld gewesen. Er habe sich bezüglich Sara in einer trügerischen Sicherheit gewiegt, er sei wohl auch in seiner Werbung viel zu zurückhaltend gewesen. Er habe ihr eben ein Gefühl von Sicherheit und Geborgenheit geben wollen, aber es sei wohl eher sein eigenes Bedürfnis gewesen als das ihre. Er verbinde mit Liebe vor allem Zärtlichkeit, Vertrauen und wechselseitige Verläßlichkeit. Daß die Liebe eines jungen Weibes auch Gefahr, Abenteuer und den rauschhaften Überschwang suche, dies habe er wohl zu wenig bedacht, vielleicht auch gefürchtet. Vielleicht aus einem eigenen Mangel heraus, den er auf das Konto seiner Jugendsünde verbuche, auf die jahrelangen Zahlungen für den illegitimen Sohn und, daraus resultierend, auf seinen asketischen Lebensstil. In diesem Betracht sei Eulogius vielleicht der bessere Liebhaber, zumal er auch mit poetischen Gaben gesegnet sei, was bei den Weibern immer gut ankomme.

Er sagte dies in einem eher traurigen und resignativen Tone als in dem des Vorwurfs. Und es rührte mich, daß er beinahe mehr sich selbst als den Freund verklagte, eher die Fehler bei sich selbst als bei diesem suchte. Dies sprach einmal mehr für seinen noblen Charakter.

Ich weiß nicht, ob ihm bewußt war, wie sehr Eulogius um Sara geworben und ihr Herz einem ständigen Wechselbad der Empfindungen ausgesetzt hatte. Wie sollte auch eine junge und empfindsame Frau, noch unerfahren in der Psyche der Männer und in den Fallstricken der Liebe, einer solchen Werbung, die mit periodischen Rückzügen einhergegangen war, auf die Dauer standhalten können! Je länger sie den leiden sah, der so leidenschaftlich vor ihr den »Werther« verteidigte und der selbst seine geladenen Pistolen unterm Bette bereithielt, desto stärker schlug ihr das Herz (und das Gewissen). Und ihr Mitgefühl mit dem Mann, dessen vulkanisches Temperament und dessen Unbedingtheit sie anzogen, mischte sich mit dem weiblichen Ehrgeiz, den glücklich zu machen, der ihrer so sehr zu bedürfen schien. Gerade weil Sara stets um Ausgleich und Versöhnung der Gegensätze bemüht war, mußte ein Mann und Mannsbild wie Eulogius, der sich aufs Polarisieren und Streiten verstand, der ebenso gewinnend wie verletzend, ebenso mitreißend wie unduldsam, ebenso unbedingt in seinen politischen Grundsätzen wie in seinen Gefühlen war, ihr ganzes Wesen herausfordern. Friedrich aber war zu gut erzogen, zu zurückhaltend und rücksichtsvoll, zu beherrscht in seinen Affekten, wohl auch zu sehr auf Harmonie und Sicherheit in der Liebe bedacht, als daß er in dieser Hinsicht mit dem Freund hätte wetteifern können. Solche dramatischen und aufwühlenden Szenen, wie Eulogius sie brachte, vermochte er Sara jedenfalls nicht zu bieten. Dabei liebte er sie gewiß nicht weniger als jener; eben nur auf eine andere Weise. Daß auch Streit und Herausforderung den Funken der Liebe entzünden und ihren Ehrgeiz beflügeln können, dies begann er wohl erst zu begreifen, als die Entscheidung bereits gefallen war.

Der Freiheit Mütze, sie wird ziehen ...

Das Kriegsgeschehen und die im Herbst 1792 erfolgende Großoffensive der französischen Truppen über die eigenen Landesgrenzen hinaus zerstreute und trennte für längere Zeit auch unseren Straßburger Freundeskreis. Nach dem Sieg von Valmy schienen der Freiheit auf einmal Flügel gewachsen zu sein. Dumouriez stieß mit der großen Armee nach Belgien vor, und die republikanischen Soldaten erfochten, die Marseillaise auf den Lippen, bei Jemappes einen glänzenden Sieg gegen die Österreicher. Der Außenminister Lebrun war darob so entzückt, daß er seine neugeborene Tochter auf den anspruchsvollen Namen ›Civilisation-Jemappes-République‹ taufen ließ. Überhaupt trieb die Revolutionsschwärmerei in jener Zeit tolle Blüten: ein Patriot aus dem Straßburger Klub taufte seinen ersten Sohn auf den Namen ›14. Juli‹, und wollte seine weiteren Kinder nach den Daten der anderen Ruhmestage der Revolution benennen. Im Südosten besetzten die Soldaten der Revolution kurzfristig das Basler Land und Mühlhausen. Die

Okkupation von Savoyen erwies sich dagegen als haltbarer: Der Alpenstaat schloß sich im November der französischen Republik an. Auch Nizza wurde im Sturm genommen und nach gehöriger Plünderung der siegreichen Republik einverleibt. In den ersten Oktobertagen zog die französische Rheinarmee unter General Custine, einem Haudegen der alten militärischen Schule, von Landau aus gegen die geistlichen Kurfürstentümer am Rhein, welche am lautstärksten zum Interventionskrieg gegen Frankreich getrommelt hatten. Worms, Speyer und Mainz fielen in ihre Hände, nachdem der Fürstbischof von Speyer und der Kurfürst von Mainz vor den heranrückenden Revolutionstruppen die Flucht ergriffen hatten.

Dieser überraschende Eroberungszug gab dem deutschen Jakobinismus diesseits und jenseits des Rheins einen ungeheuren Auftrieb. Jetzt schlug vor allem für einen aus unserem Kreise die große Stunde: für Daniel Stamm. Schon bei Kriegsbeginn war er als Freiwilliger zu den Fahnen geeilt, hatte sich beim Kampf um Speyer hervorgetan und war dann vor Übergabe der Stadt und unter Lebensgefahr in die Festung Mainz eingedrungen, um durch Spionage und Konspiration die Übergabe zu befördern. Hierbei kamen ihm, außer seiner Tollkühnheit, seine langjährigen Erfahrungen als Handlungsreisender des väterlichen Weingeschäftes zugute. Er kannte alle Wege und Schleichwege in der Mainzer Gegend und konnte daher Custines Truppen als verläßlicher Wegweiser und Lotse dienen. Für seine Verdienste wurde Daniel vom Pariser Konvent ausgezeichnet und auf Wunsch Custines zum *aide-de-camp*, zum persönlichen Adjutanten des Generals, befördert – eine hohe Auszeichnung für einen jungen Mann, der nie eine Militärakademie besucht hatte. So war Daniel zum Stolz seiner Familie geworden, die seither unter den elsässischen Republikanern in hohem Ansehen stand. Nur Sara rief mit dem ihr eigenen Humor aus: »Mein Gott! Hätt' nie gedacht, daß wir einen echten Helden in der Familie haben! Jetzt wird er erst recht keinen Pißtopf mehr ausleeren.«

Nach den urplötzlichen Ruhmestaten im Felde neigten die Auguren des Konvents rasch dazu, auf erobertem Gebiet, wo es ging, ›Schwesterrepubliken‹ zu gründen. Brissot schlug vor, einen Gürtel von republikanischen Freistaaten rings um Frankreich zu gründen, und der Abbé Grégoire sah schon ein »Europa ohne Festungen und Grenzen entstehen«. Diese Vision fand auch im Straßburger Klub begeisterten Widerhall. Frankreich erklärte sich gleichsam zum Vormund der geknechteten und nach Freiheit dürstenden Nachbarvölker. Indem jedoch die revolutionäre Propaganda diese, kaum verschleiert, zum Aufstand wider ihre Fürsten aufrief, nahm Frankreich die Verpflichtung auf sich, die befreiten Länder auch zu beschützen.

Und welcher Schutz war zuverlässiger als die Angliederung an die *Grande Nation?* Robespierre hatte gewarnt: Man könne die Revolution nicht auf Bajonettspitzen exportieren. Doch auch er vermochte sich der Logik der revolutionären Expansion nicht zu entziehen. Wie sollte die Freiheit, wie sollten die Menschenrechte an einer Grenze anhalten? Die universale Botschaft verwandelte sich freilich unter der Hand in eine Strategie der Eroberung und Annexion, auch wenn dieser Begriff tunlichst vermieden wurde, und es begann jener Imperialismus der Revolution, der den späteren napoleonischen Imperialismus vorbereitete.

Doch was vermochte nüchterner Realitätssinn gegen die Euphorie und den Rausch der über ihre Ufer tretenden Freiheitswoge! In den republikanischen Klubs und Salons sang man jetzt Sallés populäre *Reisen der roten Mütze*:

> *Von Japan, Afrika, Paris,*
> *bis hin zu Lapplands Finsternis,*
> *klingt jetzt der Gleichheit Weise.*
> *Tyrannen, nehmt das Schicksal hin:*
> *Der Freiheit Mütze, sie wird ziehn*
> *noch endlich auf Weltreise!*

In den besetzten Territorien wurden sogleich revolutionäre Verwaltungen eingerichtet. Sie sollten durch Männer gewählt werden, die den Eid auf die Freiheit schworen: »Tod den Palästen! Friede den Hütten!« Schon am 2. Tag nach der unblutigen Kapitulation von Mainz fand auf Daniel Stamms und Prof. Böhmers Initiative die Gründung eines Jakobinerklubs statt:

Die Gesellschaft der Mainzischen Freunde der Französischen Konstitution will durch tägliche öffentliche Sitzungen die Freiheit und Gleichheit der Mainzer – und vielleicht, gebe es Gott! – auch die des übrigen Teils der großen deutschen Nation vorbereiten.

Custine und sein Adjutant brauchten hierfür Unterstützung; und was lag näher, als sich nach Straßburg zu wenden? Der General *Moustache*, wie sein Spitzname lautete, verlangte nach »deutschen Rednern« und »guten Republikanern«, die »mit Kraft reden und schreiben können«. Der Straßburger Klub benannte vier Kommissare für das Rheinland: Anton Dorsch, der schon in Mainz einen Lehrstuhl für Philosophie innehatte, den Theologen Friedrich Georg Pape, den Journalisten und Buchhändler Andreas

Meyer und Christoph Friedrich Cotta. Sie alle erhielten Reisegeld und die Zusage einer bezahlten Anstellung im Stab der Rheinarmee. Ihre Aufgabe sollte darin bestehen, *die Menschenrechte zu predigen und an allen Orten, wo es noch keine gibt, Volksgesellschaften zu errichten.* Sie brachten dem Mainzer Jakobinerklub, der bald der größte und bedeutendste unter den neu gegründeten Klubs in den deutschen Rheinstädten war, auch die Statuten, Satzungen und Erfahrungen des Straßburger Klubs mit.

So überschritt Friedrich Cotta in den ersten Novembertagen erneut die Grenze zwischen Frankreich und den deutschen Landen, jetzt in anderer Richtung, jetzt, um den Deutschen die republikanische Verfassung zu bringen. Damit ging sein alter Traum in Erfüllung, nämlich als Mittler zwischen Frankreich und Deutschland wirken zu können. Die neue Aufgabe nahm er, wie mir scheint, um so williger in Angriff, als sie auch eine räumliche Distanz zum Gegenstand seiner Liebe herstellte und ihm half, seinen Herzenskummer zu betäuben.

Wie Daniel Stamm war auch Carl Clauer im Sommer als Freiwilliger in die französische Rheinarmee eingetreten und nach Mainz marschiert. Custine schickte ihn mit einem geheimen Auftrag nach Mannheim, in die Residenz der noch neutralen Kurpfalz. Er sollte auskundschaften, wie Mannheim der französischen Revolutionsarmee in die Hände gespielt werden könne. Wäre es nach Carl gegangen, dann wäre die Revolution in einem Schwunge auf den Spitzen der französischen Bajonette bis nach Berlin, Siebenbürgen und Ungarn exportiert worden, wohin seine Flugschriften ja bereits vorgedrungen waren.

Nanette aber, die noch vor Beginn der neuen Spielzeit ihr Engagement am Schauspielhause gekündigt hatte, ging wieder zurück nach Paris. Wie sie uns wissen ließ, kehre sie Straßburg vor allem deshalb den Rücken, weil es hier fast gar keine Frauen gebe, die bereit seien, für ihre Rechte öffentlich zu streiten, und weil sie diesbezüglich auch bei den hiesigen Patrioten keinerlei Rückhalt gefunden – ein wohl zutreffendes, wenn auch beschämendes Zeugnis für uns und den Straßburger Klub.

Einen bescheidenen, einen Teil-Sieg hatten die ihre Rechte einklagenden Frauen und die Pariser Frauenklubs, welche die Nationalversammlung unaufhörlich mit Petitionen bestürmt, dem Patriziat der Revolution immerhin abgerungen. Am 20. September, just am Tage der Schlacht von Valmy, war das neue Ehe- und Scheidungsgesetz in Kraft getreten. Es verfügte, daß die zivile Trauung künftig von städtischen Amtsträgern vorzunehmen sei; rechtsgültig war sie nun auch ohne das Weihrauchfaß des Priesters und das Gelöbnis vor dem Altar. Die Ehe wurde damit vom Segen der Kirche und von der elterlichen Vormundschaft unabhängig. Erstmals in der Geschichte wurde den Frauen ein Scheidungsrecht zugestanden – die juristische Anwendung des Freiheitsprinzips in der Ehe, von dem allerdings eher die Männer als die Frauen profitierten. Denn welche Frau konnte sich die Scheidung leisten, wenn sie, was die Regel war, keine eigene Erwerbsquelle hatte und vermögensrechtlich noch immer vollkommen benachteiligt blieb.

Auch für Eulogius und Sara brach, kaum daß sie sich einander erklärt, eine Zeit der Trennung an. Schon Mitte September war Eulogius, zusammen mit dem Schuhmachermeister Hans Jung, als kommissarischer Bürgermeister nach Hagenau beordert worden, um diese zweitgrößte Stadt des Elsaß, wo sich heftiger Widerstand gegen die neue republikanische Ordnung regte, zu befrieden. Er machte Kassensturz, reorganisierte zügig die korrupte städtische Verwaltung, ernannte geeignete Leiter für das städtische Hospital, für die Gebäude und Manufakturen von Saint-Georges, für die Schulen und die wohltätigen Einrichtungen. Er ließ die widerspenstige, von Royalisten durchsetzte Nationalgarde entwaffnen und die Waffen einer neu gebildeten patriotischen Nationalgarde aushändigen. Mit besonderer Umsicht nahm er sich der städtischen Armenfürsorge an. Er rief eine außerordentliche Schenkung zugunsten der Armen ins Leben, indem er Sonderabgaben bei den begüterten Bürgern und Aristokraten erhob. Auch trug er, eingedenk der fürchterlichen Zustände im Stuttgarter Waisenhaus, gegen die er seinerzeit protestiert hatte, viel zur Verbesserung der Lage der Waisenkinder bei. Diese waren nämlich für gewöhnlich obdachlos, streunten in der Gegend herum und ernährten sich von Diebstahl, was zur Folge hatte, daß sie meist ins Gefängnis kamen, wo man sie mit den Kriminellen und Verrückten einfach zusammensperrte. Ich hatte seit langem dafür plädiert, diese vernachlässigten Kinder dem demoralisierenden Einfluß der Gefängnisinsassen zu entziehen und sie ins städtische Hospital aufzunehmen. Eulogius nahm meinen Vorschlag auf und setzte ihn durch. Die Hagenauer Patrioten jedenfalls stellten ihm, nach Ablauf seiner viermonatigen Amtszeit (von September bis Ende Dezember 1792), ein hervorragendes Zeugnis aus.

So suchte er in seinem neuen Wirkungskreis jenes soziale Postulat zu bewähren, das er in einem Brief an mich, der in erweiterter Form auch in seinem *Argos* erschien, so formulierte:

Sollen dem Ärmsten unter uns alle Wege und Mittel zur Verbesserung seines Zustandes, zur Erhöhung seines Glücks nicht ebensogut offenstehen als dem Bemittelten? Sollen Handlung, Künste, Verstand, Aufklärung, Wissenschaften, Ansehen ewig nur das Alleinrecht der kleineren Menschenklasse bleiben und die größere ewig im Staub, in Nacht und Unwissenheit schmachten? Nie allein gehen lernen? Immer ein Ball bleiben, den jeder klügere Schurke hinwerfen kann, wohin er will? Nein, mein Freund, entweder müssen durch unsere Konstitution an den Gütern der Natur, an den Vorzügen der bürgerlichen Gesellschaft alle, alle Menschen teilnehmen können – oder wir sind ebensolche Egoisten, ebensolche Despoten, Tyrannen als die, deren Fesseln wir uns rühmen, zerbrochen zu haben!

Da Daniel in Mainz war, mußte Sara nun auch die Geschäfte ihres Bruders im Weinhandel mit übernehmen. Ende September hatte sie, in Begleitung einer Magd, eine Fuhre Wein in das Oberelsaß zu liefern. Diese Geschäftsreise nutzte sie für einen Abstecher nach Hagenau. So brachte sie ihrem Liebsten – außer einem Schachspiel, das sie selbst entworfen und nach Motiven der Revolution koloriert hatte – sich selbst zum Geschenk mit.

Aus Saras Tagebuch (6)

28. Sept. 1792
Wie er sich über mein Kommen gefreut! Wie er mich verwöhnt mit seiner Zärtlichkeit und seinen heißen Umarmungen! Wie er mich umsorgt, daß es mir auch ja an nichts fehle! Und wie wir Maskerade spielen vor den braven Hagenauern! Vor den Wirtsleuten und den Patrioten gibt er mich als seine »jüngste Schwester« aus. Dabei könnt ich eher seine Tochter sein, aber ein bischöflischer Vikarius und eine Tochter? Er ist ja öffentlicher Beamter, und es darf kein Makel auf seinen Ruf fallen. Ich hake mich bei ihm unter, wenn's ins Städtchen oder in die Volksgesellschaft geht, man spricht mich mit ›Jungfer Schneider‹ an, und alle wünschen mir Glück zu meinem ›großen Bruder‹. Was haben wir zusammen gelacht!

29. Sept.
Gestern las mir E. bei Kerzenscheine eine köstliche Geschichte aus dem Decamerone vor: die Geschichte vom armen Stallknecht der lombardischen Königin, der sich über alle Maßen in seine schöne Herrin verliebt und, da er niemals hoffen kann, jemals in ihren Besitz zu gelangen, sich schließlich einer List bedient: Es gelingt ihm, in der Kleidung des Königs in ihr Gemach zu gelangen und sich an ihr zu erfreuen, ohne daß diese in der Dunkelheit den Betrug bemerkt. Kaum aber hat er das Gemach wieder verlassen, betritt es der König, was die Königin sehr verwundert, da er doch, wie sie glaubt, soeben beigewohnt und sich an ihr ergötzt habe. Voller Unmut und Zorn über den zu gut erkannten Schimpf, der ihm wider-

fahren, verläßt der König das Gemach in der Absicht, den Täter herauszubringen. Er eilt nach dem langen Saale seines Palastes, in dem oberhalb der Pferdeställe seine Dienerschaft schläft. Eines scheint ihm gewiß: Wer das getan hat, was die Königin ihm soeben erzählt, dem kann sich Puls- und Herzklopfen von der erlittenen Anstrengung noch nicht gelegt haben. Unter den vielen Schlafenden, denen er die Hand auf die Brust legt, findet er keinen, dessen Herz besonders heftig schlägt; bis er schließlich an das Bett des Stallknechts kommt, der sich zwar schlafend stellt, dessen Herz aber, aus Angst vor der Entdeckung, noch wilder klopft als von dem gehabten Genusse. »Der ist es!« sagt sich der König. Da er aber alles vermeiden will, was den ihm widerfahrenden Schimpf öffentlich machen kann, tut er nichts weiter, als daß er mit einer Schere, die er bei sich trägt, dem ertappten Stallknecht ein Stück seines Haupthaares abschneidet, um ihn an diesem Zeichen andern Morgens erkennen zu können. Dann kehrt er in seine Gemächer zurück ...

An diesem Punkte der Geschichte angekommen, hielt E. inne und fragte mich, ob ich mir die Lösung denken könne. Vermöge welcher List der entdeckte und dergestalt gezeichnete Stallknecht seinen Kopf retten könne?

Ich dachte eine Weile nach – und hatte alsbald die Lösung: Daß dem Stallknecht keine andere Wahl bleibe, als selbst nach der Schere zu greifen, um noch in selbiger Nacht an allen anderen Dienern im Schlafsaal die nämliche Operation vorzunehmen, die der König an ihm vollzogen. Wenn der König andern Morgens seine Diener in Reih und Glied antreten läßt, wird er verwundert feststellen, daß ihnen allen ein Stück ihres Haupthaares fehlt, so daß er den wirklichen Täter nicht mehr ausmachen kann.

Donnerlüttchen, sagte E. und war ganz perplex, genauso habe es Boccaccio geschrieben. Der Schlüssel zur Lösung, sagte ich, ergebe sich logisch aus dem Aufbau der Geschichte: Der Stallknecht schlage den König mit seinen eigenen Mitteln; eben darum sei er ja auch der Königin würdig. – Da lachte E. und küßte mich, daß mir beinahe die Luft wegblieb.

30. Sept.
Was soll ich mich länger zieren, wenn alles in mir zu ihm hinstrebt! Braucht denn die Liebe noch eine andre Erlaubnis außer der Liebe? Was braucht's einen Trauschein, wenn wir einander vertrauen? Wozu den Segen der Kirche, wenn soviel Seligkeit in und zwischen uns ist? Nicht die Jungfernschaft, nur die Liebe ist ein »heiliger Schatz« ... und doch fürcht ich mich vor dem letzten Schritt.

31. Sept.
Wie herrlich ist es, Weib zu sein und von einem Manne erkannt zu werden!

1. Okt.
Gestern stahlen wir uns in die Wiesen. Es war ein milder und sonniger Tag.
Kaum hatten wir uns in das hohe Gras gebettet und ich mein Mieder abge-
legt, hörten wir das Geräusch von Sensen. Und siehe da: Zwei Schnitter,
kaum zehn Schritt von uns entfernt, näherten sich mit ihren blanken
Sicheln. Wir nichts wie weg und davon in den nahen Wald. Nächst, auf einer
Lichtung ließen wir die Hüllen fallen – doch da knackt es im Gebüsch, ein
Jagdhund, der uns wohl für Reh und Hirsch gehalten, kläfft uns an, die Jäger
nicht mehr fern – und so zogen wir uns hastig wieder an. »Amor meint es
heut nicht gut mit uns! Dabei bin ich doch ein wahrer Sans-Culotte, ein
Ohne-Hose«, sagte E. und zog die Hose wieder an. So wanderten wir heißen Sinnes weiter. Endlich fand sich nahe einer Kuhweide eine Scheune, ein
gottgefälliges Versteck, da niemand uns mehr ins Gehege kam. So lieblich
klang mir das Gemuhe noch niemals in den Ohren …

XXIII. Über die Grausamkeit

»Hast du gehört? ... Auf der Place de la Révolution ist es gestern fast zu
einem Aufstand gekommen!«

Eulogius hielt den Federkiel an und wandte den Kopf. Hinter ihm stand
Savany.

»Ein Aufstand?«

Savany wandte den Kopf nach links und rechts, um sich zu vergewissern,
ob auch kein ungebetener Lauscher in der Nähe sei. Doch hier, im hinteren
Teil der Bibliothek, waren sie durch eine Treppenvertiefung und durch zwei
Säulen den Blicken des Bibliothekars und der Wächter entzogen, und die
zunächst besetzten Pulte und Bänke lagen etliche Fuß von ihnen entfernt.
Savany nahm neben ihm Platz und legte seine Briefe auf das Pult. Dann
lehnte er sich zurück und senkte die schweren Lider auf Halbmast.

»Der Karren war schon vorgefahren, den ersten Verurteilten hatte man
bereits aufs Brett gebunden, aber dann, oh Pein, klemmte die ›Mausefalle
der Nation‹, das Messer wollte nicht fallen. Da Sanson und seine Gehilfen
den Defekt nicht zu beheben wußten und der Verlegenheit nicht Herr wurden, mußte man die prächtige Vorstellung verschieben. Darob war unser
›gutes Volk‹« – Savany stülpte seine dünnen Lippen zu einer Art Rüssel und
gab dem Ausdruck eine hohl klingende Überbetonung – »so aufgebracht,
daß es zu einem Tumult kam und die Nationalgarde einschreiten mußte. Ich
kann es dem edlen Volke Rousseaus nicht verdenken: Wenn Robespierre es,
statt mit Brot, mit Köpfen abspeist, dann will es sie gefälligst auch fallen
sehen! Wenn schon kein panis, dann wenigstens circenses!«

Der genießerische Sarkasmus, mit dem Savany die schaurige Begeben-
heit referierte, befremdete Eulogius. Er legte den Federkiel aus der Hand.
»Du glaubst wohl an gar nichts mehr – wie? Weder an das Volk, noch an das
Menschenrecht, noch an die Revolution.«

»Oh, die Revolution wird sich, dank des Terrors und unserer inzwischen
gut organisierten Heere, gegen ihre inneren und äußeren Feinde wohl
behaupten; aber den Glauben an ihre Utopie, wenn du das meinst,
den Glauben an das kommende Reich der Freiheit, Gleichheit und Brüderlichkeit, den habe ich allerdings verloren, und du«, setzte er in spöttischem
Tone hinzu, »wirst mich gewiß nicht mehr zum ›wahren Glauben‹ bekehren.«

»Ich will dich nicht bekehren. Ich begreife nur nicht, wie ein kluger
Mensch wie du dazu kommt, Rousseau mit de Sade zu vertauschen.«

»Du bist mir eine Canaille!« Savany sah ihn fast amüsiert an. »Wenn man dich ließe, würdest du noch auf der Fahrt zum Schafott ein philosophisches Kolleg abhalten, wie!«

»Man lernt bis zu seinem letzten Atemzuge, wenn's auch bittere Lektionen sind!«

Savany lachte sein trockenes, hüstelndes Lachen; dann fiel sein Kopf wieder in jene merkwürdige Pendelbewegung, die ihm eigentümlich war. »Nun gut, wenn du unbedingt wissen willst, warum ich von der Fahne geflüchtet bin: Rousseaus unerschütterlicher Glaube an die Besserung des Menschengeschlechts, an die Erziehung des Menschen zu einem guten, friedfertigen und humanen Wesen – dieses geheiligte Credo der Aufklärung und der Revolution, beruht meines Erachtens auf einem romantischen Naturbegriff und einem geschönten, christlich verklärten Menschenbild. Das alte Problem des Christentums, das Böse und dessen Herkunft zu erklären, sein Versuch, es aus der ›göttlichen Natur‹ des Menschen heraus zu definieren, ist auch das der Aufklärung geblieben. Für Rousseau existiert das Böse nicht in der göttlichen Natur, auch nicht in der Natur des Menschen, die an und für sich gut ist und nur durch die verderbten Verhältnisse ins Böse und Lasterhafte verfällt. In diesem Menschenbild, das sich auf eine ›ursprüngliche Natur‹ bezieht, auf ein verlorenes Goldenes Zeitalter der Liebe und Brüderlichkeit, welches die Revolution auf neuer Stufe wieder zu gewinnen trachtet, fehlt erstaunlicherweise das entscheidende Element dieser ›ursprünglichen Natur‹.«

»Und das wäre?«

»Die Tierheit im Menschen, welche bedeutend mächtiger ist als seine eingebildete Gottebenbildlichkeit. Die Gesetze des Menschen gelten für die Gemeinschaft, sind von Menschen gemacht und können irren. Aber das Gesetz der Natur, der Tierheit im Menschen, als Urinstinkt eingegraben in jeden einzelnen, ist ein sicheres, ewiges Gesetz. Und das heißt: Fressen oder gefressen werden! Töte, ehe du selbst getötet wirst! Nach dieser Devise handeln nicht nur die Tiere, sondern auch die einzelnen Menschen und Parteien, die revolutionären wie die conterrevolutionären. Wenn es um Sein oder Nichtsein geht, siegt immer das ältere Gesetz der Natur über das von Menschen gemachte Gesetz, welches auf Humanität, Sittlichkeit, christlicher Moral und dergleichen gründet. Das ist der Kernpunkt der Kritik, welche der Marquis de Sade in seinem Anti-Erziehungsroman *Justine* gegen Rousseau und dessen berühmte Erziehungsromane behauptet.«

»Ich habe – ich bekenne es freimütig – die *Justine* nach den ersten zwanzig Seiten wieder aus der Hand gelegt!«

»Wie alle Moralisten, Philantropen und Tugendapostel, welche die nackte und brutale Wahrheit nicht ertragen können!« sagte Savany mit verächtlichem Untertone.

»So, meinst du? ... Aber ich habe das Buch nicht aus Feigheit vor der angeblich ›nackten und brutalen Wahrheit‹, vielmehr aus Ekel vor den platten Obszönitäten und widerwärtigen Grausamkeiten wieder zugeschlagen, welche nur auf die Lüsternheit und Sensationsgier des Publikums berechnet sind. Was soll mir diese finstere Philosophie, die in den Lasterhöhlen des Ancien Régime und in den Marterhöllen adeliger Wollüstlinge ausgeschwitzt worden ist? Was aber Rousseau betrifft: Er ist nicht so blauäugig, wie du ihn hinstellst. ›Mit all ihrer Moral‹, sagt er wörtlich, ›wären die Menschen nie etwas anderes als Ungeheuer gewesen, wenn die Natur ihnen nicht die *pitié*, das Mitleid, zur Stütze der Vernunft gegeben hätte; denn zu wünschen, daß einer nicht leide, was heißt das anderes, als zu wünschen, daß er glücklich sei?‹«

Savany lachte böse auf. Dann entgegnete er mit Süffisanz: »Deine Handlungen, mon cher, sind sprechender als deine Zitate. Bist du denn nicht selbst ihre verkörperte Widerlegung? Wo war denn deine *pitié*, deine ›ursprüngliche Natur‹, als du deinen Namen unter die Todesurteile setztest und dabeistandst, wie man die Opfer aufs Blutgerüst führte?«

Eulogius' Miene gefror, und einen Moment hatte er die quälende Empfindung, etwas drücke ihm gegen den Kehlkopf, beraube ihn des Atems. »Was heißt hier ›Opfer‹? Wir hatten Schuldige nach den Gesetzen zu richten, die der Souverän in der Stunde der nationalen Gefahr erlassen hat. Die Nation tötet nicht aus Grausamkeit, sondern aus Notwehr.«

»Ein Beweis mehr, wie recht de Sade gegen Rousseau hat, wenn er sagt, daß das Mitleid und die davon abgeleiteten sympathetischen Empfindungen der Nächsten- und Bruderliebe höchst ephemere und unzuverlässige zivilisatorische Erwerbungen sind, ein dünner Firn, den wir sofort abzulegen bereit sind, wenn das älteste Gesetz der Natur, das Interesse unserer Selbsterhaltung und das Recht des Stärkeren dies erfordern.«

»Gegen das Recht des Stärkeren, das du als Naturrecht reklamierst, setze ich, setzen wir Patrioten die verbindende Kraft der Brüderlichkeit. Ohne sie hätte es keinen Sturm auf die Bastille, keinen Ballhausschwur, keine Nationalversammlung, keine Konstitution und keine Republik gegeben.«

In einem fast gähnenden Ton entgegnete Savany: »Wir schreiben nicht mehr das Jahr 1789, Citoyen, sondern das Jahr 1794. Inzwischen gehört es zum guten Ton, daß der Bruder den Bruder denunziert und aufs Schafott bringt. Jean Duprets, Girondist, wurde von seinem eigenen Bruder Louis, einem Jakobiner, denunziert und zusammen mit den zweiundzwanzig Girondisten hingerichtet. Bieten wir der Welt denn nicht gerade eine grandiose Neuauflage der alten biblischen Geschichte von Kain und Abel? Was aber lehrt uns dies? Daß das Reich der ungetrübten Bruderliebe jedenfalls nicht von dieser Welt ist. Und daß die Jünger Rousseaus weltfremde Träumer, gefährliche Phantasten und Spintisierer sind!«

»Zu denen – vergiß es nicht! – auch du einmal gehört hast«, versetzte Eulogius mit Schärfe. »Willst du wissen, was ich über dich denke?«

»Nur zu! Es kann kaum schlimmer sein, als ich von mir selber denke!« sagte Savany und lachte wieder sein trockenes, bitteres Lachen.

»Ich denke, aus deiner schwarzen und menschenverachtenden Philosophie, die du dir aus der de Sadeschen Sudelküche gebraut hast, spricht nur die Enttäuschung und der Zynismus des Renegaten. Alles, woran du früher geglaubt hast, mußt du jetzt zwanghaft negieren und an anderen verteufeln, um dich vom Vorwurf des Selbstverrats zu befreien, der dich wie ein Schatten begleitet.«

Savanys Miene nahm einen frostigen, feindseligen Ausdruck an, dann aber verzog er die Lippen zu einem säuerlichen Lächeln. »Sich von philantropischen Illusionen zu trennen, mag dir als ›Verrat‹ erscheinen. Ich nenne es Einsicht und heilsame Ernüchterung. Gewiß, ich war einmal wie du ein Adept Rousseaus und ein begeisterter Anhänger der Revolution. Aber dann kam der September, und er war mein ›Damaskus‹. Wenn du gesehen hättest ...«

»Aber du kannst doch«, unterbrach Eulogius ihn zornig, »die Verbrechen dieser kleinen fanatisierten Banden und Schurken, die sich am Blute berauschten, nicht dem ganzen Volk anlasten!«

Savany senkte die Augenlider. Es ärgerte Eulogius, daß er seinem Blick auf diese Art auswich und nun wie aus großer Entfernung zu ihm sprach: »Hast du dich nie gefragt, warum Rousseau wohl die *pitié* zur primären Natur des Menschen rechnet, und doch schamhaft vor der Grausamkeit die Augen verschließt, die sich wie ein roter Faden durch die Geschichte der Völker zieht und auf so auffällige Weise mit unserem Geschlechtstrieb und der Wollust gepaart ist? ... Dabei hat unser guter und doch so schamhafter Jean-Jacques in seinen *Confessions* – deiner Lieblingslektüre – exakt beschrieben, wie es ihn, den heranwachsenden Knaben, sexuell erregt hat, als seine Kammerzofe ihn züchtigte: Er bekam einen Steifen, während sie ihn schlug. Indes hat er aus dieser Erfahrung mit sich selber kaum eine Lehre, geschweige denn die Folgerung gezogen, die der Marquis de Sade aus ähnlichen Erlebnissen zog – daß nämlich der Schmerz oder die Grausamkeit entweder die Ergänzung oder das Mittel zur Wollust und ihrer Steigerung ist! Der Mensch strebt mit verschiedenen Mitteln nach der Glückseligkeit. Nero fand ebensoviel Lust, seine Opfer zu erwürgen, wie Titus darin, keinen Tag vergehen zu lassen, an dem er nicht Gutes getan hätte. Warum sollte ich den einen verdammen und den anderen lobpreisen?«

Savany blinzelte ihn aus seinen griesgrauen Augen an, wie um die provozierende Wirkung dieser Sätze auf sein Gegenüber auch richtig auskosten zu können.

»Nur eine verdorbene Philosophie«, entgegnete Eulogius, »kann dem Geschlechtstrieb seine natürliche Unschuld absprechen. Alle natürliche Lust, auch die Wollust, strebt nach Vereinigung mit dem begehrten oder geliebten Objekt. Diesem Schmerz zuzufügen, kann nicht Zweck der Natur sein. Wo sich aber der Geschlechtstrieb mit Grausamkeit paart, ist der Mensch entweder krank oder seiner ursprünglichen Natur entartet. Im übrigen finden sich Grausamkeit und Ausschweifung meistens bei den Mächtigen und den Müßigen, die weder durch Gesetz noch durch Arbeit in ihren Launen und Lastern beschränkt werden. Müßiggang ist aller Laster Anfang, sagt schon das Sprichwort.«

»Als ob die Grausamkeit nur ein Attribut der Mächtigen und Müßigen wäre! Die Geschichte lehrt vielmehr, daß die Grausamkeit, besonders die Paarung von Grausamkeit und Wollust, ein ziemlich stabiler Faktor der menschlichen Natur ist, und zwar unabhängig von Stand, Status und Macht. Es ändern sich nur die Formen und die Instrumente der Grausamkeit. Im alten Babylon wurden den Gefallenen und Verwundeten auf den Schlachtfeldern die Zeugungsorgane abgeschnitten. Im alten Rom ergötzten sich nicht nur die Cäsaren und Senatoren, sondern auch die Plebejer am grausamen Zweikampf der Gladiatoren und an der Todesangst der Christen, die man den Löwen in der Arena vorwarf. Und bekanntlich nährten die Dominikaner der Inquisition an den Martern ihrer Opfer auch ihre Wollust. Heute aber gibt es für die hungernden Sans-Culottes in Paris und die alternden Guillotineweiber und Strickerinnen keine größere Wollust als jenen Augenblick, da der Henker das Fallbeil löst und wieder ein Kopf in den Korb fällt. Und wehe eine angekündigte Hinrichtung wird verschoben! Dann werden sie erst wirklich zu Furien. Woher aber rührt der grausame Genuß, andere Menschen sterben zu sehen, wenn nicht vom Triumphgefühl des Überlebens, der Macht des Selbsterhaltungstriebes, diesem ältesten Gesetz der Natur? Offenbar fühlt man sein Leben und die eigene Lebendigkeit niemals stärker, als wenn man Zeuge wird, wie ein anderer gerade ums Leben kommt. Daraus folgt, daß die Grausamkeit, die Rousseau auf die sozialen Umstände und den verderblichen Einfluß der Zivilisation zurückführt, in Wahrheit zur *primären Natur* gehört, daß sie ein eingepflanzter Trieb des Menschentieres ist, denn sonst würde sie sich nicht immer wieder Geltung verschaffen.«

»Mit gleichem Recht könntest du sagen, daß es die immer wiederkehrenden Geißeln der Menschheit wie Armut, Hungersnot, Krieg, Seuchen sind, welche die Menschen zu grausamen Handlungen und Exzessen verleiten. Die größten Grausamkeiten werden bekanntlich im Krieg und Bürgerkrieg begangen, sind also Wirkung und Folge extremer Umstände und Notlagen – und nicht Emanation der menschlichen Natur. Ich jedenfalls habe die Hoffnung, daß der Fortschritt von Aufklärung, Vernunft und Wissenschaft die besten und wirkungsvollsten Mittel gegen diese Geißeln der Menschheit – und damit auch gegen die grausamen Exzesse sind.«

»Als ob Fortschritt und Wissenschaft die Bestie, die Tierheit im Menschen, zu bändigen vermöchten! Vielmehr geben sie dem Selbsterhaltungs- und Machttriebe und damit den grausamen Gelüsten ganz neue Mittel in die Hand. Betrachte nur die Entwicklung der Waffentechnik von der Frühzeit der Menschheit bis in die unsrige! Auch der wissenschaftliche Fortschritt paart sich mit Grausamkeit. Nimm als Beispiel die Anatomie: Nicht zufällig stammt die Idee der ›Köpfmaschine‹ von einem hochdekorierten Anatomen und Chirurgen ... Im übrigen gibt es auch sublime Formen der Grausamkeit, die sich mit Wollust paaren, zum Beispiel die der Moral. Der ›gute‹ und ›moralische‹ Bürger von heute genießt zwar nicht mehr die Leiden und Martern der Opfer, dafür genießt er die eigene moralische Überlegenheit, das Bewußtsein, gegenüber dem lasterhaften und schlechten Menschen selbst ein tugendhafter Mensch zu sein. Die erregende Lust, die das Bild der eigenen Tugendhaftigkeit beim gesetzlich gestatteten Mord vermittelt, dürfte auch dir nicht unbekannt sein, oder?«

»Warum sagst du es mir nicht gleich ins Gesicht«, herrschte Eulogius ihn an, »daß ich in deinen Augen ein heuchlerischer und grausamer Mensch bin, anstatt hier so altklug daherzuräsonieren!«

In Savanys teigiges Gesicht war auf einmal Bewegung gekommen; seine Lider zuckten, als ob ihn etwas blendete, und seine Augäpfel drehten sich unruhig in ihren Höhlen. Dann aber sagte er in eisigem Tone: »Nun gut, wenn du es wissen willst: Einen Menschen im Rasen der Leidenschaft zu töten, das kann ich begreifen. Ihn jedoch durch einen anderen töten zu lassen, in der Ruhe des ernsthaften Nachdenkens, unter dem Vorwand eines ehrenwerten Staatsdienstes, im Zeichen einer eiskalten Staatsräson – das kann ich nicht begreifen. Und das finde ich zutiefst verächtlich! Übrigens sagt auch de Sade: ›Wer tötet, soll dafür mit seiner Person bezahlen!‹ Du siehst, er ist moralischer als unsere Zeitgenossen. Überdies hat er nur in der Einbildung, auf dem Papier getötet. Ihr Jakobiner aber tötet wirklich. Ihr seid grausamer als de Sade und platzt doch vor Tugendhaftigkeit aus allen Nähten.«

Jetzt war es endlich heraus, und Eulogius war ihm fast dankbar für diese Offenheit, die endlich Klarheit zwischen ihnen schuf. »Es schert mich einen Dreck«, sagte er und packte seine Papiere und Schreibutensilien zusammen, »wie ein verdorbener Jünger de Sades über mich denkt!«

Nun aber brach es wie eine Sturzflut aus Savany heraus: »Ihr modernen Henker habt nicht einmal mehr den Charakter und die Sinnenstärke, die Martern eurer Opfer zu genießen. Ihr kürzt ihnen den Kopf – und das war's! Ein sachlicher, nüchterner, sozusagen industrieller Tod, der euch ganz unbeteiligt läßt, euch nicht einmal mehr zu erregen vermag. Oder vielleicht doch? Hast du nicht mal einen Steifen bekommen, wenn du sahst, wie der Kopf eines Menschen, den du zum Richtplatz führtest, in den Korb fiel? Nein? Mon Dieu! Welch grausame Nüchternheit! Ist das der Geist des neuen Zeitalters? Als Damien, der Attentäter Ludwigs des XV., auf der Place de Grêve hingerichtet wurde – erst wurde ihm glühendes Blei in die Adern gegossen, dann wurde er gespießt, gerädert, geviertelt, die Hinrichtung hat mehrere Stunden gedauert –, da waren alle Fenster besetzt, und die besten Familien hatten die besten Plätze. Und die Zuschauer waren so erregt, daß neun Monate nach Damiens Hinrichtung Paris eine ganz außergewöhnliche Geburtenrate hatte. Das ist im höchsten Grade unmoralisch, viehisch, bestialisch, pervers, nicht wahr? Doch ihr, die Vorkämpfer der neuen Zeit, begeht nicht weniger Verbrechen als die Vertreter des Ancien Régime. Nur, ihr begeht sie ohne Genuß. Ihr seid nicht mal mehr fähig, wie die adeligen Wüstlinge in der Ausschweifung zu schwelgen, euch an der Grausamkeit zu ergötzen. Eure Moral hat euch gleichsam kastriert. Vielleicht tut ihr es ja heimlich, aber eure feige Moral zwingt euch, eure Opfer interesselos hinzurichten. Ihr ökonomisiert die Zeit, die Liebe, die Wollust, überhaupt alle Leidenschaften und Gefühle. Die Wollust des Tötens kennt ihr nicht und achtet ihr als Verbrechen. Aber das interesselose, unbeteiligte Töten im Namen des Gesetzes, im Namen der Nation gilt euch als Tugend. Die alten Exorzisten-Pater waren gegen euch noch halbe Humanisten. Sie gaben sich ja wirklich Mühe, den Teufel aus den Eingeweiden der Menschenkinder zu treiben. Ihr aber treibt das Böse nicht mehr aus, ihr kürzt ihm den Kopf. Eure Justiz ist noch unmenschlicher als das alte christliche Strafrecht, das ja dem Missetäter wenigstens die Hoffnung auf die Gnade

Gottes und die Auferstehung ließ, wenn er bereute. Ihr nennt euch Materialisten. Aber wenn der Mensch keine Hoffnung auf ein Jenseits mehr hat, ist es dann nicht besonders grausam, ihm das einzige Leben zu nehmen?«

Während der letzten Sätze dieser haßerfüllten Tirade, die ihm wie die grausen Lästerungen eines irre gewordenen Wüstlings in den Ohren klangen, hatte sich Eulogius erhoben. Mühsam beherrscht nahm er seine Briefe und Schreibutensilien und ging nach vorne zur Ausleihe der Bibliothek. Mit Savany war er fertig.

Coetus angelicus

Mitten in der Nacht erwachte Eulogius mit dem Gefühl eines stechenden Schmerzes im Fuß. Doch wie er nach dem Erwachen feststellte, war sein Fuß ganz in Ordnung, nichts drückte und stach ihn mehr. Es war nur ein geträumter Schmerz gewesen. Das Traumbild aber, das ihm den Schmerz suggeriert, sah er wie gestochen vor sich:

Er geht vor der fahrbaren Guillotine her, doch nicht wie sonst, hoch zu Roß, in der schwarzen Hupelande und mit der pelzgefütterten Mütze auf dem Kopf; er geht vielmehr zu Fuß, ist noch ein Knabe und trägt die schwarze Schüleruniform des Würzburger Jesuitenstifts. In der einen Hand hält er einen Zettel mit der Aufschrift *bona opera*, in der anderen eine kleine Geißel aus gedrehten Stricken. Dem Fuhrwerk mit der Guillotine folgen auf ihren Pferden seine Kollegen Taffin, Wolff, Clavel und die berittene Schwadron der Revolutionsmiliz. Es ist Winter, und er friert erbärmlich. Der Troß zieht durch eine verschneite Ebene. Bei jedem Schritt spürt er einen brennenden Schmerz in den Fußsohlen. Denn er geht auf Schuhen, deren spitze Nägel inwendig durch die Sohlen ragen und ihm in die Fußsohlen stechen. Er sieht das Blut über die Ränder des Schuhwerks steigen, das eine geschlängelte rote Spur im Schnee hinterläßt. Und er weiß, daß er diese Marter ertragen muß, denn er hat es feierlich gelobt ...

Während er, mit offenen Augen auf seiner Pritsche liegend, über dieses wunderliche Traumbild nachsann, fiel ihm ein, daß er sich eine ähnliche Selbstkasteiung wie die geträumte im *coetus angelicus* wirklich zugefügt hatte. Dabei war ihm die Zeit im Würzburger Jesuitenstift so ferne gerückt, als gehöre sie zu nicht zu seinem, sondern zu einem anderen Leben, das in einem früheren Säkulum spielte.

Nur Bruchstücke noch und wenige Bilder, die seltsam entfärbt und schemenhaft blieben, waren ihm aus dieser frühen Epoche seines Lebens geblieben. Zwar sah er das ockerfarbene Gebäude des Knabenkonviktes, das mit dem Juliusspital verbunden war, noch vor sich – von einer hohen Mauer umschlossen und von Efeu bewachsen; er sah auch die endlosen Kreuzgänge und hohen Deckengewölbe, deren Hall jeden Schritt und jedes Wort verstärkten, aber an die inneren Räumlichkeiten und ihre Ausstattung hatte er fast keine Erinnerung mehr. Auch waren ihm nur wenige Gesichter und Namen seiner Mitschüler haftengeblieben. Dafür hatte sich das Gesicht des gefürchteten Präses, des Pater Fresenius, seinem Gedächtnis unauslöschlich eingeprägt: dieses von Röteln entstellte, ansonsten fahle Gesicht mit den stechenden Augen.

Es war ein kalter und windiger Januarmorgen gewesen, da die Mutter mit ihm nach Würzburg gereist und ihn, den zwölfjährigen Knaben, den Händen des Präses übergeben hatte. Als sich die schwere Eisenpforte des Konviktes hinter ihm schloß, wankte ihm der Boden unter den Füßen. Er wurde in den für zwei Dutzend Zöglinge bestimmten Schlafsaal geführt. Da stand er in dem riesigen kalten Gewölbe vor den dreifach übereinandergestapelten Holzpritschen und kam sich in seiner neuen, viel zu großen Stiftsuniform, die ihm am Leibe schlotterte, wie ein verlorener Winzling vor. Die Tränen rannen ihm von den Backen; da erst wurde ihm schmerzlich bewußt, daß er nun nicht mehr, wenn ihn die Freude überwältigte oder ein Kummer ihn drückte, in die ausgestreckten Arme der Mutter laufen konnte. Der warme, schützende Mantel der Mutterliebe, der ihn bislang umgeben, war mit einem Mal von ihm abgefallen; jetzt stand er bloß und fröstelnd da, anheimgegeben den strengen Aufsehern einer geistlichen Zuchtanstalt, die ihm mit dem Lateinischen zugleich das Zittern beibrachten.

Gleich nach seinem Eintritt ins Konvikt wurde er in den *coetus angelicus* aufgenommen, einer Schutzengel-Bruderschaft für die Schüler der untersten Klassen. Nur mit größtem Widerwillen erinnerte er sich dieser Bilder und Szenen religiöser Schwärmerei, inbrünstiger Selbstkasteiung und bedingungsloser Hingebung an die Rituale der ›Bruderschaft Jesu‹. Pater Fresenius, der Präses des Coetus, der alle Sonn- und Feiertage predigte, stellte den Zöglingen das Leben des Hl. Aloysius als ein Muster der höchsten Tugend vor, prägte ihnen seinen Bußgeist tief ein und ermahnte sie unablässig zu seiner Nachfolge. Jeder Schüler mußte wöchentlich einen Zettel mit der Aufschrift *bona opera* auf den Bruderschaftsaltar legen, auf welchem die Bußwerke, Abstinenzen, Kasteiungen und Almosen des Offerenten, mit Beisetzung seines Namens, vermerkt waren. Der Präses musterte dann diejenigen öffentlich durch seinen Zuspruch aus, welche sich in sogenannten guten Werken vor anderen ausgezeichnet hatten. Dies spornte auch seinen Bußgeist, und er legte sich kleine spitze Steinchen in die Schuhe und ging zur Ehre Gottes und aus Begierde, seinen Leib zu kasteien, während des Spazierens darauf, damit er gleichfalls etwas hatte, das er in die *bona opera* einfließen lassen konnte.

Im Coetus wurden viele fromme Bücher ausgeteilt. Diese enthielten meistens Geschichten heiliger Einsiedler, Klosterfrauen, verführter und vom Teufel geholter Jünglinge, geschehener Wunderwerke, Legenden, usw. Sie trugen viel dazu bei, ihm den Kopf noch mehr zu verrücken. Einmal kam ein Missionar an und hielt drei Tage lang in dem großen Saale, bei verschlossenen Türen und Fenstern und bei schwachem Licht auf einer Bühne jämmerliche Buß- und Strafpredigten. Immer wieder ergriff er das Kruzifix, das neben ihm stand, und forderte es bald zur Rache, bald zur Barmherzigkeit auf. Und er wußte seine Sache so gut zu machen, daß die Knaben alle laut zu heulen und zu weinen anfingen. Während dieser Zeit sah man im Seminar kein Heiligenbild an der Wand, vor dem nicht ein Schüler kniete, entweder auf einem Holzscheit oder mit einem Stachelgürtel, dem Zilizium, um den Leib, oder mit einer Geißel in der Hand. Auch er geißelte sich, ehe er zu Bette ging, mit Stricklein und wollte ein großer Missionar und Büßer werden wie der Hl. Aloysius.

Er ging auch dann zur Beichte, wenn er gar nichts zu beichten oder zu bereuen hatte. Er büßte beständig für die vermeintliche Schuld, auf der Welt zu sein. Erst recht, als sich der erste Trieb seiner Mannbarkeit regte. Pater Fresenius hatte ihnen eingeschärft, daß ›Selbstbefleckung‹ eine Todsünde sei und außer Geistesverwirrung und Hirnerweichung auch die ewige Verdammnis nach sich ziehe. Gottes Auge aber war überall und sah ihn auch im Dunkeln. So wurde jede Befleckung seines Lagers zur Befleckung seiner Seele. Eines Nachts legte sich ein Kamerad in sein Bett, um mit ihm der verbotenen Lust zu frönen. Danach schliefen sie beide erschöpft ein. Als der wachhabende Bruder sie morgens im gleichen Bett fand, gab es einen fürchterlichen Aufruhr. Sie wurden vor den Präses geführt und mußten stundenlang vor dem Kruzifix niederknien und zahllose Beichten ablegen, bis sie der Gnade der Lossprechung teilhaftig wurden. Wie einem jungen Rindvieh der Stempel seines Besitzers eingeprägt, so ward ihm das Gefühl der Sünde und Verdammnis in die Seele gebrannt.

Im Würzburger Stift ereilten ihn auch das erste Mal die furchtbaren ›Zufälle‹. In der Holzhütte des Kosthauses hielten die Zöglinge manchmal fromme Zusammenkünfte ab, denn hier konnten sie nicht gesehen werden. Sie schwatzten gerade von heiligen Büßern und frommen Einsiedlern und geißelten einander auf den entblößten Rücken. Dies war halb religiöse Übung, halb pubertäre Mutprobe. Wer, ohne einen Schmerzenslaut von sich zu geben, am meisten Rutenschläge auf dem bloßen Rücken ertrug, der bekam einen Kreuzer oder einen Teil des abgesparten Mittagessens. Bei diesem Wettkampf blieb ihm auf einmal die Luft weg; er fing jämmerlich zu japsen und zu röcheln an, hatte das Gefühl, als drücke ihm jemand die Kehle zu, als müsse er ersticken. Erst als einer seiner Mitschüler ihm gut zuredete, kam ihm allmählich der Atem wieder.

Diese ›Zufälle‹ suchten ihn in der Folge des öfteren heim, überfielen ihn wie aus heiterem Himmel, im Stiftsgarten, im Speisesaal, im Schlafraum. Bald machte er um die Stellen, wo sie ihn ereilt, einen weiten Bogen, als seien sie vom Teufel besessen. Manchmal lag er wach aus Angst, die ›Zufälle‹ könnten ihn im Schlaf überfallen. Durch vermehrtes Beten und Selbstkasteien versprach er sich Genesung von diesen teuflischen Heimsuchungen, die er als göttliche Strafe auffaßte, sei es für eine ihm selbst verborgene Schuld, sei es für die ›Todsünde‹ der Selbstbefleckung und der verbotenen Knabenspiele.

In gewisser Weise waren seine Erstickungsanfälle auch theatralisch wirksame Darstellungen, für die er ein Publikum suchte. Jedesmal, wenn er einen solchen Anfall bekam, stampfte er sich ein Publikum förmlich aus dem Boden. Denn wer Ohren hatte zu hören und Augen zu sehen – die Pater, die Mitschüler, die Stiftköchin, der Pedell –, alles eilte herbei, um ihm zu helfen, ihn durch Streicheln, gutes Zureden oder durch ein inbrünstiges Gebet zu beruhigen. Selten kam er sich so geliebt vor wie während und nach diesen Anfällen, die ihn zum Mittelpunkt der allgemeinen Besorgnis und im ganzen Konvikt ›berühmt‹ machten. Wenn er so wild mit den Armen ruderte, sich im Wechsel krümmte und wieder aufrichtete und nach Luft schnappte wie ein Karpfen auf dem Trockenen, schaute und hörte ihm jedermann zu, tief bewegt, von Furcht und Mitleid geschüttelt wie bei einer antiken Tragödie. Pater Fresenius indes argwöhnte bald, er könne ›vom Bösen besessen sein‹. Und so wurde er zweimal von einem Jesuitenpater exorziert. Bei diesem fürchterlichen Ritual, das viele Stunden dauerte, stand er solche Ängste aus, daß er sich daran kaum mehr erinnerte – außer an den drohenden Tonfall der lateinischen Beschwörungen und daran, daß er in Weihwasser schier ertränkt wurde.

Aber das Gefühl der Hinfälligkeit, der Sünde und Schuld, wenn ihn ›der Böse berührt‹ und an der Kehle gepackt, war für ihn auch ein Stimulus. Es spornte seinen Lerneifer, seinen Fleiß und Ehrgeiz, spornte ihn zu besonderen Sühneleistungen, mit denen er Gott und seine weltlichen Vertreter auf Erden zu versöhnen hoffte. Und so war er, trotz oder gerade wegen seines Atemleidens, einer der Ersten in der Klasse.

Auch wenn er, vermöge seiner erwachenden Vernunft, die religiöse Schwärmerei bald abschüttelte und Gedichte weltlichen Inhaltes schrieb, auch wenn er als junger Studiosus der Philosophie die jesuitischen und katholischen Dogmen wie morsche Planken zertrat und mit blasphemischer Lust das verspottete, was einst den Knaben in Ehr-Furcht und Schrekken versetzt – war der Wunsch nach Vergebung und Versöhnung mit Gott nicht die Triebfeder seines Handelns geblieben?

XXIV.

In jeder Revolution, wenn eine gesellschaftliche Ordnung aus den Fugen gerät, Angst, Elend, Zorn und Chaos an die Stelle der regulären Regierung treten, scheint der Terror am Horizont auf. Auch Athen, bedroht von den Persern, hatte seine September-Massaker; seither gibt es eine lange Serie. Aus der Revolution, so las ich jüngst bei Alexis de Tocqueville, seien wie aus einer gemeinsamen Quelle zwei Ströme entsprungen: der eine für die Menschen zu freien Einrichtungen und Institutionen, der andere zur absoluten Macht. Dieses widersprüchliche Resultat aber entstehe aus einem grundsätzlichen Dilemma: daß die Freiheit zu ihrer Selbstbehauptung gezwungen sei, die Freiheit ihrer Gegner und Feinde einzuschränken, und indem sie das tue, sich selbst aufzuheben. So münde die Freiheit zwangsläufig in die Diktatur ihrer Partei, in den *Despotismus der Freiheit*, wie die Jakobiner von 1793 es nannten. Gibt es einen Ausweg aus diesem fatalen Dilemma? Ich weiß nur, daß viele, darunter die besten meiner Generation, auch der Held dieser Geschichte, daran zugrunde gingen.

Immer wieder habe ich mir die Frage gestellt: Hatte Eulogius, angesichts der bedrohten Republik und der sich immer mehr verengenden Handlungsspielräume, wirklich die Wahl, einen anderen Weg zu beschreiten? Anders gefragt: Gehorchte er primär dem *Zwang der Verhältnisse*, oder verfing er sich selbst in den *Fallstricken seines Charakters?* Im Grunde ist es die alte philosophische Frage von Freiheit und Notwendigkeit, die sich hier wieder stellt; und doch gehört mehr als philosophischer Scharfsinn dazu, um sie für den konkreten Fall des Jahres 1793, dem Schicksalsjahr der Republik, beantworten zu können.

Um eines Königs Kopf

Daß Ludwig XVI. am 19. März 1792 den Auftrag selbst erteilt hatte, für ganz Frankreich »Maschinen zum Köpfabschneiden zu fertigen«, auch dies gehört zu den tragischen Ironien jener Epoche. Doktor Guillotin, ein aus Straßburg stammender Anatom und Chirurg, Mitglied der Königlichen Akademie der Wissenschaften, hatte es nach langen Jahren der Überredung schließlich zuwege gebracht, die Nation für die Konstruktion einer ›humanen Tötungsmaschine‹ zu gewinnen, deren fallendes Messer die Delinquenten nur als ein ›kühles Säuseln im Nacken‹ empfänden. Mit dem Bau wurde schließlich der deutsche Instrumentenbauer Tobias Schmidt beauftragt. Man sagte, der große Komponist und Ritter Gluck habe den tüchtigen

Schmidt, einen der angesehensten unter den deutschen Handwerksleuten, nach Paris geholt, weil er Cembali, Klavichorde, auch Hammerklaviere und Harfen mit besonders schönem Klang zu fertigen wußte. Der Klavierfabrikant Schmidt war, wie so viele deutsche Landsleute, ein leidenschaftlicher Musiker, und er teilte diese Passion mit Charles Henri Sanson, dem königlichen Scharfrichter, der leidlich die Violine und das Violoncell zu spielen verstand, wobei das gemeinsame Spielen Gluckscher Stücke den Handwerker und den Henker einander nahegebracht.

Sanson soll es auch gewesen sein, der seinem deutschen Musikfreund von den Plänen für den Bau der Tötungsmaschine erzählte. Der Deutsche versprach, die Sache in die Hand zu nehmen. Die Konstruktion schritt rasch voran. Strittig war nur, welche Form dem Fallmesser gegeben werden müsse, damit es seine Aufgabe so rasch und präzise wie möglich erledige. Schmidt neigte zu der Ansicht, daß eine ›halbmondförmige Scheibe‹ die zweckmäßigste sei. Der König aber, dem man die Entwürfe vorlegte und der sich bekanntlich gerne selbst als Amateur-Schlosser betätigte, war davon überzeugt, ein schräges Messer arbeite gewiß exakter. Die ersten Versuche, die im April 1792 im Hof des Hospitals Bicêtre angestellt wurden – zunächst mit Schafen, dann mit Leichen –, schienen die Ansicht des Königs zu bestätigen. Die öffentliche Premiere der neuen ›humanen Tötungsmaschine‹, die bald in Serie ging und den Sieur Schmidt zu einem wohlhabenden Mann machte, fand am 25. April auf der Place de Grève statt. Ihr erstes Opfer wurde der Räuber Nicolas Jacques Pelletier. Da war Ludwig XVI. noch auf dem Thron und ahnte wohl nicht, daß sein eigener Kopf ebenfalls unter dem ›schrägen Messer‹ fallen werde, dem er vor dem sichelförmigen den Vorzug gegeben.

Durch nichts wurde der Konvent, ja, die ganze Nation mehr gespalten als durch den sich über Monate hinziehenden Prozeß gegen den König, der am 11. Dezember 1792 begann. Ich habe mich oft gefragt, warum man den entthronten Monarchen, der im Temple ein zurückgezogenes Leben im Kreise seiner Familie führte und fast schon vergessen war, plötzlich wieder aus der Versenkung gezogen und auf die große Bühne gestellt hat, nun freilich als Angeklagten. In meinen Augen war ihm längst der Prozeß gemacht, indem man ihn suspendiert hatte. Bedurfte es da noch eines großen und pompösen Nachspiels vor den Augen der ganzen Welt?

Freilich, noch konnte die Revolution untergehen – zum Vorteil des Königs und der Royalisten. Also treffen wir *ihn* zuerst, rächen wir unseren Tod im voraus, damit er keinen Nutzen davon hat! So dachten viele im Volke, vornehmlich die Jakobiner. Das Volk war in düsterer Stimmung, war leidend und reizbar zu Beginn jenes rauhen Winters 1792/93. Der Siegestaumel der Patrioten nach den gewonnenen Schlachten von Valmy und Jemappes war längst verflogen. In Longwy hatten die schlecht ausgerüsteten Sansculottenheere schwere Niederlagen erlitten. Dem Beispiel Longwys folgend ergab sich Verdun kampflos den Preußen. Und jetzt noch ein Winter ohne Arbeit, ein Hungerwinter – der vierte seit 1789. Die Vorräte waren erschöpft, die Hilfsquellen verschwanden auf die Dauer, die Wohltätigkeit versagte, die Soldaten konnten sich mit dem Assignat immer weniger kaufen, die Reichen selbst hielten sich für arm. Was war die erste Ursache so vieler Übel: etwa nicht der König?

Den entthronten Monarchen des Verrats an der Nation anzuklagen und schuldig zu sprechen, aber sein Leben zu schonen, wie die Girondins wollten, dies hätte doch eigentlich genügt und überdies der Großmut der befreiten Nation ein schönes Zeugnis ausgestellt. Ludwig schuldig zu sprechen, ohne ihn hinzurichten, bedeutete dagegen im Verständnis Robespierres und der Jakobiner, den 10. August und die zweite Revolution zu verdammen. *Ihr habt die Republik proklamiert*, rief er im Konvent, *aber habt Ihr sie uns gegeben? Die Republik – und Ludwig lebt noch immer?* Marat drückte sich noch drastischer aus: *Ich glaube nicht an die Republik, solange der Kopf Ludwigs XVI. auf seinen Schultern sitzt.*

Nicht zufällig war es der junge Saint-Just, der zur Speerspitze des Angriffs gegen den König wurde. Erstmals führte er bei dieser Gelegenheit, in blendend formulierten Kürzeln, seine radikale und apodiktische Scheinlogik des ›Alles-oder-Nichts‹ vor, die bald zur revolutionären Attitude bei den führenden Jakobinern werden sollte: *Was mich betrifft, so sehe ich keinen Mittelweg. Dieser Mensch muß herrschen oder den Tod erleiden.*

Der Prozeß gegen den König spaltete nicht nur den Konvent, er spaltete auch die Familien. Während die einen moralische Konsequenz und Härte forderten, baten die anderen um Nachsicht und Mitleid mit dem ›Familienvater im Temple‹, so kam es in jenen Tagen in den Familien, Sektionen und Volksgesellschaften zu tumultuarischen Szenen. Auch in Straßburg. Die meisten Klubmitglieder, auch Eulogius, plädierten für den Tod des Königs.

Die Endabstimmung im Konvent zeigte, wie tief die Nation gespalten war: Von 721 Abgeordneten votierten 366 für den Tod des Monarchen – das waren fünf Stimmen mehr als die einfache Mehrheit. Der Tod eines allerdings schuldigen Mannes eröffnete dem Tod eine ungeheure Laufbahn. Denn nichts hat Frankreich besser royalisiert als die Hinrichtung des Königs. Der Prozeß machte aus ihm, dem schon halb Vergessenen, wieder einen Menschen, der Tod aus ihm einen Märtyrer. Entsagung, Frömmigkeit,

Gelassenheit und Geduld, die er zuletzt als Gefangener im Temple zeigte, adelten ihn. Durch sein Unglück besser als durch die Königswürde geweiht, wurde er sogar ein poetischer Gegenstand, und alle Fehler und Verrätereien seiner Regierungszeit, seine Flucht nach Varennes, die Metzeleien auf dem Marsfeld, sein intrigantes Doppelspiel und heimliches Komplottieren mit dem Ausland, seine Verantwortung für die Toten des 10. August, die seine Schweizer Garden niedergestreckt – all dies war in den Augen der meisten Franzosen wieder vergessen. Die Passion Ludwigs wurde zu einer Art Überlieferung, zu einer Dichtung, die unter Frauen und Bauern von Mund zu Mund ging: es war das Gedicht vom ›barbarischen Frankreich‹. Es ist traurig, daß die ganze Arbeit der Revolution damit endete, die Kirchen zu füllen. Diese waren 1789 verlassen und Ende des Jahres 1792 wieder gefüllt von Menschen, deren Gebet sich jetzt gegen die Revolution und gegen den Sieg des Volkes richtete. Der König, den das Volk am 10. August überwunden und symbolisch begraben hatte, wurde durch den Prozeß wieder lebendig und vollzog am 21. Januar 1793 seine Auferstehung in der Seele von Millionen Franzosen, die voll Ergriffenheit die Würde rühmten, mit der er in den Tod gegangen. Robespierre, Marat und Saint-Just glaubten, die mit dem Blut des Königs getaufte Republik stifte erst ihre innere Einheit; das Gegenteil war der Fall. In den Augen von Millionen Bürgern war sie nach dem September zum zweiten Mal schuldig geworden. So diente der Schlag gegen den König einzig den Royalisten. Thomas Paynes Voraussicht sollte sich rasch bewahrheiten: *Die Könige Europas werden das öffentliche Mitleid ausbeuten und in der Empörung ihrer getäuschten Völker eine unerhörte Kraft gegen die Revolution finden.*

Die Berufung

Frauen haben oft ein intuitives Gespür oder eine Vorahnung, wenn der Mann, an dem sie hängen oder den sie lieben, eine folgenschwere Entscheidung getroffen hat, deren Tragweite er selbst noch gar nicht ermißt. Marianne brach in Tränen aus, als der Bruder ihr Anfang Februar 1793, zwei Wochen nach der Hinrichtung des Königs, seine Ernennung zum *Öffentlichen Ankläger* am Niederrheinischen Kriminalgericht mitteilte. Ja, sie war so erschüttert ob dieser Nachricht, daß sie sogar das Mittagsmahl auf dem Herd anbrennen ließ, wie ihre Magd mir erzählte.

Und Sara entfuhr ein erschrockenes »Ach, mein Gott!«, als sie anläßlich einer Soiree im Hause Stamm von seiner Berufung erfuhr. Sie legte unwillkürlich beide Hände auf den Mund, wie um einen Aufschrei zu unterdrücken. Ob er denn dann noch werde Gedichte schreiben, war ihre erste Frage, nachdem sie sich wieder halbwegs gefaßt. Warum denn nicht, gab Eulogius ein wenig gereizt zurück, das eine habe doch mit dem anderen nichts zu tun. Dabei herrschte bei dieser Soiree eine ausgelassene Stimmung. Vor dem Souper hatte der Père Stamm einen Brief Friedrich Cottas verlesen: Die Mainzer Jakobiner waren kurz davor, den Deutsch-Rheinischen National-konvent, die erste Republik auf deutschem Boden auszurufen, welche als-bald der französischen Mutterrepublik angegliedert werden sollte. Immer wieder wurden Toasts auf das kommende Ereignis ausgebracht, man freute sich im voraus und sang patriotische Lieder.

Sara jedoch war an diesem Abend sichtlich in sich gekehrt. Während die Freunde, über eine Landkarte des Rheinlandes gebeugt, das Gebiet der ersten deutschen Republik, die sie im Geiste gleich um die ehemaligen Bistümer Worms und Speyer erweiterten, mit kleinen Fähnchen markier-ten, stand sie am Fenster und sah dem Schneetreiben draußen zu. Eulogius fragte sie schließlich, warum sie sich so absondere, und ob sie ihm wegen irgend etwas gram sei. Da sagte sie mit trauriger Miene:

»Ich weiß ja, wir sind im Kriege, und die von allen Seiten bedrohte Repu-blik muß sich verteidigen. Aber warum mußt gerade du der Öffentliche Ankläger sein? Wenn du das Schwert des Gesetzes in die Hand nimmst, wirst du es auch gebrauchen müssen. Ich habe Angst davor, habe Angst um dich und um unsretwillen.«

Er nahm sie in den Arm, drückte sie an sich und legte ihr noch einmal seine Gründe dar, warum er das Amt übernommen, das er sich gewiß nicht erträumt. Doch mit patriotischen Reden, schön gedrechselten Versen und Predigten sei der bedrohten Republik nicht zu helfen. Wenn das Vaterland in Gefahr sei, müsse man handeln – und zwar mit aller gebotenen Konsequenz. Aber all seine Gründe, all seine Beredsamkeit vermochten nicht, Saras gedrückte Stimmung zu heben.

Auch ich hatte ein ungutes Gefühl, als ich von seiner Berufung hörte. Mußten nicht, so fragte ich mich, jene liebenswerten Eigenschaften, um deretwillen mir der Freund so teuer war, vor den strengen Pflichten und Auf-gaben seines neuen Amtes mehr und mehr zurückweichen? Sein Streben nach Aufklärung und Unabhängigkeit des Geistes, seine kämpferische Natur, sein Bürgermut vor Fürstenthronen, sein steter Einsatz für die Rechte der Untertanen, für die Schwachen und Erniedrigten – all diese ihn auszeichnenden Qualitäten hatte er erst im Widerstand gegen die herr-schenden Obrigkeiten ausgebildet; die Opposition war der Humus gewe-sen, in dem sie gedeihen und sich entfalten konnten. Jetzt aber, mit dem Antritt des Amtes, wechselte er gleichsam die Rolle: vom Verteidiger der *petits gens* wurde er zum öffentlichen Repräsentanten der Anklage, zum Gesetzeshüter eines Freistaates, der sich von allen Seiten bedroht sah und der entschlossen schien, zu seiner Selbstbehauptung auch die drakonischsten Mittel zu ergreifen.

Noch eine andere Frage bereitete mir Unbehagen: Folgte er lediglich seinem patriotischem Pflichtgefühl, wenn er jetzt die schwarze Soutane mit der Robe und Schärpe des öffentlichen Anklägers vertauschte? Oder gab es hierfür noch andere Beweggründe, die er vor den Freunden wie vor sich selbst verbarg?

Auf den Posten des obersten Staatsanwalts war er nämlich keineswegs erpicht gewesen. Viel lieber wäre er Repräsentant des Volkes geworden und als Abgeordneter in den neu zu wählenden Konvent eingezogen. Er gehörte zum Korps der Wahlmänner, aus denen im vergangenen Herbst, während eines langwierigen Beratungs- und Abstimmungsverfahrens, die neun Deputierten des Niederrheins gewählt wurden; und er hatte sich gute Chancen ausgerechnet, demnächst zu denen zu gehören, die in das Hohe Haus zu Paris einziehen würden.

Unsagbar war seine Enttäuschung und Niedergeschlagenheit, als er erfuhr, daß er bei den letzten Wahlgängen durchgefallen und also nicht als Volksvertreter in den Konvent zu Paris einziehen würde. Nur mühsam vermochte er seinen Groll auf das Wahlmänner-Kollegium zu beherrschen, das lieber seine behäbigen Lokalpatrioten nach Paris schickte und gebürtige Elsässer ihm, dem Immigranten und Wahlfranzosen, vorgezogen hatte – trotz der vielen Verdienste, die er sich um die Durchsetzung der Republik erworben.

Noch niederschmetternder war das Ergebnis bei den Dezember-Wahlen zur neuen Munizipalität Straßburgs gewesen. Der Klub hatte ihn und Hans-Friedrich Simon als Kandidaten für die beiden wichtigsten Ämter der Stadt, für das Amt des Bürgermeisters und des Prokurators der Kommune, aufgestellt. Doch hatten die Straßburger Jakobiner kaum mehr als zehn Prozent der Stimmen erhalten. Freilich war die Wahlbeteiligung so niedrig gewesen – nicht einmal ein Viertel der Wahlberechtigten war an die Urnen gegangen –, daß das Ergebnis als wenig repräsentativ gelten konnte. Gerade die *petits gens* und ehemaligen Passivbürger, welche doch die Klientel der Jakobiner bildeten, hatten kaum Gebrauch von ihrem neuen Wahlrecht gemacht. Auch bei der Neuwahl der dreißig Stadträte erreichte kein Jakobiner die nötige Stimmenzahl. Dagegen erhielt der aus der Schweiz zurückgekehrte, ehemalige Maire Dietrich, der im Gefängnis unter den Gedeckten Brücken auf seinen Prozeß wartete, im ersten Wahlgang dreiviertel aller Stimmen, obschon er öffentlich erklärt hatte, kein öffentliches Amt mehr ausüben zu wollen. Es war, als habe der 10. August gar nicht stattgefunden, als wolle Straßburg, der ganzen Nation zum Possen, die Uhr der Geschichte wieder zurückdrehen.

So hatte Eulogius eher auf Wunsch der Klubisten und aus Wut über die Wahlniederlage für das Amt des Öffentlichen Anklägers kandidiert, das nur ein schlechter Ersatz war für das Mandat als Volksrepräsentant, das er verfehlt hatte.

Als die Soiree um Mitternacht ihr Ende fand und wir uns von den Stamms verabschiedeten, sagte Sara zu ihm, traurig und doch im Ton einer dringlichen Bitte: »Ach, Lieber, du bist nicht gemacht für solch ein Amt und würdest, so du es denn mit Strenge ausübst, ein anderer werden.«

Er wurde *ein anderer* durch dieses Amt, das in der schwersten Krise, die die Republik in den kommenden Monaten durchmachen sollte, eine furchtbare Verantwortung auf seine Schultern legte und für ihn zur unentrinnbaren Falle werden sollte. Seit der Enthauptung des Königs geisterte der Schatten der Guillotine durch die Köpfe der Patrioten und war als Drohung und Abschreckungsmittel in den Reden und Proklamationen der führenden Pariser Jakobiner präsent. Paris gab schließlich den Ton an, und dies nicht nur in Angelegenheiten der Mode.

Der Bürgerkrieg und die Heraufkunft des Schreckens

Angesichts der sich verschlimmernden militärischen Lage dekretierte der Konvent am 24. Februar die Massenaushebung von 300 000 Freiwilligen; jedes Département sollte ein bestimmtes Kontingent von *volontaires* liefern, um die bedrohten Grenzen zu verteidigen. Am 10. März, anläßlich der Los-Ziehung zum Wehrdienst, brach im Département Vendée, im Westen Frankreichs, ein Aufstand aus, der sich wie ein Flächenbrand ausbreitete: Die Bauernburschen, die auf den Märkten randalierten, sträubten sich dagegen, für die »Republik der Königsmörder und Wucherer« in den Kampf zu ziehen und fern der Heimat getötet zu werden. Einige Distriktorte fielen den Bauern sofort in die Hand. In wenigen Tagen brach dort die Staatsmacht zusammen. Der französische Landadel, von dem viele aus Armut oder Trägheit nicht emigriert waren, wurde vom Ausbruch überrascht und zögerte nicht lange, ihn für seine Zwecke auszubeuten und sich an seine Spitze zu stellen. Die Vendée – das war der Dolchstoß ins Herz der Nation. Nun mußte man das Volk wider das Volk bewaffnen.

Gleichzeitig kamen niederschmetternde Nachrichten von den äußeren Fronten. Die große Armee Dumouriez war am 18. und 21. März bei Neerwinden und Leeuwen vernichtend geschlagen worden, es folgte der Angriff der Österreicher auf die französischen Linien und die Invasion des Feindes. Ganz Belgien, das eben in einer wenig repräsentativen Abstimmung seinen Anschluß an das republikanische Frankreich erklärt hatte, ging verloren. Aachen fiel in die Hände des Feindes, danach Lüttich.

Zur selben Zeit wie in der Vendée und in der Bretagne brachen die Aufstände im Süden los. In Lyon, der zweiten Hauptstadt Frankreichs, schlossen die Royalisten mit der Waffe in der Hand die republikanischen Klubs, beleidigten die Behörden, bedrohten den Abgesandten des Konvents mit dem Tode und kerkerten Chalier ein, den Wortführer der Lyoner Patrioten. Die royalistische Erhebung erfaßte bald auch Marseille, Avignon und Toulon. Fast der ganze Süden des Landes befand sich im Aufstand.

Vor den wichtigsten Mittelmeer- und Atlantikhäfen Frankreichs kreuzten bereits die englischen Flotten, die den französischen Seehandel blockierten; nicht genug damit, schleuste England durch seine Agenten in den großen Hafenstädten Millionen falscher Assignate ins Land. Der Hauptplan Pitts, des englischen Premiers, war auf dem Verfall der französischen Assignate, dem wirtschaftlichen Ruin Frankreichs und den daraus entstehenden inneren Unruhen aufgebaut. Der Konvent erließ scharfe Bestimmungen gegen diejenigen, die die Annahme der nationalen Währung verweigerten. Wer die Assignate verachtete und dem Münzgelde vorzog, wurde hinfort als ein Verschworener Pitts und als ein ›Verräter‹ betrachtet. In einer Art Flucht nach vorn erklärte der Konvent am 1. Februar 1793 England, das seine Neutralität faktisch längst aufgegeben hatte, den Krieg, desgleichen den mit England verbündeten Niederlanden. Am 7. März folgte die Kriegserklärung an Spanien.

Anfang April erschütterte die nächste Katastrophe das republikanische Frankreich: Mainz und das ganze Gebiet des »Rheinisch-Deutschen Nationalkongresses« war von den vereinten Preußen und Sachsen ohne Aussicht auf Entsatz eingeschlossen worden. Die französischen Armeen waren überall auf dem Rückzug, und die Invasion der preußischen und österreichischen Heere, vielleicht bald ergänzt durch eine englische Invasion bei Calais und Dünkirchen, schien kaum mehr aufzuhalten. Gleichzeitig drohte der Bürgerkrieg die Republik von innen auseinanderzusprengen und zu zerreißen.

Ein Albtraum bemächtigte sich der jungen Republik, ein Albtraum, der bis zum Ende des Jahres anhalten sollte. Wie sollte man da nicht den Mut oder den Verstand verlieren? Wie sollte da nicht die Wut zur Tollwut werden? Bitter war der Aufmarsch von 1793; es begann Frankreichs jahrelange

Wanderung, die seine Männer bald über ganz Europa und durch die Wüsten Afrikas führen sollte und sie erst auf Rußlands Schneefeldern zur Ruhe kommen ließ.

Angesichts der Mißerfolge und militärischen Niederlagen, die auf die junge Republik in unaufhörlicher Folge niederprasselten, glaubte sie, sich nur durch die fürchterliche Operation des Schreckens retten zu können. Die Revolution fand kein anderes Mittel als den Terror, um so viele Feinde – innen wie außen – gleichzeitig in Schach zu halten und die notwendigen Mittel zum Überleben der Armeen und der eigenen Bevölkerung herbeizuschaffen. Dadurch hielt sie sich zwar für den Augenblick am Leben, zerstörte aber für die Zukunft sich selbst und gleichzeitig die Freiheit der Welt für lange Zeit. Hierin liegt die wahre Tragödie der Revolution. Und wer heute über sie den Stab bricht, ohne die verzweifelte Lage und den tödlichen Haß mitzubedenken, den die Aufständischen und Royalisten im Innern und die Könige Europas ihr geschworen hatten, der ist entweder ein schlechter Richter, ein billig moralisierender Phärisäer oder ein Ignorant.

Bereits am 10. März hatte der Konvent, auf Druck der Pariser Kommune und auf Antrag Dantons, des Justizministers, die Errichtung eines außerordentlichen Gerichtshofes mit abgekürzten, wirksamen Verfahren, eines Revolutionstribunals, beschlossen. *Errichten wir ein Tribunal,* rief Danton, *kein gutes, das ist unmöglich, aber ein möglichst wenig schlechtes ... Seien wir furchtbar, um das Volk daran zu hindern, es zu werden!*

Mitten während der erregten Konventsdebatte zog Robert Lindet, Advokat aus Évreux, den völlig ausgearbeiteten Plan aus der Tasche. Er wandte unbedenklich die gewalttätigen Gesetze Ludwigs XVI., besonders die zur Unterdrückung der Protestanten, auf die revolutionären Notwendigkeiten an. Er fand in dem alten Arsenal des monarchistischen Terrors die Waffen für den neuen Terror völlig vorbereitet. Man brauchte sich keine Kosten zu machen; es war nur ein Wort zu ändern. Man mußte nur das Wort »König« durchstreichen und es durch »Konvent« ersetzen. Da hatte man, oh schwarze Ironie der Geschichte, gerade den König geköpft, und keine zwei Monate später übernahm man dessen despotische Strafgesetze und Unterdrückungsinstrumente.

»Das ist Inquisition!« rief Vergniaud von der Gironde. »Und sie ist schlimmer als die in Venedig!« Er war und blieb ein einsamer Rufer.

Der Konvent, der weder Geld noch Macht, noch eine organisierte Armee zu diesem Zeitpunkt hatte, schuf im Gefühl seiner gänzlichen Ohnmacht an diesem Abend ein Schreckgespenst. Nur eine Macht schien Frankreich in dieser Lage zu bleiben: die revolutionäre Justiz. Sie kostete vorerst nur einen Beschluß und ein Blatt Papier, jedoch in der Folgezeit unterschiedslos sowohl das Blut derer, die dafür, als auch derer, die dagegen gestimmt hatten.

Am selben Tag, da der Konvent in Paris für das Revolutionstribunal stimmte, errichteten die royalisierten Aufständischen das ihrige in Machecoul, zwischen der unteren Loire und dem vendéeischen Marais. Das Gemetzel war morgens von aufrührerischen Bauern begonnen worden und wurde durch einen Ausschuß von ›anständigen Leuten‹ fortgesetzt, der in sechs Wochen 542 Patrioten in den Tod schickte.

Man hat später viel und fast ausschließlich vom Terror der Jakobiner gesprochen, als hätten sie ihn gewissermaßen erfunden, als sei er ihr originäres Produkt. Man hat wohlweislich verschwiegen, daß dieser Terror seinen Ursprung im Bürgerkrieg hatte und erst die Antwort, die *Re-actio auf den ›weißen Terror‹ der Vendéer* war. Die grausamste Partei war diejenige, die »Gott rächen wollte«. Wenn die Republikaner Blut vergossen, so geschah dies in der Regel nicht aus Sadismus, sondern um den Feind zu vernichten und den Tod abzukürzen. Jeder republikanische Soldat aber, den die Vendéer gefangennahmen, wurde nicht einfach getötet, sondern den grausamsten Martern unterworfen, nachdem er gebeichtet und seine Seele Gott befohlen hatte. Die vendéeischen Bauern glaubten, wenn sie Menschen lebendig begruben, ihnen die Augen ausstachen, sie steinigten, sie mit den Zungen an Kirchentore nagelten, damit sie langsam und qualvoll verbluteten, daß sie dann »Gott gerächt« hätten. Ohne den Terror der Vendée hätte auch der jakobinische Terror nicht seinen Furor und zerstörerischen Selbstlauf entfaltet.

Und damit sind wir wieder bei unserem Helden – und seiner ersten Bluttaufe »im Namen des Gesetzes!«.

Die Bluttaufe

Inzwischen war er mitsamt seiner Schwester und dem kleinen Haushalt in die ihm zustehende Dienstwohnung im Gerichtsgebäude umgezogen, das in der Blauwolkengasse Nr. 16, gleich neben dem Hôtel du Petit Gouvernement lag. Mit dem Fleiß und der Energie, mit der er neue Aufgaben anzupacken gewohnt war, arbeitete er sich in kürzester Zeit in die neue juristische Materie ein, wälzte Gesetzesbücher und Kommentartexte, den *code pénal* nebst all den neuen Dekreten, die der Konvent erlassen hatte.

Gegenüber den Berufsrichtern des Kriminalgerichtes hatte er anfangs einen schweren Stand. Oft genug ließen sie es ihn fühlen, daß er in der juristischen Praxis ein blutiger Laie war und daß auch sein scharfer Verstand und patriotischer Eifer aus ihm noch lange keinen professionellen *accusateur public* machten. Es entging ihm nicht, wenn die Richter und das Justizpersonal hinter seinem Rücken über ihn tuschelten und abfällige Bemerkungen machten, und er wußte sehr wohl, daß man ihn als Eindringling in eine Domäne betrachtete, die traditionell den gebürtigen Elsässern vorbehalten war.

In Straßburg war der 17. März für die Einschreibung der Freiwilligen bestimmt. Aber kaum zwanzig junge Männer waren bereit, sich einschreiben zu lassen und an die Grenzen zu ziehen. Und unter diesen war nicht ein einziger Sprößling aus den begüterten Häusern, dagegen mehrere arme Juden. Für eine Stadt mit rund 50 000 Einwohnern ein klägliches Ergebnis, das wohl als Maß dafür gelten konnte, was den meisten von ihnen die Verteidigung der Republik wert war. Das Land brauchte Helden und Vaterlandsverteidiger, aber Straßburg wollte keine liefern.

Indessen trafen alarmierende Meldungen aus den ländlichen Gebieten ein. Anläßlich einer Rekrutenaushebung in Molsheim und den umliegenden katholischen Dörfern hatten sich vier- bis fünfhundert junge Leute, Bauern und Tagelöhner mit Sensen, Piken und Gewehren bewaffnet. Die meisten von ihnen wollten wohl nur dem Militärdienst entkommen, andere aber zogen mit den Rufen »Es lebe der König und die Prinzen!« durch die Gegend und wiegelten die Bevölkerung zur Rebellion auf. War das der Auftakt zu einer zweiten Vendée, einer gegenrevolutionären Erhebung im Elsaß? Jedenfalls war dies die Furcht der Klubisten und Patrioten.

Sofort wurden Truppen und bewaffnete Bürgersoldaten nach Molsheim geschickt, die Aufwiegler entwaffnet, die Rädelsführer aufgegriffen und nach Straßburg ins Gefängnis gebracht. Das Kriminalgericht wurde mit der peinlichen Untersuchung dieses bewaffneten Aufruhrs beauftragt. Eulogius schickte Emissäre nach Molsheim und in die umliegenden Dörfer. Zeugen wurden vernommen und in einigen Häusern verräterische Korrespondenzen gefunden, die auf Verbindungen mit der schwarzen Legion der französischen Emigranten hinwiesen, die ihre Söldnerheere auf die Stunde der Invasion vorbereiteten.

Das Kriminalgericht war mit der Aburteilung der Rädelsführer beauftragt. Die Anklage, ihre Begründung und der Spruch der vier Richter, die keine Jakobiner waren, konnten kaum zweifelhaft sein. Das Gesetz vom 19. März zu den Tatbeständen Aufruhr und conterrevolutionäre Aufstände, das der Konvent unmittelbar nach dem Aufstand in der Vendée erlassen hatte, sah nur eine Strafe für die Schuldigen vor: den Tod. Es ließ dem Gericht keinen juristischen Spielraum. So beantragte der öffentliche Ankläger für Joseph Holzmann aus Molsheim, für Laurent Jost aus Bergbieten und Joseph Hummel aus Avolsheim die vom Gesetz vorgeschriebene *peine capitale*. Die vier Richter folgten dem Antrag.

Auch wenn sich Anklage und Urteilsspruch an geltendes Recht und Gesetz hielten, ich vernahm das Urteil gleichwohl mit Beklemmung; denn ich war und bin ein prinzipieller Gegner der Todesstrafe. Es wollte mir niemals einleuchten, daß eine Republik, welche die Menschenrechte auf ihre Fahnen schrieb, das erste Menschenrecht, nämlich das auf Leben, für ihre Gegner und Feinde außer Kraft setzte. Kein Verbrechen verdient, mit dem Entzug des einzigen und kostbarsten Gutes bestraft zu werden, das allen Menschen zu eigen gegeben ist: dem Leben. Daß im übrigen Europa die Todesstrafe überall gang und gäbe war, dies war meines Erachtens kein Grund für ihre Beibehaltung, im Gegenteil: Gerade einer revolutionären Nation hätte es wohl angestanden, auch im Strafrecht eine neue Menschlichkeit walten zu lassen.

Meine Beklemmung hatte indes noch eine andere Ursache, die sich unmittelbar auf den Freund bezog. Auch wenn dieses dreifache Todesurteil durch das Gesetz vollkommen gedeckt war, in menschlicher Hinsicht, so schien mir, hatte er einen irreversiblen Schritt getan: Er hatte eine Grenze der Humanität überschritten, die ihn von nun an zum Richter über Leben und Tod erhob. Und ich spürte es körperlich, wie sich bei dieser Vorstellung etwas in mir zusammenkrampfte, wie ich innerlich, rein vom Gefühl her, zu ihm auf Distanz ging. Und Sara mochte es ähnlich gehen, auch wenn sie darüber nicht sprach.

Während der Tage der Voruntersuchung und der Verhandlung im Gericht war Eulogius mit Vorsatz dem Hause Stamm ferngeblieben. Die heißen Debatten, die in der Familie und im Freundeskreis anläßlich des Prozesses gegen den König geführt worden waren, hatte er noch im Ohr. Auch Sara war gegen die Hinrichtung des Königs gewesen. Und ihre weibliche ›Nachsicht‹ mit dem gekrönten ›Hochverräter‹ hatte er mit einigem Spotte bedacht. Wie aber, fragte er sich, würde sie wohl jetzt reagieren, da er selbst erstmals drei Aufrührer der Strenge des Gesetzes zu überantworten hatte? Würde sich ihr Herz nicht gegen ihn verschließen?

Er fürchtete den stummen Vorwurf in ihrem Gesicht, aber auch die schmelzende Wirkung ihrer Gegenwart auf sein Gemüt. Wenn es eine gleichsam natürliche Feindin seines Amtes und seiner Mission gab, dann war es gerade jene ansteckende Eigenschaft des Herzens, über die Sara in besonderem Maße verfügte: ihre Empathie, ihr kreatürliches und tatkräftiges Mitleid mit allem, was klein, schwach, gebrechlich oder hilflos war. Nie ging sie achtlos an einem Bettelkind oder einem bettelnden Invaliden vorbei, ohne ihm ein paar Sous oder mindestens ein paar gute Worte zu geben. Und wann immer in der Nachbarschaft ein Kind mißhandelt wurde, nahm sie seine Partei und legte sich beherzt, ohne Rücksicht auf Titel und Stand, mit den Erwachsenen oder Erziehern an, die sich derart herzlos gezeigt.

Einmal, während eines Spazierganges, hatte sie ihn dafür getadelt, daß er eine Schnecke zertreten, ein andermal, daß er einer Spinne willentlich den Garaus gemacht. Sie aber pflegte selbst die Schmeißfliegen, die sie belästigten, zum Fenster hinauszugeleiten. Auch die *Schurken und Conterrevolutionäre*, die er zu verfolgen und zu strafen hatte, würde sie noch, wenn sie könnte, zum Fenster hinausgeleiten, hatte er einmal in einer parodistischen Laune zu ihr gesagt. Doch eben das, was er so an ihr liebte und hochschätzte, ihr sanftmütiges und Anteil nehmendes Wesen, empfand er jetzt gleichsam als Bedrohung für sich und das ihm aufgetragene Amt, welches Konsequenz und unbeugsame Härte verlangte.

Die Gerichtsverhandlung und Anklageerhebung hatte er mit kühler Ruhe und Souveränität durchgefochten. Doch als er am Morgen des 30. März, es war just der Ostersonntag, unter Trommelwirbeln und Glockengeläut den finster-feierlichen Aufmarsch des Zuges zum Paradeplatz anführte, war ihm beklommen zumute. Hinter ihm gingen, von Gendarmen bewacht und gefolgt von einem Geistlichen, barfüßig, die Hände auf den Rücken gebunden, die drei Verurteilten in schwarzem Sackleinen, die Häupter mit weißen, schwarz umsäumten Mützen bedeckt. Er sah die Verurteilten nicht, hörte hinter sich nur ein unablässiges Vater-unser-der-du-bist-im-Himmel-Gemurmel. Daß die Vorschrift des Zeremoniells gerade ihn, den Öffentlichen Ankläger, noch dazu hoch zu Roß auf einem Schimmel, an die Spitze des Zuges plazierte, so als habe er allein das Urteil zu verantworten, empfand er als bittere Zumutung. Wo waren die Richter? Warum fehlten sie in dem Zuge? Während die Prozession durch die Gassen und Straßen zog, biß er die Lippen zusammen und starrte auf den im Takt wippenden schwarzen Federbusch, mit dem die Mähne seines Pferdes geziert war. Er wollte den Blicken der vielen Schaulustigen, die in ihrem Sonntagsstaat mit Kind und Kegel auf den Balkonen standen oder sich aus den Fenstern lehnten, nicht begegnen. Nur einmal wandte er das Gesicht verstohlen zur Seite, als der Zug das Haus der Familie Stamm an der Ecke Knoblauchgasse/Geistgasse passierte. Aber die Fenster waren geschlossen, die Volants vorgezogen, und auch auf dem Balkon war niemand zu sehen. Er wußte natürlich, daß Sara solch einem Schauspiel nicht beiwohnen würde. Was tat sie jetzt? Was dachte sie von ihm? Würde sie nach diesem Tage sich noch von ihm umarmen lassen? Ach, wenn doch die Weiber nicht so empfindlich wären! Wenn sie doch mehr Einsicht in die Notwendigkeit hätten! Der Gedanke an Sara bedrückte ihn und ließ ihn nicht mehr los. Das klamme Gefühl verstärkte sich, es stach ihm in die Brust.

Als der Zug in den Paradeplatz einmündete, auf dem eine unübersehbare Menschenmenge versammelt war, und er das Schafott mit der aufgestellten Guillotine erblickte, war es ihm, als beruhe alles auf einer Verwechslung, als sitze gar nicht er, sondern ein anderer, ein *Fremder* in der Robe des öffentlichen Anklägers auf dem Schimmel, ein betrügerischer *Doppelgänger*, der seinen guten Namen mißbrauchte; und als sei der *wirkliche* Eulogius, Eulogius der *Poet*, der so zierliche Verse im Rokoko-Stil geschrieben, Eulogius der *Knabe*, der der Liebling seiner Mutter gewesen, Eulogius der *Liebende*, der sich die schöne und sanfte Sara zum Weibe erkoren, in das schwarze sackleinene Hemd des Verurteilten gesteckt und werde jetzt von jenem dort auf dem Schimmel zum Schafott geführt.

Ein neuer Trommelwirbel riß ihn aus seiner Verwirrung und brachte ihn wieder zu sich. Ein dichter Kordon von Nationalgardisten in blauweiß-roten Uniformen umgab das Podest, auf dem die Guillotine aufgebaut war. Während die Gendarmen die drei Bauernburschen zum Blutgerüst geleiteten, nahm er in einiger Entfernung vor ihnen Aufstellung, wie es das Protokoll vorsah, vis-à-vis zur Guillotine. Der im Sonnenlicht funkelnde Strahl des schräg hängenden Messers stach ihm in die Augen. Und ihm fiel wieder jener schauerliche Bericht ein, den er in einem Journal über eine der ersten Guillotinaden in Paris gelesen hatte: Man führte einen Royalisten zum Schafott, der am Massaker des 10. August beteiligt gewesen. Der Henker selbst, als er den Kopf des Hingerichteten aufnahm und ihn der Menge zeigte, stürzte jählings zu Boden. Man eilte hin; er war tot … Eulogius richtete ein Stoßgebet an den Allmächtigen, er möge machen, daß der hiesige Scharfrichter Monsieur Maegerts wenigstens auf das schauerliche Ritual des Herumzeigens der Köpfe verzichten möge.

Nach einem neuen Trommelwirbel trat der Präsident des Gerichtes vor das Schafott und verlas das Urteil »im Namen des Gesetzes«. Dann wurde der erste auf das Blutgerüst geführt. Stumm, als sei er schon tot, ließ er sich auf das Brett binden. Als dann das Messer heruntersauste und mit dumpfem Aufschlag der Kopf in den Korb fiel, ertönte hier und da aus der Menge ein schwaches »Es lebe die Republik!«. Danach wurde es still, Schweigen legte sich über den Platz. Der zweite wurde nun auf das Brett gebunden, ein junger Bursche von knapp zwanzig Jahren. Er zappelte, heulte und schrie, schrie nach seiner Mutter; und nach ihr rief er noch, als der Henker mit dem Seil das Fallbeil bereits ausgelöst hatte. Eulogius schloß unwillkürlich die Augen und verachtete sich gleichzeitig für diese Schwäche. Der Todesschrei des Jungen fuhr ihm in alle Glieder, für einen Moment tauchte das Gesicht seiner Mutter vor ihm auf, und er spürte einen jähen Schmerz in der Brust, als habe er einen Steckschuß erhalten. Erst als ein seufzendes Aufatmen durch die Menge ging, öffnete er wieder die Augen. Da war auch der dritte gerichtet und alles vorbei. Ein letztes müdes »Es lebe die Republik!« rang sich aus den Kehlen der Zuschauer.

In selbiger Nacht, ich war schon zu Bett gegangen, pochte es an meine Tür. Bleichen Gesichtes stand Marianne davor. Ich solle sofort in die Blauwolkengasse kommen, es sei dringend, ihr Bruder habe einen schweren asthmatischen Anfall erlitten. Auf dem Wege erzählte sie mir kurz, was vorgefallen war. Eulogius sei erst vor einer halben Stunde nach Hause gekommen, er sei betrunken gewesen; dabei trinke er sonst nie über den Durst. Keuchend sei er ihr auf der Treppe entgegengewankt, immer wieder mußte er anhalten und sich auf das Geländer stützen. Sie habe sofort gesehen, wie es um ihn stand, habe ihm Kragen und Hemd aufgerissen, damit er wieder Luft schöpfen konnte, aber die Luft, die er einatmete, wollte nicht mehr heraus. Seit Jahren habe er keinen Asthmaanfall mehr gehabt, er habe geglaubt, die Krankheit für immer überwunden zu haben. Und jetzt plötzlich, habe ›der Teufel ihn wieder‹.

Als ich den Salon betrat, sah ich Eulogius bleich, mit rasselndem Atem in seinem Armstuhle. Er saß nicht, er hing darin, die Arme schlaff über den Lehnen. Als er den Kopf hob, sah er mich aus glasigen Augen an. Er roch nach billigem Fusel.

»Sara hat recht«, keuchte er. »Ich bin ein homme ... homme de ...« – das Wort »lettres« fand er nicht mehr – »und kein ... kein ... bin nicht ... bin nicht gemacht ... für solch ein Amt! ... Leg' es nieder ... morgen.« Noch nie hatte ich ihn in einem solchen Zustand gesehen.

Ich befahl Marianne, ihm sofort ein heißes Dampfbad zu bereiten, das ich mit einigen Tropfen ätherischen Öls versetzte. Dann schaffte ich ihn aus dem Lehnstuhl heraus, denn von allein kam er nicht hoch, und führte ihn, indem ich ihn unter den Achseln stützte, zum Tische. Als er endlich den mit einem Handtuch bedeckten Kopf über die Schüssel hielt und den Dampf einsog, wurde ihm allmählich besser. Das ätherische Öl löste den inneren Krampf der Atemwege, und bald konnte er wieder durchatmen.

Doch wenige Tage nach der ersten Hinrichtungsszene, die ihn so mitgenommen, widerrief er, was er sich selber in seinem Katzenjammer gelobt, und ging wie gewohnt ins Gericht.

1. April
Hab ihn noch immer im Ohr, den Schrei des jungen Burschen unter der Guillotine. Und mir ist, als hätt' ich ihn eingeatmet und müsse an ihm ersticken.

2. April
Ich kann mich nicht vor der Verantwortung drücken, die mir obliegt, bin doch kein Hasenfuß, kein Feigling, kein pflichtvergessener Weichling!

3. April
Wir sind im Krieg! Wie die Bürgersoldaten die Grenzen gegen die äußeren Feinde verteidigen, so habe ich meinen Mann zu stehen an der inneren Front. Koste es, was es wolle, ich muß auf meinem Posten bleiben. Alles andere wäre Verrat! Verrat an der Nation, Verrat an mir selbst.

4. April
Wir Jakobiner wollen die eine und unteilbare Republik. Jetzt werden wir gehärtet oder zu Asche verbrannt.

Und gab ihm die öffentliche Meinung nicht recht? Kurz nach seiner ersten Begegnung mit der Guillotine las er, während er die warme gezuckerte Milch schlürfte, die Marianne ihm jeden Morgen zubereitete, mit Befriedigung im angesehenen *Straßburger Kurier*:

Die Exekution der drei Konspirateure hat beste Wirkung gezeigt, hier und anderswo. Die Fanatiker... hatten geglaubt, sie könnten weiter ungestraft die Bevölkerung gegen die Republik aufwiegeln und meuchelmorden. Jetzt begreifen sie, daß es kein Spiel mehr ist ... Dank der Guillotine geht die Rekrutierung im Département endlich voran. Die jungen Bauernburschen sind zahm geworden wie die Lämmer, und sie werden wohl kaum mehr auf ihre fanatischen Priester hören.

Von mehreren Seiten in seiner Autorität bestärkt, versah er denn sein Amt weiter. Daß der Öffentliche Ankläger des Nachts manchmal von schweren

Atemnöten geplagt wurde, erfuhr niemand. Auf meine ärztliche Verschwiegenheit war ebenso Verlaß wie auf die der Schwester.

Sein Eintrag vom 4. April sollte für lange Zeit sein letzter sein. Erst als Häftling der Pariser Abtei nahm er sein Tagebuch wieder auf. Es war, als wollte er jeden weiteren Einspruch seines anderen, seines empfindsamen Selbst gegen das, was er für seine patriotische Pflicht hielt, mit Schweigen unterbinden, als wollte er endlich ganz eins mit seiner öffentlichen Rolle werden und sich einen neuen Charakter schaffen. Aber beginnt damit nicht der Betrug an sich selbst?

Der Engel mit dem feurigen Schwert

Würde man sich die Mühe machen, die Biographien jener Männer zu durchforschen, welche als jakobinische Schreckensmänner und Terroristen in die Geschichtsbücher eingegangen sind, man würde – so vermute ich – in jedem einen erschrockenen Knaben entdecken; sind doch die meisten von ihnen durch das schwarze Regiment der jesuitischen und Klosterschulen gegangen. Daß auch meinem Freunde von früh auf der Schrecken im Gemüt saß, dafür waren aus meiner ärztlichen Sicht seine asthmatischen Beklemmungen ein untrügliches Zeichen. Schrecken und Furcht haben viele Gestalten und gehen, wie die chemischen Elemente, die verschiedensten Verbindungen ein. Zum einen sind Furcht und Ehre miteinander verschwistert, wie das Wort ›Ehr-Furcht‹ besagt. Die Furcht, den großen Hoffnungen, die man schon in den frühreifen Knaben gesetzt, den Erwartungen der Familie, seiner Gönner und geistlichen Oberen nicht zu genügen – war sie nicht von früh auf seine stete Begleiterin gewesen?

Die Ehre wiederum verquickt sich mit mancherlei Trübem. Der Geiz, sagte einmal der Columban Röser in seinem Würzburger Kolleg, zählt bekanntlich zu den sieben Hauptsünden des Mittelalters. Man habe nur den Ehr-Geiz vergessen. Auch das Geizen um Ehre und Ruhm, die Ehrsucht, sei eine Kardinalsünde, denn sie sei die Schwester des Hochmutes.

War der Ehr-Geiz *seine* Kardinalsünde gewesen? Das Bedürfnis, seine Kommilitonen und Mitbrüder stets übertreffen zu wollen an Beredsamkeit, Klugheit und Wissen, an Courage und Tatkraft – wie vertrug sich das mit dem Geiste der Brüderlichkeit? Auch als er sich auflehnte gegen die Autorität der Kirche und wider die geistlichen und weltlichen Willkürherrscher predigte, lehrte, schrieb und schließlich den Weg des Revolutionärs und Jakobiners beschritt – Ehrgeiz und Furcht hielten seine Seele weiter in ihren Klauen: die Furcht, vor den neuen Gottheiten der Nation, den jakobinischen Oberpriestern nicht zu bestehen; der Ehrgeiz, auch als Patriot der

Primus inter pares (des Straßburger Klubs), der Eifrigste, Unerschrockenste, Tatkräftigste, der erste Prediger, Mahner und Kämpfer auf dem Platze, eben der ›Marat von Straßburg‹ zu sein ... Wie rasch waren Thron und Altar gestürzt, aber ach, wie beharrend, der Schwerkraft gleich, ist doch die eigne Natur! Die äußeren Ketten vermag man wohl zu sprengen, doch von der Galeere, an die uns frühe Bestimmung geschmiedet, kommt man nicht los.

Anfang Mai stellte Eulogius in der Volksgesellschaft den Antrag, umgehend einen außerordentlichen Gerichtshof nach Pariser Vorbild, ein Revolutionstribunal in Straßburg zu errichten, und zieh die Richter des Kriminalgerichtes, die diese Forderung mit Empörung zurückgewiesen, öffentlich der ›sträflichen Nachsicht‹ und ›Laschheit‹. Unter dem Druck des Jakobinerklubs forderte bald auch der *conseil général* des Départements ein Revolutionstribunal für das Elsaß. Als ich die jüngste Ausgabe des *Argos* aufschlug, fand ich darin einen Artikel, dessen fanatischer Gestus und martialischer Stil mir das Blut in den Adern gefrieren ließ:

Der Mensch kann und muß oft nachsichtig sein, der Republikaner schwingt das Schwert des unerbittlichen Gesetzes mit gleicher Kraft über die Häupter seiner Freunde wie über die Häupter seiner Feinde. Brutus kennt als römischer Konsul keinen Ruf der Natur, wenn dieser im Widerspruch steht mit den Gesetzen seines Vaterlandes. Er gebietet, seine Söhne hinzurichten, weil sie einen Tyrannen unterstützten, ihn rührt nicht das Weinen der Mutter, ihn erschüttern nicht die Fürbitten des Volkes, er spricht Recht ...

Im rheinischen Département wimmelt es von entschlossenen oder feigen Feinden der Republik. Männer, fest und entschlossen, müssen richten, ohne Furcht und Schwäche. Sie müssen wie jene Engel mit feurigem Schwerte am Eingang des neuen Paradieses stehen und niederschlagen, was dem Gesetz widerstrebt ...

Ich bin nicht grausam, aber ich halte es für meine Pflicht, strenge Maßregeln zu empfehlen, weil unsere Lage sie notwendig macht. Solange wir nicht mit Feuereifer alles vernichten, was früher oder später unsere Freiheit erschüttern kann, arbeiten wir nicht im wahren Geiste der Revolution ...

Solange nicht ein paar Köpfe vom Rumpfe fallen, legen sich unsere Aristokraten nicht zum Ziele ...

Sofort nach der Lektüre dieses Artikel suchte ich Eulogius in seiner Wohnung beim Gerichte auf. Er war noch im Morgenmantel und empfing mich mit gerunzelter Stirne und fragenden Blicks. Kaum waren wir im Salon, machte ich meiner Bestürzung in geharnischten Worten Luft: Ob er den Verstand verloren habe? Ob ihn beim Verfassen dieses Artikels der Teufel geritten? *Mit Feuereifer alles vernichten, was unsere Freiheit erschüttern kann!* Ob er sich wirklich einbilde, mittels der Köpfmaschine die bedrohte Republik retten zu können? Und welch einer fanatischen und hetzerischen Sprache er sich neuerdings bediene!

Mit regloser Miene in seinem Fauteuil sitzend, hörte er sich meine Vorhaltungen an. Nur das Wippen seiner übereinandergeschlagenen Beine ließ seine innere Erregung erkennen. – Was ich mich denn so ereifere? Auch er hasse Tätlichkeiten und Blutvergießen, doch die Erfahrung der Geschichte lehre, daß einige Akte von Rigorosität, zu Anfang vollstreckt, später viel Blutvergießen ersparen würden und einige exemplarische Bestrafungen stets weniger Verluste und Niederlagen verursachten als Akte der Milde und der Barmherzigkeit. Und um dieses Axiom zu belegen, las er mir aus Machiavellis *Principe*, der griffbereit auf der Anrichte lag, mehrere Zitate vor, deren bestechende, scheinbar zwingende Logik sogar auf mich – ich wäre nicht ehrlich, wenn ich es leugnete – einen gewissen Eindruck machte:

»Statuiert der Herrscher einige wenige abschreckende Beispiele, so ist er barmherziger als diejenigen, die infolge allzu großer Milde Unordnung einreißen lassen, aus der Mord und Plünderung entstehen. Diese treffen gewöhnlich die Allgemeinheit; Exekutionen, die vom Herrscher ausgehen, treffen nur einzelne.«

Ob er sich etwa neuerdings als ›Herrscher‹ begreife, fragte ich ihn mit wachsendem Befremden. Bislang habe der *Principe* unter unseresgleichen als Fibel für zynische Fürsten und Machthaber gegolten. – Dies sei ein Vorurteil, entgegnete er. Man habe Machiavelli entstellt, ihn ganz und gar mißverstanden. Sogar Friedrich der Große habe seinen ›Anti-Machiavelli‹, den er als junger Mann geschrieben, im Alter widerrufen und dem großen Lehrer der Staatskunst seine Referenz erwiesen. Im übrigen habe just der viel geschmähte Machiavelli den republikanischen Freistaat als höchste Form des Gemeinwesens angepriesen. Aber er habe auch aus der Erfahrung gezeigt, daß in einem neugeborenen Freistaat kein Gift gefährlicher sei als falsche Nachsichtigkeit.

Ich brauchte eine Weile, um meiner Verwunderung Ausdruck zu geben. »Ich begreife dich nicht mehr«, sagte ich endlich. »Oder mußt du jetzt deshalb so rigoros sein, weil du dir deine Anwandlung von Schwäche nach der Exekution der drei Molsheimer Bauern nicht verzeihst?«

Mit verletzender Ironie gab er zurück: »Ah, der Herr Seelenzergliederer! Nur leider liegt er in meinem Fall gänzlich daneben ... Nachsicht und

Milde stehen ja dem Menschenfreund und Philantropen so gut an, sie sind seine schönste Zier, nicht wahr? Daß man auch durch Milde, die manchmal nur ein anderer Ausdruck für feiges Wegsehen und Sich-Drücken ist, schuldig werden kann, das will er nicht wahrhaben. Wir haben, weiß Gott, lange genug Nachsicht gezeigt, haben an die Vernunft appelliert, haben aufgeklärt, aufgeklärt und nochmals aufgeklärt. Die guten Heilmittel haben sich erschöpft – jetzt sind die bösen an der Reihe. Wenn nichts andres mehr hilft, greift auch der Chirurg zum Skalpell.«

»Du bist verbittert. Ich kann's ja verstehen nach der Abfuhr, die uns die Straßburger bei den letzten Wahlen erteilt, und nach den vielen Intrigen und Anfeindungen, die du hier erlebt. Und jetzt willst du es den einheimischen ›Schnarchsäcken‹ heimzahlen. Wenn sie dir schon so spinnefeind sind und dich sogar beim Konvent anschwärzen, willst du sie in Furcht und Schrecken setzen – mittels eines Revolutionstribunals. Wenn sie dich schon nicht lieben und schätzen wollen, wie es dir und deinen Verdiensten eigentlich zukäme, dann sollen sie wenigsten vor dir zittern ... Ist es nicht so?«

Da schnellte er aus seinem Fauteuil und funkelte mich böse an: »Was der Psycholog da wieder zusammenfabelt! ... Du solltest mich nach all den Jahren eigentlich gut genug kennen, um zu wissen, daß mein Herz frei von Privatleidenschaften und Rachsucht ist. Was aber die alte Streitfrage betrifft, ob es besser ist, geliebt als gefürchtet zu werden, so sagt Machiavelli, daß man sowohl das eine als das andere sein sollte. Da es aber schwer ist, beides zu vereinigen, ist es viel besser, gefürchtet als geliebt zu werden, wenn man schon auf eines von beiden verzichten muß.«

»Wenn wir jetzt sogar Sonder-Tribunale errichten«, sagte ich, »bei denen die gewöhnlichen Formen der Justiz aufgehoben sind, wieviel unschuldiges Blut wird dann nicht vergossen werden? Oder willst du auch dies im Sinne der Abschreckung in Kauf nehmen?«

»Es ist leicht, sehr leicht«, gab er in vorwurfsvollem Tone zurück, »von Gewissen und Menschlichkeit zu reden, wenn man selbst keine öffentliche Verantwortung trägt. Die Royalisten spotten über unsere trägen Gerichtsmühlen. Während wir lang und breit einen Fall verhandeln, hat man in der Vendée schon hundert Republikanern den kurzen Prozeß gemacht. Wenn wir in deinem Sinne ›gerecht‹ und ›menschlich‹ blieben, d. h. uns auf den gewöhnlichen Gang der Gerichte verließen, gehen wir zugrunde. Retten wir heute Frankreich, morgen werden wir menschlich und milde sein!«

»Du übersiehst nur«, wandte ich ein, »daß ein Revolutionstribunal und die Drohung mit der Guillotine nicht nur die Royalisten einschüchtern wird, sondern alle Bürger, auch die patriotischen.«

Ein bedrückendes Schweigen spannte sich zwischen uns. Wie um ihm zu entfliehen, ging er in sein Arbeitszimmer hinüber, um kurz darauf mit Tabakbeutel, Pfeife und Schwefelhölzern wiederzukehren. Vergebens suchte er seine Pfeife zu entzünden, aber die Hölzer waren offenbar feucht und zündeten nicht. Schließlich gab er es fluchend auf.

Da ich sah, daß dieser Disput nicht weiterführte, suchte ich einen anderen Weg, um ihn in seinem Sinne wankend zu machen. Ich erinnerte ihn an das Beispiel des jungen Nero und dessen Erzieher Seneca. Als Nero sein erstes Todesurteil unterschrieb, wünschte er sich, niemals schreiben gelernt zu haben. Denn er war von eigentlich weichem Gemüte. »Wer sich aber mit Gewalt über seine Weichheit hinwegsetzt«, schreibt Seneca über seinen ehemaligen Schüler, der ihn später nötigte, den Giftbecher zu nehmen, »verliert seine natürlichen Hemmungen, und das hat unter anderem die Grausamkeit an sich: man muß beharren, und ein Rückzug zum Besseren steht nicht mehr offen.«

Da herrschte er mich an, daß ich auf meinem Stuhle regelrecht zusammenzuckte: Ob ich ihn etwa der Grausamkeit zeihen wolle, weil er dem Gesetz Nachdruck verleihe? Da schwatze ich ununterbrochen von Sanftmut und Menschlichkeit. Grausamkeit sei es, himmelschreiende Grausamkeit, wenn man das allgemeine Wohl dem des einzelnen nachsetze, schändliche Feigheit sei es, wenn man hier oder da einen Egoisten, einen Aufrührer und Conterrevolutionär schone, und sich nicht kümmere um das Glück der großen gesellschaftlichen Familie. Eine solche Chance, eine Republik der Freien und Gleichen zu errichten, gebe uns die Geschichte nur einmal in Jahrhunderten. Und wir sollten sie durch eigenes Verschulden, durch Laisser-faire und falsche Nachsicht gegenüber denen, die sie zernichten wollen, verspielen?

Dies stieß er so laut und heftig hervor, daß Marianne die Tür zum Salon aufriß und, mit erschrockener Miene auf der Schwelle stehend, ihren Bruder fragte, was denn ums Himmels willen in ihn gefahren. – Es sei nichts, sagte er mürrisch, nur eine Meinungsverschiedenheit mit einem Freund. Doch dem Wort ›Freund‹ legte er eine so spitze Betonung bei, daß es mir weh tat. Dann trat er, die Arme hinter dem Rücken verschränkt, ans Fenster und starrte hinaus. Marianne zog sich indes mit besorgter Miene wieder zurück.

Ob er überhaupt wisse, gab ich zurück, was es bedeute, einem Menschen den Kopf abzuschlagen? Und hielt ihm darüber ein geballtes Kolleg vom Standpunkt des Mediziners: Bei Einführung dieser Hinrichtungsart habe die gänzlich ignorante Idee vorgeherrscht, daß man mittels einer solchen

Maschine nicht nur auf die schnellste und zuverlässigste, sondern auch mit den kürzesten Schmerzen verbundene Weise dem Leben ein Ende machen könne. Indes sei gerade die Todesart des Guillotinierens höchst schrecklich und grausam. Erstens, weil gerade der Hals wegen der meisten an ihm liegenden Nerven die allerempfindlichste Stelle unseres Körpers sei. Und zweitens, weil der vom Rumpf getrennte Kopf, in dem alles Bewußtsein, die wahre Personalität noch eine Zeitlang lebendig bleibe, die dem Halse zugefügten grausamen Schmerzen noch *nachfühle*, noch nachempfinde.

Doch er bestritt meine Behauptung sogleich als »unbewiesene Hypothese«.

Daraufhin führte ich ihm verschiedene Beweise aus der tierärztlichen und wissenschaftlichen Praxis an: Daß abgehackte Tierköpfe und -leiber noch eine Zeitlang die Trennung überlebten, indem sie konvulsivische Zuckungen zeigten, was man in Küchen und Schlachtbänken täglich beobachten könne. Auch aus galvanischen Versuchen an Gliedern, die man verwundeten Soldaten in Feldlazaretten amputierte, möchte man schließen, daß die Schmerzempfindung eines amputierten Gliedes noch etliche Minuten länger andauere; wieviel mehr erst bei einem amputierten Kopf, da dieser seiner Dicke und Rundung wegen nicht so bald seine Wärme verliere. Von Sterbenden wisse man, daß sie, auch bei völliger Bewegungsunfähigkeit, noch hören, sehen und fühlen können. »Wozu also diese grausamen Qualen, die man dem Unglücklichen gleichsam nach dem Tode noch zufügt?«

Da fuhr er herum und entgegnete schroff: »Ich will dir sagen, was wirkliche Grausamkeit ist! In einem Dorfe bei Nantes ergreift man den Gemeindevorsteher, einen Republikaner, und schleppt ihn fort. Man verwundet ihn an zahllosen Stellen mit Messern. Man will ihn zwingen zu rufen: ›Es lebe der König!‹ Aber er ruft: ›Es lebe die Republik!‹ Vor Wut schießt man ihm eine Pulverladung in den Mund. Dann schleppt man ihn zum Kalvarienberg. Er ruft: ›Es lebe die Nation!‹ Da schießt man ihm mit dem Pistol ein Auge aus. Trotzdem bekennt er seinen Glauben bis zum Ende ... Ist denn der Tod durch die Guillotine nicht barmherzig, verglichen mit solchen Martern? Und haben solche Bestien etwa nicht den Tod verdient? Wie willst du sie an ihren grausamen Handlungen hindern, wenn nicht durch drakonische Bestrafungen? Und wie willst du die vielen offenen und versteckten Feinde im Département zum Gehorsam gegen die Gesetze der Republik bringen – wenn nicht durch die Androhung des Schreckens? Glaub' mir: Unser bester Verbündeter ist die Feigheit der Menschen!«

»Und du fürchtest nicht den vermehrten Haß, den das Regime des Schreckens allenthalben erzeugen wird – gerade bei den Bürgern, die wir doch für die Republik gewinnen wollen? Fürchtest nicht, daß du selbst dich damit noch verhaßter machst, als du vielen schon bist?«

Mit funkelnden Augen gab er zurück: »Deine Erörterungen in dieser Stunde, in der Stunde der Not für die Republik, sind kläglich. Was kümmert mich mein Ruf! Wenn Frankreich nur frei ist, so möge mein Name besudelt sein. Was schert es mich, wenn ich Blutsäufer genannt werde! Kämpfen wir, und sichern wir die Freiheit! Das ist das einzige Gebot der Stunde ... So! Und jetzt habe ich zu tun.«

In großen Schritten ging er zur Tür und legte demonstrativ die Hand auf die Klinke. Ich verstand und ging grußlos hinaus.

Bedrückt verließ ich sein Haus. Da hatten uns Jahrzehnte herzlicher Freundschaft verbunden und jetzt auf einmal dieser Bruch, diese eisige Front zwischen uns. Ich war wie vor den Kopf geschlagen. Gleichwohl machte ich mir Sorgen um ihn, denn ich ahnte, er rannte in sein eignes Verderben, wenn er auf seinem Wege fortfahren würde. Zugleich war ich in Sorge um meine Mitbürger, die und deren Leben ich bedroht sah, bedroht durch einen Mann, der dafür bekannt war, daß er nicht bloß redete, sondern seinen Worten stets auch Taten folgen ließ. Doch eben diese Einheit von Denken und Handeln, die ihn bislang für mich und andere so glaubwürdig gemacht – jetzt war sie nur noch zum Fürchten.

Noch mehrmals in den folgenden Tagen und Wochen suchte ich mit ihm über diesen Gegenstand zu sprechen und zu streiten, aber er war nicht umzustimmen. Unter anderem schickte ich ihm eine kleine Schrift Senecas »Über den Zorn« und die »Standhaftigkeit des Weisen« zu. Darin betont der Stoiker, daß der Weise sich gegen Kränkungen unempfindlich machen müsse. Der Zorn sei keine gute Waffe im Dienste des Guten, denn er lasse sich nicht, wie andere Waffen, einfach beiseite stellen. Eulogius antwortete mir mit einem Billet, das nur einen Satz enthielt, ein Zitat von Aristoteles: »Schlaff ist die Seele, die frei von Zorn ist.«

Zu seinem Ärger waren die für das Elsaß zuständigen Konventskommissare nicht – noch nicht – bereit, seiner Forderung nach einem Revolutionstribunal für den Niederrhein stattzugeben. Nach der ersten Exekution vom 30. März war die »Maschine der strafenden Gerechtigkeit« wieder vom Waffenplatz geschafft worden und rostete seither in irgendeinem städtischen Schuppen. Aber nur für eine Interimszeit. Denn die Lage der Republik wurde immer bedrohlicher.

XXV. Confessions (5)

21. Jan. 1794
Heute Jahrestag der Hinrichtung Louis Capets. Alle Abgeordneten des
Konvents gingen, die rote Mütze auf dem Kopf, in den Tuileriengarten, um
dort dem Freiheitsbaum einen Besuch abzustatten. Hier angelangt, fand
sich die Versammlung unvermutet vor dem Karren, der die an diesem Tag
Verurteilten zum Schafott brachte. Welch ein Omen!

24. Jan.
Mit welcher Gelassenheit, ja Seelenstärke manche Frauen hier ihr Schicksal
ertragen! Es ist mir rätselhaft, welcher Geist ihre Gemüter hebt und stählt –
vielleicht das gute Gewissen, nur Opfer zu sein? Wie ich sie darob beneide!

Gestern wurde ein ehemaliger Oberst der Palastwache hier eingeliefert;
er kam von den Madelonettes in einem erbärmlichen Zustand. Überall geht
er mit seinen Klagen, seinen Tränen, seinem Schmerz hausieren. Heute
gesellte er sich zu den Frauen am Brunnen und jammerte und klagte auch
dort. Eine junge Dirne von vielleicht achtzehn Jahren namens Susette, die
gerade ihre Wäsche wusch, hörte ihm eine Weile zu, dann sagte sie zu ihm:
»Schämen Sie sich, Herr Graf! Lernen Sie, daß diejenigen, die keinen Titel
haben, hier einen erwerben und daß die, welche einen haben, verstehen
müssen, ihn zu tragen!«

Susette ist nur ein armseliges Straßenmädchen aus dem Faubourg Saint-
Antoine. Und doch steckt in dieser ihres Berufes wegen so verachteten
Dirne mehr Courage und Seelenstärke als in jenem adeligen Herrn, der jeg-
lichen Stolz und jede Selbstachtung verloren hat.

Sie erzählte mir und Jacques heute, wie sie hierher kam. Erst war sie für
die Revolution und die Republik; doch als die Kommune die Prostitution
verbot und die Dirnen einzusperren begann, womit auch ihr Broterwerb in
Frage gestellt war, wurde sie wieder royalistisch. Sie äußerte ihre Meinung
frei an den Straßenecken. Als sie am Tage der Hinrichtung Marie-Antoinettes für die Königin sprach und ihre Richter verfluchte, wurde sie als ›royalistische Agentin‹ festgenommen. Seither sitzt sie in der Abtei und wartet auf
ihren Prozeß.

Sie und ihre Freundin Monique sind wie zwei unzertrennliche Schwestern. Sie essen zusammen, waschen zusammen, gehen zusammen im Hof
spazieren. Nur des Nachts trennen sie sich, denn sie sind beide als Liebes-
trösterinnen sehr gefragt. Dabei sind sie nach Charakter und Herkunft völ-

lig verschieden. Susette, vollbusig, rotwangig, mit blondem Lockenkopf, trägt ihr Temperament auf der Zunge. Monique, aus dem Landadel kommend, dünn, grazil, von blassem Teint und herausforderndem Blick, hat ihre Jugend im Kloster verbracht und sucht sich jetzt für die ihr aufgezwungene Enthaltsamkeit zu entschädigen. Es heißt, sie sei mannstoll und liege jede Nacht bei einem anderen Mann. Aber vielleicht sucht sie nur verzweifelt, schwanger zu werden, um eine Frist zu gewinnen.

26. Jan.

Gestern wurde Monsieur Vernout, ein reicher Handelsherr, der sein Vermögen in den Kolonien gemacht, guillotiniert – wegen betrügerischer Geschäfte mit den Armeelieferanten, wie die Zeitung vermeldet. Noch kürzlich, auf dem Korridor, hörte ich ihn über seine Geschäfte reden, als befände er sich in seinem Kontor. Mit gewichtiger Miene sprach er von »kolossalen Transaktionen« und »überseeischen Absatzmärkten« und rechnete seinem Zuhörer die Gewinne vor, die ihm aus diesem und jenem Geschäfte erwüchsen. Und bei dem Wort ›Weltmarkt‹ bebte ihm jedesmal die Lippe. Das sind die neuen Mystiker des Geldes. Auch ihre Sehnsucht gilt ja letztlich dem Unendlichen, in Gestalt des grenzenlosen Gewinns. Es scheint, der Kosmopolitismus, der längst aus der Mode gekommen, überlebt nur noch in dieser ökonomischen Gestalt. Und doch liegt M. Vermout jetzt in einer höchst endlichen Grube, bedeckt von ein paar Schaufeln Erde.

Es wird erzählt, er habe noch auf dem Karren seine Geldbörse unter dem bloßen Hemde getragen. So als wollte er Sanson sagen: Auch wenn du mir das Leben entreißt, mein Geld laß ich mir nicht nehmen. Vielleicht erinnerte er sich auch des Bibelverses: »Eher kömmt ein Kamel durch das Nadelöhr denn ein Reicher in das Himmelreich!« und dachte sich dabei, daß Petrus ihn nur dann die Himmelspforte passieren lasse, wenn er den Wächter schmiere.

Eigentlich ist's unbegreiflich, daß der Mensch so sehr dem Golde nachjagt. Kommt doch jeder von uns ohne Reichtum und nackend zur Welt, und so muß er auch sterben. Auch sind Sonne, Mond, Gestirne, Regen und Luft allen gemeinsam und spenden ihre Wohltaten allen; so sollte auch unter Menschen alles gemeinsam sein. Sodann wird der Reiche zum Sklaven des Geldes, weil ja nicht er den Reichtum, sondern der Reichtum ihn besitzt. Tag und Nacht sorgt und beunruhigt er sich, wie man Geld erwerben und es vermehren könne, und hat beständig Angst, es zu verlieren. Schon Johannes nennt in der *Legenda aurea* »Sechs Gründe gegen den Reichtum«.

30. Jan.

Heute wurden wir Zeuge einer entsetzlichen Szene. Als gegen fünf Uhr die Todeskutsche in den Hof fuhr, stürzten wir wie gewöhnlich ans Fenster. Der Aufseher rief die Namen auf, darunter auch den Namen des Adeligen aus dem Haus Orléans, dessen junge Frau Madeleine absichtlich einen Freiheitsbaum umgehauen hat, um ihrem Mann in die Haft folgen zu können. Kaum war er bleichen Gesichtes im Hof erschienen, stürzte sie mit aufgelöstem Haar herunter und verlangte von den Wachen, sie ebenfalls zum Tribunal mitzunehmen. Man schlug ihr dies ab und befahl ihr, wieder in ihre Zelle zu gehen. Doch der Schmerz gab ihr Stärke, sie riß sich von den beiden Wachen los, warf alles zu Boden, was sich ihr widersetzte, fiel ihrem Mann um den Hals und verlangte nochmals, ihn begleiten und sein Schicksal teilen zu dürfen. Die Wache riß sie auseinander und stieß den Mann in die Kutsche. »Ihr Unmenschen!« rief sie. »Ich will doch sterben!« Dann rannte sie, kaum war die Kutsche losgefahren, mit dem Kopf gegen das eiserne Tor, und zwar mit solcher Wucht, daß sie gleich zusammenbrach.

Ich wandte mich vom Fenster und barg meinen Kopf an Jacques' Brust. Ich weiß nicht, was danach geschah. Doch als wir später hinuntergingen, um uns nach Madeleines Schicksal zu erkundigen, sagte man uns, sie sei gleich tot gewesen.

1. Febr.

Kienlin besuchte mich heute. Hat aber in meiner Sache nichts Neues in Erfahrung bringen können. Weder von den Montagnards im Konvent, noch von Fouquier-Tinville, noch vom Pariser Jakobinerklub. Auch Laveaux, den ich mir als Verteidiger wünsche, rührt sich nicht. Es scheint, keiner will sich mit meinem Fall befassen, um sich nicht die Finger zu verbrennen. Kienlin riet mir, keine weiteren Gesuche aufzusetzen, mich stille zu verhalten, gar nicht weiter an meinen Fall zu erinnern, dann würde man mich vielleicht vergessen. Will aber nicht länger in der quälenden Ungewißheit schmoren, wessen man mich beschuldigt. Ich will ein Urteil, und zwar rasch! Entweder verlasse ich als freier Mann dieses Gefängnis, oder ich lege mein Haupt aufs Blutgerüst.

Kienlin wußte indes einige pikante Neuigkeiten aus Straßburg. Welche Schauerlegenden man jetzt über mich zusammenfabelt. Zum Beispiel diese: Ich hätte bei Kuhn, ci-devant Friedensrichter zu Epfig, zu Mittag gespeist, seinen besten Wein getrunken und ihn dann gefragt, ob er noch eine Bouteille im Keller habe. Als Kuhn bejahte, solle ich zu ihm gesagt haben:

»Dann holen Sie sie rasch und trinken Sie! Denn in einer Stunde werden Sie nichts mehr trinken können.« Angeblich hätt' ich in seinem Hof die Guillotine aufstellen lassen.

Es ist ein erhebendes Gefühl, noch zu Lebzeiten mitzuerleben, wie man aus mir ein Monster macht!

3. Febr.

Gestern abend gingen Jacques und ich mit Susette und Monique ›promenieren‹ – freilich nicht auf den Champs-Élysées, sondern rund um den Hof der Abtei. Ein milchiger Mond stand überm Brunnen, und wir ließen eine Bouteille von Mund zu Mund gehen. Die Mädchen hatten sich hübsch gemacht und dufteten, als lägen sie des Nachts in seidenen Betten. Weiß der Himmel, woher sie ihre Parfüms und Duftstoffe beziehen! Wir plauderten, schäkerten gar, erzählten uns Geschichten und vergaßen für ein paar Stunden unser elendes Schicksal. Es war wie eine melancholische Reprise aus meiner Klosterzeit. Manchmal standen wir Novizen vor dem Zaun des Klostergartens und schäkerten mit den Bauernmädchen. Jacques und Monique zogen sich dann zurück, indes ich noch eine Weile am Brunnen saß und an die schönen Tage dachte, da mich Sara in Hagenau besuchte.

Wie glücklich und lustig waren wir damals. Die Zukunft lag vor uns wie ein taufrischer Tag. Die Republik war gegründet, die Woge der Freiheit überflutete alle Grenzen und schien alles mit sich fortzureißen. Aber dann kam das verfluchte Jahr 93, da ganz Europa sich waffenklirrend gegen uns kehrte und der Bürgerkrieg den Busen der Nation zerriß. Das Glück verließ uns – und mich verließ es mit dem Antritt des Amtes.

Wär' besser Zölibatär geblieben, bring' ja den Weibern nur Unglück.

Clairvoyance

»Nun, was sagt du jetzt? Verfügt Merville über den sechsten Sinn oder nicht?«

Jacques hielt im Gehen kurz inne und sah Eulogius fragend an. Die beiden hatten gerade das Dormitorium und die Wärmehalle verlassen, wo der Graf, zur Erbauung der Gefangenen, eine seiner beliebten Séancen gegeben hatte. Nun schlenderten die Freunde über den Hof, um sich vor dem letzten Appell die Beine zu vertreten. Es dämmerte schon, längs des Schieferdachs der Abteikirche zog sich ein rötlicher Streifen, der einen matten Widerschein auf die Pilaster des Kreuzganges warf.

»Unsere arme Vernunft steht ziemlich blöde vor diesen Phänomenen, nicht wahr?« sagte Jacques. »Woher wußte er, daß ich ein Muttermal auf der Schulter habe und daß deine Schwester ins Wasser gegangen ist? Oder hast du ihm einmal davon gesprochen?«

»Mit keiner Silbe.« Es war Eulogius vollkommen unbegreiflich, wie Merville gerade dieses bedrückende Ereignis seiner Jugend hellseherisch hatte erspüren können.

»Er muß über geheime Wissenschaft verfügen«, sagte Jacques in einem fast ehrfürchtigen Ton. »Sonst könnte er nicht so ins Schwarze treffen.«

»Willst du damit sagen, daß er doch mit höheren Mächten im Bunde steht?« spottete Eulogius. Aber der Spott wollte ihm nicht recht gelingen, schien doch der Graf die *Clairvoyance*, die Hellsichtigkeit im magnetischen Zustand, so schlagend demonstriert zu haben, daß er selber geneigt war, das behauptete Phänomen anzuerkennen. Gleichzeitig sträubte sich alles in ihm gegen eine solch vernunftwidrige Annahme.

Er ließ den Ablauf der Séance vor seinem inneren Auge noch einmal Revue passieren. Einleitend hatte Merville vorausgeschickt, daß sich seinem hellseherischen Blick zwar auch zukünftige Ereignisse erschließen würden, doch da diese in der Gegenwart nicht nachprüfbar seien, wolle er sich damit begnügen, nur Aussagen über zurückliegende Ereignisse und über den Charakter der Probanten zu machen. Denn solches sei jederzeit nachprüfbar. Durch diese einschränkende Prämisse verlieh er seiner Kunst den Anschein des Seriösen und grenzte sich zugleich geschickt von der ›Luder-Konkurrenz‹ ab, wie er sie nannte, von den zahllosen Schwindelmystikern, Möchtegern-Wahrsagern, falschen Propheten und Beutelschneidern, die derzeit ganz Europa durchstreiften und mit dem Okkultismus eine einträgliche Industrie errichtet hätten. Seine Demonstrationen dagegen, so hob er hervor, dienten allein wissenschaftlichen Zwecken, nämlich der Erforschung und Manifestation der verborgenen Fähigkeiten des Menschen wie etwa der Clairvoyance, jener Fähigkeiten, die besonders im ›magnetischen und desorganisierten Zustande‹ der Seele zutage treten würden. Es war ein geschickter Prolog, der ganz im pseudowissenschaftlichen Vokabular des Magnetismus und Mesmerismus gehalten war und zugleich jeden Verdacht auf Bluff und Charlatanerie von sich wies.

Danach versetzte er sich selbst in eine Art Trance, indem er mit beiden Augen seinen Bauchnabel fixierte. Während dieser Selbstversenkung, die etwa fünf Minuten lang dauerte, legte sich eine weihevolle Stille über das Publikum. Dann hob er langsam den Kopf, sein glasig-starrer Blick und der verlangsamte Schlag seiner Lider zeigten an, daß er sich nun in jenem entrückten Zustand befand, in dem sich die ›divinatorischen Fähigkeiten‹

offenbarten. All seine Bewegungen hatten von nun an etwas Verlangsamtes, Verzögertes und Schlafwandlerisches an sich. Er forderte dann mehrere Zuschauer auf, ihm einen persönlichen Gegenstand – Taschenuhr, Tabaketui, Portemonnaie, Puderdose, etc. – auszuhändigen. Er werde nun, erklärte er, anhand dieser persönlichen Gegenstände, die das unsichtbare Siegel der Persönlichkeit ihres Besitzers trügen, die wichtigsten Bilder ihres Lebens in sich aufsteigen lassen. Dann nahm er sich jeden einzelnen Gegenstand vor. Zeitweise die Augen schließend, sie dann wieder forschend auf den jeweiligen Eigentümer richtend, schilderte er plastische Szenen aus dessen Vita, verband Jahreszahlen mit Ereignissen wie Geburt oder Tod eines Kindes oder Elternteils, Heirat, Beförderung. Er erinnerte an bestimmte Reisen, Krankheiten und Unfälle und machte verblüffend genaue Angaben über bestimmte zurückliegende Ereignisse. Manche Szenen, die er vor sich sah, malte er mit einer stupenden Genauigkeit und zahlreichen Details aus. Dann und wann ergriff er auch die Hand des jeweiligen Probanden, um in ihren Linien und Mustern zu lesen. Und fast immer wurden seine Aussagen von jenen bestätigt.

Mit größter Skepsis verfolgte Eulogius diese Experimente. Indes, je länger die Séance dauerte, desto mehr wuchs seine Verblüffung. Schließlich zeichnete Merville auf einem Blatt Papier die Handschriften mehrerer Zuschauer nach; nicht genug damit, erfaßte er hellseherisch auch die Handschriften und Schriftzüge längst verstorbener Familienmitglieder. Jedenfalls versicherten die Probanden, sie hätten ihre persönliche Handschrift sowie die jeweilige Handschrift ihres verstorbenen Vaters oder ihrer verstorbenen Großmutter auf dem Blatt Papier wiedererkannt, das der ›Meister‹ soeben unter ihren Augen beschrieben hatte. Es war unglaublich.

Endlich wollte auch Eulogius die Probe aufs Exempel machen; zu gerne hätte er den Magnetiseur, der hier als Hell- und Geisterseher auftrumpfte, coram publico blamiert und der Lächerlichkeit preisgegeben. Er trat nach vorne an den Tisch, vor dem Merville in tiefer Versunkenheit saß. Dieser nahm seine Hand und versenkte sich lange in das Muster seiner Linien, die er eingehend zu studieren schien. Dann sagte er mit einem theatralischen Seufzer:

»Sie haben als Jüngling einen schweren Verlust erlitten. . . . ein naher Verwandter? Ein Geschwister? Ich sehe ein verdunkeltes Zimmer vor mir . . . einen Sarg . . . jetzt einen Wald . . . nein, einen Fluß? . . . es ist Nacht . . . eine Uferweide? Im Gestrüpp liegt ein Toter, oder ist es eine Tote? . . . Kann es in der Dunkelheit kaum erkennen. . . . Ein Mädchen? . . . Ihr Mädchen? . . . Ihre Schwester?«

Eulogius stand wie vom Blitz getroffen, und wie benommen ging er zurück auf seinen Platz. Daß Merville gerade bei ihm derart ins Schwarze getroffen, damit hatte er zuallerletzt gerechnet. Woher wußte er, daß seine Schwester Marie ins Wasser gegangen war? Wie hatte er dieses Ereignis, das fast über zwanzig Jahre zurücklag, erspüren können? Es war unfaßbar, mehr noch: es war unheimlich. Trotz des magnetischen Vokabulars und des wissenschaftlichen Gehabes lag ein Hauch von Hexerei und Geisterbeschwörung über der ganzen Veranstaltung. Jedenfalls war der Mann eine Provokation für die gesunde Vernunft.

»Selbst wenn er ein Schwindelmystiker wäre«, unterbrach ihn Jacques in seinen Grübeleien, »wir sollten ihm dankbar sein, daß er uns in diesem Vorzimmer des Todes so gut zu unterhalten und abzulenken weiß.«

Die Glocke der Abtei-Kirche schlug neun. Die Kameraden begaben sich zum letzten Appell.

»Nun, Monsieur! Was sagt der gesunde Menschenverstand zu den Phänomenen, die ich heute abend demonstrierte?« Merville, der seinen schwarzen Seidenmantel gerade mit seinem scharlachroten Hausmantel vertauscht hatte, blickte seinen Mitbewohner herausfordernd an. Er wirkte von der Séance ein wenig erschöpft.

»Ich gebe zu«, sagte Eulogius, der sinnierend auf der Pritsche lag, »ich kann mir diese Dinge nicht erklären. . . . Woher wußten Sie die Sache mit meiner Schwester? Oder habe ich auch dies im Schlafe ausgeplaudert?«

»Nicht, daß ich wüßte.«

»Aber woher wußten Sie es dann? In den Linien meiner Hand steht es gewiß nicht geschrieben.«

Merville zog wieder sein faunisches Lächeln. »Sie sehen, es gibt Dinge zwischen Himmel und Erde, von denen sich unsere Schulweisheit nichts träumen läßt.«

»Oder waren hier Gaukelei und Betrug im Spiele?«

»Habe ich etwa irgendein verdächtiges Requisit benutzt?« Merville zog eine fast beleidigte Miene, als habe man seine Berufsehre verunglimpft.

»Allerdings nicht. . . . Ich wäre Ihnen sehr verbunden«, sagte Eulogius in fast bittendem Tone, »wenn Sie mir über dieses Phänomen Aufschluß gäben.«

Merville wandte sich zum Fenster. Die Hände auf dem Rücken gekreuzt, stand er eine Weile sinnend davor. Endlich drehte er sich ihm wieder zu und sagte: »Nun, wer weiß, wie lange wir noch unsern Kopf auf den Schultern tragen! ... Vielleicht sind Sie ja mein letzter Gefährte. ... Und warum sollten wir unsere Geheimnisse mit ins Grab nehmen!«

Eulogius war überrascht; das klang fast so, als wäre der ›Meister‹ bereit, ihm einen Blick in seine Hexenküche zu gewähren.

Der Graf nahm das silberne Etui mit dem Schnupftabak vom Bord. Dann ließ er sich in seinen Fauteuil sinken, lehnte sich bequem zurück und begann, den Tabak mit seinen wurstigen Fingern langsam zu zerbröseln.

»Just Sie, als Mann der Aufklärung«, begann er mit der gewohnten Nonchalance, »wären erstaunt, wenn sie wüßten, wie einfach, ja geradezu obszön das Prinzip ist, das der Geister- und Hellseherei zugrunde liegt, auch wenn seine Anwendung sehr viel Kunst, Geschick und Erfahrung erfordert. ... Und Sie müßten am Ende wohl zugeben, daß bezüglich unserer alten philosophischen Streitfrage, ob die Vernunft oder die Einbildungskraft mehr Einfluß auf unser Seelenleben haben, die besten Trümpfe in meiner Hand liegen.«

Da Merville noch immer im Konjunktiv sprach, hielt ihm Eulogius den Köder nun gleichsam unter die Nase. »Um mich davon zu überzeugen, müßten Sie mich diese Trümpfe schon sehen lassen!«

Der Graf kratzte sich hinter den Ohren; er schien noch immer unschlüssig zu sein. Dann sagte er mit komischer Resignation: »Nun, da Sie mir ja doch keine Ruhe lassen und anders nicht zu überzeugen sind ... Für einen eingefleischten Jünger der Vernunft indes dürfte es kein reines Vergnügen sein zu hören, wie leicht sich diese düpieren und manipulieren läßt!«

»Was hat es mit der Trance auf sich?« fragte Eulogius geradezu und mit Nachdruck. »Hat Ihnen die Trance vielleicht zur Hellsichtigkeit verholfen? Oder haben Sie diese nur simuliert?«

Merville nahm eine Prise Schnupftabak und sog sie umständlich ein. »Die Versenkung, die Trance, war in der Tat nur eine Schaustellung, um das Publikum in die gehörige Andacht zu versetzen und seine Glaubensbereitschaft zu stimulieren. Gilt es doch seit Pysegurs Entdeckungen als ausgemacht, daß die Clairvoyance besonders in den somnambulen und desorganisierten Zuständen der Seele hervortritt. Dieser schöne Aberglaube ist selbst in den aufgeklärtesten Kreisen, auch bei den Jakobinern, weit verbreitet. In Wirklichkeit gründet die sogenannte Clairvoyance auf einem ganz anderen Phänomen.«

»Und auf welchem?«

»Auf dem gleichen Phänomen der Suggestion, auf dem alle mesmeristischen Phänomene beruhen. Es ist ein Phänomen, das mich seit langem beschäftigt, als Empiriker wie als Forscher. Als Magnetiseur erfahre ich ständig, wie suggestibel die Menschen sind, besonders dann, wenn sie sich krank und hilflos fühlen. Wie leicht doch ihre Imagination sich beeinflussen und lenken läßt! Wer als Kranker zu einem Heilkünstler geht, der traut ihm wunder was an Heilkräften zu und wird alles tun, um seinen Glauben an ihn und seine Mittel bestätigt zu finden. Denn der Glaube ist die halbe Heilung. Darum konnte Cagliostros berühmtes Elixier, sein rotes Pülverchen, das angeblich aus der ›Materia prima‹ gewonnen wurde, solche heilkräftigen Wunder wirken. In Wirklichkeit war sein rotes Pulver ein harmloses Gemisch aus zerbröselter Heilerde, gefärbtem Zucker und einem Alkoholzusatz. ... Nicht anders ist es bei der Geister- und Hellseherei. Wer zu der Séance eines Geister- oder Hellsehers geht, der traut diesem wunder was zu und will nicht enttäuscht werden. Er wird im Gegenteil alles tun, damit jener Erfolg hat und die Evidenz der Phänomene beweist, an die er mehr oder weniger glaubt. Würde er dies nicht vom Hellseher erwarten, ginge er nämlich gar nicht erst hin. ... Und selbst wenn er wie Sie ein bekennender Jünger der Vernunft ist, so wird er sich doch gerne vom Gegenteil überzeugen lassen, nicht wahr?« Merville hielt einen Augenblick inne und rieb sich vergnügt die Hände.

»Trotzdem ist es mir rätselhaft, wie Sie aus den Gegenständen, die ihnen die Zuschauer aushändigten, auf bestimmte Ereignisse ihres Lebens schließen. Als ob Sie diese Begebenheiten aus dem Dunkel hervorziehen. Sehen Sie die betreffenden Bilder und Szenen denn wirklich vor sich, oder tun Sie nur so?«

»Zunächst mache ich nur allgemeine und unscharfe Angaben, die immer in Frageform gekleidet sind. Durch blitzschnelle Rückfragen bringe ich indes den Probanden zur Mitarbeit, die er meist auch bereitwillig leistet; sei es durch wörtliche Bestätigung oder Verneinung, sei es durch unwillkürliches Kopfnicken, Kopfschütteln oder Stirnrunzeln, sei es durch den sich verändernden Ausdruck der Augen oder eine unmerkliche Verfärbung des Gesichts, Blässe oder Erröten, ein leichtes Zucken der Mundwinkel, etc. - das Mienenspiel des Menschen ist ja wie ein offenes Buch für den, der darin zu lesen versteht. Meist steuert der Proband selbst dieses oder jenes Detail bei und ermöglicht es mir so, die ganze Szene oder das besondere Ereignis per Kombinatorik zu erraten. ... ›Eine Jahreszahl, ein feierliches Ereignis? Ich sehe ernste – oder heitere? – ja, heitere Gesichter, es gibt etwas zu feiern. Was ist es? Zwei Menschen, jüngere? Oder ältere? Ein Paar? Silberhochzeit der Eltern vielleicht? Jawohl, das ist es!‹«

Eulogius war perplex. »Heißt das, ich selbst habe Ihnen durch solche unwillkürlichen Gesten die nötigen Winke geliefert, aus denen Sie den ...« Er stockte.

».. . den Freitod Ihrer Schwester erraten konnten?« führte Merville seine
Frage zu Ende. »Die Antwort ist: Ja!«
Eulogius fühlte sich durch diese Erklärung keineswegs erleichtert, viel-
mehr war ihm jetzt erst recht unheimlich zumute.
»Sie haben mir um so bereitwilliger zugespielt, als es sich offenbar um ein
Ereignis handelt, das Ihre Seele noch immer belastet. . . . Im Grunde woll-
ten Sie, daß es endlich ans Licht kommt.«
Wieder fühlte Eulogius den forschenden Blick des Grafen auf sich ruhen.
Er wandte den Kopf beiseite, dann sagte er trotzig: »Ich brauche keinen
Beichtvater!«
»Aber eine Beichtmutter vielleicht.«
Die Spitze ärgerte ihn, doch wollte er Mervilles interessante Enthüllun-
gen jetzt nicht durch eine gereizte Replik stören. »Und was ist, wenn der
Hellseher einmal danebenhaut?«
»Oh, das ist auch kein Unglück«, sagte dieser gelassen. »Lange Erfahrung hat mich gelehrt, daß die Menschen fast immer bereit sind, auch unbe-
stimmte oder vieldeutige Aussagen des Hellsehers als ›treffsichere Beschreibung‹ zu werten und sogar falsche Aussagen selbst so umzudeuten, daß sie
mit den ihrigen übereinzustimmen scheinen. Wenn ich etwa zu einem Adeligen sage: ›Ich sehe Sie in einer Waldlichtung . . . oder ist es eine Wegkreuzung? Mehrere Kutschen. Sie sind in großer Gefahr. Ich höre Pistolenschüsse. Sehe Blut an ihrem Arm. Oder an ihrer Brust?‹, dann zielt dies
natürlich auf eine Duell-Situation, womit ich fast immer ins Schwarze treffe,
denn jeder zweite Adelige hat sich schon einmal duelliert. Aber auch einer,
der nur einen harmlosen Kutschenunfall an einer Wegkreuzung erlitten hat,
ist sofort bereit, diese Beschreibung trotz der Pistolenschüsse als ›genau
getroffen‹ anzuerkennen.«
Eulogius' Respekt vor diesem ausgefuchsten Menschenbeobachter
wuchs mit jeder Minute.
»Ihrem Kameraden Jacques gab ich hellseherisch kund, daß er ein Muttermal auf der Brust habe. Er bestätigte verblüfft, daß er tatsächlich ein Muttermal auf der Schulter habe. Es fiel ihm und den Zuschauern gar nicht auf,
daß ich ›Brust‹ und nicht ›Schulter‹ gesagt hatte. Dem Oberst Rochefort
suchte ich eine ›schreckliche Szene‹ ins Gedächtnis zu rufen, bei der es um
Mord und Blutvergießen in einem dunklen Walde ging. Bestürzt gab er zu
Protokoll, daß tatsächlich an jenem Tage ein Wilddieb in seinem Gehege ein
Rehkitz erlegt und abgestochen habe. Nun, ich gab ihm das Thema; er
selbst führte es aus. . . . Dem Marquis de Monsac sagte ich auf den Kopf zu,
daß er ›große Sorgen mit seinem Kinde habe‹. Ergriffen bestätigte er die

Richtigkeit meiner Aussage. Nach der Séance kam er zu mir und sagte mir, daß sein ›liebstes Kind‹, nämlich sein arabisches Vollblut, an einer schweren Verletzung leide. Ich hatte große Mühe, mir das Lachen zu verkneifen.«

Dafür ließ Merville jetzt seinem Zwerchfell freien Lauf, und sein Lachen war so ansteckend, daß Eulogius mitlachen mußte.

»Sie sehen – das eigentlich staunenswerte Phänomen ist die Glaubensbereitschaft und geistige Hörigkeit der Zuschauer. Sie sind so besessen von der Sucht, meine ›hellseherischen‹ Aussagen mit ihren Erfahrungen und Erinnerungen in Übereinstimmung zu bringen, daß sie die vielen Unstimmigkeiten und Divergenzen entweder glatt übersehen oder als *quantités négligeables* betrachten. Würden sie nur einen Moment aus ihrer quasi-religiösen Andacht und verzückten Feierlichkeit erwachen, sie müßten wahrlich über ihre eigene Blödigkeit vor Scham erröten.«

»Aber Sie genießen ja sichtlich Ihre Rolle dabei«, sagte Eulogius mit plötzlicher Schärfe, »genießen Ihre suggestive Allmacht über das entmündigte Publikum, nicht wahr?«

»Nun werden Sie bloß nicht moralisch, Herr Großinquisitor!« gab dieser im gleichen Tone zurück. »An meinen Séancen ist, im Unterschied zu den Ihrigen, noch niemand gestorben.«

Einen Augenblick kochte wieder die alte Feindseligkeit zwischen ihnen hoch. Indes bezähmte Eulogius seinen Ärger, denn seine Neugierde war noch längst nicht befriedigt.

»Wie kommt es, daß die jeweiligen Eigenschaften und Charakterzüge, die Sie erraten oder den Probanden aus der Hand lesen, von diesen selbst in der Regel für wahr erkannt werden? Sie können doch einem unbekannten Menschen nicht ins Herz blicken.«

»Wie Sie sehen, vermag ich es doch.« Merville reckte den Hals und setzte eine gespielt gravitätische Miene auf. »Im übrigen habe ich Ihnen schon genug von meinen Geheimnissen verraten.«

»Sie haben A gesagt, jetzt müssen Sie auch B sagen«, beharrte Eulogius. Doch mußte er den Meister noch mehrmals bitten, bevor dieser sich dazu herabließ, auch hierüber Aufschluß zu geben.

»Nun, hierbei spielt die Selbsttäuschung die entscheidende Rolle. Nur wenige Menschen verfügen über eine genaue Kenntnis ihres eigenen Charakters. Dieser ist meist durch Wunschbilder verdeckt, die sie sich von sich selber gezimmert haben. Diese Wunschbilder aber sind ziemlich universell, wenn auch je nach Geschlecht verschieden, und daher leicht erratbar. Diese beiden Phänomene – mangelnde Selbsteinschätzung und das Wunschdenken bezüglich des eigenen Charakters – mache ich mir beim Hellsehen und

Handlesen vorzüglich zunutze. Meist genügt es schon, die Menschen bei ihrer eigenen Eitelkeit zu packen und ihnen das, was sie von sich gerne hören und glauben wollten, als wirkliche Eigenschaft anzudichten – und der Erfolg ist gewiß. Ich habe es jedenfalls nie erlebt, daß eine männliche Person widersprach, wenn ich ihr aus den Linien der Hand einen wachen und regsamen Geist, Gerechtigkeitssinn, Zuverlässigkeit, Ehrlichkeit, Strebsamkeit und vielseitige Begabung herauslas. Habe auch nie einen Jakobiner und Patrioten widersprechen hören, wenn ich ihm einen untadeligen Bürgersinn, Tugend und Aufopferung für das allgemeine Wohl attestierte. Habe selbstredend auch nie eine weibliche Person widersprechen hören, gleichviel ob es sich um eine Gräfin oder Bürgersfrau handelte, wenn ich ihr eine außerordentliche Empfindsamkeit, große Hingabe- und Liebesfähigkeit, Selbstlosigkeit und Aufopferung für andere nachsagte. Schreibe ich einem Banausen Geschmack und Urteil in Dingen der Kunst zu, so fühlt er sich allemal richtig erkannt.«

»Sie sind mir eine Canaille!« rief Eulogius kopfschüttelnd aus. »Ich gehe wohl nicht fehl in der Annahme, daß Sie sich bei Ihren Séancen selbst am besten amüsieren.«

»Sonst würde ich mir wohl kaum die Mühe machen«, bestätigte Merville feixend.

»Aber Sie lesen ja nicht nur Charaktereigenschaften, sondern auch besondere und unverwechselbare Erlebnisse wie Unfälle, Krankheiten, Katastrophen etc. aus den persönlichen Gegenständen der Probanden oder aus ihrer Hand. Wie geht das?«

»Zunächst mache ich nur solche Aussagen, bei denen ich nicht allzu fehlgehen kann: ›Sie müssen als Kind einen heftigen Sturz erlitten haben.‹ Oder: ›Sie haben eine Narbe am Bein.‹ Bei den Männern der älteren Jahrgänge, die meistens im Kriege gewesen, treffe ich damit fast immer ins Schwarze. Bei Frauen erkenne ich gern Unterleibsbeschwerden, Gallen- und Magenleiden, Fallsucht oder Migräne – dies sind ja die häufigsten Frauenleiden.«

»Einem Herrn haben Sie genau die Ausstattung seines Kinderzimmers – bis zur Farbe der Tapete – beschrieben. Und haben doch dieses Zimmer nie gesehen.«

»Natürlich nicht! Aber haben Sie denn nicht bemerkt, wie alt jener Herr ist? Er steht im Greisenalter, und ich konnte mich darauf verlassen, daß sein Gedächtnis ebenso verblaßt ist wie die Tapetenfarbe seines Kinderzimmers. Gleiches gilt übrigens für lebensgefährliche Situationen im Felde, die ich Soldaten und Offizieren ebenfalls mit großer Genauigkeit hellseherisch auszumalen pflege. Man behält die Angst im Gedächtnis, die man in solcher Lage ausgestanden, nicht aber die genauen Einzelheiten, welche sie ausmachten. Denken Sie nur an die Katastrophen in Ihrem Leben! Sie werden feststellen, daß Ihre Erinnerung daran höchst lückenhaft ist.«

Eulogius sah wieder das Bild seiner toten Schwester vor sich, die aufgebahrt in der Kammer lag. Deutlich sah er die bleichen Lippen Maries, ihr aufgequollenes und entstelltes Gesicht, den um die Stirne gelegten Kranz ihres Lockenhaars. Aber an das Zimmer, an das Gesicht des Geistlichen, daran, wer sonst noch im Raume gewesen, was er mit der Mutter gesprochen, was er überhaupt an diesem und dem nächsten Tage getan, daran konnte er sich nicht mehr erinnern.

Er wandte sich wieder dem Grafen zu. »Und wie ist es Ihnen möglich, die Schriftzüge längst verstorbener Menschen nachzuzeichnen?«

Merville hob seufzend die Arme. »Sie sind ja schlimmer als die Hl. Inquisition!« Dann sagte er mit komischer Resignation: »Nun gut, bevor Sie mir meine Geheimnisse unter der Folter erpressen ...« Er wandte sich zu dem kleinen Schrank neben der Pritsche und zog aus der untersten Schublade jenes Blatt heraus, das er während der Séance mit verschiedenen Namen bekritzelt hatte. »Schauen Sie sich das Blatt einmal genau an!«

Eulogius betrachtete es. Verwundert stellte er fest, daß jeder Namenszug in einer anderen Schriftart verfaßt und daß keiner auf den ersten Blick ein deutliches Schriftbild ergab. Einzelne Buchstaben waren zwar deutlich geschrieben, der ganze Namens- und Schriftzug indes war so verwischt, verzogen und mit so vielen Schnörkeln und Buchstabenschleifen versehen, daß er kaum zu entziffern war.

Er begriff noch immer nicht.

Merville half ihm auf die Sprünge: »Verstehen Sie denn nicht? Jeder kann aus diesen unbestimmten Namenshieroglyphen das heraus- oder in sie hineinlesen, was er in ihnen lesen will. Selbst das gesunde und normale Auge geht dem vorgefaßten Glauben des Betrachters auf den Leim. Er sieht nur, was er zu sehen wünscht.«

Eulogius war sprachlos; daß so wenig Verlaß auf die eigene Wahrnehmung war, bestürzte ihn.

»Sie sehen«, resümierte der Meister und klappte sein Etui mit dem Schnupftabak wieder zu, »wie leicht sich die Vernunft, die Königin unseres aufgeklärten Zeitalters, täuschen läßt, wie trügerisch sogar unsere einfachsten Wahrnehmungen sein können, wie sehr unser Denken von unserem Glauben, unseren Wünschen, Einbildungen, Erwartungen und Eitelkeiten bestimmt wird. Ob wir nun an Geister- und Hellseherei oder an die großen

Ideen des Zeitalters glauben, wir sind stets bereit, unsere eigenen Wahrnehmungen, Erfahrungen und Erinnerungen Lügen zu strafen, diese im nachhinein zu berichtigen oder gar zu verleugnen, wenn sie im Widerspruch zu unserem Glauben und unseren vorgefaßten Meinungen stehen. Quod erat demonstrandum!«

Mit diesen Worten erhob er sich von seinem Fauteuil und legte sein Haarnetz an, das auf seinem Nachttisch bereitlag.

»Jedenfalls«, sagte Eulogius, der noch immer auf das Blatt mit den Namenshieroglyphen starrte, »bin ich noch keinem so ehrlichen Betrüger wie Ihnen begegnet.«

Der Graf korrigierte ihn mit amüsierter Miene: »Betrüger und Misanthropen sind die besten Kenner der menschlichen Seele, sagte schon Molière ... Übrigens bin nicht ich der Betrüger, die Menschen sind es, die sich mit größter Hingabe selbst betrügen. Ich mache ihnen nur den Impresario. Aber vielleicht verstehen Sie jetzt meine Skepsis gegen die Aufklärung und ihr wohlmeinendes Programm: den ›Aufbruch des Menschen aus selbstverschuldeter Unmündigkeit‹. Wie soll das gehen, wenn der Citoyen, auch der gebildete und aufgeklärte, so leicht der Suggestion eines fremden Willens und seinen Selbstsuggestionen erliegt? – Apropos, wenn meine Kunst auch auf Täuschung und Suggestion beruht, ihre Wirkungen sind, weiß Gott! harmlos, verglichen mit den mörderischen Wirkungen des politischen Magnetismus, der jetzt en vogue ist.«

Eulogius runzelte fragend die Stirn.

»Ich spreche von der *Propaganda*. Wie leicht suggeriert man uns nicht, dieser oder jener sei ein ›Ketzer‹, ein ›Verräter‹, ein ›Feind der Kirche, des Staates oder des Volkes‹ – und schon ist unsre eigene Wahrnehmung und Urteilskraft eingeschläfert. Selbst wenn uns der eigene Nachbar, Glaubensbruder, Parteifreund noch eben als untadelig und ehrenwert, als ein *bon citoyen* erschien, unter der Einwirkung der Propaganda werden wir uns bereitwillig an Eigenschaften oder Äußerungen von ihm erinnern, die ihn uns schon immer verdächtig machten. Auch für einen Volksstaat gilt: Wer die öffentliche Phantasie, in Sonderheit die argwöhnische Einbildungskraft der Massen zu erregen und in seinem Sinne zu lenken, zu manipulieren versteht, der ist ihr wirklicher Herr. Darum ist das ›souveräne Volk‹ ebenso eine Illusion wie die ›souveräne Vernunft‹ – da haben Sie einmal mein Credo, obwohl mir das Bekennertum eigentlich gar nicht liegt!«

»Ein sehr misanthropisches Credo«, sagte Eulogius, »und – wie mir scheint – nicht gerade von zwingender Logik. Denn die öffentliche Einbildungskraft läßt sich ja auch mit guten Gedanken oder gemäß ihrem

Terminus, mit positiven Suggestionen füttern. Sonst hätte es gar keine ›Erklärung der Menschenrechte‹, keine Revolution und keine Verfassung gegeben ... Aber für diesmal lasse ich Ihnen gerne das letzte Wort. Wenn Sie mir gleichwohl noch ein Kompliment gestatten: Sie sind sozusagen ein Aufklärer ex negativo.«

Merville rang abwehrend die Hände und sagte mit theatralisch leidender Miene: »Oh, bloß das nicht, tun Sie mir den Gefallen!«

3. Februar
Hatt' im Dämmer des Erwachens ein merkwürdiges Gesicht, das mich den ganzen Tag nicht losließ. Es begann wie ein schöner Traum, ein Liebestraum: Ich liege mit Sara umschlungen im Heuschober. Es ist wie damals in Hagenau. Wir sind beide nackt, sie trägt Weinlaub im Haar und duftet nach Heu und Honig. Wir küssen und liebkosen uns und sind einander ganz hingegeben. Doch auf einmal verändert sich die frische Farbe ihres Gesichts, es wird erst blaß, dann gelblich, dann grünlich, das Weinlaub im Haar sieht plötzlich aus wie Schlick und Schilf, ihre Wangen quellen auf, die Augen erstarren – und da ist es auf einmal Marie, die ertrunkene Schwester, die ich in meinen Armen halte. Vor Schreck lasse ich sie los und erwache.

Daß ich noch immer von Marie träumen kann, obschon alles so lange her ist. Da leugnen wir die Unsterblichkeit der Seele. Und die Geister der Toten finden uns doch.

XXVI. Der Weg in die Diktatur

Niemand von uns hätte geglaubt, daß die Republik, deren Proklamation im September 1792 wir begeistert begrüßt und gefeiert hatten und die wir im ersten Überschwange für unbesiegbar hielten, schon sieben, acht Monate später vor dem Ruin stehen sollte.

Vom Frühjahr bis in den Herbst 1793 hagelten ununterbrochen die Hiobsbotschaften auf uns herein und erschütterten die Gemüter. Für die blutjunge Republik ging es um Sein oder Nichtsein; dies begriff ein jeder, und alles schaute in banger Erwartung nach Paris, auf den Konvent, den einzigen Mittelpunkt, den das vom Bürgerkrieg zerrissene Frankreich noch hatte und der doch selbst wie paralysiert schien.

In den ersten Apriltagen erschütterte das Land die Nachricht vom Verrat des Generals Dumouriez. Der glorreiche Sieger von Jemappes und Abgott seiner Armee hatte sich nach der Niederlage gegen Belgien und Holland entschlossen, die Reste seiner Armee auf Paris marschieren zu lassen, um dort die konstitutionelle Monarchie wieder zu errichten. Er komplottierte mit den Österreichern und dem jungen Herzog von Orléans, Philippe-Égalité, der als Nachfolger Louis Capets vorgesehen war. Doch die Armee folgte ihm nicht. Sie wollte *dem Vaterland dienen und nicht einem Aufrührer und Meineidigen.* Dumouriez übergab daraufhin als Einstandspreis seine Gefangenen den Österreichern und überschritt selber die feindlichen Linien, auf den Spuren Lafayettes, der schon im Jahre zuvor ins Lager der Feinde übergewechselt war. Wer aber war schuld an diesem neuerlichen Verrat? Wer stand dahinter? Die Gironde! – hallte es durch das Land. Die Gironde! – hallte es durch die Gazetten. Die Gironde! – echote es zurück aus den Klubs. All jene, die ihr nahestanden oder mit ihr sympathisierten, schreckten zusammen.

Der Verrat Dumouriez' wurde pauschal der regierenden Gironde angelastet, denn er war ihr Mann, ihn hatte sie vorbehaltlos unterstützt. Die Revolution wollte niemals glauben, daß sie besiegt werden könnte, es sei denn durch den Verrat. Sie verfiel in die entsetzliche Krankheit, alles zu verdächtigen, nur noch Verräter zu sehen, gar sich selbst zum Verräter zu stempeln. Es begann jene dunkle Nacht, in der Frankreich mit seiner linken Hand die rechte packen und verwunden sollte im Glauben, den Feind zu verwunden. Der Verrat Dumouriez' und die Siege der vendéeischen Rebellen-Armeen waren das Todesurteil für die Gironde, und ließen die Gemäßigten im Konvent und in den Volksgesellschaften endgültig verstummen.

Im Nationalconvent zerreißen Hände von Vater- und Muttermördern euer Innerstes. Ja, die Conterrevolution sitzt in der Regierung! – hetzte Marat in Paris. Am 31. Mai ließ die Kommune die Sturmglocken läuten, und das Zentralkomitee der 48 Pariser Sektionen rief zu einer neuen *journée révolutionaire* auf, diesmal, um den Konvent zu belagern, bis die Ächtung und Verhaftung der Gironde-Oberhäupter erreicht war, die Robespierre der Komplizenschaft mit Dumouriez bezichtigt hatte. Angesichts dieser Erpressung durch die Kommune wendete sich die Stimmung im Konvent noch einmal zugunsten der Gironde. Da aber traf am Morgen des 2. Juni die jammervolle Nachricht ein, daß im aufständischen Lyon 800 Menschen und Patrioten ermordet worden waren. Girondistische Hände, wenigstens die Hände solcher, die sich hinter diesem Namen verbargen, hatten es getan. Bis dahin war die Gironde die Partei der Menschlichkeit gewesen, um die sich nach den Septembermassakern auch die meisten Konventsabgeordneten geschart. Nun, an ihrem letzten Tag, schien sie selbst blutbesudelt dazustehen.

Der Konvent wurde von zehntausend Nationalgardisten umzingelt. Ohnmächtig zog sich die Versammlung in den eben erst errichteten Sitzungssaal im Schloß der Tuilerien zurück und »beugte sich der Gewalt«. Sie verfügte, auf Antrag der Montagne, die Festnahme von 29 girondistischen Abgeordneten; kurz darauf wurden 60 weitere auf die Proskriptionsliste gesetzt.

Damals war ich geneigt, den Umsturz des 2. Juni, welcher der Auftakt zur Diktatur war, allein dem Gewaltstreich der Pariser Kommune und den Jakobinern anzulasten, die den Ungeist der Inquisition und des Ketzertums wieder in die Politik hineingetragen. Aus dem historischen Abstand betrachtet und nach reiflicher Prüfung der Frage *sine irae et studio*, fällt mein Urteil indes nicht mehr so glatt und eindeutig aus. Daß man auch durch Unterlassen und Laissez-faire *schuldig* werden kann, wie Eulogius mir vorgeworfen, dafür lieferte die Gironde in der Tat ein tragisches Beispiel. Ihre ganze Politik lag im Abwarten, im Verschieben und Vertagen der so dringend notwendigen Entscheidungen.

Aber die Vendée, der von England Geldmittel zuflossen, wartete nicht. Ihre furchtbare Armee, inzwischen von erfahrenen adeligen Offizieren angeführt, war auf 50-60 000 Mann angewachsen. Sie gewann Schlacht um Schlacht, hatte Angers, Anjou und Saumur genommen, war im Begriff, Nantes einzuschließen, und konnte auf der großen ›Straße nach Paris‹, die fast ohne Deckung war, ungehindert gegen die Hauptstadt marschieren. Und die Österreicher warteten auch nicht, sie rückten vor, ihre Reiterei konnte in vierzehn Tagen in Paris sein und ihre Pferde im Konvent an die Krippe binden. Die Engländer warteten auch nicht. Yorks Armee stand kurz davor, sich mit den österreichischen Truppen zu vereinigen, und ihre Flotte lag schon vor Dünkirchen.

Die Gironde hatte es weder verstanden, die Steuern beizutreiben, noch die Emigrantengüter zu verkaufen, um die leeren Staatskassen zu füllen. Sie hatte nichts zur Stützung des Assignats, noch Maßnahmen gegen die Warenhortung und die Spekulation ergriffen. Die Folge war: Die Löhne stiegen nicht, dafür aber der Preis der Lebensmittel, und es drohten weitere Aufstände des Elends und des Hungers, die das vom Bürgerkrieg zerrissene Land ins gänzliche Chaos gestürzt hätten. Die Gironde – gewiß nicht Verräter, aber es gab Verräter in ihrem Schoß; der Ruin der Republik – gewiß nicht ihr Wille, aber die absehbare Konsequenz aus ihren Halbherzigkeiten und Widersprüchen. Sie hatte dem feudalen Europa den Krieg erklärt, aber nicht verstanden, ihn auch zu führen. Unter ihrer Federführung hatte der Konvent dem Eigentum alle Freiheiten gegeben, aber gleichzeitig alle Forderungen des Volkes zurückgewiesen, das wirksame Maßnahmen gegen die Spekulation und den Wucher, den Hunger und das Elend verlangte.

Freilich – und dies war nicht weniger fatal! –, mit den Männern und Frauen der Gironde erstarb auch die erste Blüte des politischen Liberalismus: die Pressefreiheit, die Redefreiheit, all jene Werte, die mit der persönlichen Freiheit und der Unverletzlichkeit der Person verbunden waren. Während das Soziale bei den Montagnards und Jakobinern, war die Liberalität bei der Gironde aufgehoben. Mit der Ausstoßung und Vernichtung der liberalen Partei war die Balance der politischen Kräfte unwiederbringlich dahin. Der Konvent hatte sich selbst verstümmelt, sich gleichsam den rechten Arm abgehackt, um nun ganz unter die Gewalt seines linken zu geraten. Der 2. Juni begrub denn auch meine bis dahin gehegte Hoffnung, daß sich im zähen Ringen beider Konventsparteien endlich doch ein vernünftiger Ausgleich herausbilden würde zwischen den beiden großen Zielen und Prinzipien der Revolution: der Sicherung der individuellen Freiheits- und Bürgerrechte *und* dem Gebot der Gleichheit, das auch soziale Wohlfahrt und Gerechtigkeit mit einschloß.

Im Gegensatz zu mir jubelten Eulogius und seine Anhänger, inzwischen ganz auf die Bergpartei eingeschworen, der *journée révolutionaire* des 2. Juni zu. Auch im Straßburger Klub wurde das Klima nun immer unduldsamer und doktrinärer. Wer eine andere Meinung als die der siegreichen

Partei vertrat, wurde ausgepfiffen, nicht selten niedergebrüllt und galt als verdächtig. Ich zog mich mehr und mehr aus der Volksgesellschaft, die Eulogius gehörig auf Linie gebracht hatte, zurück.

Eherne Luft

Anfang August wurde Straßburg, das praktisch ohne Garnison war und dessen Lebensmittelvorräte nur für drei Tage reichten, in den Belagerungszustand versetzt. Denn nach dem Fall von Mainz und der Belagerung Landaus rückte die Front immer näher, und die Stadt konnte jeden Tag von den österreichischen Truppen, die General Wurmser – ein gebürtiger Elsässer – befehligte, angegriffen werden.

Das Alltagsgesicht der schönen Stadt an der Ill hatte sich sehr verändert: Die Schmieden auf den öffentlichen Plätzen, die neu errichteten Werkstätten, in denen Gewehre, Bajonette und Piken hergestellt wurden, die Glocken, die aus ihren Türmen herabstiegen, um alsbald eingeschmolzen zu werden und das Erz für die benötigten Kanonen zu liefern, die Särge, aus deren Kupfer und Blei man Kugeln goß, die Höhlen und Keller, in denen man nach Salpeter wühlte, das für die Herstellung von Schießpulver benötigt wurde – die ganze Stadt legte ihre Eingeweide bloß. Viele hundert Frauen, unter ihnen auch Sara, waren damit beschäftigt, in den öffentlichen Werkstätten oder in Heimarbeit Zelte und Uniformen für die Soldaten der Freiheit zu schneidern und zu nähen.

Zur militärischen Bedrohung kam der Hunger. Mangels Regen war die Ernte in diesem Sommer schlecht, viele Kornmühlen arbeiteten nicht mehr. Und die Soldaten der Rheinarmee, die auf die Weißenburger Linien zurückgeworfen waren, erhielten seit Monaten als Sold nur noch Assignate, deren Wert infolge der rasenden Inflation inzwischen auf den sechsten Teil ihres Nominalwertes gesunken war. Die elsässischen Bauern, Krämer und Kaufleute aber nahmen das Papiergeld wegen seines hohen Kursverlustes nicht mehr an und hielten ihr Korn und ihre Waren lieber zurück, als sie gegen Assignate oder zum Niedrigpreis der Requisition loszuschlagen. Nicht nur die Bevölkerung, auch die Armee hungerte.

Wir bangten um unsere Freunde in Mainz, von denen wir kaum mehr Nachricht erhielten. Welche Erleichterung, endlich unter den Flüchtlingsströmen aus dem Mainzer Gebiet und der Pfalz auch die vertrauten Gesichter Carl Clauers und Friedrich Cottas wieder zu erblicken und die Freunde in die Arme schließen zu können! Beide erschöpft vom Hunger und den Strapazen einer viermonatigen Belagerung bei ständigem Bombardement, traurig und desillusioniert über das Ende der Mainzer Republik, in die sie so große Hoffnungen gesetzt. Nur Daniel war, als Flügeladjutant und enger Vertrauter Custines, verhaftet und nach Paris transportiert worden. Und wir bangten mit Sara und der Familie um seinen Kopf. Würde er womöglich dasselbe Schicksal wie sein Chef erleiden, der wegen der Preisgabe von Mainz des »Verrats« angeklagt wurde?

Die Freunde und andere Flüchtlinge berichteten uns, wie die preußische und österreichische Soldateska in den eroberten Landstrichen und Dörfern des Rheinlandes und der Pfalz wütete, wie sie die republikanischen Gemeindehäuser mitsamt allen Akten, Dokumenten und Freiheitssymbolen zerstörte und wie barbarisch sie die dortigen Patrioten behandelte. Etliche Mainzer Klubisten, denen die Flucht nicht mehr gelungen war oder die bis zum letzten ausgehalten, waren bei der Einnahme der Stadt in Ketten abgeführt, einige sogar von den zurückkehrenden Aristokraten und ihren Helfershelfern gelyncht worden.

Nach solch aufwühlenden Berichten hatten wir wohl Grund zu der Furcht, im Fall einer Einnahme von Straßburg dasselbe Schicksal zu erleiden. Und man bedenke, daß Kaiser Franz I. alle deutschen Demokraten, die auf seiten Frankreichs kämpften oder für die französische Konstitution agitierten, in die Reichsacht getan hatte; das bedeutete: Wir waren vogelfrei, an Leib und Leben bedroht, falls man unserer habhaft werden sollte.

Noch etwas anderes trug, wenn auch mehr unterschwellig, zum Gefühl unserer Bedrohung bei: die unter den Einheimischen und in den Verwaltungen zunehmende Fremdenfeindlichkeit. Seit ganz Europa mit Frankreich im Kriege lag und die preußischen und österreichischen Heere auf französischem Boden standen, kam unter den Franzosen Mißtrauen gegen alle Ausländer auf – auch gegen erprobte deutsche Republikaner und Wahlfranzosen, wie wir es waren. Mit dem Einsetzen der nationalistischen Propaganda aber vertiefte sich spürbar der Gegensatz zwischen Elsässern und Ausländern, französischen und deutschsprachigen Jakobinern.

Eulogius indes, der sich in Frankreich, seiner Wahlheimat, gar nicht als Fremder fühlte, wollte nicht wahrhaben, wie sehr sich das Klima verändert hatte. Er ging jetzt ganz in der Rolle des öffentlichen Mahners, Antreibers und Wächters der Republik auf. Im Klub wie in seinem *Argos* schleuderte er ein bitterböses Pamphlet nach dem anderen gegen die *Muscadins und Kokotten, die Halbphilosophen und Gelehrten, die Neutralen und Moderierten,* als wäre er der neue Savonarola. Da er sich selbst in der Nachfolge Marats, in der hehren Rolle des Hüters und Hohepriesters des *Tempels der Freiheit* sah, glaubte er das Recht zu haben, seinen Bannstrahl gegen all jene zu schleudern, die nicht zum Opfer für das Vaterland bereit waren oder die sich nicht der reinen jakobinischen Lehre bequemen wollten. Besonders wetterte er gegen die

niederträchtigen Egoisten und die reichen Kaufmannsbuben, die, anstatt zu Felde zu ziehen, lieber sich mit erwucherten Assignaten loskaufen ... Wollt Ihr nur für Euch alleine leben, wollt Ihr nichts für Eure Brüder, nichts für den Staat tun?; so nennt Euch keine Menschen, nennt Euch keine Republikaner, sondern Spinnen, Kröten, Ungeziefer, Ungeheuer, und dann wartet des gerechten Gerichts, das Euch ausrotten wird ...

Schlimme Sätze und schlimme Drohungen, die sich nun in seinen Reden und Artikeln zu häufen begannen.

Er hatte kein persönliches Leben mehr, opferte es vielmehr dem anstrengenden Vorbild republikanischer und vaterländischer Tugend auf, das er zu verkörpern suchte. Die Arbeit im Gericht und in den diversen Ausschüssen, die langen Sitzungen der Volksgesellschaft, die er mit vorbereiten half, und die Redaktion des *Argos*, der jetzt dreimal wöchentlich erschien, nahmen seine ganze Zeit und Energie in Anspruch. Auch die zahlreichen, aus Mainz und dem Rheinland geflohenen Patrioten gingen ihn ständig um Rat und Hilfe an.

So blieb ihm kaum Zeit für Besuche im Hause Stamm. Seit sich die Krise der Republik so bedrohlich verschärft, war auch die Zeit der Freiheitsfeste und der geselligen Soireen vorbei. Was Wunder, daß in einer solch eisernen Luft auch der Liebesgott seinen berühmten Bogen nicht mehr spannen will, da seine Pfeile doch fehlzugehen oder an den gepanzerten Herzen abzuprallen drohen. Zwar dachte er oft an Sara und ließ ihr hin und wieder kleine Geschenke und Billette zukommen, die aber kaum mehr den gewitzten und unbefangenen Ton von früher hatten. Wenn er manchmal zwischen einer Verhandlung oder Ausschußsitzung im Hause Stamm vorbeischaute, schien ihm Sara wohl freundlich und liebenswürdig wie sonst; doch wenn er sie in den Arm nahm, glaubte er zuweilen einen unmerklichen Widerstand bei ihr zu spüren; manchmal entwand sie sich auch unter irgendeinem Vorwand seiner Umarmung. Er wußte nicht warum, nicht einmal, ob seiner Wahrnehmung zu trauen sei, und wagte nicht, sie danach zu fragen.

Manchmal, wenn er im Gericht über seinen Akten saß, hob er den Kopf und rief sich den ein oder anderen Vers seiner lyrischen Gedichte in Erinnerung, welche ihm in glücklichen und müßigen Stunden in die Feder geflossen, als ihn die Musen noch küßten. Dann kritzelte er die erste Zeile eines Verses auf sein Notizpapier; doch meist blieb es dabei, die Fortsetzung gelang ihm nicht mehr. Justitia – dies fühlte er wohl – war keine Muse, sie glich eher einer eisernen Jungfrau, in der einen Hand die Waage der Gerechtigkeit, in der anderen das Schwert. Von dieser kamen ihm keine poetischen Inspirationen. Das Metrum fand er zwar noch, aber die Bilder blieben aus. Auf Stelzen kamen die Versfüße daher, ohne Schwingen, und was er hinschrieb, blieb formelhaft und konventionell, Sprachhülse ohne eigenen Gehalt oder noch schlimmer, war nur schlecht kaschiertes Zitat aus seinen früheren Gedichten. Auf dumpfe Weise spürte er wohl, daß er als Amtsträger und strenger Sachwalter des Gesetzes die Sprache der Poesie verlieren und sein anderes empfindsameres Selbst wie einen inneren Feind bekämpfen mußte, wenn er denn seinem Amte und seiner öffentlichen Rolle gerecht werden wollte; indes beruhigte er sich stets mit der Aussicht, daß er das Amt, zu dem ihn das Vertrauen der Patrioten bestellt, ja nur eine Zeitlang, nur für eine Interimsperiode ausüben werde, nur solange die Republik in Gefahr war.

Unter solch ehrlichen Stoßseufzern, die ihn hin und wieder überkamen, vertagte er die Angelegenheiten seines Herzens wie auch die Poesie *jusqu' au temps de la paix*, bis zur Herstellung des Friedens, eine Formel, mit der so manche Dekrete und drakonische Gesetze des Konventes endeten. Daß unter der eisernen Rüstung des Amtes und der Wächterrolle, die er übernommen, sein Herz sich zunehmend verhärtete und verkrampfte, das wollte er nicht gewahren.

Und Sara? Wie sah es in ihrem Gemüte aus? Ihr Tagebuch gibt hierüber keine Auskunft, da sie es in dieser Zeit ganz ruhen ließ und es erst nach Eulogius' Verhaftung wieder aufnahm. Als Hausarzt der Familie Stamm visitierte ich gelegentlich die kränkelnde Mutter und die bettlägerige Großmutter. Doch wenn ich mich bei solchen Krankenbesuchen auch nach Saras Befinden erkundigte, gab sie meist ausweichende oder beschwichtigende Antworten. Es fehle ihr an nichts, nur sei sie ein wenig erschöpft von der vielen Näharbeit, der täglichen Mühsal des Schlangestehens vor den Bäcker- und Fleischerläden und, wie alle Familienmitglieder, in großer Sorge um den verhafteten Bruder. Indes war ihr wohl anzumerken, daß ein heimlicher Kummer sie bedrückte, auch wenn sie darüber nicht sprach. Wo war nur, fragte ich mich betrübt, ihr schöner Humor geblieben, den wir alle so an ihr liebten? Ihrer begabten Zeichnerhand entsprangen auch keine Karikaturen mehr, sei es aus Mangel an Zeit, sei es, weil die ehernen Zeiten ihr die Lust daran verdorben und ihr die Freiheit genommen hatten, das vermeintlich Erhabene und Heroische per Satire zu vermenschlichen. Außerdem waren Karikatur und Satire, im Wort wie im Bild, längst verdächtig geworden.

Nur einmal, als wir über den Klub sprachen, machte sie ihrem Kummer und ihrer Sorge Luft: »Das ist das Schreckliche an der Revolution, daß sie jetzt, da ganz Europa gegen uns steht, soviel Heroismus von den Männern verlangt. Soviel Selbstverleugnung und Aufopferung, soviel Fanatismus und Haß ... Und wir Weibsbilder müssen zusehen, wie sie sich selbst das Herz abschnüren, damit sie in die eiserne Rüstung passen!« Sie sprach zwar von »den« Männern und Patrioten im allgemeinen, aber mir war klar, daß ihre Sorge vor allem dem einen galt, den sie liebte und den sie, so wenig wie ich, davor bewahren konnte, auf seinem gefährlichen Wege fortzufahren.

Parade mit dem Beil des Gesetzes

Mitte August wurde auch die »Maschine der strafenden Gerechtigkeit«, die seit der ersten Guillotinade in einem städtischen Schuppen lagerte, wieder hervorgeholt und damit unser Held einer neuen »Bewährungsprobe« ausgesetzt. Daß sich hinter dieser zugleich eine sorgfältig eingefädelte, gegen ihn gerichtete Intrige verbarg, bemerkte er erst, als der Skandal perfekt und er wieder einmal am öffentlichen Pranger stand.

Seit Anfang des Jahres amtierte als neuer Bürgermeister von Straßburg François Pierre Monet, ein gebürtiger Savoyarde, der schon seit seiner Kindheit im Elsaß lebte, Französischlehrer am Seminarium war und sein Franzosentum gerne betonte. Er war ein junger schöner Mann von 27 Jahren, gepflegtem Äußeren und einem knabenhaften Gesicht, das ein schwarzes Oberlippenbärtchen zierte. Seine Unschuldsmiene verriet kaum den kaltblütigen Intriganten, der er war. Er lebte recht bescheiden und war außerordentlich tätig. Doch schien er mehr Agent geheimer und weitausholender Pläne als Maire von Straßburg zu sein. Auf welcher Seite er eigentlich stand, wußte man nie; bald schmeichelte er dem Straßburger Patriziat, bald den Sansculotten, bald den Girondisten, bald den Jakobinern. Als geborener Opportunist wartete er immer so lange ab, bis entschieden war, welche Partei gerade obsiegt hatte. Seine Beredsamkeit war ohne Wärme, aber nicht ohne überredende Sophistik.

Eulogius war diesem ehrgeizigen Aufsteiger ein Dorn im Auge, einmal wegen seines großen Einflusses und Ansehens in der Volksgesellschaft, in der die deutschsprachigen Mitglieder die überwältigende Mehrheit bildeten, zum anderen, weil er ein Ausländer war. Monet hatte sich im stillen eine Hausmacht aufgebaut, die sich vor allem auf die Ergebenheit zweier französischer Jakobiner stützte: auf den Stadtkommandanten Claude Dièche, einen grobschlächtigen Haudegen, dem immer eine Alkoholfahne vorauswehte, der aber den großen Vorzug hatte, ein Intim- und Brieffreund Robespierres zu sein, und auf Anton Téterel, einen verarmten Edelmann, der bald Munizipalbeamter, bald Mitglied des Département-Direktoriums war. Im Unterschied zu dem aalglatten Maire, der vorzügliche Manieren hatte, trug Téterel, der ›Mann mit der großen Nase‹ (wie man ihn nannte), das Gepräge seines finsteren Gemüts im Gesicht. Wenn er auf der Tribüne stand, den breiten Mund verzog und vor sich hinstarrend, langsam und feierlich seine düsteren Orakelsprüche hersagte, so bemächtigte sich allemal ein Unglücksschauer der ganzen Versammlung. Einige Klubisten sagten von ihm, er würze seinen Patriotismus mit Arsenik.

Das französische Trio Monet, Dièche und Téterel, das hinter den Kulissen die Fäden zog, nahm schon bald die Leitung der Revolutionshandlungen in Straßburg fest in die Hand. Alle Übereilungen, alle Fehler und verhängnisvollen Schritte, die Eulogius beging, begünstigte Monet, wohl wissend, daß sie ihm früher oder später zum Verderben gereichen würden. Das Unangenehme, den Fluch der Revolutionshandlungen wußte er stets geschickt von sich abzuwenden und auf andere abzuwälzen. Es ist mir noch heute unbegreiflich, wie sich Eulogius von diesem jungen Parvenu so hat am Seil führen lassen.

Angesichts der zunehmenden Gefahr und der drückenden Versorgungsprobleme der Armee und der Bevölkerung wurde der Ruf nach »energischen Maßnahmen« nun auch im Elsaß immer lauter. Am 14. August verfügte der *conseil général* des Départements, im Einvernehmen mit den Volksrepräsentanten bei der Rheinarmee, Assignatenverächter und Spekulanten, Schieber und Hamsterer hinfort als »Feinde des Vaterlandes« anzusehen und sie »außerhalb des Gesetzes« (*hors la loi*) zu stellen, das heißt, sie nicht vor das bisherige Geschworenengericht zu bringen, sondern ohne Prozeß zur Todesstrafe zu verurteilen.

Monet wurde beauftragt, den neuen drakonischen Erlaß in Straßburg und allen Städten des Niederrheins öffentlich bekanntzumachen, und zwar unter Mitführung der Guillotine. Der junge Maire wußte natürlich, daß eine solche Demonstration die Erbitterung nicht nur des wohlhabenden Bürgertums, sondern auch der kleinen Händler, Kaufleute, Marktweiber und Krämer aufs höchste steigern mußte. Um sein eigenes Ansehen nicht zu schädigen und zugleich seinem verhaßten deutschen Rivalen eine Falle zu stellen, übertrug er dem Öffentlichen Ankläger die Verkündung des Beschlusses. Eulogius kam seiner Bitte nach, um die Wucherer und Assignatenverächter durch den Anblick der Guillotine einzuschüchtern.

Am 16. August, es war ein schwüler Tag, an dem hin und wieder kleine Sommergewitter aus dem bewölkten Himmel brachen, ritt er an der Spitze einer Abteilung Kavallerie und Infanterie durch Straßburg, wobei ihm die beiden Stadträte Jung und Edelmann bei der Mitnahme des Blutgerüstes assistierten. Die anderen Munizipalen glänzten durch Abwesenheit. An den wichtigsten Plätzen und vor den Kirchen machte der Zug jeweils halt, um nach Trompetenschall und Glockengeläut das neue Gesetz zu verkünden. Es war das erste Mal, daß Eulogius auf seinem Schimmel, den langen Schleppsäbel am Gurt, der fahrbaren Guillotine voranritt. Und es war ihm keineswegs wohl dabei; denn er ahnte, daß er mit dieser öffentlichen Demonstration einen unwiderruflichen Schritt getan und daß von nun an sein Name unverlöschlich mit dem Mordinstrument verbunden sein würde, welches einige Meter hinter ihm auf einem klapprigen Karren durch die Gassen gezogen wurde. Anders als am 30. März, da er den Zug der drei verurteilten Rädelsführer des Molsheimer Aufstandes anführte, begegnete er jetzt den eisigen Mienen und feindseligen Blicken der Bürger, die schweigend an der Gasse und vor ihren Haustüren standen. Denn diesmal galt die Drohung der mitgeführten Guillotine ihnen allen. Die Marktweiber und Krämer, die Bierbrauer und Fleischer, die sich durch das neue Gesetz besonders bedroht fühlten, ballten die Fäuste in der Tasche und verbissen sich die Flüche und Verwünschungen, die sie nur hinter seinem Rücken ausstießen. Eulogius indes parierte die feindseligen Blicke mit der gewohnten Effronterie. Es wurmte ihn nur, daß sich das Stadtoberhaupt und die anderen Munizipalen bei dieser öffentlichen Verkündigung nicht blicken ließen, so daß es für die Straßburger so aussah, als handele er aus eigener Machtanmaßung.

Nachdem der mehrstündige Umzug mit der fahrbaren Guillotine beendet war, gab er Ordre, diese bis zum nächsten Wochenmarkt, der auch von den Bauern und Händlern vom Lande frequentiert wurde, auf dem Straßburger Paradeplatz aufzustellen; denn es war schlechterdings nicht möglich, die Guillotine durch das ganze Département zu schleppen, wie der Erlaß es eigentlich vorgesehen hatte.

Am nächsten Vormittage suchte ihn Hans Jung im Gericht auf; er kam gerade aus dem Gemeindehaus und war in großer Aufregung. Im Magistrat sei die Hölle los. Der gestrige Umzug mit der Guillotine, wiewohl auf Weisung des *conseil général*, der Konventskommissare und des Maire Monet geschehen, habe die Ratsherrn zutiefst empört. Und er, Jung, der mit im Zuge geritten, habe die übelsten Beschimpfungen über sich ergehen lassen müssen. Monet aber habe jede Verantwortung für diese Maßnahme von sich gewiesen und sie dem ›notorischen Übereifer‹ des Öffentlichen Anklägers

438

angelastet. Dies betreffe auch seine Ordre, die Guillotine bis zum nächsten Wochenmarkt auf dem Paradeplatz aufzustellen.

Eulogius biß die Lippen zusammen, um nicht vor Zorn zu explodieren. Just Monet, der ihn förmlich bekniet, das neue Gesetz unter Mitführung der Guillotine zu verkünden, fiel ihm jetzt in den Rücken.

Einige Ratsherren, berichtete Jung weiter, behaupteten, der Öffentliche Ankläger habe auf eigene Faust gehandelt und stehe mit Frankreichs Feinden in geheimer Verbindung. Sie aber wollten nicht dulden, daß ein Fremder sie, die echten, uralten Straßburger so demütigen könne, und verlangten seine Verhaftung und die Durchsuchung seiner Korrespondenz. Auch habe der Stadtrat die sofortige Entfernung der Guillotine vom Paradeplatz beschlossen. Er solle sich vorsehen, warnte ihn Jung. Am besten übernachte er die kommende Nacht bei ihm.

Eulogius folgte dem Rat des Freundes. Als er am nächsten Morgen vom Hause Jungs in die Blauwolkengasse ging, traute er kaum seinen Augen: Just vor dem Eingang zum Gerichtsgebäude lag die zertrümmerte Guillotine, und zwischen den zerbrochenen Brettern und den zerhackten Pfählen des Blutgerüstes lag das blanke Messer sowie das durchschnittene Seil, an welchem es aufgehängt. Auf einem Stück Pappe aber, welches man zwischen die Trümmer der Guillotine gesteckt, standen in blutroter Farbe die Worte: WER MIT DEM SCHWERT RICHTET, WIRD DURCH DAS SCHWERT UMKOMMEN!

Er blickte sich um; kein Mensch war zu sehen, außer zwei, drei Wasserträgern und ein paar Hausfrauen, die um diese Zeit gewöhnlich die Gasse hinuntergingen. Er nahm die Fenster der Nachbarhäuser und dann die der gegenüberliegenden Häuser ins Visier, und sah, wie hie ein Kopf und dort ein Zopf, wie hie eine Haube und dort ein grinsendes Gesicht rasch hinter der Gardine verschwanden. Man beobachtete ihn, weidete sich an seiner Hilflosigkeit, machte ihn, den Öffentlichen Ankläger, zum Gespött der ganzen Stadt.

Bitterkeit ergriff ihn, von Zorn und Ohnmacht begleitet. Er stieg über die Trümmer des Blutgerüstes, wobei er, als wolle er selbst dem Gespött noch die Krone aufsetzen, beinahe über das Messer stolperte, das man direkt vor dem Eingange plaziert hatte. Zwei Stufen auf einmal nehmend, hastete er die Treppen hinauf. Kaum in der Tür seiner Dienstwohnung, fiel ihm Marianne schluchzend um den Hals. Wäre er die letzte Nacht hier gewesen, stieß sie unter Tränen hervor, dann hätte man ihn gelyncht.

Nachdem er die Schwester ein wenig beruhigt, erzählte sie ihm, was geschehen war: Kurz vor Mitternacht war ein erregter Volkshaufe die

Blauwolkengasse heraufgekommen, den Karren mit der Guillotine im Troß, welchen man vor dem Gerichtsgebäude zum Stehen brachte. Alsdann wurde das ganze Gerüst unter großem Gejohle und Gepfeife vom Wagen gekippt, mit Hämmern und Beilen zerlegt und zerhackt und das freigelegte scharfe Messer auf die Schwelle des Hauses gelegt. Der Haufe habe schließlich unter entsetzlichen Flüchen und Verwünschungen den Kopf des Öffentlichen Anklägers verlangt und gedroht, das Gerichtsgebäude zu stürmen oder in Brand zu setzen, wenn er sich nicht sofort zeige. Sie habe, allein hinter der Gardine kauernd, Todesängste ausgestanden. Später habe sie vom Fenster aus gesehen, wie sich erst die Stadtwache, sodann ein Trupp Nationalgardisten dem Haufe näherten, aber Stadtwächter wie Gardisten seien, ohne einzuschreiten, wieder abgezogen.

In stummer Verbitterung hörte Eulogius den Bericht seiner Schwester an; dann resümierte er im Geiste blitzschnell die Lage: Mit knapper Not war Marianne, und er nur durch Vorsicht und Zufall, den Lynchinstinkten des Haufens entgangen. Selbst die Stadtwache und die Nationalgarde hatten den Mob gewähren lassen. Der Maire Monet aber hatte ihm die alleinige Verantwortung aufgebürdet und ihn vor dem gesamten Magistrat zum Sündenbock gestempelt. Die gesammelte Wut richtete sich jetzt gegen ihn, nur weil er ein Gesetz öffentlich bekanntgemacht, an dem er nicht einmal mitgewirkt hatte. Nein, jetzt war es genug!

Er legte die Schärpe ab, die ihm um die Brust hing, löste den Gürtel mit dem Schleppsäbel, den er wortlos der Schwester übergab, dann knöpfte er langsam, am Halse beginnend, seinen grauen Rock auf: »Ich lege mein Amt nieder!«

Marianne sah ihn an, Erleichterung und Freude malten sich in ihrem Gesicht. Sie fiel ihm um den Hals.

Er begab sich sogleich in sein Arbeitszimmer, nahm hinter dem Schreibtisch Platz und tauchte den Federkiel ins Tintenfaß. Ohne ihn auch nur ein einziges Mal abzusetzen, setzte er sein Rücktrittsgesuch auf, adressiert an die beiden Konventskommissare Milhaud und Guyardin, die im Hôtel Darmstadt ihr Logis hatten. Er bat nicht, nein, er forderte die sofortige Entlassung aus seinem Amte und fügte eine kurze, scharf formulierte Begründung bei. Er bestreute das noch tintennasse Blatt mit Streusand, siegelte sodann den Brief und übergab ihn der Schwester, die ihn sogleich auf den Weg brachte.

Kaum war dies getan, war es ihm, als fiele eine unendliche Last von seinen Schultern. Er stand auf, warf die Arme über den Kopf und tanzte durchs Zimmer wie ein junger Bär, den man endlich von der Kette gelassen.

440

Er machte halt vor dem Büffet, holte Likörflasche und Schnapsglas heraus und schlürfte mit tiefen Zügen den köstlichen Eierlikör, den Marianne bereitet und der eigentlich nur für die Fest- und Sonntage bestimmt. Er füllte das Gläschen noch einmal nach, und mit dem süßlich-brandigen Saft, der ihm die Kehle hinabfloß, durchflutete ihn eine wohlige Wärme vom Bauch bis in den Kopf.

Er fühlte sich so erleichtert, so beschwingt, wie lange nicht mehr ... Soll das verfluchte Amt doch übernehmen, wer will! Er würde sich nicht mehr für andre vor den Karren spannen lassen ... Und wie glücklich wäre erst Sara über seinen Rücktritt vom Amte, das sich wie eine unsichtbare Mauer zwischen sie und ihn geschoben hatte! Nein, er mußte wirklich nicht immer an vorderster Front stehen. Es war doch genug, wenn er im Klub und in seiner Zeitung für seine Meinungen und Ansichten focht! Er war schließlich ein *homme de lettres*, ein *poeta laureatus*, ein Prediger, Publizist und Professor, der eine vortreffliche Feder führte. Konrad Celtis, Klopstock oder Schiller hätten ihren guten Kopf gewiß auch nicht hergegeben, damit andere mit ihm Kegel spielten ... Jetzt würde, jetzt konnte er sich endlich wieder der Literatur und den Musen zuwenden, die er so lange sträflich vernachlässigt.

Er ging an den Schreibtisch zurück und begann mit fliegender Feder einen Brief an Sara zu schreiben, um ihr seinen soeben gefaßten Entschluß mitzuteilen. Doch kaum hatte er den Brief beendet, trat Marianne ganz außer Atem ins Zimmer. Milhaud, sagte sie, dem sie sein Rücktrittsgesuch soeben überbracht, erwarte ihn ohne Verzug im Hôtel Darmstadt.

Milhaud, ein stattlicher Mann von mittlerem Alter, der einen Stehkragen trug und über dem blauen Rock die dreifarbige Schärpe des Konventskommissars, empfing ihn auf die freundlichste Weise. Er bat ihn, in einem Sessel Platz zu nehmen, und bot ihm sogleich ein Glas Weißwein an, Spätlese, die wohl aus einem elsässischen Weinkeller requiriert worden war.

Dann kam er sogleich zur Sache. Er habe von dem üblen Schaustück gehört, das der randalierende Haufe vorige Nacht vor dem Haus des Öffentlichen Anklägers aufgeführt, habe eine sofortige Untersuchung der Vorfälle veranlaßt und eine strenge Bestrafung der Rädelsführer verlangt. Auch die verleumderischen Gerüchte, die man im Magistrat über ihn ausstreue, seien ihm zu Ohren gekommen. Er habe bereits den Maire Monet zu sich zitiert und ihm ordentlich den Marsch geblasen. Von heute an – der Kommissar hob gebieterisch die Hand – stehe der *accusateur public* unter seinem persönlichen Schutz, dies aber bedeute: unter dem Schutze des Konvents. Darauf könne er sich verlassen wie der Teufel auf seine Großmutter.

Eulogius war perplex. Keine Rede von seinem Rücktrittsgesuch, das doch unter den Augen Milhauds auf dem Schreibtisch lag. Als ob dieser es mit Vorsatz ignoriere.

Die Ehre dieses hohen Schutzes, entgegnete er dem Volksrepräsentanten, wisse er natürlich sehr zu schätzen, doch er sei fest entschlossen, von seinem Amte zurückzutreten. Dann legte er noch einmal ausführlich seine Gründe dar: Daß er nicht in einer Umgebung amtieren könne, die ihm – ungeachtet seines unermüdlichen Einsatzes für die *heilige Freiheit* und die Republik und ungeachtet des Bürgerrechtes, das ihm von den konstituierten Gewalten feierlich verliehen worden – wegen seiner deutschen Herkunft auf das übelste verleumde. Gegen die Tatsache aber, daß er ein gebürtiger Deutscher sei, könne er sich nicht wehren.

Milhaud hörte ihn geduldig an und bekundete durch Geste und Miene so viel Anteilnahme, als habe er die Kränkung seines Mandanten am eigenen Leibe erlitten. Dann erhob er sich von seinem Sessel, umrundete den Schreibtisch und legte ihm wie einem Bruder den Arm um die Schulter: »Cher Compatriote! Ich verstehe dich und deine verletzten Gefühle sehr gut. Wäre ich an deiner Statt, ich würde wohl ähnlich empfinden. Nur, deine Gründe, deine gewiß guten und ehrlichen Gründe sind leider nicht ganz durchdacht. Ich meine: nicht zu Ende gedacht.«

Der Hohe Kommissar lehnte sich an den Schreibtisch und kreuzte gravitätisch die Arme. »Bedenke, Citoyen, wenn du jetzt von deinem verantwortungsvollen Posten zurücktrittst, zu dem dich das Vertrauen der Patrioten bestellt, würdest du unsere Gegner und die Feinde der Republik nur zu noch unverschämteren Handlungen ermuntern. Auch würdest du sie damit gleichsam ins Recht setzen: als schiedest du nur darum aus deinem Amte, weil man dich ertappt, weil man dich als einen Mann entlarvt, der tatsächlich mit den Feinden der Republik in geheimer Verbindung steht. So würden deine Gegner es drehen und wenden und deinem Rufe damit noch mehr Schaden zufügen als durch ihre jetzigen Verleumdungen.«

Eulogius stutzte. An eine solch perfide Auslegung seines Rücktritts hatte er noch gar nicht gedacht.

»Doch abgesehen von deinen Gegnern, die auch die unseren sind«, fuhr Milhaud fort, »was werden deine Anhänger im Straßburger Klub und die vielen Freunde, die du dir unter den elsässischen Sans-Culottes erworben – was werden sie wohl von dir denken, wenn du jetzt kneifst und dein Amt niederlegst? Bislang sahen sie in dir – und mit Recht – ein Vorbild an republikanischer Tugend, an Patriotismus und Kampfesmut. Fortan werden sie dich einen Hasenfuß schimpfen, der vor den reichen Patriziern und Geldsäcken den Schwanz einzieht, statt ihnen entschlossen ans Leder zu gehen und ihren Egoismus, ihre Raffgier mit dem Schwert des Gesetzes zu zügeln. Einen Deserteur, einen Fahnenflüchtigen werden sie dich nennen, der sein Vaterland in der Stunde der Not im Stiche läßt.«

Der Volksrepräsentant hielt in seiner Rede inne und schaute ihn prüfend an. Eulogius spürte, wie ihm die Hitze in den Kopf stieg. Feigling, Hasenfuß, Deserteur – diese Worte türmten sich wie bedrohliche Menetekel vor ihm auf, und er empfand den ersten Anflug von Scham und schlechtem Gewissen.

»Aber nicht nur deinem eigenen Ruf fügst du einen unwiederbringlichen Schaden zu, wenn du jetzt die Flinte ins Korn wirfst«, Milhaud dämpfte den eben noch vorwurfsvollen Ton zu einem melodramatischen Klageton, »dein Rücktritt wäre auch für das Département, ja, für die ganze Republik ein unermeßlicher Verlust. Denn was Marat für Paris war, das ist Euloge Schneider für Straßburg. Dafür hält man dich nämlich in Paris und im Wohlfahrtsausschuß. ›Der Marat von Straßburg ist nicht mehr!‹ wird man sagen. ›Er hat resigniert.‹«

Daß die Pariser Jakobinerführer eine so hohe Meinung von ihm hatten, vernahm Eulogius zum ersten Mal. »Es hätt' ja auch nicht viel gefehlt«, sagte er mit schmerzlichem Lächeln, »und ich hätt' gestern ein ähnliches Ende genommen wie der *ami du peuple!*«

»Was die Vorsehung verhütet hat ... Weißt du, was Robespierre höchstselbst mir bei unserem letzten Souper in Paris sagte, als wir über die elsässischen Angelegenheiten sprachen?« Milhaud hielt inne; dann setzte er eine bedeutungsvolle, ja, feierliche Miene auf. »Er halte den Citoyen Schneider in Straßburg *pour un homme providentiel*, für einen Mann, den das Schicksal gesandt hat! Und gäbe es in der gefährdeten Grenzprovinz noch mehr Männer seines Formats, bräuchte man nicht länger um das Elsaß zu bangen.«

Ein Schauer durchlief Eulogius; er fühlte förmlich, wie seine Ohren zu glühen begannen. Er wollte etwas Abschwächendes zu seinem Lobe sagen: er sei gewiß nicht der einzige, und es gäbe ja in Straßburg noch andere unerschrockene Patrioten. Aber das hohe Lob aus dem Munde des *Unbestechlichen*, den er schon lange aus der Ferne bewunderte und verehrte, verschlug ihm förmlich die Sprache. Nein! Wenn Maximilian Robespierre, der jetzt der erste Mann im Staate war, eine so hohe Meinung von ihm hatte, durfte er nicht demissionieren. *Ihn* und die Männer des Wohlfahrtausschusses, die jetzt auf der Kommandobrücke des vom Sturme gebeutelten Staatsschiffes standen, durfte er – bei seiner Ehre – nicht enttäuschen.

Milhaud, mit allen Wassern der Überredungskunst gewaschen, spürte wohl, daß es keiner weiteren Geschütze mehr bedurfte, um die wankende

443

Festung zu nehmen. Indessen war er taktvoll oder listig genug, um dem
Kapitulanten eine kleine Frist zu gewähren, damit er in Ruhe seine Entscheidung überdenken könne.

Schon während der Volksrepräsentant ihn zur Türe geleitete, wußte Eulogius, daß er nicht demissionieren werde. Doch stellte er sich noch renitent
und tat so, als habe er noch immer schwere Bedenken, in sein Amt zurückzukehren. In der nächsten Ausgabe seines *Argos* aber teilte er den Bürgern
Straßburgs und dem Zentralausschuß der Sektionen mit, daß er, aus Treue
zur Republik und zu seinen Grundsätzen, seines Amtes weiterhin walten
werde:

Was mich betrifft, so erkläre ich Euch im Angesicht des Höchsten Wesens,
daß mein Herz keine persönliche Feindschaft, keine Selbstrache kennt,
daß meine Absichten rein sind, daß ich bereit bin, mich ganz für das allge-
meine Beste aufzuopfern; daß ich aber nie meinen Grundsätzen entsagen,
daß ich auf Vollziehung des Gesetzes unerbittlich bestehen, daß ich den
Feuillantisme, den Royalisme, den Wucher und die Falschheit bis an mei-
nen Tod verfolgen werde. Friede allen guten Bürgern! Krieg den Födera-
listen und Verrätern!

Den an Sara begonnenen Brief aber zerriß er – wenn auch mit einem klammen Gefühl in der Brust. Statt dessen schrieb er ihr ein kurzes Billet:

Schlechte Zeiten für die Poesie! Und für alle empfindsamen und liebenden
Seelen!
Glaub mir, auch ich würde Justitia gerne wieder mit Venus und den
Musen vertauschen. Aber solange Mars über uns herrscht, muß sich das
Herz in Geduld üben. Ich bitte dich, entlasse mich nicht aus dem deinigen.
Du würdest mich sehr unglücklich machen.

Ende August zog die Familie Stamm ins niederelsässische Städtchen Barr,
Ort der Distriktverwaltung, wo der Père Stamm zum Chef des dortigen
Steuerbüros ernannt worden war. Das schöne alte Fachwerkhaus in der
Geistgasse hatte verkauft werden müssen, weil die verschuldete Familie die
Hypotheken nicht mehr entrichten konnte. Zum Glück besaß sie noch ein
altes Anwesen und kleines Weingut bei Barr, im Tale vor Schloß Hoch-
Andlau, das nun ihr neues Domizil wurde. Sara war traurig über den Haus-
verkauf und den plötzlichen Wegzug – zum einen wegen der Trennung von
Eulogius und den Freunden, zum anderen weil nun aus ihrer Anstellung als

Lehrerin nichts wurde. Freilich hatten, angesichts des Belagerungszustandes der Stadt, auch die Pläne für das neue republikanische Erziehungswesen vertagt werden müssen, und es war diesbezüglich noch wenig ausgerichtet.

Die vollbepackte Droschke wartete schon vor dem Stammschen Haus. Als Eulogius Sara in die Arme schloß, war ihm sehr elend zumute.

»Paß auf dich auf«, sagte sie ernst, »sei nicht so strenge mit dir und deinen Mitmenschen! Und vergiß über der Revolution nicht dich selbst, dein eigenes Herz!«

Sie versprach, ihm bald zu schreiben, ihn und die Freunde, sobald es ihr möglich, zu besuchen, sie sei schließlich nicht aus der Welt und Barr nur eine halbe Tagreise von Straßburg entfernt. Aber als sie dann in die Kutsche stieg und diese sich langsam entfernte, war es ihm, als zöge mit ihr auch jenes Versprechen des Glückes fort, das er schon vom ersten Tage mit ihr verbunden. Lange noch stand er mit verschwimmenden Augen da und winkte mit dem Schnupftuch, bis Saras blondes Köpfchen unter der weißen Haube samt ihrer winkenden Hand, die sie aus dem Kutschfenster streckte, hinter der ersten Straßenbiegung entschwanden.

Gleichwohl war er über ihren Wegzug auch in gewisser Weise erleichtert. Denn die hohe und harte Mission, die ihm als Gesetzeshüter und Jakobinerführer oblag, hatte – dies spürte er wohl – für ein junges Weib wie Sara, dem Parteienhader und Gewalt wesensfremd waren, kaum etwas Gewinnendes an sich. Aber auch für ihn selbst, so sagte er sich, sei es besser und seiner schweren Aufgabe gewiß zuträglicher, den Gegenstand seiner Liebe einstweilen in der Ferne zu wissen, sozusagen außerhalb jenes Bezirkes, in dem er das *Schwert der Gerechtigkeit* führte, so daß er auch nicht in Versuchung geriete, sich durch ihre Gegenwart und weiblichen Schmelz, durch ihre Bitten oder Tränen, diesem natürlichen Vorrecht und diesen Erpressungsmitteln des Weibes, in seinen Grundsätzen wanken und erweichen zu lassen. Schließlich hatte er bei Antritt seines Amtes geschworen, *keinen menschlichen Betrachtungen Einfluß auf sich zu erlauben, sondern nur dem Gesetze zu folgen.*

XXVII. Diskurs über die Ungleichheit

Es war nach Mittag und damit Ruhezeit in den Kammern des Dormitoriums. An seiner Meerschaumpfeife saugend, lag Eulogius auf seiner Pritsche. Das würzige Aroma des guten Tabaks, den Merville ihm zugesteckt, vertrieb ihm den schlechten Geschmack, der ihm von der dünnen Bohnensuppe geblieben war, die er soeben im Refektorium zu sich genommen. Er betrachtete seinen Mitbewohner, der dösend, mit geschlossenen Lidern in seinem Fauteuil saß, das schwere Haupt seitlich gegen die Schulter gelehnt, die Arme schlaff über der Lehne hängend, als ob er sich selbst in den magnetischen Schlaf versetzt habe; auf seinem Schoße lag ein aufgeschlagenes Buch: Rousseaus *Discours sur l'inégalité* (Diskurs über die Ungleichheit). Eulogius hatte nicht geglaubt, daß sein aristokratischer Mithäftling just an dieser fundamentalen Schrift der Aufklärung Interesse zeigen würde. Um so erstaunter war er gewesen, als dieser ihn bat, sie ihm für einen Tag auszuleihen.

Seit jenem Abend, da es ihm der ›Meister‹ verstattet, einen Blick in seine psychologische Hexenküche zu werfen, hatte sich das Klima zwischen ihnen erwärmt und den feindseligen Ton, der zwischen ihnen geherrscht, merklich herabgestimmt. Auch war der Graf wieder spendabel geworden und hatte ihm manch kleine Wohltat erwiesen: mal einen Likör, mal ein wenig Konfekt, mal eine Tasse Mokka, mal ein Päckchen Tabak. Bei aller Gegnerschaft – die wochenlange Gemeinschaft und gleiche Aussicht auf das Schafott hatten zwischen ihnen eine Art Kameraderie, ja, verquerer Sympathie gestiftet. Indes wurde er aus diesem Alten nicht schlau – halb fintenreicher Charlatan, halb philosophischer Satyr, halb konservativer Apologet seines Standes –, der ihn gleichwohl mit seinem Esprit und seinen provozierenden Schlüssen immer wieder zu überraschen verstand.

Merville hob das Haupt und blinzelte gegen die Februarsonne, die sich im Fensterglas brach und einen funkelnden Strahl auf seine breite, gefurchte Stirn warf. Kopfschüttelnd und mehr zu sich selbst murmelte er: »Zwei Sonnen am Firmamente – das gibt's nicht mal im Traum!«

Zwei Sonnen? ... Was war nun das wieder für eine Grille?

Merville setzte sich aufrecht und streckte die Glieder. »Ich habe den ›Diskurs über die Ungleichheit‹ gelesen. Für euch Jakobiner ist er ja eine Art Heiliger Schrift, nicht wahr?«

»Und – was mißfällt Ihnen daran?« Eulogius war in der Tat neugierig, welche Einwände der Graf gegen diesen berühmten Diskurs vorbringen würde, der für sein eigenes Denken und Handeln so grundlegend geworden.

Mit verdrießlicher Miene nahm dieser das Buch von seinem Schoß, klappte es zu und legte es auf den Tisch: »Eben dies ist das Dilemma der Revolution: Sie wollte das Wunder wirken und zwei Sonnen zugleich aufgehen lassen – die Sonne der Freiheit und die Sonne der Gleichheit. Eine davon mußte untergehen!«

»Dieses Diktum müssen Sie mir schon erklären!«

Merville seufzte, als habe er sich einer lästigen Anstrengung zu unterziehen. »Da wir nun mal kein Billardzimmer hier haben, müssen wir eben philosophisch über die Bande spielen. Nun denn! ... Eine Republik, in der die Menschen im gleichen Maße frei wie gleich wären, ist ein Widerspruch in sich selbst. Leider hat unser großer Philosoph nicht bedacht, daß Freiheit und Gleichheit – mathematisch ausgedrückt – in einem umgekehrt proportionalen Verhältnis zueinander stehen: je mehr Gleichheit, desto weniger Freiheit; und umgekehrt: je freier ein Gemeinwesen ist, desto mehr werden sich die natürlichen Ungleichheiten zwischen den Menschen entfalten, die Unterschiede in den Begabungen, Talenten, physischen und geistigen Kräften. Der Faule und der Dumme werden es nie zu etwas bringen, wie der Staat auch beschaffen sein mag; der Strebsame, Fleißige, Begabte, Ehrgeizige, Rücksichtslose dagegen wird hochkommen und reich an Gütern, Ämtern und Ehren werden, wodurch immer wieder neue Ungleichheit entsteht. Zur Natur des Menschen gehört nämlich auch das Bestreben, sich voneinander zu unterscheiden, sich hervorzutun, anders und besser zu sein als der Mitschüler, der Nachbar, der Konkurrent. Ja, ich würde sogar gegen Rousseau die These stellen, daß das natürliche Streben der Menschen nach Ungleichheit stärker ist als ihr Streben nach Gleichheit. Ein Kopf ist eben nicht wie der andere, auch wenn heute einer wie der andere unter dem ›Messer der Gleichheit‹ fällt.«

»Erst wenn die Füße aller gleich hoch stehen, wird man sagen können, welcher Kopf höher ragt als der andere!«

»Ein hübsches Epigramm!« Merville nickte anerkennend. »Nur – warum sollten wir, wenn wir schon im Tode einander gleich werden, es auch noch im Leben sein wollen?«

»Mir scheint, Sie mißverstehen Rousseau! Unter ›Gleichheit‹ versteht er keineswegs ›Gleichmacherei‹. Er betont ausdrücklich, ›daß der Grundvertrag, anstatt die natürliche Gleichheit zu zerstören, im Gegenteil eine sittlich-rechtliche Gleichheit an die Stelle dessen setzt, was die Natur an physischer Ungleichheit unter den Menschen hervorbringen kann, und daß die

Menschen, die möglicherweise nach Stärke und Begabung ungleich sind, durch Vertrag und Rechte alle gleich werden!‹ Unter schlechten Regierungen ist diese Gleichheit durch Vertrag und Recht nur vorgespiegelt; sie dient nur dazu, den Armen in seinem Elend und den Reichen in seinem angemaßten Besitz zu erhalten. Bisher waren die Gesetze immer den Besitzenden nützlich und den Habenichtsen schädlich. Daraus folgt, sagt Rousseau, ›daß der gesellschaftliche Stand für Menschen nur vorteilhaft ist, soweit sie alle etwas besitzen und niemand zuviel besitzt‹.«

»Wenn das nicht Gleichmacherei ist!«

»Keineswegs! An anderer Stelle heißt es: ›Was die Gleichheit anbelangt, so darf unter diesem Wort nicht verstanden werden, daß das Ausmaß an Macht und Reichtum ganz genau gleich sei, sondern daß, was die Macht anbelangt, diese unterhalb jeglicher Gewalt bleiben und nur aufgrund von Stellung und Gesetz ausgeübt werden dürfe. Und was den Reichtum angeht, daß kein Bürger derart vermögend sei, sich einen anderen kaufen zu können, und keiner so arm, daß er gezwungen wäre, sich zu verkaufen. Du willst dem Staat Dauerhaftigkeit verleihen. Dann bringe beide Extreme soweit wie möglich zu Ende. Dulde weder Überreiche noch Bettler. Diese beiden Stände, miteinander gekoppelt, sind dem Gemeinwohl gleichermaßen verderblich.‹«

Merville starrte ihn verwundert, beinahe ungläubig an: »Sie zitieren Rousseau ja im Schlafe!«

»Gelernt ist gelernt. In meiner Klosterzelle hatt' ich ihn unter den Fußplanken versteckt.«

»Eine Art Lebenselixier also?«

»Ein Überlebenselixier!« verbesserte ihn Eulogius.

»Als Franziskaner mußten Sie das Gelübde der freiwilligen Armut ablegen, nicht wahr?«

»Ich mußte nicht erst, ich war ja schon arm.«

»Ich verstehe ... Nun, ich wurde auf der Sonnenseite des Lebens geboren, wuchs im väterlichen Schloß auf, habe Armut, Hunger und Elend nie kennengelernt. Während Sie im Seminar und in der Klosterzelle, im Schweiße Ihres Angesichts, die heiligen Texte büffelten, ging ich mit meinem Diener und meiner Mätresse auf Bildungsreise nach Italien. Das macht wohl einen Unterschied im Denken und in der Sicht auf die Welt ... Aber soll ich nun in Sackleinen gehen und mein Haupt mit Asche bestreuen, weil ich zu den Privilegierten gehöre?« Merville kreuzte die Arme vor der Brust und setzte eine solch theatralische Büßermiene auf, daß Eulogius lachen mußte.

»Im übrigen hat es immer Arme und Reiche gegeben – und wird es immer geben. Solche natürlichen Ungleichheiten lassen sich nun mal nicht aus der Welt schaffen. Und überhaupt: Wie sollen die Armen ohne die Reichen leben und ihr Auskommen haben? Gott oder Robespierre bewahre uns davor, die Henne zu schlachten, die goldene Eier legt!«

»Als ob«, konterte Eulogius, »die Kluft zwischen Arm und Reich, Besitzlosen und Besitzenden naturgegeben, gar eine gottgewollte Einrichtung sei! Erst die Einführung des Eigentums führte, wie Rousseau in seinem Diskurs nachweist, zur gesellschaftlichen Ungleichheit von natürlicherweise Gleichen. Den Naturvölkern und den meisten alten Kulturen war das Eigentum fremd. Der erste, der ein Stück Land eingezäunt hatte und dreist sagte: Das ist mein!, und so einfältige Leute fand, die das glaubten, wurde zum wahren Gründer der bürgerlichen Gesellschaft. Wie viele Verbrechen, Kriege, Morde, Leidenschaften und Schurkerei würde einer dem Menschengeschlechte erspart haben, hätte er die Pfähle herausgerissen oder den Graben zugeschüttet und seinesgleichen zugerufen: ›Hört ja nicht auf diesen Betrüger; ihr seid verloren, wenn ihr vergeßt, daß die Früchte allen gehören und die Erde keinem!‹ ... Nicht von ungefähr kommt das Wort ›privat‹ von lateinisch ›privare‹, und das heißt ›berauben‹!«

»Und jetzt wollt ihr die Pfähle wieder heraus- und die Zäune einreißen. Man sieht in Paris allerdings die traurigen Folgen dieses Appells: Raub, Mord, Diebstahl und Plünderung!«

»Was beklagen Sie sich! Sind nicht Armut, Hunger und Not die Ursache zu Raub, Plünderung und Gewalttat? Die Schatzkammern der Reichen mögen sich öffnen, die Menschlichkeit in ihre Herzen einziehen – dann werden die Armen auch das Eigentum achten. Man kann leicht keine Lust zum Diebstahl haben, wenn man dreimal soviel hat, als man zum Leben braucht.«

»Darf ich Sie daran erinnern, daß auch die Jakobinerverfassung die Rechte und Unversehrtheit des Eigentums ausdrücklich anerkannt hat.«

»Das war vielleicht ein Fehler, der zu berichtigen wäre.«

»Oho!« Merville reckte mahnend den Zeigefinger. »Das klingt mir nicht gerade nach Verfassungstreue, mein lieber Lykurgus vom Hl. Berge!«

»Auch eine gute Verfassung bedarf der Korrektur und Ergänzung; sie ist kein Text für die Ewigkeit. Nach meinem Dafürhalten sollten die Freiheits- und Menschenrechte ergänzt werden durch einschränkende Bestimmungen über das Eigentum; sonst sind sie – wie unter der vorigen Regierung der Gironde – nur für die Geldleute und Spekulanten da. Die Gewinnsucht, sagte schon Seneca, ist eine Schlange, die nirgends so gerne nistet als auf dem Boden der Republiken.«

»Kein Geringerer als Horaz riet den römischen Volksvertretern, erst nach Reichtümern zu streben, denn die Tugend komme erst nach dem Geld.«

»Rom ist bekanntlich«, parierte Eulogius, »am Verfall seiner Sitten und des republikanischen Gemeingeistes zugrunde gegangen; dieser Verfall aber war die Folge eines zügellosen Strebens nach Reichtum und Besitz, nach Luxus und Genuß; wodurch auch die Kluft zwischen Oben und Unten, Reich und Arm immer größer wurde ... Wenn das Volk einmal nichts mehr zu essen hat, sagt Rousseau, wird es die Reichen verzehren!«

»Oh, daran zweifle ich nicht!« Merville umfaßte mit beiden Händen seinen stattlichen Embonpoint und wog ihn wie eine Schwangere ihren Bauch. »Hieran könnte sich gewiß eine ganze Familie aus dem Faubourg Saint-Antoine ordentlich satt essen. Dabei habe ich längst auf meine alten Herrenrechte verzichtet und einen Teil meines Silbers und meiner Edelsteine auf den ›Altar des Vaterlandes‹ gelegt. Aber das hat wohl nicht genügt, mich vor der ›Republik der Gleichheit‹ zu rechtfertigen. Säße ich sonst in diesem Gefängnis? ... Da die Gleichheit offenbar nur auf Kosten der Freiheit zu haben ist, werden Sie wohl verstehen, daß ich letztere vorziehe. Anders gesagt: Für das höchste Gut der persönlichen Freiheit nehme ich gerne gesellschaftliche Ungleichheit in Kauf. Soviel zu Rousseaus berühmten ›Discours‹!«

»Das wundert mich nicht«, versetzte Eulogius spitz. »Für die Bewohner der Schattenseite – um eine beliebte Metapher von Ihnen zu gebrauchen – sieht die Sache freilich ganz anders aus: Dem Armen und dem Sans-Culotte nützt die verbriefte Bürgerfreiheit gar nichts, wenn nicht auch die Bürde seines Lebens erleichtert wird. Und dafür hat erst die neue, die Jakobiner-Verfassung die gesetzlichen Voraussetzungen geschaffen: *Die Volksunterstützungen sind eine heilige Schuld. Die Gesellschaft schuldet den notleidenden Bürgern den Unterhalt, sei es, indem sie ihnen Arbeit beschafft, sei es, daß sie denen, die arbeitsunfähig sind, die Existenzmittel sichert. –* Welcher Staat, frage ich Sie, hat je einen solchen Grundsatz anerkannt und die Fürsorgepflicht des Gemeinwesens für die Armen und Arbeitslosen in seine Verfassung geschrieben? Und wo, seit die Welt steht, wurden in kürzester Zeit so viele Maßnahmen zur allgemeinen Wohlfahrt ergriffen? Der Konvent bewilligt den Soldaten und ihren Witwen Pensionsgelder. Er nimmt sich der Findelkinder und der Waisen an, erzieht sie und nennt sie ›Kinder des Vaterlandes‹. Er unterstützt die Familien mit großer Kinderzahl. Er gründet die ›École de santé‹, befaßt sich mit dem Ausbau und der Reformierung der Hospitäler. Er ruft nationale Werkstätten ins Leben, damit Tausende von arbeitslosen Familien wieder in Lohn und Brot setzend. Er beginnt, ein gänzlich neues Erziehungswesen aufzubauen, elementarer und kostenfreier Unterricht auch für diejenigen, die bislang davon ausgeschlossen waren. Dies mögen in Ihren Augen ›Bagatellen‹ sein; für den Armen ist es ein Tigersprung der Geschichte! Nehmen Sie dazu das Gesetz über die Verkaufsbedingungen für beschlagnahmte Emigrantengüter! Es erlaubt deren Aufteilung in kleinste Parzellen und setzt damit auch Armbauern und Taglöhner in den Stand, sie gegen zehnjährige Ratenzahlung in Assignaten zu erwerben. Den Bauern wurden per Gesetz sämtliche Gemeindeländereien zurückerstattet, die ihnen seit dem 17. Jahrhundert von den Grundherren entrissen worden. Ein anderes Gesetz hebt alle ›Herrenrechte‹ entschädigungslos auf. – Der Landmann und der Sans-Culotte jedenfalls wissen, was sie der Jakobiner-Republik zu verdanken haben; darum sind sie auch bereit, die Republik mit ihrem Leben und ihrem Blute zu verteidigen.«

Merville ruckte unruhig in seinem Fauteuil hin und her, strich sich über Stirne und Schläfen und kratzte sich am Nacken. Der schroffe Wechsel von der hohen Ebene des philosophischen Diskurses, auf der sich leicht These und Antithese aufstellen ließ, in die ›Niederungen‹ des Politischen bereitete ihm sichtlich Unbehagen. Er brauchte eine ganze Weile, bevor er endlich zu einer Erwiderung fand:

»Natürlich neidet der gemeine Mann uns Blaublütigen und Wohlhabenden, daß wir uns all den Genüssen des Lebens hingeben können, die er ein Leben lang missen mußte: den Künsten, dem Luxus, dem verfeinerten Geschmack, dem schönen Geschlecht, den ausgedehnten Bildungsreisen, der Muße und dem Laster. Ihr Jakobiner aber begnügt euch nicht damit, die Prärogative und Privilegien des Adels abgeschafft zu haben, nein!, ihr sucht auch seine verfeinerte Kultur und Lebensart mit allen Mitteln zu verketzern und auszumerzen und an deren Stelle eine Gleichheit zu setzen, die alles nivelliert und zu einer entsetzlichen Eintönigkeit und Öde führen wird. Ich frage Sie: Wäre nicht der umgekehrte Weg ungleich humaner und glückbringender gewesen? Nämlich die privilegierte Kultur und Lebensform des Adels möglichst vielen Bürgern zugänglich zu machen? Erst wenn jeder Bürger in feiner Seide und Atlas gehen, jeder sich dem Luxus der Künste und der Bildungsreisen hingeben, jeder seinen Neigungen, erotischen Lüsten und Launen frönen kann, wäre für mich ein gesellschaftlicher Zustand erreicht, der die größtmögliche Freiheit mit dem Glück der Vielen verbindet.« Merville sah ihn mit einem fast verheißungsvollen Ausdruck an, als habe er soeben den Stein der Weisen gefunden.

451

Eulogius war überrascht, eine solch egalitäre Utopie just aus dem Munde eines Aristokraten zu vernehmen. Sie klang gar nicht übel, sogar recht verlockend und menschenfreundlich. Doch nach kurzer Besinnung sah er nur allzu deutlich den Pferdefuß.

»Es fragt sich nur, mein lieber Herr Epikureer, wer bei so allgemein gewordenem Lebensgenuß und Müßiggang noch den Acker und das Feld bestellen will? Wer wollte sich dann noch in den Werkstätten und Manufakturen schinden? Wer die Häuser und Paläste bauen? Wer die notwendigen und niederen Arbeiten verrichten? Wenn das Volk die Kultur der Aristokraten, ihre Muße, ihren Luxus, ihre verfeinerten Lebensgenüsse und Vergnügungen teilen soll, was erst einmal eine elementare Erziehung und Volksbildung voraussetzt, dann müßten die Aristokraten und Reichen gefälligst auch die Fron und Lasten des Volkes teilen. Wären Sie etwa dazu bereit? Haben Sie je von einem reichen Patron gehört, der einem Taglöhner oder Arbeiter, der sich zwölf bis vierzehn Stunden in den Werkstätten und Manufakturen schindet, auch nur für eine Stunde seine tägliche Bürde abgenommen hätte? Und wer hat denn die ganze Last des Krieges zu tragen? Die Sans-Culottes, die Sans-Culottes allein! Sie haben auf den Schlachtfeldern ihr Blut für das Vaterland vergossen, während sich die meisten Aristokraten samt ihren Mätressen und verflüssigten Vermögen davongemacht und die Reichen ihre fein erzogenen Sprößlinge, wo sie nur konnten, vom Militärdienst freikauften. So sieht die prosaische Wirklichkeit aus! Haben Sie je von einem Adeligen oder Reichen gehört, der für den Unterhalt der Witwe eines gefallenen Soldaten der Freiheit oder für die Erziehungskosten eines seiner Kinder aufgekommen wäre? – Ich nicht!«

Mervilles ebenso verdutzte wie ernüchterte Miene zeigte an, daß ihm solch ein Gedanke in der Tat noch nicht gekommen war. »Das ist eine ganz andere Frage«, sagte er mürrisch.

»Das ist die entscheidende Frage!« insistierte Eulogius mit Nachdruck. »Ich habe nichts wider verfeinerte Lebensart und epikureischen Lebensgenuß. Ich selbst bin ein Liebhaber der Poesie und der schönen Künste. Auch ich würde mich gerne den lieben langen Tag den Musen und den Bildungsreisen hingeben. Aber jeder soll nur die Früchte genießen, die er selbst erarbeitet hat. Wer von anderer Leute Arbeit lebt, von Renten oder ererbten Titeln, vom Zins und der Spekulation, ist ein Ausbeuter, ein Feind des Menschengeschlechts. Der Republik, von der Sie träumen, fehlt bei aller Liberalität das entscheidende Prinzip: das Prinzip der Gerechtigkeit! Das aber bedeutet, daß per Gesetz und Steuer dem einen das Überflüssige genommen und dem anderen das Notwendige gegeben wird, so daß endlich auch diejenigen Anteil an dem kolossalischen Reichtum haben, welche ihn erarbeiten, und wenigstens einige Bäche des großen Goldflusses in den Schoß der Armut laufen. Das ist die Republik, von der ich träume!«

»Aber die haben wir doch längst – diese Ihre Republik!« ereiferte sich jetzt Merville. »Der arme Mann kriegt doch, was er will ... Aber der Haken an eurer Republik der Gleichheit ist, daß sie nur durch staatlichen Zwang, nur durch eine Diktatur zu verwirklichen ist.«

»Man kann dem Armen nur geben, was man dem Reichen nimmt! Und da er freiwillig nichts hergibt, muß man ihn dazu zwingen – per Gesetz und durch eine strenge Gerichtsbarkeit, das ist nicht dasselbe wie Diktatur ...«

In diesem Augenblick pochte es laut an die Tür.

»Herein!« rief Merville.

Der Abbé F. trat ein, in der Hand eine Zeitung. »Pardon«, wandte er sich an den Grafen, »wenn ich Sie gerade bei der Mittagsruhe störe! Aber in den *Révolutions de Paris* ist Robespierres gestrige Rede vor dem Konvent in Auszügen zitiert.« In ironischer Verbeugung und mit unverkennbar frohlockender Miene, die Eulogius nichts Gutes ahnen ließ, neigte er den spitzen Eierkopf gegen ihn. »Darin ist auch von Ihnen die Rede! Wenn Sie sich selbst überzeugen möchten ... Da unten!«

Eulogius ergriff die bereits umgeschlagene Zeitung und überflog, einer bösen Vorahnung folgend, den bezeigten Absatz: ... *Niemals werdet ihr euch jene Exzesse vorstellen können, die von scheinheiligen Conterrevolutionären begangen wurden, um die Revolution in den Schmutz zu ziehen. Würdet ihr etwa glauben, daß in dem Land, wo der Aberglaube am schlimmsten gewütet, ... das Gerücht verbreitet wurde, man werde alle Kinder unter zehn und alle Greise über siebzig töten? Daß dieses Gerücht besonders in der ehemaligen Bretagne und in den Départements des Rheins und der Mosel verbreitet wurde? Das ist eines der Verbrechen, das man dem ehemaligen Öffentlichen Ankläger des Kriminalgerichts in Straßburg zur Last legt. Die wahnsinnigen Exzesse dieses Mannes stellen alles in den Schatten, was man je über Caligula und Heliogobal berichtet hat; und man möchte es kaum glauben, selbst wenn man die Beweise vor sich hat ...*

Eulogius traute kaum seinen Augen. Im ersten Moment glaubte er, es handle sich um eine Verwechslung oder um den üblen Auswurf eines Journalisten, aber nein, was er da las, war unverkennbar in Anführungszeichen gesetzt, es waren Zitate aus Robespierres gestriger Rede *Über die Grundlagen der politischen Moral;* sie kamen, kein Zweifel, aus dem Munde des höchsten Tugendwächters der Nation und waren gestern, am 6. Februar, coram publico im Konvent vor dem Forum der ganzen Nation ausgesprochen worden. – Fassungslos, im schwindenden Glauben, daß es sich vielleicht doch um eine Verwechslung handle, buchstabierte er das weitere Register seiner angeblichen Verbrechen: *... die Weiber für seinen Gebrauch in Requisition gesetzt ... sich sogar dieser Methode bedient, um sich zu verheiraten, ... sei Anstifter jenes Schwarms von Priestern, Adeligen und Intriganten, die plötzlich sich über den Boden der Republik verbreitet, um im Namen der Philosophie einen Plan gegen die Revolution zu schmieden ...*

Eulogius war, als ob er albträume mit offenen Augen.

»Nun, was ist?« Merville sah ihn gespannt an.

Er ließ die Zeitung sinken: »Sie haben unsre Wette gewonnen, Monsieur, ich werde wohl vor Ihnen das Schafott besteigen!«

Confessions (6)

7. Febr 1794.

Jetzt trage ich am hellichten Tag mein Totenhemd. Der Kopf sitzt mir noch auf den Schultern – aber nur auf Borg. Denn was habe ich von einem Konvent zu erwarten, der sich unter den Schlägen Saint-Justs und Robespierres duckt wie eine feige Hammelherde und geduldig sein ›Ja‹ blökt, sobald der Ausschuß einen der ihren unters Fallbeil fordert. Der Prozeß vorm Revolutionstribunal wird eine reine Formalie sein, wenn nicht noch ein Wunder geschieht.

Die Aristokraten und Priester auf dem Korridor zeigen mir unverhohlen ihre Schadenfreude. Der Abbé F. witzelt und spöttelt zum Plaisir seiner Kumpane: Robespierre sei wohl doch ein gottesfürchtiger Mann, denn er opfere jetzt, wie Abraham, den eigenen Sohn, seine eifrigsten Diener. Nur weiter so, dann stehe er selbst bald im bloßen Hemde da.

Habe den ganzen Tag fast nichts gegessen. Umsonst bot Merville mir seine Mahlzeit an. Dafür landete fast der ganze Vorrat seines Tabaks in meiner Pfeife. Jacques ließ mich nicht aus den Augen und gab mir hundert kleine Beweise seiner Freundschaft. Er weinte sogar an meiner Statt. Denn ich konnte nicht weinen, fühlte nur eine bleierne Müdigkeit in allen Gliedern. Erst als ich, in der Abenddämmerung am Fenster sitzend, die über den Dächern sinkende, sich immer tiefer verfärbende Sonne betrachtete und an Sara dachte, überfiel mich eine reißende Sehnsucht nach ihr, nach dem Leben, das mir jetzt genommen wird.

8. Febr.

Wundere mich über mich selbst, mit welcher Gleichmut ich mein öffentliches Verdammungsurteil hinnehme. Merville spottet schon über meinen Stoizismus. Nichts sei dümmer, als die Lippen zusammenzupressen, wenn man Schmerz leidet. Warum ich nicht schreie? Ich hätte wohl zuviel Plutarch gelesen. Aber Griechen und Götter schrien, wenn ihnen etwas wehe tat, nur Römer und Stoiker zogen die heroische Fratze.

Nein, ein Römer bin ich nicht, sondern ein Winzerbub aus einem armen fränkischen Flecken.

»Ihr Deutschen«, sagte er, als wir zusammen das Nachtmahl nahmen, »seid beherrscht bis in den Tod! Hat man euch als Kindern das Mitleid mit euch selbst und andern herausgeprügelt?«

Hab' ich ein Recht auf Mitleid mit mir, da ich keines hatte, keines haben durfte mit denen, die wir zum Blutgerüst führten? Und wer hatte Mitleid mit mir, wenn mich die harte Hand des Vaters strafte? Die Mutter, gewiß, aber was vermochte sie gegen den Vater? Wer litt mit mir, als ich mich, den Eltern Gehorsam schuldend, Verzweiflung im Herzen, für acht Jahre hinter Klostermauern lebendig begrub? Wann im Leben konnt' ich mir Mitleid mit mir selbst gestatten?

Pariser Abtei, den 9. Febr. 1794

Liebe Sara!

Gewiß hast du's schon aus den öffentlichen Blättern erfahren, daß Robespierre mich vor der ganzen Nation verdammt hat. Saint-Just und Monet haben ganze Arbeit geleistet, um mich beim Oberhaupt der Jakobiner zu verleumden. Mir ist, als hätt' mich der eigene Vater dem Henker ausgeliefert.

Ich kann mir wohl vorstellen, mein armes teures Mädchen, was du jetzt zu leiden hast um meinetwillen; und bin verzweifelt, daß ich dich nicht vor der Verachtung deiner Mitbürger beschützen kann. Ich lege dir meinen ›Brief an Robespierre‹ bei. Ich ließ ihn zum Druck befördern und schickte etliche Exemplare auch an die Sans-Culottes des Niederrheins. Du siehst, ich gebe nicht auf, tue, was ich in meiner eingeschränkten Lage nur tun kann. Bin's auch den Freunden schuldig, die als meine ›Mitverschworenen‹ verhaftet wurden. Mein Prozeß wird die Nagelprobe auch ihres Schicksals sein.

Es liegt ein Verhängnis über diesem ersten weltgeschichtlichen Aufbruch in die Freiheit und Gleichheit. Frage mich nicht warum, ich weiß keine Antwort. Vielleicht werden es spätere Geschlechter ergründen. Wie oft wird mir das Grübeln mit Federkiel und Tinte zur Folter! Mal drehen sich meine

Gedanken wie ein Mühlrad auf der Stelle, dann wieder jagen sie in wilder zügelloser Flucht davon wie ein geschlagenes Bataillon auf dem Rückzug. Nein, ich bin nicht mehr der, der ich war, vor ich das Amt antrat; auch nicht mehr derselbe, der dir Anfang Januar schrieb. Ich erwache allmählich aus der Leichenstarre der Empfindungen, zu der mich das Amt gezwungen.

Einzig die Frauen scheinen in dieser Zeit, da alle Parteien von der Wollust des Denunzierens besessen sind, noch ihren natürlichen Empfindungen zu folgen. Niemals vergaben sie ihre Gunst freigebiger als gerade jetzt, auch an diesem Orte des Schreckens. Täglich kommen welche von draußen, Angehörige und auch Nichtangehörige. Mitleid ist ihre einzige Waffe und ihr einziger Beweggrund. Wie oft hat man in diesem Jahrhundert die ›Stimme der Natur‹ zitiert! Und wie wenig haben wir verstanden, daß sie weiblich ist!

Auch schwangere Frauen sieht man hier, mehr noch solche, die es werden wollen. Denn laut Gesetz darf keine schwangere Frau guillotiniert werden. Letzte Nacht kam hier eine nieder. Das Wehgeschrei vom Frauentrakt, das bis in unsre Kammer drang, hielt mich lange wach. In der Frühe hörte ich dann das Neugeborene brüllen. Daß in diesem großen Wartesaal des Todes noch Leben geboren wird, kommt einem vor wie ein Wunder. Die Natur, die allmächtige, unbezähmbare, schlägt noch auf Gräbern Wurzeln.

Jüngst las ich wieder Senecas kleine Schrift *Über die Kürze des Lebens* – und dabei dacht' ich an uns, an mein schwerstes Versäumnis gegen dich: »Das Hinausschieben ist der größte Verlust für das Leben, es verzettelt immer den nächsten Tag, es entreißt die Gegenwart, indem es auf die Zukunft verweist. Das größte Hindernis für das Leben ist die Erwartung, die vom Morgen abhängt. Alles, was kommen wird, steht unsicher. Lebe für die Gegenwart! Immer der beste Tag aus dem Leben der armen Sterblichen fliehet zuerst!«

Wie oft habe ich nicht, im brütenden Gedanken an ein ungewisses Morgen, im Pläneschmieden und Werkeln der ach so vordringlichen, so heiligen Revolutionsgeschäfte, den Augenblick verabsäumt, wie oft nicht den Tag, die kostbare Gegenwart mit dir um der Zukunft willen mißachtet! Selten war ich ganz gegenwärtig. Mit dem Kopf immer im kommenden Reich, im Zukünftigen wie andere im Vergangenen. Dabei liebe ich dich besonders um dieser Fähigkeit willen: ganz da und gegenwärtig zu sein, ob beim Gespräche oder beim Zeichnen, ob beim Zubereiten einer Mahlzeit oder beim Feuermachen – und in der süßen, gliederlösenden Liebe. Wie leicht hätt' ich von dir ein Lächeln erhalten, wär' ich nur mehr für dich dagewesen! Hier in der Abtei, durch dicke Mauern und viele Tagreisen von dir getrennt, denke ich viel an dich, jeden Tag und jede Nacht, und leide darunter, daß ich kein Lächeln mehr von dir bekomme. Ach, könnt' ich dich einmal noch lächeln sehen!

Verzeih, Geliebte, aber wir Freiheitskämpfer und Visionäre sind, auch wenn wir es gerne wären, schlechte Epikureer und schlechte Liebhaber, stehen wir doch mit einem Fuß immer im Zukünftigen. Meine letzten Augenblicke wenigstens will ich nur noch für den Augenblick leben.

Freiheit und Vernunft schrieben wir groß. Aber was fordert Vernunft von dir? »Das Leichteste von der Welt: seiner Natur gemäß zu leben!« sagt Seneca. Wann konnt', wann durft' ich dies: meiner Natur gemäß leben? Im Jesuitenstift nicht, als Studiosus vielleicht, im Kloster nicht mehr. Und nach dem Kloster? Fühlte mich wohl zum Prediger, Aufklärer, Humanista und Freiheitsapostel berufen – das war meiner Natur gemäß. Dich zu lieben, war meiner Natur gemäß. Aber die letzte Rolle meiner Laufbahn zwang ich mir auf aus Patriotismus und Liebe zur Republik. Jetzt darf ich nicht einmal ›meiner Natur gemäß‹ sterben.

Indes hab' ich kein Recht mich zu beklagen. Die wir zum Tode verurteilten, kamen innerhalb vierundzwanzig Stunden aufs Blutgerüst – so wollte es das Gesetz. Im Vergleich zu ihnen bin ich reich an Zeit, und wenn's nur noch Tage sein sollten, und genieße das Vorrecht, vom Leben und von dir Abschied nehmen zu können. Daß ich nicht als Maschine mein Leben endige, daß ich wieder zum empfindenden und nachdenkenden Menschen geworden, eh' mich das ewige Dunkel umfängt, wenigstens dafür danke ich meinem Schicksal.

Ich gäb' alles drum, dich noch einmal in meinen Armen zu halten. Ist nicht die Liebe die Schwester des Todes, wie du in jener Nacht sagtest? Meine größte Angst ist, ungeliebt von dannen zu gehen.

Dein Eulogius

Aus Saras Tagebuch (7)

Barr, 11. Jan. 1794

An der Schranktür hängt noch immer der Bügel mit meinem Brautkleid (das gar nicht mein Maß hat, stammt ja auch dem Leihhaus). Fahre mit dem Finger über die weiße anschmiegende Seide, über das Brusttuch aus feinsten Spitzen, das er mir geschenkt. Wie fern schon der Tag, da ich es trug! Kann und will's aber nicht zurückbringen, obwohl es fünf Livres bringen würd. – Noch keine neue Naricht von ihm.

13. Jan.

Welche Ungeheuerlichkeiten man jetzt über E. verbreitet! Er habe die Revolutionstaxen und Strafgelder in die eigene Tasche gesteckt, die Töchter des

Volkes »in Requisition gesetzt«; es »dürste ihn ebenso nach Reichtümern wie nach Frankenblut« usw.

Daniel, die Mutter, die Tante – alle bedrängen, beschwören mich, ich solle mich von ihm lossagen, er habe doch nur mein Herz erpreßt. Er habe der ganzen Familie Schande gebracht, den guten Namen Stamm besudelt. Wenn auch nur ein Viertel von dem wahr sei, was man ihm vorwerfe, habe er das Schafott verdient. Auch sei die Ehe noch gar nicht vollzogen; nach dem Gesetz sei sie erst vier Tage nach dem Aufgebot gültig, da aber sei er ja schon verhaftet gewesen. Sogar Daniel, der selbst als Nationalagent für das Tribunal tätig war und viele Anhänger der alten Verhältnisse verhaften ließ, käut jetzt all die gemeinen Lügen und Denunziationen wider. Er habe den ›Österreicher‹ nie gemocht, ihm immer mißtraut. Dabei weiß ich doch, wie er zu E. aufgeblickt und ihn verehrt hat, wie stolz er darauf war, daß die deutschen Freunde, die jetzt alle in Haft sind, in unserem Hause verkehrten. Ach, welch abscheuliche Heuchelei!

Nur der Vater stimmt nicht in den Chorus ein; er kennt mein Herz und versteht mich. Aber ich seh, wie bedrückt er meinetwegen ist.

15. Jan.

Legrend, Capitän und Sekretär von Saint-Just, kam heute zu uns. Erst hat er den Vater vernommen, danach mich und machte sich über alles Notizen. Er quetschte mich aus, daß mir Hören und Sehen verging. Und drehte mir die Antworten im Munde um, damit ich das bestätige, was er hören wollte: daß E. den Vater mit der Verhaftung und der Guillotine bedroht, um seine Tochter von ihm zu erpressen, sie ›in Requisition zu setzen‹, wie man sonst Ochsen und Pferde requiriert. Man will, daß ich gegen meinen Mann aussage und seinen Henkern eigenhändig den Strick liefere. Nach der Vernehmung war mir speiübel. Gottlob blieb auch der Vater standhaft. Er wich kein Jota von seiner Aussage bei der ersten Vernehmung vom 27. Dez. ab.

18. Jan

Darf mich jetzt nicht von meinem Kummer besiegen lassen. Er muß vor dem Nationalgericht Gerechtigkeit finden. Ein Mann wie er kann, darf nicht untergehen. Und wär' er auch schuldig, wiegen denn seine vielen Verdienste um die Republik nicht schwerer als seine Schuld? Ach, was red' ich von seiner Schuld? Ich liebe ihn ja, bin seine Braut, sein unglücklich Weib, und niemand hat mich zu seinem Richter bestellt.

22. Jan.

Bin wohl das verachtetste Weib im ganzen Distrikt. Unsre Nachbarin, die Müllerin, macht einen weiten Bogen um mich, wenn sie meiner auf der Straße gewahr wird. Die Frau des Seifensieders tut so, als kenne sie mich nicht. Dabei hat sie mir noch an meinem Verlobungstag getrocknete Rosen vor die Treppe gestreut. Auf der Gasse zeigt man mit Fingern auf mich, schimpft mich ›Beelzebubs Metze‹, ›Henkers Braut‹ usw. Die Gassenbuben pfeifen hinter mir her und schneiden höhnische Grimassen. Caroline, die mich ins Städtchen begleitete, weinte ob all der Szenen und Äußerungen. Immer wieder fragte sie mich, warum die Leut so böse und häßlich zu mir seien, warum sie mich so verachteten. Verächtlich wäre ich nur, erklärte ich ihr, wenn ich jetzt, da alle meinen Mann zum T... wünschen, nicht zu ihm hielte. Das verstand sie wohl.

Wage mich ohne Begleitung des Vaters kaum mehr aus dem Haus.

27. Jan.

Hörte gestern von einem Weibe, das ihrem Mann freiwillig ins Gefängnis folgte, um sein Schicksal zu teilen. Möcht' mich am liebsten in die nächste Postkutsche werfen, die nach Paris geht. Aber für die Reise bräuchte ich außer dem nötigen Gelde auch ein certificat civique*. Sonst nimmt man mich am ersten Stadttor fest und expediert mich wieder zurück.

1. Febr.

Erwache in letzter Zeit immer wieder vom selben Alb: Ich laufe in furchtbarer Angst eine dunkle Gasse entlang, um vor einem Mann zu fliehen, der mich verfolgt. Im Laufen wende ich mehrmals den Kopf, um zu sehen, wie nahe er mir schon ist. Ich weiß, daß am Ende der Gasse ein anderer Mann auf mich wartet, der mich vor meinem Verfolger retten wird. Ich laufe und laufe und sehe ihn schon, am Ende der Gasse. Doch als ich näher komme, schon fast bei ihm bin, erkenn' ich mit Schrecken: der Mann, der da auf mich wartet und mich retten wird, ist derselbe, der mich verfolgt ... Ich weiß, daß ich ihn kenne, erkenn' sein Gesicht aber nicht.

Gestern kam ein Gemeindebeamter und fragte den Vater, ob er den Text des Aufgebots in den Registern wieder löschen soll. Der Vater wies ihm die Tür.

---

* Bürgerausweis zum amtlichen Nachweis der republikanischen Gesinnung. Wer keinen vorweisen konnte, galt als ›verdächtig‹ und konnte jederzeit inhaftiert werden.

6. Febr.
Als ich heut beim Metzger anstand, wichen die Hausfrauen zur Seite, als
hätt' ich den Aussatz. Der Metzger fragte in höhnischem Tone: »Was darf's
denn sein? Schweinskopf oder deutsche Blutwurst?« Er verlangte von mir
einen höheren Preis, als nach der Taxe erlaubt ist. Ich sagte, dies sei gegen
das Gesetz. Da grinste er frech und sagte: »Was tuts? Dein Mann ist weg –
da klettern die Preise!« Seit seinem Sturz haben die Preistreiber, Hamsterer
und Spekulanten Oberwasser, und das Volk darf wieder hungern.

9. Febr.
Ludwig schrieb mir von der Front, ich solle nur nicht den Mut sinken
lassen, wenn auch alle Welt jetzt über E. herfiele und ihn verleumde. Er
habe seinen Schwager privatim kennengelernt, er kenne seine redlichen
Gesinnungen und habe so vieles von ihm gelernt – nicht bloß betreffs
des Griechischen. Er sei gewiß, alles werde sich aufklären und E. vor dem
Pariser Tribunal Gerechtigkeit finden! Ach, wenn ich's nur glauben könnte,
da doch Robespierre ihn vor der ganzen Nation zum ›Ungeheuer‹ ausrief.

10. Febr.
Blätterte heut in seinen Schriften, die er mir geschenkt – und auf einmal
ward mir, als berühre ich seinen Nachlaß. Was hab' ich nicht alles von ihm
gelernt! Nach dem Vater und Friedrich war er es gewesen (›gewesen‹?
mein Gott!), der meinen Geist gebildet, geweitet, mir neue Horizonte eröff-
net, die meinem Geschlecht gewöhnlich verschlossen bleiben. Mit wie vielen Talenten hat die Natur ihn gesegnet! Aber er wußte nur zu gut, daß er sie
hatte. Und ging in unbeirrbarem Stolz und Trotz seinen Weg.

11. Febr.
Schrieb heute an Friedrich, der in der Pariser Conciergerie eines ebenso ungewissen Schicksals harret wie E. in der Abtei. Ob ihn mein
Brief wohl erreicht? Wie bitter muß es für Friedrich sein, als ›Mitverschworener‹ des Mannes eingekerkert zu werden, der sein Freund war
und dem er doch wegen mir nimmer gut sein kann? Schrieb auch an Marianne, die im Straßburger Seminarium inhaftiert ist. Sie bangt um den
Bruder, der ihr den Mann ersetzte, ich um den Mann, der mich als Weib
erkannte.
    Wir armen Weiber, die wir nichts als warten und warten können!

12. Febr.
Kaum ein Tag vergeht, da die Mutter dem Vater nicht bittere Vorhaltungen macht. Aus purem Eigennutz, warf sie ihm heute vor, habe er diesen ›gottlosen Bräutigam‹ willkommen geheißen, nur weil dieser keine Mitgift beanspruchte. Erst als ich ihr in bestimmtem Tone erklärte, nicht der Vater habe mir E. zum Manne bestimmt, sondern es sei allein meine Entscheidung gewesen, ich sei *aus Liebe* die Seine geworden, verstummte sie.

Und doch schaudert's mich, wenn ich dran denk, daß er noch nach dem Versprechen, das ich ihm gab, mehrere Menschen zum Blutgerüst führte. Ich begreif's einfach nicht. Wie kann er sein Herz nur so teilen: alle Liebe für mich und aller Haß den Verrätern und Gesetzesbrechern? Nein, ich darf, ich will mich jetzt nicht quälen mit solchen Fragen. Hab genug Kummer und Sorgen.

13. Febr.
Wie oft bat ich ihn nicht, von dem furchtbaren Amte zurückzutreten – und doch war alles vergebens. Was ist nur mit ihm geschehen, daß er so unerreichbar geworden, daß er sich taub stellte gegen all mein Drängen und Bitten?

Freilich, auch Friedrich und Carl, Jung, der feinsinnige Butenschön, Daniel und selbst der Vater, dieser Ausbund an Nachsicht und Gutmütigkeit, sie alle Republikaner mit Leib und Seele, sehen die revolutionäre Justiz als notwendig an, solange die Republik in Gefahr ist. Und waren denn nicht fast alle Freunde in die *terreurs* verstrickt, der eine mehr, der andere weniger, bevor sie verhaftet wurden? ... Haben sie denn nicht alle, im Auftrag des *comité de surveillance*, des Départements, der Überwachungsausschüsse etc. verdächtige Personen verhaftet, in den feindlichen Dörfern Geiseln genommen, mit der Waffe in der Hand die Requisitionen und Contributionen beigetrieben und dem Tribunal zugearbeitet? Wir sind im Kriege und Bürgerkriege, was zählt da ein Menschenleben!

Nein, ich hab' kein Recht, E. vor mir selbst zu verklagen. Bin ja nur ein Weib, sein Weib, das nichts versteht von den »revolutionären Notwendigkeiten«.

15. Febr.
Heute endlich ein Brief von ihm. Ein Abschiedsbrief. Las ihn, ich weiß nicht wie oft. Den ganzen Tag am Wasser gebaut. Ich muß zu ihm nach Paris. Kann ihn doch nicht allein lassen in seinem Elend. Aber wie soll ich reisen ohne *certificat civique*? Der Ausschuß verweigert ihn mir. Zähl schon all mein Erspartes zusammen. Vielleicht find ich ja einen Fälscher, oder es gelingt mir, einen vom Ausschuß zu bestechen.

XXVIII. Das Regime des Schreckens

»Der Traum der Vernunft gebiert Ungeheuer.« Dieses berühmte Wort des spanischen Malers Goya hat mich bei der Niederschrift dieser Blätter stets begleitet und beschäftigt. Je nachdem, ob man das Wort ›sueño‹ mit ›Schlaf‹ oder ›Traum‹ übersetzt, läßt es zwei verschiedene Auslegungen zu: Eine Gesellschaft, die noch nicht zur Vernunft und damit zum Bewußtsein ihrer besseren Möglichkeiten erwacht ist, gebiert Ungeheuer – wofür ja die Geschichte der Dynastien und Despotien weltlicher und geistlicher Art reichlich Beispiele bietet. Doch ebenso kann eine Gesellschaft, ein Staatswesen, das den ›Traum der Vernunft‹ auf seine Fahnen geschrieben und das Menschenglück mit Gewalt herbeizuführen sucht – nach dem Motto: ›Der Zweck heiligt die Mittel‹ –, ins Ungeheure entarten; wobei seltsamerweise die Zerstörung einhergeht mit der unverbrüchlichen Treue zum Geträumten und oft gerade von jenen betrieben wird, die in dem Wahn leben, sie seien die Bewahrer der heiligsten Güter der Menschheit. Dies war die neue, die bestürzende Erfahrung der Epoche.

Wie war es möglich, daß das, was einmal als rauschendes Fest der Brüderlichkeit begonnen, in die Selbstzerfleischung der Parteien, daß das eben gegründete republikanische Reich der Freiheit und der Menschenrechte in die robespierristische Schreckensherrschaft und, nach einem Übergang von nur wenigen Jahren, in die napoleonische Autokratie und die imperialistischen Kriegszüge des neuen Kaisers der Franzosen einmünden konnte? Selbst wir, die wir bewegte Augenzeugen und leidenschaftliche Mitakteure jener ungeheuren Ereignisse waren, welche nach einem jahrhundertelangen Schlaf die Welt des feudalen Europa aus den Angeln gehoben, begreifen noch heute kaum, warum sich der helle ›Traum der Vernunft‹ zuletzt in einen blutigen Nachtmahr verkehrte.

Den Terror moralisch zu verdammen, fällt dem Menschenfreund leicht. Doch für die Aufklärung ist damit nichts gewonnen. Den Ursachen einer solch mörderischen Exaltation des individuellen wie kollektiven Bewußtseins nachzuforschen, heißt freilich nicht, den Terror zu rechtfertigen. Auf diese Feststellung lege ich Wert.

»Wahnsinn bei Individuen ist selten«, sagt Calvin, »aber in Gruppen, Nationen und Epochen ist er die Regel.« Diese Regel, falls sie denn eine ist, gilt vor allem für junge Nationen und Freistaaten, die kaum geboren, sich in ihrer eben erkämpften Freiheit von innen und außen tödlich bedroht sehen.

Im Sommer und Herbst 1793 stand Frankreich militärisch am Abgrund: Die Nordarmee verloren, Mainz und der Rhein verloren, Landau belagert, der Feind vor den Toren des Elsaß. Und nun war auch das Schlimmste, seit langem Befürchtete, eingetroffen: Die Engländer und Österreicher marschierten *vereint* auf Paris, nachdem die Festung Condé dem Feind in die Hände gefallen und Valenciennes sich kampflos übergeben hatte. Die verbündeten englischen, österreichischen und preußischen Armeen, die von Basel bis Lille ca. 280 000 Mann unter Waffen hatten, konnten nunmehr bequem von Mainz über Straßburg und von Valenciennes über Soissons eine Art Sternmarsch nach Paris machen. In fünfzehn Tagesmärschen konnten sie vor der Hauptstadt stehen. Was Frankreich im Falle eines Sieges der Koalitionsheere erwartete, war klar und in den geheimen Memoranden der feudalen Kriegskabinette auch unmißverständlich ausgesprochen: lang anhaltendes Kriegs- und Besatzungsrecht, Wiedereinführung des Ancien Régime, blutige Abrechnung mit den ›Königsmördern‹ und dem Jakobinertum, Vasallenstatus und Annexion ihrer Grenzprovinzen.

Auf wen aber konnte sich die Regierung der Republik in der Stunde der nationalen Todesgefahr stützen? Adel und hoher Klerus waren ihr spinnefeind und konspirierten gegen sie, wo sie nur konnten; das besitzende Bürgertum war ihr gleichfalls feindlich gesinnt und wurde von konterrevolutionären Umtrieben nur abgehalten durch die politische Indifferenz von Leuten, die gewohnt sind, sich allein um ihr persönliches Wohl und ihre Geschäfte zu bekümmern. Das Kleinbürgertum, bedroht vom wirtschaftlichen Ruin, war vor allem damit beschäftigt, sich über sein bitteres Los zu beklagen. Die Sansculotten und Proletarier, durch Hunger und Elend an den Rand der Verzweiflung gebracht, bildeten die einzig verläßliche Stütze der Regierung, was diese wiederum zwang, ihrem Ruf nach ›radikalen Maßnahmen‹ Folge zu leisten, wollte sie nicht ihre treuesten Verbündeten verlieren.

Das größte Problem neben der militärischen Krise war: Wie sollte man das Volk ernähren? In Paris war jeder dritte ein Bettler oder ohne Arbeit. Fast jede Familie hatte ihren Ernährer eingebüßt; auch kein Sohn mehr da, um der Mutter beizustehen. Nach der *levée en masse*, dem Allgemeinen Volksaufgebot vom 23. August, mit dem Frankreich das erste Millionenheer der Geschichte aufstellte, waren alle jungen Männer beim Heer, an den äußeren Fronten oder in der Vendée. Viele Frauen, verlassen oder verwitwet, drängten sich halbtot vor Schwäche vor den Toren des Kriegsbekleidungsamtes, um ein wenig Näharbeit zu bekommen, oder vor den Rathäusern, um nach Brot zu rufen. Die Sansculotten, einzig so genannt, weil sie arm und demzufolge ›ohne Kniehosen‹ waren, hatten keine Meinung außer dem Hunger und suchten für ihr Elend nach immer neuen Schuldigen, die man nur unschädlich zu machen brauchte, um die Not zu wenden.

So kam es zu einer gefährlichen Verschiebung und Ausweitung der Feindbilder. Galten bis dahin vor allem die Adeligen, Royalisten und Kleriker als die gleichsam natürlichen Feinde der Revolution und der Republik, so wurden jetzt unter dem summarischen Begriff des »Aristokraten« auch die kaufmännischen und Finanzberufe betitelt, die man beschuldigte, die Revolution durch Hunger in die Knie zu zwingen und sich auf Kosten der Sanskulotten zu bereichern: der Bäcker, der seine knappen Mehlvorräte schonen wollte, der Fleischer, der selbst nicht mehr wußte, woher er das Schlachtvieh bekam, der Krämer und Kaufmann, der seine Ware lieber versteckte, als sie für wertloses Papiergeld herzugeben.

Wenn die Reichen aber nicht freiwillig bereit sind, ihren Beitrag zum allgemeinen Wohl und zur Verteidigung der Republik zu leisten, dann – so forderte der Sansculotte – muß man sie eben dazu zwingen. »Laßt uns eine revolutionäre Armee schaffen, die die Reichen zahlen macht und gleichzeitig die Armen im Zaume hält!« war die Losung der Jakobiner und Robespierres. Die Cordeliers dachten sich die Sache noch radikaler: Die ›revolutionäre Armee‹ sollte, mit dem Henker an der Spitze, ganz Frankreich durcheilen, richtend und hinrichtend, im Taumel hinreißend, im Schrecken bekehrend. Dann würde das Brot billig werden, die zitternden Bauern all ihre Scheunen, die Reichen ihre Geldschränke öffnen, und Frankreich, im Besitz all seiner Hilfsquellen, würde eine unbesiegbare Macht sein. Auch wenn die terroristischen Maßnahmen zuletzt von oben, durch Konvent und Wohlfahrtsausschuß, sanktioniert und de jure abgesegnet wurden, de facto kam der Terror von unten, aus der Masse des hungernden Volkes. Ich betone dies deshalb, weil sich die Nachwelt daran gewöhnt hat, den Terror für eine genuine Erfindung des Jakobinertums zu halten und ihn der »Blutrünstigkeit« seiner Führer anzulasten. Diese aber waren in mehr als einem Sinne Gefangene der sansculottischen Volksmassen und ihrer ungestümen Verzweiflung.

In den ersten Septembertagen rüsteten die Armen der Pariser Faubourgs zu einer neuen *journée révolutionaire*; es sollte die letzte sein. Abordnungen der 48 Pariser Sektionen marschierten zum Konvent, um diesem »die Wünsche des Volkes zu diktieren«. Ihre Losungen waren: Krieg den Tyrannen! Krieg den Aristokraten! Krieg den Accapareurs, den Aufkäufern! Sie besetzten den Sitzungssaal, und die Nationalversammlung beriet unter dem Druck des Volkes.

Am 4. September erließ der Konvent ein Dekret über die »Zirkulation der Assignate«, das diejenigen, welche das nationale Papiergeld diskreditierten, seine Annahme verweigerten oder doppelte Preise machten – in Assignaten und in Münzgeld –, mit drakonischen Strafen bis hin zur Todesstrafe belegte.

Am 9. September bewilligte der Konvent die Aufstellung einer »Revolutionsarmee« von 6000 Männern zu Fuß und 1200 Kanonieren, die auf dem Lande Getreide requirieren und für seinen Transport nach der Hauptstadt sorgen, die Aushebungen der Rekruten beschleunigen und die Reichen zahlen machen sollte. Es wurde ferner dekretiert, den Wohlhabenden eine Zwangsanleihe von einer Milliarde Franken aufzuerlegen, gestaffelt je nach Höhe des Vermögens.

Am 17. September nahm der Konvent, auf Vorschlag des Wohlfahrtsausschusses, mit nur einer Gegenstimme das *Gesetz über die Verdächtigen* an, wonach alle, die der Sicherheit der Republik gefährlich werden konnten, »bis zum Friedensschluß« in Schutzhaft genommen werden sollten.

Am 21. September wurde das Tragen der Nationalkokarde für alle Frauen zur Pflicht gemacht.

Am 25. September übergab der Konvent Robespierre die beiden Schwerter der Republik: die Justiz und die Polizei. Von nun an hing auch das Leben der Abgeordneten von Robespierres Menschlichkeit ab. Als Herr der Jakobiner, des Sicherheitsausschusses und des Revolutionstribunals konnte er nach Gefallen anklagen, verhaften und richten.

Am 29. September erging das Gesetz über ein ›Allgemeines Maximum‹, das Höchstsätze für alle wichtigen Verbrauchsgüter, Dienste und Löhne festsetzte und bei Übertretung schwere Strafen vorsah.

Mit den September-Gesetzen hatte das *Régime de la Terreur* nun auch seinen gesetzlichen Rahmen gefunden. Am 10. Oktober 1793 erklärte die Nationalversammlung die Regierung für »revolutionär bis zum Frieden«.

Die Gesetze sind revolutionär, erklärte Saint-Just, *die sie ausführen, sind es nicht ... Die Republik wird erst dann fest gegründet sein, wenn der Wille des Souveräns die monarchistische Minderheit unterdrückt hat und über sie nach dem Recht der Eroberung herrscht ... Man muß jene mit dem Eisen regieren, die nicht durch Gerechtigkeit regiert werden können.*

Die eben verkündete republikanische Verfassung wurde suspendiert, das Prinzip der revolutionären Autorität hatte den Sieg über die Wahldemokratie davongetragen.

Mit dem *Gesetz über die Verdächtigen* sollte sich der Konvent sein eigenes Grab schaufeln. Der Artikel 2 des Gesetzes definierte die Kategorie der

Verdächtigen so weitläufig, daß damit praktisch jedermann in Haft gesetzt werden konnte. In allen Städten und Gemeinden wurden nun systematische Verzeichnisse der »Verdächtigen« nach den vorgegebenen »Kriterien« angelegt. Etwa 50 000 örtliche »Revolutionsausschüsse« und »Überwachungskomitees« im ganzen Lande bemächtigten sich des absoluten Rechtes der Inquisition und der Beschlagnahme. Jeder heftige Streit unter Nachbarn, jedes kleinliche Revanchegelüst, jede gekränkte Leidenschaft, jede Begehrlichkeit, jeder Anfall von Neid oder Besitzgier konnte hinfort, als »patriotische Pflichterfüllung« getarnt, zu einer Denunziation des Nachbarn, des Nebenbuhlers, des Familienvorstandes, des politischen Rivalen oder des Konkurrenten im Geschäfte führen – und so geschah es auch, wie es die Praxis zeigen sollte.

Der nun allgemein werdende Gesinnungsterror sollte nicht nur Tausende von Menschen das Leben kosten, er führte auch zur Selbstlähmung des Konvents und zur Zerstörung der Ersten Republik. Die ruhmreiche Revolution, in welche die Welt ihre Hoffnung gesetzt, sollte durch Selbstmord verenden. Die Könige und Armeen Europas hätten das nicht vollbringen können, die Vendée ebenfalls nicht. Die Revolution allein war stark genug, sich selbst zu erwürgen.

Auf der Place de la Révolution, wo die Guillotine aufgebaut war, stand auch die gipserne Kolossalstatue der Freiheit, entworfen von dem Maler David. Sie nahm sich dort recht kläglich aus: der Regen hatte sie übel mitgenommen und ihr Antlitz bis zur Unkenntlichkeit verwaschen. Die ›Freiheit‹, derart verkommen zu Füßen des Schafotts – das war das wahre Bild der Zeit.

Eine Stadt zwischen Lethargie und Panik

Am 31. Oktober wurde Eulogius zu Saint-Just beordert, der seit seiner Ankunft in Straßburg im Ancien Hôtel du Petit Gouvernement logierte. Die Klubsitzung im *Spiegel* war gerade beendet. Ein gewittriger Himmel stand über der Stadt. Von den anhaltenden Regengüssen der letzten Tage war das Pflaster naß und glitschig, in den Stadtgräben stand das Wasser bedrohlich hoch. Die Straßen und Gassen waren so überfüllt, daß kaum ein Durchkommen war. Das Gewühle und Gedränge verlangsamte seinen Schritt, zumal ihm immer wieder schwerbeladene Fuhrwerke und Flüchtlinge mit ihren vollgepfropften Handkarren die Passage versperrten. Auch wurde er auf Schritt und Tritt von einzelnen Bürgern und Bürgerinnen angesprochen, in deren Mienen die Sorge, Entbehrung und Panik der letzten Wochen standen und die ihn mit ihren Fragen bedrängten, als sei er der

Doktor Allwissend: Wann die Kommune wieder Brot für die Stadtarmen ausgebe, wann es endlich wieder Fleisch zu kaufen gebe, ob die Österreicher schon in die Ruprechtsau vorgedrungen seien usw. Soweit er es vermochte, gab er knappe Auskunft. Manchmal hob er auch entnervt die Arme und ging rasch weiter, schließlich hatte er es eilig. Nur flüchtig erwiderte er den Gruß der Wasserträger und der jüdischen Händler, die ihre Kippkarren schoben und ihm hin und wieder etwas Anfeuerndes zuriefen, als hinge das Schicksal der bedrohten Stadt allein von ihm und seiner Tatkraft ab.

Seit der österreichische General Wurmser am 16. Oktober mit seinen Truppen die Verteidigungslinie bei Weißenburg durchbrochen, die französische Armee auseinandergesprengt und große Teile des Oberelsaß überrannt hatte, drängten sich Tausende von Flüchtlingen mitsamt ihrem Vieh, ihren Handkarren und Fuhrwerken in der Stadt. Das Landvolk war mit seinen brüllenden Rindern in die Festungen geflohen. Straßburgs Plätze waren überschwemmt mit Rüstwagen und dem ganzen traurigen Apparat einer geschlagenen Armee, einer Flucht vor Tod und Feuer. Der Feind war mit Riesenschritten näher gerückt, alles jammerte und schrie: Wir sind verloren!

Wahrlich, es hätte nicht viel gefehlt, und Straßburg wäre den Österreichern in die Hände gefallen! Die Elsässer wurden aufgerufen, sich zu bewaffnen und an die Grenzen zu eilen. Statt dessen waren Tausende von Bauern des Hagenauer Bezirks in die Wälder geflüchtet, um den österreichischen Soldaten die Hand zur Verbrüderung zu reichen. Auch wurden immer neue Fälle von Sabotage bekannt: Die Gießereien schickten funktionsuntüchtige Kanonen – Ausschußware. Gewisse Armeelieferanten lieferten Schuhe mit Sohlen aus Pappe, Tuch wie Löschpapier, Fourage und Lebensmittel, welche Tiere und Menschen vergifteten. Infolge von Schiebungen und Hamsterkäufen waren die Getreidevorräte Straßburgs nahezu erschöpft.

Und was taten in dieser Lage die verantwortlichen Munizipalen und Kommandeure? Nichts! Dièche, den Stadtkommandanten, sah man zumeist nur betrunken oder im Kreise seiner Buhldirnen. Keine Garnison, um die Wälle zu bewachen, dafür waren die Bordelle und Schenken bestens frequentiert. Zur Verteidigung der Stadt stand nur die Nationalgarde bereit und einige Kompagnien aus Flüchtlingen ohne Disziplin. Die Forts an den Grenzen waren in traurigem Zustand. Mancher Volksrepräsentant und Konventskommissar, der eigentlich über sie hätte wachen sollen, ergötzte sich mit Champagner und schönen Mädchen. Der Maire Monet und Téterel droschen revolutionäre Phrasen, und der Klub gab sich verzweifelten Klagen hin. Man schlug vor, die Freudenmädchen aus der Stadt zu entfernen, denen vor allem die schlappe Kampfmoral der Verteidiger des Vaterlands angelastet wurde. Und wieder einmal forderte man die Austreibung der Juden; als ob diese der Verteidigung irgendwie gefährlich werden könnten. Zwar brummten die Sturmglocken über das Land, Scharen bewaffneter Landleute zogen hin und her; in Straßburg bebte die Erde vom fernen Kanonendonner, aber all dies hatte keine Einheit und keine Lenkung, es war viel Lärmen um Nichts.

In dieser Lage hatte sich wieder einmal alles um ihn gedrängt, als sei er der einzige, der die Stadt noch retten könne. Allerdings war der bedrohten Grenzfeste nun nicht mehr anders zu helfen als durch Donnerschläge. So hatte er denn zur Feder gegriffen und in zwei Artikeln seines *Argos* die im Elsaß weilenden französischen Volksrepräsentanten frontal attackiert. Es war ihm klar, daß er damit seinen Kopf riskierte:

Was habt Ihr bisher getan? Nichts! Anstatt zu handeln, habt Ihr die Armee daran gehindert, sich zu bewaffnen! ... Der arme Bürger stirbt vor Hunger; der Soldat kann sich nicht einmal ein Omelett verschaffen ... Wollt Ihr das Vaterland ruinieren? ...Eure Unfähigkeit und Eure Nachlässigkeit fügen ihm größere Übel zu als die Kanonen der Österreicher!

Sein Aufruf schlug wie ein Mörser ein. In der Volksgesellschaft erhielt er stehende Ovationen und auf der Straße offenen Beifall dafür, daß er es gewagt hatte, die mächtigen Konventskommissare und »Abgeordneten in Mission« öffentlich anzugreifen und das auszusprechen, was viele Bürger in dieser zugespitzten Lage dachten. Gleichzeitig hatte er unmißverständlich nach der Radikalkur verlangt, die alleine noch helfen konnte: Ein Revolutionstribunal mußte her, damit den Schiebern und Hamsterern, den Preistreibern und Aufkäufern, den betrügerischen Armeelieferanten und Kollaborateuren endlich das Handwerk gelegt werde.

Am 20. Oktober war es dann endlich soweit gewesen. Die Volksrepräsentanten Lacoste und Mallarmé, von ihm noch eben öffentlich der Laschheit geziehen, ernannten ihn zum *Civilcomissar bei der Revolutionsarmee* und zum *Öffentlichen Ankläger* des beigeordneten Revolutionsgerichtes. Zu Richtern wurden Johann-Jakob Nestlin, Johann Daniel Wolff, Charles Taffin, und als *suppléant* (Stellvertreter) Etienne Pierre Clavel ernannt. Sie alle waren Mitglieder des Jakobinerklubs. Dem Öffentlichen Ankläger war auch die *Revolutionsarmee* unterstellt worden, eine Art Miliz mit polizeiähnlichen Funktionen, die vor allem bei dem störrischen Landvolke Lebensmittel requirieren und bei den reichen Bürgern Kontributionen eintreiben sollte. Allerdings war die martialisch klingende Bezeichnung »Revolutionsarmee« eher ein Witz; denn de facto bestand diese sogenannte »Armee« aus gerade mal fünfundzwanzig bewaffneten Reitern. Für den Zweck der Abschreckung reichte sie immerhin aus.

Während Eulogius sich durch das Getümmel der Straßen und Gassen kämpfte, registrierte er mit Genugtuung, daß die Auslagen der Bäcker- und Kramläden, vor denen Bürger und Uniformierte Schlange standen, jedenfalls nicht mehr so leer waren wie noch vor wenigen Tagen. Seit das Revolutionstribunal seine Arbeit aufgenommen und gleich in der ersten Verhandlung sechs Schieber und Geldschneider zur Zahlung von hohen Amenden und zu Gefängnis verurteilt hatte, wagten die Bäcker und Krämer es nicht mehr, ihre Vorräte zu verstecken oder in Assignaten fünffach überhöhte Preise gegenüber dem Münzgeld zu verlangen.

Als er endlich die Blauwolkengasse erreicht hatte, wo, gleich neben dem Gerichtsgebäude, das Ancien Hôtel du Petit Gouvernement lag, bemächtigte sich seiner eine gewisse Unruhe. Er fragte sich, warum er erst jetzt zu einem Tête-à-tête mit Saint-Just gerufen wurde, obschon dieser bereits seit einer Woche in Straßburg weilte. Hielt es der »Abgeordnete in außerordentlicher Mission« etwa nicht für nötig, die zur Sicherung der Stadt und des Elsaß nötigen Maßnahmen mit ihm, dem ersten Revolutionskommissar des Départements, zu besprechen und abzustimmen? Zwar hatte er hohen Respekt vor diesem starken Mann des Wohlfahrtsausschusses, der in einer Weise durchzugreifen verstand, wie keiner seiner schwächlichen Vorgänger es je gewagt oder vermocht hätte, und der endlich auch die Straßburger Geldsäcke zwang, ihren patriotischen Beitrag zu leisten. Kaum waren Saint-Just und Lebas in Straßburg eingetroffen, hatten sie sofort, als Ergänzung zum zivilen Revolutionstribunal, ein Militärtribunal installiert, das mit verräterischen Offizieren oder inkompetenten Kommandanten kurzen Prozeß machte. Und soeben hatten die beiden Prokonsuln per Erlaß den namentlich aufgeführten 193 reichsten Bürgern der Stadt eine Zwangsanleihe von neun Millionen Livres auferlegt, zahlbar innerhalb von vierundzwanzig Stunden, andernfalls sie *mit ihren Köpfen zahlen würden*. Zwei Millionen der eingetriebenen Kontributionen sollten an die Bedürftigen und an die Stadtarmut verteilt werden, eine Million war zur Befestigung der Wälle und Grenzforts bestimmt, und sechs Millionen sollten in die Kasse der Armee fließen.

Indes hatte auch ihm der Atem gestockt, als er den ersten Erlaß Saint-Justs und Lebas' las, der mit den Worten begann: *Wir führen mit uns das Schwert der Gerechtigkeit, das Beispiele von Gerechtigkeit und Strenge geben wird, wie man es noch nicht gesehen hat.*

Das ›Schwert der Gerechtigkeit‹ – in wessen Hand würde es fortan liegen? In seiner, des Öffentlichen Anklägers Hand oder in der des mächtigen Prokonsuls, der ungeheure Vollmachten über zwei Armeen (die Rhein- und Moselarmee) und über fünf Départements besaß? Sein Stolz und sein republikanischer Bürgersinn sträubten sich gegen die Vorstellung, hinfort nur ein ausführendes Organ, ein bloßes Werkzeug in der Hand Saint-Justs zu sein. Schließlich war es seiner Energie und Entschlossenheit zu danken, wenn die Stadt nicht völlig im Chaos versunken war und die Soldaten der Revolution mit ihrem in Assignaten ausbezahlten Sold jetzt wieder kaufen konnten, was sie zum Leben benötigten.

Saint-Just, der Exterminator

Als er die Hotelsuite betrat, begrüßte ihn ein kleiner Mann mit gezwirbeltem Schnauzbart und schütterem Haar, der auf seinem Gürtel ein kupfernes Emblem trug, in welches das Bild der Guillotine eingraviert war. Das war Gatteau, Saint-Justs Privatsekretär und Verbindungsmann zum Pariser Wohlfahrtsausschuß. Er möge sich noch ein Weilchen gedulden, sagte Gatteau mit hintergründigem Lächeln, der Citoyen Saint-Just sei gerade dabei, die neuesten Ordres zu diktieren.

Eulogius nahm im Vorzimmer Platz und wartete. Die Flügeltür zu dem anliegenden Salon stand offen, und er sah einen jungen Schreiber, der mit fliegender Feder zu Papier brachte, was ihm Saint-Just diktierte. Dieser hatte dem Schreiber den Rücken zugekehrt und rückte, während er diktierte, mit großer Sorgfalt seine Seidenkrawatte zurecht – vor einem Spiegel, der von zwei Armleuchtern eingefaßt, auf dem Kaminsims stand. Aus der gesteiften Halsbinde ragte der unbewegliche Kopf des Prokonsuls wie eine Monstranz heraus.

Der Schreiber konnte dem rasenden Diktat Saint-Justs kaum folgen. Ein neuer Satz fiel schon in sein Ohr, ehe er noch den vorhergehenden erfaßt und niedergeschrieben hatte. Eine neue Order war schon diktiert, ehe er noch das vorige Blatt Papier gegen ein neues ausgetauscht hatte. Und dies wiederholte sich vielfach, ohne eine einzige Unterbrechung. Eulogius war verblüfft über diese ununterbrochene Kanonade von gestochenen, gleichzeitig lakonischen Sätzen, in denen man vergebens eine längere Periode, einen Nebensatz oder ein Intervall gesucht hätte. Kaum waren zwei, drei Blätter beschrieben, wurden sie von Gatteau sofort in das Kabinett des deutschen Übersetzers gebracht, der zur selben Zeit in einem Nebenraum arbeitete, und wanderten dann unter eine unermüdliche Druckerpresse, die ihre Produkte ganz frisch und feucht an die Plakatkleber der Stadt lieferte. Das war Organisation, mon Dieu!

Eulogius hörte und verstand zum Teil auch, was Saint-Just da mit unglaublicher Schnelligkeit improvisierte. Es waren Ordres und Vorschriften, die Arbeit des eben eingerichteten Militärtribunals betreffend. Doch selbst er, der bereit war, seines Amtes mit größter Strenge zu walten, zuckte unwillkürlich zusammen bei dem finsteren Wort, mit dem fast jeder dieser stakkatoartig ausgeworfenen Erlasse und Bestimmungen endigte: *La mort! La mort! La mort!* Die immergleiche monotone Endung hatte etwas von einer fürchterlichen Reimmaschine an sich, eine Art perverser Poesie, die unwillkürlich das Bild des Henkers oder des Erschießungskommandos vor seinen Augen erstehen ließ.

Und in der Tat, auch der einstige Chevalier de Saint-Just hatte sich ja, wie ihm bekannt war, als Dichter empfindsamer Verse versucht, bevor er die revolutionäre Bühne betrat. Aber diese Kollegenschaft war ihm jetzt wenig geheuer, und rasch versuchte er, den heimlichen Schauder beiseite zu drücken, den diese monotone, ohne Unterbrechung im Gleichtakt pochende Stimme in ihm auslöste.

Er fragte sich, nicht ohne ein heimliches Gefühl von Eifersucht, wie dieser blutjunge Revolutionär, der gerade sechsundzwanzig Jahre zählte, es wohl geschafft hatte, auf diese ungeahnte Höhe zu steigen. Schier unglaublich war Saint-Justs Laufbahn gewesen: er hatte als kleiner Anwalt begonnen, war sodann als Volksvertreter seines Départements in die Nationalversammlung gewählt worden, wo er seit Anfang des Jahres die großen Reden im Konvente hielt und die wichtigen Entschließungen der Bergpartei mit durchgesetzt hatte. Binnen kürzester Zeit war er zum Mitglied des Wohlfahrtsausschusses und zum Intimus Robespierres aufgestiegen.

Besonders beeindruckt hatte ihn das jüngst im Druck erschienene Gespräch, das Saint-Just mit der gefangenen Marie-Antoinette im Temple geführt, einige Tage, bevor sie guillotiniert wurde: diese kaltblütig-souveräne Art, mit der dieser der einstigen Königin darlegte, daß das Königtum ein ›Ewigkeitsverbrechen‹ sei, daß das Volk daher das Recht und die Pflicht habe, es auszumerzen, und daß man mit ihr nicht anders verfahren könne, als sie umgekehrt, wäre sie noch auf dem Throne, mit ihm und seinesgleichen verfahren würde. Wie ein Algebraiker einer ignoranten Schülerin setzte er ihr in wenigen Sätzen auseinander, warum die Logik gebiete, sie auf das Schafott zu schicken. Mit derselben kaltblütigen Logik hatte er auch in den entscheidenden Konventsdebatten das Humanitätsgefasel der Girondins zerpflückt, die gegen die Hinrichtung des Königs votierten.

Als Saint-Just endlich das Vorzimmer betrat, war fast eine Stunde vergangen. Er begrüßte ihn mit einem flüchtigen Handschlag. Eulogius fühlte

weiche Seide zwischen seinen Fingern knistern; der starke Mann des Wohlfahrtsausschusses trug, als ob er sich vor jeglicher Berührung oder vor
Ansteckung fürchte, weiße Handschuhe wie ein Grandseigneur. Noch
mehr erstaunte ihn, daß die eben mitgehörten drakonischen Diktate mit
den tödlichen Endungen aus dem Munde eines Mannes kamen, der auf den
ersten Blick von einer bestechenden Schönheit war: hohe, schlankwüchsige
Gestalt und ein ebenmäßig graziöses Jünglingsgesicht, zu dem nur das
breite, ein wenig disproportionierte Kinn nicht recht passen wollte. Er hatte
große dunkle, unbewegte Augen, über denen sich die Brauen zu regelmäßig-
gen Halbkreisen rundeten, schön geformte Lippen und einen blassen, fast
femininen Teint. Im Gegensatz zu dieser grazilen Physiognomie stand die
erstaunliche Steifheit seiner Haltung. Den Hals eingezwängt in die gestärkte
Binde, schien er unfähig, diesen zu wenden, und drehte den Körper immer
ganz und auf einmal mit, als wäre er in sich selbst unbeweglich. In den Stru-
deln einer so verwirrten Lage, in der sich die Republik befand, hätte der
Bevollmächtigte einer diktatorischen Regierung wohl keine passendere
Pose einnehmen können.

Saint-Just, der ihn um mehr als Haupteslänge überragte, geleitete ihn in
den Salon, der jetzt als provisorische Kommandozentrale diente, und bat
ihn, in einem Fauteuil Platz zu nehmen. Ob er ihm einen Likör, ein Glas
Rot- oder Weißwein anbieten könne? Eulogius verneinte. Er hatte die irritierende Empfindung, weniger bei einem Jakobinerführer als bei einem vornehmen Chevalier zu Gast zu sein – von so vollendeter Courtoisie war sein
Benehmen, so elegant seine Erscheinung, so tadellos der Schnitt seines taubengrauen Überrocks, dazu die mit Perlmuttknöpfen besetzte honiggelbe
Samtweste, das feine Halstuch über der Binde, die Spitzenmanschetten seines Hemdes.

Saint-Just verschränkte die Arme vor der Brust und nahm Positur neben
dem Kaminsims. Eine Weile musterte er ihn stumm mit herabhängenden
Lidern bei gleichzeitig hochgezogenen Brauen, indes sein Sekretär, einen
Notizblock auf dem Schoß, in einer Ecke des Salons auf einem Schemel
hockte, geduckt und lauernd wie eine dressierte Dogge.

»Citoyen S . . . neider!« begann er in näselnd beiläufigem Konversations-
tone. »Kennen Sie die Gesetzgebung des Lykurg bezüglich der Reichen von
Sparta?«

Eulogius war verdutzt. Sollte er hier etwa katechisiert werden? Nach kurzer Besinnung gab er zur Antwort: »Nun ja, Lykurg ließ das Ackerland
Lakoniens zu gleichen Teilen unter die Bürger verteilen, um den Unterschied zwischen Reichen und Armen auf immerdar aufzuheben.«

Saint-Justs strenge Miene erhellte sich, und mit einem Ausdruck herablassenden Wohlwollens sagte er: »Ich sehe, Sie kennen sich aus bei den alten Gesetzgebern. Aber Lykurg ging noch weiter: Er ließ alle goldenen und silbernen Münzen verbieten und an ihrer Statt eiserne einführen. Zugleich gab er einem großen und schweren Stück Eisen einen so geringen Wert, daß man einen großen Raum brauchte, um eine kleine Geldsumme aufzubewahren, und viele Pferde, um sie fortzuschaffen. Wer sollte nun stehlen oder sich bestechen lassen oder Reichtümer aufzuhäufen trachten, da der kleine Gewinn weder verhehlt noch genutzt werden konnte? Vielleicht sollten wir in Straßburg ebenso verfahren, dann hätte sich der Assignatenwucher rasch erledigt.«

Saint-Just sagte dies mit fast amüsierter Miene, die indes weit vom Lachen entfernt war. Dann fuhr er im gleichen Ton fort: »Lykurg arbeitete noch auf andere Art der Üppigkeit und Raffgier entgegen. Ein Gesetz verordnete, daß kein Haus ein anderes Dach haben dürfe, als welches mit der Axt verfertigt worden, und keine Tür als die, welche bloß mit Hilfe einer Säge gemacht war. In ein solches Haus konnte sich niemand einfallen lassen, kostbare Möbel zu schaffen, geschweige denn Reichtümer zu horten; denn die Türen konnten und durften zudem nicht abgeschlossen werden. Der Plan des Lykurgus brachte es mit sich, daß das Streben nach Eigentum und Besitz nach und nach überhaupt aufhörte und daß die Gemüter, durch keine Privatsorge zerstreut, nur noch dem Wohl des Staates lebten. So verwirklichte dieser Herrscher das große Gesetz der Gleichheit und verlieh dem Staate Dauerhaftigkeit.«

»Nur hätt' ich in Lykurgs Staate nicht gerade zu den Heloten gehören wollen«, bemerkte Eulogius und goß damit einen Wermutstropfen in jenes gesellschaftliche Idyll, das Saint-Just vor ihm ausmalte. »Denn die Äcker, das Haus und die Geschäfte des gewöhnlichen Lebens wurden von fremden Sklaven besorgt, die in Sparta dem Vieh gleich geachtet und zum Zeitvertreib auch gejagt werden durften.«

Saint-Justs Miene nahm einen mokanten Ausdruck an. »Oh, ich hätte gar nichts dagegen, Citoyen, wenn unsere Ci-devants für uns die Heloten machten. Sie ließen das Volk Frondienste tun. Gut, jetzt sind sie an der Reihe! Die Privilegierten, die Adeligen, die Priester müßten von Rechts wegen Galeerensklaven sein. – Die Armen sind die Mächtigen dieser Erde. Sie haben das Recht, zu Regierungen, die sie vernachlässigen, als Herren zu sprechen. Europa möge wissen, daß wir auf dem Boden Frankreichs weder Arme noch Unterdrücker mehr dulden wollen, daß dieses Beispiel Frucht trägt auf Erden, daß es die Tugendliebe und die Sehnsucht nach Glück auf ihr verbreitet. Das Glück ist eine neue Idee in Europa!«

Saint-Just hatte dies ganz ohne persönliches Pathos, eher im nüchternen Ton einer Regierungserklärung gesagt und dabei sein Gegenüber auch nicht adressiert, sondern hochmütig über ihn hinweggeblickt, gleichsam in die weite Runde eines imaginären Konvents. Eulogius hatte das unbehagliche Gefühl, nur eine Art Staffage für die Ansprache eines großen Herrn zu sein. Plötzlich aber sah er sich von dem noch eben wesenlosen, in die Ferne gerichteten Blick des Prokonsuls wie durchbohrt.

»Citoyen S . . . neider! Du bist mir in Paris als besonders verläßlicher und tatkräftiger Patriot empfohlen worden! . . . Eh bien! Combien de têtes?«

Eulogius fuhr zusammen.

»Wie viele Köpfe habt ihr abgemäht?« In Saint-Justs Zügen malte sich bereits Ungeduld.

»Citoyen Représentant! Ich verstehe nicht ganz . . . Das Revolutionsgericht tagte erst zweimal, seit vierundzwanzig Stunden . . .«

»Wie? Ihr tagt seit vierundzwanzig Stunden und habt noch keine zwei Dutzend Köpfe abgemäht?«

Eulogius hielt sich mit beiden Händen unwillkürlich an den Armlehnen des Fauteuils fest. Noch eben hatte Saint-Just vom »Glück der Menschheit« gesprochen, und jetzt stellte er eine gleichsam mathematische Zeitformel für abgeschlagene Menschenköpfe auf. Ihm verschlug es den Atem.

Saint-Justs Mine verfinsterte sich. »Citoyen S . . . neider! Ich muß mich sehr wundern über eure Langmut, die schon an Moderantismus grenzt.«

»In der ersten Sitzung«, verteidigte sich Eulogius, wobei er unwillkürlich in den Ton einer Entschuldigung fiel, »hatte das Revolutionsgericht über sechs Fälle zu entscheiden. So etwas braucht Zeit . . . Einen Mehlhändler, der sich weigerte, sein Mehl zu verkaufen, verurteilten wir zur Zahlung einer Amende von 1000 Livres und zu zwei Wochen Gefängnis; einen Wachs- und Kerzengroßhändler, der seinen Laden geschlossen hatte und in dessen Keller wir 135 Pfund Kerzenwachs und Talg fanden, verurteilten wir zur Deportation und Einziehung seines Vermögens *au profit de la nation* . . .«

»Du redest von Kapitalverbrechen, auf die nach dem Gesetz der Tod steht!« unterbrach Saint-Just ihn schroff.

»Ich bin sicher, Citoyen Représentant«, Eulogius kam sich vor wie bei seinem Examen als Jesuitenschüler, »daß durch solch exemplarische Bestrafungen die dem Markte entzogenen Waren wieder in Umlauf geraten und die Achtung vor den Assignaten wiederhergestellt wird.«

»Was erzählst du mir da?« herrschte Saint-Just ihn an. »Seid ihr etwa dazu da, euch um das Papier zu bekümmern? Ihr seid dazu da, die Verräter und Konspirateure in diesem ganz und gar verseuchten Département zu vernichten!«

Mit einer schroffen Wendung seines ganzen Körpers wandte er sich an seinen Sekretär: »Wie hat doch der Citoyen S ... neider so treffend in seiner Zeitung formuliert?«

Gatteau blätterte eilfertig seinen Notizblock durch und hatte schon nach wenigen Sekunden das gesuchte Zitat aus dem *Argos* gefunden, das er mit unbewegter Miene vortrug:

Furcht und Schrecken muß vielleicht jetzt die Tagesordnung sein, weil Vernunft und Republikanismus vergebens gesucht werden. Nun, wenn's denn also ist, so gebraucht diese Mittel wie Männer und nicht wie eitle Kinder und Weiber. Sorgt dafür, daß die strengste Ordnung in der Einnahme und Ausgabe herrsche, und müßt Ihr Korn requirieren, so tut es mit dem Gesetz in der Hand; wer sich dann weigert, wer hindert, wer zögert – Kopf ab! Und wäre er ein Busenfreund, euer Gott. Kopf ab! Kopf ab! Aber dies alles geschehe mit dem Gesetz in der Hand, nach seiner Vorschrift, das sage ich Euch, sonst bin ich wieder der erste, der unerbittlich über Euch selbst donnern wird: Kopf ab!

Eulogius zuckte unwillkürlich zusammen, seine eigenen Sätze aus dem Munde dieses Sekretärs zu vernehmen, der in seiner Gürtelschnalle das Abzeichen der Guillotine trug.

»Oder hast du jetzt Angst vor der eigenen Courage?« hakte Saint-Just nach. »Angst, deinen Worten die entsprechenden Taten folgen zu lassen?«

»Citoyen Représentant!« stammelte Eulogius. »Man muß jeden einzelnen Fall ... man muß die Zeugen verhören, ihre Aussagen überprüfen ... Erst dann kann man ... Ich meine, die juristischen Formen müssen gewahrt werden.«

Saint-Just sah ihn mit einem Ausdruck der Mißbilligung an, dann sagte er in apodiktischem Tone: »Dieses Gericht ist revolutionär. Das heißt: Es gibt keine juristische Form. Das Gewissen des Richters ersetzt sie. Merke dir: Jeder, der der nationalen Justiz entkommt, ist ein Schurke, der eines Tages uns, die Republikaner, ans Messer liefern wird. Es gibt kein Mittleres: Man muß entweder ganz revolutionär sein oder auf die Freiheit verzichten. Diejenigen, die eine Regierungsform nur halb gemacht haben, haben sich noch stets ihr eigenes Grab geschaufelt.«

Diese apodiktische Logik verfehlte auf Eulogius nicht ihre Wirkung. Er war tief beeindruckt. Nur die Art, wie Saint-Just die juristische Form zur

Nebensache, ja, zur Nichtigkeit erklärte, ging ihm gegen den Strich. In etwas kläglichem Tone erwiderte er: »Gewiß, gewiß. Aber auch die Revolution muß sich auf das Gesetz, auf Recht und Moral stützen, sonst ist es die Anarchie!«

Mit gelangweilter Miene wandte sich Saint-Just an seinen Sekretär: »Erkläre dem Citoyen S ... neider, wie man in Paris und im Wohlfahrtsausschuß die revolutionäre Moral versteht!« Dann kehrte er beiden den Rücken und trat wieder vor den Spiegel, um seine um einige Millimeter verrutschte Seidenkrawatte zurechtzuzupfen.

In Gatteaus Miene stand die unverhohlene Schadenfreude eines Strebers, der Zeuge geworden, wie sein Mitschüler von dem gefürchteten Pauker abgekanzelt wurde. Beflissen erteilte er ihm sogleich die gebotene Nachhilfe: »Recht, Moral und Revolution – diese drei sind identisch. Der Gegenrevolutionär und der unmoralische Mensch – sie sind ein und dasselbe und sollten gleichermaßen geschändet werden und ein elendes Leben führen als Steineklopfer, als ein Volk von Heloten ... Gegen das verlogene Geschwätz der Pfaffen: ›Liebet eure Feinde!‹, setzen wir das ehrliche Gebot unseres Katechismus: ›Vernichtet sie, wo ihr sie trefft!‹«

Welch eine Impertinenz und Demütigung, von diesem kleinen geduckten Sekretär derart belehrt zu werden! Eulogius' Verlegenheit war auf einmal wie weggeblasen. Zorn schoß in ihm auf. »Ich danke für die fromme Belehrung!« gab er in sarkastischem Tone zurück. »Indes, für den gerichtlichen Alltag taugt sie leider gar nichts. Würden wir alle Krämer und Marktfrauen, die gegen das Maximum verstoßen oder die Annahme der Assignate verweigern, zur Deportation verurteilen oder auf das Schafott schicken, gäbe es in Straßburg bald keinen Markt und keinen Handel mehr.«

Saint-Just kehrte sich blitzartig um. Erstaunen malte sich in seinem Gesicht. Diese selbstbewußte Erwiderung hatte er nicht erwartet.

»Und da wir keine Unschuldigen dem Schwert des Gesetzes überantworten wollen«, fuhr Eulogius unbeirrt fort, »bedarf es der Voruntersuchung und Zeugenvernehmung. Im übrigen erlaubt der Erlaß vom 15. Oktober uns nur, die wirtschaftlichen Verbrechen zu verfolgen, um die Versorgung der Armee ...«

»Denen, die im Sinne der Revolution handeln«, fuhr ihm Saint-Just in die Parade, »ist alles erlaubt. Es gibt keine andere Gefahr für die Republikaner als die, hinter den Gesetzen der Republik zurückzubleiben. Wer ihnen zuvorkommt, überschreitet sie im besten Sinne des Wortes. Es ist besser, einen Unschuldigen zu treffen, als einen einzigen Schurken entkommen zu lassen!«

Eulogius fühlte, wie ihm ein Schauer über den Rücken lief. Nein, dies war nicht seine Auffassung von revolutionärer Justiz. »Citoyen Représentant!« sagte er mit trotziger Festigkeit, dennoch konnte er ein Zittern seiner Stimme nicht unterdrücken. »Beim Antritt meines Amtes habe ich geschworen, streng nach dem Gesetz zu richten und mich keinerlei Willkür zu überlassen. Handle ich diesem Grundsatz je zuwider, dann fliege auch mein Haupt aufs Blutgerüst!«

Saint-Justs Miene gefror. Dann begann er, mit seiner behandschuhten Hand unsichtbare Stäubchen von seinem Überrock zu reiben, eine Geste, die etwas Merkwürdiges und Absurdes hatte, da dieser tadellos erschien. Schließlich sagte er im Tone spöttischen Bedauerns und gespielter Besorgnis: »Citoyen S ... neider! Man hat dir die *Sainte Guillotine* anvertraut. Mir scheint indessen, du und deine Kollegen vom Tribunal – ihr seid noch längst nicht auf der revolutionären Höhe der Hauptstadt. Ich frage mich, ob du der großen Mission auch gewachsen bist, die dein Amt und das Vaterland von dir fordern.«

»Und was sollte mir hierzu fehlen?«

Saint-Just musterte ihn mit einem abschätzenden Blick. Dann erklärte er in seinem hochmütig näselnden Tone: »Ihr Deutschen leidet an einem zwiefachen Gebrechen des Geistes und der Seele, die euch leider als Tugenden gelten. Das eine ist euer empfindsamer Humanismus. Dieser hindert euch daran, die Fesseln der Sklaverei abzuwerfen und euren Despoten die Köpfe vor die Füße zu legen. Wie man weiß, hat seine berühmte Empfindsamkeit auch den Dichter des ›Werther‹ nicht daran gehindert, sich an der militärischen Kampagne des Herzogs von Braunschweig gegen Frankreich zu beteiligen. Da sieht man, was eure deutsche Empfindsamkeit wert ist! Auf dem Posten, auf dem du stehst, muß aber jedwede persönliche Empfindung weichen; sie muß einen größeren, weiteren Charakter annehmen. Sie muß sich auf die ganze Republik erstrecken. Vergiß, daß dich die Natur zum empfindsamen Menschen gemacht hat! Aber vergiß nie, daß die Nation eines Tages ihre Stimme gegen dich erhebt, wenn du nur einen einzigen Verräter und Konspirateur entkommen läßt, daß also in den Komitees des Volkes die individuelle Humanität und Mäßigung ein Verbrechen ist.«

Wie dieser Mensch mit ihm redete: wie der Herr der Capitale mit einem kleinen Provinzler! Doch Eulogius' Zorn wurde gelähmt durch das Gefühl der Vereisung, das sich ihm auf Brust und Zunge legte. Hatte er doch die gespenstische Empfindung, hier vor einem Menschen zu stehen, der nur noch als Maske existierte, ganz frei von Gefühlen, eiskalt und blitzschnell, als ob er durch seine schneidende Kälte den Haß und das Unterlegenheitsgefühl des anderen bewußt hervorlocken wolle.

»Ich denke«, sagte er mit belegter Stimme, »ich habe genug Beweise dafür gegeben, daß ich mich über die Stimme der Natur erheben kann, wenn das Wohl der Republik es erfordert!« Doch kaum hatte er diese stolzen Worte gesprochen, nagte wieder ein Gefühl der Minderwertigkeit an ihm. War er wirklich stark genug, um die gebotenen Schläge auch auszuführen? Er dachte an jenen Anfall empfindsamer Schwäche, der ihn während der ersten Guillotinade auf dem Paradeplatz ereilt, als er die drei Molsheimer Bauern zum Blutgerüst führte, und an seinen moralischen Katzenjammer danach, den er im Suff ertränkt hatte. Seither hatte es in Straßburg keine Guillotinaden mehr gegeben. Gebrach es ihm vielleicht doch an jener unbeugsamen revolutionären Härte, über die Saint-Just zweifelsohne verfügte?

»Euer zweites Gebrechen«, fuhr dieser im gleichen abschätzigen Tone fort, »ist des Deutschen ewige Sehnsucht nach dem Unendlichen. Daraus entspringt auch eure kosmopolitische Schwärmerei, euer weltfremder Traum, die *Grande Nation* müsse allen anderen Völkern die Freiheit bringen, die sie sich selbst nicht zu erkämpfen imstande sind. Dabei weiß man inzwischen, daß der Kosmopolitismus oftmals nur eine Maske ist, hinter der sich die Verräter und Agenten des Auslandes verbergen.«

Eulogius zuckte zusammen. War das eine Verdächtigung gegen ihn, gar eine Drohung?

»Damit wir uns richtig verstehen, Citoyen! Wir sind nicht nach Straßburg gekommen, um die Deutschen zu befreien, sondern um eine Stadt und eine Provinz zu retten, die an die Österreicher schon so gut wie verkauft ist. Wir haben uns genau informiert bezüglich aller Fälle von Verrat und Rebellion, die in den beiden rheinischen Grenzprovinzen aktenkundig geworden. Es ist nur zu offenkundig: Die Elsässer begreifen sich als ein eigenes Völkchen. In Kleidung, Sprache, Sitten und Küche, sogar in der Stunde der Mahlzeiten ahmen sie unsre Feinde, die Deutschen und Österreicher, nach. Unter tausend Einwohnern kaum einer, der die Sprache der *Grande Nation* versteht, geschweige denn spricht. Kurz: Die Elsässer sind halbe Österreicher. Es ist uns kein Geheimnis, daß viele, wenn nicht die meisten von ihnen, heimlich auf den Sieg unserer Feinde hoffen. Und daß man ein Komplott geschmiedet hat, um die Stadt an die französischen Emigranten und an General Wurmser auszuliefern. Wir aber werden die Verräter in den Garnisonen, in den Verwaltungen, in der Volksgesellschaft finden und sie ausmerzen. Wir werden jeden Aufruhr im Keime ersticken. Und wir erwarten von dir und dem Tribunal, uns hierbei mit allen Mitteln zu unterstützen ... Cochon und Riez ließen Milde walten in Valenciennes. Das Ergebnis: Die Stadt lief zum Feind über. Diesen Fehler werden wir nicht wiederholen.«

Eulogius wollte sich eben zum Anwalt der Elsässer machen, unter denen es auch viele gute Patrioten gebe; vor allem aber wollte er die gefährliche These vom Komplott entkräften, das im Herzen der Stadt geschmiedet werde. Aber Saint-Just ließ ihm keine Zeit, seine Einwendungen vorzubringen. Auf einen Wink von ihm sprang Gatteau von seinem Schemel auf und übergab seinem Chef ein Papier.

»Mit dieser Vollmacht«, sagte Saint-Just, »habe ich deine Befugnisse als Civilkommissar und Ankläger beim Revolutionsgericht beträchtlich erweitert. Es handelt sich um eine *geheime* Vollmacht. Ab diesem Moment bist du nur noch dem Pariser Sicherheitsausschuß rechenschaftspflichtig – und niemandem sonst!«

Mit diesen Worten übergab ihm Saint-Just das Schriftstück. Eulogius war sprachlos. Eben noch hatte dieser arrogante Jakobinerführer seine revolutionäre Eignung für das hohe Amt in Zweifel gezogen und ihn wie einen Lehrjungen abgekanzelt. Und jetzt händigte er ihm eine geheime Vollmacht aus, die seine Befugnisse erweiterte. Einen kurzen Moment empfand er darüber Genugtuung. War dies nicht ein Beweis für das hohe Vertrauen, das die Männer des Wohlfahrts- und Sicherheitsausschusses in ihn setzten?

Doch als er das druckfrische Blatt überflog, das Saint-Justs Unterschrift trug, wurde ihm beklommen zumute. Vermöge der neuen Vollmacht war das Revolutionsgericht ermächtigt, nicht nur – wie es der Erlaß vom 15. Oktober vorschrieb – alle nötigen Maßnahmen zur Versorgung der Armee zu ergreifen und die wirtschaftlichen Verbrechen zu verfolgen, sondern auch *alle Verbrechen politischer Art:* den illegalen Briefverkehr mit Emigranten, die Unterstützung eidscheuer Geistlicher, die Diskreditierung und Verunglimpfung des republikanischen Gemeingeistes und seiner Sitten, die Verbreitung konterrevolutionärer Parolen und defaitistischer Äußerungen, die darauf abzielten, die Kampfesmoral der Truppen zu zersetzen und die Bevölkerung zu demoralisieren. Auch erhielt er die Vollmacht, Beamte und Friedensrichter, die sich bei der Untersuchung und Verfolgung solcher Verbrechen als nachlässig oder gar als Komplizen gezeigt, abzusetzen und ihnen den kurzen Prozeß zu machen. Bei jedem Satz, den er las, hörte er im Geiste den Nachhall des Diktates, dessen stummer Zeuge er vorhin geworden – den Nachhall dieser fürchterlichen Reimmaschine mit der immergleichen Endung *La mort! La mort! La mort!*

»Von jetzt an, Citoyen«, sagte Saint-Just, während ein maliziöses Lächeln seinen Mund umspielte, »wird kein kleinlicher Paragraph und keine juristische Einschränkung deinem revolutionären Patriotismus mehr im Wege stehen ... Sollte jedoch das Tribunal durch sträfliche Nachsicht die Verräter und Aufrührer ermuntern, dann könnten wir uns genötigt sehen, das ganze Département Bas Rhin *en rébellion* zu erklären und es nach dem Recht der Eroberung zu behandeln.«

Eulogius fuhr der Schock in die Glieder. Er begriff sofort, was diese Drohung bedeutete: Würde er bei der Aburteilung der Schuldigen nicht mit der unbeugsamen Härte verfahren, die Saint-Just von ihm forderte, so würde dieser das ganze Département wie eine aufständische Provinz nach militärischem Ausnahmerecht behandeln; dann würde Straßburg dasselbe Schicksal ereilen wie die aufrührerische Stadt Lyon, die *ville affranchie* ...

Wie gelähmt saß er in seinem Fauteuil. Vom Machiavellismus dieses blutjungen Jakobinerführers, der ihn mit kalten Augen musterte, fühlte er sich matt gesetzt. Er hatte ihm eine schier unbegrenzte Vollmacht erteilt – und ihm gleichzeitig die Daumenschrauben angelegt. Ihm war zumute wie einem Gefangenen, hinter dem eine eiserne Türe zugeschlagen wird.

»Eh bien, Citoyen!« hörte er wieder die Stimme Saint-Justs. »Walte deines Amtes! Die nötigen Vollmachten hast du. Das wär's für heute. Ich habe noch zu tun.«

Eulogius war zu benommen, um etwas erwidern zu können. Er erhob sich wie auf Befehl und ging gleich einem Schlafwandler aus dem Salon, nachdem Saint-Just ihn mit einem förmlichen Handschlag, der nach feiner Seide knisterte, verabschiedet hatte. Noch auf der Schwelle stehend, hörte er, wie dieser ihm nachrief: »Und vergiß nicht, Citoyen! Die Nachsicht mit dem Verbrechen kennzeichnet den Komplizen.«

Es gibt Menschen, die ihren eigenen Untergang vor Augen haben, und trotzdem gehen sie hinein. Zu ihnen gehörten auch Eulogius und seine Mannschaft. Als er am nächsten Morgen das Gerichtsgebäude betrat, hielt er den Richtern des Tribunals folgende Ansprache, die Wolff später mitgeteilt hat:

Brüder, ihr seht den Abgrund vor meinen Füßen! Wie ihr auch handelt, so werdet ihr dereinst die Opfer eures Amtes werden: Seid ihr schwach und nachsichtig, so wird der Fluch des Vaterlandes euch treffen. Seid ihr strenge, so werdet ihr als Tyrannen ausgeschrieen werden. Entscheidet nun, wie ihr handeln wollt!

Wir wollen das Vaterland retten, riefen sie einmütig, *und dann sterben!*

Zwei Tage später, in der Nacht vom 2. auf den 3. November, ließen Saint-Just und Lebas, unter Berufung auf das angebliche Komplott im Herzen der Stadt, fast die gesamte Administration des Département, des Distrikts und der Munizipalität Straßburgs, zusammen vierzig Beamte, verhaften. Unter ihnen auch Hans Jung und die Gebrüder Edelmann, die gerade in das *comité de surveillance* berufen worden waren, und etliche unserer deutschen und elsässischen Freunde. Von der Verhaftung der Administratoren ausgenommen waren nur Têterel, der Maire Monet und einige seiner Gefolgsleute sowie die Mitglieder des Revolutionsgerichtes. Der Abtransport der Verhafteten war auf acht Uhr früh festgesetzt.

Unter den arretierten Männern waren viele redliche, in Not und Gefahr erprobte Patrioten. Man kann sich vorstellen, welch ein Aufruhr unter ihren Familien und Freunden, vornehmlich aber in der Volksgesellschaft entstand. Auch begann man wohl zu ahnen, woher der Schlag gekommen und wer Saint-Just und Lebas die Liste mit den Namen der zu Verhaftenden geliefert hatte: Wer anderer als Monet, der *petit maire* von Straßburg, der auch im *comité de surveillance* den Vorsitz führte.

Noch am selben Tage versammelte man sich im großen Saal *Zum Spiegel*. Die Freunde und Frauen der Verhafteten samt ihren Kindern belagerten die Tribünen. Der Stadtkommandant Dièche hatte, wohl einen Aufruhr befürchtend, die Stadtwache durch eine bewaffnete Abteilung der Garnison verstärken lassen. Die Stimmung im Saale schwankte zwischen Angst, Resignation und Empörung. Die Rednerliste war lang. Monet, der bleichen Gesichts in der ersten Reihe saß, ließ sich nicht das geringste anmerken. Er wußte genau, daß er, gleichviel, was er jetzt sagte und zu seiner Rechtfertigung vorbrachte, nur Wut und Haß ernten würde. Er hielt sich bedeckt, dafür schickte er einen seiner Komparsen vor, den Citoyen Mougeat. Dieser hielt eine windige Ansprache und warnte die Versammlung vor übereilten Entschlüssen. Jetzt für alle Deportierten einzutreten, sich unterschiedslos für Personen einzusetzen, die gewiß schätzenswert seien, aber die nicht alle im selben Maße das Vertrauen des Volkes verdienten, dies sei im höchsten Maße unvorsichtig. Saint-Just und Lebas seien in Straßburg die Vertreter des Wohlfahrtsausschusses; sie seien mit unbegrenzten Machtbefugnissen versehen; darum dürfe man sie nicht brüskieren. Ja, im Interesse der Gefangenen selbst, wäre es besser, diese vorerst ihrem Schicksal zu überlassen. Doch sei er, Mougeat, immerhin bereit, für die Freilassung Andrés und der Gebrüder Edelmann einzutreten, da man deren Rückkehr offenbar so heiß begehre.

Mougeat hatte kaum seine Ansprache geendet, da schritt Eulogius ans Rednerpult und hielt eine Rede, die mir in unvergeßlicher Erinnerung ist; sie zeigte ihn noch einmal, zum letzten Mal, bevor sich sein Bild in das des düsteren Schreckensmannes wandelte, auf der Höhe seines unerschrockenen Bürgersinns:

»Was ihr soeben gehört habt, Brüder, war nicht die Stimme der Vernunft, es war die Stimme der Feigheit, die Stimme des abscheulichsten Opportunismus ... Wie? Eine beispiellose Ungerechtigkeit wurde begangen, vierzig Beamte wurden vor unseren Augen deportiert – und wir bitten um die Freilassung von dreien? Es geht hier nicht um diese oder jene Person, um die Verhaftung oder Freilassung des einen auf Kosten des anderen. Hier geht es um das Prinzip. Alles oder nichts! ... Artikel 34 der Deklaration der Menschenrechte hält ausdrücklich fest: ›Unterdrückung einer gesellschaftlichen Körperschaft liegt dann vor, wenn auch nur ein Mitglied derselben unterdrückt wird.‹

Können wir zulassen, daß in einem freien oder in einem angeblich freien Land vierzig Bürger, gegen die nicht der geringste Verdacht vorliegt, verhaftet und deportiert werden, ohne vorher angehört worden zu sein? ... Zwei junge Männer, die vor kurzem hier angekommen sind und die nicht die geringste Kenntnis von den Angelegenheiten dieses Landstrichs haben, spielen mit dem Leben und der Ehre der besten Patrioten: Ein solcher Machtmißbrauch kann nie und nimmer hingenommen werden. Mougeat schlägt vor, unter den Opfern, welche alle im selben Grade unbescholten sind, eine Teilung vorzunehmen. Er will zwei oder drei von ihnen der Nachsicht der Henker empfehlen. Aber, wenn man so handelt, wie Mougeat und seine Freunde es ihm anraten, heißt das nicht, einen Akt der Unterdrückung anzuerkennen und sich mit ihm einverstanden zu erklären?«

Eulogius Rede löste einen Orkan des Beifalls aus, und ich selbst war so bewegt, daß ich für diesen Moment alles vergaß, was uns seither einander entfremdet hatte: Da hatte wieder der alte Eulogius gesprochen, der Mann, der allen Abwieglern, Heuchlern und Intriganten zum Trotz, unerschrocken die Wahrheit herauskämpfte. Und dies gleichsam unter den Augen Saint-Justs, der in Gestalt seines eifrig mitschreibenden Agenten und Spitzels Gatteau im Saale anwesend war. Als er von der Rednertribüne stieg, drückte ich ihm die Hand, und wir umarmten uns. Es war das letzte Mal, daß wir uns so nahe waren.

Monet unternahm einen kläglichen Versuch, Mougeats Vorschlag zu unterstützen. Aber das Pfeifen und die lauten Mißfallensbekundungen des Auditoriums belehrten ihn rasch, daß sein Kredit verloren war. Die Diskussion wurde immer heißblütiger. Man verabschiedete endlich eine Adresse an Saint-Just und Lebas mit der Forderung, alle Verhaftungen sofort rückgängig zu machen. Man beschloß auch, Delegierte nach Paris zu schicken, um vor den Schranken des Konvents gegen diesen Willkürakt der beiden Abgeordneten in Mission Klage zu erheben.

Monet und seine Leute, zusammen etwa fünfzehn Jakobiner französischer Sprache, sahen sich noch immer einer überwältigenden Mehrheit von deutschsprachigen Jakobinern gegenüber, die sich jetzt wieder um seinen verhaßten Rivalen, den Öffentlichen Ankläger, scharten. Gleichzeitig wurde der Maire durch die öffentliche Meinung belehrt, daß man sein perfides Spiel durchschaut hatte. Er und Saint-Just begriffen wohl, daß man andere Wege beschreiten mußte, um die deutschsprachige Mehrheit und die noch immer beträchtliche Anhängerschaft des Öffentlichen Anklägers in der Volksgesellschaft zu brechen.

Eulogius aber, der Saint-Justs feindliche Absichten gegen das Elsaß durchschaut hatte, brach jeden Kontakt mit ihm ab, ja, er hielt nicht einmal mehr die geringsten offiziellen Beziehungen zu ihm aufrecht, so, als könne er auf diese Weise dem langen Arme des mächtigen Prokonsuls entgehen. Es war eine trotzige, eine verhängnisvolle Selbsttäuschung. Denn diesen Akt der Unbotmäßigkeit sollte Saint-Just ihm niemals verzeihen.

XXIX.

Paris, 18. Pluviôse II (6. Febr. 1794)

Eulogius Schneider
vormals Öffentlicher Ankläger beim Criminalgerichte des Niederrheini-
schen Départements; jetzt im Arresthause, genannt die Abtei, zu Paris.

An Robespierre, den Älteren, Stellvertreter der fränkischen Nation.
Man hat dich betrogen, Robespierre! Du warst, ohne es selbst zu wissen,
das Werkzeug der schwärzesten, schändlichsten Verleumdung. Deine Rede
wird in ganz Frankreich, in ganz Europa gelesen werden; ich werde einige
Zeit lang der Gegenstand des öffentlichen Abscheus sein und als ein Unge-
heuer angesehen werden. Wohlan! Ich fordere eine schnelle und fürchter-
liche Strafe, wenn ich der Greueltaten schuldig bin, die man mir zur Last
legt. Ich beschwöre dich, im Namen der Gerechtigkeit, im Namen der Frei-
heit, im Namen der Menschheit, mein Urteil zu beschleunigen! . . .
Wie, ich hätte das Gerücht verbreitet, die Nationalversammlung wolle
die Kinder und Greise erwürgen lassen? Ich, der ich stets für die Ehre des
heiligen Berges kämpfte! . . . Ich, der ich fliehen mußte, um den Meuchel-
dolchen der Königsknechte zu entgehen! . . .
Ich hätte die Weiber in Requisition gesetzt und mißbraucht! Mein Herz
empört sich über einer solchen Abscheulichkeit! Nein; nie hat die Verleum-
dung etwas so Widerwärtiges ersonnen. Und du kannst dem Glauben
schenken? Mögen sie vortreten, diese Weiber! Mögen sie kommen, die Zeu-
gen meines Heliogobalismus! Und gleich falle das Schwert des Gesetzes auf
meinen Nacken, wenn ich je die Unschuld verfolgt, das Volk unterdrückt,
die Tugend geschändet habe!
Noch einmal, Robespierre! Als Repräsentant des Volkes und Glied des
Ausschusses der allgemeinen Wohlfahrt, kannst du mein Urteil beschleuni-
gen; als mein Ankläger im Angesichte der ganzen Welt, bist du verpflichtet,
es zu tun!
Wisse, daß ich keiner von jenen wandelbaren Patrioten bin, welche
immer die stärkere Partei ergreifen, und nur an sich selber denken. Wisse,
daß ich, weit davon entfernt, die religiösen Zeremonien zu bekriegen, stets
die religiöse Toleranz gelehrt und ausgeübt habe. Wisse, daß die Hauptursa-
che, warum gewisse sogenannte Propagandisten, die, ich weiß nicht, von
wem, nach Straßburg geschickt wurden, mir einen unversöhnlichen Haß

schworen, darin lag, daß ich mich ihren tollen und menschenfeindlichen Anträgen ernsthaft widersetzte. Wisse, daß ich mein Vermögen, meine Kräfte, all meine Augenblicke dem Wohl des Volkes aufgeopfert habe. Wisse, daß ich mit der Unbestechlichkeit eines echten Republikaners meine Amtspflichten versehen habe ...Wisse, daß ich weder zu kriechen noch zu unterdrücken weiß. Wisse, daß ich mehr als einen gekränkten Patrioten gerettet, mehr als einen freiheits-mörderischen Plan zerstört habe. Wisse, daß ich es bin, der verhinderte, daß nicht eine zweite Vendée in unserem Département ausbrach; daß ich es bin, der die Empörungen und Unruhen dämpfte, die bei Gelegenheit des allgemeinen Volksaufrufes* sich zeigten; daß ich es bin, der den Wert der Assignate glücklich durchsetzte. Wisse endlich, daß ich geboren bin als Sans-Culotte; daß ich gelebt habe als Sans-Culotte und daß ich zu sterben weiß als Sans-Culotte. Gerechtigkeit oder Tod!

In Kupfer gestochen

»Glaubst du wirklich, Robespierre durch diesen Brief umstimmen zu können?«

Jacques, an der Fensterbank lehnend, blickte ihn fragend aus seinen dunkel schimmernden Augen an. Auf seinem schwarzen Kraushaar lag der rötlich-gelbe Widerschein der untergehenden Februarsonne.

»Nein!« sagte Eulogius, der, die Arme hinter dem Kopf verschränkt, auf der Pritsche seiner Kammer lag »Aber ich *mußte* ihn schreiben und zum Drucke befördern, und sei's für die Nachwelt!«

Jacques verschloß das Fenster. Dann rückte er den Fauteuil vor dem Tische zur Pritsche heran und setzte sich. »Es ist an der Zeit, daß ich dir von *meiner Schuld*, von *meinem Verbrechen* erzähle – dann fühlst du dich nicht so allein, daß ich dir auch erzähle von den Oberteufeln der Revolution, mit denen verglichen du, wie mich dünkt, ein schrecklich rechtschaffener Teufel bist, und ein armer dazu.«

Jacques sagte dies mit einem melancholischen Lächeln und einem Schuß Galgenhumor. Eulogius vernahm es dankbaren Herzens. Und er war gespannt, endlich jenes Geheimnis zu erfahren, das seinen Compatrioten umgab und von dem dieser bislang nie zu sprechen gewagt.

Mit seinen starken, schwarz behaarten Händen fuhr sich Jacques mehrmals über die Stirn und durch den Backenbart, als suche er nach dem richtigen Anfang. »Du bist der erste, dem ich diese Geschichte erzähle ... Ich

---

* Aufruf zur allgemeinen Volksbewaffnung am 23. August 1793

konnte nicht davon sprechen, zu niemandem, nicht einmal zu meiner Frau. Ich verschloß es in meiner Brust – wie ein eiterndes Geschwür. Aber es läßt sich nicht verschließen, ich träume davon, jede Nacht. Es eitert und schmerzt und bringt mich um, wenn ich nicht endlich davon spreche.«

Er stieß einen tiefen Seufzer aus, dann aber nahm sein Gesicht einen Ausdruck von Mut und Entschlossenheit an.

»Ich entstamme, wie du weißt, einer alten lyonesischen Kupferstecherfamilie. Dieses schöne Handwerk ging vom Großvater auf den Vater und vom Vater auf den Sohn. Nach dem Sturm auf die Bastille gehört' ich zu den ersten eingetragenen Mitgliedern der Lyoner ›Gesellschaft der Freunde der Konstitution‹. Ich trat als Redner in der Gesellschaft auf, half mit, den Freiheitsbaum zu pflanzen und die Bürgerfeste auszurichten. Ich war Mitglied des Wahlkorps, aus dem das Département du Rhône seine Abgeordneten für die Nationalversammlung wählte. Ich fertigte Kupferstiche vom Sturm auf die Bastille, welche so begehrt waren, daß ich mit der Arbeit kaum nachkam. Jede patriotische Familie, die auf sich hielt, wollte das glorreiche Symbol unserer Revolution auf ihrem Hausaltar bewundern und anbeten. Wo früher ein Bildnis der Hl. Jungfrau oder von Ludwig war, hingen jetzt meine Kupferstiche. Ich mußte noch drei Gesellen einstellen, um die große Nachfrage befriedigen zu können. Und ich hätte reich daran werden können, wenn nicht mein Patriotismus mir geboten hätte, einen großen Teil des Erlöses aus diesem blühenden Geschäft auf den ›Altar des Vaterlandes‹ zu legen. Zum Dank dafür beehrte mich die Lyoner Volksgesellschaft mit der Bürgerkrone. Mein Handwerk ging so gut, daß ich bald heiraten und eine Familie gründen konnte. Du weißt, ich bin stolzer Vater zweier Kinder. Und meine Madeleine, nun, was soll ich dir sagen? Sie ist das beste, schönste und liebenswürdigste Geschöpf, das Gott unter der Sonne des Rhône-Tales geschaffen hat.«

Jacques' schwarze Augen leuchteten auf, und die Erinnerung an seine Frau und Geliebte trieb ihm das Wasser in die Augen. Nach einer Weile fuhr er fort:

»Nach dem Sturz des Königtums und der Ausrufung der Republik vertieften sich die politischen Fronten in Lyon schneller als in anderen Städten der Republik; nirgendwo zeichnete sich der soziale Gegensatz schärfer ab als in dieser ersten Industriestadt Frankreichs. In ihren düsteren und schmutzigen Vororten lebte eine gewaltige Masse von Arbeitern, schroff abgeschieden von den Wohnvierteln der Patrizier und der royalistisch gesinnten Unternehmerschaft. Und welch ein Elend hier herrschte! In den

Seiden-Manufakturen erhielten die Frauen einen so niedrigen Lohn, daß sie noch anderen Gewerben nachgehen und sich prostituieren mußten, um sich und ihre Familien ernähren zu können.

Die Anhänger der demokratischen Partei scharten sich um Chalier. Er war ein gebürtiger Italiener, von gewaltiger Statur, gewaltiger Stimme und wie du ein ehemaliger Priester, der seinem Orden entlaufen war. Überhaupt erinnerst du mich an ihn, nicht was das Äußre betrifft, aber in mancherlei anderem. Vielleicht hab' ich darum schon auf dem Karren das Brot mit dir geteilt.«

Eulogius fühlte eine unaussprechliche Dankbarkeit gegen diesen Menschen, der ihm gerade jetzt, da alle Welt ihn verleumdete, solche Zeichen seiner Freundschaft gab.

»Als Kaufmann«, fuhr Jacques fort, »war Chalier schnell zu Reichtum gelangt. Aber er war trotzdem Mensch geblieben. Er sah überall, wie man die Armen beraubte. Und der erste Aufschrei des sozialen Mitgefühls, den man in Frankreich vernahm, kam von Chalier: ›Verkauft die Kirchenschätze und die Kirchengüter‹, rief er, ›macht Assignaten daraus! Gebt den Armen zurück, was man ihnen genommen hat!‹ Er selbst vermachte sein Landgut den Armen. Als die Bastille fiel, trug er in seinen bloßen Händen einen Stein der ehemaligen Zwingburg sechs Tage und Nächte von Paris nach Lyon und baute ihn dort zu einem Altar. Besessen von Gottes- und Menschenliebe, entflammte er mit seinen mystisch-revolutionären Reden wie kein anderer die Arbeiter, Handwerker und Tagelöhner Lyons, vor allem die Frauen. Im August 92 führte er eine gewaltige Demonstration auf der Place des Terreaux an, da Hunderte von Webern durch die Einführung des mechanischen Webstuhls ihre Arbeitsplätze verloren hatten.

Als Jünger Descartes' und Diderots bin ich, wie du weißt, von skeptischem Geiste. Aber auch ich war beeindruckt von diesem Anwalt der Armen und Erniedrigten, der seine Nächstenliebe nicht nur in Worten, sondern auch in Taten bewährte. Auch ich fühlte: Dieser Prophet, dieser eigenartige Messias ist die wütende Klage Lyons. Der Kot in den schwarzen Straßen, das Elend der Armen, das bis dahin stumm geblieben, in ihm hat es eine Stimme bekommen. In ihm beginnen die alten Finsternisse zu reden, die feuchten und schmutzigen Häuser der Armenviertel; in ihm reden der Hunger und die Nachtwachen, reden das verlassene Kind und die erniedrigte prostituierte Frau; so viele zertretene, gedemütigte Geschlechter wachen jetzt auf, setzen sich auf ihren Grabstein und singen ein Lied der Drohungen und des Todes. Diese Stimmen, dieses Lied, diese Drohungen, diese Visionen von einem christlichen Paradies auf Erden, von einem Rousseauschen Garten Eden, in dem die Güter der Welt gerecht geteilt und die Menschen in brüderlicher Gemeinschaft zusammenleben – all dies ist Chalier. Besessen von Gerechtigkeit und Mitleid klagt er an; alles, was er am Tage an Haß und Heftigkeit gegen die Aristokraten und Reichen in sich gesammelt, gibt er abends in den Klubs von sich. So drängt sich gegen ihn, den Ankläger und Volkstribunen, bald alle Liebe, gegen ihn ballt sich aller Haß. Das ungeheure Geschwür der Mißstände Lyons – durch ihn bricht es auf. Das Patriziat der Stadt weicht erschrocken zurück, empört über die eigene Wunde, und ist entschlossen, den, der sie enthüllt hat, aus dem Wege zu räumen.

Schon bald aber ist Lyon zu einer Hochburg der Gegenrevolution geworden, die ihren wühlenden Einfluß auch unter den Arbeitern und Armen der Stadt gefestigt hat. Ein ganzes Volk von widerspenstigen Priestern, verkleideten Adeligen, überspannten Nonnen nistet sich in der Stadt ein und unterwühlt sie mit seinem Fanatismus. Es gibt kein Mittel, sie zu fassen. Das große Lyon der Industrie und des Handels, das nur wenig Arbeit hat und kaum mehr verkaufen kann, ist mit dem aristokratischen Lyon im Einverständnis. Die Kaufleute waren Girondisten, aber nun werden sie wieder Royalisten, indes die republikanische Partei jeden Tag kleiner wird.

Wir fühlen unsere Ohnmacht und unsere Gefahr. Wir müssen zusehen, wie die Royalisten mit der Waffe in der Hand die republikanischen Klubs und Versammlungen schließen, die Behörden beleidigen, sogar den Abgesandten des Konvents tätlich bedrohen und etliche Patrioten massakrieren. Die Wirrnisse dieser Lage fanatisieren auch Chalier, der die Kommune leitet. Er schleudert immer wütendere Haßreden und Todesdrohungen gegen seine Feinde. In den Arbeitervierteln kommt es zu Unruhen, und Chalier wird als mutmaßlicher Rädelsführer in den Kerker geworfen. Mit Mühe und mittels eines gefälschten Briefes schustert man eine Anklage gegen ihn zusammen. Zur Abschreckung der Patrioten wird Chalier zum Tode verurteilt. Vergebens setzen wir uns für die Revision des Verfahrens, für die Anhörung unparteiischer Zeugen und für seine Freilassung ein; er schmachtet allein im Kerker, eine Taube ist sein einziger Gefährte. Vergebens sammeln wir Petitionen und richten Gesuche an den von Girondisten und Royalisten beherrschten Magistrat. Vergebens schickt der Konvent Adressen und Boten nach Lyon, um Chalier zu retten. Er mahnt, er fordert, er droht dem unbotmäßigen Magistrat. Dieser jedoch, nun erst recht entschlossen, der ›gottlosen‹ Pariser Versammlung die Zähne zu zeigen, weist selbstherrlich jeden Einspruch zurück. Zähneknirschend hat sich das Patriziat seinerzeit die Guillotine schicken lassen und unbenützt in einen Speicher gestellt. Nun

will es Paris und den Führern der Revolution eine Lektion erteilen: das
›Messer der Gleichheit‹ soll erstmalig an einem der ihren, an einem jakobinischen Revolutionär erprobt werden ...«

Jacques stockte in seiner Erzählung und schloß die Augen, als müsse er
für das nun Folgende erst einmal Kraft sammeln.

»Als Chalier am 16. Juli 93 das Schafott besteigt, sagt er voll Festigkeit:
›Gebt mir meine Kokarde zurück. Ich sterbe für die Freiheit.‹ Aber da die
Maschine noch nicht erprobt und der Henker mit ihr nicht vertraut ist, wird
die öffentliche Hinrichtung Chaliers zu einer grausamen Folterung, zu
einem wahren Golgatha. Und ich ... bin Zeuge seines Martyriums. Ich
stehe, die Lippen zusammengepreßt, einige Meter vor dem Schafott und
schließe vor Entsetzen die Augen ... höre, wie das Fallbeil niedersaust ...
sehe, wie es wieder hochgezogen ... und noch einmal niedersaust ... und
ein drittes Mal, ohne den Nackenwirbel Chaliers zu durchschlagen. Mit
Grauen sehe ich seinen gefesselten blutüberströmten Leib sich noch immer
lebend unter dieser schändlichen Folter krümmen, während von den Fenstern, die sich die guten Bürger und Aristokraten gemietet, Spottrufe und
Beifall erschallen. Erst nachdem man in Eile ein Hackmesser herbeigeholt,
trennt der stümpernde Henker das Haupt des Unglücklichen mit einem
Hieb vom Rumpf.«

Jacques hielt inne, die Stimme schien ihm zu versagen, und seine Augen
waren voll Tränen. Eulogius griff sich unwillkürlich an den Hals; denn es
war ihm, als spüre er in seinem Nacken den Schmerz des niedersausenden
Beils.

»In der Nacht graben einige Frauen Chaliers Leichnam aus und nehmen
von seinem gemarterten Kopf die Totenmaske ab. Getreu werden die drei
Beilhiebe nachgebildet. Ich übertrage in meiner Werkstatt die Totenmaske
auf Papier, tiefe die Zeichnung mit dem Grabstichel in eine Kupferplatte ein,
und da mir das erste Blatt aus der Hand gerissen wird, stelle ich immer mehr
davon her. Meine Reproduktionen gehen bald in alle großen Städte Frankreichs und werden wie Reliquien verehrt. Überall ehrt und verehrt man
Chaliers Bild, aber an sein Wort: ›Man verschone das Volk!‹ hat sich niemand erinnert. Dieses gemarterte Haupt, dreimal vom Beil zerschmettert,
wird schon bald zum Medusenhaupt für seine Mörder. Wie, die zweite
Hauptstadt Frankreichs wagt offen der Nationalversammlung Trotz zu bieten? Auch die Lyoner Stadtregierung weiß, was sie nun zu erwarten hat.
Offen geht sie von der Auflehnung gegen die Republik zur Rebellion über;
sie hebt Truppen aus, setzt die Verteidigungswerke instand und bietet der
Armee des Konvents Trotz.

Wir Lyoner Patrioten sind in einer verzweifelten Lage; viele von uns werden verfolgt und eingekerkert, manche massakriert oder gehängt. Auch ich fürchte um mein Leben und verstecke mich. Bald wird offenbar, daß die wankende Bürgerschaft sich offen den Royalisten in die Arme wirft und einem General des Königs ihre Truppen anvertraut hat. Bei Nacht fliehe ich aus der Stadt, um mich den Truppen des Konvents anzuschließen. Aus den Bauernhöfen, aus den Vorstädten strömen proletarische Soldaten, und am 9. Oktober wird die aufrührerische Stadt an der Rhône von den republikanischen Truppen erstürmt. Ich selbst fechte als Kavallerist in der ersten Linie mit und hisse, zusammen mit meinen Kameraden, die Trikolore am Rathaus. Dieser Tag war der stolzeste in meinem Leben.

Einige Tage später stehe ich vor der Anschlagtafel des Rathauses, auf dessen Dache jetzt wieder die Fahne der Freiheit weht, und lese die jüngste Proklamation des Pariser Konvents. Doch ich traue kaum meinen Augen. Was ich da lese, ist so ungeheuerlich, daß ich denke, es handle sich um eine Fälschung, um ein royalistisches Schurkenstück:

Die Stadt Lyon wird zerstört. Alles, was von den vermögenden Leuten bewohnt war, ist zu vernichten; es dürfen nur übrigbleiben die Häuser der Armen, die Wohnungen der ermordeten oder proskribierten Patrioten, die industriellen Gebäude und die, die wohltätigen und erzieherischen Zwecken dienen.

Der Name Lyons wird aus dem Verzeichnis der Städte der Republik ausgestrichen. Von nun an wird die Vereinigung der übriggebliebenen Häuser den Namen ›Ville Affranchie‹ tragen.

Es wird auf den Ruinen von Lyon eine Säule errichtet, die der Nachwelt die Verbrechen und die Bestrafung der royalistischen Stadt verkündigt, mit der Inschrift: ›Lyon führte Krieg gegen die Freiheit – Lyon ist nicht mehr!‹

Ich kann und will nicht glauben, was ich da lese; ich befrage die Freunde, laufe in die Volksgesellschaft und treffe überall auf dieselben bestürzten Gesichter. Es ist wahr, sagt man mir: Einstimmig hat der Pariser Konvent diese Vandalentat gebilligt, und Couthon, den Freund Robespierres, mit der Ausführung betraut. Wie? Niemand hat es gewagt, gegen diesen wahnsinnigen Antrag Einspruch zu erheben, die zweitgrößte Stadt Frankreichs in einen Trümmerhaufen zu verwandeln? Ich bin wie vor den Kopf geschlagen. Daß im Konvent die klügsten, die besten, die verantwortungsvollsten Männer Frankreichs sitzen, galt mir bislang als Gewißheit. Ich wußte noch nicht, daß der Mut im Konvent längst dahin ist, seit die Guillotine über den

Häuptern all derer gefährlich blinkt, die das Wort Gnade oder Mitleid auch nur zu flüstern versuchen.

Wenige Tage später trifft Couthon in Lyon ein. An beiden Beinen gelähmt durch frühzeitige Paralyse, läßt sich der Abgesandte des Konvents in seiner Sänfte auf den Marktplatz tragen. Mit dem Schlag eines silbernen Hammers bezeichnet er symbolisch die Häuser, die der Niederreißung verfallen sind, und kündigt Tribunale furchtbarer Rache an. Damit sind die hitzigsten Gemüter, die Radikalen der Volksgesellschaft zunächst beschwichtigt. Indes bleibt es bei der Ankündigung. Couthon hat es offenbar nicht eilig, das Zerstörungswerk zu beginnen. Auch er scheint das Wahnwitzige und Selbstmörderische seines Auftrags erkannt zu haben. Unter dem Vorwand des Mangels an Arbeitern schickt er nur ein paar Frauen und Kinder hin, die ein Dutzend lässiger Spatenschläge gegen die gezeichneten Häuser tun. Und mit Ausnahme von einigen Leuten, bei denen man Waffen gefunden, wird niemand exekutiert.

Schon atmet die Stadt wieder auf, ich und die Freunde sind von so unerwarteter Milde nach so martialischen Ankündigungen überrascht. Offenbar hat in Paris doch die Vernunft wieder Oberhand über die Rachegelüste gewonnen, die Partei der Mäßigung über die des Terrors gesiegt. Doch nicht lange, und Couthon wird nach Paris zurückberufen. An seiner Statt kommt am 7. November der neue Prokonsul Collot d'Herbois in unserer Stadt an. Verwundert und voll böser Vorahnungen reiben wir uns die Augen. Ganz Lyon kennt nämlich den ehemaligen Schauspieler. Man hat ihn seinerzeit auf dem hiesigen Theater ausgepfiffen, und er mußte seinen Hut nehmen. Mit bangen Gefühlen fragen wir uns: Wird dieser gescheiterte Mime, der sich zum Ultraradikalen gewandelt, Mitglied des Wohlfahrtsausschusses und jetzt mit der Autorität und den unbegrenzten Vollmachten eines Prokonsuls ausgestattet ist, an seinem undankbaren Publikum von einst wohl gar eine späte Privatrache üben? In Lyon weiß man noch nicht, daß er es war, der den Antrag zur Zerstörung der Stadt im Wohlfahrtsausschuß gestellt und mit durchgesetzt hat. Drei Tage nach ihm trifft Joseph Fouché, der zweite Prokonsul, ein. Dieser immerhin gilt als besonnener Mann. Er hat zwar, wie man hört, in Nevers und Clamency schonungslos requiriert, Kirchen geplündert, Vermögen beschlagnahmt und jeden Widerstand erdrosselt, aber nur mit Worten, nur mit Befehlen und Einschüchterungen hat er Terror geübt und bislang kein Blut vergossen. Und dies will etwas heißen zu einer Zeit, da in Paris die Guillotine klappert wie eine Nähmaschine. Und so richten sich die Hoffnungen der Stadt, auch die meinen, auf Joseph Fouché.

Indes, zugleich mit den Säuberungen der Verwaltungen füllen sich in den nächsten Wochen auch die Gefängnisse. Ein Revolutionstribunal wird gebildet, und der Scharfrichter von Lyon, derselbe, der im Auftrag der Reaktion Chalier und seine Freunde guillotinierte, läßt jetzt im Auftrag der Revolution gleichmütig die Aristokraten, Royalisten und Girondisten zu Hunderten »in den Sack niesen«. Inzwischen ist er ein erfahrener Maschinist geworden; und nur noch ihm selbst, so scheint es, sitzt der Kopf sicher auf den Schultern.

Über den Hinrichtungen vergessen Fouché und Collot d'Herbois nicht den traurigen anderen Auftrag des Konvents, den sie in Lyon zu erfüllen haben. Die anbefohlene Demolierung der Stadt wird nun in Eile vollzogen. Die Sappeure legen ihre Zündschnüre und Minen aus. Die Bauwerke von Bellecourt, diese berühmten Fassaden, unter Ludwig dem Vierzehnten begonnen – sie sind als *Denkmäler des Despotismus* als erste zum Untergang bestimmt. Die Bewohner dieser Häuserreihen werden mit Gewalt ausgetrieben, und Hunderte von Arbeitslosen, Männer und Frauen, schmettern in wenigen Wochen sinnloser Zerstörung die prachtvollen Kunstwerke zusammen. Die unglückselige Stadt hallt wider von Seufzern und Stöhnen, von Kanonenschüssen und stürzenden Mauerwerken. Jedes Haus wird vom Keller bis zum Dach durchstöbert nach versteckten Emigranten und ›Feinden des Volkes‹ und verborgenen Schätzen; überall waltet der Terror der beiden Prokonsuln. Sie selbst logieren in einem unzugänglichen und abgelegenen Haus, das bewaffnete Posten vor jedem Unberufenen schützen. Schon symbolisch ist jeder Milde, jeder Bitte, jeder Nachsicht die Tür verrammelt.

Eines Morgens, als ich durch die Stadt gehe, sehe ich einen Trupp Arbeiter, die gerade dabei sind, unter der Leitung eines Sappeurs, die Zündschnüre zu verlegen. Sie führen in ein Haus, wo schon die Minen gelegt sind. Im Umkreis des Hauses ist eine Bannmeile aus Steinen gelegt. Wozu, denke ich in verzweifelter Gleichmut, sollen die Häuser noch stehenbleiben, wenn so viele ihrer Bewohner schon unter der Erde sind? Soll doch die Stadt und der Himmel über ihr einstürzen! Revolution oder Conterrevolution, es ist doch alles eins. Doch dann sehe ich vor der Absperrung eine Gruppe von Frauen stehen, die schluchzend ihre Gesichter in den Schürzen verbergen, am Wickel weinende und jammernde Kinder. Und da erwach' ich aus meiner Starre. Ich stürze mich auf den Sappeur, suche ihn an seiner Arbeit zu hindern, schlage ihn schließlich nieder. Doch dieser, zu Boden taumelnd, ruft um Hilfe. Als sich die Arbeiter mir drohend nähern, ziehe ich meine Pistolen und brülle: ›Hände weg von diesem Haus. Oder ich schieße!

Seht ihr denn nicht, was ihr diesen Müttern und Kindern antut?‹ Es kommt zu einem Menschenauflauf und Handgemenge. Ich werde niedergeschlagen, entwaffnet, gefesselt. Kurz darauf schleppt man mich unter schwerer Bewachung ins Stadtgefängnis.

Jedem anderen hätte man nach diesem Sabotageakt, diesem Anschlag auf die Hoheit der beiden Konventskommissare, sofort den Prozeß gemacht und ihn aufs Schafott geschickt. Aber da ich im Rufe eines untadeligen Patrioten stehe, der sich bei der Rückeroberung Lyons verdient gemacht und dem man sogar die Bürgerkrone verliehen, zögert Fouché und läßt mich erst mal einige Wochen bei Wasser und Brot im Kerker schmachten. Ich selbst halte mein Schicksal für besiegelt, und schreibe einen Abschiedsbrief an meine Frau, der es nicht erlaubt ist, mich im Kerker zu besuchen ...

Am Morgen des 4. Dezember öffnet sich die schwere Eisentür meines Kerkers, der Schließer tritt ein, und weckt mich auf meinem Strohlager. Ich denke: Jetzt karrt man mich vors Tribunal und dann zum Schafott. Doch zu meiner Verwunderung händigt er mir meine Kavalleristen-Uniform, meinen Säbel und meine Pistolen aus. Vor dem Gefängnis steht ein gesatteltes Pferd für mich bereit, und alsbald reite ich, von einem Gendarmen bewacht und geführt, nicht etwa zum Gerichtsgebäude, sondern zum abgelegenen Hause Joseph Fouchés.

Im Foyer hat ein Trupp bewaffneter Bürgersoldaten und Kavalleristen Aufstellung genommen. Unter diesen erkenne ich einige mir wohlbekannte Lyoner Patrioten, die mich herzlich begrüßen, mich umarmen und zu meiner Befreiung beglückwünschen. Ich weiß nicht, ob ich träume, oder ob man sich nur einen makabren Scherz mit mir erlaubt.

Da erscheint auf der Treppe Joseph Fouché – ein schmächtiger Mann mit blutarmem Gesicht. Höflich begrüßt er den Trupp der ausgewählten Patrioten. ›Ausgewählt – wofür?‹ frage ich meine Kameraden. Doch keiner weiß etwas Genaues. Dann hält Fouché, ohne auch nur die Spur einer Gemütsregung zu zeigen, folgende Ansprache:

›Bürgerkollegen! Ihr habt großes Unrecht zu sühnen. Die Verbrechen der Rebellen in Lyon sind auch die euren. Hättet ihr jene stolze republikanische Haltung besessen, die den freien Mann kennzeichnet, hätten es niemals Schurken gewagt, einen Aufruhr gegen das Vaterland zu versuchen. Holt also sofort die Strecke auf dem Wege der Freiheit auf, die ihr zurückgefallen seid! Wir müssen es euch gestehen, Bürgerkollegen! Wir betrachten die Nachsicht als eine gefährliche Schwäche. Gewährt man einem Individuum Nachsicht, so gewährt man sie allen seiner Art und macht damit die Wirkung unserer Justiz unwirksam. Die Guillotine arbeitet zu langsam, die republikanische Ungeduld verlangt raschere Mittel. Die Rache des Volkes gegenüber seinen Unterdrückern und Mördern muß die Wirkung eines Gewitters haben. Wir erwarten von euch, als bewährten und geprüften Patrioten, die sofortige Vollziehung unserer Befehle.‹ – Und wie beiläufig setzt Fouché hinzu, wobei er mich adressiert: ›Jenen Patrioten aber, die aus Schwäche und sträflicher Nachsicht gefehlt, soll heute Gelegenheit werden, sich von diesem Makel zu reinigen!‹

Noch ehe ich einen Kameraden fragen kann, um was für Befehle es sich denn handle, wird der ganze bewaffnete Trupp von Fouché entlassen und einem Stabsoffizier unterstellt. Dieser gibt uns sogleich Befehl zum Aufsitzen. Das Corps reitet, indes langsam der Morgen graut, aus Lyon hinaus. Mir ist beklommen zumute, und mehrmals wende ich mich während des Ritts an den Offizier, um zu erfahren, worin denn unsere Aufgabe besteht. Ich werde es schon rechtzeitig erfahren, ist die mürrische Antwort.

Als wir die Ebene von Brotteaux jenseits der Rhône erreichen, stoßen wir auf einen Trupp von etwa sechzig Gefangenen, je zwei und zwei zusammengebunden, in Schach gehalten von einer Infanteristen-Brigade, die mit zwei Kanonen ausgerüstet ist. Die meisten der Gefangenen sind junge Leute, auch Frauen sind darunter. Einige Gesichter sind mir bekannt; ich erkenne in ihnen die Mitglieder jener royalistischen Banden, die nach der Hinrichtung Chaliers Jagd auf die Patrioten gemacht ... Im Schritt folgen die Kavalleristen dem Gefangenentrupp, der schließlich in einer Senke haltmacht.«

Wieder hielt Jacques inne, schloß seine Augen und legte die Hand auf den Mund, als wolle er ihn gleichsam versiegeln. Endlich fuhr er stockend fort:

»Zwei parallele Gräben, in Eile ausgehoben, lassen mich erraten, welches Schicksal den Gefangenen bevorsteht. Man rottet und bindet die Wehrlosen zusammen in einen schreienden, heulenden, tobenden, vergebens sich wehrenden Klumpen menschlicher Verzweiflung. Dann werden etwa zehn Schritte vor ihnen die Kanonen in Aufstellung gebracht und diese mit Pulver und Blei geladen. Jählings begreife ich den Ausspruch Fouchés, *die Guillotine arbeite zu langsam.* Ob denn diese Gefangenen vor ein Gericht gestellt worden, brülle ich zu dem Stabsoffizier hinüber. Ihre Schuld sei hinlänglich erwiesen, schnauzt er zurück. Dann gibt er den Kavalleristen Befehl, sich hinter der Kanone zu postieren. Ich bin wie gelähmt und rühre mich auf meinem Pferd nicht vom Fleck. Noch einmal verlange ich vom Stabsoffizier eine Erklärung. Doch dieser, den gezückten Säbel schon in der Hand, funkelt mich böse an und droht, mich vors Militärtribunal zu bringen, wenn ich den Befehl verweigere.

Ich weiß, was das bedeutet. Ich sehe meine Madeleine vor mir und meine beiden Söhne Charles und Georges. Sie sind ja noch so klein, so zart, so hilflos! Soll ich um dieser Verurteilten willen, die ich doch nicht retten kann, mein Weib zur Witwe und meine Kinder zu Waisen machen? Ich schließe die Augen und versinke in einem Abgrund von Scham und Verzweiflung. Dann ziehe ich zögernd die Zügel an und nehme Aufstellung hinter der Kanone, wo schon die anderen Kavalleristen mit gezückten Säbeln und Pistolen bereitstehen. Ein Kommando – und aus tödlicher Nähe schmettert von den Mündungen gehacktes Blei in die wehrlose Menschenmasse. Dieser erste Salvenschuß erledigt nicht alle Opfer. Einigen ist nur ein Arm oder Bein weggefetzt, andern sind die Gedärme herausgerissen, aber sie leben noch, ein paar sind durch Zufall heil geblieben. Während das Blut schon in breitem rieselndem Quell in die Gräben strömt, werfen sich jetzt auf ein zweites Kommando die Kavalleristen mit Säbeln und Pistolen auf die aufgesparten Opfer. Ich sitze wie ein Toter im Sattel, die schlaffen Zügel in der Hand. Mein Pferd bäumt sich wiehernd auf, wird von dieser plötzlichen Bewegung mitgerissen und jagt mit mir in die zuckende, ineinander verkrallte Menschenmenge hinein. Ihre noch lebende Reste werden jetzt von den Reitern niedergesäbelt. Ich sehe wieder das gemarterte Haupt Chaliers und den stümpernden Henker vor mir. Wenn schon morden, denke ich, dann die Opfer nicht auch noch quälen! Ich reiße den Säbel aus dem Gurt und lasse ihn auf die Verwundeten, auf die noch schreienden Köpfe und zuckenden Leiber niedersausen, bis die letzte röchelnde Stimme erstickt ist. Dann wird es mir schwarz vor Augen, ich sinke vom Pferde, falle in Ohnmacht ... Ach, wär' ich doch nie mehr aus ihr erwacht!«

Jacques konnte nicht weiter; die letzten Sätze und Worte hatte er nur stockend, von Seufzern unterbrochen, hervorgestoßen. Er verbarg sein Gesicht in den Händen, sein ganzer Körper erbebte vor Schmerz. Eulogius beugte sich über ihn und barg den Schluchzenden in seinen Armen. Eine ganze Weile verharrten sie so.

»Es geht schon wieder«, sagte Jacques und wischte sich mit dem Ärmel die Tränen aus dem Gesicht.

»Als ich die Augen aufschlage, sehe ich, wie einige der Infanteristen Kleider und Schuhe von den noch warmen Leichen abziehen, ehe man die Kadaver nackt und zerfetzt in den Laufgräben verscharrt ... Zurückgekehrt in mein Haus, wanke ich mit hohlem Blick meiner Madeleine in die Arme. Sie kann sich vor Freude kaum fassen, daß sie mich wiederhat. Mir aber ist die Zunge wie gelähmt. Ich stammele irgendwas, rede verwirrt und schließe mich in meine Werkstatt ein. Vergebens pocht meine Frau, pochen

495

die Nachbarn und Freunde an die Tür und fragen, was denn geschehen ist. Erst nach Stunden mache ich auf, aber meine Zunge ist noch immer wie Blei. Ich bin krank, leide an Fieber und Schüttelfrost, esse kaum und deliriere des Nachts. Erst am dritten Tag sinkt das Fieber, ich komme etwas zu Kräften. Aber nur mein Körper scheint noch lebendig und bewegt sich wie eine aufgezogene Uhr, in mir selbst ist alles leer und abgestorben. Selbst der Anblick meiner Frau, ihre Tränen, ihre Bitten, ihre Sorge lassen mich gleichgültig, an meinen Kindern gehe ich achtlos vorbei. Mir ist, als sei auch ich auf der Ebene von Brotteaux gestorben, als habe ich mich dort mit umgebracht und als sei es nur eine Frage der Zeit, daß auch mein Körper, diese mit Muskeln und Fleisch bedeckte Marionette, meiner gestorbenen Seele nachfolgen werde. Es wird mir ergehen, denke ich, wie jenem Soldaten meines Bataillons, der bei der Rückeroberung Lyons von einer Kugel tödlich getroffen wurde und doch noch eine Weile aufrecht weiterging, bevor er zu Boden stürzte.

Endlich, am Morgen des vierten Tages erhebe ich mich von meiner Bettstatt. Verwundert, daß mein Herz noch immer schlägt und die Maschine des Körpers noch läuft, kleide ich mich an und verlasse das Haus. Auf den Gassen geht alles seinen gewohnten Gang. Die fliegenden Händler schreien ihre Waren aus, ich sehe die Frauen und Mütter vor dem Brotladen anstehen, die Arbeiter beim Entladen von Fuhrwerken, die Milizen Wache schieben vor den öffentlichen Gebäuden – alles ist wie immer. Ich wundere mich nur, daß mich die Leute grüßen, statt vor mir auszuspeien und die Wache zu rufen, auf daß sie mich festnehme.

Endlich komme ich zum Gemeindehaus und bleibe vor der Anschlagtafel stehen. Ich lese die jüngste Proklamation, und wieder kann ich nicht glauben, was ich da lese, wieder denke ich, es handele sich um eine Fälschung, um das Schurkenstück eines Conterrevolutionärs:

Die Volksrepräsentanten werden fühllos bei der ihnen aufgetragenen Mission bleiben; das Volk hat in ihre Hände den Donner seiner Rache gelegt, und sie werden ihn nicht lassen, ehe nicht alle Feinde der Freiheit zerschmettert sind. Sie werden den Mut haben, über weite Gräberreihen von Verschwörern hinwegzuschreiten, um über Ruinen zum Glück der Nation und zur Erneuerung der Welt zu gelangen.

Gez. Collot d'Herbois und Joseph Fouché

Noch am selben Tag erfahre ich, daß der ersten Mitraillade, an der ich wider Willen beteiligt gewesen, tagsdrauf eine zweite folgte – an einer noch stattlicheren Herde. Diesmal waren es zweihundertzehn Stück Schlachtvieh, die mit auf dem Rücken gebundenen Händen auf die Ebene von Brotteaux hinausgeführt und in wenigen Minuten durch das gehackte Blei der Kartätschen und die Salven der Infanterie umgelegt wurden. Nur erleichterte man den Schlächtern diesmal das unbequeme Handwerk, indem man ihnen erließ, nach so anstrengender Massakrierung auch noch die Totengräber ihrer Opfer zu sein. Wozu noch Gräber für diese Schurken? Man zog die blutigen Schuhe von den verkrallten Füßen, dann warf man die nackten Kadaver in das strömende Grab der Rhône.«

Jacques hielt wieder inne. Seine Erzählung hatte sich Eulogius bleischwer auf die Brust gelegt. Er fühlte sich niedergeschlagen, bestürzt und beschämt. Auch er und die Straßburger Patrioten hatten die Befreiung Lyons begrüßt und das vom Konvent anbefohlene Strafgericht an der aufständischen Stadt für eine notwendige Maßnahme erachtet. Aber daß es in *dieser* Weise geschah, das hatte er nicht gewußt. Doch noch etwas anderes bestürzte ihn. In Chalier hatte er manches Eigene wiedererkannt, diese glühende, aufopfernde Liebe für die Revolution, dieses leidenschaftliche Eintreten für die Rechte der Armen und Ausgebeuteten, und der Bericht über Chaliers Passion hatte auch ihm das Herz umgedreht. Aber im Fortgange der Erzählung sagte ihm eine innere Stimme, daß er kein Recht habe, sich mit diesem eigenartigen Messias zu vergleichen. Dieser hatte wohl nach der Guillotine gerufen, aber es klebte kein Menschenblut an seinen Händen. Chalier genoß das Privileg – nicht ohne einen Anflug von Neid kam ihm dies verfängliche Wort in den Sinn –, das Privileg, Opfer und Märtyrer zu sein. Er aber hatte Blut vergossen – im Namen des Gesetzes! Gehörte er nicht eher auf die andere Seite? Auf die Seite des Pilatus und der Pharisäer? Womöglich gar auf die Seite Joseph Fouchés und Collot d'Herbois'? Nein! Mit aller Schärfe wies er diesen peinigenden Gedanken zurück. Niemals hätte er einen solchen Befehl erteilen können wie Joseph Fouché. Er hatte keine Massaker zu verantworten, im Gegenteil! Hatte er nicht die ganze Autorität seines Amtes aufgeboten, um die drohenden Massaker der französischen Propagandisten an den Straßburger Gefangenen und an den Juden zu verhindern? Und doch ... und doch ... Er fühlte, wie ihm der Schweiß ausbrach.

»Wie stumm geschlagen«, fuhr Jacques in seiner Erzählung fort, »ziehe ich mich in meine Werkstatt zurück. Mehrmals versuche ich meiner Frau zu erzählen, was geschehen ist, an welchem Verbrechen ich beteiligt war. Und doch schnürt es mir immer wieder die Kehle zu, brech' ich nach wenigen würgenden Worten ab. Aber was ich nicht aussprechen kann, das arbeitet in meinen Händen, es teilt sich dem Zeichenblatt mit, und schließlich, nachdem ich zahllose Skizzen verworfen, dem haltbaren, dem wahren, dem unvergänglichen Material: dem Kupfer! Tag und Nacht bin ich mit dem Grabstichel und dem Punzeisen in meiner Werkstatt zugange, wo ich auch schlafe. Nur kurz schließe ich auf, um das Tablett mit der Suppe, dem Stück Brot und dem Glas Wein in Empfang zu nehmen, das Madeleine mir täglich bringt. Nicht einmal sie ahnt, was für ein Werk, welch fürchterlicher und zur Vervielfältigung bestimmter Kupferstich da unter meinen Händen entsteht.

Nach drei Tagen schließlich bin ich fertig. Wortlos, Hände und Schürze mit Druckerschwärze beschmiert, führe ich meine Frau vor die rötlich braune Kupferplatte, die auf der Werkbank liegt – daneben liegt das noch feuchte druckfrische Blatt, die erste Reproduktion. Ob das ein Schlachtengemälde im Stile Davids sei, fragt sie mich verwundert. Nein, sage ich, es ist das Gegenteil von David. Erst als sie genauer hinsieht, erkennt sie die hart gestochenen Profile von gefesselten Verwundeten und wehrlosen Gefangenen, die sich im Mündungsfeuer einer Kanone vor einem Laufgraben krümmen, Menschen mit zerborstenen Schädeln und abgehackten Gliedmaßen – und über ihnen sich aufbäumende Rösser mit Säbel schwingenden Reitern. Dann buchstabiert sie zögernd und mit tonloser Stimme die in schrägen Lettern gesetzte Legende:

DIE GUILLOTINE ARBEITET ZU LANGSAM!

Meine Frau ist entsetzt, sie ahnt wohl, was ich mir da von der Seele gestochen. Sie bittet mich inständig, den gefährlichen Kupferstich sofort zu verstecken und die Reproduktion zu vernichten. Ich verspreche es ihr.

In der Nacht verlasse ich heimlich das Haus und marschiere zum Rathaus. Ich hefte das noch druckfrische Blatt mit dem Stich an die Anschlagtafel, unter die letzte Proklamation Fouchés und Collot d'Herbois'. Dann gehe ich wieder nach Haus, leg' mich zu Bette und liebkose noch einmal meine Frau.

Tags darauf kommen die Büttel in mein Haus, meine Werkstatt wird untersucht, die ›verräterische‹ Kupferplatte gefunden und in Verwahrung genommen, ich werde wieder verhaftet, verhört und danach sofort in die Kutsche verfrachtet. Das Pariser Tribunal, so will es Fouché, soll über meinen Fall entscheiden ... Nun, er ist längst entschieden!«

Jacques ließ die Hände in den Schoß sinken und wandte die Augen zum Fenster, auf dem noch ein letzter matter Widerschein des Abendrots lag. In der Kammer war es fast dunkel geworden.

»Und woher willst du das wissen?« fragte Eulogius in tiefer Bedrückung.

»Warum? Sehr einfach! Wenige Tage, nachdem wir beide in der Abtei ankamen, hatte Collot seinen Auftritt im Konvent und bei den Pariser Jakobinern. In der Presse war zu lesen, wie der Mitrailleur von Lyon hier als Triumphator und Held gefeiert wurde, der an der abtrünnigen Stadt eine ›gerechte Rache‹ geübt.* So tief ist die Revolution gesunken, so tief, daß sie der Conterrevolution zum Verwechseln ähnlich sieht ... Was aber habe ich, was hast du von *diesem* Tribunal zu erwarten, das Robespierre mit seinen Leuten besetzt hat? Unsere Partie, mein Freund, ist verloren. Du weißt es erst seit gestern. Ich wußte es schon, als ich hier ankam.«

Eulogius starrte dumpf vor sich hin. Endlich, als müsse er sich vor Jacques rechtfertigen, sagte er:

»Auch wir in Straßburg hatten von der Exekution gegen die *ville affranchie* gehört, freilich nicht, auf wie grausame Weise diese geschah. Doch war meine beständige Furcht, Saint-Just und Lebas würden bei den geringsten Anzeichen von Rebellion an den Straßburgern ein ähnliches Strafgericht vollziehen. – Warum blieb ich denn auf meinem Posten? Vor allem, um solches zu verhindern! Um Saint-Just und seine propagandistische Meute daran zu hindern, den ganz großen Terror im Département zu vollstrecken. Dafür werde ich jetzt vor dem Konvent und ganz Franreich als ›Ungeheuer‹ und ›zweiter Caligula‹ ausgeschrien, indes sich Saint-Just als ›Retter des Vaterlandes‹ feiern läßt. Gerechter Gott, wo ist dein Blitz! ... Und Robespierre, dieser scheinheilige Heuchler? Während er im Konvent und vor dem Volke den Tugendpapst spielt, läßt er die Drecks- und Henkersarbeit von anderen verrichten. Ob sich wohl noch einer findet, der diesem falschen Messias die Maske vom Gesicht reißt?«

Im Handumdrehen hatte sich Eulogius' Bestürzung und Scham wieder in Wut verkehrt, so daß die steile Zornesader auf seiner Stirn beinahe glühte.

Jacques, der ihm halb befremdet, halb verwundert zugehört hatte, stand auf, ging auf ihn zu und legte ihm seine schweren Hände auf die Schultern. Er blickte ihm fest in die Augen und sagte in leisem, aber eindringlichem Tone:

---

* Collot d'Herbois hatte sogar noch die Kühnheit, vor dem Konvent die Massenhinrichtungen als eine Form der »Humanität« zu rühmen: *»Wir wollten die Menschheit von dem furchtbaren Schauspiel zu vieler aufeinanderfolgender Hinrichtungen befreien, darum beschlossen die Kommissare, an einem Tag alle Verurteilten auf einmal zu vernichten; dieser Wunsch entsprang einer wirklichen Gefühlsregung (véritable sensibilité).«*
Der Konvent und die Jakobiner nahmen diese Erklärungen zustimmend auf und gaben damit beiden Prokonsuln einen Freibrief zu weiteren Exekutionen. An die zweitausend Menschen ließen Joseph Fouché und Collot d'Herbois in Lyon hinrichten.

»Hör' endlich auf, nach Rechtfertigungen für deine Taten zu suchen. Die Toten machst du damit doch nicht lebendig. Und Frankreich hört dir längst nicht mehr zu. Es hört auf Robespierre, Saint-Just und Collot. Und was bekümmerst du dich um deinen Ruf, diese letzte Chimäre unsrer Eitelkeit? Ob du nun getötet hast, um deinen eigenen Kopf zu retten oder um das Schlimmste zu verhindern, wen interessiert das noch? Die Toten nicht, die Lebenden auch nicht. Begreifst du denn nicht? Wir haben verloren. Die Republik hat verloren, auch wenn sie militärisch gewonnen hat. Sie erstickt an ihrem eigenen Blut. Spätere Geschlechter werden uns ohnedies alle über einen Kamm scheren. ›Bluthunde, Monster, Verbrecher sie alle!‹ wird man sagen. So werde ich Geist vom Geiste Fouchés und du Fleisch vom Fleische Saint-Justs ...«

Dann, nach einer Pause, setzte er in mildem Tone hinzu:

»Laß los, mein Freund, suche nicht mehr, dich zu rechtfertigen! Suche nicht mehr das Leben festzuhalten, das dir entrissen wird! Kämpfe nicht mehr – auch nicht wider dein besseres Selbst! Laß dir lieber die letzten Tage auf der Zunge zergehen, wie jenen schweren süßen Wein, den man aus der späten Rebe gewinnt.«

Unter diesen Worten, mit Milde und sanfter Autorität gesprochen, verstummte Eulogius' Zorn. Er umarmte den Freund, dankbar, daß ihm das Schicksal einen solchen Gefährten seines Elends gegeben hatte.

Confessions (7)

10. Februar 1794

Jacques ist mir sehr nahegekommen.

Er könne sich, sagte er heut, seine eigene Feigheit nicht verzeihen: daß er sich dem Befehl zum Massaker nicht widersetzt. Hätt' er's getan, hätte man ihn durchs Militärtribunal abgeurteilt; aber er wäre wenigstens als Mensch von dannen gegangen.

Ich widersprach ihm, suchte ihn zu trösten. Keiner, außer den Gleichgültigen und Indifferenten, komme schuldlos durch diese Zeiten. Und hat er nicht großen Mut bewiesen, als er das gedruckte Zeugnis vom Verbrechen Fouchés und Collots an das Rathaus geheftet? Aber dies ließ er nicht gelten. Feigheit vor den eigenen Compatrioten, vor der eigenen Partei, sagte er, sei schlimmer als Feigheit vor dem Feind.

Und ich? Warum blieb ich auf meinem Posten? War's denn auch Angst um den eigenen Kopf, also Feigheit? Dies müßte denn eine sehr versteckte Feigheit sein, denn ich hielt mich immer für unerschrocken und mutig, glaubte immer, ich fürchte mich nicht vor dem Tod. Oder hätt' ich mich darin betrogen? Ach, wenn man so ins Grübeln über sich selber kommt, gibt es kein Halten mehr. Die sichersten Gewißheiten lösen sich auf wie der Zucker im Wasser.

Das Leben loslassen? Ich kann's nicht. Noch nicht.

11. Febr.

Taffin*- so hört ich heut von Kienlin - hat sich im Hanauer Hof zu Straßburg, wo er gefangen saß, erschossen.

Was hindert mich, es ihm gleichzutun und der Gerichtsverhandlung zuvorzukommen? Mein Ehrgefühl? Man würde mir Feigheit vorwerfen, entzöge ich mich auf die Weise dem Prozeß und der ›rechtmäßigen‹ Verurteilung. Oder die Hoffnung, ich könnte vor dem Nationalgericht doch noch Gerechtigkeit finden?

Hand an mich selber legen? Nein, den Gefallen tue ich meinen Feinden nicht. Sie würden mit Genugtuung sagen, das ›Ungeheuer‹ habe sich selbst gerichtet aus Reue über seine Schandtaten. Erklärt das Nationalgericht mich zum Verbrecher, wie müßte man dann erst Robespierre und Saint-Just, Collot d'Herbois und Fouché bezeichnen? Wie erst Carrier in Nantes, der sich die Munition für die Massenhinrichtung sparte, indem er an die achthundert Gefangene in der Loire ersäufen ließ? Oder Le Bon, der in Arras zweihundertsechzig Köpfe rollen ließ? Müßte man dann nicht alle ›Abgeordneten in Mission‹, den ganzen Wohlfahrts- und Sicherheitsausschuß und die Mitglieder des Nationalgerichtes, einschließlich Fouquier-Tinville selbst, als Schwerverbrecher unter die Guillotine schicken?

Wenn ich schon sterben muß, dann als Märtyrer der Freiheit - und nicht als Selbstmörder. Außerdem hab' ich nicht nur an mich selber zu denken, sondern auch an die Freunde und Compatrioten, die man als meine ›Mitverschworene‹ einkerkerte. Muß schon um ihretwillen alles zu meiner Verteidigung aufbieten.

Auch ist in mir eine verzweifelte Wißbegier, der verrückte Drang, bis zur letzten Stunde, wenn's geht, noch ein wenig klüger zu werden aus mir selbst und dem finstern Labyrinth, in dem sich die Revolution verirrt hat.

In Lyon, erzählt Jacques, hat ein Verurteilter noch auf dem Karren gelesen. Am Fuße des Schafotts legte er ein Lesezeichen ins Buch.

12. Febr.

Susette fragte mich heut, ob ich die Nacht zu ihr kommen wolle. Ich verneinte und sagte, ich warte auf meine Braut aus Straßburg. Da lachte sie und sagte nur:

---

* Präsident und Richter des Straßburger Revolutionsgerichts

»Ah, getreu bis in den Tod! Bist du sicher, daß sie noch vor ihm kommt?« – »Nein!« sagte ich, »aber sie ist seine Schwester!« – »Ich mag dich, Citoyen!« sagte sie und strich mir mit ihrer kleinen weißen Hand zärtlich über die Wange.

Daß eine Dirne und Royalistin just mir ein Angebot macht! – Nun, die Guillotine schwebt über uns allen. Das verrückt auch die alten Ordnungen und Prinzipien. Wer kümmert sich hier noch um Parteiungen?

Mit Merville geht's ähnlich. Vor Wochen noch hätt' ich ihm nicht die Hand gegeben. Jetzt trinken wir nach dem letzten Appell, wenn die Kammer geschlossen wird, zusammen Likör oder Wein und plaudern und erzählen einander aus unserem verrückten Leben. Witzig sein, sagt er, heißt: Nicht an den Tod denken.

13. Febr.
Jacques Roux hat sich das Leben genommen.

Die Nachricht hat mich – und alle aufrichtigen Patrioten hier – niedergeschlagen, während sie von den Royalisten und Priestern mit Genugtuung und Schadenfreude aufgenommen wurde.

Roux, der *prêtre égalitaire*, Tribun der Pariser Arbeiterviertel, saß schon seit Dezember in Haft, angeblich wegen Diebstahls. Als das Zuchtpolizeigericht für die Anklage auf Diebstahl keine Beweise fand, wurde er dem Revolutionstribunal überstellt. Da brachte er sich fünf Messerstiche bei.

Roux – ein Dieb? Hat er sich doch stets für die Belange der Sans-Culottes und der Pariser Stadtarmut eingesetzt. Sein eigentliches »Verbrechen« besteht wohl darin, daß er gegen den Wohlfahrtsausschuß behauptet hat, eine verlängerte Diktatur sei der Tod der Freiheit.

Nach dem Schlag gegen die Citras, die »Nachsichtigen« (Camille Desmoulins, Fabre d'Eglantine), schlägt Robespierre jetzt auch die Ultras, die Führer der radikalen Sansculotterie. Fürchtet er die Gravilliers, den Aufstand der hungernden Arbeitermassen gegen das Palladium des neuen Staates, das Eigentum? Habe Roux' Flugschrift noch im Ohr, die wir auch im Straßburger Klub disputierten:

Die Gleichheit ist ein leerer Wahn, solange eine Menschenklasse die andere ungestraft ausbeuten kann. Die Freiheit ist ein leerer Wahn, solange der von allen Feudallasten befreite Besitzbürger Hungerlöhne zahlt und Wucherpreise diktiert, die dreiviertel des Volkes nur unter Tränen aufbringen kann!

Wundre mich nur, daß die Todeskutsche noch immer ohne mich abfährt. Hat mein Brief an Robespierre doch einen Aufschub bewirkt? Hat er den neuen Tyrannen vielleicht wankend gemacht?

15. Feb.

Wie unbeeindruckt von den fürchterlichen Zeitläuften die inhaftierten Aristokraten ihren geselligen Vergnügungen und Divertissements nachgehen! Die Galanterie des Ancien Régime scheint unbesiegbar, selbst an diesem Orte des Schreckens. Baron W. organisiert in der Wärmehalle musikalische Darbietungen; einige der Dichtkunst frönende Herren geben im erlauchten Kreise Kostproben ihrer Werke. Gedichte aus vorgegebenen Endreimen erfreuen sich besonderer Beliebtheit; der Gesang, die Reime, das Gelächter und der Applaus dringen nächtens bis in unsere Kammer. Auch Louis Capet soll ja während seiner Gefangenschaft im Temple solche Endreimverse verfaßt haben.

Daß auch ihr Leben dem Endreim entgegeneilt, lassen sich diese Damen und Herren kaum anmerken. Durch Oden und Sonette schützen sie sich vor der Todesangst. Warum auch nicht, wenn's ihnen hilft! Ich indes verspüre kein Bedürfnis, auf Versfüßen dem Schafott entgegenzuwandeln. Die harte, gewalttätige, rasend beschleunigte Prosa der Revolution hat mich der Lust am Dichten und Verseschmieden beraubt.

Ich vermag auch nicht, des Todes zu spotten, denn seinen letzten Bezwinger verspottet man nicht – eine Übung, derer sich, wie man hört, gewisse adelige Damen und Herren hier nächtens befleißigen. Es handelt sich – der Schließer hat die Szene beobachtet – um gespielte Vorproben des letzten Dramas, um das Anprobieren der letzten Toilette, das Einüben des letzten Ganges. Im bloßen Hemde und mit gefesselten Händen (so wie sie demnächst auf dem Karren stehen werden) sprechen sie ihre Gebete, dann besteigen sie mit ausgemachter Würde, die regelrecht einstudiert wird, einen wackligen Stuhl, der das Schafott vorstellen soll, richten die Augen gen Himmel, sprechen ihr letztes Ave Maria, befehlen ihre unsterbliche Seele dem Schöpfer, um schließlich dem Zeremonienmeister, der den Henker markiert, ihre weißen Hälse darzureichen.

Spottet hier eine dem Untergang geweihte Klasse dem Tod oder will sie den Sans-Culottes, in ihren Augen: dem Pöbel, durch die Noblesse ihres letzten Ganges demonstrieren, daß sie noch immer die Herren sind?

17. Febr.

Carl Clauer ist tot. Er war, erzählt Kienlin, seit längerem schwer krank, zermürbt durch die Gefangenschaft in seinem eigenen Haus. Man behauptet, er habe sich vergiftet, weil er ›mein Mitverschworener‹ war und mein Verdammungsurteil auch ihn getroffen hätte. Als ob der Kummer und die Gefangenschaft nicht ausreichen würden, einen kranken Mann umzubringen.

Wie sehr hat mich die Nachricht betrübt! Was für ein Kerl und vielseitiges Talent er gewesen: Aufklärer, Kosmopolit, revolutionärer Demokrat, Nationalgardist, Geheimagent, diplomatischer Sekretär, Requisitionskommissar, zuletzt Präsident des Distriktdirektoriums. In Deutschland, wo die Ordnung mehr gilt als die Freiheit, wird die Nachricht von seinem Tode bei den Polizeikommissarien und durchlauchtigsten Herren Genugtuung auslösen: Endlich ist der Autor der berühmten Flugschriften, den man nicht zu fassen bekam und der doch so viele Leser fand, tot, seine gefährliche Zunge ein Fraß der Würmer.

Wie jung – er war erst dreißig – ist Carl gestorben und wie einsam! Wer von den Freunden wäre noch da, ihn auf seinem letzten Gang zu begleiten? Sitzen ja alle in den Gefängnissen. Sind wir eine verbrannte Generation?

18. Febr.

Erwachte wieder von einem Alb: Ich hocke mit kahlgeschorenem Kopfe und im bloßen Hemde auf dem Karren, der zum Richtplatz führt; zusammen mit einigen anderen Verurteilten, die mir undeutlich bleiben. Dem Karren folgen mehrere finstere Gesellen, welche die heftigsten Verwünschungen und Flüche gegen mich ausstoßen. Als sie nahe am Karren sind, erkenn' ich das Gesicht des ersten, des conterrevolutionären Maire von Geispolsheim. Wie doch der Traum unser Tun travestiert: Die Geköpften stehen wieder auf und begleiten ihre Richter zum Richtplatz.

XXX. In der Zwickmühle des Terrors

Auf der Place d'armes, dem Waffenplatz, stand, immer sauber und sorgfältig poliert, in dauernder Einsatzbereitschaft, nachts oft illuminiert, mit hochgezogenem Messer die Guillotine, im Volksmunde auch die *Mausefalle der Nation* genannt. Und wer immer in diesen Tagen ihrer ansichtig wurde, ob bei Tag oder bei Nacht, ob aus der Ferne oder der Nähe, ob in Ruheposition oder bei der Arbeit, wer immer in diesen Wochen von ihr sprach, ob laut oder im Flüstertone, ob mit heiliger Ehrfucht oder mit Abscheu, ob mit höhnischer Schadenfreude oder mit Entsetzen, ja, wer auch bloß an sie dachte, der verband mit ihrem Anblick oder Bilde unwillkürlich den Namen und die Person des Öffentlichen Anklägers Eulogius Schneider. Und hatte ihn vor Augen, wie er, aufrecht auf seinem Schimmel sitzend, in sicherer Entfernung zum Schafott seine Position nahm und mit unbewegter Miene zusah, wenn unter dem Messer die Köpfe der Verurteilten fielen.

Nach den Statuten waren die Mitglieder des Straßburger Revolutionsgerichtes, auch *Commission révolutionaire* genannt, allein für die Terrorjustiz verantwortlich, die ab Anfang November 1793 einsetzte; indes konnte weder von einer ordentlichen noch von einer unabhängigen Justiz mehr die Rede sein, auch wenn der Öffentliche Ankläger sich der trotzigen Selbsttäuschung hingab, streng nach Recht und Gesetz zu handeln. Den Angeklagten stand kein Verteidiger und kein Appellationsrecht an eine höhere Instanz zu. Es gab keine Jury mehr, es lag allein im Ermessen der Richter, den Anträgen des Öffentlichen Anklägers zu folgen, die Höchststrafe, den Tod, oder eine weniger harte Strafe zu verhängen.

Zu Beginn hatten die Mitglieder des Tribunals die Höchststrafe noch zu vermeiden gesucht und die Beschuldigten mit hohen Amenden (Geldstrafen) und Gefängnisstrafen davonkommen lassen. Aber fast jeden Morgen war Gatteau im Gericht erschienen, um im Namen Saint-Justs und Lebas' die *Nachsicht* des Tribunals zu rügen und eine strengere Gangart anzumahnen. Diesem Druck hielt es bald nicht mehr stand. Am Morgen des 5. November erschienen acht Bauern aus Geispolsheim, das als eines der rebellischsten und feindlichsten Dörfer des Niederelsaß galt, unter ihnen der abgesetzte Maire dieser Gemeinde, vor den Schranken des Gerichts. Sie machten aus ihrer Abneigung gegen die Republik und gegen die ehemaligen Geistlichen, die hier über sie urteilten, keinen Hehl. Nach einer stürmischen öffentlichen Verhandlung wurden sieben von ihnen zum Tode, der achte zur Deportation nach Guayana und zur Einziehung all seiner Güter verurteilt.

505

Am Tage darauf wohnten die Straßburger, gebannt vom Schrecken, der siebenfachen Exekution auf dem Paradeplatz bei. Jetzt war das »Schwert des Gesetzes«, la *glaive de la loi*, gezogen, von nun an sollte es nicht mehr ruhen. Nachmittags in der Volksgesellschaft beglückwünschte der Maire Monet den Öffentlichen Ankläger zur Festigkeit und harten Haltung des Tribunals.

Dieses erste Terrorurteil des Revolutionsgerichts ging, wie mir scheint, nicht zufällig der Ankunft der *Propagandisten* voraus, war vielleicht gar ein verzweifelter Akt, diese in letzter Minute zu verhindern; denn was nun folgen sollte, löste allenthalben ein lähmendes Entsetzen aus. Am 7. November kamen etwa sechzig französische Jakobiner in Straßburg an, die auf Befehl Saint-Justs, Lebas' und Monets aus dem Inneren Frankreichs eilig zusammengetrommelt worden waren. Téterel hatte sie rekrutiert, und sie waren ganz nach seiner Art. Unter dem pompösen Namen *Frères de la Sainte Propagande* lagerten sich diese finsteren Gesellen bald wie eine feurige Wagenburg um die Stadt. Sie trugen schwarze Robe, die Hupelande, auf dem Kopf die unvermeidliche rote Mütze und lange Kavalleriesäbel am Gurt, die bei jedem ihrer Schritte geräuschvoll über das Pflaster schleiften. Umsonst beköstigt, mit freiem Logis, glücklich, auf die Weise dem Dienst in der Armee entkommen zu sein, wollten sie endlich Beweise ihres Patriotismus abgeben. Sie marschierten die Straßen und Gassen entlang und hielten den Bürgern und Bürgergardisten, von denen kaum einer Französisch verstand, flammende Ansprachen. Ihre Blicke fraßen sich einem durch Mark und Bein, und ihr Vokabular war so entsetzlich, phrasen- und pöbelhaft, daß die wenigen, welche den Sinn ihrer Worte erahnten, vor ihnen die Flucht ergriffen. Sie gaben sich selbst als *Patrioten par excellence*, als Retter des *ganz vom Geiste des Aristokratismus verseuchten Départements* und als die *crème de la révolution* aus – und waren doch nur ihr Abschaum. Sie logierten im Collège und wurden mit 15 Francs täglich besser bezahlt als die gewählten Volksvertreter. Trotz der Not der meisten Familien lebten sie wie die Paschas und requirierten alles, was sie für ihr persönliches Wohlleben brauchten.

Jeden Tag erschienen sie in der Volksgesellschaft, um die deutschsprachigen Mitglieder *auf die Höhe der Revolution zu bringen*. Sich stützend auf die Autorität der beiden Prokonsuln, die sie gerufen hatten und deren Werkzeuge sie waren, standen sie da, vermessen, lärmend, wütend und Rache schnaubend wie Miltons Pandämonium. Das Wort ›Tod‹ war in ihren Reden, was bei anderen die Kommata und Punkte sind. Bei jedem ihrer Sätze hörte man im Geiste das Fallbeil niedergehen. Diese Missionare der Revolution wollten unentwegt die Sturmglocke läuten, sie wollten die

Juden mit Gewalt zwingen, Christinnen zu heiraten, sie wollten die Gefängnisse sprengen, um deren Insassen zu *septembrisieren.*

Sie waren, wie der später veröffentlichte Briefwechsel Robespierres mit den »Abgeordneten in Mission« beweist, Werkzeuge eines infamen Projekts, welches die ausdrückliche Billigung der höchsten Regierungsinstanz, des Pariser Wohlfahrtsausschusses, gefunden hatte: die *Französisierung des Elsaß.* Und dieses Projekt sah vor, die des Verrats beschuldigte, als ›abtrünnig‹ und ›rebellisch‹ geltende elsässische Provinz auf die Lyoner Weise zu ›befrieden‹, indem man einen Großteil der Einheimischen ins Innere Frankreichs oder in die Vendée deportierte, die *contrerévolutionaires riches* auf das Schafott schickte und die freigewordene und wohlhabende Rheinprovinz mit lupenreinen französischen Sansculotten bevölkerte. Auch Monet, Téterel, der Stadtkommandant Dièche und die anderen Konventskommissare, die zu dieser Zeit im Elsaß Befehlsgewalt ausübten, namentlich Baudot und Lacoste, machten die *Französisierung des Elsaß* in der Folge zu ihrem Lieblingsprojekt. So schrieb beispielsweise Lacoste am 24. 11. 1793 an Robespierre:

Die einzig wirkungsvolle Maßnahme ist, ein Viertel der Einwohner dieses Landstrichs guillotinieren zu lassen und nur die zu schonen, die einen aktiven Part an der Revolution genommen haben. Man vertreibe und deportiere die restlichen und ziehe ihre Güter ein.

Nur ein Hof und eine Mauer trennten das Quartier der französischen Propagandisten vom alten bischöflichen Seminar, wo die meisten Gefangenen, auch die Straßburger Bankiers, Geldmakler, die *riches égoistes*, zusammengepfercht waren. Für die Propagandisten stellte sich im Grunde nur eine Frage: Soll man sie alle massakrieren oder nur fast alle? Ebenso dachte der Stadtkommandant Dièche, der in einem Brief vom November 1793 an Robespierre freimütig bekannte:

Das Brot ist teuer und Fleisch nicht mehr aufzutreiben; warum soll man sich damit abgeben, einen Haufen Schurken mit zu ernähren, wenn die Sansculotten vor Hunger schreien? ...Das beste wäre, die Gefängnisse zu leeren, nach der Pariser Methode des Vorjahres, nur daß man sie diesmal am besten gleich wieder nachfüllt, um die Sache zu wiederholen.

Die Mitglieder des Revolutionsgerichtes, allen voran Eulogius und einige wenige Klubmitglieder wie Jung und Butenschön, widersetzen sich den

»diabolischen Anträgen« der *Sainte Propagande*. Wenn es Schuldige gibt, erklärte Eulogius, dann überstelle man sie dem Revolutionstribunal. Aber alle darüber hinausgehenden Maßnahmen seien tyrannisch. Doch was vermochten er und seine wenigen Mitstreiter noch gegen diese Rotte der Propagandisten, die als Sprachrohre der französischen Volksrepräsentanten schon bald den Klub beherrschten! Dies wurde ihnen dadurch erleichtert, daß der Gebrauch der deutschen Sprache in den Versammlungen plötzlich verfemt wurde. Da die einheimischen Mitglieder den französischen Diskussionen nicht folgen konnten und sich auf den Status bloßer Zuhörer reduziert sahen, blieben immer mehr den Sitzungen fern und zogen sich unter irgendeinem Vorwand zurück. So auch ich. Als Arzt des städtischen Spitals hatte ich immerhin eine unverdächtige Ausrede.

Unterdessen wurden die Stadtbewohner durch weitere Erlasse und terroristische Maßnahmen der Konventskommissare gedrückt. Nächtliche Hausdurchsuchungen waren die Regel. Nach der Verhaftung der 40 Beamten der Munizipalität, des Distrikts und des Départements wurden die Präsidenten und Sekretäre der zwölf Straßburger Sektionen, der Stab der Nationalgarde und all ihre Offiziere zu Pferde verhaftet.

Ein anderer Erlaß Saint-Justs und Lebas' forderte die Straßburger Bürgerinnen auf, unverzüglich die *deutschen Moden aufzugeben, da ihre Herzen französisch seien*. Die elsässischen Flügelhauben wanderten nun zu Tausenden in die städtischen Magazine, wo sie ein Fraß der Motten wurden.

Um die Abkehr der Einheimischen von ihren »verdächtig« deutschen Traditionen zu beschleunigen, wurden auch die Namen der Straßen und Plätze Straßburgs, *die an das Ancien Régime erinnern und das Auge des Republikaners beleidigen*, einer eiligen republikanischen Umbenennung unterzogen.

Schließlich erging am 24. November an die Sektionen das Verbot, sich in Permanenz zu versammeln. So waren die Bürger fortan außerstande, auch nur den geringsten Einfluß auf die öffentlichen Angelegenheiten und die Zusammensetzung der städtischen Verwaltungsorgane zu nehmen. Friedrich Cotta sollte seinen Versuch, die Sektionsversammlungen wieder zu beleben, später mit seiner Verhaftung bezahlen.

Auch die in Straßburg lebenden Juden sahen sich immer stärkeren Bedrohungen ausgesetzt. Ob es nicht an der Zeit sei, ihnen eine Erfrischungskur mittels der Guillotine, eine *régénération guillotinère* zu verordnen, hörte man den Konventskommissar Baudot und die Propagandisten öffentlich räsonieren. Eulogius war einer der wenigen im Klub, welcher die Bürgerrechte der Juden verteidigte und gegen ihre Austreibung oder Deportation seine Stimme erhob; und diese sahen in ihm, trotz des blutigen Amtes, das er versah, ihren Beschützer.

Nachgerade bin ich überzeugt, daß sein Widerstand gegen die *Sainte Propagande* und ihre mörderischen Anträge die eigentliche Ursache für seinen späteren Sturz und die Verhaftung seiner Freunde und Mitstreiter war. Baudot und Lacoste haben denn auch in einem Brief an ihre Kollegen Ruamps, Borie und Mallarmé deutlich zum Ausdruck gebracht, wer ihnen bei der terroristischen *Französisierung des Elsaß* im Wege stand:

Was die Aristokraten und die verfluchten Elsässer betrifft, wir versprechen es euch, wir werden uns um sie kümmern; ohne das Gesetz über das Revolutionstribunal, das uns die Hände bindet, hätten wir aus ihnen längst ein hübsches Frikassee (›jolie fricassée‹) gemacht.

Im Grunde gab es nur zwei Strategien, die Schreckenszeit zu überleben: Entweder heulte man mit den Wölfen, wie es etliche Klubmitglieder taten, allen voran Monet, Téterel und Dièche, oder man duckte sich weg und hielt stille. Auch ich habe geschwiegen, aus Angst um meine Familie und den eigenen Kopf, habe auch dann geschwiegen, wenn die Menschlichkeit geboten hätte, laut und offen zu widersprechen. »Nur sich ins Dunkel stellen, und man wird vergessen! Nur leise sein, und man wird übersehen!« war mein Rezept. Ich verhielt mich ähnlich wie der Abbé Sièye, der während der Schreckensherrschaft als Abgeordneter im Konvent saß, ohne den Mund aufzumachen, und später befragt, was er die ganze Zeit über getan hatte, zur Antwort gab: »Ich habe gelebt«. Freilich, auch durch Schweigen wird man mitschuldig. Die Feigheit ist bekanntlich der stärkste Verbündete der Despotie. Und Angst vor der Deportation und vor dem Schafott hatten wir alle. Manch einer schlurfte auch auf Pantoffeln durch die Schreckenszeit, mit spießerhafter Gleichgültigkeit gegen alles, was um ihn herum geschah. Eulogius hingegen beschritt einen dritten Weg, der mir erscheint wie ein Kompromiß, der nicht gelingen konnte. Als Öffentlicher Ankläger und Vertreter des Gesetzes suchte er nun, an zwei Fronten zugleich die Stellung zu behaupten: einerseits gegen die Gesetzesbrecher und *Verräter*, andererseits gegen die mächtigen Konventskommissare und ihre chauvinistischen Hilfstruppen, die den Bewohnern des Elsaß beinahe gefährlicher wurden als der äußere Feind, der es zu Teilen besetzt hatte. Auch er und die übrigen Mitglieder des Tribunals fühlten sich längst verdächtigt und sahen ihr Leben bedroht. Ständig der ›Schwäche‹ und ›Laschheit‹ geziehen, suchten sie, diese ›Sünden‹ durch periodische Akte der Härte gleichsam wiedergutzumachen, um durch eine Guillotinade, *faite à propos*, wenigstens die Angeklagten des kommenden Tages vor dem Tode bewahren zu können. Es war offensichtlich und an den Urteilen abzulesen, daß das Tribunal zwischen Härte und relativer Nachsicht hin- und herschwankte, daß es zu taktieren suchte. Indem es den Forderungen der Konventskommissare, der neuen Dezemvirn, dann und wann nachgab, hoffte es gleichzeitig, ihre propagandistische Meute in Schach zu halten und den Ausbruch neuer Septembrisaden zu verhindern. Es war in eine furchtbare Zwickmühle geraten – in die Zwickmühle der *terreurs* und ihrer tödlichen Logik. Jetzt sah Eulogius die kosmopolitischen Prinzipien der Freiheit und Gleichheit, für die er gekämpft, gar *von der eigenen Partei verraten*. Dies war, so scheint mir nachgerade, die wohl schwerste und folgenreichste Enttäuschung für ihn und trieb seine Erbitterung auf die Spitze.

Nichts aber übertrifft die Heuchelei derer, die das Tribunal ständig zur Härte ermahnten – allen voran die französischen Volksrepräsentanten und Propagandisten, sowie das machtvolle Trio Monet, Têterel und Dièche – und die doch, kaum war der Öffentliche Ankläger gestürzt, ihn zum »Blutsäufer des Elsaß« ausriefen.

Im Grunde aber saßen wir alle mit in der Falle. Nach über einem Monat der Schreckensherrschaft war Straßburg, in dem einst Handel und Gewerbe geblüht, nicht mehr wiederzuerkennen. Der Handel stand still mangels Waren, die Werkstätten arbeiteten nicht mehr, nur noch die Waffenschmieden. Vom geistigen Leben in dieser Stadt, in der früher die Künste und Wissenschaften geblüht, war keine Spur mehr. Akademien, Schulen, Bibliotheken und Kirchen, das Münster ausgenommen, waren geschlossen. Nur die Theater waren noch geöffnet, die Schenken und heimlichen Bordelle. Die Briefe wurden an der Post festgehalten und erreichten ihren Adressaten nur noch, nachdem die Propagandisten sie gelesen und zensiert hatten. Aus dem Ausland gelangte überhaupt keine Post mehr nach Straßburg. Man fand keine Kutschen und keine Pferde mehr – nicht einmal, um den Unrat und Müll wegzuschaffen, der sich in den Gassen und vor den Haustüren türmte. Die Straßen waren zu Kloaken geworden, überall roch es nach Kot und Verwesung.

Ein Handel immerhin florierte: die Bespitzelung. Eine erfolgreiche Denunziation brachte dem Urheber 100 Livres ein; und wenn sie den Verdächtigen unter die Guillotine brachte, noch 100 Écus als Extra-Zulage. Der Terror, das Mißtrauen und die Angst waren überall und durchdrangen die letzten Winkel des häuslichen und privaten Lebens. Bei Tische senkte man die Stimme, aus Angst, die Nachbarn könnten irgendeine unbedachte

Äußerung hören und denunzieren. Die Eltern schwiegen vor ihren Kindern. Man zitterte in seiner eigenen Wohnung: Wenn man lachte, wurde man verdächtigt, daß man sich über eine schlechte Nachricht für die Republik freue. Weinte man, glaubten die anderen, man weine aus Bedauern über ihr Wohlergehen. Freunde, Nachbarn und Verwandte gingen mit geduckten Köpfen auf der Gasse aneinander vorbei – man konnte ja nie wissen!

Fast jedes öffentliche Gebäude war zum Gefängnis geworden. Täglich kam neuer Nachschub an *Verdächtigen*, auch aus den umliegenden Gemeinden und Landstrichen. Allein in Straßburg waren etwa 1800 Menschen inhaftiert. Zu acht und zehn waren die Gefangenen in einer Kammer zusammengepfercht, viele kauerten auf dem nackten Boden, da es nicht genügend Betten und Schlafgestelle gab. Kein Wunder, daß die Gefängnisse bei der Überfüllung, der miserablen Ernährung und den völlig unzureichenden sanitären Verhältnissen bald zu Brutstätten der Epidemien wurden.

Bis Ende November war auf dem Straßburger Waffenplatz das Fallbeil neunzehnmal niedergegangen. Ich ging nicht zu den öffentlichen Hinrichtungen. Doch als Arzt wurde ich in dieses oder jenes Haus gerufen und erlebte den Jammer der Familien, die das Revolutionsgericht ins Unglück oder Elend gestürzt, so manches Mal mit. Und nur zu gut verstand ich ihren Haß auf den Öffentlichen Ankläger; denn für die gewöhnlichen Bürger, die nicht hinter die Kulissen jenes terroristischen Machtgefüges blickten, das die Konventskommissare von ihren noblen Hotels aus dirigierten, war er es, der im Gerichtssaal die Anklage vertrat und auf dem Richtplatz erschien, er war die sichtbare, die immer präsente Erscheinung des Schreckensregimes. Daß er zugleich derjenige war, der Saint-Just und seine propagandistische Meute, kraft der Autorität seines Amtes, an der Verwirklichung ihrer mörderischen, gegen das Elsaß gerichteten Pläne zu hindern suchte, dies konnten sie nicht sehen.

Schließlich verbot man alle religiösen Kulte, den katholischen und protestantischen ebenso wie den jüdischen Kult. Damit war eines der letzten Grundrechte aufgehoben, welches die suspendierte republikanische Verfassung den Bürgern noch gelassen hatte. Téterel stellte in der Volksgesellschaft gar den Antrag, Hand an das Münster, das älteste und vornehmste Kulturdenkmal der Stadt, zu legen und den Turm bis auf die Plattform abzureißen, *weil er die Gleichheit verletze*. Doch viele Mitglieder der Volksgesellschaft und der Munizipalität, unter ihnen auch Friedrich Cotta, widersetzten sich der barbarischen Kulturschändung ihres berühmten Gotteshauses, welches der Stolz aller Einwohner war. Selbst Saint-Just wollte so weit nicht gehen und ordnete an, nur die äußeren Statuen »rund um den Tempel« abzuschlagen. Monet indes war dies nicht genug, und er befahl den Abriß sämtlicher Statuen außer- und innerhalb des Münsters. Man zerstörte die altehrwürdigen Epitaphe, den Chor, die steinernen Kanzeln. 235 Statuen wurden abgerissen und zerbrochen. Und die Kosten der Demolierung hatten die Bürger auch noch selbst zu tragen – vermittels einer erzwungenen öffentlichen Subskription, die sie noch mehr verletzte als die Schändung ihres berühmten Kulturtempels; denn damit wurden sie gleichsam zu unfreiwilligen Komplizen dieses vandalistischen Aktes gemacht.

Abschwörung oder Deportation! Vor diese Wahl gestellt, entschieden sich die meisten Prediger und Geistlichen der Stadt und des Départements, gleichgültig welcher Konfession sie angehörten, für die Abschwörung. So auch der konstitutionelle Bischof Brendel und seine zahlreichen Vikare. So auch Eulogius. Thaddäus Dereser gehörte zu den wenigen Geistlichen, die sich weigerten, ihrem Priesterberuf abzuschwören; zur Strafe dafür wurde er im Straßburger Seminarium, dessen Direktor er war, inhaftiert.

Weil man dennoch etwas brauchte, woran das Volk glauben sollte, beglückte man es mit einem neuen Kultus, indem man mit feierlichem Gepränge das *Fest der Vernunft* in Gang setzte. Am 20. November fand im Münster die öffentliche, viele Stunden dauernde Abschwörungszeremonie unter Absingen von Freiheitsliedern und Hymnen »auf die Vernunft und die Natur« und großer Orchesterbegleitung statt. Über dem Portal des Münsters war eine schwarze Tafel angebracht, welche in vergoldeten Lettern die Inschrift trug: *Tempel der Vernunft,* und darunter: *Auf Finsternis folgt Licht!*

Nach dem Ende des offiziellen Teils begab man sich auf den nächstgelegenen Fronhof, nun *Place de la responsabilité* genannt, wo, unter den Augen einer pflichtschuldigst applaudierenden Volksmenge, eine große Anzahl auf Wagen herbeigeführter Adelsbriefe, Feudaldokumente, Meßbücher, Heiligenbilder, Priestergewänder, nebst den Bildnissen mehrerer Bischöfe von Straßburg verbrannt wurden. Dieses gespenstische Fegefeuer auf dem nächtlichen Platz wurde umrahmt von hohen Häusern, deren Wohnungen der *Göttin Vernunft* zu Ehren vorschriftsmäßig beleuchtet waren. Ich stand dabei, gut verborgen in der dunklen Masse der Zuschauer, und glaubte beim Anblick dieser Szene einer schauerlichen Parodie auf das Jüngste Gericht beizuwohnen.

Dabei kreisten meine aufgewühlten Gefühle und Gedanken um den Freund, der gerade dem Priester- und Pfaffentum öffentlich abgeschworen hatte und doch mit der Selbstgerechtigkeit des Hohen Priesters das sansculottische *Elysee der Gerechten und Guten* mit dem Schwerte verteidigte und die *Bösen und Verräter* in die Hölle schickte. War er nicht ein elender

Mime, eine mißratene Kopie jenes Engels mit dem Feuerschwerte, der die Himmelspforte bewacht? In diesem Augenblick war er für mich Teil des Regimes. Mir war, als ob all seine Tugenden und Talente plötzlich die diabolische Form ihres Gegenteils angenommen hätten, als ob sich sein strenger Gerechtigkeitssinn in blinden Eifer, sein feuriger Charakter in kalte Raserei, sein empfindliches soziales Gewissen in Haß und Rachsucht verkehrt hätten. Daß dies derselbe Mann war, mit dem mich eine so lange Freundschaft verbunden, den ich einst so bewundert, geschätzt, ja geliebt hatte, dies konnte ich selber nicht fassen. Ja, ich entsinne mich, daß ich sogar an meiner Erinnerung zweifelte. Als müsse entweder das, was er jetzt war, oder das, was er früher gewesen, auf einem gespenstischen Irrtum beruhen, als sei das, was ich früher für ihn empfunden, nur eine Chimäre meines Herzens gewesen. Indes war er zu sehr Teil meiner eigenen Vergangenheit geworden, um ihn einfach für fremd und unheimlich zu erklären, ohne es mir selbst darüber zu werden. Und hatte ich denn ein Recht, ihn auf seinem vorgeschobenen Posten zu verdammen? Wie die meisten Mitglieder der stumm geschlagenen Volksgesellschaft folgte auch ich nur noch der kläglichen Devise: Duck dich weg und schweig still, damit du davonkommst! Ich kam zwar davon, aber ich kam nie wieder davon los.

Jene Nacht aber endete auf dem Waffenplatz; dort stand die mit Lampen eingefaßte und von Fackeln beleuchtete Guillotine, und um sie herum tanzte ein Volkshaufe die Carmagnole. Die Fackeln warfen ihren roten Widerschein auf die erhitzten Gesichter der Tanzenden, die, einander an den Händen gefaßt, um das Mordinstrument wie vordem um den Freiheitsbaum einen regelrechten Reigen aufführten.

Gespaltene Existenz

Oft habe ich mich gefragt: Wie hielt er sein Amt aus, ohne an sich selbst und seinen Idealen irre zu werden?

Wenn er spätabends, ermüdet und entnervt von einem langen Gerichtstag und den zähen Beratungen in den diversen Ausschüssen, manchmal auch gepeinigt vom Anblick der Hinrichtungsszenen, nach Hause kam, trat er gleichsam in eine andere Welt ein, wo ihn der Schein einer vertrauten und friedlichen Ordnung umgab. Schon auf der Türschwelle empfing ihn, ein freudiges Aufleuchten im Auge, die Schwester, denn sie erkannte den Bruder an seinem Schritt, an der Art, wie er zwei Stufen der Treppe auf einmal nahm.

Er genoß diesen allabendlichen Empfang, der einem ganz bestimmten Ritus folgte. Kaum hatte sie ihm den Mantel des Civilcommissars und den schweren Schleppsäbel abgenommen, der ihm am Gurt hing, reichte sie ihm den bestickten wollenen Hausmantel. Dann ging er ins Wohnzimmer, um sich im Lehnstuhl niederzulassen und die Beine von sich zu strecken. Marianne, vor ihm in die Hocke gehend, band ihm die Stiefel auf und zog ihm erst diese, danach die Strümpfe aus. Die Schüssel mit der warmen Lauge stand schon bereit, mit der sie ihm die Füße wusch und seifte. Der Tisch war gedeckt, auf dem Stövchen stand die Terrine mit dcm Rübenein-topf oder der Schüssel mit Sauerkraut und Kartoffeln, die Serviette mit sei-nen aufgestickten Initialien lag säuberlich gefaltet daneben, und aus dem Kamine kam ein freundliches Knistern, das ihm Leib und Seele erwärmte. Während dieses Vorgangs ward nicht oder kaum gesprochen, denn Mari-anne wußte nur zu gut, daß der Bruder nach einem langen Gerichtstag diese kleinen Wohltaten am liebsten schweigend genoß.

Nachdem die Fußwaschung beendet, setzten sie sich zum Nachtmahl, welches zwar bescheiden, manchmal auch kärglich, aber stets mit Liebe zubereitet war. Auch sie litten in diesem Herbste des Schreckens oftmals Hunger. Marianne aber pflegte sich mit einer viel kleineren Portion zu bescheiden, mit einem halben Teller Suppe oder einem kleinen Stück Brot, damit ihr Bruder auch wirklich satt werde; all seine Widerrede war dann zwecklos, zumal sie stets behauptete, schon satt zu sein und überhaupt viel weniger zu bedürfen als er, der nach seinem schweren Tagwerk wieder Kraft schöpfen müsse. Soviel Verzicht um seinetwillen rührte ihn und stimmte ihn weich.

Nach dem Nachtmahl rückte er sogleich seinen Lehnstuhl vor den Kamin, wo schon auf einem kleinen Tischchen die Zeitungen des Tages bereitlagen, manchmal auch das druckfrische Exemplar der jüngsten Num-mer seines *Argos*. Er griff zur Meerschaumpfeife neben dem alten Steingut-topf, in dem er seinen Tabak verwahrte. Marianne reichte ihm den glühen-den Kienspan, an dem er die Pfeife entzündete, und setzte sich dann mit dem Strickstrumpf ihm gegenüber. Besonders diese eine Stunde der Muße, da er lesend vor dem Kamin saß und genüßlich an seiner Pfeife sog, hin und wieder auch seine Lektüre unterbrach, um einen kleinen Schwatz mit der Schwester zu halten, war ihm heilig und entspannte ihn.

War diese beschauliche Stunde vergangen, erhob er sich mit seinen Zei-tungen, drückte der Schwester einen dankbaren Kuß auf die Stirn und ging in sein Arbeitszimmer, das hinter dem Salon lag und angenehm temperiert war; denn durch einen verkleideten Schacht erwärmte der Kamin des Salons auch diesen Raum. Er entzündete die Rüböllampe und ließ sich an seinem Sekretär nieder.

Jetzt, zwischen zehn und elf Uhr, manchmal, wenn eine Ausschuß-Sitzung sich lange hingezogen hatte, auch erst um Mitternacht, begann die Zeit, auf die er sich den ganzen Tag über freute und die seiner Lektüre, der journalistischen Arbeit und seiner persönlichen Korrespondenz gewidmet war. In diesen nächtlichen Stunden, die er seiner Müdigkeit manchmal abringen mußte, schrieb er seine Artikel und Aufrufe für den *Argos*, hin und wieder auch eine satirische Fabel. Hatte er den Stoff und die Idee dazu gefunden, gab er sich sogleich hingebungsvoll ihrer literarischen Ausformung hin und verwendete einige Zeit und Sorgfalt auf den Stil, wobei er sich oft an seinen eigenen Einfällen, Wendungen und Wortschöpfungen delektierte. Die Gesichter derer, die im Gerichtssaal zitternd vor ihm gestanden, ihre stumm entsetzten oder schmerzvollen Mienen, wenn sie ein vernichtendes Urteil getroffen, rückten dann ganz von ihm weg, entschwanden in einen fernen Nebel, wo sie ihn nicht mehr bedrängen konnten. So entrückte ihn das nächtliche Schreiben seinem schaurigen Tagwerk, es lenkte ihn nicht nur ab, es verschaffte ihm auch die schmeichelhafte Illusion, trotz des Schreckens, den er per Amtsgewalt verbreitete, noch immer ein Mann voller Einfälle, ein Mann des Geistes zu sein, der eine gute und gewitzte Feder führte.

Je mehr die Wirklichkeit seine republikanischen und kosmopolitischen Träume Lügen strafte, desto inständiger beschwor er diese schreibend herauf; je tiefer er selbst in Blut watete, desto ekstatischer wurden seine Verheißungen und Verkündigungen:

Man muß mit dem Revolutionsgerichte den alten Sauerteig ausfegen und das Neue Jerusalem schaffen – unter der sanften Leitung republikanischer Gesetze ... Die Zeit der Errettung ist nahe, wo uns gleichsam ein zweiter Moses von der ägyptischen Dienstbarkeit und politischen Sklaverei erlösen, und ein zweiter Josua uns vollends ins Gelobte Land der ungefärbten Bruderliebe in Gerechtigkeit und Wahrheit führen wird.

Der Jakobiner im Bunde mit dem Propheten, der gleich hinter dem Blutgerüst die Morgenröte des neuen Elysiums aufflammen sieht. Solches war indes nicht bloß eschatologische Schwärmerei. Der Anrufung des Gelobten Landes, des neuen sansculottischen Jerusalem, das bald kommen werde, bedurfte er niemals dringender als gerade in diesen Wochen, da er auf dem moralischen Tiefpunkt seiner Laufbahn angelangt war und die *Verräter und Feinde* in die Hölle schickte. Wie viele Männer der *terreurs* unterlegte er seinem Amt einen höheren, fast religiösen Sinn, indem er sich selbst zum Evangelisten des neuen Reiches stilisierte.

Seine nächtlichen Ergüsse und Phantasien galten nicht nur dem kommenden Reich der »ungefärbten Bruderliebe«, sondern auch seiner ferngerückten Geliebten in Barr. So sonderbar es ist, doch gerade in diesen Wochen, da die Guillotine sein steter Begleiter war, schrieb er ihr die zärtlichsten und hingebungsvollsten Briefe, darin er sie *sein Herz, sein sanftes Täubchen, seine Allerliebste, seine blonde Venus mit den reizenden Grübchen, seine anbetungswürdige Muse, seine Göttin der Liberté, sein besseres Selbst* nannte. Ein bald flehender, bald schmerzlich-sehnsuchtsvoller Ton lag in diesen Briefen, in denen er seiner Leidenschaft, die von den Anwandlungen seines verletzten Mannesstolzes so manches Mal getrübt gewesen, die Zügel schießen ließ.

Auch bezeigte er ihr in seinen Briefen und Sendungen eine unveränderte Fürsorge und legte ihnen mal eine Dose Kaffee, mal ein Gläschen Honig und Naschwerk oder andere kleine Gaben bei, die er sich selber vom Munde abgespart oder der Schwester abgetrotzt hatte. Seine Einbildungskraft hatte Saras Gestalt in eine ländlich-idyllische Enklave entrückt, die weder mit dem Ort, an dem sie jetzt wohnte, noch mit der winterlichen Jahreszeit übereinstimmte, brauchte er doch, wie ein Verdurstender in der Wüste das Wasser, den vergoldeten Traum von Liebe und Geliebtwerden.

Es ist daher kaum verwunderlich, daß in seinen Briefen von den alltäglichen Erfahrungen im Gerichtssaal und auf dem Richtplatz nie die Rede war. Es war, als habe er seine Existenz gespalten, in die seines öffentlichen Wirkens als Ankläger beim Tribunal, der über Leben und Tod und die Schicksale ganzer Familien mitentschied, und in die seiner Träume und Tagträume, die um seine blonde Venus in der Ferne kreisten und ihn zugleich in der schönen Illusion wiegten, trotz der Brutalität seines Amtes und der Entmenschung, die es mit sich brachte, ein empfindender und liebender Mensch geblieben zu sein.

Einmal die Woche lud er die engsten Freunde zum »Souper« in seine Wohnung in der Blauwolkengasse; wobei ein jeder rücksichtsvoll genug war, ein Stück Brot oder Speck für die Suppe mitzubringen: Friedrich Butenschön, der ihm jetzt den *Argos* redigierte, Hans Jung, sein treuer Adlatus, der zugleich sein Leibwächter war, manchmal auch Carl Clauer, wenn der nicht gerade durch das Niederelsaß streifte und mit dem blanken Säbel in der Hand die Kontributionen und Requisitionen bei den Aristokraten und wohlhabenden Bauern eintrieb.

Zu meinem Erstaunen und Erschrecken lud er auch mich Ende November in sein Haus. Dabei war ich ihm, seit das Tribunal seine Terrorjustiz zu vollstrecken begann, aus dem Wege gegangen. Um so mehr beklemmte mich die Vorstellung, jetzt mit dem Manne zu Abend zu speisen, vor dem ganz Straßburg und das Elsaß zitterten. Ich kämpfte lange mit mir, bevor ich mich dazu entschloß, seiner Einladung zu folgen. Indes wollte ich die Gelegenheit zu einem Gespräch nicht ungenutzt lassen. Auch wollte ich wissen, ob jener in ihm noch zu erkennen war, der einmal mein Freund gewesen.

Ich hatte mich, da ich ihn wochenlang gemieden, auf einen recht kühlen Empfang eingestellt. Um so erstaunter war ich, als er mich schon auf der Türschwelle herzlich begrüßte, als habe es nie etwas Trennendes zwischen uns gegeben. Seine Füße steckten in warmen Flauschpantoffeln, er trug eine Wolljacke und um den Hals einen dicken Wollschal. Seine Nase war vom vielen Schneuzen gerötet, sein Atem ging flach, und seine Stimme war heiser. Seine Gesichtsfarbe war von einer ungesunden Blässe, gegen die nur die Nase und die rötliche Blatternnarbe abstachen. Außer mir waren noch Butenschön und Jung gekommen. Gleich nach dem ersten Glas Punsch, das Marianne der kleinen Männerrunde gereicht, kam er auf die alten Zeiten zu sprechen, da wir beide in Würzburg studiert, auf unseren geheimen Lesezirkel, und gab schnurrige Anekdoten aus unseren gemeinsamen Stuttgarter Jahren zum besten. Es lag etwas Werbendes in seiner Art, als wolle er durch das lebhafte Aufwärmen der alten Zeiten all das vergessen machen, was jetzt zwischen uns stand, und vor den anwesenden Freunden demonstrativ auch unsere Freundschaft wieder erneuern.

Nach dem »Souper« suchte er uns mit seiner neuesten Satire, einem fiktiven Dialog der beiden Münstertürme zu Straßburg und zu Freiburg, zu erheitern. Butenschön und Jung schienen sich weidlich zu amüsieren und sparten nicht mit Lob. Danach suchte ich das Gespräch auf die gegenwärtige Lage zu lenken, auf die Zustände in den Gefängnissen und die alltäglichen Bedrückungen der Bevölkerung; ich erzählte auch vom Unglück unseres verhafteten Freundes Thaddäus Dereser, den ich eben im Seminarium besucht hatte. Doch Eulogius schien entschlossen, sich an diesem Abend im Kreise der Freunde durch nichts behelligen zu lassen, was sein Amt und die damit zusammenhängenden Dinge betraf.

Als Butenschön auf dem Klavier eine Sonatine von Beethoven vortrug, kam eine andächtige und beschauliche Stille im Salon auf, zu der das sanfte Kerzenlicht nicht unerheblich beitrug. Eulogius war sichtlich bewegt durch die feinfühlige Interpretation des Freundes. Nachdem der Pianist geendigt, erzählte er, wie er manches Mal mit dem Hofmusikus van Beethoven disputiert habe, welcher ein eifriger Besucher seines Bonner Kollegs gewesen. Dann wandte sich das Gespräch Rousseaus Kompositionen und dessen

Musikverständnis zu. Ihm ginge es nicht anders als dem großen Jean-Jacques, sagte er, auch sein liebstes Musikstück, das ihn zu Tränen rühre, sei die *Stabat Mater* von Pergolesi, welche schon Rousseau als das Absolutum der Musik angepriesen habe. Dann ging er in sein Arbeitszimmer, um gleich darauf mit einem kleinen Bändchen zurückzukommen, die jene kleine Schrift Rousseaus enthielt, aus der er uns mit bewegter Stimme zitierte und vorlas.

Ich saß da wie benommen vor Verwunderung, daß derselbe Mann, der bei Tage im Gerichtsaal die Anklage vertrat und die Delinquenten zum Richtplatz führte, des Nachts im Kreise der Freunde, bei anheimelndem Kerzenscheine und einem guten Tropfen Weine, sich mit allen Zeichen der Rührung am Klavierspiel seines Freundes und an Rousseaus feinsinniger Interpretation der Stabat Mater delektierte. Wie war das möglich, wie ging das zusammen, wenn nicht durch eine vollständige Trennung zwischen seinem beruflichen Alltag und seiner privaten Sphäre, durch eine gespenstische Doppelung seiner Person, die ihm selbst offenbar nicht zu Bewußtsein kam. Mir wurde zunehmend beklommen zumute angesichts dieser Paradoxie, die indes wohl nur ich als solche empfand; denn auch Butenschön und Jung nahmen, wie ihre Mienen und Worte bezeugten, bewegten Anteil an diesem feinsinnigen Diskurs über die Musik als die höchste und edelste der Künste.

Da ich sah, daß dieser abgehobene Zirkel von Freundschaft und Kunstsinn, den Eulogius wie eine künstliche Schutzhaut um sich gezogen, an diesem Abend nicht zu durchbrechen war, und daß ich das, was mich eigentlich besorgte, hier doch nicht zur Sprache bringen konnte, brach ich bald wieder auf.

Als er mich in den Flur begleitete, sagte ich nur: »Ist es nicht seltsam? Eine Sonatine von Beethoven rührt dich zu Tränen. Aber wenn ein von euch Verurteilter das Schafott besteigt, stehst du ungerührt daneben.«

Augenblicklich verfinsterte sich seine Miene, und mit apodiktischer Schärfe gab er zurück: »Das eine hat mit dem anderen nichts zu tun.«

Während ich meinen Mantel anzog, fragte ich: »Wie hältst du das aus?«

»Das geht keinen was an!« preßte er hervor. Und indem er das lange Ende seines Schals zweimal um seinen Hals wickelte, um diesen gegen die Kälte des Flurs zu schützen, gab er in gereiztem Ton die Frage an mich zurück: »Erinnerst du dich noch, wie du beim Sezieren deiner ersten Leiche über dem Anatomietisch zusammenbrachst? Inzwischen bist du ein erfahrener Chirurgus und wirst dir keinen moralischen Kater mehr holen, wenn du im Lazarett einen Soldaten am Arm oder Bein amputierst? Du erfüllst nur deine ärztliche Pflicht … Wir machen nichts anderes: Auch wir schneiden die faulen und eitrigen Glieder der Gesellschaft ab, auf daß diese vom Gift derselben nicht angesteckt werde.«

Ich war fassungslos, daß er seine Arbeit mit der meinigen zu vergleichen wagte. Zornig gab ich zurück: »Ich amputiere, um Leben zu retten, während ihr Menschen vom Leben zum Tode befördert.«

»Du sprichst von den Feinden der Republik«, herrschte er mich an, »von Conterrevolutionären und Verrätern, die uns den Tod wünschen und die unser Blut auch nicht geschont. Frage nur Butenschön, der in der Vendée war!«

Um ihm eine Brücke zu bauen, die es ihm vielleicht möglich machte, über das eigentliche Problem zu sprechen, sagte ich: »Ihr legt das Gesetz einmal so, ein andermal so aus, mal mit Strenge, mal mit vergleichsweiser Milde, je nach der Stärke des Drucks, der auf euch lastet.«

»Man weise mir ein einziges willkürliches oder Fehlurteil nach«, versetzte er in pathetischem Ton, der sich indes durch seine heisere Stimme gleichsam selbst parodierte, »und ich lege morgen mein Haupt aufs Blutgerüst.«

»Mit oder ohne Schal?«

Kurz verzog er den Mund zu einem säuerlichen Lächeln, das jedoch gleich wieder auf seinen Lippen gefror. Ich begriff: Er klammerte sich an die trotzige Illusion, sein Amt in völliger Autonomie und streng nach dem Buchstaben des Gesetzes auszuüben. Daran hing, wie an einem dünnen Faden, sein Selbstverständnis als Vollstrecker der revolutionären Justiz.

»Du denkst wohl«, sagte er in einem halb vorwurfsvollen, halb sarkastischen Tone, »ich habe aus meinem Herzen eine Mördergrube gemacht. Dabei solltest du mich eigentlich gut genug kennen, um zu wissen, daß ich Blutvergießen verabscheue, daß mein Herz frei von persönlichem Haß …«

»Oh ja, ich weiß!« fuhr ich ihm so heftig in die Parade, daß er augenblicklich verstummte. »Du kennst keinen persönlichen Haß – und hast doch als erster in Straßburg nach dem Mordbeil gerufen. Dein Herz ist keine Mördergrube – die vernichtenden Anträge kommen dir bloß, man weiß nicht wie, über die Lippen.«

Er runzelte die Stirn und kniff die Augen zusammen, als habe er sich verhört. Dann sagte er mit bebender Unterlippe: »Nur weiter! Das Register meiner Sünden ist gewiß noch nicht komplett.«

»Ihr alle liebt das Blut nicht«, fuhr ich geharnischt fort, »und seid doch genötigt, es zu vergießen. Desmoulins fordert vom Schreibtisch aus schäumend das Tribunal für die Girondisten, aber als er dann im Gerichtssaal sitzt und das Wort ›Tod‹ aussprechen hört über die zweiundzwanzig, da springt er auf und stürzt verzweifelt aus dem Saal. Nein, er hat es nicht gewollt! Selbst Marat, der in seiner Zeitung hunderttausend Köpfe öffentlich forderte, suchte diesen und jenen zu retten, sobald er unter die Klinge sollte. Auch Robespierre, dessen Unterschrift unter ich weiß nicht wie vielen Verhaftbefehlen steht, scheut, wie man hört, den Anblick der Guillotinaden auf der Place de la Révolution!«

»Das kann man mir nicht nachsagen! Bin stets pünktlich auf dem Richtplatz«, warf er mit schneidender Ironie ein.

»Ihr alle, die Führer der Revolution, seid keine leidenschaftlichen Mörder, die sich am Blutdurst berauschen, auch du nicht, ich weiß! Keiner von euch dachte ursprünglich daran, den Schrecken auch zu vollziehen. Aber die Drachensaat des Mordes entspringt notwendig der öffentlichen Billigung des Mordes.«

»Gib acht, was du sagst!« funkelte er mich an. »Wenn du die Vollziehung des Gesetzes Mord nennst ...«

»Ich bin noch nicht fertig!« fiel ich ihm ins Wort. In meinem Zorne vergaß ich, daß ich hier mit dem Öffentlichen Ankläger sprach, der mich, wenn er nur wollte, am nächsten Morgen vor sein Tribunal schleppen konnte. Doch wenigstens dieses eine Mal wollte ich jenes Schweigen und klägliche Stillehalten durchbrechen, das seit Wochen auch meine Überlebensdevise war. Daß ich auf seine Diskretion rechnete, zeigt mir heute, daß ich ihn trotz allem noch immer für einen Freund hielt.

»Die Schuld der Volksvertreter und Führer liegt nicht darin«, fuhr ich fort, »sich am Blute berauscht zu haben, sondern an blutigen Worten, an der Phraseologie des Terrors. Um die Sans-Culottes hinter euch zu scharen, habt ihr ununterbrochen von Verrätern und vom Schafott phantasiert und den blutrünstigen Jargon geschaffen – ja, auch du, Citoyen! Seit Anfang des Jahres sind deine Reden und Artikel mit blutigen Phrasen durchtränkt, doch dein Herz ist natürlich rein! Aber dann, als das Volk, berauscht, besoffen, besessen von diesen wüsten aufreizenden Worten, gleichzeitig verängstigt durch die Not, den Hunger, die tiefe Krise der Republik, die ›energischen Maßnahmen‹ auch wirklich forderte, da fehlte den Führern, da fehlte auch dir der Mut zu widerstreben. Da mußtet ihr dann guillotinieren, um euer Gerede von der Guillotine nicht Lügen zu strafen. Nun mußten eure Handlungen zwangsweise euren tollwütigen Worten nachrennen. Was als Spiel mit blutigen Worten begann, wird jetzt ein wildes Sichüberbieten mit Menschenköpfen. Da man die Krise nicht zu meistern versteht, sucht und findet man immer neue Sündenböcke. Die heilige Guillotine soll die bedrohte Freiheit retten – diese glorreiche Doktrin könnte man wahrhaftig für eine

Erfindung des Teufels halten, hätten wir nicht eben erst Himmel und Hölle abgeschafft!«

»Du redest ... wie ein Conterrevolutionär!« sagte er in eisigem Tone, indes er den Schal wieder zu lockern suchte, als ob ihm dieser den Hals zuschnüre.

»Es liegt an dir, mich morgen beim Komitee anzuzeigen oder mich gleich vor dein Tribunal zu schleppen!« sagte ich, als habe mich der Teufel geritten.

Als habe er mich nicht verstanden, zog er sein Schnupftuch heraus und schneuzte sich umständlich die Nase. Die Anstrengung ließ seine Stirnadern schwellen und trieb ihm die Tränen in die Augen. Wie er so vor mir stand in seinem verschossenen Hausmantel, mit geröteter Nase und trübem Blick, wirkte er eher wie ein biederer Hausvater, dem der Katarrh mehr zusetzte als alle Schrecken der Zeit. Endlich sagte er in einem halb bitteren, halb verheißungsvollen Ton:

»Eines Tages werdet ihr mir dankbar sein ob der Nachsicht, mit der ich meines Amtes gewaltet. Ginge es nach dem Willen Saint-Justs und der *Sainte Propagande*, dann würden hier jeden Tag zehn, zwanzig Köpfe vom Rumpfe fallen.«

»Du sitzt in der Falle, ich weiß ... aber man kann nicht sehen, was du verhinderst, man sieht nur, was du vollstreckst. Für die meisten Bürger dieser Stadt bist du der Büttel, das verhaßte Werkzeug Saint-Justs!«

Er sah mich ungläubig aus seinen schwermütigen Augen an. Dann wandte er sich zur Tür. Auf der Schwelle drehte er sich noch einmal um: »Ich weiß wohl, daß auch ich zum Opfer bestimmt bin. Sei froh, daß du nicht in meiner Haut steckst! Adieu!«

Diese Sätze, leise und ohne Pathos gesprochen, verfehlten auf mich nicht ihre Wirkung: In diesem Augenblick tat er mir leid. Aber noch ehe ich dieser Regung nachgeben und etwas erwidern konnte, hatte er schon die Türe hinter sich geschlossen.

Erst als ich wieder auf der Gasse stand, wurde mir bewußt, in welche Gefahr ich mich selbst begeben hatte. Doch im Grunde habe ich wohl gewußt, daß er mich nicht anzeigen würde.

Dieses nächtliche Gespräch sollte unser letztes sein. Wenige Tage später verließ er Straßburg, um mit dem Tribunal und der fahrbaren Guillotine ›die feindlichen Dörfer‹ des Niederelsaß heimzusuchen. Ich sah ihn erst wieder am Tag seines Sturzes, da man ihn, den frisch Vermählten, auf dem Straßburger Waffenplatz, dem Volke zur Schau, an die Guillotine gebunden.

Sein letzter Satz ging mir noch lange nach; denn es war ja ein alter, mir wohlbekannter Satz, den ich schon in Würzburg aus dem Munde des jungen Studiosus vernommen. Damals, vor fast zwanzig Jahren, als ich ihn eines Mittags in tiefer Melancholie auf der Bettstatt liegend in seiner Dachkammer antraf, wo er über Youngs »Nachtgedanken« grübelte, und ihn fragte, was ihn bedrücke, war seine ebenso düstere wie sybillinische Antwort gewesen: »Sei froh, daß du nicht in meiner Haut steckst!«

Wer oder was aber steckte in seiner Haut – wenn nicht ein umgekehrter Mephisto, ein *Teil von jener Kraft, die stets das Gute will und stets das Böse schafft?*

XXXI. Confessions (8)

19. Febr. 1794
Täglich kommen hier neue Verdächtige an. Die Zahl der Neuzugänge, sagt
der Schließer, übersteigt bei weitem die Abgänge. Ergo wird man die Hinrichtungen beschleunigen müssen. Auf dem Korridor und der Galerie ist ein
Geschiebe und Gedränge wie in den Wandelgängen der Tuilerien. Speise-
wirten, Perückenmachern etc. ist jetzt der Zutritt verwehrt. Keine Privilegien mehr für die Betuchten. Sie alle sitzen jetzt, Seite an Seite mit den
mittellosen Häftlingen im Refektorium, bei trocken Brot und dünner Bohnensuppe.

Auch mit der freien Konversation und mit Mervilles Séancen ist es vorbei.
Seit hier zwei Spitzel enttarnt wurden, die wohl vom Sicherheitsausschuß in
die Abtei geschickt wurden, weil eine Gefängnisrevolte befürchtet wird,
spricht man im Flüsterton miteinander. Gleichzeitig schließt man sich enger
zusammen. Der Schatten der Guillotine, der über uns allen liegt, bringt die
politischen Zwistigkeiten zum Schweigen. Wenn schon der Tod auf einen
wartet, so lautet die stille Übereinkunft, wozu sich dann noch entzweien
mit seinen womöglich letzten Gefährten? Der Mensch besitzt keine Sicherheit, länger zu dauern als die Assignate, die ebenso schnell verfallen wie
unser Leben. Das Dasein verdunstet. Lavoisiers Entdeckung der drei Aggre-
gatzustände fest, flüssig und gasförmig – nirgends fühlt man sie rascher
ineinander übergehen als hier.

20. Febr.
Gestern, während wir zum letzten Zählappell auf dem Hof zusammentraten, ging plötzlich ein gebeugter Mann in der Kluft eines Kapuziners über
den Hof, eine Laterne in der Hand. Er leuchtete hierhin und dorthin und
schien sichtlich etwas zu suchen. Nicht lange, und einer der Wächter vertrat
ihm den Weg. Was er denn suche, fragte er ihn. »Den Menschen!« war seine
Antwort. Der ganze Hof schallte wider vom Gelächter der Gefangenen. Als
der gebeugte Mann die Kapuze fallen ließ, sahen wir: es war Jacques, als
Kapuziner verkleidet. Weiß der Himmel, woher er die Kutte hat! Die Wache
brachte ihn sogleich zum Vorsteher. Er wurde einem peinlichen Verhör
unterzogen, aber es geschah ihm nichts. Sein Auftritt ist heute in aller
Munde. Er wird Jacques unsterblich machen.

21. Febr.

Höre soeben von Kienlin, Georg Forster sei im Jänner in einer einsamen Pariser Dachkammer gestorben. Seine schönen Reiseberichte haben mir einst die Trübsal in meiner Bamberger Klosterzelle verkürzt. Beim Föderationsfest des 14. Juli hab' ich mit ihm zusammen auf dem Champs-de-Mars die Hacke gerührt und biwakiert. Er erzählte mir von seinem Vater, dem bekannten Gelehrten und Völkerkundler, den der Knabe schon früh auf seine Reisen durch Rußland begleitet. Er liebte und verehrte seinen Vater sehr; dieser indes verfluchte den eigenen Sohn, als der zum Jakobiner wurde und in Mainz die Präsidentschaft des Klubs übernahm. In Deutschland war auf ihn ein Kopfgeld ausgesetzt.

Auch mein Vater hätte mich wohl in die Hölle gewünscht, hätt' er meine Laufbahn noch erlebt. Nun, vielleicht sehen wir uns ja dortselbst wieder, denn der Himmel wird den mürrischen Haustyrannen wohl kaum willkommen heißen – trotz seiner Frömmigkeit.

Was für Zeiten! Wir, die verlorenen Söhne der Revolution, gehen an ihnen zugrund. Und mancher Vater überlebt den eigenen Sproß.

22. Febr.

Was in den Katakomben der Seele nicht alles verborgen liegt!

Hatt' in der Frühe ein Gesicht, eine Art Wachtraum, darin ich wieder ein Knabe von sechs oder sieben Jahren war: Ich gehe eine Treppe hinab, tiefer und immer tiefer, stehe vor einer verschlossenen Tür, fürchte mich, sie zu öffnen. Endlich öffne ich sie und befinde mich in einem dunklen Keller. Es riecht wohlig nach Speck und Äpfeln wie im Keller unseres Hauses in Wipfeld. Dann wechselt die Szene: Ich gehe barfüßig, in einem Hemd aus Sackleinen, einen Berg hinauf, geführt von zwei Gendarmen, vor mir ein Trommler und hinter mir ein Priester. Ich weiß, es geht auf den Calvarienberg. Dort oben angekommen, steht im schwarzen Ornat der Richter, ein leerer Ärmel hängt ihm schlaff von der Schulter, indes seine andere Hand die Hl. Schrift hält: Es ist mein Vater. Neben ihm steht, mit verweinten Augen, die Mutter. Trotzdem lächelt sie mir zu. Dann verstummt die Trommel. Was ich zu meiner Verteidigung vorzubringen habe, fragt mich der Vater. »Nichts«, antworte ich. Ob ich meine Untaten wenigstens bereue? »Nein!« sage ich trotzig. »Ich werde es wieder tun!« – »Dann«, sagt der Vater, »bist du des Todes schuldig!« Meine beiden Bewacher führen mich weg, auf den Galgen zu. Da schlag' ich vor Schreck die Augen auf.

Indes ich über das Traumgesicht nachgrübelte, kamen mir manche Bilder aus meiner Kinderzeit zurück, die längst verblaßt waren. Die Mutter zu *ret-*

ten vor dem tyrannischen Vater – ja, diese Vorstellung hielt den Knaben lange gefangen. Und so manches Mal wünsch' ich ihn tot.

23. Febr.

Heute wurde Susette abgeholt, zusammen mit zwei Aristokraten. Kaum war ihr Name aufgerufen worden, versammelten sich all ihre Freier und Liebhaber auf der Galerie. Als sie in ihrem Mantel unten im Hof erschien, kam es zu tumulthaften Szenen. Man verfluchte die Henker, die solch ein junges, blühendes Geschöpf vors Tribunal zu bringen wagten. Man wünschte ihr ›Viel Glück!‹ und ›Gottes Segen!‹, winkte ihr zu mit Schnupftüchern, die man gleichzeitig brauchte, um sich die Tränen abzuwischen. Sogar die Wärter sah man weinen. Susette warf ihren Liebhabern noch Handküsse zu und rief zum Abschied: »Ich danke euch, chers amis! Und vergeßt nicht eure kleine Susette!«

Sie ging auf die Todeskutsche zu wie eine Königin, einfach und würdevoll. Der Kutscher öffnete ihr, der Dirne, den Wagenschlag wie einer *grande dame*. Als das Tor hinter der Kutsche ins Schloß fiel, ging ein Aufschluchzen durch den Hof.

Wundere mich nur, daß die Reihe noch immer nicht an mir ist.

24. Febr.

Unter den Namen der gestern Hingerichteten, die heute verlesen wurden, war auch Susettes. Vor kurzem noch streichelte sie meine Wange, und heut liegt ihr junger Leib in der Grube, in einem Massengrab irgendwo am Rande des Faubourg.

Die Aristokraten und Royalisten hier feiern sie wie eine Heldin und Märtyrerin. Es wird erzählt, sie habe vor dem Tribunal die conterrevolutionären Reden und Ausrufe freimütig zugegeben, die man ihr zur Last legte. Als das Urteil verlesen wurde, das sie des Verbrechens der Gegenrevolution für überführt erklärte und zum Tode verurteilte, soll sie es lächelnd angehört haben. Als man aber zur Beschlagnahmung ihres Eigentums kam, sagte sie zu dem Präsidenten: »Ha, du Dieb! Das habe ich mir gedacht. Na, zu meinem Eigentum wünsche ich dir viel Glück! Daran wirst du dich nicht überfressen, das verspreche ich dir!«

Noch auf dem Karren soll sie gesagt haben: »Ich habe keine Angst. Angst habe ich nur, mit dem Teufel ins Bett zu gehen!« Der Ausspruch wird sie unsterblich machen.

27. Febr.

Kaum ein Tag hier vergeht, da man nicht um eine Illusion ärmer wird.

Wie eine Pest breitet sich im Lande die Spekulation aus. André Pougeat, ein vor kurzem eingelieferter Häftling, mit dem Jacques und ich schon manches Mal sprachen, teilte uns gestern seine Erfahrungen mit. Er hat als Syndikus und Finanzberater im Bureau Cambon gearbeitet, dem Schöpfer des Grande Livre und Herrscher über Frankreichs Finanzen, und war viele Monate mit dem Verkauf der Nationalgüter befaßt. Er weiß, wovon er spricht.

Die verzweifelte Crisis des Jahres 93, als das waffenlose Frankreich die ganze Welt gegen sich sah und der Staatsschatz nur noch ein paar tausend Franken in Papier enthielt, ließ der Regierung kaum eine andere Wahl, als die Notenpresse anzuwerfen und auf den schnellstmöglichen Verkauf der Nationalgüter zu drängen und eben damit die Spekulation zu begünstigen. Denn der Staat war bankrott. Er mußte verkaufen, schnell verkaufen, um jeden Preis verkaufen. Je größeren Umfang dies annahm, um so schwieriger wurden die Verkäufe der National- und Emigrantengüter. Der Arme war sofort auf dem Trockenen. Und wenn die zweite der zwölf Raten fällig war, kam der Spekulant. Cambon und sein Büro waren darüber sogar noch glücklich. Man pries die Leute als Patrioten, die doch Aufkäufer waren und nur ihr Geld vermehren wollten durch den Weiterverkauf zu höherem Preis, als sie selbst bezahlt hatten. Man ließ die Reichen sogar die Gemeindegüter kaufen, dieses Erbgut der Armen. Man ließ sie die Kirchengüter kaufen, die am leichtesten wieder zu verkaufen waren. Man bemühte sich, die großen adeligen Emigrantengüter in Parzellen zu zerlegen, wie das Gesetz es vorschrieb. Aber als die Spekulanten sich fernhielten, weil ihnen die Happen zu klein waren, drückte das Gesetz beide Augen zu, und man überließ ihnen oftmals den ganzen fetten Brocken, riesige Güter, ganze und halbe Grafschaften nebst Wildgehegen, Auen und Wäldern, zu einem Spottgeld. Der Reiche, der Spekulant, hält insgeheim die Republik an der Kehle und zwingt sie, sich seinen Wünschen zu beugen, während er gleichzeitig im Jakobinerklub patriotische Lieder anstimmt und die *Liberté, Égalité und Fraternité* hochleben läßt.

Doch von der *Fraternité* sind wir weiter entfernt denn je. Von der großen Mitgift der Nation haben die Armen nichts abbekommen. Sie haben weder Geld noch Getreide noch sonst etwas, um zu kaufen, was ihnen zusteht. Während jetzt über eine Million Bettler das Land überschwemmen, hat sich eine kleine Schicht von Bauern und Großpächtern, von

Kaufleuten, Fabrikanten und Armeelieferanten am nationalen Vermögen, am Erbgut der Armen bereichert.

Da haben wir das *Régime de la terreur* errichtet, und es sollte seinen Hauptzweck verfehlt haben, die Wucherer und Schieber, die Egoisten und Spekulanten zu bändigen? Haben wir mit unseren schönen republikanischen und kosmopolitischen Ideen nur dem Eigennutz und der Gewinnsucht zur Macht verholfen? Haben wir uns für die Neureichen die Hände blutig gemacht? Wir brauchen scheint's, eine neue, eine dritte Revolution – gegen *den* Despotismus, den *das Geld* über die Armen ausübt. Einen Sturm auf die Bastillen des neuen Geldadels!

1. März

Eine neue Sekte, so hört man, entsteht in Paris, die von heiliger Ehrfurcht und empfindelnder Andacht für die Guillotinierten beseelt sei. Weibspersonen, die finsteren Ernst affektieren, weil sie beim Lächeln keine Zähne mehr zeigen, kaufen die Haare der jungen guillotinierten Blondins und schmücken damit ihre grauen kahlen Köpfe. Hierdurch ist eine neue Mode entstanden. Man soll diese Tändelei nur nicht stören, sondern die blonden Perücken in Ehren halten. Sanson, der Scharfrichter, verdient durch diese Mode ansehnliche Summen, denn die Perückenmacher kaufen ihm alle Haare der Guillotinierten ab. Da die meinigen dunkel sind, wird mein Haupthaar wohl von der neuen Andacht verschont bleiben.

2. März

Nanette besuchte mich heut und brachte mir einen Brief von Sara mit. Ich verschlang ihn wie ein Verdurstender das Wasser des Lebens. Eine Locke lag bei, eine Locke ihres blonden Haares. Welch ein Talisman! Wie hat er mich glücklich gemacht – trotz der schlechten Botschaft, daß man ihr den Bürgerausweis verweigert, ohne den sie nicht reisen kann. Nein, sie hat mich nicht aus ihrem Herzen verbannt, sie leidet mit mir, und der Gedanke, nicht bei mir zu sein, falls mich das Nationalgericht verdammt, ist ihr der allergrößte Schrecken.

Daß sie jetzt zu mir hält, da ich vor der ganzen Nation als Ungeheuer ausgeschrieen werde – was kann, was darf ich mehr vom Schicksal erwarten?

Nanette, wie hat sie sich verändert, seit dem Sommer 92, da ich sie zuletzt sah! Blaß, ernst und traurig saß sie mir gegenüber, die ehemals so sprühende, so streitbare Kämpferin für die Rechte der Frauen, unsere

›Madame Luzifer‹. Wir sprachen im Flüsterton miteinander, denn es war ein Wächter zugegen.

Mit Wärme sprach sie von Carl, dessen Tod sie sehr betrübt. Sie hat auch versucht, Friedrich in der Conciergerie zu besuchen. Aber man ließ sie nicht ein, sie sah ihn nur kurz am vergitterten Fenster. Dünn wie ein Strich sei er geworden und an den Schläfen ergraut. Er lasse mich grüßen. ›Mitgefangen, mitgehangen!‹ habe er gesagt und dabei sogar gelächelt. Welch ein Charakter!

Auf den Champs-Élysées, erzählte sie, begegne man morgens jungen Frauen, die mit verhängtem Zügel ihr Cabriolet führen; menschenfreundlichen Frauen, die erst die Machthaber des Tages aufsuchen und sie mit Bitten bestürmen, und hernach die Gefängnisse, um den Gefangenen ihr Mitleid und ihre Gunst zu schenken. Ob es nun Trösterinnen von draußen oder Gefangene drinnen sind, sie verschenken sich gratis, keine spart sich mehr auf. Moral, Sitte, Anstand, all das fällt von ihnen, fällt von uns ab wie unnützer Tand.

Ob Sara noch kommt? Freilich, selbst wenn ihr die Reise gelingen sollte, sie wird mich wohl nicht mehr unter den Lebenden finden. Aber ihr Bild, ihre Locke, die ich schon hundertmal küßte, wird mich begleiten, bis das Messer fällt.

Savanys Beichte

Eulogius saß allein in seiner Kammer vor einem Talglicht und schrieb gerade einen Brief an seine Schwester. Da pochte es an die Tür, und mit leicht schwankendem Gang trat Savany herein.

Erstaunt sah er von seinem Blatte auf. Seit ihrem Zerwürfnis hatte er Savanys Gesellschaft gemieden; auch bei den täglichen Hofgängen und den Mahlzeiten im Refektorium war er ihm aus dem Wege gegangen. Und dies beruhte durchaus auf Gegenseitigkeit.

Ob er ein wenig Zeit habe, fragte Savany, der wieder seinen glasigen Blick hatte. Eulogius verspürte wenig Lust, sich ein weiteres Mal von ihm brüskieren und beleidigen zu lassen; doch der bittende Ton ließ ihn aufhorchen.

»Ich möchte eine Beichte ablegen!« sagte Savany, wobei er seine dünnen Lippen zu einem spöttischen Lächeln schürzte.

»Eine Beichte?« War das eine Verhöhnung? Eulogius mochte nicht glauben, daß Savany, den die Septembermassaker zum bekennenden Jünger des Marquis de Sade gemacht, jetzt plötzlich nach der Beichte verlangte. »Warum gerade bei mir? ... Ich bin schon lange kein Priester mehr.«

»Ein gewesener Priester, der das Kruzifix mit dem Blutbeil vertauschte, ist gerade der richtige. Ist der einzige, der mich vielleicht begreifen und mir die Absolution gewähren kann ... Nun also, willst du mich anhören?« Ein seltsamer Vertrauensbeweis, der eher ein Kompliment ex negativo darstellte. »Aber wie soll dich ein Mann lossprechen«, fragte Eulogius verwundert, »der in den Augen Frankreichs ein ›zweiter Caligula‹ ist?«

»Eben drum! Das Register deiner Schandtaten, ob sie nun der üblen Nachrede entstammen oder nicht, hat mich dir wieder nahegebracht. Ich kann wohl nachfühlen, wie dir zumute ist. Eben deshalb sollst du mein Beichtvater sein.«

War dies das Präludium zu einer neuen Attacke gegen ihn? Eulogius fühlte sich unwohl in der Gegenwart dieses sarkastischen Menschen. Und doch hätte er gerne gewußt, um welch düsteres Geheimnis Savany sich erleichtern wollte. Er legte den Federkiel aus der Hand. »Nun gut, ich höre dir zu.«

Savany nahm auf der Pritsche Platz. Wie um sich einzustimmen, fiel er wieder in jene wiegende Bewegung seines Kopfes, die ihm eigentümlich war, und ließ die schweren Lider herab, so daß sich seine Augen zu schmalen Schlitzen verengten.

»Savany ist nicht mein wirklicher Name. Es ist der bürgerliche Name meiner Vorfahren. Mein Großvater aber wurde, aufgrund seiner Verdienste als Finanzberater des Hofs von Versailles, in den Adelsstand versetzt. Er nahm einen seinem neuen Rang entsprechenden Namen an und nannte sich Chevalier de Murville. Ich stamme also, wenn auch nicht aus dem alten französischen Hochadel, so doch aus dem jüngeren Beamtenadel. Mein wirklicher Name ist Charles Baptiste de Murville. Und ihn trug ich bis zum September 92.«

»Du bist ein Adeliger?« Eulogius hatte nie daran gezweifelt, daß Savany ein Bürgerlicher war, auch wenn seine Belesenheit, seine philosophische Bildung und seine literarische Ausdrucksweise darauf hindeuteten, daß er eine außergewöhnliche Erziehung genossen hatte.

»Ich kam als junger Advokat nach Paris, zur Zeit der ersten Nationalversammlung, und war ein begeisterter Anhänger Mirabeaus. Ich begrüßte die Revolution und die neue Verfassung aus vollem Herzen und ließ mich in die Nationalgarde einschreiben. Aber ich war und blieb ein Anhänger der konstitutionellen Monarchie, also das, was ihr einen *Feuillant* nennt. Den 10. August, als das Königtum gestürzt wurde, sah ich als großes Unglück für die Nation an, als Auftakt zum Bürgerkriege, zu Pöbelherrschaft und Tyrannei. Und ich machte aus meiner Überzeugung keinen Hehl. Vergiß nicht,

Pater Eulogius«, Savany hob mit spöttischem Lächeln den Zeigefinger, »du unterliegst dem Beichtgeheimnis, auch wenn es dich vielleicht in den Fingern juckt, mich morgen als unverbesserlichen Royalisten anzuzeigen.«

Eulogius mußte über diese spitzfindige Absicherung lächeln. »Du kannst ganz beruhigt sein.«

»Im Zuge der Verhaftungen, welche die Kommune nach dem 10. August vornehmen ließ, wurde auch ich inhaftiert – und kam in die Abtei. Sie scheint mir vorherbestimmt.«

»Dann warst du Zeuge der Massaker?«

»So ist es!«

Eulogius kroch eine Gänsehaut den Rücken hinauf, bis unter die Haarwurzeln. Seine Ahnung hatte ihn also nicht betrogen. »Aber wie entgingst du dem Gemetzel?«

Savany hielt in seiner schaukelnden Bewegung inne und starrte ins Leere. »Ja, wie? ... Durch einen Einfall, wie er nicht einmal dem Marquis de Sade gekommen wäre; ein Einfall, der nichtsdestotrotz den Hauptsatz seiner Philosophie bestätigt. – Ich habe dir erzählt, wie das Gemetzel in der Abtei begann. Als die ersten Gefangenen hier im Innenhof niedergemacht wurden, befand ich mich gerade im Refektorium, wo ich zusammen mit meiner Mätresse und ein paar Mithäftlingen speisen wollte. Ich stürzte zum Fenster und sah, was draußen geschah. Ich flüchtete mich in panischem Schrecken in den Keller des Refektoriums, der der Abtei als Vorratslager gedient. Durch die schmale Kellerluke, die zu ebener Erde lag, sah ich, wie man erst die Schwarzröcke aus dem Kloster in den Hof schleppte und massakrierte, und dann etliche meiner adeligen Freunde mit Piken und Säbeln niederstach. Ich hörte die Todesschreie der Sterbenden, sah im nächtlichen Fackelschein die erhitzten Gesichter der Mörder, die sich an Branntwein und dem Blut ihrer Opfer berauschten – und hatte nur zu deutlich mein eigenes Schicksal vor Augen. Die Stirn an die Luke gedrückt, stand ich wie gebannt an diesem Orte des Schreckens und war doch vor Angst wie von Sinnen.

Gegen Mitternacht wurde ich von den Häschern in meinem Versteck entdeckt und nach oben geschafft zu den anderen Gefangenen im Refektorium. Die einen lagen betend auf den Knien, die anderen saßen wie versteinert in ihren Stühlen, die dritten ließen sich von zwei Priestern, die man verschont, die Beichte abnehmen. Jene hatten die Mörder nämlich um Aufschub gebeten, bis die Gefangenen die Beichte abgelegt, und man hatte ihnen diese Gnade gewährt. Auch ich machte mich derweil auf mein Ende gefaßt.

Da betrat auf einmal ein großer, schwarz gewandeter Mann den Hof, dessen düstere Erscheinung gebietend wirkte. Mit lauter Stimme bot er dem

Gemetzel Einhalt, und die Mörder schienen zu gehorchen. Ich und meine Mitgefangenen atmeten auf. Waren wir etwa gerettet?... Dieser Mann, den man Maillard nannte, begann sofort, eine Art Tribunal zu errichten. Er war ein Fanatiker, gleichwohl ein Mann der Ordnung. Er hielt auf zwei Dinge, die er mit seiner gewaltigen Stimme verkündete: Es sollten erstens nur Adelige umgebracht werden und zweitens nur durch ein wohlbegründetes Urteil des Volkes. Meine Hoffnung wich der Verzweiflung. Was konnte ich, ein Adeliger, von einem solchen Tribunal anderes erwarten als den Tod?

Maillard ging mit Methode vor. Er ließ sich sogleich das Register der Gefangenen bringen und richtete die Vorführungen nach der Reihenfolge der Inhaftierungen, so daß kein Entrinnen war. Ich wußte, mein Name stand ganz unten auf der Liste, denn ich war erst in den letzten Augusttagen verhaftet worden. Ich hatte also noch eine Frist. Maillard schuf sich sogleich aus den Zuschauern, den Kleinbürgern der Nachbarschaft, den Familienvätern und kleinen Kaufleuten, eine Art Volksgerichtshof. Man schleppte Bänke herbei und baute rings um den Hof eine Tribüne für die Zuschauer und eine Bank für die Richter. Blaß und stumm hielten diese Männer hier und am folgenden Tag ihre Sitzungen ab; nach dem Verhör jedes Gefangenen gaben sie durch ein stummes Zeichen Leben oder Tod; sie fällten ihr Urteil nach Art der römischen Cäsaren, indem sie den Daumen nach oben oder unten zeigten. Manche wagten gelegentlich, wenn sie sahen, daß die Menge dem einen oder anderen Gefangenen günstig gesinnt war, ein nachsichtiges Wort. Wer in seiner Todesangst noch über genug Geistesgegenwart verfügte und die richtigen Worte zu seiner Verteidigung fand, der kam davon. Und doch, wie oft mußt' ich nicht zusehen, wie man diesen oder jenen Gefangenen, mit dem ich noch eben geredet oder einen letzten Trunk genommen, zuletzt auch meine Maitresse, aus dem Refektorium fortschleppte in den Hof, wo man sie nach dem Verhör niedermetzelte. Bevor die Reihe an mir war, starb ich viele Tode mit; denn von Stunde zu Stunde lichteten sich unsere Reihen im Refektorium.

Vor der Gründung dieses Gerichtshofes war ein einziger Mann verschont worden, der Abbé Sicard, Taubstummenvorsteher. Seit Maillard nun mit seiner Jury tagte, machte man immerhin Unterschiede, es gab Schuldige und Unschuldige. Dies gab mir und meinen Mithäftlingen immer wieder Hoffnung. Maillard befragte die Menge, in Wirklichkeit aber war seine Autorität so groß, daß er sein Urteil diktierte. Es wurde, wie es auch ausfiel, geachtet, selbst wenn es ein Freispruch war. Wenn das schwarze Phantom sich erhob, dem Gefangenen die Hand aufs Haupt legte, ihn für unschuldig erklärte, so wagte keiner, nein zu sagen. Diese feierlich verkündeten Lossprechungen, die periodisch zwischen den öffentlichen Abschlachtungen stattfanden, wurden nicht nur von uns, den möglichen Opfern oder Freigesprochenen, sondern auch von den Mördern mit Freudenrufen begrüßt. Manche, von einer eigenartigen Gefühlswallung ergriffen, vergossen Tränen und sanken in die Arme dessen, den sie einen Augenblick früher noch umbringen wollten. Es war wohl keine geringe Prüfung, den blutigen Händedruck zu empfangen und von diesen empfindsamen Mördern an die Brust gedrückt zu werden. Sie ließen es hierbei nicht bewenden, sie führten den ›braven Mann, den guten Bürger, den guten Patrioten‹ durch den Hof und auf die Straße, um ihn unter Glückwünschen und Tränen der Menge zu zeigen.

Die größte Seelenmarter für mich und meine Mitgefangenen war dieses ständige Schwanken zwischen Hoffnung und Verzweiflung. Ich beobachtete genau vom Fenster des Refektoriums aus, was man sagen und wie man sich vor Maillards ›Volksgericht‹ aufführen mußte, um vielleicht der Gnade eines Freispruchs teilhaftig zu werden. Ich zählte jeden Fall mit, der begnadigt wurde; denn jeder war ein Bürge meiner verrückten Hoffnung, vielleicht doch verschont zu werden.

So richtete sich denn meine ganze Hoffnung auf Maillard; ja, so absurd es klingt, aber in meiner Todesangst empfand ich für ihn, der kraft seiner Autorität Ankläger, Verteidiger und Richter in einer Person war, bald eine Art religiöser Verehrung. Ich vergaß beinahe, daß dieser düstere Mensch nicht nur der rettende, sondern auch der Todesengel war, der die meisten Adeligen dem sofortigen Abschlachten auslieferte. Und daß auch ich von Adel war, bewies das Gefangenenregister, welches auf Maillards Tische lag.

In der zweiten oder dritten Nacht, ich weiß es nicht mehr genau, denn ich hatte das Gefühl für die Zeit völlig verloren, löste sich dieser selbsternannte Gerichtshof plötzlich auf. Maillard, der Retter – er hatte bis dahin immerhin zweiundvierzig Gefangene gerettet –, zog samt seinen Richtern von dannen. Ich erschrak zu Tode, denn nun waren ich und die übrigen Gefangenen der Abtei wieder schutzlos den marodierenden Haufen ausgeliefert. Jetzt verfluchte ich den Zufall, der mir bis dahin Aufschub gewährt.

Kaum war Maillard verschwunden, wurden die Verhöre eingestellt, ebenso die Versuche, zwischen ›Schuldigen‹ und ›Unschuldigen‹ zu unterscheiden; nun wurde die Metzelei eine Sache des Vergnügens, der Belustigung, ein Schauspiel. Man häufte in der Mitte des Hofes eine Art Matratze auf. Das Opfer, das aus der Tür des Refektoriums in diese Arena geschleudert und von Säbel zu Säbel, von Pike zu Pike weitergegeben wurde, sank nach manchem Kreislauf blutüberströmt auf die Matratze nieder. Die Zuschauer auf der Tribüne beobachteten mit Interesse, auf welche Art ein jeder lief, schrie und niederfiel, den Mut, die Feigheit, die dieser oder jener gezeigt hatte, und sie urteilten als Kenner.

Wir waren nicht mehr viele im Refektorium, vielleicht ein Dutzend Gefangene, auf die nach dem Weggang Maillards draußen der sichere Tod wartete. Vielleicht trennte uns von diesem nur noch eine Stunde, vielleicht eine halbe, vielleicht nur noch Minuten. Einer meiner Mithäftlinge entleibte sich selbst, um seinen Mördern zu entgehen. Er hatte sich unbemerkt in den Besitz eines Dolches gebracht. Und ich hatte ihm diesen, noch ehe die Häscher kamen, aus der Brust gezogen und ihn sofort unter meinem Wams versteckt. Dieser Dolch, dies wußte ich, war das einzige Mittel zu meiner Rettung. Auch hatte ich bemerkt, daß nach dem Weggang Maillards und seiner Leute etliche neue Gesichter unter den Mördern waren. Dieser Umstand gab mir den Gedanken zu meiner Rettung ein.

Ich verbarg mich hinter der Portiere, welche die Tür des Refektoriums bedeckte; meine Mitgefangenen, die im Gebet waren oder sich den letzten Trost zuzusprechen suchten, bemerkten davon nichts. Die Tür war nur angelehnt und wurde von zwei Posten bewacht, welche Säbel und Piken und auf dem Kopf die rote Jakobinermütze trugen. Ich paßte den Augenblick ab, da sich der eine Posten entfernte – er war gerade die Treppe hinunter in den Hof gegangen –, stürzte hinter der Portiere hervor durch die Tür und stieß dem anderen Posten den Dolch in den Rücken. Ich stieß mehrmals zu, bis er keinen Mucks mehr von sich gab. Ich zog ihm sofort die Jacke aus und schlüpfte in sie hinein, riß ihm die rote Mütze vom Kopf, um sie mir aufzusetzen, und nahm seinen Säbel und seine Pike. Dies alles war rasch erledigt.

So verkleidet, stürzte ich hinunter in den Hof und mischte mich unter die Mörder. Diese waren gerade dabei, einen Adeligen Spießruten laufen zu lassen und ihn mit ihren Piken zu massakrieren, aber nicht zu rasch, damit er auch kräftig leide. Einer der Mordgesellen, die Pike in der einen, die Branntweinflasche in der anderen Hand, winkte mir zu, auf daß ich mich einreihe, und reichte mir sogleich die Branntweinflasche. Ich nahm einen Schluck, bemerkte aber zu meinem Schrecken, daß mich der Kerl plötzlich mit schrägem Blick musterte. ›Woher kommst du?‹ fragte er. – ›Aus dem Faubourg Saint-Antoine‹, gab ich mit zitternden Knien zur Antwort. – ›Bist du schon lange hier?‹ – ›Nein, eben erst angekommen!‹ ... Und dann, nach einem kurzen Moment des Zögerns, hob auch ich meine Pike und stieß auf das Opfer ein, das schon blutend auf der Matratze lag. Kaum war es tot, wurde schon der nächste meiner Mithäftlinge aus dem Tor in den Hof getrieben und von Pike zu Pike, von Säbel zu Säbel weitergereicht, und ich hieb und stach mit zu, nahm zwischendurch einen Schluck aus der Flasche und stieß wieder zu und schrie mit den Mördern und Zuschauern auf der Tribüne: ›Nieder mit den Aristokraten! Nieder mit den Feinden des Volkes!‹ Und raste und soff und metzelte mit den Mördern, um ihnen zu zeigen, daß auch ich einer von ihnen war, ein Spießgeselle der Macht, jener göttlichen Macht, die sich des eigenen Lebens versichert, indem sie anderen den Tod gibt. Töte oder stirb! – war der einzige Gedanke, der mich beherrschte. Einen anderen gab es nicht mehr … Ich war eins geworden mit dem tierischen Trieb der Selbsterhaltung, nichts anderes hatte mehr Macht über mich, weder Gewissen, noch Mitleid, noch irgendeine von Menschen gemachte Moral. Was anfangs noch Angst vor der Entdeckung, Todesangst war, das wandelte sich rasch in wollüstige Raserei. Ich vergaß, daß ich noch vor wenigen Augenblicken selber zum Opfer bestimmt war. Ich war auf der anderen Seite und genoß in der grausamen Wollust des Mitmordens den Triumph der Natur, die Ekstase des Urinstinkts, den Rausch, am Leben zu sein, die Macht des Überlebenden, indem ich das Leben der anderen, der Schwachen, der zum Opfer bestimmten, mit auslöschte.«

Savany hielt in seiner wiegenden Kopfbewegung inne und fixierte Eulogius aus seinen schmalen Augen. »Kannst du das verstehen … Kennst du es nicht auch – dieses Triumphgefühl des Überlebens, wenn du auf dem Richtplatz erschienst und sahst, wie die Köpfe derer vom Rumpfe fielen, die ihr zum Tode verurteiltet? So wurde ich in jener Nacht Fleisch vom Fleische der Septembermörder, Blut von ihrem Blute. So erfuhr ich an mir selbst, wie kurz der Weg vom Opfer zum Täter ist, wenn es um Sein oder Nichtsein geht. Seither weiß ich, wie recht de Sade gegen Rousseau hat: Daß vor dem ältesten Gesetz der Natur, dem mächtigen Triebe der Selbsterhaltung, alle Gesetze der Moral und der menschlichen Gesellschaft kapitulieren müssen; daß gegenüber dem Urinstinkt, eingegraben in jedes Menschentier, auch Rousseaus *pitié*, das Mitleid, weichen muß; denn dieses ist nur eine Chimäre der Christianitas, ein Phantom unserer humanistischen Selbstverklärung, die sich beim ersten Ansturm des Urinstinktes in Nichts auflöst.«

Eulogius saß wie versteinert. Viele Beichten hatte er während seiner Priesterzeit abgenommen; aber eine solche noch nie. Jetzt verstand er, warum Savany von Rousseau zu de Sade konvertiert war: Er konnte sich selbst, sein eigenes Mittun am Gemetzel, nur ertragen vermittels einer Philosophie, die den Mord, das Verbrechen als Gesetz des Stärkeren, als ›Naturgesetz‹ legitimierte … Nur eines begriff er nicht.

»Was hat dich veranlaßt«, fragte er nach längerem Schweigen, »nach dem September auch noch bei der Kommission mitzutun, welche der Konvent über die Septembermorde eingesetzt? Wolltest du dich selbst vor der Entdeckung schützen, indem du ins Lager der Untersucher jener Verbrechen wechseltest, an denen du selbst mitgewirkt?«

»Dies war auch ein Beweggrund – indes nicht der entscheidende. Nach dieser Nacht, die mich zum Mörder, zum Spießgesellen des September machte, fiel ich in eine tiefe und lange Schwermut. Ich war mir selber fremd geworden. Ich war nicht mehr der, der ich gewesen, und wollte, konnte doch nicht der sein, zu dem ich geworden. Ich suchte mir mit aller Macht einzureden, daß ich in Notwehr getötet und nicht aus grausamer Vergeltungslust wie die Mörder. Und daß mich Welten von ihnen trennten. Um mir dies selbst zu beweisen, stellte ich mich der Kommission zur Verfügung ... Aber es gab noch einen anderen Grund: Ich kam nicht mehr los von dieser Bartholomäusnacht der Revolution. Es war wie ein Zwang, diesen Verbrechen nachzugehen, Zeugen zu befragen und die Täter aufzuspüren. Solange ich der Untersuchende und Nachforschende war, konnte ich mir einbilden, selbst auf der anderen Seite zu stehen, auf der Seite des Guten und der Gerechtigkeit. Solange ich die Mörder verfolgte, konnte ich keiner sein!«

Savany legte seinen schweren Kopf zur Seite, indes ein wissendes Lächeln seinen dünnen Sichelmund umspielte. »Nun, Pater Eulogius! Vielleicht verstehst du jetzt, warum ich meinen Fall dir und keinem anderen anvertraut und warum ich just von dir ein Urteil oder eine Lossprechung erwarte. Ob im Namen Christi oder de Sades, das tut nichts zur Sache!«

»Ein Urteil?« Eulogius sah ihn mit Beklommenheit an, dann sagte er: »Ich werde niemandes Richter mehr sein ... Aber ich verstehe deine Not und fühle mit dir.«

Mit beiden Händen nahm er Savanys Kopf, zog ihn an sich und drückte ihn an seine Brust. Da trat Savany das Wasser in die Augen; es war das erste Mal, daß Eulogius diesen stets beherrschten und sarkastischen Menschen weinen sah.

Nach einer Weile sagte Savany, seine eigene Rührung gleichsam parodierend, während er sich mit den Ärmeln seiner Jacke den Rotz abwischte: »Ach, was sind wir doch für empfindsame Mörder!«

Abrupt ließ Eulogius ihn los. »Ich bin kein Mörder.«

Savany hob den Kopf, Ernüchterung und ein Anflug von Spott malten sich in seinem Gesicht. Dann sagte er: »Nun, ob man das Messer ergreift oder ein Dekret mit tödlichen Folgen erläßt, ob man sich unter die Mörder mischt oder unter die Ankläger und Richter, um seinen Kopf zu retten – es ist das gleiche, nur mit etwas verwickelteren Umständen.«

»Das ist *nicht* das gleiche!« sagte Eulogius mit Schärfe und trat zwei Schritte von ihm zurück.

XXXII. Kein Paradiso ohne Inferno

Eulogius fuhr aus dem Schlaf und zerrte mit beiden Händen an dem offenen Kragen seines Nachtgewands, da er das Gefühl hatte, jemand drücke ihm die Gurgel zu. Röchelnd, mit rudernden Armen rang er um Atem wie ein Ertrinkender und suchte sich gleichzeitig die Luft aus der Kehle zu pressen. Es waren vielleicht nur Sekunden, Sekunden unsäglicher Angst, der Erstickungs- und Todesangst, die ihm fast das Bewußtsein raubten; aber sie erschienen ihm wie eine Ewigkeit. Endlich ließ der Ausatemkrampf nach, und sein Zwerchfell, noch eben hart wie eine Trommel, entspannte sich wieder.

Er schlug die Decke zurück, stand auf und atmete mehrmals tief ein und wieder aus, bis er den Rhythmus wiedergefunden hatte. Merville lag wie gewohnt bäuchlings, das Haupt seitlich ins Kissen gedrückt, auf der Bettstatt. Der Mann hatte einen gesegneten Schlaf, er war wirklich zu beneiden.

Eulogius trat an das Fenster, das einen Spalt weit geöffnet war, drückte den Flügel ganz auf und lehnte sich hinaus. Er sog die kühle Nachtluft ein, dies tat ihm wohl. Draußen war alles dunkel – bis auf die Fenster des Verwaltungsgebäudes, hinter denen immer noch Lichter glommen, schwache Lichtkegel eher, denn es war eine mondhelle Nacht. Ein leichter Wind wirbelte kleine Schwaden von Schnee durch den Innenhof, welche in kreiselnden Bewegungen aufstiegen, um dann an einer windstillen Stelle wieder zu Boden zu sinken.

Der Schrecken, der ihn aus dem Schlafe gerissen, wich allmählich dem Gefühl der Erleichterung, daß es zum Glück nur ein Traum gewesen – wenn auch einer, der an Schrecken alles übertraf, was er in den letzten Monaten *wirklich* erlebt hatte: Er steht, an Stelle und gleichsam in Vertretung von Monsieur Maegerts, dem Scharfrichter des Straßburger Tribunals, auf der Blutbühne, die auf dem Marktplatze, nicht weit vom alten Schöpfbrunnen entfernt, aufgebaut worden und von einer großen Menschenmenge umgeben ist. Er weiß auch, wo man sich hier befindet, denn dem Schafott gegenüber liegt das Barrer Stübl, wo er sein Logis genommen, und am unteren Ende des abschüssigen Marktplatzes das Gasthaus zum Hecht, in dem die Mitglieder des Revolutionsgerichts logieren. Maegerts Gehilfe, ein baumlanger Kerl, ist gerade dabei, die Delinquentin, ein junges Frauenzimmer im sackleinenen Gewande, aufs Brett zu binden. Er kann ihr Gesicht nicht sehen, da der Gehilfe ihm die Sicht verstellt. Einer bösen Vorahnung folgend, wendet er sich an diesen und sagt, es sei gewiß ein Versehen, ein

Irrtum, daß er sich hier auf dem Schafott befinde, denn er sei nicht der *exécuteur*, sondern nur der *accusateur public*, und eigentlich habe er hier gar nichts zu suchen. Doch als ihm der Henkersknecht, der ihn um Haupteslänge überragt, das Gesicht zukehrt, da ist es das von Saint-Just. Der blickt voller Verachtung auf ihn herab und sagt mit seiner näselnden Stimme: »Dir, Citoyen, haben wir die *Sainte Guillotine* anvertraut – und jetzt bist du nicht Manns genug, deine patriotische Pflicht zu erfüllen? Ich wußte es ja, daß du der großen Mission nicht gewachsen bist.«

Saint-Just tritt einen Schritt beiseite, so daß sein Blick auf das Frauenzimmer fällt, das man an das hochgestellte Brett unter dem schräg hängenden Messer gebunden: Es ist Sara.

Fröstelnd trat Eulogius vom offenen Fenster zurück und schloß es wieder zu. Dann ließ er sich, die Arme über dem Kopfe verschränkt, auf dem Fauteuil vor dem Tische nieder. Obschon er sehr müde war, zwang er sich, die Augen offenzuhalten. Weiß der Teufel, welch' neue Gespenster- und Höllenfahrt auf ihn wartete, wenn er sich jetzt dem Schlaf überließ. Das schreckliche Traumbild noch immer vor Augen, hörte er im Geiste, gleich einem höhnischen Kommentar, Savanys Stimme, seine bösen Sätze vom ›Triumphgefühl des Überlebens‹ und den ›empfindsamen Mördern‹ ... Hatte nicht auch er, solange er anklagte und richtete, ›auf der anderen Seite‹ gestanden? War auch er im Grunde nur dem Urinstinkt der Selbsterhaltung gefolgt, wie Savany sagte? ... Nein und nochmals nein! Zwar hatte er sich gegenüber Saint-Just und seiner propagandistischen Meute in einer ähnlichen Lage befunden wie dieser Maillard gegenüber den mordenden Haufen in der Abtei. Aber er und die Mitglieder des Tribunals hatten sich streng an das Gesetz gehalten. Hatte er nicht eher, vom Standpunkt gewisser Herren, sein Amt mit zuviel Nachsicht geübt und etliche Angeklagte mit dem Leben davonkommen lassen? Und hatte er nicht qua Autorität seines Amtes das schlimmste, den ganz großen Terror für das Elsaß verhindert? ... Und doch! Nacht für Nacht erwachten die Gespenster und forderten von ihm ihre abgeschlagenen Köpfe zurück.

Die *Zeit in der Hölle*, bislang wie in Nebel getaucht, hatte sich mit diesem Alb wieder vor ihm aufgetan, in greller Deutlichkeit und schmerzender Klarheit, unabweisbar wie scharf gestochene Bilder. Er konnte sie nicht mehr wie lästige Schemen einfach verscheuchen; und was hülfe es auch, wenn sie ihn doch nicht in Ruhe ließen, wenn sie ihn bis in seine Träume hinein verfolgten und ihm den Schlaf raubten. Vielleicht, so dachte er in einer Mischung von Fatalismus und trotzigem Appell an sich selbst, würden sie ihn endlich in Ruhe lassen, wenn er sich ihnen, wie ein Soldat dem Feind auf dem Schlachtfeld, entgegenstellte, wenn er, seine letzten Kräfte zusammenraffend, sie noch einmal ins Visier nahm. Er hatte schon soviel ausgehalten, da würde er doch jetzt nicht vor den üblen Machinationen seiner eigenen Einbildungskraft Reißaus nehmen. Er sah dies als eine Herausforderung, als eine Art Machtprobe an: ob er Gewalt über seine Erinnerung oder ob diese über ihn Gewalt gewönne und ihn zu Boden zwänge, noch bevor sein Fall vor dem Pariser Tribunal zur Verhandlung käme. Den teuflischen Einflüsterungen der Einbildungskraft, die sogar die eigenen Träume vergifteten und verhexten, mußte man mit allen Kräften der Vernunft wehren, indem man ihnen das entgegensetzte, was *wirklich* geschehen war, was die revolutionäre Notwendigkeit und die patriotische Pflicht ihm zu tun geboten und was er den *Feuerdienst* nannte.

Ende November war er, im Auftrage Saint-Justs, Lebas' und des *comité de surveillance*, dem er selbst angehörte, mit dem Tribunal und der Guillotine im Troß in das Tal der Bruche aufgebrochen, um die dortigen Unruhen zu dämpfen. Am 14. November hatte General Wurmser Fort Louis erobert. Aus den umliegenden Dörfern ging man dem General des Kaisers in festlichem Aufzug mit weißen Fahnen entgegen. Er hatte den Auftrag, die widerspenstigen Dörfer und Städtchen entlang der alten Weinstraße durch exemplarische Bestrafungen von der Kollaboration mit dem Feind abzuhalten und sie zum Gehorsam gegen die Gesetze der Republik zu zwingen.

Und doch übernahm er diesen Auftrag mit einem unguten Gefühl; denn es schwante ihm, daß Monet und die französischen Propagandisten seine Entfernung aus Straßburg dazu benützen würden, um die Volksgesellschaft vollkommen unter ihre Gewalt zu bringen. Noch am Vorabend seiner Abreise hatte er zu seiner Schwester gesagt, er rechne jeden Tag mit seiner Verhaftung.

Die erste Station des Tribunals war Oberehnheim gewesen. Danach ging es weiter nach Barr. Wie gewöhnlich ritt er, auf seinem Schimmel an der Spitze des Zuges, gefolgt von seinen gleichfalls berittenen Kollegen Taffin, Wolff, Clavel und dem Gerichtsschreiber Weis; hinter diesen, in militärischer Formation, die Schwadron der Revolutionsmiliz, welche auf einem klapprigen Karren die fahrbare Guillotine mit sich führte. Manch ein Bauer auf seinem bepackten Esel, manch ein Wandersmann zog unwillkürlich die Mütze oder den Schlapphut angesichts dieser bizarren Prozession der uniformierten und schwer bewaffneten Reiter, die das Blutgerüst mit dem blitzenden Messer wie eine heilige Monstranz akkompagnierten.

Es war ein kalter Dezembertag, und ein scharfer Wind blies ihm ins Gesicht. In den Furchen der Äcker lag bereits Schnee, und der Frost hatte das Gezweig der Bäume und Sträucher mit einer dünnen Eisschicht überzogen, welche im Sonnenlicht wie kristallene Gewächse funkelte. In mancher Baumkrone und auf manchem Pfahle, der die verlassenen Pferdekoppeln und Schafstriften eingrenzte, hockte mit eingezogenem Kopfe und aufgeplustertem Gefieder ein Raubvogel; doch schienen die Bussarde und Habichte so erstarrt, daß man meinen konnte, sie seien längst erfroren.

Als er von ferne den Kirchturm von Barr erblickte, befiel ihn eine plötzliche Unruhe; ging es doch jetzt in jene Stadt, die zum neuen Wohnsitz der Familie Stamm geworden. Am liebsten hätte er um sie einen weiten Bogen gemacht, doch war dies nicht möglich; denn auch Barr gehörte zu den feindlichen Dörfern, in denen es wiederholt zu Aufruhr und Unruhen gekommen war. Obwohl er sich nach Sara sehnte, war ihm vor einem Wiedersehen unter diesen Umständen bange – teils weil er fürchtete, ihre Gegenwart könne sein Herz so weit erweichen, daß er seines Amtes nicht mehr mit der gebotenen Härte würde walten können, teils weil er diese ländliche Enklave, die seine Phantasie längst mit der veredelten Gestalt seiner Geliebten verwoben, nicht durch den Alltag der *terreurs* befleckt sehen wollte. Nun aber sah er sich förmlich gezwungen, die strikte Grenze zu überschreiten, die er zwischen seinem schweren Auftrag und seiner geheiligten Liebe gezogen hatte. Eine gewisse Beruhigung fand er in dem Gedanken, daß das Landhaus der Familie nicht unmittelbar in Barr, sondern etwas außerhalb des Städtchens im Tale gegenüber Schloß Hoch-Andlau lag.

Und so war es ihm eigentlich ganz recht, daß der Zug mehrmals anhalten mußte. Einmal war der Karren mit der Guillotine in ein Schlagloch gesackt, wodurch das schwere Gerüst, das mit dicken Seilen vertäut war, in eine bedenkliche Schräg- und Kipplage geriet, aus der es nur durch die vereinte Muskelkraft der absitzenden Reiter wieder ins Lot gebracht wurde. Dann ging es eine ansteigende, leicht überfrorene Straße hinauf, auf der die Zugpferde schwer Tritt fassen konnten und mit den Hufen ausrutschten, so daß dem Gefährt mit dem ›Schwert der Gerechtigkeit‹ schon die Talfahrt drohte; erst als sich, unter seinem Kommando, fünf Mann von hinten gegen den Karren stemmten und aus Leibeskräften schoben, indes der Kutscher auf die sich sperrenden Gäule einpeitschte, ging's wieder aufwärts und weiter. Nach dieser Aktion hatte er die anderen an sich vorbeiziehen lassen, so daß er das Ende des Trosses bildete, denn er wollte nicht als erster das Stadttor von Barr passieren.

Das Revolutionsgericht wurde mit allem Pomp und aller Ehrerbietung von den Munizipalen und örtlichen Klubmitgliedern empfangen; abends wurde das Städtchen sogar illuminiert. Er hielt eine lange Lagebesprechung im Klubhaus ab und nahm die Beschwerden und Anzeigen der hiesigen Patrioten entgegen, vernahm Zeugen und sichtete, zusammen mit seinen Kollegen vom Tribunal, die verschiedenen Protokolle, die seine vorausgeschickten Unterkommissare bereits aufgesetzt hatten. Dann bezog er sein Logis im Barrer Stübl.

Als er am nächsten Morgen das Gemeindehaus betrat, in dem die öffentliche Gerichtsverhandlung stattfand, durchforschte er unruhigen Blickes die Reihen des Publikums und war sehr erleichtert, Sara nicht auf den Zuschauerbänken zu finden. Schon am Vormittage erging ein erstes Todesurteil gegen Franz-Matthias Ancel, Stellmacher aus Dambach-la-Ville, der konterrevolutionäre Reden geführt und den Patriotismus der Einwohner durch defaitistische Äußerungen entmutigt hatte. Es war ein drakonisches Urteil, aber Taffin, Wolff, Clavel und er waren sich einig, daß in dieser widerspenstigen Gemeinde ein Exempel statuiert werden mußte.

Am Abend des 4. Dezember wurde im Beisein aller öffentlicher Beamten, der Geistlichen und der zahlreich erschienenen Einwohnerschaft in der Stadtkirche das *Fest der Vernunft* zelebriert. Er wußte, daß bei diesem republikanischen Festakt auch die Familie Stamm nicht fehlen würde. Mit klammen Gefühlen betrat er die mit Girlanden und patriotischen Spruchbändern geschmückte Kirche, die ihres heiligen Dekors und Altarschmuckes entblößt worden. Er ließ seinen Blick über die Kirchenbänke schweifen; nicht lange, und er erblickte Sara. Sie saß in ihrer dunkelgrünen Mantille, eine schwarze Stola um die Schultern gewickelt und die Hände im Muff, im seitlichen Kirchenschiff zwischen ihrer Mutter und ihrer Schwester Caroline. Blaß und ernst sah sie aus unter der weißen Haube mit der seitlich herabhängenden vorgeschriebenen Kokarde, den drei Seidenbändern in blau, weiß und rot. Als er sie und die Mutter begrüßte, huschte wohl ein Lächeln über ihr Gesicht; aber seinem Blick wich sie fernerhin aus.

Gleich darauf begann der Festakt, und er mußte ans Rednerpult treten. Nachdem die patriotischen Ansprachen, gefolgt von der üblichen Abschwörungszeremonie der Geistlichen, vorüber waren, übernahmen die Musikanten das Feld. Er forderte Damen, Wäscherinnen und Köchinnen auf, die ›Kette der Gleichheit‹ zu bilden und das Tanzbein zu schwingen. Während dieses Schauspiels, das von allgemeiner Heiterkeit begleitet wurde, sah er, wie sich Sara mit Schwester und Mutter zum Ausgang drängte. Er bahnte sich rasch einen Weg durch die tanzende Menge und holte sie am Portal ein. Ob er ihre Tochter einen Moment unter vier Augen sprechen könne, fragte er die Mère Stamm. Diese sah ihn erschrocken an und nickte.

Er ging mit Sara über den verwinkelten Vorhof, der von einem Gemäuer gesäumt wurde. Stumm, den Blick zu Boden gesenkt, ging sie neben ihm her, daß ihm fast die Zunge gefror. Als sie am Ende des Vorhofs angelangt waren, den eine Pforte vom angrenzenden Friedhof trennte, hielt er an und suchte sie in den Arm zu nehmen; aber sie sperrte sich. Ob sie sich denn gar nicht freue, ihn nach so vielen Wochen wiederzusehen?

Just in diesem Moment begann das Feuerwerk aus Anlaß des Festes der Vernunft. Die ersten Leuchtkörper stiegen vor ihnen auf und erhellten sekundenlang die Silhouette des Städtchens.

Eine Weile standen sie schweigend nebeneinander. Endlich sagte Sara: »Ich habe diesen Ancel gesehen, als man ihn durch die Gassen führte zu seiner Hinrichtung. Ich weiß nicht, wessen er schuldig ist, aber sein Gesicht, die Verzweiflung in seinem Blick ... Ich werd' ihn mein Lebtag nicht vergessen.«

Er stand, beide Arme auf das Gemäuer gestützt, als müsse er sich an ihm festhalten. Wieder stiegen Leuchtkörper auf und zogen ihre bunten Spuren durch den Nachthimmel.

»Warum mußtet ihr ihn noch durch alle Gassen der Stadt führen, wo doch das Gefängnis gleich neben dem Richtplatz liegt?«

Er wandte sich brüsk zu ihr um: »Glaubst du, mich hätte es kaltgelassen? Aber wir müssen den hiesigen Kollaboranten und Aufwieglern, die lieber heut als morgen dem Feind die Hand reichen möchten, eine Lektion erteilen, müssen sie durch ein abschreckendes Beispiel in Furcht und Schrecken setzen. Wenn die Österreicher das Niederelsaß ebenso überrennen wie das Oberelsaß und demnächst mit ihren Kanonen und ihrer wildgewordenen Soldateska in Barr einziehen, sie stehen ja nicht mehr weit, was glaubst du wohl, wie sie mit uns verfahren werden? Und mit deiner Familie, der Familie des berüchtigten Daniel Stamm, der General Custine den Weg nach Mainz gebahnt?«

Ein Feuerwerkskörper, der unweit von ihnen aufstieg, erhellte für einen Augenblick Saras Gesicht. Ihre Augen, in denen Tränen standen, ihre weichen, vom Schmerz aufgelösten Züge rührten sein Innerstes auf. Und schon bereute er seinen harschen und galligen Ton.

Leise, aber mit Bestimmtheit sagte sie: »Ich würde mich eher selbst guillotinieren lassen, als andere Menschen zu guillotinieren.«

Der Satz traf ihn ins Mark, und seine Rührung schlug augenblicks um in Galle und Zorn: »Die guten Patrioten«, herrschte er sie an, »sind nicht so

542

empfindlich wie du. Sie segnen die Guillotine, die sie gerettet hat. Frag' deinen Bruder Daniel* – und er wird dir dasselbe antworten wie ich: Nur durch die Ausübung des Schreckens haben die Sans-Culottes wieder Brot, ist die Achtung vor den Assignaten wiederhergestellt und die Rhein- und Moselarmee halbwegs reorganisiert. Weibertränen und Sentimentalitäten werden die Republik jedenfalls nicht retten!«

Kaum war seine geharnischte Philippika heraus, hatte Sara ihm schon den Rücken gekehrt und lief mit schnellen Schritten zurück. Er folgte ihr nicht; er stand da in einer lähmenden Mischung aus Resignation, Grimm und tiefstem Gekränktsein. Da läuft sie, dachte er, vor mir davon wie vor dem Leibhaftigen. Laß fahren dahin! ... Er suchte Trost bei dem Gedanken, daß ein Revolutionär von echtem Schrot und Korn, ein Jakobiner, dem die Freiheit das höchste Gut ist, sein Herz niemals an ein Weib hängen dürfe. Wie pflegte doch Jung auf seine derb volkstümliche Art zu sagen: Ein schönes Weib ist wie der goldene Reif in der Nase der Sau!

Am Morgen nach dem ›Fest der Vernunft‹ tagte das Tribunal wieder im Gemeindehaus zu Barr. Die Liste der Vorgeführten war lang ... Und hatte es denn nicht in vier Fällen Nachsicht walten lassen? Hans Ludwig aus Straßburg, der konterrevolutionäre Reden geführt, und Franz-Xaver Fischer, Angestellter des Distrikts, der wichtige Unterlagen aus seinem Büro einem Aristokraten zugespielt hatte, wurden lediglich zur Ausstellung am Schandpfahl und zu Gefängnis bis zum Friedensschluß verurteilt. Zwei andere Angeklagte wurden sogar freigesprochen ... Ganz anders lag der Fall des ehemaligen Friedensrichters Xaver Doss, der der Aufwiegelung der Einwohner gegen die Republik und der Konspiration mit den Emigranten, den hartnäckigsten Feinden der Nation, für schuldig befunden worden war. Gegen ihn erging ein Todesurteil. Desgleichen gegen die 72jährige Witwe Salome Guntz aus Mittelbergheim und ihre Tochter Therese, die ebenfalls der Begünstigung und Unterstützung der Emigranten überführt worden waren. Wie viele junge Leute dieser Region hatte sich der Sohn der Guntz in eine Legion der Emigrierten einschreiben lassen; Mutter und Tochter aber hatten ihm, durch Vermittlung und Hilfe des besagten Xaver Doss, Briefe und Geldmittel zukommen lassen. Die verräterische Korrespondenz und die Beweisstücke hatte man in seinem Hause gefunden und sichergestellt.

---

* Daniel Stamm war, nach seiner Entlassung aus der Haft, als Nationalagent für den Barrer Distrikt gleichfalls für das Straßburger Revolutionstribunal tätig. Auf seine Anordnungen wurden viele Anhänger der alten Verhältnisse verhaftet und manche dem Tribunal überstellt.

Als Eulogius selbigen Tages, in Begleitung seiner Kollegen, auf dem Marktplatz erschien, nahm er, wie gewöhnlich, seine Aufstellung vis-à-vis zum Schafott. Ein Chor weißgekleideter Mädchen hatte sich hinter der Blutbühne aufgereiht und sang patriotische Lieder, indes der Zug der Gendarmen mit den drei Verurteilten herankam. Als erster wurde der verurteilte Xaver Doss hinaufgeführt. Stumm, ohne einen Laut von sich zu geben, ließ sich dieser Mensch an das aufgestellte Brett binden und bohrte seine Augen in die seinen, als wolle er ihn verfluchen, ihn mit ins Grab nehmen. Er hielt ihn nicht aus, diesen steinernen Blick, der ihn an den bösen Blick der alten Wipfelder Weibsen erinnerte, vor denen der Knabe, wenn er ihnen auf der Dorfstraße begegnete, vor Angst davongelaufen war. Er sah weg, sah auf die Pikenmänner, die das Schafott abriegelten, und schämte sich gleichzeitig dieses Anfalls von Schwäche. Sonst senkte er nie feige die Augen vor der Blutbühne, dies glaubte er seinem Amte schuldig zu sein.

Dann kamen die beiden Frauen an die Reihe. Sie beteten noch, als sie das Blutgerüst bestiegen. Obschon er inzwischen an den Anblick solcher Szenen gewöhnt war, drehte sich ihm bei der nun folgenden beinahe der Magen um. Der Scharfrichter – es war nicht Monsieur Maegerts, sondern sein Stellvertreter – wollte der Greisin vor ihrer Enthauptung die Haarnadel aus dem Schopf ziehen; da die Nadel indes so feststak, riß ihr der Stümper, bevor er sie aufs Brett band, einen ganzen Büschel ihrer silbergrauen Haare aus, was der Frau einen Schmerzensschrei erpreßte, der ihm durch Mark und Bein ging. Nicht nur in ihm, auch unter den Zuschauern auf dem Platze löste die Brutalität des Henkers Empörung aus, zumal die gleichfalls verurteilte Tochter, die wimmernd am Pfosten stand, das letzte Martyrium der Mutter noch mit ansehen mußte. Vor Schreck unterbrachen die Mädchen in den weißen Gewändern ihren patriotischen Kanon, bis die Frau endlich auf dem Brette lag. Dann wurde das Fallbeil gelöst. Nach der Mutter wurde, unter dem wieder einsetzenden patriotischen Lied aus zitternden Mädchenkehlen, die Tochter aufs Brett gebunden. Wenn man doch bloß auf die makabren Gesänge verzichten könnte, dachte Eulogius und konnte nur mit Mühe einen Brechreiz unterdrücken.

Nach der Hinrichtung knöpfte er sich sogleich den Scharfrichter vor, schimpfte ihn einen Stümper und Pfuscher, der seinem Handwerk wenig Ehre mache und durch sein Ungeschick und sein brutales Vorgehen die revolutionäre Justiz in Verruf bringe. Und er drohte ihm für den Fall, daß sich eine solche Szene wie die vorige noch einmal wiederhole, die sofortige Entlassung und Bestrafung an.

Eine Eildepesche rief ihn am nächsten Tage nach Straßburg zurück. Seine deutschen Freunde in der Volksgesellschaft forderten dringlich seine Anwesenheit, um Baudot und die französischen Propagandisten daran zu hindern, die Gesellschaft auf ihre Weise zu säubern. Auch werde über den Fall Dietrich beraten, der seit Monaten in einem Pariser Gefängnis saß, wo er auf seinen Prozeß wartete.

Während des Ritts nach Straßburg hatte er noch immer die süßliche Melodie des patriotischen Kanons im Ohr, auf dessen letzten Akkord genau das Haupt der Tochter der Guntz vom Rumpfe gefallen, ein quälender Ohrwurm, den er nicht los wurde.

Gegen fünf Uhr des Nachmittags kam er in Straßburg an. Als er den großen Saal im *Spiegel* betrat, sah er nur wenige vertraute Gesichter. Von seinen deutschen Freunden und Anhängern waren nur noch eine Handvoll, unter ihnen Butenschön und Jung, erschienen. Wo waren die anderen? Dafür waren die ersten Reihen auf der Tribüne mit den französischen Propagandisten besetzt, unter diesen die beiden Scharfmacher Téterel und Alexandre. Vor dem Tisch des Präsidiums thronten der Konventskommissar Baudot, der Maire Monet und der Stadtkommandant Dièche. Saint-Just und Lebas hatten sich, wie zu hören war, nach Zabern begeben, um das dortige Revolutionstribunal anzutreiben.

Das schier erdrückende Übergewicht der Propagandisten und der französischen Klubmitglieder besorgte ihn. Und seine düstere Vorahnung trog ihn nicht. Nachdem die Sache Dietrich verhandelt worden, dem, allem Anscheine nach, doch in Paris der Prozeß gemacht werden sollte, wurde er aufgefordert, einen Bericht über die Arbeit des Tribunals im Tal der Bruche zu geben. Während seines Rechenschaftsberichtes wurde er immer wieder von bösen Zwischenrufen unterbrochen. Ob das Tribunal nicht viel zu langsam arbeite! Ob man die Prozedur von Untersuchung und Gerichtsverhandlung nicht abkürzen könne! Ob es überhaupt nötig sei, so viele Zeugen anzuhören! Ob nicht die Aussage eines verläßlichen Patrioten für den Schuldspruch genüge. Einer der Propagandisten auf der Tribüne sprang auf, klopfte mit dem blanken Säbel auf das Geländer und brüllte: »Merk dir, es geht auch ohne Tribunal!« Ein zweiter pflichtete ihm bei: »Der beste Prozeß ist der kürzeste!« und machte eine höhnische Geste des Halsabschneidens. Ein dritter sprang auf: »Wie lange will man eigentlich noch die unnützen Fresser schonen, die in den Gefängnissen sitzen?«

Sofort, als habe man nur auf dieses Stichwort gewartet, wandte sich die Diskussion dem Schicksal der Gefangenen in Straßburgs Gefängnissen zu. Sie seien allerdings, sagte Téterel, zu einer unerträglichen Belastung für die

Verteidigung und Verproviantierung der bedrohten Grenzstadt geworden. Und Alexandre schlug vor, ein *comité populaire* zu bilden, das die Gefangenen nach einem kurzen Verhör selektiere – in diejenigen, welche für schuldig befunden und sofort, ohne Prozeß *septembrisiert* werden sollten, in diejenigen, welche zur Deportation bestimmt, und in diejenigen, welche zu Unrecht verleumdet und wieder auf freien Fuß gesetzt werden sollten. Zuletzt ergriff Baudot das Wort und stellte mit donnernder Stimme den Antrag, *que les ennemis de la République soient exterminés d'un seul coup et en un même instant!*[*]

Frenetischer Applaus erfüllte den Saal, während es Eulogius eiskalt über den Rücken lief.

Er und Jung begehrten sofort das Wort; doch Monet, der mit scheinbar schläfriger Miene die Rednerliste führte, tat so, als habe er ihre Handzeichen übersehen, so daß ihr Name erst gar nicht auf die Rednerliste kam. Es war ein abgekartetes Spiel.

Schließlich platzte Eulogius der Kragen, er schnellte von seinem Sitz und rief in die Versammlung hinein: Wer so mörderische Vorschläge mache wie seine Vorredner, der erst schüre den Aufruhr und die Conterrevolution! Tumult erhob sich im Saal und auf den Tribünen, Téterel erdolchte ihn förmlich mit seinem Blick. Baudot, dessen Miene gefror, tuschelte Monet etwas ins Ohr, worauf dieser den Hammer auf den Präsidiumstisch niedersausen ließ: Der Citoyen Schneider, herrschte er ihn an, solle gefälligst warten, bis die Rednerliste an ihn käme. Doch Eulogius ließ sich nicht mehr das Wort verbieten. Wozu habe man denn die revolutionäre Justiz und die Revolutionstribunale geschaffen? Doch vor allem deshalb, um der Lynchjustiz zu wehren und die Wiederkehr der furchtbaren September-Ereignisse zu verhindern, deren Neuauflage man gerade gefordert habe. Nur den treffe das Schwert des Gesetzes, der von den Tribunalen als Schuldiger überführt worden sei! Dem gesetzlosen Terror aber, Aburteilungen ohne Voruntersuchung und Gerichtsverfahren, werde er, als Öffentlicher Ankläger des Revolutionsgerichtes, niemals stattgeben.

Was er bloß für Gespenster an die Wand male, wiegelte Monet sogleich ab, kein Mensch in dieser Versammlung fordere den gesetzlosen Terror, geschweige denn eine Wiederkehr des September. Man disputiere vielmehr in aller Sachlichkeit, wie man mit den vielen Gefangenen verfahren solle, die in der Tat zu einer großen Belastung für die bedrohte Stadt geworden. Der

---

[*] »daß die Feinde der Republik mit einem Schlage und in einem Augenblick vernichtet werden müssen!«

Vorschlag, sie und die Bewohner der aufrührerischen Gemeinden für eine Zeitlang umzusiedeln, bis die gefährdeten Rheinprovinzen wieder fest in der Hand der Republik seien, entspringe rein taktischen und militärischen Erwägungen im Interesse der allgemeinen Sicherheit. Im übrigen schlage er vor, das Thema auf eine der nächsten Sitzungen zu vertagen, und jetzt zu den anderen, wichtigen Punkten der Tagesordnung überzugehen. Und so geschah es denn auch.

Nach der Aufhebung der Versammlung kamen sogleich Jung und Butenschön zu ihm. Er habe großen Mut gezeigt, sagten sie mit gesenkter Stimme, daß er gegen die Propagandisten und ihre mörderischen Anträge seine Stimme erhoben; während seiner Abwesenheit seien Pläne geschmiedet worden, die einem das Blut in den Adern gefrieren lasse; doch sei dies nicht der rechte Ort, um darüber zu reden, hier wimmle es von Spitzeln und geheimen Zuträgern.

Er ging mit den Freunden in die Blauwolkengasse. Marianne fiel ihm weinend in die Arme, so groß war ihre Freude und Erleichterung, den Bruder wieder daheim zu wissen. Das Souper und den Tee hatte sie schon bereitet. Doch er zog die beiden Freunde sogleich in sein Arbeitszimmer und verschloß die Türen. Stockend und bleichen Gesichts berichtete Butenschön sodann von der schaurigen Entdeckung, die er kürzlich gemacht:

Vor einigen Tagen, als er gerade die neuste Nummer des *Argos* redigierte, hatte er ein anonymes Schreiben erhalten. Darin war von einer seltsamen Ordre die Rede, der man dringend nachgehen müsse. Die Straßburger Zimmermänner, Schreiner und Schiffsbauer hätten soeben den geheimen Auftrag erhalten, zwei Dutzend Boote zu bauen. Butenschön, von dunklen Vorahnungen getrieben, begab sich noch selbigen Tags zu den Bootswerften. Hier wurden tatsächlich neue Boote gezimmert. Für wen denn diese Boote bestimmt seien, erkundigte er sich. Doch keiner der Zimmermänner konnte oder mochte ihm Auskunft geben. Nachts war er noch einmal zu den Werften gegangen und siehe da, sie waren mit Fackeln erleuchtet. Tag und Nacht wurde hier mit vereinten Kräften gehobelt und geschreinert, gehämmert und genietet, als gelte es, eine Armada aus dem Boden zu stampfen. Am nächsten Tag fragte Butenschön erst bei der Stadtkommandantur, sodann bei der Munizipalität an, der er selbst angehörte, wofür denn diese Boote bestimmt seien. Doch weder hier noch dort wurde ihm eine Auskunft zuteil. Kein Schreiber der Kommandantur, auch kein Munizipaler schien hierüber etwas zu wissen. Schließlich wandte er sich an Jung, ob er als Munizipalbeamter vielleicht etwas über diesen mysteriösen Auftrag in Erfahrung bringen könne. Nun begann auch Jung nachzuforschen und wurde bald fündig: In einem Büro der Stadtkommandantur, in dem ein Verwandter von ihm arbeitete, fand sich ein seltsames Schriftstück, eine Art Kalkulation, welche die Zahl und das Volumen der Boote genauestens berechnete und sie in Relation zu den 1800 Insassen der Straßburger Gefängnisse setzte. Der schwelende Verdacht der Freunde, daß diese Boote für die Gefangenen bestimmt seien, erhärtete sich. Und hatte nicht eben Carrier, Bevollmächtigter des Konvents in der von vendéeischen Armeen eingeschlossenen Stadt Nantes, Hunderte von royalistischen Priestern nachts in Boote befördern und in der Loire kaltblütig ersäufen lassen? Der Rhein aber, so dürften sich wohl gewisse Leute in Straßburg gedacht haben, könne ebenfalls Schiffe tragen. Wie einfach ließe sich das Problem der überfüllten Gefängnisse lösen, wenn man die Gefangenen in einer Nacht- und Nebelaktion in die Boote verfrachtete und diese auf den Rhein hinaustriebe, wo sie dann im Sperrfeuer der auf dem anderen Rheinufer liegenden österreichischen Batterien aufgerieben und in den Fluten massenhaft ersaufen würden. Den Bürgern und der Öffentlichkeit aber würde man das Massaker nachträglich als ›tragischen Unfall‹ verkaufen: Man habe die Gefangenen aus Gründen der Sicherheit evakuieren wollen, doch seien sie bei der nächtlichen Passage auf dem Rhein leider in das Geschützfeuer der feindlichen Linien geraten.

In stummer Verbitterung hatte Eulogius dem Bericht der Freunde zugehört, der ihm wie ein Schauerstück aus Dantes *Inferno* vorkam. Das also war mit Baudots martialischer Ankündigung gemeint, die Feinde der Republik *d'un seul coup et en un même instant* zu liquidieren ... Wahrscheinlich war dieser heimtückische Plan von Monet, gemeinsam mit Dièche und Baudot, ausgeheckt worden.

Noch den ganzen Abend disputierte er mit den Freunden darüber, was man gegen das geplante Massaker unternehmen könne. Er selbst konnte nicht in Straßburg bleiben; denn seine Mission im Tal der Bruche war noch nicht beendet. So einigte man sich schließlich darauf, daß Jung und Butenschön inzwischen versuchen sollten, weitere Indizien und Beweismittel bezüglich der geplanten Massenertränkung, vor allem den dafür vorgesehenen Tag auszukundschaften, die Insassen der Gefängnisse rechtzeitig zu warnen, und die deutschen Klubmitglieder und Freunde davon in Kenntnis zu setzen, damit man rechtzeitig Alarm schlagen konnte. Denn da der perfide Plan das Licht des Tages und der Öffentlichkeit scheute, konnte er nur verhindert werden, wenn in der fraglichen Stunde genügend Zeugen zur Stelle waren, so daß sich seine geheime Durchführung als unmöglich erwies.

Nachdem die Freunde gegangen waren, bereitete ihm Marianne vorbeugend ein heißes Dampfbad, denn er fühlte sich wieder sehr beengt auf der Brust. Danach entkrampften sich seine Atemwege ein wenig. Bis vier Uhr in der Frühe war er noch damit beschäftigt, den fälligen Rechenschaftsbericht bezüglich der Arbeit des Tribunals aufzusetzen, den der Pariser Sicherheitsausschuß angefordert hatte. Als er die Register durchging, machte er eine niederschmetternde Entdeckung: Weis, Schreiber und Protokollant des Tribunals, hatte die Register nicht nur äußerst schlampig geführt, diese wiesen auch auffällige Lücken auf. In manchen Fällen fehlten die genauen Urteilsbegründungen, in anderen die Protokolle der Verhöre und Zeugenaussagen. Wie aber sollte er, bei so vielen Lücken, die Arbeit des Tribunals und die einzelnen Schuldsprüche vor dem Pariser Sicherheitsausschuß glaubhaft vertreten können? Hatte Weis einfach nur geschludert oder lag hinter seiner lückenhaften Protokollführung eine geheime Absicht? War dieser beflissene und einsilbige Bursche mit dem verkrümmten Blick vielleicht gar ein Spitzel, den der Maire Monet ihm in den Pelz gesetzt? Hatte er gar den geheimen Auftrag erhalten, die Register absichtlich zu vernachlässigen, damit man ihm, dem *accusateur public* daraus einen Strick drehen konnte?

Nachdem er die Register, soweit vorhanden, zusammengepackt – die meisten Protokolle waren noch nicht ins Französische übersetzt, aber dafür hatte er jetzt keine Zeit –, legte er sich mit schwerem Kopfe und bösen Vorahnungen zu Bett.

Nach drei Stunden unruhigen Schlafes stand er auf und nahm die warme Morgenmilch zu sich, die ihm Marianne gebracht. Der Schwester sagte er nichts von den Ungeheuerlichkeiten, die er gestern vernommen; er wollte sie nicht beunruhigen. Zum Abschied strich er ihr nur sanft über die Wange und sagte, in einer Mischung aus Rührung und Dankbarkeit: »Ach, liebes Schwesterchen, bist immer so gut zu mir und verlangst doch keinen anderen Dank als meine Liebe!«

Als er das Stadttor hinter sich hatte, gab er dem Pferd die Sporen, um beim nächsten Gerichtstermin in Barr rechtzeitig zur Stelle zu sein. Doch während der Verhandlung war er nicht recht bei der Sache, und manches Mal sah sich Taffin, Präsident des Gerichtes, genötigt, ihn zu korrigieren, weil er eine Zeugenaussage falsch aufgefaßt oder sich im Paragraphen geirrt hatte. Immer wieder schweiften seine Gedanken ab, hin zu den Ereignissen und schaurigen Enthüllungen des gestrigen Tages. Auch dachte er immer wieder an Sara, an die verunglückte Aussprache mit ihr nach dem Fest der Vernunft und wie sie vor ihm davongelaufen war. Hatte sie den Schlußstrich gezogen?

Tags darauf zog das Tribunal weiter nach Epfig, das seit langem als die aufrührerischste und fanatischste Gemeinde des Niederelsaß galt. Hier war es im Sommer, nach den ersten militärischen Erfolgen der Österreicher, zu schweren Unruhen gekommen. Die Patrioten des Ortes waren tätlich angegriffen, die Ernte und das Haus des republikanischen Bürgermeisters in Brand gesetzt worden, ohne daß der hiesige Friedensrichter Ludwig Kuhn die Sache verfolgt und die Schuldigen bestraft hatte. Eulogius ließ Kuhn und zwei weitere Männer verhaften und leitete eine Untersuchung der Vorfälle ein. Bis zum Abend war er mit den Verhören und dem Anhören der Zeugen beschäftigt.

Im Gasthof nahm er zusammen mit Taffin, Wolff, Clavel und Weis das Nachtmahl. Morgen war Decadi-Sonntag, wo mit viel Gepränge erstmals in Epfig das Fest der Vernunft begangen werden sollte – ein Ruhetag auch für das Tribunal. Entsprechend aufgeräumt und guter Dinge waren die Kollegen. Nur ihm war kreuzelend zumute; er suchte seine Sorgen und schwermütige Stimmung beim Wein zu betäuben. Nachdem die erste Flasche geleert, bestellte er sich noch eine Bouteille. Während die Kollegen über das morgige Fest und die hübschen Dirnen sprachen, die sie in dem Städtchen gesichtet, blickte er verloren in sein Glas. Wieder ein Fest zu Ehren *de la Raison* mit Tanz, patriotischen Ansprachen und Liedern, dachte er, als *interlude*, als volkstümliches Zwischenspiel zwischen zwei Hinrichtungen.

Weis, dem er tags zuvor wegen der schlampigen Führung der Register kräftig die Leviten gelesen, fragte ihn im unverfänglichsten Tone, ob er die zwei Bouteillen Wein auch auf die Spesenrechnung des Tribunals setzen solle. Da herrschte Eulogius ihn an: Ob er, Weis, noch ganz richtig im Kopf sei? Was er sich wohl einbilde: Ein Tribunal, das sich auf Kosten der Départementskasse besaufe? Er wolle ihn wohl mit solch korrupten Vorschlägen ans Messer liefern. Die beiden Bouteillen gingen selbstredend auf seine Rechnung.

Taffin fragte ihn, ob ihm nicht gut sei. Da hob er seinen benebelten Kopf und erklärte in einem plötzlichen Anfall von Wut, Selbstekel und Niedergeschlagenheit: »Morgen lege ich mein Amt nieder!«

Erschrocken starrten ihn die Kollegen an. Die Freiheit, sagte er mit schleppender Zunge, die *heilige Freiheit*, für die sie seit drei Jahren gekämpft, sei verloren; das Volk werde unterdrückt, unterdrückt von denselben Leuten, die sich zu seinen Repräsentanten aufgeworfen. Er aber könne und wolle nicht länger das Werkzeug der neuen Dezemvirn und Tyrannen sein. Ihnen einmal die Wahrheit, die ganze Wahrheit ins Gesicht geschleudert – und dann sterben! Das Amt des Öffentlichen Anklägers solle übernehmen, wer wolle! Im übrigen werde er – und dabei fixierte er Weis – seit Tagen bespitzelt und erwarte stündlich seine Verhaftung.

Weis nahm einen Schluck aus dem Glase und tat, als ging ihn dies alles nichts an. Wolff und Taffin aber bedrängten ihn, flehten ihn an, ums Himmels willen jetzt nicht die Flinte ins Korn zu werfen. Wenn er jetzt demissioniere, würden Saint-Just, Lebas und Baudot einen der französischen Propagandisten zum Öffentlichen Ankläger berufen – und dann, wehe Straßburg! Wehe dem ganzen Département! Außerdem, versicherte ihm Taffin, gebe es gute Nachrichten aus Paris, die darauf hindeuteten, daß bald ein Wechsel des Regimes bevorstehe. Danton, der Justizminister, habe wieder seinen seit langem verlassenen Platz in der Nationalversammlung eingenommen, und Camille Desmoulins habe soeben im *Vieux Cordelier* eine heftige Attacke gegen die Ultraradikalen geritten. Dies seien Anzeichen dafür, daß die *Faktion der Nachsichtigen* jetzt im Konvent und in den regierenden Ausschüssen wieder das Sagen bekäme. Bis dahin aber müsse er, müßten sie alle auf ihrem Posten verbleiben und sich gegenseitige Unterstützung leisten.

Eulogius sagte nicht »Ja« und nicht »Nein«, und zog sich kurz darauf in seine Kammer zurück. Und doch fürchtete er, die Kollegen hatten recht. Wenn er jetzt das Amt niederlegte, würde nichts und niemand mehr den um sich greifenden Geist der Lynchjustiz aufhalten können. Und dann würde der ganz große Terror das Elsaß heimsuchen und in seinem Gefolge die Massendeportation der Einheimischen und wohl gar die Massenertränkung der Gefangenen à la Carrier in Nantes. Es war ihm zumute wie einem Fuchs, der aus der Falle mit den stählernen Zähnen nur den Knochen seiner Beine ziehen kann, Fleisch und Fell aber darin gelassen hat.

Zerschlagen streckte er sich auf die Bettstatt und versuchte ein wenig zu schlafen. Doch kaum schloß er die Augen, sah er wieder die erhobene Hand des Scharfrichters mit dem ausgerissenen Haarschopf der greisen Guntz ... Er riß die Augen auf, um das Bild abzuschütteln; doch kaum war er am Einnicken, tauchte er in eine neue Szenerie des Schreckens ein, für die man bereits alle Vorbereitungen traf: auf dem nächtlichen Rheine sah er die Boote treiben, mit Hunderten von Gefangenen vollgestopft, er hörte das Krachen der Kartätschen und der Kugelsalven, die auf die Boote niedergingen, hörte die Detonationen, die Schreie der Sterbenden und Verwundeten, sah, wie sie sich mit letzter Kraft an den Planken der in Brand geschossenen und kenternden Boote anzuklammern suchten, bevor sie in den schwarzen Fluten des Stromes versanken. Und es war ihm, als tauche aus den Wassern auch das Haupt, das anklagende Gesicht seines alten Freundes Thaddäus

Dereser auf, der seit Wochen im Straßburger Seminarium inhaftiert war, weil er sich, im Unterschied zu ihm, geweigert hatte, dem Pfaffentum öffentlich abzuschwören. Vergeblich wälzte er sich hin und her, um die wechselnden Bilder zu verscheuchen. Dann warf er mit einem Ruck die Decke zurück und stand auf. Nein, er konnte, er durfte jetzt nicht schlafen. Er entzündete die Öllampe und trat ans Fenster. Er dachte an Sara, die ihm wieder wie eine reine Lichtgestalt über all den schaurigen Szenen zu schweben schien. Und auf einmal hatte er die blitzartige Gewißheit, die einer religiösen Eingebung ähnelte, nur bei Sara, nur in ihren Armen könne er die geisterhafte Gegenwart der Verurteilten loswerden. So manches Mal in den letzten Wochen und Tagen hatte ihn eine heftige Sehnsucht nach ihr ergriffen, ein verzweifeltes Verlangen, sich ihr zu erklären, sie zu umfangen, in ihren Armen Vergessen, Vergebung und Lust zu empfangen. Als ob gerade der Sensenmann, der seit Wochen gewissermaßen zu seinem Troß gehörte, der *Tod im Namen des Gesetzes*, als ob gerade das letzte Gesicht derer, die er zum Schafott führte, in ihm dieses quälende Verlangen nach Leben, nach Liebe und körperlicher Vereinigung auslöste.

Er warf sich den Mantel über, löschte das Licht und verließ die Kammer. Er eilte, zwei Stufen auf einmal nehmend, hinunter in die Gesindestube, wo der Kutscher vor dem Kamin schlief, und befahl ihm, sofort die Pferde anzuspannen, er müsse noch nach Barr. Der Kutscher sah ihn entgeistert an. Aber es sei kurz vor Mitternacht, und bis man in Barr ankomme, sei es gewiß ein Uhr in der Früh. Es sei aber dringend, sagte Eulogius im Befehlstone. Mit mürrischer Miene erhob sich der Mann und griff sich die Mütze. Dann ging er gemächlichen Schrittes hinaus und spannte die Pferde ins Geschirr.

Von der nächtlichen Kutschfahrt nahm er nichts wahr außer den weißen Streifen schneebedeckter Felder, welche ihn beinahe blendeten; denn es war eine sternenklare Nacht, und der Schnee, der das Licht der Himmelskörper reflektierte, erzeugte eine künstliche Helle. Unterwegs kamen ihm wieder Bedenken. War es nicht eine vollkommen abwegige Idee, Sara jetzt, nach Mitternacht aufzusuchen? Und war es ihr gegenüber denn nicht verantwortungslos, gerade jetzt, da sein eigenes Schicksal auf Messers Schneide stand, sie an sich binden zu wollen, falls sie es überhaupt zuließe, sie gar als Rettungsanker zu benutzen?

Er riß die Wagentür auf, streckte den Kopf heraus und rief dem Kutscher zu, er möge anhalten und umkehren. Er habe es sich anders überlegt, man fahre wieder zurück ins Quartier nach Epfig. Der Kutscher brachte die

Pferde zum Stehen und wendete unter einem Hagel von Flüchen die Kutsche.

Doch kaum ging's wieder zurück, flog ihn ein Gefühl der Verzweiflung an. Die abergläubischsten und conterrevolutionärsten Gedanken schossen ihm plötzlich durch das Hirn: Die *heilige Freiheit*, die *Göttin der Liberté* – war sie nicht längst zur Hure geworden? Zur großen Hure Babylon? Und er? Hatte er nicht, um diese Hure zu beschützen, seine Seele dem Teufel verschrieben – vielmehr diesem Engel des Todes, Saint-Just? Und war denn das teuflische Amt das Opfer seines Seelenheils und seiner Liebe wert, das er ihm brachte? Um seiner patriotischen Pflichterfüllung willen verlor er just das Weib, das ihm das Liebste auf Erden war und für ihn den Inbegriff von Schönheit, Sanftmut und Tugend verkörperte. Ja, war er denn von allen guten Geistern verlassen? Er mußte wissen, was Sara noch für ihn empfand, was er ihr noch bedeutete. Er mußte wissen, und zwar sofort, noch diese Nacht, woran er mit ihr war – so oder so! Es war ihm plötzlich, als hinge davon sein Leben ab.

Und wieder riß er die Wagentür auf und rief dem Kutscher zu, er solle anhalten und wenden. Doch der, die Fellmütze über den Ohren, hörte ihn nicht. Erst als er aus Leibeskräften brüllte, wandte der Kutscher den Kopf und hielt abermals die Rösser an. Er habe es sich doch anders überlegt, sagte Eulogius, man fahre nach Barr. Der Kutscher sah ihn kopfschüttelnd an: Ob der Citoyen Commissar zuviel über den Durst getrunken habe oder ob er gar krank sei, fragte er ihn. Es sei längst nach Mitternacht, und jedermann liege jetzt in den Federn.

Allerdings, getrunken hatte er, und krank war er auch. Krank vor Liebe und Seelenpein.

Als die Kutsche eine Stunde später im Tal ankam – in der Ferne sah er die Silhouetten der Türme von Schloß Andlau – und vor dem Landhaus der Familie Stamm anhielt, blieb er minutenlang unschlüssig im Fond sitzen. Erst als der Kutscher den Verschlag aufriß, ihn verwundert anstarrte und fragte, worauf er denn noch warte, man sei da, dies hier sei das Haus der Familie Stamm, da gab er sich einen Ruck und stieg aus. Aber er tat es eher, um sich vor dem Kutscher nicht lächerlich zu machen.

Mit klammen Füßen und Händen stand er schließlich auf der Doppeltreppe des zweistöckigen Hauses, neben dem, durch einen Garten getrennt, das Gesindehaus lag; doch wagte er nicht, den eisernen Türklopfer zu bedienen. Wenn er jetzt Saras Vater oder die Mutter aus dem Schlaf klopfen würde, was sollte er sagen, wie erklären, warum er um diese unmögliche Stunde, halb zwei Uhr nach Mitternacht, hier erschien? Er ging die Treppe wieder hinunter und suchte kleine Steinchen aus dem mit einer dünnen Schneeschicht bedeckten Kiesweg, der von der Gartenpforte zur Treppe führte. Zögernd nur und mit mäßiger Kraft warf er die Steinchen gegen die Scheibe des dunklen Frontfensters im zweiten Stock, wo er Saras Kammer wußte. Wenn er sie auf diese Weise nicht wach bekäme, sagte er sich, dann würde er es lassen und wieder nach Epfig zurückfahren. Nichts rührte sich hinter der Gardine. Er versuchte es noch einmal. Nicht lange, und Saras Gesicht, von der Nachthaube umrahmt, erschien hinter der Gardine. Er winkte unsicher zu ihr hinauf. Sie öffnete das Fenster. »Du hier?« rief sie verwundert, dann verschwand sie und erschien kurz darauf, die Mantille über das Nachthemd geworfen, in der Hand einen Leuchter, unter der Haustür.

Sie sah mit einem Blick, wie es um ihn stand, und verlangte keine Erklärung. Sie bat ihn nur leise, die Stiefel auszuziehen, um die Familie nicht zu wecken. Nachdem er sich die Stiefel aufgebunden und an der Treppe abgestellt hatte, schlich er ihr auf Strümpfen nach, die schmale Stiege hinauf in ihre Kammer. Kaum hatte sie die Türe hinter sich geschlossen, barg er den Kopf an ihrem Halse. Als er ihre warme Hand an seinen Schläfen spürte, trat ihm das Wasser in die Augen, und ohne einen Prolog zu machen, stieß er hervor:

»Ich liebe dich! Heirate mich! Nur du kannst mich noch retten!«

Er fürchtete, daß sie ihre Hand erschrocken von ihm abziehen würde. Doch unterbrach sie ihre streichelnde Bewegung nicht. Die Arme um ihren Leib geschlungen, als ob er sich an ihr festhalten müsse, erklärte er ihr nun in abgehackten, von manchen Seufzern unterbrochenen Worten, in welch verzweifelter Lage er sich befand; wobei er unwillkürlich die Stimme hob, weil er glaubte, gegen ihr immer lauter pochendes Herz anreden zu müssen. Er berichtete ihr von der letzten Sitzung der Straßburger Volksgesellschaft, der er beigewohnt, von den schaurigen Enthüllungen Jungs und Butenschöns, von den geplanten Massendeportationen und Massenertränkungen. »Verstehst du jetzt«, schloß er seinen Bericht, »daß wir nicht mehr können, wie wir wollen, daß wir hart durchgreifen müssen, auch wo wir, hinge jenes Damoklesschwert nicht über uns und dem ganzen Département, vielleicht Nachsicht üben würden ... Wenn ich aber jetzt von meinem Posten zurücktrete, würden sie auch die letzte uns noch verbliebene Macht, das Schwert der Justiz, an sich ziehen und dann den ganz großen, den gesetzlosen Massenterror verüben, der über unser aller Häuptern schwebt.«

Er spürte, wie Saras Hände an seinen Schläfen zu zittern begannen. Mit stockendem Atem sagte sie endlich: »Daß es so schlimm steht, daß so mörderische Pläne geschmiedet werden, habe ich nicht gewußt ... Und ich dachte schon, du seist ...« Sie zögerte, es auszusprechen.

»... ein blutiger Satrap Saint-Justs geworden!« half er ihr nach. »Das meintest du doch?«

Mit einer jähen Bewegung riß sie sich von ihm los und wandte sich zum Fenster. Nach einer Weile sagte sie mit Nachdruck:

»Trotzdem! ... Ich verstehe nicht, kann's nicht verstehen, warum ihr die Salome Guntz, eine Greisin, die der Republik schwerlich hätte gefährlich werden können, mit dem Tode bestraft habt? Und ihre schwerhörige Tochter gleich mit. Ich kannte sie.«

»Die beiden Guntz'«, brachte er mühsam hervor, »waren der Konspiration mit den rechtsrheinischen Emigranten überführt. Der Sohn der Guntz floh schon im Vorjahr über den Rhein und ließ sich in eine Legion des Grafen von Artois einschreiben. Mutter und Schwester aber ließen ihm mehrfach Briefe und Geld zukommen. Der Briefwechsel und der Poststempel einer Geldsendung von sechsunddreißig Livres lagen dem Tribunal als Beweismittel vor.«

Sara wandte sich um, der Widerschein der Kerze erhellte kurz ihr Gesicht und ihre Stirnlocken: »Wenn Mutter und Schwester dem flüchtigen Sohne Briefe und Geldmittel zukommen lassen, ist solch eine Anwandlung von Mutter- und Schwesterliebe denn nicht menschlich verständlich?«

»Du vergißt: Auf Begünstigung von Emigranten steht nach dem Gesetz die Todesstrafe.«

»Wenn es denn ein Verbrechen gegen die Republik ist«, sagte Sara, die mit den Tränen kämpfte, »wiegt es denn so schwer, daß man es gleich mit dem Tode bestrafen muß?«

»Wir hätten das Gesetz beugen müssen, um das Leben von Mutter und Tochter zu schonen!«

»Lieber ein unmenschliches Gesetz beugen als es auf den Buchstaben genau vollstrecken!« sagte sie mit einer plötzlichen Heftigkeit, die ihn zusammenfahren ließ.

Mit einer Armsündermiene ging er auf sie zu, aber sie wehrte seine Umarmung mit einer brüsken Bewegung ihres Ellbogens ab. »Bedenke«, sagte er seufzend, »ich bin verpflichtet, eine Kopie jedes *procès-verbal*, jedes Verhandlungs- und Prozeßprotokolls dem Pariser Sicherheitsausschuß vorzulegen. Weißt du, was das heißt?«

In dem langen Schweigen, das nun folgte, gab er seine Sache für endgültig verloren. Auch wenn Sara vielleicht seine schwierige Lage verstand, sie hatte ihn ausgestoßen aus ihrer Liebe.

»Und warum glaubst du, ich könnte dich retten, wenn ich dich heirate?«
fragte sie plötzlich, ohne ihn anzusehen.

»Der Protokollant des Tribunals – er heißt Weis – ist ein Spitzel des Maire
Monet. Ich werde seit Tagen überwacht und rechne stündlich mit meiner
Verhaftung.«

Erschrocken schlug Sara die Hand vor den Mund.

»Einem verheirateten Mann und ehemaligen Priester indes«, fuhr er stok-
kend fort, »wird man es wohl nachsehen, wenn er mit Rücksicht auf seine Familie ein Amt niederlegt, das ihm den Seelenfrieden raubt. Und ich selbst würde mich alsdann vom Vorwurf der Feigheit und des Verrats an meinen patriotischen Pflichten freisprechen können!« Den anderen heimlichen Beweggrund
seines Antrags wagte er indes nicht, ihr mitzuteilen: daß nach einem kürzlich
erlassenen Dekrete verheiratete Priester von der Einkerkerung und der Deportation ausgenommen waren. Schließlich wollte er sie nicht erpressen.

Diese Minuten, da Sara schweigend am Fenster stand und hinaus in die
Nacht blickte, während sie mit Zeigefinger und Daumen langsam an den
Grübchen ihrer Mundwinkel entlang strich – eine Geste, die sie immer
machte, wenn sie über etwas konzentriert nachdachte –, kamen ihm wie
eine Ewigkeit vor. Es war ihm, als läge sein Schicksal jetzt ganz in ihrer
Hand. Die Stunde, da er um sie anhalten würde, hatte er sich wahrlich
anders vorgestellt. Daß er sich um halb zwei Uhr in der Frühe, wie ein Dieb
in der Nacht in ihre Kammer schlich und sie bat, ihn zu heiraten, damit er
das nackte Leben und seine patriotische Ehre rette – gab es je eine Brautwerbung, die würdeloser, abgeschmackter, verzweifelter war?

Endlich wandte sie sich um und sagte: »Ich bin bereit – und werde gleich
morgen mit dem Vater reden!«

Ihm war, als habe er sich verhört.

»Aber«, fügte sie mit Festigkeit hinzu, »nur unter der Bedingung, daß du
nach dem Aufgebot von dem schrecklichen Amte zurücktrittst und daß
du ...« Sie brach ab.

»Daß ich was? ...«

»... daß du bis dahin alles in deiner Macht Stehende tust, damit nicht
noch mehr Blut vergossen werde!«

Er konnte kaum glauben, was sie da sagte. Welch eine Bedingung!
Menschlich handeln in unmenschlichen Zeiten! Sie verlangte viel, zu viel
von ihm.

»Freilich, ich bin ein Weib und habe gut reden«, fügte sie mit einem Seufzer hinzu, als wollte sie ihre Bedingung wieder abschwächen, »auf mir
lastet ja solche Verantwortung nicht.«

Er umarmte sie stürmisch, drückte sie an sich, wollte aus Dankbarkeit gar ihre Knie umfassen, aber sie ließ es nicht zu. Er verspreche es ihr, ja, er verspreche es ihr – und kam sich doch im gleichen Moment wie ein Meineidiger vor, denn er wußte, daß er sein Versprechen betreffs der letzteren Bedingung kaum würde halten können. Über den abgesetzten Friedensrichter Ludwig Kuhn und zwei andere Verräter war, nach der gestrigen Zeugenvernehmung, das Urteil schon so gut wie gesprochen.

»Ich will nur nicht«, sagte er in einem Anfall schlechten Gewissens, »daß du dich für mich opferst.« Und schämte sich im gleichen Augenblick ob dieser halben Lüge. Denn was konnte es anderes sein als ein Opfer?

»Was man aus Liebe tut, ist kein Opfer.«

Dieser Satz, in aller Schlichtheit gesagt, überschwemmte ihn und brachte den nagenden Selbstvorwurf, sie auch als Mittel zum Zweck zu benutzen, augenblicks zum Verstummen. Was für ein Engel, ein Engel mit goldenem Herzen! Sie liebte ihn also noch, trotz des furchtbaren Amtes, das er versah. Voll Dankbarkeit schloß er sie in die Arme. »Zwar besitze ich nichts«, versicherte er, »doch habe ich wenigstens keine Schulden und werde immer so viel erwerben, um dich und mich ernähren zu können.«

Dann besprach er eilig, als könne sie ihr eben gegebenes Wort wieder zurücknehmen, die nötigen Modalitäten der Brautwerbung. Gleich morgen, am Decadi-Sonntag, an dem auch das Tribunal pausiere, werde er Taffin und Wolff als Brautwerber herschicken, um beim Père Stamm offiziell um die Hand seiner Tochter anzuhalten. Dieser Vorschlag indes stieß bei ihr auf Bedenken. Wenn Präsident und Richter des Tribunals die Brautwerber machten, wandte sie ein, könne dies von übelwollenden Zungen wie eine Erpressung ausgelegt werden. Er suchte sie darüber zu beruhigen. Natürlich würde er viel lieber seine Freunde Butenschön und Jung mit dieser Aufgabe betrauen, aber in der gebotenen Eile ginge es leider nicht anders. Und wenn der Vater einwillige, woran er nicht zweifle, könne das Aufgebot sogleich in Barr bekanntgemacht werden.

Mit federndem Schritt trat er aus dem Hause und weckte den Kutscher, der sich in den Fond gelegt und dort eingeschlafen war. Auch nach Mitternacht, sagte er mit feuchten Augen zu ihm, schlage dem Glücklichen noch die Stunde. Der Kutscher starrte ihn an, als habe er einen Tollhäusler vor sich. Er schien es nicht glauben zu können, daß derselbe Mann, der nicht wußte, wohin er eigentlich fahren wollte, jetzt derart verwandelt aus dem Hause trat, dessen Schwelle er vorher kaum zu betreten gewagt.

Während der Rückfahrt fühlte er sich wie im Rausche. *Ward je in solcher Laun' ein Weib gefreit!*

Während die Kutsche durch die nächtliche Schneelandschaft rollte, schwebte er wie auf Wolken; ja, es war ihm, als habe er nach einer langen Höllenfahrt einen Blick durch das offene Tor des Paradieses geworfen und als sei er für seine heroische Mission, für all die Mühen und Lasten, die er sich auf die Schultern geladen, jetzt durch einen himmlischen Gnadenakt belohnt worden. Ein festlicher Jubel erfüllte sein Herz, eine gleichsam österliche Stimmung von Auferstehung und Wiedergeburt. Und im Geiste sah er schon das traute Heim und den blühenden Garten vor sich, die blondgelockte liebliche Gattin mit den türkisblauen Augen und den Glückszeichen in den Mundwinkeln, Sara, die Braut, die sanfte Geliebte, die aufopfernde Mutter seiner Kinder, um die ihn jedermann beneiden würde, im pfirsichfarbenen Kleid, wie sie es gerne im Sommer trug, auf dem Arme zwei reizende Kindchen, die ihre Patschhändchen nach dem glücklichen Vater ausstreckten ...

Erst als eine schwere Hand an seiner Schulter rüttelte, erwachte Eulogius aus seinem Schlummer. Warum er den Stuhl der Bettstatt vorziehe, fragte ihn der Schließer und sah ihn verwundert an. Es sei sechs Uhr in der Früh, und gleich hieße es: Antreten zum Morgenappell!

Aus Saras Tagebuch (8)

Barr, 1. März 1794
Muß immer wieder an jenen Ancel denken, den man vor seiner Hinrichtung durch alle Gassen von Barr geführt. Sehe sein Gesicht vor mir, als wär's gestern gewesen. Es verfolgte mich schon, als ich krank, mit Fieberträumen darniederlag. Kurz nach der Hinrichtung – so erzählt man in Barr – habe sich E. ans Volk gewandt mit einer Predigt von der Art: Wäre dieser Ancel nur ein *bon citoyen* gewesen und hätte er das Gesetz geachtet, dann hätte er nicht so ein schimpfliches Ende genommen.

Dachte erst, es sei eine Verleumdung, aber E. schreibt selbst davon in seiner Verteidigungsschrift *An die unbefangenen Sans-Culottes des Niederrheins*. Der Leib des Opfers ist noch warm, zuckt vielleicht noch, und er hält dem Volk eine Tugendpredigt, damit »die Strafe nicht nur schrecklich, sondern auch lehrreich sei«. Wie kann er so etwas tun, ohne daß er sich vor sich selber entsetzt? Oder tat er's, um seinen eigenen Schrecken durch Reden und Predigen zu betäuben?

Kennt er denn sein eigenes Herz? Aber woher seine leidenschaftliche Parteinehmung für die Sans-Culottes und die Armen, die Juden und die Waisenkinder, wenn sie nicht aus einem mitfühlenden Herzen kam? Seine ganze Zeit und Kraft und all sein Vermögen opferte er der Sache der Republik. Er arbeitete von der Frühe bis in die Nacht, und oft hab ich mich gefragt, wie er all diese Arbeiten nur bewältigt. Kann man denn beides zugleich sein: mitfühlend *und* grausam, weich *und* hart? Geht denn ein Riß durch sein Herz? Hilf mir, guter Gott, ihn zu begreifen! Oder ich werd an mir selber irre.

2. März

Wollte heute die Witwe Ancel besuchen. Hatte mir's schon lange vorgenommen, hatte nur nicht den Mut. Als sie mich erkannte, schrie sie mich an: Wie ich es wagen könne, ihr unters Gesicht zu treten, ich, das Weib des ›verfluchten Hundsfotts‹, der ihren Mann aufs Schafott gebracht. Sie schlug mir die Tür vor der Nase zu, und ich schlich mich wieder weg mitsamt meinen kleinen Mitbringseln, denn man hatte mir gesagt, sie leide große Not, seit sie ihren Ernährer verloren.

3. März

Las wieder E.s Briefe, die er mir im November aus Straßburg schrieb. Einmal heißt es: »Wisse, daß mein Herz viel mehr zur Liebe als zum Hasse geschaffen ist! Wisse, daß meine jetzige Strenge nicht das Werk meines Gefühls, sondern meines Verstandes ist!« Aber kann das denn sein? Und mir schwört er »Liebe bis in den Tod«. Daß er den Haß so von der Liebe trennen kann!

Warum ging ich nicht zu ihm hin und sagte mit aller Entschiedenheit: Entweder du trittst zurück von dem unmenschlichen Amt – oder du siehst mich nie wieder! Warum tat ich's nicht?

Ich hoff' ja noch immer, daß ihn das Nationalgericht freispricht. Aber wie kann er mit all den Toten weiterleben? Und ich mit ihm? Denn dann sind es auch meine Toten.

4. März

Ging heute wieder zum Haus der Witwe Ancel. Ich sah, wie sich die Gardine am Fenster bewegte, sie lugte kurz mit steinernem Gesichte hervor, dann zog sie die Gardine zurück. Auf einmal war der Hofhund los, er hätt mich angesprungen, wär ich nicht rechtzeitig geflüchtet. Es quält mich, daß sie nichts von mir wissen will.

Ging dann in die kleine Friedhofskapelle und zündete eine Kerze an für ihren Mann. Ich hockte vor dem Altare und fing in meiner Not wieder zu beten an: Herr, vergib ihnen, denn sie wissen nicht, was sie tun! Und vergib mir, denn ich bin sein elend Weib!

Neben mir saß ein altes Mütterchen, das für seinen Sohn betete. Da sie nicht wußte, wer ich war, schüttete sie mir ihr Herz aus. Und ich war dankbar, daß sie mich an ihrem Schmerz teilhaben ließ. Ihr Sohn sitzt seit einem halben Jahr als Verdächtiger im Straßburger Seminarium. Und sie hat nur diesen einen. Ach, welch ein Elend und Leid die *terreurs* über uns bringen!

Der Ausschuß verweigert mir noch immer das Certificat civique. Es ist zum Verzweifeln.

5. März

Nanette schrieb mir heut. Sie hat Eulogius in der Pariser Abtei besucht und ihm meinen Brief mit meiner Locke überbracht. Dies sei ihm eine große Freude gewesen. Er wirke gefaßt und ruhig auf sie, wenn er auch leidend aussehe.

Sie kümmert sich um die inhaftierten Patrioten und Patriotinnen, aber sie muß sehr vorsichtig sein. Seit der Hinrichtung Olympe de Gouges ist sie selber verdächtig geworden. Beim Prozeß der Gouge war sie dabei, hat die Verurteilte noch auf dem Karren begleitet. Man stelle sich vor: Pierre Gouge, ihr einziger Sohn – die Mutter verließ ihn, als sie mit sechzehn Jahren nach Paris ging –, sagte vor dem Tribunal gegen sein eigen Fleisch und Blut aus, bezichtigte die eigene Mutter, im Namen der Republik, als ›Verräterin‹.

Sie schrieb mir auch vom traurigen Schicksal der Mérincourt*, welche vorigen Jahres von einer Bande Royalisten auf offener Straße umzingelt, angegriffen und vergewaltigt wurde. Der Schock raubte ihr den Verstand, und jetzt sitzt die Unglückliche in der Salpêtrière. – Ach, welcher Dichter wird einst all den menschlichen Tragödien Stimme verleihen, die sich dieser Tage in Frankreich ereignen!

Hätt' man uns Weibern gestattet, schreibt Nanette, mehr Einfluß auf die öffentlichen Angelegenheiten zu nehmen, dann hätte vielleicht die Partei der *Nachsicht* und der Versöhnung obsiegt. Sie hätte in Millionen Frauen ihre natürlichen Verbündeten gefunden und wäre wohl, mit Danton als ihrem Schirmherrn, eine unüberwindliche Partei gewesen.

Aber keine Frau im Konvent, keine in den Ausschüssen, keine einzige in irgendeinem verantwortlichen Amte. Die Frauenklubs seit letzten Oktober verboten und aufgelöst, die Mérincourt in der Irrenanstalt, Madame Roland** guillotiniert, desgleichen Olympe de Gouge, die mutige Verfasse-

---

* Théroigne de Mérincourt, berühmte, aus Lüttich stammende Pariser Frauenrechtlerin
** Mme Roland, einflußreiche Girondistin, Frau des Innenministers Roland

rin der Erklärung der Rechte der Frau und Bürgerin. Von Artikel X dieser Erklärung: »Die Frauen haben das Recht, das Schafott zu besteigen. Sie haben gleichermaßen das Recht, die Tribüne zu besteigen«, ist ihnen nur das erstere Recht geblieben.

6. März
Gestern endlich ließ mich die Witwe Ancel in ihr Haus. Sie empfing mich sehr frostig, aber schimpfte nicht mehr. Sie ist vielleicht drei, vier Jahre älter als ich, hat zierliche Gesichtszüge. Als ich Brot und Schmalz, ein paar Rüben und Kartoffeln auspackte, wollte sie es nicht nehmen. Aber sie sah wohl, daß es mir ernst war. Sie würde mir einen großen Gefallen tun, sagte ich, wenn sie meine kleinen Gaben nicht zurückweise. Schweigend setzte sie den Kessel auf und machte Tee. Ihr war wohl nicht weniger beklommen zumute als mir.

Dann führte sie mich zu ihrem fünfjährigen Sohn, der stumm in seinem Zimmer hockte und Murmeln spielte. Er hatte, erzählte sie, gerade Murmeln auf der Gasse gespielt, als er den Zug herankommen sah, der unter Trommeln und Pfeifen seinen Vater zum Richtplatz führte. In maßloser Angst lief er dem Zug hinterdrein und suchte sich an seinen Vater zu klammern, aber die Pikenmänner ließen ihn nicht an ihn heran. So folgte er dem Zug bis zum Schafott. Seit diesem Tage, es ist jetzt drei Monate her, spricht er kaum noch. Er verstummte unter dem Schlag, der den Kopf seines Vaters vom Rumpfe getrennt. Er heißt Johann, wie Eulogius, vor er ins Kloster ging.

7. März
Hab die Nacht kein Auge zugedrückt. Der Blick dieses Jungen. Ich heulte die halbe Nacht. Zugleich war in mir ein solcher Zorn, daß ich es nicht mehr aushielt auf der Liege. Hat E. je an diesen Bub gedacht, dem er den Vater nahm, an die junge Mutter, die er zur Witwe machte? Ach, wäre er selbst je Vater gewesen, er hätte nicht so erbarmungslos richten können. Wie kann man die Menschheit lieben und gleichzeitig so unmenschlich an einzelnen Menschen handeln, selbst wenn sie nach dem Gesetze schuldig sind?

Wieviel Haß hat er auf sich geladen? Ist's da ein Wunder, daß man ihn jetzt aufs Schafott wünscht und ihm Verbrechen andichtet, die er gar nicht begangen? Ich begreife ihn nicht. Versuch's immer wieder, wäge all seine Gründe, die furchtbaren Umstände, und begreif ihn doch nimmer. Dantons erste Frau, so wird erzählt, sei vor Kummer gestorben – wegen der

Septembermorde, in die ihr Mann verstrickt war. Wie ich sie verstehe. Fühle mich sterbenselend.

8. März.

Besuchte heute wieder Frau Ancel und ihren stummen Sohn. Brachte ihm ein paar Buntstifte mit. Setzte mich zu ihm, sprach mit ihm und malte ihm eine Wiese mit Blumen, und dann eine Katze und einen Hund, und da lächelte er. Dann drückte ich ihm den Stift in die Hand, und er tat es mir nach – aber er malte keine Blumen, keinen Hund, keine Katze, sondern kleine Männchen mit großen Piken. Dann zeigte er das Bild seiner Mutter, und es lag ein wenig Stolz in seinem bleichen Gesichtchen.

Beim Tee sagte sie, sie verstehe nicht, wie ich das Weib ›dieses Henkers‹ sein könne. Und noch ehe ich etwas erwidern konnte: »Ich sage es ehrlich. Ich finde erst wieder Ruhe, wenn auch das Haupt deines Mannes vom Rumpfe gefallen.« Als sie sah, wie mir die Tränen kamen, nahm sie's wieder halb zurück. Aber sie komme nicht an gegen den Schmerz und den Haß, sie könne es nicht verzeihen, niemals! Dann erzählte sie mir, wie sie ihren Mann kennengelernt, wie sie sich in ihn verliebte, von der Hochzeit und den Flitterwochen. Und dann erzählte ich ihr, wie ich den meinen kennenlernte, und sie hörte verwundert zu, und konnt es nicht fassen, daß derselbe Mensch, der mich und mein Herz gewann, derselbe ist, der ihren Mann zum Schafott geführt.

So sprachen wir miteinander und kamen zwischen Tränen, Seufzen und manchmal auch Lachen einander näher: das Weib des ›Henkers‹ und das Weib seines Opfers, zwei junge Witwen der Revolution!

XXXIII. Confessions (9)

5. März 1794
Wir wollten das Himmelreich auf Erden verwirklichen und vergaßen darüber, daß der Weg durch die Hölle führt. Im Denken waren wir Philosophen, im Entwerfen der Konstitution und der neuen Gesellschaft waren wir
Götter, aber im Ausführen blutige Stümper und Dilettanten. Freilich, wie
sollten wir auch die Republik, dies Meisterstück menschlicher Verfassung,
dem Plane gemäß ausführen können, inmitten des blutigen Gemetzels von
Krieg und Bürgerkrieg, gestützt nur auf die halb verhungerte und verzweifelte Masse der Sans-Culottes? Wir hatten der inneren und äußeren Feinde
zu viele.

7. März
Endlich das erste Verhör durch einen Richter. Es war sehr kurz und
unbestimmt. Ob ich mich des Mißbrauchs und der Willkür in meinem
Amte schuldig gemacht, etc. Ich verneinte. Kein Kommentar des Richters,
seine Miene war wie versiegelt. Das Ganze war wohl nur eine Prozedur,
um den Formalien des Gesetzes Genüge zu tun? Fühle mich dennoch
erleichtert, denn jetzt weiß ich wenigstens: Ça ira – und ist's auch mein
Ende!

9. März
Savany hat sich umgebracht. Für Jacques eine Nacht des Grauens. Er
erwacht von dem Röcheln des Sterbenden. Er tastet sich im Dunkeln nach
dem Körper auf der Pritsche, bis er Savanys Hand berührt, seine Finger tauchen in Blut. Er hält diese Hand, streicht ihm über die Stirn, spricht ein paar
tröstende Worte, aber Savany antwortet nicht mehr. Er pocht an die ver-
schlossene Tür, schreit aus Leibeskräften um Hilfe, aber niemand antwortet
ihm.

Als am Morgen die Kammer geöffnet ward, glich sie einem Schlacht-
haus – auf dem Steinboden eine riesige Blutlache. Savany lag mit herabhängenden Armen und starren Augen auf der Pritsche. Er war voll bekleidet.
Das Barbiermesser, mit dem er sich die Pulsadern durchschnitten, lag neben
ihm. Weiß der Himmel, woher er es hatte!

Ohne Vorankündigung, ohne ein Wort des Abschieds hat er sich davongemacht. Nichts deutete daraufhin, sagt Jacques. Wir entzündeten heut eine
Kerze für ihn und gedachten seiner.

10. März

»Der Tod ist ein ewiger Schlaf!« Diese Formel vermag uns wenig zu trösten über die Vorstellung des Nichts – oder spinozistisch gesagt – über das Unendliche der Natur, in welches wir eingehen. Ertappe mich neuerdings bei Rückfällen in den alten Kinderglauben: Ob ich in den Himmel oder in die Hölle komme? Wo gehe ich hin? – diese Frage steht jetzt immer vor mir. Suche Trost in der Antwort: Dorthin, wo schon Marie und die Mutter sind. Als nähme die Mutter mich in ihren Schoß zurück.

Eine Stunde nach dem Tod ist unsre Seele das, was sie eine Stunde vor der Geburt war, sagt Seneca. Und auf die Frage, wohin die Toten gehen, antwortet er: »Dorthin, woher die Ungeborenen kommen!«

Warum nur verzögert man so lange meinen Prozeß? Hat man noch nicht das passende ›Menu‹ für mich gefunden? Man packt ja jetzt mit Vorliebe Aristokraten mit Jakobinern, Royalisten mit Dieben und Fälschern, Vornehme mit Armen, Franzosen mit Ausländern zusammen. Die bunt zusammengewürfelte Gesellschaft auf dem Karren soll dem Volke zeigen, daß das ›Messer der Gleichheit‹ keinen Unterschied macht, keine Rücksicht auf Herkunft, Stand und Nationalität nimmt.

Die Adeligen, die alle Hoffnung haben fahren lassen, trinken, feiern, tanzen in ihren Kammern, so gut es geht. Freilich nicht mehr die Quadrille oder den Coton. Etwas aus dem Takt geraten sind sie schon, wie es sich für einen Totentanz gehört. Gestern hörte ich einen auf dem Korridor sagen: »Jetzt endlich freue ich mich über jeden Tag, den ich noch lebe!« So groß ist der *ennui* dieser Kaste, daß sie den Kitzel des Todes braucht, um sich lebendig zu fühlen.

Sah einmal einen Stich vom Tod, wie er über allen Handlungen des menschlichen Daseins steht: Man sieht, wie er den Mann an der Tür des Ballsaals erwartet, wo dieser noch eben die Hand seiner Geliebten gedrückt, wie er die badende Frau in die Tiefe des Flusses hinabzieht, wie er sich im Lauf der Flinte versteckt, mit dem der Mann auf die Jagd geht. Fehlt nur, wie er die Sense in die Trikolore hüllt.

Oft habe ich gepredigt: »Der Tod ist gewiß. Wir gehören ihm alle.« Aber erst jetzt verstehe, empfinde ich diesen Satz wirklich.

12. März

Soll ich Schatten auf mich werfen, soll ich Trübsal brüten, nur weil die Zeit wie Blei auf mir liegt und ich nichts tue als warten, bis man mich abholt? Was zählt das quälende Heute, wenn es ein besseres Gestern gab und meine Einbildungskraft die Zeit zum Stillstand und zur Umkehr zwingen kann?

Zwischen den Beinen der Mutter sitzen, vor der Wiege, in welcher Marianne lag, während die Mutter mir den Kopf lauste. Und dazu sang sie ein Wiegenlied. Das war Glück. Glück war's auch, wenn ich zur Sommerszeit mit Marie im großen Fasse stand, und wir zusammen mit nackten Füßen die Trauben stampften. Welch eine Freude, den Duft der Trauben in der Nase, den Saft an Händen, Füßen, am ganzen Körper. Wir zwei bildeten eine lebende Kelter. Nun, bald werden wir uns wiederhaben, Marie, in der großen Kelter des Universums! Und Glück war's, Sara ein Lächeln entlockt zu haben.

14. März

»Hébert, der König der Presse, und die Führer der Cordeliers verhaftet!« Mit dieser Botschaft weckte uns heute der Wärter. Die Cordeliers, so war schon vor Tagen zu hören, rüsten zu einer neuen Insurrektion gegen die Reichen und Revolutionsgewinnler. Und der Herausgeber des *Père Duchesne* hat sie mit seinem Blatte ermuntert. Jetzt ist ihnen Robespierre zuvorgekommen. Jetzt tötet er die Freiheit der Presse und enthauptet die radikale Volksbewegung, beraubt die Sans-Culottes ihrer letzten Führer. Doch dem Volk sein Blatt zu nehmen, das es jeden Morgen begierig zu sich nimmt wie einen schlechten Schnaps, ist nicht ungefährlich. Ob es zu Tumulten wegen der Verhaftung Héberts und der Cordeliers kommt?

15. März

Saint-Just hat den Schlag gegen die hébertistische Opposition und die Cordeliers akkompagniert durch eine Rede im Konvent: *Sur des factions de l'étranger* (Über die Ausländer). Auszüge davon heute in den Journalen. Die Kosmopoliten, behauptet er, seien *geheime Parteigänger und bezahlte Werkzeuge des feindlichen Auslandes*, die sich als ›Tartüffe‹ vergeblich mit dem Mäntelchen des Patriotismus bedecken.

Aus dem ›demos‹ ist jetzt das ›ethnos‹ geworden, die Zugehörigkeit zum Gemeinwesen wird nach Sprache, Herkunft und Abstammung bestimmt. Welch ein Verrat jener Prinzipien, die der Revolution einst ihren Glanz verliehen und sie zur Hoffnung auch der anderen Völker machte!

Über mich sagt Saint-Just in selbiger Rede: *Der Nachahmungsgeist ist das Siegel des Verbrechens ... Ein Marat war in Straßburg; er nannte sich den Marat des Rheins; er war Priester und Österreicher; er hatte die Conterrevolution gemacht. Es hat indes nur einen Marat gegeben; seine Nachfolger sind Heuchler, über welche sein Schatten errötet.*

Bin ich ein Conterrevolutionär, was sind dann erst Saint-Just und die Seinen? Es ist, als ob alle Begriffe sich jetzt in ihr Gegenteil verkehren; alles wird austauschbar und willkürlich auslegbar, je nachdem, wessen Kopf als nächstes fallen soll. Der Kalender der Revolution bringt nicht weniger falsche Heilige hervor denn der christliche. Müssen wir immer wieder falschen Göttern und Götzen opfern?

Damit ist über mich endgültig der Stab gebrochen. Der Prozeß vor dem Nationalgericht wird eine reine Formalie sein. Adieu, meine arme geliebte Sara! Wenn mein Brief bei dir ankommt, bin ich nicht mehr.

16. März

Der Abbé F. steckte mir heut mit grimmer Miene einen Zettel zu. Darauf ein Vers aus dem Buche Hiob: »Die Unrecht pflügen und Unrecht säen, die ernten es auch. Durch Gottes Odem verderben sie, vom Hauch seines Zornes schwinden sie hin. Kein Dunkel gibt's und keine Finsternis, darin sich Übeltäter bergen könnten, denn nicht ist dem Menschen Tag und Stunde angezeigt, da er vor Gott treten muß zu Gericht.« – Nun, ob ich durch Gottes Odem verderbe, weiß ich nicht, aber gewiß durch den vergifteten Odem Saint-Justs und seiner himmlischen Heerscharen.

Für die Straßburger mache ich den Sündenbock; eine Rolle, die mir vorherbestimmt scheint; war ich's doch schon für den Vater. Die Macht der Erziehung, die Summe der fremden Einflüsterungen, der *suggestions*, wie Merville sagt, setzt unserer freien Selbstbestimmung wohl engere Grenzen, als wir wahrhaben möchten. Was machte sie aus mir, diese Macht, da ich ein kleiner, hilfloser Bub war?

17. März

Den Tod vor Augen – dies hat auch sein Gutes: Man braucht keine Rücksichten mehr zu nehmen, weder auf andre noch auf sich selbst. Man kann sich selbst noch einmal anschauen, vorurteilslos und mit Ruhe, wie der Leichenbeschauer den vor ihm liegenden Corpus. *Der Nachahmungsgeist ist das Siegel des Verbrechens!* Dieser Satz ging mir den ganzen Tag nicht aus dem Sinn. Auch wenn er aus dem Munde Saint-Justs kommt, dieses *maître des terreurs*.

Den dampfenden Rede- und Schreibstil Marats im *Ami du peuple* – ich bewunderte ihn, gewiß! Und hab' ihn manches Mal in meinem *Argos* nachzuahmen gesucht. Desgleichen Rousseau, den ich oft in Stil und Gedanken für meine Predigten und Schriften kopierte. Freilich, welcher revolutionäre Publizist tat dies nicht? Sind wir doch alle bei Rousseau in die Lehre gegangen.

Was ich stets für mein eigenes Selbst gehalten, ach, aus wieviel erborgtem und geliehenem Stück- und Flickwerk setzt es sich doch bei näherem

Betracht zusammen. Was darf ich wirklich mein eigen nennen? Was von meinen hinterlassenen Werken kann geltend machen, einzig und original zu sein? Vielleicht nur diese *Confessions*, geschrieben im Angesicht des Schafotts. Vielleicht nur die Köpfe, die wir rollen ließen. Nur von ihnen wird die Nachwelt, in Verbindung mit meinem Namen, noch sprechen. Indes, nicht einmal darauf, ein Originalgenie *de la terreur* zu sein, kann ich Anspruch machen. Diesen finsteren Ruhmestitel haben schon Saint-Just und Robespierre für sich gepachtet. Und er wird sie unsterblich machen.

Leider hat sich keine zweite Charlotte Corday für mich gefunden; so bin ich um den Genuß gebracht, als Märtyrer in das Pantheon der Geschichte einzugehen. Meine Wohnung das Nichts, mein Name im Gruselkabinett der Geschichte.

19. März
Hörte heute einen Adeligen zu einem anderen sagen, die Aussicht auf das Schafott sei ihm langweilig geworden, er habe sie im Geiste schon x-mal durchprobiert. Es sei auch gar nichts Pikantes mehr dabei; das Guillotinieren sei so gewöhnlich geworden. Diese Herren sind wahrlich mit allem durch: Selbst die letzte Erfahrung hat für sie nichts Erregendes mehr.

Die Hinrichtungen werden jetzt schon zu Wettspielen und männlichen Mutproben benutzt. Heute erzählte die Botenfrau: Ein sehr harter und starker Mann wettete, er werde den Anblick der Hinrichtung – es soll ein Schwung von zwölf Personen gewesen sein – ganz aus der Nähe ertragen. Ob er nun bei den Henkern stand oder anderswo, er ertrug alles, ohne zu wanken, und sah, wie Kopf um Kopf fiel und sich der fürchterliche Blutstrom ergoß. Aber als ein junges Arbeitermädchen von 17 Jahren auf das Schafott stieg, sich auf den Block legte und mit sanfter Stimme den Henker fragte: »Lieber Herr, liege ich so richtig?«, da drehte sich alles um ihn, er konnte nichts mehr sehen, seine Stierkraft verließ ihn, und er stürzte zu Boden; einen Augenblick hielt man ihn für tot; man mußte ihn nach Hause tragen.

20. März
Epikur: »Nur einmal werden wir geboren. Ein zweites Mal ist nicht möglich, und wir müssen dann eine ganze Ewigkeit hindurch nicht mehr sein. Trotzdem schiebst du den rechten Augenblick immer wieder hinaus, bist noch nicht einmal Herr über den morgigen Tag. Übers Zaudern schwindet das Leben dahin, und so manche sterben, ohne sich im Leben jemals rechte Zeit genommen zu haben.«

Jetzt erst, vor dem Ende, nehm' ich mir die ›rechte Zeit‹. Suche dem Leben die letzten Augenblicke zu stehlen, entdecke jetzt wieder seine verborgenen Reize und Schönheiten, sogar hier in diesem großen Wartesaal des Todes. Es liegt ein eigenartig schmerzlicher Genuß in dem Bewußtsein: Jedes Stück Brot, das ich esse, jeder Becher Tee, den ich trinke, jede Pfeife, die ich noch rauche, könnte die letzte sein. Mit soviel Andacht und Aufmerksamkeit habe ich noch nie diese alltäglichen Dinge verrichtet. Empfinde auch anders den Sonnenstrahl auf der Haut, rieche anders den Duft des Frühlings – die Akazie im Hof hat schon ausgeschlagen –, lausche anders dem Gesang der Vögel und schaue anders ins Morgen- und Abendlicht, seit ich weiß, es könnte das letzte Mal sein.

Daß einem die Haare noch wachsen und die Nägel, derweil man die Tage und Stunden zählt! Die Nägel schnitt ich mir heut, das Haupthaar nicht. Möchte Sanson nicht vorgreifen.

21. März

Tag des Schmerzes! Heute bestieg Jacques die Todeskutsche. Wie königlich war sein Abschied! Wir saßen gerade beim Schach, als der Schließer kam und sagte, sein Name sei aufgerufen. Jacques zählte ruhig die Schachfiguren, dann sagte er lächelnd zu mir: »Daß du mir ja nicht später behauptest, du habest gesiegt.« Und zum Schließer gewandt: »Du wirst bezeugen, daß ich um zwei Figuren voraus bin.« Als er sah, daß mir das Wasser in den Augen stand, sagte er: »Warum so betrübt, mein Freund? Wir haben uns manches Mal gefragt, ob die Seele unsterblich sei. Nun, ich werd' es bald wissen.«

Wir umarmten uns, dann ging er von dannen. Unten beschritt er ruhig die Todeskutsche. Welch ein Mensch! Er war mir der liebste hier, ein wahrer Freund.

Neulich sagte er: »Wozu noch der Haß gegen die Feinde und Verräter? Wir werden mit unseren Feinden im gleichen Grabe modern, und unsere Knochen werden die ihrigen küssen.« Gevatter Tod, der große Republikaner. Gerne hätt' ich mit ihm den Karren bestiegen.

22. März

Sitze in der Mittagssonne vorm Fenster. Da fliegt eine Kohlmeise heran, sie hat ein Hälmchen im Schnabel und läßt sich auf der Fensterbank nieder. Sie ruckt mit dem Kopf, schaut mich neugierig an, ich verharre ganz ruhig, sie trippelt heran, bleibt stehen, ruckt wieder mit dem Kopf, und es ist mir, als nicke sie mir zu. Dann fliegt sie mit ihrem Hälmchen lustig von

568

dannen. Wie ich sie um die kommende Brut beneide! Ob sie noch einen Freiheitsbaum findet, ihr Nest zu bauen? Dachte den ganzen Tag an Jacques und Sara.

24. März
Heute wurde Hébert zusammen mit Anarcharsis Cloots und zwanzig anderen Personen hingerichtet. Es soll wie ein Fest gewesen sein. Man war neugierig, wie sich der ›Père Duchesne‹ benehmen würde, der soviel von der Guillotine gesprochen hatte und nun selbst in eigener Person dort erscheinen mußte. Karren, Bänke, Gerüste wurden aufgestellt, um den Genuß dieses Schauspiels zu erleichtern. Der Platz wurde zum Theater. Man bezahlte einen hohen Preis, um den ganzen Tag wartend da stehen zu können. Die besten und teuersten Plätze, so heißt es, seien von den Reichen und Aristokraten belegt worden. Sie haben patriotisches Blut geleckt und eine rasende Freude gezeigt.

Der arme Cloots! Was hat der aufrichtige Philosoph und Kosmopolit mit dem zweifelhaften Pressekönig Hébert zu tun? In seiner letzten Rede vor den Jakobinern warnte er Frankreich davor, sich nicht neuen Tyrannen auszuliefern. Die Nation kranke an dem Bedürfnis, sich immer wieder neue Götter zu machen. »Frankreich! Mache dich frei von Persönlichkeiten!« Das war gegen Robespierre gemünzt und hat ihn den Kopf gekostet.

Nach einer Verbeugung in die vier Himmelsrichtungen, als Zeichen seiner Ehrfurcht vor der Erde, legte der ›Redner des Menschengeschlechts‹ seinen Kopf unters Fallbeil.

Der Royalismus war Gast bei diesem schauerlichen Bankett, und Frankreich sättigte sich mit den zuckenden Stücken seines eigenen Herzens. Die Priester können zufrieden sein: Jetzt, da der große Ketzer, der ruchlose atheistische Begründer des Cultus der Vernunft, ein Fraß der Würmer ist, können sie wieder unbehelligt ihre Messen lesen.

Die blutgetränkte Guillotine muß nach der schauerlichen Orgie von heute trunken sein. Was soll man ihr jetzt noch bieten? Sie hat Königsblut und Apostelblut getrunken und die Blüte aller Parteien. Sie hat alles gehabt. Muß ihr Messer nicht schon stumpf sein? Ich fürchte fast, sie könnte vor meinen Nackenwirbeln versagen; gehöre ich doch zur traurigen Nachhut unter den Schlachtopfern.

Nach dem Untergang von Hébert und Cloots, von Jacques Roux und Chaumette, d.h. der revolutionären Kommune, bleibt nur noch Danton, das einzige Gegengewicht gegen die Robespierristen. Aber auch über seinem Kopf hängt schon das Beil.

Die Revolution frißt ihre eigenen Väter, Mütter und Kinder; eine Faktion nach der anderen wandert auf das Schafott. Wer oder was bleibt übrig? Der Bourgeois und der neue Geldadel. Der mästet sich jetzt am Schweiß des arbeitenden Volkes und stopft ihm das Maul mit der ›Deklaration der Menschenrechte‹! Ach, wie naiv wir doch waren in unserem Glauben, die Revolution des Volkes werde auch die Wohlfahrt und das Glück des *ganzen* Volkes befördern, in unserem Glauben an Frankreichs Menschheitsmission! Träumer sind wir gewesen. Aus dem ›Tempel der Freiheit‹ ist längst eine Börse geworden, darin die Nationalgüter an den Meistbietenden verschachert werden; aus dem Jakobiner wurde der *petit bourgeois*, aus dem menschheitsbeglückenden Weltbürger der dünkelhafte Nationalist, der Fremden und Ausländern nur noch mit Argwohn begegnet.

Könnte darüber verrückt werden, wartete nicht schon das Grab auf mich.

25. März
Ich soll morgen, teilte der Schließer mir mit, ins Arresthaus Ste. Pélagie überführt werden – zwecks Überstellung ans Revolutionstribunal. In wenigen Tagen wird mein Prozeß sein. Man befürchtet Unruhen unter den Häftlingen. Die Abtei wird rundum, bei Tag und bei Nacht, von Aufsehern mit Doggen bewacht, um eine Gefangenenrevolte zu verhindern. Komme mir vor wie ein Maulwurf, den man mit Gewalt aus seiner Höhle zerrt. Habe mich an die Abtei und ihre bunte Gesellschaft gewöhnt. Sogar an Merville, meinen letzten Gefährten.

Teilte Kienlin sogleich mein neues Domizil mit, damit er Sara davon unterrichtet, falls ein Wunder geschieht und sie noch kommt. Einmal noch, ach, ihren Leib umfassen, in ihrem Schoße Lust und Vergebung empfangen, und ich ginge leichter zum Schafott.

Credo quia absurdum

Eulogius lag in seinem Nachtgewand auf der Pritsche; aber immer, wenn er gerade am Einnicken war, wurde er vom Räuspern und Hüsteln seines Zellengenossen oder dem Quietschen seiner Bettstatt wieder wach. Seit sie das Licht in der Kammer gelöscht hatten, war Merville nicht zur Ruhe gekommen. Unruhig wälzte er sich von einer Seite auf die andere. Und es war schon weit nach Mitternacht.

Auf einmal sah Eulogius ein Licht aufflammen. Der Graf hockte in seinem Schlafrock, das Haupt mit dem Haarnetz bedeckt, auf der Pritsche, in der Hand die brennende Kerze und das abgebrannte Schwefelhölzchen. Die

Kerze warf einen gelblich fahlen Widerschein auf sein zerfurchtes Gesicht, auf dem dicke Schweißperlen standen.

»Mir war eben«, sagte er in kläglichem Tone, »als läg' ich lebendig in einem Sarg ... Haben Sie keine Angst vor dem Tode?«

Eulogius war überrascht, daß der nonchalante, stets ironische und geistreiche Graf, der immer obenauf zu sein schien, ihm auf einmal von seiner Todesangst sprach.

Merville wischte sich mit dem Ärmel seines Schlafgewandes den Schweiß von der Stirn. Dann stellte er den Kerzenständer auf den Bord neben der Pritsche. »Ich suche mich zwar immer mit Epikur zu trösten. ›Solange du Angst vor dem Tode hast‹, sagt der griechische Weise, ›lebst du ja. Wenn du aber tot bist, spürst du nichts mehr. Wozu also sich ängstigen vor dem Tod?‹ Das klingt einleuchtend, nicht wahr. Die Angst vor dem Tod ist im Grunde etwas Paradoxes. Aber leider folgt unser Gefühl nicht den Gesetzen der Logik.«

Eulogius richtete sich auf und lehnte sich rücklings gegen die Wand. Es war das erste Mal, daß er seinen Zellengenossen in solcher Bedrängnis sah. Dieser fuhr in seine Pantoffeln und schlurfte zu dem kleinen Schrank, in dem er seinen Likör und die Gläser verwahrte. Mit zittriger Hand füllte er die Likörgläser. »Schon oft sagte ich mir: Du bist ein alter Mann, hast sechzig Jährchen gelebt, hast ein interessantes Leben gehabt, was willst du mehr vom Schicksal erwarten? Aber dann, wenn die Todeskutsche hier vorfährt, geht es mir doch wie allen anderen: Ich erstarre vor Angst – und bin außer mir vor Dankbarkeit und Erleichterung, wenn sie ohne mich wieder abfährt ... Wie lange logieren wir jetzt zusammen?«

»Über drei Monate.«

»Es ist komisch, aber man gewöhnt sich selbst an einen Gesellen wie Sie. Langweilig hatten wir's jedenfalls nicht zusammen.«

Dankbar vernahm Eulogius diese ironische Sympathiebekundung seines letzten Gefährten. Er hatte den Grafen inzwischen recht gern gewonnen, und ihm war, als verdanke er ihm mehr als Likör, Tabak und Geld. »Ich werde unsere krausen Dispute vermissen – drüben in der Ewigkeit.«

»Die Ewigkeit. Oh je!« stöhnte Merville. »Trinken wir, eh' wir's vergessen, auf die Unsterblichkeit unserer armen Seelen!« Er reichte ihm das Glas und stieß mit ihm an. »Oder glauben Sie etwa nicht daran?«

»Man möchte ja gern. Indes scheint es mir schwer vorstellbar, daß die Seele überlebt, wenn der Leib, das Gehirn samt den Nervensträngen und Sinnesorganen zerfällt, ohne die man doch schwerlich empfinden kann.«

»Ist das alles, was die ›vernünftige Religion‹ hierauf zu antworten weiß? Da sehen Sie«, rief Merville in komischer Resignation aus, »was für arme Krüppel die aufgeklärte Vernunft aus uns gemacht hat. Sie läßt uns ratlos vor den letzten Fragen zurück.«

»Nun, Sie dürfen ganz beruhigt sein. Robespierre will, nachdem er die Atheisten und Hébertisten unters Fallbeil gebracht, jetzt dem grassierenden Unglauben steuern. Demnächst soll sogar ein ›Fest zu Ehren des Höchsten Wesens‹ begangen werden. Außerdem soll die ›Unsterblichkeit der Seele‹ per Dekret festgeschrieben werden. Damit hat sich wohl auch Ihre Frage erledigt.«

»Erst wird Gott per Dekret abgeschafft, dann per Dekret wieder eingeführt – das nenne ich ein wahrhaft göttliches Durcheinander.«

»Die Priester dürften zufrieden sein. Frankreich wird wieder katholisch.« Merville nahm wieder auf der Pritsche Platz, schlürfte seinen Likör und wiegte sein schweres Haupt. »Kennen Sie das Experiment des Staufenkaisers Friedrich II., mit dem er die Unsterblichkeit der Seele nachzuweisen suchte? Er ordnete an, die Gefangenen bei lebendigem Leibe luftdicht einzumauern, bis sie ihr Leben ausgehaucht hatten. Er wollte wissen, ob beim Öffnen des Verlieses die Seele entweicht. Man sollte das Experiment Robespierre zur Nachahmung empfehlen. Dies müßte denn, bei über zweihunderttausend Gefangenen, welche die Republik festhält, einen gewaltigen Luftzug ergeben, und jeder Jakobiner sollte seine rote Mütze mit beiden Händen festhalten, damit sie ihm nicht vom Kopfe fliegt. Es wäre ein gar machtvoller Nachweis für die Unsterblichkeit der Seele.«

Eulogius lachte. Der Witz des Grafen bewährte sich gar noch im Angesicht des Sensenmannes.

»Übrigens wußte ich gleich«, fuhr dieser in alter Nonchalance fort, »daß dem neuen ›Cultus der Vernunft‹ keine Dauer beschieden sein würde. Die Kirchenglocken einschmelzen, weil man die Bronze für die Geschütze benötigt, das Edelmetall der Messegerätschaften zur Stützung des Wechselkurses gebrauchen – das konnte selbst bei den Jakobinern nicht ohne Reue abgehen. Die Hl. Dreifaltigkeit läßt sich eben nicht über Nacht durch die Hl. Trinität Lepeletier, Chalier und Marat ersetzen ... Apropos! Eigentlich hatten Sie gute Aussichten, auch zum Revolutionsheiligen befördert zu werden, nicht wahr? Nur leider sind sie ein Ausländer. Und außerdem war die revolutionäre Trinität schon besetzt. Mehr als drei Heilige dürfen nicht sein.«

»Nun, man hat mir immerhin die Rolle des Teufels und Sündenbocks gelassen«, sagte Eulogius mit grimmem Sarkasmus. »Es scheint, daß ich auf sie geeicht bin!«

»Sie sehen, auch eine ›vernünftige Religion‹ kommt ohne Teufel nicht aus.« Merville wandte den Blick zum Fenster, auf dem ein schwacher Widerschein des flackernden Kerzenlichts lag. »Ich mußte heute an die Trostbüchlein denken, die meine selige Mutter sich auf dem Sterbebette vorlesen ließ. Sie werden die Titel wohl kennen: ›Hochtröstliche Todesgedanken und Betrachtungen‹, ›Die Kunst, großmütig und selig zu sterben‹, ›Christliche Sterbeklugheit oder heilsame Anweisung, wie man sich zu seligem Tode bereiten soll‹ ... Das war die Sprache der jetzt ausklingenden Ära, in welcher der Tod noch zum Lebenssinn gehörte. Aber nun ist Gott für uns entschwunden. Und keiner mehr da, der uns nach Vollendung des Lebens zu sich nähme. Der Tod ist keine Heimkehr mehr, sondern nur noch ein Ende, ein absolutes Ende ... Eben darum hab ich in letzter Zeit solch einen Horror vor dem Einschlafen. Ich fürchte, ich wach' nicht mehr auf. Es ist der Horror vacui ... Kennen Sie das auch?«

Eulogius nickte, obschon es eine andere Art von Horror war, der ihn den Schlaf fürchten ließ.

»Mir scheint«, fuhr Merville fort, »der Verlust der Gottesvorstellung ist nicht nur das größte Problem unserer Epoche, es ist auch die entscheidende Leerstelle der Revolution. Was soll man an die Stelle der alten zerbröckelten Glaubensvorstellungen setzen? Den abstrakten ›Cultus der Vernunft‹? Die ›natürliche oder vernünftige Religion‹? Das ist, als ob man der nach Sinn und Sinnbildern hungernden Seele des armen Menschentieres einen mageren Knochen hinwürfe. Die ungeheure Leere, die den Himmel von der Erde und uns kleine Erdenbürger von den unendlichen Weiten des Weltalls trennt, die will man doch irgendwie ausgefüllt wissen. Daß wir unverwechselbare Originale und köstliche Individuen, einzigartige Exemplare der Gattung Mensch, einfach so ins Nichts entschwinden, uns in einen trüben Haufen Demokritscher Atome verwandeln, ohne jemals wiederzukehren, das ist doch niederschmetternd. Mein Gott, es ist doch jammerschade um solche Kerle, um solch brillante Köpfe wie Sie und mich, finden Sie nicht?«

»Das kann man wohl sagen.«

Beide lächelten unwillkürlich ob dieses wechselseitigen Kompliments sub specie aeternitatis. Eine Weile saßen sie sich schweigend gegenüber.

Merville griff nach der Likörflasche und füllte die Gläser nach. »Aber nun wollen wir nicht sentimental werden!« sagte er mit gespieltem Selbsttadel und warf sein schweres Haupt in den Nacken, als wolle er sich selbst zur Räson rufen. »Schließlich disputieren wir hier über die letzten Fragen. Selbst Ihr hochgeschätzter Rousseau glaubte, auf die Unsterblichkeit der Seele und die Vorstellung des Jenseits nicht verzichten zu können. Ist es nicht gerade für den verdienten Menschen eine erschreckende Vorstellung, daß er nach einem Leben voll guter Taten wie ein gewöhnliches Stück Vieh sterben sollte, ohne Belohnung im Jenseits? Ich spreche hier nicht von mir, denn bei dem liederlichen Leben, das ich geführt habe, rechne ich mir keine Anwartschaft auf den Himmel aus. Meine seligen Maitressen, die ich nicht immer gut behandelte, haben mich gewiß längst beim Jüngsten Gericht verklagt. Ich spreche selbstredend auch nicht von Ihnen, der deutsch-fränkischen Ausgabe des ›Anti-Christen‹, dem man schon zu Lebzeiten die 'Teufelshörner aufgesetzt ... Aber wenn es keinen Gott mehr gibt, dann ist auf Erden alles erlaubt. Es gibt keine Sünde, kein Verbrechen mehr, vor dem sich der Mensch fürchten müßte, wenn er nach dem Tode zu Staub zerfällt. Vor Gott war der Mensch allzumal Sünder. Jetzt aber darf er sich nur noch als freies und vernünftiges Wesen definieren, und keine Instanz ist da, vor der er sich mehr verantworten muß.«

»Oh doch. Vor der menschlichen Gemeinschaft!«

»Aber wie gut kann man sich vor der verbergen? Vor Gott nicht. Das allmächtige, unsichtbare Auge Gottes sah alles. Jetzt, da die Furcht, von diesem Auge entdeckt zu werden, dahin ist, können sich alle Laster wunderbar verbergen und sich desto ungehinderter ausleben. Wenn die souveräne Vernunft sich Gott gleichsetzt, dann wird der Mensch vor nichts mehr zurückschrecken und jeden Teil dieser Erde, jeden Bereich der Natur seiner Herrschaft und seinem Bemächtigungsdrang unterwerfen. Darum sehe ich im Prozeß der Säkularisierung nicht nur einen Fortschritt, sondern auch eine gefährliche Entgrenzung, die vielleicht zu einer neuen Ära schrankenloser Herrschaft des Menschen über den Menschen und die Natur führen wird.«

Eulogius war nicht gerade nach einem philosophischen Disput zumute, aber dem Grafen zuliebe wollte er jetzt nicht den Spielverderber machen. »Es kommt darauf an, was man unter Säkularisierung versteht. Ich verstehe darunter nicht nur die Trennung von Kirche und Staat, sondern den Versuch, die uralte Vorstellung von Gottes Gerechtigkeit zu säkularisieren, ihr Kraft und Wirklichkeit in den menschlichen Einrichtungen zu geben, sie mit Leben zu erfüllen, sie im Diesseits zu verankern, statt in ihr nur eine tröstliche Chimäre des Jenseits zu erblicken. Dieses war schon Hoffnung und Ziel der christlichen Gemeinde. Dieses war auch die Anstrengung der Revolution. Darin liegt ihr unsterblicher Ruhm. Auch wenn sie jetzt zugrunde geht und wir mit ihr, der Versuch war es wert und wird im Gedächtnis der Menschheit dauerhaft Wurzeln schlagen.«

Merville sah ihn erstaunt an. »Geht es etwa gerecht in der Natur zu, wo das Gesetz des Fressens und Gefressenwerdens gilt? Und ausgerechnet das größte Raubtier auf Gottes weiter Erde, der Mensch, der homo homini lupus, sollte ein Reich der Gerechtigkeit schaffen? Aber ich beneide Sie um Ihren Glauben. Ein Renegat sind Sie jedenfalls nicht. Auch wenn Sie selbst im Blut waten, auch wenn man Sie vor der ganzen Nation zum ›Monster‹ ausruft, auch wenn Sie Zeuge werden, wie sich die Revolution selber zernichtet, Sie halten unerschütterlich fest an ihrer großen Idee, an ihrem Reich Utopia ... Sie sind schon ein bemerkenswerter Vogel.«

»Trinken wir auf das ›Credo, quia absurdum!‹«, sagte Eulogius.

Der Graf goß den Rest des Likörs ein. Und noch einmal klirrten die Gläser.

»Wenn Sie mir als dem Älteren noch ein Nachwort gestatten«, sagte er, nachdem er das Glas in einem Zuge heruntergekippt, »wenn die Säkularisierung schon nicht mehr aufzuhalten ist, dann sollte man auch konsequent sein. Dann sollte es gar nichts Heiliges mehr geben. Denn wo immer die Menschen für heilige Werte streiten, gleichviel ob es sich um Gott oder die Kirche, um das Vaterland oder die Menschenrechte handelt, da gibt es auch heilige Kriege und Kreuzzüge, den gesegneten Mord und den gebenedeiten Terror ... Apropos! Nachdem Sie die Segnungen des Terrors hier drei Monate lang sozusagen als Privatier, als Inquisitor außer Diensten, erlebt haben, wie stehen Sie jetzt dazu? Es würde mich interessieren.«

»Ohne den Terror«, entgegnete Eulogius lakonisch, »wäre die Republik zur Beute ihrer inneren und äußeren Feinde geworden. Und mit ihm geht sie zugrunde.«

»Das haben Sie vortrefflich gesagt. Wenn ich nicht irre, nannten die Alten das eine ›tragische Antinomie‹. Demnach könnten Sie von Rechts wegen Anspruch auf den Titel eines ›tragischen Helden‹ machen, nicht wahr?«

»Hab ich ihn mir denn nicht redlich verdient?«

»Ich fürchte nur, mein Bester, die Nachwelt wird Ihnen diesen Titel nicht gönnen.« Merville kratzte sich plötzlich am Nacken, als ob ihn dort etwas jucke. »Wie ist das eigentlich, wenn einem der Kopf vom Rumpfe fällt. Sie waren doch oft genug Zeuge dieser Szene!«

Eulogius strich mit den Fingern über den Rand seines Glases. »Ich hab's mir in letzter Zeit oft vorgestellt. Aber wie um mich selbst zum Narren zu halten, sah ich immer nur andre Köpfe in den Sack niesen, nie meinen eigenen. Nun, die letzte Vorstellung auf der Place de la Révolution wird wohl auch diese Narrheit beenden.«

Merville lachte. »In Ihrem nächsten Leben werden Sie einen trefflichen Satiriker oder Harlekin abgeben. Der ist bekanntlich des Teufels lustiger Bruder.«

»Nun, das Entree-Billet hab' ich wohl schon in der Tasche. Es ist ein Porträt Robespierres. Unter Verwendung eines Ihrer Lieblingsmotive – des Schattens ... Wollen Sie das Stück hören?«

»Nur zu! Je näher der Tod rückt, desto besser wollen wir unterhalten sein.«

Eulogius stand auf und ging zum Fenster. Er hob die lose Bodenplanke auf, unter der er seine Confessions verwahrte, und zog ein verschnürtes Bündel Papiere hervor. Er öffnete es und legte die obersten Blätter zurecht. Dann, nachdem er wieder auf der Pritsche Platz genommen, begann er beim Schein des Kerzenlichts zu lesen, während sich Merville behaglich zurücklehnte.

Robespierres Schatten

Welch ein Friede in diesem Wäldchen! Welch erquickende Ruhe! Welch reiner Luftzug! Wie das Licht in den Blättern spielt, immer neue Farben und Harmonien erzeugend! Die Vögel singen den Frühling ein. Das Säuseln des Windes gleicht einem Wiegenlied. Balsam für meine Nerven.

Gott, warum muß mich ein jeder denn grüßen? Laßt, Citoyens, eure Mützen und Zylinder doch auf dem Kopf, solange ihr noch einen habt! Was knickst Sie denn vor mir, Mamsell, ich bin doch nicht der König. Bin nur ein einfacher Diener des Souveräns, seiner Majestät des Volkes ... Mon Dieu! Es ist manchmal sehr lästig, berühmt zu sein.

Wie angenehm, daß man hier so weit ausschreiten kann und nur wenigen Menschen begegnet! Paris birst über vor Menschen. Paris ist ein Moloch geworden. Diese bedrückende Enge in den Gassen. Überall Tiere, Unrat und Kot. Und die Kutscher auf den Fiakern jagen an einem vorbei wie die apokalyptischen Reiter.

Immer weniger ertrage ich große Menschenansammlungen, dieses Gedränge, Gelärme, Geschrei, diese Ausdünstungen. Manchmal glaube ich fast, im Konvent zu ersticken. So viele schwitzende, wabernde Leiber um einen herum. Man möchte die Luft anhalten, um nicht so viele Miasmen und giftige Keime einzuatmen ... So recht wohl fühl' ich mich eigentlich nur in meiner Stube, im Hause der guten Mme Duplay und ihrer holden, tugendhaften Töchter. Im Grunde bin ich ein Mensch der Stube, der guten und gepflegten Stube. Die Straße, ihre Aufwallungen und wilden Zusammenrottungen sind mir im Herzen zuwider. Ich verabscheue jede Art Aufwallung, des Geistes wie des Blutes. *Die Lava der Revolution fließt über!* Es wird Zeit, sie ausglühen zu machen, ihr feste Form und Gestalt zu geben, und sei es eine aus Asche.

Dieses stille Wäldchen erinnert mich an den Wald von Ermonville, wo ich, damals noch Student der Rechte, Jean-Jacques auf seinem Alterslandsitz besuchte. Ach, göttlicher Rousseau! Ich hoffe, du wirst an deinem gelehrigen Schüler nicht allzu viel zu tadeln finden. Seit deine unsterblichen Gebeine im Pantheon ruhen, gehörst du ja uns allen. Dennoch schmeichle ich mir, von allen deinen Schülern deinen Lehren am treusten und ergebensten geblieben zu sein.

Warum grüßt mich der Mann da gleich zweimal? Jetzt bleibt er stehen und wendet sich um? Was glotzt er mich denn so an? Ich nickte ihm zu. Das muß doch genügen. Ist das nicht ...? Tant pis! Das ist doch Sanson, der Henker! Was hat er in diesem lieblichen Wäldchen verloren? Das ist nicht gut, gar nicht gut, daß ich ausgerechnet hier, im Walde von Montmorency, Sanson begegne ... Warum geht er just hier spazieren? Warum ist er nicht auf seinem Posten, auf der Place de la Révolution? Er hat doch genug zu tun – und wird noch mehr als bisher zu tun bekommen! Daß der Scharfrichter der Nation so müßig ist, macht einen schlechten Eindruck. Ich weiß ja, er hat viele Auslagen, die er der Gerichtskasse vorstrecken muß, er hat Mühe, neue Gehilfen zu finden, die Löhnung sei zu niedrig, klagt er seit Wochen, und er hat vierzehn Personen zu ernähren. Himmel, was ist das für eine Republik, die nicht mal ihren obersten Scharfrichter anständig bezahlen kann! Hat uns jemand zusammen gesehen? Ich hoffe nicht, könnte Stoff zu dummen Gerüchten geben.

Wie der Bach da funkelt und glitzert! Wie lieblich er sich windet durch das Gehölz! Vom Eise befreit, murmelt wie eine alte Sage der lautere Quell. Hier ist die Furt. Die Brücke scheint alt, das Geländer brüchig und modrig die Planken. Ob sie wohl mein Gewicht halten? ... Das wär' eine schöne Schlagzeile für den *Père Duchesne:* ›Robespierre, der Fährmann des schwankenden Staatsschiffs, beim Überqueren des Acheron ins Wasser gefallen!‹ ... Voilà, hab' ihn doch glücklich passiert.

Beim Übergang des Jordan ließen die Israeliten die Ephraämisten das Wort ›Schiboleth‹ aussprechen, und wer das Wort falsch aussprach, wurde getötet; ein wirksames Verfahren, um die Gläubigen von den Ungläubigen zu trennen ... Man sollte alle Bürger ein Glaubensbekenntnis über alle wichtigen Ereignisse unserer Revolution ablegen lassen! So könnte man rasch die wahrhaften Patrioten von der Verräterbrut scheiden. Ich wette meinen Kopf, daß gut ein Drittel unserer Volksvertreter das Schiboleth der Revolution falsch aussprechen würden. Kein Wunder, daß der Konvent meinen Vorschlag abgelehnt hat!

Immerhin hat die Versammlung es mir gedankt, daß ich die Prinzipien der revolutionären Volksregierung endlich auf eine feste Grundlage stellte: *Wenn die Triebfeder einer Volksregierung in Friedenszeiten die Tugend ist, so sind es in der Revolution Tugend und Terror gleichzeitig: die Tugend, ohne welche der Terror unheilvoll, der Terror, ohne welchen die Tugend ohnmächtig ist. Der Terror ist nichts anderes als sofortige strenge, unbeugsame Gerechtigkeit. Er ist also ein Ausfluß der Tugend ... Die Revolutionsregierung ist der Despotismus der Freiheit gegen die Tyrannei!*

Mon Dieu! Wie lange habe ich nicht an diesen Sätzen, an dieser historischen Rede gefeilt. Der gute Duplay mußte sie achtmal abschreiben. Stil ist eben alles, Stil ist das Gütesiegel der Tugend.

Mais non, schon wieder eine Pfütze! Was für häßliche Flecken auf meinen weißen Strümpfen! Auch der Rock ist bespritzt. Er verliert seine Fasson. Mme Duplay muß ihn unbedingt stärken. Nur wenn der Rock richtig gesteift ist, habe ich dieses Gefühl von staatsmännischer Haltung und Größe. Wie abhängig die Würde doch von der Wäsche ist, sagte schon Molière ... Es heißt, Fabre d'Eglantine habe mich in seiner letzten Komödie persifliert. Da tauche ein Volkstribun auf, schrieb mir einer unserer Censoren, mit gepuderten flügelartig aufgerollten Haaren, in Nankinghose und gesteiftem Rock, der sich kleide und rede wie ein mittelmäßig gestellter Beamter des Ancien Régime ... Dieser Fälscher und Dieb! Er soll im Luxembourg an einem Fünfakter kritzeln ... Nun ja, es soll vorkommen, daß der Autor seine Dernière erlebt auf der Place de la Révolution, bevor sein Werk Premiere hat. Ich sollte mich mehr um die Spielpläne kümmern.

Ich bin das moralische Gewissen der Nation. Ergo: Wer mich angreift, vergreift sich an der Nation. Ihn treffe das Schwert des Gesetzes! Ich bin der Fels, an dem die wankenden Volksvertreter sich festhalten. Auch die braven Sans-Culottes wissen: Robespierre steht über allen kleinlichen Interessen, Geschäften und Intrigen, sein Urteil ist frei von Willkür und Eitelkeit, von Neid oder Privathaß. Ich verkörpere das Zentrum, die Mitte zwischen den ausfernden Flügeln, zwischen den Nachsichtigen und den Ultras. Habe ich nicht stets, mit dem Kompaß der Vernunft, die richtige Linie, die schmale Route bezeichnet, auf der allein das Staatsschiff zwischen der Scylla der falschen Nachsicht und der Charybdis der Maßlosigkeit unbeschadet hindurchfahren kann? Auch wenn diese richtige Linie, die ich für den Berg gefunden habe, eine sehr feine, genaue und schmale Linie ist, wer sie verläßt, ist des Todes!

Wo die Notwehr aufhört, fängt der Mord an, rufen Danton und Desmoulins, Lacroix und Hérault-Séchelles. Jetzt, da wir die ausländischen Invasoren zurückgeschlagen und Frankreichs Grenzen befestigt haben, gebe es keinen Grund mehr, der uns zum Terror und zum Töten zwänge ... Diese süßlichen Schurken! Als ob nicht seit langem die ausländischen Höfe alle verschlagenen Schufte, die in ihrem Solde stehen, über Frankreich ausgespien hätten! Ihre Agenten verschaffen sich Zutritt zu unseren Klubs. Sie haben Sitz und Stimme im Heiligtum der Volksvertretung. Es ist immer dasselbe Schauerstück der Konspiration; nur haben, nachdem wir die Gironde enthauptet, die Schauspieler die Masken gewechselt mit dem Ziel, das Volk gegen die Republik aufzuwiegeln und den Konvent aufzulösen. Man fordert Mitleid und Gnade für die Inhaftierten. Ich aber sage: Die Unterdrücker der Menschheit bestrafen ist Gnade; ihnen verzeihen ist Barbarei. Alle Äußerungen einer falschen Empfindsamkeit scheinen mir Seufzer, welche nach England oder nach Österreich fliegen.

Wer mir in den Arm fällt, wenn ich das Schwert ziehe, um das Vaterland zu verteidigen, ist mein Feind, wenn er auch vorher mein Freund war. Ja, Camille Desmoulins! Ich habe mit dir die Schulbank gedrückt, du warst mir nahe, Camille! Warum nur mußtest du mich im *Vieux Cordelier*, wie Petrus seinen Herrn, dreimal verleumden? *Dieser Blutmessias Robespierre auf seinem Kalvarienberge, auf dem er opfert und nicht geopfert wird ... Sollte man glauben, daß der saubere Frack des Messias das Leichenhemd Frankreichs ist, und daß seine dünnen, auf der Tribüne herumzuckenden Finger Guillotinenmesser sind?* Diese Sätze, Camille, sind Hochverrat! Und du wirst sie mit deinem Kopfe bezahlen. Ach, auch du ein Brutus! Ich weiß, Danton hat dich angestiftet. Danton hat dich verdorben. Weg mit Leuten, die der toten Aristokratie die Kleider ausgezogen und ihre Laster geerbt haben.

Einst lebtet ihr in armseligen Dachstuben. Jetzt fahrt ihr in vornehmen Karossen und treibt Unzucht mit ehemaligen Comtessen und Baronessen. Man sieht euch reiche Weiber heiraten, üppige Gastmähler geben, Diener halten und seidene Kleider tragen, während das Volk hungert und sogar der Seife entbehrt, um sich zu waschen. Danton ist mehr in den Tuilerien als im Konvente zu sehen und liegt, wiewohl eben wieder verheiratet, jede Nacht bei einer andern Dienerin der Wollust. ›Ein verkommenes Idol‹ soll er mich genannt haben. Nun, er wird bald auf dem Karren Gelegenheit haben, zu sehen, wie verkommen er selber ist.

Das Laster ist das Kainszeichen des Aristokratismus – und es kennt keine Partei; es sitzt sogar im Herzen des Wohlfahrtsausschusses! Als ob ich nicht wüßte, wo sich Barère, Billaud und Collot nächtens herumtreiben? Daß sie in Clichy wahre Orgien feiern. Man sieht es an Billauds wurmstichiger Haut, in welchem Sündenpfuhl er sich wälzt. Und wenn Barère derzeit auch bei den Nachtsitzungen des Ausschusses anwesend ist, so nur, weil ihm der Arzt wieder ein Quecksilber-Präparat verpaßte, das ihn zur Abstinenz zwingt. Wenn das Volk wüßte, wie seine Führer nächtlich die Tugend auslegen, von der ihr Mund tagsüber überzufließen scheint! Manchmal weiß ich nicht, was ich mehr verabscheue: die Nachsichtigen oder das Laster!

Indes, noch abscheulicher sind die ›Ultras‹, die Cordeliers und die Radikalen von der Kommune. Sie halten jetzt ihre Stunde für gekommen, wollen die Volksbewegung neu entfachen, die Sektionen mobilisieren, mit den Armen, den hungernden Arbeitern und Taglöhnern vor den Konvent ziehen und ihm ihre Forderungen diktieren. Phantasieren von einer dritten Revolution, diese Tollhäusler! Als ob wir uns noch eine *journée révolutionaire* leisten könnten! Wenn es nach den Ultras ginge, würden sie alle Aufkäufer und Fabrikanten, Unternehmer und Reichen auf das Schafott schikken. Diese Habenichtse wollen das Eigentum antasten, dessen Sicherheit die Verfassung ausdrücklich garantiert.

Auch diese Orgien des Atheismus und der Entchristlichung müssen schleunigst beendet werden. Schluß mit diesen blasphemischen Umzügen und angeblichen Volksbelustigungen! Den Eseln Bischofsmützen aufsetzen und ihnen Hostien an die Schwänze binden – welch eine Geschmacklosigkeit! Mit ihren parodistischen Messen verletzten die Ultras die religiösen Empfindungen des Volkes und bringen die Bauern auf dem flachen Lande gegen die Republik auf. Es ist wahr: Die Könige sind reif, aber der liebe Gott ist es noch nicht.

Die Sonne steht schon tief. Wind kommt auf, es ist kühl geworden. Was für seltsame Schatten die Bäume und Sträucher werfen! Es ist, als trennten sie sich von dem, was sie belebt, als sonderten sie mit ihren zitternden Profilen auch ihre Seelen ab. Diese lautlosen Bewegungen der Schatten! Es hat etwas Unheimliches. Ich sollte umkehren.

Tant pis! Wo ist denn plötzlich der Bach? Wo die Brücke? Ich habe mich wohl verlaufen. Dabei folgte ich doch immer dem Bach. Warum gibt's hier auch keine Wegweiser? In einem ordentlichen Volkswald sollten alle Wege beschildert sein. Keine Menschenseele mehr ringsum. Ich muß umkehren. Aber was heißt ›umkehren‹, wenn man nicht mehr weiß, wo vorne und wo hinten ist? Ich nehme mal diesen Weg hier.

Habe neuerdings ein beengtes Gefühl in der Brust, wenn ich bei den Jakobinern oder im Konvent die Rednertribüne betrete. Es liegt so etwas Eisiges in der Luft. So viele geduckte Köpfe, so viele eingefrorene Mienen, so viele starrende Augen. Manch einer applaudiert nur, damit man nicht sieht, wie ihm die Hand zittert. Wer zittert, ist schuldig. Denn nie zittert die Unschuld vor der öffentlichen Wachsamkeit. Manchmal scheint mir, der einzige Mann des Konvents, dessen Gesinnungen und Handlungen über jeden Verdacht erhaben sind, bin ich selbst. Ich und Saint-Just und Couthon, das geheime Triumvirat. Und Lebas ... Aber der Rest?

Ach, man wird einsam auf einem so erhabenen Posten, auf den mich die Weltgeschichte gestellt hat. Vielleicht sollte ich die alten Getreuen wieder mal in mein Haus laden, zu einer zwanglosen Soiree wie früher. Schöne Abende waren das! Diese intimen Konzerte! Lebas schmetterte die italienische Arie, Buonarotti accompagnierte auf dem Klavicord. Und wie wir zusammen Tragödie spielten, im Wechsel Racine deklamierten! Ich replizierte auf Lebas, er spielte ja so gerne den Römer, und Saint-Just ergötzte uns mit dem *Malade imaginaire* ... Saint-Just, mein treuster Jünger, mein Johannes, dem die Freundschaft so heilig ist! Im Feuer der Jugend wurde dieser revolutionäre Stahl gehärtet. *Die Revolution ist wie die Töchter des Pelias; sie zerstückt die Menschheit, um sie zu verjüngen!* Dem kommen die Epigramme wie gehacktes Blei aus dem Mund. Dagegen wirken meine Perioden fast bieder und langatmig. Manchmal scheint mir, Saint-Just entspricht besser als ich dem Ideal der neuen Zeit. Er spricht schnörkellos. Jeder Satz ein Befehl, jedes Komma ein Säbelhieb, jeder Punkt ein abgeschlagener Kopf. Das kommt an bei den Sans-Culottes ... Muß aufpassen, daß er nicht zu oft im Konvent und bei den Jakobinern das Wort ergreift. Es sollte keine Unklarheit darüber aufkommen, wer der Meister und wer der Jünger ist.

Ist das nicht wieder? ... Tant pis! Schon wieder Sanson! Was hat er bloß hier verloren, im Wäldchen von Montmorency? Warum ist er nicht längst zu Hause bei seiner Familie? Ist er mir etwa gefolgt? Oder hat er auf mich gewartet? Das ist doch dieselbe Stelle, wo ich ihm vorhin begegnet – just an dieser Eiche. Bin wohl im Kreise gegangen. Ist's ein Zufall, daß unsere Wege sich hier wieder kreuzen? Will Sanson etwas von mir? Was kann ich dafür, daß man ihm seine Auslagen noch nicht bezahlt hat! Bin ich der Zahlmeister der Nation? Was starrt er mich denn so an? Man sagt, er sehe den Menschen schon Wochen vorher das hippokratische Gesicht an ... Nein, ich werde ihn nicht noch einmal grüßen. Man sollte sich nicht familiär machen mit dem Scharfrichter der Nation. Ich werde so tun, als sähe ich ihn nicht ... Gottlob, jetzt geht er weiter ...

Ist Sanson eigentlich ein Patriot? Hat man ihn je überprüft? Er war über dreißig Jahre lang Scharfrichter im Dienste des Königs. Wer weiß, wie viele arme Teufel er im Namen der Krone vom Leben zum Tode befördert ... Seltsam! Alle Staatsämter des Ancien Régime haben wir neu besetzt, nur das Amt des Scharfrichters nicht. Ich werde im Sicherheitsausschuß einmal nachfragen lassen, wie es um Sansons republikanische Gesinnung bestellt ist. Mir zittern ja die Hände ... Habe ich mir irgend etwas vorzuwerfen? Nein, ich bin Maximilian Robespierre, der Unbestechliche. Und habe mir nichts vorzuwerfen, außer daß man eines Tages sagen könnte: *Vielleicht wird die Nachwelt finden, daß man nicht Blut genug vergossen hat und daß nicht alle Feinde der Freiheit geächtet worden sind.**

---

* Robespierres Lieblingszitat aus Montesquieus »Dialog zwischen Sulla und Eukrates«

XXXIV. Der Engel des Jüngsten Gerichts

Arresthaus Ste. Pélagie, 26. März 1794

Das Geräusch eines metallischen Klapperns weckte Eulogius aus seinem dösenden Halbschlaf. Die schwere Eisentür seiner Zelle drehte sich ächzend in den Angeln. Herein trat der Schließer mit der Hasenscharte im Gesicht und sagte grinsend: »Auf, Citoyen! Es ist soweit. Der Engel vom Jüngsten Gericht ist da.« Jetzt also ging's zum Justizpalast. Wie zum Trotze schloß Eulogius wieder die Lider, und gab sich der wohligen Illusion des Schlafens hin, als könne er so die fürchterliche Stunde hinauszögern. Warum ließ man ihn seinen Prozeß, in dem das Urteil längst feststand, nicht einfach verschlafen? Der Tod ist ein ewiger Schlaf. Als die Zellentür krachend ins Schloß fiel, schlug er die Augen wieder auf.

Da aber war es ihm, als habe er eine Erscheinung: Statt des Gendarmen, den er erwartet, sah er eine Gestalt in grüner Mantille, an der Haube die dreifarbigen Bänder der Kokarde; das Antlitz war nicht zu erkennen, denn Stirn und Augenpartie lagen im Schatten des Lichtstrahls, der aus dem vergitterten Fenster in die düstere Zelle drang. Aber die Füße hatte der Engel leicht über Kreuz gestellt.

»Sara!« Mit einem Ruck war er auf, stürzte auf sie zu und schloß sie in seine Arme. Die Freude machte ihn sprachlos; mit verschwimmenden Augen hielt er sie umfangen, als ob er sie nie mehr hergeben wollte. Er fühlte sich gerettet, und der Augenblick wurde ihm zur Ewigkeit. Ohne sie noch richtig angesehen, ohne ein Wort an sie gerichtet zu haben, nahm er ihren Kopf zwischen seine Hände und preßte seine Lippen auf ihren Mund, auf ihre Augen, auf ihren Nacken. Er fühlte ihr Herz an seiner Brust schlagen.

»Und ich dachte schon, ich komme zu spät«, sagte sie leise.

Sanft strich er ihr über die blassen Wangen und das seidige blonde Haar, das unter der Haube hervorquoll. »Nicht weinen, mein Mädchen! Nicht weinen! Jetzt ist alles gut.«

Seine Freude war so überwältigend, daß sie die seither vergangenen Wochen gleichsam wegschmolz, als sei zwischen dem Augenblick seiner Verhaftung, da man sie seinen Armen entriss, und diesem jetzt, da er sie wiederhatte, keine Zeit vergangen, ja, als sei er niemals von ihr getrennt worden. Wieder und wieder bedeckte er ihr Gesicht und ihre Hände mit seinen Küssen. Es war ihm, als müsse er sich erst ganz ihrer leibhaftigen Gegenwart versichern, um das trügerische Gefühl loszuwerden, er träume mit offenen Augen.

Er half ihr aus der Mantille. Sie trug das burgunderrote, am Kragen und an den Ärmeln gerüschte Kleid, das er so an ihr liebte. Sie hatte es damals getragen, als sie ihn, den Zahnleidenden, das erste Mal in seiner Straßburger Wohnung besuchte.

Sara ließ ihren Blick über die kahlen und feuchten Wände schweifen, über die mit einem Strohsack gedeckte Pritsche, den Abortkübel und den einzigen Schemel vor dem kleinen viereckigen Tisch, darauf Tintenfaß, Federkiel und ein Stoß beschriebener Blätter lagen. »Mein Gott! Und in diesem Loch hält man dich fest.«

»In der Abtei hatt' ich es besser. Aber da man eine Gefängnisrevolte befürchtete, verfrachtete man mich hierher.«

Er zog den Schemel an die Holzpritsche heran, damit sie sich setzen könne. Nachdem er sich ihr gegenüber auf den Strohsack gehockt, faßte er ihre Hand und betrachtete sie. Bleich und angegriffen sah sie aus, mit Schatten unter den Augen, diesen Spuren kummervoller Tage und durchwachter Nächte. Nur das zarte Rouge auf ihren Lippen gab ihrem Gesicht ein wenig Farbe. Die hübschen Grübchen in ihren Mundwinkeln aber lächelten nicht mehr. Wie sollten sie auch?

»Wie hast du mich nur in diesem gottverfluchten Babylon gefunden?«

In von mancherlei Seufzern unterbrochenen Worten erzählte sie ihm von ihrer Odyssee, von den Hemmnissen und Fährnissen ihrer Reise. Wie man ihr, trotz mehrfacher Vorstellung beim Ausschuß und der Munizipalität in Barr, den Bürgerausweis verweigerte. Wie sie endlich, durch Vermittlung eines Patrioten, der ihm wohlgesonnen sei, die nötigen Zeugen beibringen konnte, die für ihre ›patriotische Gesinnung‹ bürgten, so daß sie endlich den Ausweis erhielt. Wie sie sich dann vor Tag und Tau klammheimlich aus dem Hause geschlichen, denn der Vater hatte ihr die Reise nach Paris strikt untersagt. Wie sie zu Fuß vom Tal Andlau bis nach Niederehnheim gelaufen, wo ein Armeelieferant sie mitnahm und auf seinem Fuhrwerk bis nach Nancy beförderte – hier endlich konnte sie die Diligence nach Paris besteigen. Wie sie bei jedem Schlagbaum vor Angst gezittert, daß man ihre Papiere beanstanden oder sie festnehmen würde. Wie sie bei jeder Poststation, bei Gelegenheit des Pferdewechsels, aus dem Wagen stürzte, um sich eine Zeitung zu kaufen mit den Meldungen über die jüngsten Prozesse des Nationalgerichts, und wie erleichtert sie jedesmal war, seinen und Friedrichs Namen nicht auf der Liste der Guillotinierten zu finden. Wie sie schließlich des Nachts in Paris angekommen, mit ihrem kleinen Koffer durch die menschenleeren Straßen geirrt und kurz vor der Rue du Droit, wo Nanette logiert, von einer Streife Gendarmen aufgegriffen und auf die Wache gebracht worden, da man sie für ein Freudenmädchen hielt, und die Prostitution war doch verboten. Wie sie, nachdem sie die Nacht auf der Wache verbracht, endlich bei Nanette unterkam, welche sich rührend um sie gekümmert. Wie sie in den Tagen darauf von Pontius zu Pilatus gelaufen, vom Ausschuß der Sektion zum Ausschuß der Kommune, ein ewiges Hin und Her, bis sie endlich die Erlaubnis erwirkt, ihren Mann in der Abtei besuchen zu dürfen. Aber da hatte man ihn schon nach Ste. Pélagie fortgeschafft, und es begann alles von vorne: das Gelaufe und Gewarte, die Bittgesuche, das Hinhalten und Vertagen ihres Antrags. Erst nachdem Nanette zwei Mitglieder des zuständigen Ausschusses bestochen hatte, erhielt sie die Besuchserlaubnis und gelangte herein. Die Angst, zu spät zu kommen, habe wie ein Alb auf ihr gelastet.

Daß sie sich allein auf den Weg nach Paris gemacht, daß sie all die Fährnisse und Mühen dieser beschwerlichen Reise auf sich genommen, um ihn noch einmal zu sehen und ihn nicht der Bitternis und Trübsal seiner letzten Tage zu überlassen – dies rührte ihn über die Maßen. Und wie an jenem Tage, da sie ihn, den Zahnleidenden, in dem nämlichen Kleid, das sie jetzt trug, das erste Mal besucht, nahm er ihre Hand, legte sie sich auf die Backe, schloß die Augen und sagte genießerisch: »Siehe, jetzt läßt der Schmerz nach.«

Als er kurz die Augen öffnete und ihr zublinzelte, sah er, wie ein Lächeln über ihr Gesicht huschte; sie hatte das Zitat wohl erkannt. Und er war glücklich, daß er ihr einmal noch ein Lächeln entlockt hatte.

So saßen sie eine ganze Weile, im Gedenken an diesen glücklichen Augenblick. Nur manchmal zuckte ihre Hand in der seinen, wenn draußen, auf den Gängen und Korridoren, eine Tür laut ins Schloß fiel oder ein Aufseher brüllte.

Er erkundigte sich nach Marianne und dem Schicksal der verhafteten Freunde. Von Jung hatte sie keine Nachricht, von Butenschön wußte sie nur, daß er noch immer im Straßburger Seminarium inhaftiert war, ebenso Thaddäus und Marianne, welche sich in der Haft mit Michael Mathias Müller verlobt, der gleichfalls im Seminarium saß. Dies zu hören, erleichterte ihn, denn er sorgte sich um die Zukunft der Schwester, die ihr ganzes Dasein auf ihn abgestellt hatte. Er kannte und schätzte Mathias Müller, den konstitutionellen Pfarrer von Niederbronn, der zu seinen Bonner Schülern gehört und ihm 1791 ins Elsaß gefolgt war. Auch er hatte den gemeinsamen Brief der Straßburger Freunde, worin sie seine Freilassung forderten, unterzeichnet.

»Es ist gut«, sagte er, »daß Marianne sich jetzt, da ich …«Saras bestürztes Gesicht ließ ihn innehalten, und rasch korrigierte er sich: »… daß sie sich an diesen Mann bindet und eine neue Aufgabe hat.«

Unwillkürlich dachte er dabei auch an Sara und ihre Zukunft. Und doch stach ihn die Vorstellung, seine Geliebte je in den Armen eines anderen zu wissen … War er nicht wie ein Baum, den man mitten im Sommer fällte? Am meisten schmerzte ihn, daß er ohne Sproß aus der Welt ging, der Saras Züge und seinen Namen trug.

Und indem er dies dachte, überfiel ihn ein so brennendes Verlangen nach ihr, überfiel ihn die gestaute Leidenschaft all der vergangenen Monate, daß er sich am liebsten sofort auf sie gestürzt hätte, um ihr das Kleid, das Mieder vom Leibe zu reißen, mit ihrem schönen weißen Leib zu verschmelzen, den er so lange entbehrt. Noch einmal in ihrem Schoße Lust und Vergebung empfangen, seinen Samen in sie pflanzen, auf daß er fortlebe in ihr, noch einmal ihren göttlichen Lustschrei hören, der, gleich den Trompeten von Jericho, die Mauern dieses gottverfluchten Kerkers zum Einsturz brächte – und dann hinüberfliegen in die Ewigkeit!

Er wollte sie an sich ziehen, als könne er die jählings unterbrochene Brautnacht nun endlich fortsetzen; doch da stand Sara vom Schemel auf und trat an das vergitterte Fenster. Er sah, daß sie mit den Tränen kämpfte.

»Was ist?«

Stumm wandte sie sich ihm wieder zu und faltete die Hände vor der Brust, als bitte sie ihn um Vergebung. Endlich sagte sie: »Ich bin dein Weib … aber ich kann's nicht. Nicht jetzt … noch nicht.«

Sie wischte sich mit der Hand über die Augen; dann, ohne einen Prolog zu machen, erzählte sie ihm von ihren Besuchen bei der Witwe Ancel und ihrem kleinen Sohn, welcher unter dem Schlag verstummte, der den Kopf seines Vaters vom Rumpfe getrennt.

Ihr knapper, beinahe lakonischer Bericht stürzte Eulogius, noch eben wie berauscht von der Glut seines Verlangens, aus allen Himmeln herab. Ein dumpfer Groll stieg in ihm auf. Warum erzählte sie ihm dies? Warum gerade jetzt? Warum mußte sie ihm den Taumel des Glücks, den letzten, der ihm vergönnt war, durch diese Geschichte verderben? In frostigem Tone sagte er:

»Das Vaterland nimmt sich der Kinder der Hingerichteten an und gewährt ihnen eine kostenfreie Erziehung. Für diesen jungen Ancel ist also gesorgt.«

»Gesorgt?« Sara sah ihn bestürzt an. »Dem Jungen hat es die Sprache verschlagen seit jenem fürchterlichen Tage.« Und indem eine plötzliche

Röte, Zornesröte, ihr Gesicht überzog:»Mein Gott, Eulogius, habt ihr wohl je, als ihr eure Urteile fälltet, an die Mütter und Kinder gedacht?«»Wir hatten Schuldige zu überführen und zu richten«, gab er zurück, »kein Gericht der Welt kann Rücksicht auf deren Familien nehmen.« Im gleichen Moment bereute er seinen gereizten Ton, wollte er doch jetzt keinen Streit mit ihr haben.

»Selbst wenn sie vor dem Gesetze schuldig waren«, sagte Sara,»habt ihr, hast du denn nie dieses ungeheure Mißverhältnis zwischen Schuld und Strafe empfunden?«

Die Hände in den Strohsack gekrampft, starrte Eulogius vor sich hin. War sie etwa nur gekommen, um ihn zu verklagen? Ein längeres Schweigen spannte sich zwischen ihnen, in dem er die trostlose Empfindung hatte, auch sie verloren zu haben.

»Du liebst mich nicht mehr!« sagte er tonlos.

Mit einer jähen Drehung ihres Körpers wandte sie sich ihm wieder zu. »Wenn ich dich nicht liebte, wäre ich dann hier? Hätt' ich dann die Reise auf mich genommen? Es ist nur ... ich weiß nicht mehr, wer ich bin ... weil ich nicht weiß, wer du bist ... als ob der Mann, den ich liebe, vor meinen Augen entzweifällt. In den einen, der immer zärtlich und gut zu mir war – und in den andern ...«

Sie verstummte.

»... der kalten Herzens die Verurteilten zum Schafott führte«, beendete er ihren Satz mit brutaler Sachlichkeit.»Das wolltest du doch sagen oder nicht?«

Sie trat auf ihn zu, ging in die Hocke, so daß ihr Gesicht dem seinen ganz nahe war, und schlang ihre Arme um seinen Hals.»Verzeih' mir, ich weiß ja, ich hab' kein Recht. Man macht dir und nicht mir den Prozeß. Trotzdem hoff' ich noch immer ... glaube fest daran, daß das Nationalgericht dich freisprechen wird. Aber ich will nicht, daß du mir fremd wirst ... Hab' noch so viele Fragen an dich.«

Diese Worte, die sie nur stockend hervorbrachte, waren aus einer so tiefen Not der Seele gesprochen, daß sein voriger Groll wie weggeblasen war. Daß sie noch an seinen Freispruch glaubte, war das nicht die Hoffnung, die trotzige Illusion eines liebenden Herzens? Nein, er würde, er durfte sie ihr nicht nehmen. Warum sie unnötig quälen ... Es war schlimm genug, daß er sie in diesen quälenden Zwiespalt gestürzt. Zugleich fühlte er sich hilflos, er wußte nicht, wie er ihr helfen konnte.

»Du fragst, wer ich bin? Ich weiß nur, daß ich nicht mehr der bin, der ich war. Die Haftzeit in der Abtei – es war eine einzige Schule der Ernüchterung. Mir ist, als hätt' ich mich selber verloren. Aber frag' nur, ich werde versuchen, dir zu antworten, so gut ich es vermag.«

Sara richtete sich auf und setzte sich auf den Rand der Pritsche neben ihn. Sie strich sich mit dem Finger über das weich gerundete Kinn, als suche sie nach dem richtigen Anfang.

»Ich hab' viel über dich und deine Laufbahn nachgedacht. Was hast du nicht schon in Deutschland alles an Anfeindungen und Verfolgungen erlitten, weil du mit unerschrockenem Mute, in Wort und Schrift, gegen die Kirche und die Fürsten gestritten. Man hat dich bespitzelt, verleumdet, vor die geistlichen Gerichte gezerrt, dich zuletzt gar des Landes verwiesen. Und in Straßburg gingen die Anfeindungen weiter, nachdem du das Haupt der demokratischen Partei geworden. All die Feuillants und die alten Anhänger Dietrichs, die gegen dich intrigiert und dich in ihren Zeitungen verleumdet, die ungeschworenen Geistlichen und Erzkatholiken, die dich am liebsten von der Kanzel geschossen hätten, die Ratsherren, die dich aus der Stadt verbannen wollten – mußte all dies nicht auf die Dauer dein Herz mit Bitterkeit füllen, ohne daß du selbst dessen gewahr wurdest?«

Sie sah ihn fragend an, doch er schwieg irritiert.

»Auch ich, auch meine Liebe konnte diese beständige Kränkung deines Stolzes nicht wettmachen. Denn Stolz und Ehre sind bei euch Männern das, was bei uns Weibern die Liebe ist. Ein Weib bringt sich um aus enttäuschter Liebe, ein Mann aus gekränkter Ehre – oder aber er sucht und findet Mittel, sie wiederherzustellen. Und wurde dir nicht Gelegenheit hierzu vermöge des mächtigen und furchtbaren Amtes, das du ergriffst? Du hast immer gesagt, du habest es für die Revolution getan, aber ging es dabei nicht auch und gerade um dich selbst?«

Jäh richtete er sich aus seiner halben Liegestellung auf und herrschte sie an: »Was fragst du mich nach meinen Beweggründen, wenn du glaubst, schon alles zu wissen?«

»Ich frage ja nur – und nur du kannst es beantworten.«

»Ich habe nie«, sagte er schroff, »auch nur einen einzigen meiner persönlichen Feinde vor Gericht gezogen, obschon es mir ein leichtes gewesen wäre.«

»Gewiß ... aber ist nicht auch Genugtuung dabei, über all jene, von denen man verleumdet worden und die einem die Ehre abgeschnitten, nun derart erhöht zu stehen und sie kraft Amtes bedrohen zu können?«

Zornentbrannt sprang er auf: »Seit wann käust du die Lügen und Denunziationen meiner Feinde wieder? Bist du nur gekommen, um mir den Dolch im Herzen umzudrehen?«

Sara, mit den Tränen kämpfend, ließ resigniert den Kopf sinken. Endlich sagte sie:

»Du willst mich mißverstehen. Gewiß hast du dir das Amt aus Verantwortung, Pflichtgefühl, Patriotismus aufgebürdet – aber war es das allein? Du weißt, wie weh mir zumute war, als du es antratest. Aber dann sagt' ich mir: Die Republik ist tödlich bedroht, da müssen strenge Maßnahmen sein. Und er wird schon das Rechte tun. Ich bin ja nur ein Weib, und versteh' nicht viel von Politik. Dann zog ich mit der Familie nach Barr. Der Herbst kam, und ich erfuhr nur noch wenig von dem, was in Straßburg geschah. Nach deiner Verhaftung aber hört' ich von nichts anderem mehr als von Exekutionen und Terror. Dich hieß man ›das Monster‹, und vor mir spie man aus. Ich wog alle deine Gründe, die furchtbaren Umstände dazu, und begriff doch nimmer. Und dachte verzweifelt: Warum trat er nicht von seinem Amte zurück?«

Sara hielt inne und sah ihn mit einem so traurigen Ausdruck an, daß er die Augen unwillkürlich zu Boden senkte. Er wollte etwas erwidern, aber der Mund war ihm wie versiegelt.

Endlich sagte sie, gleichsam an seiner Statt: »Du konntest nicht mehr zurück, denn wie wärst du vor dir selbst und den Freunden, vor der Volksgesellschaft und den Volksrepräsentanten dagestanden, wenn du dich jetzt gescheut hättest, deinen Worten auch die entsprechenden Taten folgen zu lassen? Wärst du ihnen nicht als Maulheld, gar als Feigling erschienen? Diesen Schandfleck auf deiner Ehre hättest du dir nimmer verziehen. Aber wäre der wahre Mut nicht gewesen, auf die verdammte Ehre und den verdammten Stolz zu pfeifen und einfach ›Nein!‹ zu sagen, und wenn man dich dafür hundertmal als Feigling, Drückeberger oder Verräter beschimpft hätt'?«

Eulogius stand vor ihr, von brennendem Schmerz erfüllt; einen Moment war ihm, als müßte er sie auf der Stelle züchtigen, weil sie es wagte, ihm, der schon das Totenhemd trug und darum alles Erbarmen und Mitgefühl seines Weibes verdiente, noch Salz in die offene Wunde zu streuen. Aber dann ließ er den erhobenen Arm sinken und sagte mit bebender Lippe:

»Warum hast du mich zum Manne genommen, wenn du mich so verachtest?«

»Mein Gott! Ich verachte dich doch nicht, ich versuch' ja nur zu begreifen, was mir keine Ruhe läßt ... auch wenn es sehr weh tut.«

Dies sagte sie in einem so inständigen Tone, daß er sich auf einmal ganz matt und wehrlos fühlte. Er trat ans Fenster und packte den eisernen Griff, als müsse er sich an ihm festhalten.

»Warum hast du dein Amt nicht niedergelegt nach der Verhaftungswelle vom zweiten November, da Saint-Just so viele Patrioten hinweggeräumt? Warum bist du da noch im Amte geblieben? Warum?« »Das hab' ich dir doch alles längst erklärt«, gab er gereizt zurück. »Um das Schlimmste zu verhindern. Um Saint-Just und seine Meute daran zu hindern, ihre mörderischen Pläne zu verwirklichen und den ganz großen Terror im Département zu exekutieren.«

»War's wirklich nur das? War's nicht auch aus Vermessenheit? ... Wolltest du nicht diesem neuen Tyrannen die Stirn bieten, ihm zeigen, wer auf dem Straßburger Schauplatz der Herr ist und das ›Schwert der Gerechtigkeit‹ führt? ... War's nicht ganz einfach auch ein Rivalenkampf, bei dem du nicht aufgeben konntest und über dem ein Menschenleben zur Nebensache wurde?«

»Genug!« stieß Eulogius hervor. »Willst du Fouquier-Tinville vorgreifen und gar selbst Tribunal spielen? Dann wärst du besser gar nicht gekommen!«

Sara sah ihn mit einem verzweifelten Ausdruck an. Stockend und unter Tränen sagte sie endlich: »Du weißt ja nicht, was es mich kostet, dir solche Fragen zu stellen. Komm' mir ja selbst wie ein Unmensch vor. Tu' es nur, weil ich nicht will, daß der Mann, den ich liebe, sich selbst betrügt. Und weil im Angesicht des Todes nichts Falsches und Unwahres mehr zwischen uns sein soll. Ich tu's um deinetwillen und um meinetwillen!«

»Geh! Ich bitte dich, geh!«

Sara sah ihn an, ohne zu begreifen. »Willst du das wirklich?«

»Geh!« schrie er.

Sie stand auf, nahm ihre Mantille und ging gesenkten Kopfes zur Tür. Als sie die Hand schon auf der Türklinke hatte, drehte sie sich noch einmal um und sagte sanft, aber bestimmt:

»Ich bitte dich nur um diesen Gefallen: Du hast soviel Mut bewiesen in deinem Leben. Sei auch dieses Mal mutig, indem du wahrhaftig bist mit dir selbst! Denk an das Wort des Apostel Johannes, von dem du deinen Taufnamen hast: ›Erkenne dich selbst, und die Wahrheit wird dich frei machen!‹ Tu es um unsrer Liebe willen! Dann erst hab ich dich wieder – und für immer ... Morgen komm' ich zurück.«

Als sich die schwere Eisentür hinter ihr schloß, wußte Eulogius nicht mehr, ob er träume oder wache: War dies wirklich seine Sara gewesen, die so zu ihm gesprochen, oder, wie der Schließer gesagt, der ›Engel des Jüngsten Gerichts‹?

Theodizee

Tags darauf, um die Mittagszeit ging Sara mit pochendem Herzen hinter dem Schließer her, der sie durch die dunklen und feuchten Gänge des Arresthauses Ste. Pélagie führte. Es war ihr elend zumute, sie fühlte sich überwach und gleichzeitig übernächtigt. Sie hatte keinen Schlaf gefunden; und hätte Nanette ihr nicht beigestanden und ihr immer wieder gut zugeredet, sie wäre wohl aus dem Heulen nicht mehr herausgekommen. Daß sie Eulogius so sehr gekränkt, daß er ihr zuletzt die Tür gewiesen – das hatte sie nicht gewollt, und daß es so weit gekommen war, konnte sie sich selbst nicht verzeihen. Da hatte sie sich auf der langen Reise alle Fragen zurechtgelegt, die sie ihm stellen wollte. Aber doch nicht sogleich und alle auf einmal. Sie hätte zuerst bei ihm ankommen müssen, sich ihm erst schenken müssen. Danach fragt es sich anders. Woher nahm sie das Recht, von der sicheren Warte der Lebenden, der Überlebenden aus, von ihm ein solch schmerzendes Einsehen und Selbsterkennen zu verlangen, statt ihm jetzt alles zu geben, was ein Weib ihrem Geliebten nur geben kann? Und wie sollte er denn – angesichts der ungeheuerlichen Verleumdungen, durch die man ihm die letzte Ehre abschnitt – ein ›mea culpa‹ ablegen können, ohne daß er das Gefühl haben mußte, alle seine geschworenen Feinde ins Recht zu setzen und das öffentliche Verdammungsurteil über ihn gar noch selbst zu billigen?

Der Schließer öffnete die schwere Eisentür zu seiner Zelle, und Sara trat ein. Eulogius saß auf dem Schemel vor dem kleinen Tisch, auf dem neben den Schreibutensilien ein verschnürtes Bündel Blätter lag. Als er ihrer ansichtig wurde, flog ein Lächeln über sein bleiches Gesicht. Er stand auf, sie stürzte in seine Arme. »Bitte sei mir wieder gut!«

»Es ist an mir«, sagte er, indem er ihr sanft über das Haar und die Wange strich, »dich um Verzeihung zu bitten ... Du weißt ja, die Mannesehre ist ein gar verletzlich' Ding. Ich ertrug's einfach nicht, daß just du, mein Weib, glaubtest, mir den Spiegel vorhalten zu müssen.«

Sie packte gleich ihre Tasche mit den kleinen Mitbringseln aus, um es nicht wie gestern wieder zu vergessen: ein frisches Brot aus echtem Weißmehl, ein großes Stück Ziegenkäse mit einigen Oliven, das sie auf dem schwarzen Markt erstanden, und eine Flasche Spätburgunder, welche Nanette ihr mitgegeben. Als Krönung überreichte sie ihm eine Dose mit feinstem Pfeifentabak, den sie vor Tagen bei einem Pariser Tabakhändler gekauft und der sie ein kleines Vermögen gekostet. Gerührt nahm er diese Kostbarkeiten in Empfang, zumal er seit seiner Überführung in dieses Arresthaus auch auf Mervilles kleine Wohltaten hatte verzichten müssen. Sie hatte auch ein Deckchen mitgebracht, das sie, nachdem er die Schreibutensilien und das Bündel Blätter abgeräumt, über den armseligen Holztisch breitete, dessen verschabte Platte von Kerben und Tintenklecksen verunziert war. Sie hatte sogar daran gedacht, die Flasche zu entkorken und den Korken lose auf den Flaschenhals zu stecken, denn sie wußte, daß man ihr eiserne und spitze Gegenstände wie etwa einen Flaschenöffner bei der Kontrolle am Eingang abnehmen würde.

Wortlos sah er ihr zu, wie sie den Tisch für sie beide deckte. Da es sonst keine Sitzgelegenheit in der schäbigen Zelle gab, zogen sie Schemel und Tisch an die Pritsche heran; sie nahm auf dem Schemel und er auf dem Strohsack Platz. Und dann brach sie das Brot, reichte ihm dazu den Ziegenkäse und die Oliven und fütterte ihn wie eine Mutter ihr Kind. Und er ließ es sich gerne gefallen und belohnte sie mit bald dankbaren, bald wehmütigen Blicken, und manchmal, zwischen zwei Bissen, lächelte er ihr zu.

Er trug, wie am Vortage, einen dunklen Baumwollkittel, darunter eines jener weißen Bauernhemden mit gestärktem Rundkragen, das sie Ludwigs Garderobe entnommen und ihm, gleich nach seiner Verhaftung, geschickt hatte. Er war frisch barbiert, so daß sein breites Kinn und die markigen Wangenknochen, das Sehnige und Männliche seines Gesichts, aber auch die weichen Züge darin wieder hervortraten: sein schöner Mund mit den gewölbten Lippen und den großen schwermütigen Augen mit den langen, mädchenhaft wirkenden Wimpern.

Da weder Trinkbecher noch Gläser da waren, ließen sie die Bouteille Wein im Wechsel von Mund zu Mund gehen, bis sie halb geleert war. All dies fand ohne Worte zwischen ihnen statt, denn es lag eine mit Wehmut vermischte Feierlichkeit über dieser Mahlzeit, die – das ahnten sie beide – wohl ihre letzte gemeinsame war. Sara bemerkte, mit welcher Andacht er das Weißbrot, den Käse und die Oliven verzehrte, langsam und ohne jene schlingende Hast, die ihm früher eigen gewesen. Auch den Wein nahm er in kleinen bedächtigen Schlucken, die er lange im Munde behielt.

Nachdem sie die Mahlzeit oder vielmehr das verspätete Frühstück geendigt, sagte er mit einem halb schmerzlichen, halb ironischen Lächeln: »Nun, diesmal kam das Abendmahl *vor* der Beichte!«

Er faßte die gebündelten Blätter, die neben ihm lagen und durch eine über Kreuz gebundene rote Kordel zu einem Paket verschnürt waren, und streckte sie ihr entgegen. »Dies sind meine *Confessions*, die ich dir hiermit zu treuen Händen übereigne. Es ist das Tagebuch meines Leidens und meiner Erlebnisse in der Abtei, zugleich die traurige Chronik unserer Revolution, die nach all dem Großen und Großartigen, das sie vollbracht, sich nun vor den Augen der Welt und zum Frohlocken all ihrer Feinde selbst zernichtet.«

Sara nahm das verschnürte Bündel entgegen, legte es auf ihren Schoß und hielt es mit beiden Händen bedeckt wie einen kostbaren Schatz. »Es fehlt nur in diesen *Confessions* – ich wurde dessen erst in den letzten Tagen gewahr – ein wichtiges Stück, wohl das wichtigste überhaupt. Du sollst es nun aus meinem Munde hören. Willst du?«

Sie nickte; und da sie den Andrang der Tränen hinter den Lidern fühlte, biß sie sich auf die Lippen und ermahnte sich selbst, jetzt tapfer zu sein, denn mit einer Heulsuse war ihm gewiß nicht gedient.

Er öffnete die Dose mit Tabak, die sie ihm mitgebracht, beroch und belobte das würzige Aroma; dann stopfte er sich seine weiße Meerschaumpfeife, entzündete ein Schwefelhölzchen und blies kleine blaue Rauchkringel in die Luft. Und für einen trügerischen Moment war Sara zumute wie an jenen gemütvollen Winterabenden, da sie, das zwölfjährige Mädchen, am Schachtische dem Pfeife rauchenden Vater gegenüber gesessen und sich an dem Kunststück ergötzte, wie er erst einen großen Rauchkringel in die Luft blies, und danach einen kleinen, welcher den großen durchdrang.

Nachdem er mit Genuß mehrere Züge aus der Pfeife getan, sagte er: »Wenn schon, will ich selbst aus dem Spiegel sprechen, vor er in Scherben geht. Will es jedenfalls nicht Fouquier-Tinville und seinen gekauften Kreaturen überlassen, über mich das Scherbengericht zu halten. Will es schon selber tun. Hab' ja lange genug vor Gericht die Anklage vertreten, weiß ja, wie man so etwas macht. Nur ich, ich allein, bin befugt, in meinem Prozeß die Anklage zu führen, weil niemand außer mir den *daimon* kennt, der von frühester Jugend an mein steter und stiller Begleiter war. Will also, vor man mich in die Grube wirft, meinem Mönchsnamen *Eulogius*, dem Schönredner, noch einmal Ehre erweisen. Ob von der Kanzel oder vom Katheder, ob von der Tribüne oder im Gerichtssaal, niemand redet so schön wie ich, nicht wahr, mein Liebchen? Will also noch einmal *schönreden*, aber nicht vom Schönen, Guten und Edlen, von Freiheit, Gerechtigkeit und Tugend, wie ich's immer getan, sondern vom *Bösen*, vielmehr vom *Gefühl des Bösen*, aus dem vielleicht erst das wirklich Böse entspringt. Und du, du allein sollst meine Richterin sein, meine Beichtmutter vielmehr, denn lieber kehr' ich als reuiger Sünder in deinen Schoß zurück als in den der Hl. Kirche.«

Er lachte über das anzügliche Wortspiel, ein unglückliches und gezwungenes Lachen, indes er sie aus seinen verschatteten Augen anblickte. Sara indes war gar nicht zum Lachen zumute; der seltsame, beinahe sarkastische Ton dieser Eröffnung und was er da Dunkles vom *daimon* raunte, beunruhigten sie. Angespannt saß sie auf dem Schemel und fühlte, wie ihr Herz klopfte.

»Jacques hat mir gebeichtet, Savany hat mir gebeichtet. Beide sind nicht mehr. Jetzt ist die Reihe an mir, und wer hätte mehr Recht auf mein ›confiteor‹ als du, das Weib, das ich liebe und das ich doch mit ins Unglück gerissen … Falls du aber betreffs meiner Tätigkeit als Öffentlicher Ankläger und Revolutionskommissar ein ›mea culpa‹ erwartest, so werde ich dich enttäuschen müssen. Denn ich habe meinem Auftrag gemäß gehandelt, den ich von den Volksrepräsentanten, von der Nation erhielt. Nun aber, da die äußeren Feinde zurückgeschlagen und die inneren gebändigt, da das Land der Vogesen der französischen Republik erhalten geblieben, schreien mich dieselben Leute, die mich dazu gedrängt, das Amt in der Stunde der nationalen Gefahr zu übernehmen und es mit Strenge zu handhaben, zum ›Blutsäufer des Elsaß‹ aus. Und da die Einheimischen es nicht wagen, gegen die neuen Despoten aufzumucken, welche die oberste Gewalt im Département ausüben und all die Bedrückungen über sie brachten, lassen sie nun ihren ganzen Haß an mir, dem ›Ausländer‹ und ›Hergeloffenen‹ aus. Doch genug hievon!«

Mit einem durch die Luft sausenden Handkantenschlag, bei dem Sara unwillkürlich zusammenzuckte, schnitt er das Thema ab. Dann fuhr er in milderem Tone fort:

»Nein, es ist eine andere Geschichte, die ich dir beichten will, eine Geschichte, die vor keinem Gerichtshof der Welt verhandelbar wäre. Die Rolle des Sündenbocks ist mir nämlich seit alters her vertraut, sie wurde mir schon früh in die Seele gebrannt. Ja, wenn ich mein Leben überdenke, kommt's mir so vor, als ob etwas in mir, das mehr Gewalt über mich hatte als mein freier und bewußter Wille, mich selbst immer wieder in Situationen und Fährnisse geführt, in denen ich unschuldig schuldig werden mußte – so oder so!«

Saras innere Anspannung – noch immer hielten ihre Hände seine gebündelten *Confessions* umklammert, sie hielt sich förmlich an ihnen fest – begann sich bei diesen Worten zu lösen. Es erleichterte sie, daß er endlich bereit schien, von *seiner* Schuld zu sprechen, statt von der Schuld der anderen.

»Schon im Jesuitenstift«, fuhr er fort, »erst recht als junger Studiosus der Philosophie, hat mich die Theodizee, die Frage nach der Rechtfertigung Gottes angesichts des Bösen in der Welt, mächtig beschäftigt. Diese alte scholastische Frage war im Grunde nur die Hülle, hinter der sich eine ganz andere Frage verbarg, auf die ich mein Leben lang eine Antwort suchte: Nämlich wie und wodurch das Böse oder vielmehr das *quälende Gefühl des Bösen* in meine Seele gelangt ist? Es ist nämlich viel älter als mein aufgeklärter Verstand, es reicht weit in meine Jugend und Kindheit zurück.

Es ist seltsam, wie man im Angesicht des Todes wieder zu seinen Ursprüngen zurückkehrt. Oft war ich im Geiste wieder im Haus meiner Kindheit. Alte Familienbilder und Szenen kamen mir da zurück. Oft ward ich von Albträumen aus dem Schlaf gerissen oder, im Dämmer des Erwachens, von rätselhaften Erscheinungen und Gesichten heimgesucht, die wohl aus dem frühen Buch meines Lebens stammen, aus dunklen und vergessenen Kapiteln, die ich immer unter Verschluß hielt – und die ich dir nun offenbaren will, so gut ich es vermag. Damit es wenigstens einen Menschen auf der Welt gibt, der mich nicht verurteilt, sondern versteht. Es sind zwar Bruchstücke nur, doch zusammen ergeben sie so etwas wie meine *persönliche Theodizee.*«

»Du weißt«, sagte Sara, ergriffen von diesem Prolog, »daß du mir alles anvertrauen kannst ... Da ich dich liebe, kann ich dich niemals verurteilen!«

Ein dankbares Aufleuchten in seinen Augen antwortete ihr. Nach mehreren Zügen aus seiner köchelnden Meerschaumpfeife legte er den freien Arm hinter den Nacken und senkte die Lider, wie um nach dem richtigen Anfang zu suchen.

»Ich schlürfte die Freuden der Kindheit sorgenlos ein am Ufer des Main, wo der Fluß am traubenreichen Gelände vorbeifließt. Ich fühlte mein Wachsen, fühlte mein Sein, schlummerte bald am rauschenden Bach, bald pflückte ich Blumen, bald bestieg ich den knorzigen Baum. Behütet fühlte ich mich, der jüngste Bub, von der Mutter. Gut und warmherzig war sie, voller Lebensfrische und Mut, mütterliche Trösterin und Gespielin meiner Kindheit und stets hilfsbereit gegen Dürftige und Waisen. Wenn Erntezeit war, lief ich barfuß über die Felder, um zu stoppeln. Die scharfen Spitzen stachen mir in die Füße. Die Mutter schnitt aus ihrem Rock einen Streifen und machte mir auf dem Felde kleine Socken daraus. So erfinderisch war ihre Mutterliebe. Oft wurde ich von den Nachbarsbuben gehänselt und als ›Muttersöhnchen‹ verspottet, da ich mich mit allen kleinen Sorgen und Fragen stets an die Mutter wandte, an wen auch sonst?

Vom Vater besaß ich nur ein undeutlich schemenhaft' Bild, denn er zog noch im Dritten Schlesischen Krieg den Uniformrock an und rückte ins Feld. Damals zählte ich drei oder vier Jahre. Ich vermißte ihn nicht, ja, es war mir noch später, als ob ich keinen Vater habe und auch keinen nötig habe. Erst durch Mutters Erzählungen nahm sein Bild eine gewisse Gestalt an, die sich mit den Bildern meiner knabenhaften Phantasie vermischte. Und so begann ich doch, mich nach der Rückkehr des Vaters zu sehnen: Als großen stolzen Mann stellt' ich ihn mir vor, hoch zu Roß und stattlich anzusehen in der blitzenden Uniform eines Grenadiers oder Husaren, als Ritter ohne Furcht und Tadel, der mich an seine starke Brust nehmen, mich an der Hand führen, mit mir ausreiten und die Wälder erkunden, Vogel- und Fuchsfallen stellen, Bogen und Armbrust schießen, fischen und Beeren sammeln und mich vor dem Mutwillen und Launen der älteren Schwestern ebenso beschützen würde wie vor den Hänseleien der Nachbarsbuben.

Dann, an einem kalten Winterabend, stand er auf einmal in der niedrigen Bauernstube, in zerrissenem Mantel, gebeugt und mit stumpfer Miene. Erst wollt' ich's nicht glauben, daß dieser einsilbige, mürrische, fast kahlköpfige Mann, dem die Mutter und die Schwestern weinend um den Hals fielen, mein Vater sein sollte. Nicht einmal auf den Arm nehmen konnte er mich; um seinen Armstumpf war ein dreckiger Lappen gewickelt. Maßlos war meine Enttäuschung. Einen strahlenden Helden und ruhmreichen Krieger, die Brust mit Ordensbändern und Tapferkeitsmedaillen behängt, hatt' ich erwartet; statt dessen kam nun ein finster dreinblickender, wortkarger Invalide zurück aus dem Kriege, den die Österreicher und die mit ihnen verbündeten Bayern gegen den Großen Friedrich verloren hatten. Den Arm riß ihm ein preußischer Böller ab; dafür hatte die ihm verbliebene Hand einen um so härteren Schlag, als wolle er seinen Kindern, dem Gesinde und sich selbst beweisen, daß diese die Kraft von zweien besitze.

Jäh wurde ich aus den Spielen der Kindheit und der glücklichen Harmonie mit der Mutter gerissen. Für den Vater war ich nur ein verwöhnter Nichtsnutz. Nun mußt' ich vor Tag und Tau mit dem Gesinde aufstehen und hinaus mit aufs Feld, mit der Hacke die steinigen Böden bearbeiten, schwere Hölzer spalten, Tannen- und Birkenreiser sammeln, Torf stechen, die Ställe ausmisten und dem Vater beständig zur Hand gehen, ihm den verlorenen Arm ersetzen. Nicht, daß ich nicht gerne mit angepackt hätte, um ihm zu zeigen, daß auch ich ein tüchtiger Bursch sei und kein verwöhnter Tunichtgut. Aber nie konnte ich ihm etwas recht machen, an allem, was ich tat, hatte er etwas zu mäkeln. Vom Gespielen und Liebling der Mutter ward' ich gleichsam zum Hausknecht degradiert, der fast immer nur Tadel erntete. So büßt' ich die glückliche Kinderzeit durch zu früh erzwungene Erwachsenheit.

Ich litt aber auch unter dem Anblick der Mutter, deren Leben sich schlagartig änderte. Solange der Vater im Kriege war, hatte sie zusammen mit ihrem Bruder das Regiment im Hause geführt. Mit unermüdlichem Fleiße, mit Besonnenheit und Tatkraft, wie man sie sonst nur einem Manne nachsagt, führte sie die Wirtschaft, befehligte sie das Gesinde und besorgte die Geschäfte des Weinhandels. Obschon von zierlichen Gliedmaßen, packte sie selber kräftig mit an: beim Pflügen des Weinbergs, beim Ernten und Keltern der Trauben, beim Mähen der Wiesen, beim Dreschen des Korns und selbstredend bei allen im Hause anfallenden Arbeiten. Jetzt aber, nach der Rückkehr des Vaters, ward sie mit einem Male all ihrer bisherigen Verantwortlichkeiten enthoben und wieder ins Haus verbannt, in die Küche, ans Spinnrad und duckte sich unter der Fuchtel ihres gestrengen und mürrischen Gebieters. Manchmal sah ich sie mit geröteten Augen am Spinnrad sitzen, weil der Vater ihr wieder über den Mund gefahren, sie gar vor dem Gesinde gescholten hatte. Vorbei war's jetzt auch mit den schönen und gemütvollen Abenden, da sie ihre Kinder in der guten Stube versammelte und uns bei Kerzenschein aus den alten Märchen- und Sagenbüchern vorlas. In des Vaters Augen war dies alles nur dummes und kindisches Zeug. Und so verschwanden wir Kinder gleich nach dem Nachtmahl in die Kammer, während die Mutter ihrem verbitterten Manne eine traurige Gesellschaft leistete. Mag sein, daß die Verkrüppelung sein Gemüt so verfinstert; da er indes kein Mitleid mit der Mutter hatte noch mit mir, seinem Jüngsten, hatt' ich auch keines mit ihm.

Bis zur Rückkehr des Vaters war meinem Bewegungs- und kindlichen Forschungsdrange kaum eine Schranke gesetzt, und ich war schon ein rechter Wildfang geworden. Jetzt aber sah ich mich plötzlich in ein strenges Regelwerk von Verboten und Geboten gepreßt, dem ein genau abgestuftes System von Strafen entsprach. Bei Widerworten setzte es Backpfeifen und Katzenköpfe, das heißt ›Kopfnüsse‹. Wurde ich beim Naschen ertappt oder trieb mich mit den Nachbarbuben herum, so daß ich zu spät zum Nachtmahl erschien, setzte es die Rute. Und bei – seinem Begriffe nach – ganz schweren Verfehlungen, wenn er mich beispielsweise beim Lügen ertappt oder wenn sich ein Nachbar über mich beschwert, strafe er mich mit der neunschwänzigen Katze, einer Peitsche, deren durch Knoten verdickte Riemen besonders auf der Haut schmerzten. Und wehe, ich heulte und jammerte während des Vollzuges! Dann setzte es noch Hiebe dazu. Denn ein Junge, der weint, so lernte ich nun, sei eine Memme, ein Feigling, aus dem niemals ein rechter Mann werden könne. Nach jeder Bestrafung aber hielt er mir eine Predigt, damit die Strafe mir auch eine Lehre sei.

Da ich mich durch ihn aller Freuden der Kindheit beraubt fühlte und eine entsetzliche Furcht vor ihm hatte, da ich zugleich sah, wie die Mutter unter ihm litt, begann ich ihn auf eine dumpfe Weise zu hassen. Doch vergrub ich den Haß tief in meinem Herzen, denn es steht ja geschrieben: ›Du sollst Vater und Mutter ehren!‹ Bei allem äußerlichen Gehorsam, den ich meinem Erzeuger schuldete, legte ich gegen ihn eine trotzige oder gleichmütige

Verschlossenheit an den Tag. Doch schwor ich mir damals, die Mutter zu *retten*, und sie eines Tages zu mir zu nehmen, wenn ich erst auf eigenen Füßen stünde. Daß dieses Gelöbnis bloßer ohnmächtiger Vorsatz bleiben mußte, steigerte mit den Jahren noch meine heimliche Erbitterung gegen den Vater.

Dabei war er im Grunde ein rechtschaffener Mann. Mit unermüdlichem Fleiße bestellte er Acker und Hof und wachte über das Gesinde. Er war von einer tiefen Gottesfurcht erfüllt und ertrug alle Schläge des Schicksals mit Demut und Fassung. Nie hörten wir eine Klage von ihm, trotz der häufigen Schmerzen, die er infolge eines am Unterleibe empfangenen Bajonettstichs litt. Nie sah man ihn weinen, nur bei Orgelvespern und Kirchenkonzerten trat ihm manchmal das Wasser in die Augen. Nie wäre ein aufmüpfiges Wort gegen die Obrigkeit oder gegen die Kirche über seine Lippen gekommen. Seine Gottesfurcht war so groß, daß er ohne weiteres wie Abraham den eigenen Sohn geopfert hätte. Seine Frömmigkeit und seine Sparsamkeit gestatteten ihm keine Vergnügungen. Er trank nicht, er spielte nicht, er ging nicht einmal zur Kirchweih. Sein einziges Laster war seine erbarmungslose Gerechtigkeit, die er auch als Mitglied des Dorfgerichtes oft genug unter Beweis stellte.

Ich erinnere mich, daß ich des öfteren von Unfällen phantasierte, die dem Vater zustoßen: wie er unter ein Ochsengespann geraten oder während der Heuernte vom Blitz erschlagen ward. Dabei hatte ich selbst eine furchtbare Angst vor Gewittern, und die abergläubische Vorstellung, daß jeder Blitz es just auf mich abgesehen, plagte mich noch in späteren Jahren. Nach der katholischen Lehre ist ja nicht nur Böses tun, sondern auch Böses denken, eine Sünde, die man beichten muß. Aber ich behielt lieber dieses Gefühl der Sünde und Schuld, als es dem Priester zu offenbaren. Ich glaubte, ein Recht auf meine bösen Gedanken gegen den Vater zu haben, und wollte sie daher nicht beichten.

So war schon das Herz des Knaben zwiegeteilt: neben der Liebe zur Mutter gärte wie ein giftiger Brodem der Haß auf den Vater. Ich weiß nicht, welches Gefühl ihm gegenüber stärker war: Haß oder Furcht. Wenn er mich in sein Zimmer rief, zitterte ich, noch eh' ich den Grund wußte. Denn er war unbeirrbar in seinem System von Geboten, Verboten und Strafen, ließ niemals Gnade vor Recht ergehen, kannte keine Milde und Nachsicht ...«

»Aber, Lieber«, unterbrach ihn Sara bewegt, »erkennst du denn nicht diesen Zug des Vaters auch an dir? ... Die Strafpredigt *nach* der Vollstreckung, damit die Strafe dir auch eine Lehre sei ...«

Eulogius' Miene gefror. »Wenn es einen Menschen auf der Welt gab, dem ich nicht ähnlich werden wollte, dann war es mein Vater!«

Kann's denn sein, fragte sich Sara bestürzt, daß wir das, was uns selber angetan worden, als wir noch kleine, hilflose Menschlein waren, später blindlings an anderen vollstrecken, ohne auch nur zu ahnen, was da mit uns geschieht?

Ihre Einlassung hatte ihn sichtlich verwirrt, denn er brauchte eine Weile, bis er den Faden seiner Erzählung wiedergefunden hatte:

»Je strenger der Vater mit mir verfuhr, desto mehr und wie zum Trotze verwöhnte mich die Mutter. Sie sparte sich ihren Nachtisch, die rote Grütze oder das Apfelmus, für mich auf, sie schob mir heimlich Naschwerk und Plätzchen zu und bestickte meine erste Weste mit den hübschesten Ornamenten. Sie steckte dem heranwachsenden Knaben ihre ersparten Kreuzer zu, damit er sich hiervon beim Krämer die ersehnten Dinge wie Feuerstein und Taschenmesser, Schnur für die Angel und Sehnen für den Flitzebogen kaufen konnte. Sie lehrte mich in ihren müßigen Stunden Lesen und Schreiben anhand der Hl. Schrift, noch bevor mich der Dorflehrer, ein alter Stubenheizer, unterrichtete. Und kein Abend verging, da sie nicht an meinem Bette saß und, nachdem das Nachtgebet gesprochen, mich herzte und mit den innigsten Wünschen in den Schlaf geleitete. Wenn ich auch dem Vater nichts recht machen konnte und immer nur von ihm Tadel erntete, dann war's bei der Mutter das Gegenteil. Sie war entzückt über meine ersten Kritzeleien auf der Pappe, entzückt über meine helle und reine Knabenstimme. Als ich mit acht Jahren im Kirchenchor sang, glaubte sie, die ›Engelsstimme‹ ihres Johann genau herauszuhören, und daß sie die schönste, die reinste von allen Knabenstimmen sei. Und wie entzückt war sie erst, als ich, unter der Anleitung des Kanonikus Valentin Fahrmann, der oft im Hause unserer Familie verkehrte, Lateinisch zu lernen begann. Beim Feiertags-Kränzchen, wenn die Muhmen, Basen und Vettern zu Besuch kamen, mußte ich stets kleine Kostproben meiner Gelehrigkeit geben, indem ich lateinische Wendungen aus der Messe verdeutschte oder aus der Bibel zitierte. Welche Augen da die Basen und Muhmen und die Geschwister machten!«

Ein Lächeln huschte über sein Gesicht, und das Aufleuchten seines Blicks war wie der Abglanz jener Erinnerung an das allgemeine Entzücken, das die Talentproben des gelehrigen Knaben im Familien- und Verwandtenkreis ausgelöst hatten. Dann fuhr er in wieder ernüchtertem Tone fort:

»So wuchs ich in einem verwirrenden Widerspruch auf: Für den Vater war ich der verwöhnte Bengel, der Missetäter und Schandbube, den er Mores lehren wollte, für die Mutter dagegen der empfindsame, von Gott

599

gesegnete Knabe, der heimliche Abgott ihres Herzens, aus dem einmal etwas ganz Besonderes werden sollte. Während der Vater mir das Gefühl meiner Nichtigkeit eingab, pflanzte die Mutter mir die Empfindung ins Herz, ein außergewöhnlicher Knabe zu sein. So schwankte und wankte mein junges Selbst beständig zwischen Ohnmachtsgefühl und Auserwähltheit. Nur soviel schien mir schon frühe gewiß: daß mich die Vorsehung zu künftigem Ruhme bestimmt habe, gleichviel, wodurch ich diesen einmal erlangen würde.

Je größer und verständiger ich wurde, desto mehr zog mich die Mutter in ihr Vertrauen, teilte mir all ihre Freuden und Sorgen, ihre Hoffnungen und ihren Kummer mit; selbst das, was sie nicht aussprach, konnte ich bald aus ihren Zügen lesen. So wuchs in mir die stolze Empfindung, daß ich ihr sehr nahe war und ihr viel mehr bedeutete als der Vater. Dies gab mir ein heimliches Gefühl des Triumphes ein, das zugleich mit Verachtung gegen meinen Erzeuger gepaart war: Er hatte nicht vermocht, sich das Herz seiner Frau zu gewinnen. Wenn er mich auch noch so hart in die Pflicht nahm, noch so oft tadelte und bestrafte, ich wußte: Im Grunde bin ich ihm über! Bei der Nachricht von seinem Tode – damals war ich schon Professor zu Bonn – fühlte ich keinen Schmerz und keinerlei Trauer. Als ich später die Eintragung im Wipfelder Sterberegister las – ›Jakobus Michael Schneider, Vater des berühmten Eulogius Schneider, Professor zu Bonn‹ –, empfand ich vielmehr eine sattsame Genugtuung. Zwar hatte ich die Mutter nicht vor ihm bewahren und retten können, aber ich hatte ihn in den Augen der Welt besiegt!«

Sara fröstelte bei diesen Worten, die er im Tone desselben Triumphes vorbrachte, den er wohl damals beim Tod seines Vaters empfunden. Zugleich stellte sie sich ihren Schmerz vor, wenn sie einmal ihren geliebten Vater verlöre.

Nachdem er etliche Rauchwölkchen in die Luft geblasen, fuhr er fort – nun aber im Moll-Ton der elegischen Klage: »Wer zieht die Fäden hinter der Bühne des Lebens, während wir wähnen, nur unserem eigenen freien Willen zu folgen? Die Macht des Schicksals oder die Macht der Erziehung, von der Rousseau in seinen *Confessions* ein so bewegendes Zeugnis gibt? ... Merville pflegte zu sagen: ›Erziehung – das ist die Summe der Einflüsterungen, der Suggestionen, die man uns früh in die Seele senkt, als wir noch gar keinen freien Willen hatten‹ ... Wenn ich mein Leben überdenke, ist mir's, als habe eine unbekannte Macht, die stärker war als mein freier Wille, mich immer zwischen zwei Polen hin- und hergeworfen, ja, als sei es mir vorherbestimmt, Liebling oder Sündenbock, Genius oder Nichtsnutz, Idol oder

Schandbube zu sein. Und wenn ich ersteres nicht mehr sein konnte, mußt'
ich wohl oder übel zu letzterem werden. Nie ward mir und meinem Wesen
das Mittlere, die natürliche und vernünftige Mitte, der versöhnende Ausgleich zwischen diesen beiden Extremen vergönnt, so sehr ich mich auch
darum mühte. Mutters ›Liebling‹ und Vaters ›Sündenbock‹ – zieht sich dieser schroffe Gegensatz denn nicht durch meine ganze Lebensbahn? ... Bald
war ich hochgerühmter Prediger und Aufklärer, bald verleumdeter und ver-
folgter Ketzer, bald gefeierter Reformator, bald Netzbeschmutzer der Kirche,
bald gepriesener Apostel der Freiheit, bald der Antichrist in personam, bald
umjubelter Volkstribun, bald ›hergelaufener Ausländer‹, den man mit Sack
und Pack aus der Stadt jagen wollte. Rief man mir gestern noch ›Hosianna!‹
zu, so schreit man heute: ›Kreuziget ihn!‹ Eben noch der ›Marat von Straßburg‹, bin ich jetzt der ›zweite Caligula‹, ein ›Ungeheuer, das nach Frankenblut dürstet‹. ... Ich bin nicht abergläubisch, aber manchmal ist mir's jetzt
doch, als hätten die Toten mehr Gewalt über uns als die Lebenden; als habe
mich der gute Geist der Mutter für die Kanzeln und Tribünen des Ruhms,
der böse Geist des Vaters dagegen für die Schande des Prangers und des
Schafotts bestimmt. Vielleicht ist es das, was ich mir von dir ersehnt habe: die
Versöhnung der schroffen Gegensätze meiner Natur.«

Wie gebannt saß Sara auf ihrem Schemel. So hatte sie ihn noch nie spre-
chen hören. Seine rhapsodische Beredsamkeit, dieses fast rauschhafte
Bekennen, in das er sich hineingesteigert, machte sie schwindeln; und es
war ihr ähnlich zumute wie damals, als sie ihn das erste Mal im Straßburger
Münster hatte predigen hören und sein wie im Sturme vorgetragenes Evangelium der Befreiung einen solchen Orkan der Begeisterung ausgelöst hatte.
Nur daß er jetzt, in ebenso gewaltigen Worten und Bildern wie damals, das
Fatum, das über seinem eigenen Leben waltete, mit bestürzender Klarheit
ausgesprochen hatte – und daß es seine letzte große Predigt, seine Ab-
schiedspredigt war: für sie allein, seine Braut und Geliebte!

»Willst du weiter hören?« fragte er sanft, da er sah, daß sie mit den Tränen
kämpfte.

Sie nickte tapfer und schluckte den Schmerz herunter.

»Das Gefühl, ein verworfener Knabe zu sein, den gerade das Sündhafte und
Verbotene lockte, hatte freilich noch eine andere, eine ganz besondere
Bewandtnis.« Er hielt inne und nahm verlegen ihre Hand. »Weißt du, woher
der Ring stammt, den du am Finger trägst?«

Sara schaute erst auf den Ring, dann zu ihm: »Sagtest du nicht, du habest
ihn bei einem Goldschmied erworben?«

Er schüttelte den Kopf. »Die Wahrheit ist: Er stammt von meiner Schwester Marie. Ich schenkte ihn ihr, als ich sechzehn Jahre alt war, und zog ihn ihr wieder vom Finger, als sie tot auf der Bahre lag.«

Sara fröstelte. Sie hatte nicht geahnt, daß sie den Ring einer Toten trug. Unwillkürlich faßte sie ihren Ringfinger und suchte den Ring zu drehen; doch er saß fest, wie angegossen.

»Marie war mir die liebste unter den Schwestern. Sie war ein Jahr jünger als ich, und die gleichsam natürliche Gespielin meiner Kindheit. Für sie war ich nicht, wie für die älteren Schwestern, der kleine, sondern der große Bruder. Und sie übertraf alle anderen Schwestern an Liebreiz und Zartheit des Gemüts. Die Natur hat mir zwar kräftige Gliedmaßen gegeben, kräftige Arme und Beine und eine starke Brust, aber der heranwachsende Jüngling litt doch immer darunter, daß er nicht die Größe eines stattlichen Mannsbildes erlangt hatte. Marie aber bildete gleichsam das zierliche Gegenstück zu mir, als habe der Schöpfer uns beide nach dem Bilde von Amor und Psyche gestaltet: Sie war ebenso groß wie ich. Alles an ihr aber war fein und zierlich gestaltet, die Gliedmaßen, die Taille, der Hals, das Gesicht. Und dabei war sie mir doch so ähnlich: dieselben Augen, derselbe Mund, dasselbe schwarzbraune Haar. Und wie liebte ich ihr glockenhelles Lachen!

Mit einem klammen Gefühl in der Brust saß Sara auf ihrem Schemel, noch immer den Ring an ihrem Finger betastend, der von der Hand einer Selbstmörderin stammte. Unwillkürlich dachte sie an die verliebten und glücklichen Tage, die sie mit ihm zusammen in Hagenau verbracht, da er sie als seine ›jüngste Schwester‹ ausgegeben. Wie hatten sie beide über diese kleine Komödie gelacht, die sie den biederen Bürgern vorspielten! Die Vorstellung, daß sie damals, ohne etwas davon zu ahnen, die Nachfolge der toten Schwester in seinem Herzen angetreten, gleichsam ihre Stellvertreterin war, bereitete ihr Herzklopfen. Ja, ihr Herz pochte so laut, daß sie glaubte, er müsse es hören. – Er aber schien in Gedanken ganz woanders zu sein; versonnen und selbstvergessen schaute er in Richtung des vergitterten Fensters, wobei ein glückliches Lächeln seinen Mund umspielte. Sogar das Rauchen schien er darüber vergessen zu haben; die Hand, welche die Pfeife hielt, lag unbeachtet auf seinem Schoß.

»Welch ein Aufatmen, wenn der Juli nahte und der Jesuitenzögling für ein paar Wochen wieder in die Freiheit entlassen wurde! Ja, Freiheit – denn auch der Vater hatte nun so viel Respekt vor meinen Bibelkenntnissen und meinem Latein, daß er mich fortan in Ruhe ließ. Welch eine Freude, die Mutter wiederzusehen und mit Marie durch die Felder und Wälder zu streifen oder am Ufer des Mains entlangzuspazieren! Wir gingen Arm in Arm wie ein

Liebespärchen – und dachten uns kaum etwas dabei. Bald las ich ihr die ersten Proben meiner Jünglingsphantasie, Verse und kleine Gedichte vor; und zu meinem Erstaunen behielt sie einzelne Stücke so gut, daß sie sie auswendig wußte. Welch ein Glück, wenn wir beide zur Weinernte im großen Holzfaß standen und im Gleichtakt die süßen und saftigen Trauben stampften! Oder wenn wir heimlich in einem abgelegenen Weiher badeten. Da sah ich sie das erste Mal mit den Augen des Jünglings, erblickte sie in ihrer Mädchenblüte. Ein Weib, ein wunderschönes Weib war sie geworden, mit vollen runden Lippen, Brüsten wie junge Salatköpfe und runden Hüften wie die mediceische Venus.«

Sara sah, wie seine Wangen sich färbten; noch jetzt, zwanzig Jahre danach, errötete der erwachsene Mann bei diesem Geständnis. Und als ob er sein Erröten selbst bemerkte und sich vor ihr schämte, senkte er unwillkürlich die Augen zu Boden.

»War's denn meine Schuld, wenn dem heranwachsenden Adamssohne die Eva zuerst in Gestalt seiner leiblichen Schwester erschienen? Und daß die Natur sie so lieblich und mit allen Reizen des Weibes gestaltet? War ich verdammt, nur weil ich diesem Bilde, das mich seit frühster Jugend umschmeichelt, nicht widerstehen konnte ... Wenn die Dämmerung einfiel, stiegen wir manchmal alleine auf den Bodenraum des alten Ziegelställchens und liebkosten einander. Und da ich nun einmal ein verworfener Knabe war, berührte ich ihren jungfräulichen Leib – und sie berührte mich. Die sündhaften Spiele banden uns noch inniger aneinander, mehr, als es Bruder und Schwester erlaubt ist. Doch dies blieb unser süßes verruchtes Geheimnis. Und nie sollte irgend jemand, weder ein Freund, noch ein Pfaff' hievon erfahren ... Du bist die erste, die es erfährt – und die letzte!«

Langsam hob er den Kopf, die Wangen noch immer von Schamröte verfärbt, und sah sie an, ein bittender, beinahe flehender Blick, als ob er sich von ihr ein erlösendes Wort erhoffe. Doch Sara wußte nicht, was sie sagen sollte; sie war noch ganz verwirrt von der Entdeckung, daß seine Liebe zu ihr gleichsam die Fortsetzung einer verbotenen und nie erloschenen Bruder-Schwester-Liebe war.

»Marie schrieb mir oft nach Würzburg, wo ich inzwischen das freie Studentenleben genoß. Als junger Adept der Philosophie entdeckte ich die Spannkraft meines Geistes, war voller Unternehmungsgeist und literarischer Pläne. Aber immer wieder ward ich von trüben und schwermütigen Stimmungen niedergedrückt, gegen die ich nicht ankam. Zuweilen lag auch in Maries Briefen ein so wehmütiger Ton, daß es mich schmerzte. Ich wußte, daß wir uns voneinander losreißen mußten. Ich war ihr Bruder, ihr Geliebter durft' ich nicht sein.

Nun, ich brach unseren heimlichen Bund, indem ich mit einer hübschen Dienstmagd anbändelte, die mir täglich das Essen aufs Zimmer brachte. Als die Sache ans Licht kam und ich öffentlich Kirchbuße tun mußte, war's für Marie, als hätte ich sie verraten. Sie warf sich an den Nächstbesten fort, an einen Handwerksgesellen, der ihrer nicht wert war. Als ich es erfuhr, war ich außer mir vor Eifersucht. Kaum in Wipfeld angekommen, fuhr ich wie ein rasender Stier zwischen sie und ihren Verehrer und trieb die beiden auseinander. Ich hatte kein Recht dazu, aber ich war nicht mehr Herr meiner Sinne. Daß meine Marie sich an diesen biederen Tropf weggeworfen, ich konnt's nicht ertragen. Einige Wochen später ging sie ins Wasser. Manches Mal danach habe ich selbst auf der Mainbrücke gestanden, kurz davor, ihr nachzufolgen.

Ihr Tod war der Mühlstein um meinen Hals. Ich sah darin die Strafe Gottes für meine sündhafte Liebe und mein lasterhaftes Studentenleben. Dabei war ich längst zum ›ungläubigen Thomas‹ geworden. Der Anblick ihres Leichnams machte mich wieder zum reuigen Sohn der Kirche. Wie oft hielt ich in meiner Bamberger Klosterzelle nicht stumme Zwiesprache mit der toten Schwester, wie oft erschien sie mir nicht als Traumgesicht!«

»Und das hast du dein Leben lang mit dir herumgeschleppt?« brach es voller Mitgefühl aus Sara heraus. »Hast es niemandem anvertraut? Und dir selbst nie verzeihen können?«

Er schüttelte stumm den Kopf.

Da drückte sie sein Gesicht an ihre Brust, streichelte, küßte und tröstete ihn wie eine Mutter ihren verlorenen Sohn.

»Merville hatte wohl recht«, sagte er endlich, indem er sich mit dem Ärmel die Augen wischte, »ich brauche wohl eine Beichtmutter statt eines Beichtvaters. Auch unter diesem Betracht sind die Priester ganz überflüssig: Jeder Mann gehe bei seinem Weib zur Beichte – und die Absolution gibt's entweder gar nicht oder in ihrem Schoße!«

Er lachte mit nassem Auge. Sara setzte sich ihm auf den Schoß und schlang die Arme um seinen Hals. Jetzt war er ihr wieder nahe, so nahe, wie lange nicht mehr, und sie empfand ein so heftiges Verlangen nach ihm, daß sie sich wie von Sinnen fühlte. Wenn er sie jetzt haben und lieben wollte, und sei es hier, auf seinem feuchten Strohlager oder dem harten Steinboden, gleichviel – sie würde sich ihm hingeben und ihm alle Lust und Vergebung gewähren. Ihn erlösen und glücklich machen, mit ihm eins werden und verschmelzen in Liebe und Schuld und Tod – dies war ihr einziger Gedanke.

»Meine Beichte ist freilich noch nicht zu Ende,« sagte er, indem er sich mit sanftem Druck aus ihrer Umarmung löste.

Da fiel sie heraus aus der Woge des verschmelzenden Gefühls, das sie eben überflutet hatte; und jäh wurde ihr bewußt, daß er ja bislang nur von alter Schuld und Scham gesprochen, aber noch kein Wort von jener anderen Schuld, bei der, wenn sie nur daran dachte, ihr Gefühl ihm gegenüber sich wieder auf schmerzhafte Weise zerteilte. Sie ließ von ihm ab und setzte sich wieder auf den Schemel.

Mit schwermütigem Ernste setzte er seine persönliche Theodizee fort: »Indem ich die Kutte nahm, beging ich – so scheint es mir heute – eine Todsünde wider meine eigne Natur. Ich verriet nicht nur meine besseren Gesinnungen und weltlichen Neigungen, die Philosophie und die Literatur, ich verriet auch das Leben und meinen Anspruch auf Glück. Ich haßte die Kirche und die Pfaffen – und war nun selber einer. Indes war mein Glaube nur eine morsche Planke, längst zerfressen vom Wurme des Zweifels und meiner aufgeklärten Vernunft. Und so stellte ich mich bald wieder unter das Banner der Aufklärung, das ich verlassen. Es war mir ein echtes, ein Herzensbedürfnis, für die großen und hellen Ideale des Zeitalters zu streiten, hier fühlte ich meine wahre Berufung, meine Stärke, meine Zukunft, zumal mich Natur und Erziehung mit vielen Talenten gesegnet, die ich nutzbringend für die Menschheit anzuwenden hoffte. Indem ich von Kanzel und Katheder herab die hellen Grundsätze des Jahrhunderts predigte und bei manchen Gelegenheiten meinen Bürgermut vor Fürstenthronen, meine Freiheitsliebe und meinen Gerechtigkeitssinn bewies, gehörte ich wieder in die Gemeinschaft der Guten, der Gerechten und Rechtschaffenen. Vernunft, Aufklärung und Philosophie waren nunmehr in großen Lettern auf die Stirnseite meines neuen Hauses geschrieben – und doch und doch! – die alten Kellergespenster hausten noch immer darinnen. Wo sie aber einmal auftauchten und ihre häßliche Fratze zeigten, tat ich sie als Ausdünstungen und Einbildungen des Aberglaubens ab, dem ich, wie alle aufgeklärten Geister, den Krieg erklärt hatte.

Ich zählte zur Vorhut der Epoche und der Aufklärung in Deutschland, führte sie bald sogar an, und dieses stolze Bewußtsein brachte das alte quälende Gefühl des Bösen für eine Zeitlang zum Schweigen. Bald war mein Name in aller Munde und in allen Gazetten. Der Ruhm schmeichelte nicht nur meiner Eigenliebe, er klang in meinen Ohren auch wie eine Vergebung für meine Schuld. Es war ein Irrtum! Denn die Welt, das anonyme Publikum, kann einem nicht vergeben; der Ruhm, der Beifall der Vielen, ist nur ein schlechter Ersatz für das verlorengegangene gute Gewissen und für das

tiefe Bedürfnis, von *einem* Menschen erkannt, geliebt und das heißt: losgesprochen zu sein … Ein böses Gewissen, pflegte die Mutter zu sagen, ist
wie ein Ofen, der immer raucht.« Er hielt einen Augenblick inne und schloß die Augen. – Was er soeben
gesagt, sprach Sara ganz aus dem Herzen. So manches Mal, wenn er im Mit-
telpunkt einer Gesellschaft oder ganz im Bann seiner öffentlichen Wirksamkeit stand, war er ihr fremd gewesen. Zuweilen hatte sie dann gar das enttäu-
schende Gefühl gehabt, er brauche sie eigentlich gar nicht und habe genug
an dem öffentlichen Lärm, der ihn beständig umbrauste, genug an dem Elixier seiner von Skandalen umwitterten Berühmtheit, die ihm dann gleichsam die Liebe, *ihre* Liebe, ersetzte. Um so mehr rührte es sie, daß er jetzt,
den Tod vor Augen, nur noch den Wunsch hatte, von ihr – dem *einen* geliebten Wesen – verstanden zu werden.

Als habe er ihre Gedanken mitangehört, fuhr er im bald schwermütigen,
bald schmelzenden Tone einer Cantilene fort:
»Vor ich dir begegnete, hab ich wohl einige Weiber gehabt, fühlte mich
aber von keinem erkannt und wollt' es auch nicht. Zwar wußt' ich die Weiber leicht für mich einzunehmen, aber sobald mir eine zu nahe kam, ergriff
ich die Flucht. Nur bei dir war es anders – und doch wieder nicht. Ich liebte
dich vom ersten Augenblick, da ich dich sah. Mit dir, dem Liebreiz deines
Gesichts, mit deinem ganzen Wesen verband ich das Glück, das Paradies auf
Erden; du erschienst mir wie ein Gestalt gewordenes Ideal von Weiblichkeit.
Aber …«, mit einem Seufzer sprach er es aus, »ich fühlte mich deiner nicht
wert, und so ist es geblieben! Du erschienst mir so gut und natürlich, so
ganz dem Menschlichen und den Menschen zugewandt, so ohne Arg und
Falsch, so eins mit dir selbst. Mich aber hatte ›der Böse berührt‹, mein Herz
war zwiegeteilt in Haß und Liebe, und war es denn nicht erwiesen, daß ich
den Weibern, gerad' denen, die ich liebte, nur Unglück brachte? Hab' ich
denn nicht auch dich zuletzt mit ins Unglück gezogen? War ich, der Genius
der Kanzel und der Tribünen, denn nicht der verderbte Bube, der eigentlich
an den Pranger gehörte?

Du bist mit der Göttergabe des Humors gesegnet, du liebst die Menschen gerade um ihrer Schwächen, Fehler und Unvollkommenheiten willen.
Ich dagegen maß sie an einem hohen, strengen und unbarmherzigen Ideal,
dem Ideale republikanischer Tugend, das ich hoch über sie stellte, im
Grunde, um mich, den ›gefallenen Engel‹, selbst zu erhöhen.«

»Aber du siehst mich ja noch immer«, rief Sara verwundert aus, »mit den
Augen des bösen und sündhaften Knaben von früher. Dabei ist es nur dein
Argwohn wider dich selbst, der macht, daß ich dir so edel und gut erscheine.

Ich bin aber keine Madonna, sondern ein Weib aus Fleisch und Blut, und habe Fehler und Schwächen wie andere auch.«

»Oh doch, du bist ein Engel … Hättest du mich sonst zum Manne genommen?«

Da mußte sie lachen, obschon alles so traurig war.

Mit zärtlichem Spott erwiderte sie: »Dieser Beweis, das wirst du zugeben, ist einfach komisch. Warum stelltest du mich so auf den Sockel und ließest mich dort oben fröstelnd stehen? Vielleicht, damit ich dir nicht zu nahe käme? Oder weil du nicht ablassen mochtest vom dämonischen Selbstbilde, das vielleicht nur eine finstere Einbildung war wie in den Märchen von den verzauberten Prinzen … Manchmal kam's mir so vor …« Sie stockte.

»Was … Sag es nur!«

»Mein Gott«, schluchzte sie auf, »daß wir erst jetzt über all dies sprechen! Warum haben wir's denn nicht früher getan? Warum so spät?«

Nun war er es, der sie tröstend in die Arme schloß, sie an sich drückte und liebkoste, bis sie sich wieder gefaßt hatte. »Besser spät als nie«, sagte er. »Aber du wolltest mich etwas fragen.«

Sie wischte sich über die Augen. »Manchmal schien mir's, es käme dir eigentlich ganz zupaß, daß Friedrich zwischen uns stand, so eifersüchtig du auch auf ihn warst. Oder irre ich mich da?«

»Vielleicht … Ich trau' es mir im Grunde nicht zu, ein Weib wie dich zu gewinnen – und kam doch nicht von dir los. Ich sehnte mich nach dir, träumte und tagträumte von dir, begehrte dich zum Weibe und warb und buhlte um dich mit der ganzen Kraft und Verschlagenheit eines heißen Männerherzens, das nicht einmal davor zurückschreckte, den eigenen Freund zu verraten. Du siehst, auch hier wieder verriet ich, verriet ein so edles Gefühl wie die Freundschaft und brachte just ihm, der deiner wirklich wert war, Unglück und Leid.«

»Aber, aber«, widersprach ihm Sara mit Heftigkeit, »warum machst du dich denn so schlecht? Du hast doch den Freund nicht verraten, nur weil du mich liebst und an deiner Liebe festhieltest. Es war schließlich auch meine Entscheidung, und viel mehr hätte ich Grund, mich selbst der Treulosigkeit gegen Friedrich zu zeihen als du dich gegen ihn.«

Er sah sie mit einem Ausdruck so schmerzlichen Unglaubens an, daß sie sich wieder ganz hilflos fühlte.

»So glücklich ich war, endlich am Ziel meiner Wünsche zu sein, ich mißtraute dem Glück, mißtraute deinem Gefühl für mich, hielt es für eine verliebte Täuschung deines Herzens, die nicht lange anhalten würde. Und im Geiste sah ich schon den schlimmen Augenblick, die Stunde der Wahrheit nahen, da du deinen Irrtum erkennen und dich erschrocken von mir abwenden würdest. Vielleicht hast du ja recht, und dies war alles bloß überspannte, aus alter Schuld geborene Einbildung von mir; aber inzwischen weiß ich, hab's von Merville gelernt, welche Macht die Einbildungskraft, besonders die argwöhnische, über unsere ›gesunde Vernunft‹ hat. Sie macht uns die engsten Freunde, den eigenen Bruder verdächtig, zuletzt gar uns selbst. So stark mein Bedürfnis auch war, mich dir zu offenbaren und von dir erkannt zu sein – die Angst, du würdest dich erschrocken von mir abwenden, wenn ich mich dir ohne Verhüllung zeigte, war stärker.«

»Und darum zogst du dich nach jeder glücklichen Stunde, die wir zusammen hatten, wieder von mir zurück – in den Kreis der Freunde, in die geschützte Enklave mit Marianne, die ja auch eine jüngere, dir ganz ergebene Schwester war und dir gleichsam die Familie ersetzte?«

Er sah sie schuldbewußt an.

»Aber Lieber!« mit den Fingerkuppen strich sie ihm sanft über die Lippen. »Auch wenn ich manchmal fühlte, daß du vor mir auswichst – du warst immer gut zu mir, zärtlich und voller Liebe. Du hast dir nichts vorzuwerfen, was mich betrifft. In meiner Schuld stehst du gewiß nicht.«

Doch indem sie ihn förmlich lossprach von jedweder Schuld ihr gegenüber, und sie empfand es so, wie sie's sagte, fiel wieder die ganze Last jener anderen Schuld, unter der sie die letzten Monate unaussprechlich gelitten, auf sie zurück. Und plötzlich kam es ihr sonderbar vor, daß er sich jetzt mit einer Art Wollust verklagte und reuige Schuldbekenntnisse ablegte bezüglich längst verjährter oder bloß eingebildeter Sünden. Doch von seinem Amte war bisher mit keiner Silbe die Rede gewesen.

Plötzlich fühlte sie sich beengt in seinen Armen. Sie löste sich von ihm, stand auf und trat ans Fenster. Schweigend stand sie davor, mit dem Rücken zu ihm ... So sehr seine Beichte sie auch bewegt und gerührt hatte – sollte diese am Ende darauf abzwecken, das Schlimme zu rechtfertigen, das er im Namen des Guten getan? Sie kehrte sich ihm wieder zu und sagte geradeheraus: »Du hast mir viel von deiner Vergangenheit erzählt, auch von Schuld, wo ich keine sehe ... Aber ist's denn nicht eigentlich eine andere Schuld, die dich drückt?«

»Meinst du betreffs meines Amtes?« Sie nickte. Seine Miene verdüsterte sich, dann sagte er, indem er den Blick an ihr vorbei ins Leere richtete: »Nachgerade will mir scheinen, als ob auch hier eine Art Vorsehung, ein düsteres Fatum waltete, ein *daimon*, der stärker war als mein freier Wille ... Ich möcht' es kaum Zufall nennen, daß just ich ein Amt übernahm, vielmehr mir aufdrängen ließ, in dem ich schuldig werden mußte – so oder so! Es gibt Menschen, die ziehen die Schuld an wie der Magnet das Eisen. Ich gehöre, scheint's, zu diesen Verdammten.« Dies sagte er mit einer unaussprechlichen Leidensmiene und im Brustton des tiefsten Selbstmitleids. Doch diesmal verfehlten seine Worte ihre Wirkung auf Sara. In einer Mischung von Verwunderung und Befremden sagte sie:»Was redest du da vom Fatum und diesem ominösen *daimon?* Es war doch deine Entscheidung, das Amt zu übernehmen, deine Entscheidung, es bis zum bitteren Ende auszuüben.« Und nach einem Augenblicke des Schweigens setzte sie hinzu:»Hast du denn keine Träne für all die Frauen, die ihr zu Witwen, kein Erbarmen mit all den Kindern, die ihr zu Waisen gemacht?«

»Du weißt ja nicht, wie unaussprechlich ich litt, wenn mich mein Amt zu strengen Urteilen zwang«, sagte er in tiefer Zerknirschung. Doch während er dies sagte, schwoll schon die Zornesader auf seiner Stirn, und plötzlich brach es wie ein Gewitter aus ihm heraus:

»Bin ich denn nicht das Opfer der gemeinsten Verleumdung und Lüge? Das Opfer der höllischsten Intrige, die je ersonnen ward? Das Opfer des verbrecherischen Saint-Just, des Schurken Monet und all der elenden Kreaturen, die ihnen zu Diensten sind?«

»Das bist du – gewiß. Doch vorher warst du selber ...«, Sara stockte, das schlimme Wort ›Täter‹ brachte sie nicht über die Lippen. Einen Augenblick fühlte sie sich wieder hilflos und wirr im Kopf. Sie wollte ihn doch nicht mehr verletzen, geschweige denn anklagen, sie war doch sein Weib, nicht seine Richterin. In eher bittendem Tone, zugleich mit sanfter Autorität sagte sie endlich:

»Trotzdem mußt du die Verantwortung für *deine* Taten und *deine* Schuld übernehmen. Du wirst sie nicht los, indem du sie dem Fatum, deiner Erziehung, Saint-Just oder sonst irgendeinem bösen Dämon zuschiebst.«

Kein Muskel regte sich in seinem Gesicht, sein Blick war wie erloschen. Dann aber sagte er gepreßt:»Was heißt *meine* Schuld? Wäre ich nicht gewesen, hätte man die Gefangenen septembrisiert, die Einheimischen zu Tausenden deportiert, und das ganze Département wäre in Blut und Meuchelmord versunken. Die Wahrheit ist: Ich habe Hunderten, vielleicht Tausenden Menschen das Leben gerettet ... Und wär' ich kein Ausländer, sondern ein reinrassiger Franzos' wie Saint-Just oder Monet, dann hätte man *mir ... mir* die Bürgerkrone verliehen ... und der Konvent würde mich heute als Retter ... als Retter des Vaterlands feiern!«

Sara war sprachlos ob dieser plötzlichen Verkehrung und Flucht in die heldische Apotheose. Zugleich war sie höchlich besorgt über die zunehmende Atemnot, die seine Sätze und Worte zerriß. Eher resigniert und verschüchtert sagte sie endlich: »Aber das Leid, das ihr über die Familien brachtet – reut's dich denn gar nicht?«

»Es reut … es reut mich allerdings«, sagte er mit zunehmend gepreßtem Atem, »daß ich, ohne es gewollt zu haben, die Ursache für das Elend der Freunde geworden … Aber was mich am meisten reut … daß ich das Schlangennest der Intriganten nicht rechtzeitig zertreten … daß ich das Schwert des Gesetzes nicht auch … gegen Saint-Just und die neuen Despoten gerichtet … sie wissen sehr wohl, was ihnen blühte, käme ich frei und würde sie … zur Rechenschaft ziehen.« Und als ob diese Worte, trotz der Anstrengung, die ihr Aussprechen ihn kostete, wie die Zündschnur an einer Mine waren, donnerte er auf einmal los, als befände er sich, statt in dieser lausigen Zelle, wieder im Gerichtssaal:

»Ich würde sie alle unter die Guillotine bringen – und sie wissen es!«

»Wie kannst du …«, rief Sara erschrocken aus, »daß dir noch immer so schreckliche Sätze …«

»Verdienen sie es denn nicht? Diese Schurken, die mich … mich aufs Schafott bringen und die mein Weib … mein Weib zur Wittib machen! Vergiß nicht, ich habe dem Pfaffentum abgeschworen … Und spiele nicht den christlichen Erlöser, der seinen Schächern … noch am Kreuze verzieh!« Dies brachte er mit so schneidendem Grimm und zugleich mit so viel Mühe hervor, daß Sara zusammenschauerte.

»Und daß du es weißt …«, keuchte er, nun schon verzweifelt nach Luft schnappend, »… ich bin kein Henker … kein … Mörder … Ich sterbe … als Mär … Mär … als Mär …«

An dieser Silbe blieb er endgültig hängen, und bei dem vergeblichen Versuch, das Wort ›Märtyrer der Freiheit‹ herauszubringen, überanstrengte er sich so, daß ihm nun vollends das Ausatmen unmöglich wurde und er, um Luft ringend, von der Pritsche hochschnellte, sich bald aufbäumte, bald zusammenkrümmte, bis er mit rasselndem Atem zu Boden ging.

Erschrocken stürzte Sara zu ihm, beugte sich über ihn und suchte ihm die Knöpfe am Hemdkragen aufzureißen, doch er drehte und wälzte sich auf dem nackten Steinboden hin und her, so daß es ihr nicht gelang, ihn in eine ruhige Lage zu bringen; ja, er schlug sogar mit den Armen und Beinen aus, wenn sie ihn fassen wollte, als ob ihm jede Berührung ein Graus sei und seine Atemnot nur noch verschlimmere.

Zu Tode erschrocken stürzte Sara zur Tür. Sie rannte, um Hilfe rufend, die dunklen und verwinkelten Gänge des Gefängnisses entlang, bald in die eine, bald in die andere Richtung, bis sie endlich dem Schließer begegnete, den sie inständig bat, sofort mitzukommen, ihr Mann habe einen schweren Anfall erlitten, er brauche Hilfe. Der Gefängnisarzt wurde gerufen; dieser eilte sogleich mit einem Wärter und einer tragbaren Liege herbei, und der Kranke wurde unverzüglich ins Krankenquartier geschafft.

Sara aber sah ihren Mann erst wieder, da er kahlgeschoren, im weißen Hemd der Verurteilten, mit gebundenen Händen auf dem Karren stand.

Interessierte Verdammnis

Am Morgen des 1. April 1794 wurde Eulogius aus dem Krankenquartier des Arresthauses Ste. Pélagie zum Pariser Justizpalast geführt. Er hatte von seinen Richtern nichts mehr zu hoffen, und er wußte es.

Zu mächtig war die Phalanx seiner Feinde. Sie alle wirkten auf seinen Untergang, zumal sie fürchten mußten, daß er sie, im Falle seiner Rehabilitierung und Rückkehr, zur Rechenschaft ziehen würde. »Nur Tote kehren nicht zurück!« war daher die Devise seiner Feinde.

So setzten sie denn alle Hebel in Bewegung, um ihn vor ganz Frankreich als Ungeheuer darzustellen und seine Verurteilung zu erreichen. In allen Dörfern und Städten des Niederrheins hatte man die Bürger aufgefordert, gegen den ci-devant Öffentlichen Ankläger zu zeugen. In der mehrfach gesäuberten Straßburger Volksgesellschaft wurden seine Amtshandlungen, auch die gewöhnlichsten und untadeligsten, nun zu wahren Teufeleien umgeschaffen. Ein Redner nach dem anderen trat auf, tobte und polterte in Kraftausdrücken gegen den Gefangenen und schrie »Kreuziget! Kreuziget!« über jeden, der gegen ihn gerecht sein wollte oder noch ein Wort zu seiner Verteidigung wagte. An Denunziationen fehlte es nicht, um so weniger, da man sie oft mit Gewalt und List erpreßte. Vorzüglich nützte man die Unordnung und Lücken in den Protokollen und Registern des Revolutionsgerichts, die indes der Gerichtsschreiber Weis verschuldet hatte, um der Verleumdungskampagne weitere Nahrung zu geben.

Die auf diese Weise zusammengeschusterten Zeugnisse von ›Schneiders Verbrechen‹ wurden an den Pariser Sicherheitsausschuß weitergeleitet. Indes hüteten sich die Verfasser und Unterzeichner dieser Hetzschriften wohlweislich, dem Öffentlichen Ankläger etwa vorzuwerfen, er habe zu viele Todesurteile veranlaßt; denn dies hätte sie selbst dem Verdacht des Moderantismus, der sträflichen Mäßigung, ausgesetzt; und seit wann hätte Fouquier-Tinville einen Kollegen verurteilt, nur weil er zuviel guillotiniert hatte?

Um dem gefürchteten ›Marat von Straßburg‹ und seiner ›Partei‹ das Genick zu brechen, mußte man ihm schon ein todeswürdiges *crime capitale* unterschieben: nämlich eine »Verschwörung gegen die Republik«.

Nichts leichter als dies! Hatte er denn nicht seinerzeit viele revolutionsbegeisterte Geistliche, Professoren und Lehrer aus Deutschland ins Elsaß gerufen, wo sie seither wichtige Stellen, vor allem Pfarrstellen bekleideten? Hatte er nicht auch, in seiner Eigenschaft als erster Revolutionskommissar, etliche unpatriotische Friedensrichter und Schultheiße abgesetzt und die vakant gewordenen Stellen mit seinen Freunden und Anhängern besetzt? Hatte er sich nicht dergestalt eine ›mächtige Partei‹ geschaffen, die genau in das von Saint-Just und Robespierre beschworene Konstrukt von der ›Verschwörung der Ausländer‹ paßte?

So wurde denn unter Trompetenschall in ganz Straßburg verkündet, welch eine gräßliche und gefährliche Verschwörung entdeckt worden sei, und wie der ci-devant Öffentliche Ankläger und hergelaufene deutsche Priester die Stadt den Österreichern habe in die Hände spielen wollen. Selbst seine grimmigsten Feinde lachten über diese Possen, aber es war streng verboten, auch nur ein Wörtchen zu seiner Verteidigung zu sagen. Einige Mitglieder der Volksgesellschaft weigerten sich, diese offenkundigen Lügen zu unterschreiben; dies hinderte den Maire Monet aber nicht, sie im ›Namen der ganzen Volksgesellschaft‹ nach Paris weiterzuleiten. Die meisten Freunde und Anhänger seines Rivalen waren ja längst verhaftet, und die wenigen, die noch in Freiheit waren, wagten bei dem unaufhaltsam daherstürmenden Schreckenssystem nicht mehr, für ihn einzutreten. Es spricht nicht nur für die Niedertracht seiner Feinde, sondern auch für ihre klägliche Angst, die sie noch immer vor dem längst niedergeschlagenen Manne und seiner scharfen Feder hatten, daß sie es für nötig hielten, den bisherigen Verleumdungen eine neue und noch absurdere hinzuzufügen, nämlich die Behauptung, er habe sich »mit Dietrich gegen die Republik verschworen«. Der ehemalige königstreue Maire von Straßburg würde sich wohl im Grabe umgedreht haben, hätte er von dieser angeblichen Komplizenschaft just mit dem Manne erfahren, der sein entschiedenster politischer Gegner gewesen. Ja, man behauptete sogar, die Schreckensjustiz dieses »modernen Caligula« sei für die »unglaubliche und verderbliche Auswanderung von beinahe fünfzigtausend Seelen in beiden Départements verantwortlich« – wie es in einem von seinen Straßburger Feinden verfaßten Schriftstück an den Pariser Sicherheitsausschuß heißt. Dabei setzte die Massenflucht, vorzüglich aus dem Hagenauer Gebiet ein, *bevor* das Straßburger Revolutionstribunal seine Arbeit aufnahm, das überdies gar nicht im Oberelsaß tätig geworden. Die Leute flohen zu Tausenden mit den aus dem Elsaß abziehenden österreichischen Armeen, aus Furcht vor der Rache der nachsetzenden französischen Soldaten.

Nun endlich hatte man mehr als genug Anschuldigungen und Verleumdungen beisammen, welche in summa ausgereicht hätten, ihm wie der hundertköpfigen Hydra gleich mehrfach den Kopf abzuschlagen. Daß er nur einen zu verlieren hatte, darüber waren seine Feinde noch nach seinem Tode untröstlich.

An dieser Stelle habe auch ich dem Leser ein Geständnis zu machen; vielleicht ahnt er es schon. Erst nachdem meine Arbeit getan ist, habe ich den Mut, es zu bekennen: Auch ich habe für den Freund keine Lippe mehr riskiert, habe selbst in Anbetracht der infamen Lügen und Ungeheuerlichkeiten, die man über ihn verbreitete, kein öffentliches Wort zu seiner Verteidigung gesagt. Ich habe mich vielmehr in Schweigen gehüllt und bei dem Verhör, dem auch ich nach seiner Verhaftung ausgesetzt war, jede Verbindung mit ihm geleugnet. Aus Angst um den eigenen Kopf und um meine Familie habe ich es auch nicht gewagt, jenen gemeinsamen Brief vom 27. Dezember 1793 zu unterzeichnen, in dem Friedrich Cotta, Carl Clauer, die Gebrüder Edelmann, Hans Jung, Johann Friedrich Butenschön und andere Freunde für ihn eintraten und seine Freilassung forderten. Ich war mir sicher – Feigheit macht hellsichtig oder Hellsichtigkeit feige, wie man es nimmt –, daß auch das Zeugnis der Freunde ihn nicht mehr würde retten können; und meine Befürchtung, daß sie selbst ihr Eintreten für den gestürzten Öffentlichen Ankläger mit der Verhaftung und Deportation, wenn nicht gar mit dem Leben bezahlen würden, sollte sich ja leider bewahrheiten. Ja, ich habe es nicht einmal mehr gewagt, Eulogius in die Pariser Abtei zu schreiben, um mich nicht dem Verdacht auszusetzen, sein ›Komplize‹ oder gar ›Mitverschworener‹ zu sein. So habe ich ihm nicht den geringsten Zuspruch in seinem Elend, nicht das mindeste Zeichen von Anteilnahme an seinem Schicksal bekundet.

Wie sehr ihn mein Schweigen enttäuscht haben muß, entnehme ich dem Umstand, daß er meiner in seinen *Confessions* nur ein einziges Mal Erwähnung tut: *Nur Nepomuk ist nichts geschehen, er hat sich ja auch rechtzeitig in sein Spital verkrochen!* Darin ist alles enthalten: seine Enttäuschung, gepaart mit Verachtung gegenüber dem Manne, der einmal sein bester Freund gewesen. Es ist seltsam, wie lange alte Bande und frühe Gelöbnisse nachwirken. Obschon längst im Greisenalter, ist mir heute noch so, als hätte ich an ihm jenen Comment verraten, den wir als Jugendfreunde in Würzburg einander emphatisch gelobten: nämlich ohne Wenn und Aber, besonders in schwierigen Lebens- und Notlagen, füreinander einzutreten. Das beschämende Gefühl, den Freund in der Stunde der Not im Stich gelassen und ihn verleugnet zu haben, hat denn auch die Niederschrift dieser Blätter immer begleitet. Es wurde auch nicht, sosehr dies den Leser erstaunen mag, durch den Abscheu gemildert, den seine letzte fürchterliche Rolle als Vollstrecker der Revolutionsjustiz mir einflößten. Denn auch ein gefallener und mit Schuld beladener Freund ist noch ein Freund.

Ich weiß wohl: Im Grunde ist dies ein sentimentalisches Eingeständnis, denn was nützen nachträgliche Bekundungen von Scham und schlechtem Gewissen. Indes möge der Leser die vorliegenden Blätter und die jahrelange Anstrengung, die ihre Niederschrift mich gekostet, als eine, als *meine* Form der Wiedergutmachung oder, wenn man so will, als ein Zeichen der nachgetragenen Anteilnahme ansehen.

Der Prozeß vor dem Pariser Revolutionstribunal, der am Morgen des 1. April um zehn Uhr begann, glich einer schlecht inszenierten Farce. Fouquier-Tinville, der seinem Stellvertreter den Vortrag der Anklage überließ, hatte die Anklageschrift gegen seinen Amtskollegen aus Straßburg selbst aufgesetzt. Diese stimmte zum Teil wörtlich mit den Beschuldigungen und Denunziationen überein, die Monet und seine Leute zuvor in ihren Hetzbriefen an den Pariser Sicherheitsausschuß vorgebracht hatten:

Eulogius Schneider, sieben und dreißig Jahre alt, von Wipfeld gebürtig, deutscher Priester, bischöflicher Vikar zu Straßburg, Öffentlicher Ankläger beim peinlichen Gericht des niederrheinischen Départements, Civilkommissar bei der Revolutionsarmee desselben Départements, ist angeklagt, durch Untreue in seinen Amtsgeschäften, durch Mißbrauch seines Ansehens und seiner Macht, durch Bedrückung der Patrioten, durch willkürliche Unternehmungen und Ungerechtigkeiten aller Art sich gegen die Republik, gegen die Freiheit und Sicherheit des französischen Volkes verschworen zu haben. – Dieser deutsche Priester kam im Jahre 1791 nach Straßburg und wurde sogleich ein treuer Anhänger des Bösewichts Fr. Dietrich, des damaligen Maire dieser Stadt. Nach seiner Ernennung zum Öffentlichen Ankläger schenkte er bloß solchen Anklagen Gehör, die ihm von österreichischen Priestern, Adeligen und anderen Intriganten eingeflüstert wurden. Das Département war von solchen Leuten überschwemmt; viele von denselben hatten durch Schneider Stellen erhalten, und er mordete nur, um sich an den Gütern der Ermordeten zu bereichern. Mehr als fünfzigtausend Menschen hatten sich, um den Gewalttaten dieses Menschenfressers, dieses Blutsaugers zu entgehen, aus dem Lande geflüchtet ... Eine junge, reiche und liebenswürdige Bürgerin zog die Aufmerksamkeit des Angeklagten auf sich; er sandte bewaffnete Leute ab, die in Begleitung mehrerer Mitglieder des Revolutionsgerichts zum Vater dieses Mädchens kamen, um ihm zu melden, daß der Angeklagte seine Tochter zu heiraten beabsichtige und daß er ihr die Erlaubnis nicht verweigern solle, ihm zu folgen. So nötigte der Angeklagte den Vater, seine Tochter der Geilheit eines Fremden preiszugeben. Alle diese Tatsachen sind durch authentische Aktenstücke, deren Beweiskraft der Beschuldigte umsonst zu leugnen sich bemüht, erwiesen.

Kein einziger Zeuge wurde vorgeladen, kein einziges Beweisstück zugunsten des Angeklagten verlesen. Alle Aktenstücke und Zeugenaussagen, die seiner Entlastung hätten dienen können, wurden unterdrückt, beispielsweise das Vernehmungsprotokoll von Saras Vater Johann Friedrich Stamm vom 27. Frimaire II (17. Dezember 1793), das den Vorwurf der Nötigung im Zusammenhang mit der Brautwerbung entschieden zurückwies:

Ich dankte den Unterhändlern für die Vorliebe, die der Bürger Schneider meiner Familie schenkte. Frei gestand ich ihnen ein, daß ich kein anderes Vermögen habe, als ihnen eine tugendhafte Tochter anzubieten ... Danach wandte ich mich an meine Tochter, um ihre Gefühle kennenzulernen, die meine Kinder nie verheimlicht haben. Ich hatte ihnen eine freie Erziehung gegeben. Sie bezeugte, daß sie keinen Widerwillen gegen Schneider hatte, daß sie glaube, glücklich mit ihm leben zu können, und willigte ein, ihm ihre Hand zu geben.

Meine Überlegungen in diesem eiligen Augenblick waren folgende: Schneider ist ein Mann von Geist und Talenten; er besitzt einen gleichartigen Charakter; er hat viel für die Revolution getan und besonders für dieses Département. Er war Öffentlicher Ankläger, Civilkommissar, er hatte das Vertrauen der Volksrepräsentanten verdient, er wird seinen Weg mit guten Grundsätzen verfolgen und die Früchte ernten können. Wenn er das Unglück hätte, in der Revolution zu unterliegen, was nicht zu glauben ist, werden wir sehr unglücklich sein, und wenn er Pech hätte, könnte er mit seinen Talenten immer seinen Lebensunterhalt verdienen. Wenn er zu Tode käme, würden meine Tochter und ihre Kinder in die Arme der Familie zurückkehren.

Die linientreue Jury des Pariser Tribunals entschied im Sinne der Anklage; der Richter verkündete den Schuldspruch und befahl den Angeklagten zur Hinrichtung innerhalb der nächsten vierundzwanzig Stunden auf der Place de la Révolution. Eulogius, so wird berichtet, nahm sein Todesurteil gefaßt entgegen und sagte beim Verlassen des Gerichtssaals zu den Richtern:

»Ihr konntet Frankreichs Feinden keinen größeren Dienst erweisen, als daß Ihr mich zum Tode verurteiltet.«

In den 49 Tagen seines Bestehens vom 26. Okt. bis zum 13. Dez. 1793 waren dem Straßburger Revolutionstribunal insgesamt 320 Personen vorgeführt worden. Von ihnen wurden 50 freigesprochen, 28 kamen mit Geldstrafen in verschiedener Höhe davon, etwa 100 wurden zu Gefängnis, 11 zur Deportation nach Madagaskar oder Guayana und 33 zum Tode verurteilt, davon zwei *par contumace*, d. h. in Abwesenheit. Nach dem Thermidor, dem Sturz Robespierres, sind einige Urteile des Straßburger Tribunals kassiert und annulliert worden. Indes ist die Verurteilung des Öffentlichen Anklägers durch den Pariser Gerichtshof, die auf den gefälschten Aussagen und Verleumdungen seiner Straßburger Feinde beruhte, nie revidiert worden. Und so ist er denn für die meisten Elsässer und das *juste milieu* unserer Tage *der* Terrorist schlechthin geblieben, Inbegriff der Schreckensherrschaft im Elsaß, volkstümlicher ausgedrückt: die ›Hyäne von Straßburg‹. Von den französischen Terroristenchefs, die als ›Abgeordnete in Mission‹ von Oktober bis Ende Dezember 1793 mit diktatorischen Vollmachten das Elsaß regierten und den Daumen auch auf der Revolutionsgerichtsbarkeit hielten, ist nicht die Rede. Auch nicht von den vier anderen Tribunalien*, die Saint-Just und seine Kollegen während der Schreckensherrschaft im Elsaß einrichteten oder in Schwung brachten. Während die Prozesse und Urteile des ersten Straßburger Revolutionsgerichtes mit akribischem Fleiß dokumentiert und publiziert worden sind, hat sich bislang niemand die Mühe gemacht, die Opfer auch dieser vier anderen elsässischen Tribunale zu zählen.

Auch von den Richtern des Straßburger Tribunals ist nicht die Rede; sie sind den meisten Geschichtsschreibern kaum eine Fußnote wert. Dabei stehen unter jedem Todesurteil nicht nur der Name Eulogius Schneider, sondern auch die Namen der Richter Wolff, Clavel, Taffin bzw. Nestlin, ohne deren Zustimmung kein einziges Urteil rechtskräftig war und vollstreckt werden konnte. Aber im Unterschied zu dem Öffentlichen Ankläger hatten sie den unschätzbaren Vorteil, *Einheimische* zu sein. Man ließ sie springen. *Nur Fremde sind böse Buben.* Wolff kam nach kurzer Haft wieder frei und wurde gar, nachdem er sich auf Kosten des Öffentlichen Anklägers entlastet,

---

* Das Revolutionstribunal in Saverne (Zabern) und in Bouxville (Buxweiler), das Militärtribunal in Straßburg und das nach Schneiders Sturz sofort reorganisierte zweite Straßburger Revolutionstribunal

zusammen mit Téterel Richter beim Straßburger Nachfolgetribunal. Mainoni, öffentlicher Ankläger dieses zweiten Tribunals, hat kaum weniger Todesurteile beantragt und vollziehen lassen als sein Vorgänger im Amt, wenn man dem anonym gebliebenen Autor von *Eulogius Schneiders Schicksalen in Frankreich* glauben darf:

Ich will annehmen, daß durch seine (Schneiders) Mitwirkung, so lange er Öffentlicher Ankläger zu Straßburg war, dreißig Personen das Leben verloren haben. Seine Nachfolger im Amte, von denen man aber stillschweigt, und die seine Verbrechen bei aller Gelegenheit so groß fanden, lieferten vielleicht ebenso viel, wo nicht weit mehr auf das Blutgerüste.

Die Elsässer haben es den Nachfolgern nicht nachgetragen. Mainoni hat es unter Napoleon sogar zum erfolgreichen General gebracht. Und jener schleimige Pfaffe namens Joseph Fouché, der in Lyon an die 2000 Menschen hinschlachtete, wurde hernach Frankreichs größter Polizeiminister. Wie aus diesen Vergleichen erhellt, war es jedenfalls nicht das vergossene Blut, das Eulogius auf das Schafott gebracht hat. Solange er der Bluthund war, konnten die anderen, die großen und kleinen Agenten des Schreckenssystems im Elsaß, ihre Hände in Unschuld waschen.

Ein anderer Verfasser, der mit den Verhältnissen des Elsaß bestens vertraut ist und der aus Vorsicht ein Pseudonym wählte, schrieb:

Trotz der zahlreichen Fehler, die er begangen hat, ist Schneider in politischer Hinsicht unschuldig gestorben; die ihn beschuldigt haben, im Einverständnis mit den Feinden der Republik gewesen zu sein, waren selber Schurken und Verräter.

Indes möge mich der Leser nicht mißverstehen. Keinesfalls möchte ich diese Anmerkungen und Zitate im Sinne einer nachträglichen Rechtfertigung des Helden dieser Blätter verstanden wissen. Einunddreißig abgeschlagene Köpfe – wenn auch ›im Namen des Gesetzes‹ und unter Berufung auf die damals geltenden Ausnahmegesetze – wiegen in meinen Augen, den Augen des Arztes und Nicht-Juristen, wahrlich schwer genug. War Eulogius auch unschuldig im Sinne der Anklage und des politischen Prozesses, dem er zum Opfer fiel, so ist er doch in einem anderen Sinne mitschuldig geworden.

In seiner *Metaphysik der Sitten* hat Immanuel Kant davon gesprochen, daß in der Welt nichts als uneingeschränkt gut befunden werden könne, außer dem ›guten Willen‹. Dagegen hat Hegel eingewandt: »Alles Übel in der Welt ist aus guten Gründen und mit gutem Willen gedeckt worden. Indem ich einen guten Willen zeige, entlaste ich mich gleichzeitig von den bösen Folgen.«

In diesem Zwiespalt steckte – bis zuletzt – auch unser Held. Als Erzjakobiner stellte er sein Ideal der Freiheit, Gleichheit und Gerechtigkeit so hoch *über* die Menschen, daß er das Recht zu haben glaubte, sie unbarmherzig verfolgen und bestrafen zu dürfen, wenn sie dem Imperativ dieses Ideals nicht gehorchen wollten. Diesen Idealismus – ich möchte ihn *Gewaltidealismus* nennen – teilte er mit vielen anderen Freiheitskämpfern und Jakobinern der Epoche, sogar mit denen, die ihn aufs Blutgerüst gebracht. Die meisten Schreckensmänner, soweit nicht persönlicher Machttrieb und Machiavellismus ihre bestimmenden Motive bildeten, waren solche *Gewaltidealisten* und als solche *verkehrte Idealisten*.

Dies meint auch die *Verkehrung von Mittel und Zweck* im Verhältnis von Individuum und Staat, wie Friedrich Schiller in seinem beispielhaften Aufsatz über Lykurgs Sparta und Solons Athen mit großer Klarheit ausgeführt hat. Wenn nämlich das Vaterland, der Staat – gleichviel welche Form und Verfassung dieser hat – selbst als höchster Zweck, als Endzweck betrachtet wird, dann werden die Menschen notwendig zum bloßen Mittel für den Staat herabgewürdigt; ihm allein haben sie dann zu dienen, ihm werden sie zuletzt aufgeopfert. Nur wenn das Umgekehrte gilt, wenn der Mensch und die Menschheit als höchster Zweck begriffen werden, der Staat dagegen nur als Mittel, um den Zweck der Menschheit und das Glück der Bürger zu befördern, kann dieser – nach Schiller – für sich beanspruchen, ein wirklich humanes Staatswesen zu sein. Mehr Menschlichkeit und Gerechtigkeit zu verwirklichen, war auch der ursprüngliche Antrieb und das Ziel der Revolution gewesen. Doch indem sie zu ihrer Selbstverteidigung vor keinem Mittel zurückschreckte und zuletzt den Terror auf die Tagesordnung setzte, verriet sie sich selbst und ihr oberstes Ziel: die Humanität – mit unabsehbaren Folgen für die Mit- und die Nachwelt. So hat auch der Held dieser Blätter das Seine dazu beigetragen, die großen Ideale und Prinzipien der Revolution zu diskreditieren.

Als Eulogius, nach Anhörung seines Todesurteils, in Begleitung zweier Gendarmen über den Hof der Conciergerie ging, traf er dort seinen alten Freund Friedrich Cotta. Mit Bitterkeit sagte er zu ihm: »Sie haben mich verdammt!« Dann fügte er mit Wehmut hinzu: »Ich habe eine Bitte: Falls du freikommst, kümmere dich um Sara! Ihr Herz ist so groß, daß wir beide darin Platz finden. Und du wirst ihr Glück besser machen, als ich es je könnte.« Das waren die letzten Worte an den Freund, und dieser sollte sie beherzigen. Danach wurde er ins *guichet*, das Vorzimmer der Guillotine, gebracht.

Über seine letzte Fahrt gibt es verschiedene widersprüchliche Berichte, wobei im nachhinein kaum mehr auszumachen ist, was authentisches Zeugnis und was Legende ist. Sara folgte ein Stück weit dem Karren, in Begleitung Nanettes, welche sie stützte. Doch hatte sie, wie sie mir später erzählte, fast keine Erinnerung mehr an diese fürchterliche Stunde, nur ein durch Tränen verschwommenes Bild vor Augen: Sie sah ihren Mann, mit kurz geschorenem Haar, durch einen Klumpen lärmenden und schaulustigen Volkes von ihr getrennt, aufrecht auf dem Karren stehen, während sein Blick sie immer wieder in dem Haufe zu suchen schien; doch als der Karren von den engen Gassen am Pont Neuf in die Rue des Roules einbog, wurde ihr schwarz vor Augen, und sie brach zusammen.

Von katholischen Autoren wird kolportiert, der ehemalige deutsche Priester habe in Büßermiene auf dem Karren gestanden und mit Inbrunst das Miserere gesungen. Anderen Berichten zufolge habe er, als der Karren in die Rue Saint-Honoré einbog und am Domizil Robespierres vorbeifuhr, zu diesem hinaufgerufen:»Robespierre, du Tugendheuchler, du wirst mir bald folgen, das verspreche ich dir!« Dann habe er sich mit einer letzten Brandrede ans Volk gewandt und die Sansculotten zu einer neuen Insurrektion, zu einer Erhebung gegen die *neuen Despoten* und *nouveaux riches* aufgerufen, die das Erbgut der Nation unter sich aufgeteilt. Noch als der Karren in die Place de la Révolution einbog, heißt es, habe er von einem *Sturm auf die Bastillen des neuen Geldadels* phantasiert ...

Als er das Schafott bestieg und der Henker ihn aufs Brett band, soll er gerufen haben:»Es lebe die Ré ...!« Weiter sei er nicht mehr gekommen; denn mitten in dem geheiligten Wort schnitt ihm das fallende Messer die Kehle durch.

Nach vielen Klagen der Bürger des Madeleine-Viertels, auf deren Friedhof die Guillotinierten, unter ihnen auch der König und die Girondisten, gekarrt wurden, hatte die Kommune von Paris einen neuen Friedhof für die Opfer des Revolutionstribunals eröffnen müssen. Er erhielt den treffenden Namen *Les Errancis*, die Verkrüppelten. Hier wurde auch Eulogius' Leichnam verscharrt. Auf den letzten Blättern seiner *Confessions* findet sich folgende Szene:

Nekrolog

Zwei Totengräber holen die Toten vom Leichenkarren und verscharren sie

1. TOTENGRÄBER: Wenn man nur wüßte, welcher Kopf hier zu welchem Corpus gehört!

2. TOTENGRÄBER: Warum so pedantisch, Kamerad? Die Würmer kehren sich nicht dran.

1. TOTENGRÄBER: Das nicht, aber ich fühl' mich nicht gut, wenn ich zum Beispiel den dunkelhaarigen Mannskopf hier – war's der eines Priesters oder der eines Sans-Culottes? – einfach zum Corpus dieser ehemals vornehmen Dame packe.

2. TOTENGRÄBER: Nun, leg immer schön einen Mannskopf einer Dame zu Füßen, das wird beide Teile erfreuen!

1. TOTENGRÄBER: Auch stört's mich empfindlich, daß wir unterschiedslos Ausländer und Inländer in dieselbe Grube werfen.

2. TOTENGRÄBER: Was willst du? Der Tod ist das In und Aus, das heißt: das Kosmopolitischste von der Welt.

1. TOTENGRÄBER: Außerdem ist dieser Friedhof längst überfüllt. Die Bürger des Faubourg beklagen sich bitter. Sie befürchten eine Seuche und werden nachts von grausen Phantasien gepeinigt. Sie können den Geruch der Gräber nicht mehr ertragen und halten sich für krank.

2. TOTENGRÄBER: Wieso? Wir werfen doch immer Kalk auf die Leichen, um die Verwesung zu beschleunigen.

1. TOTENGRÄBER: Du verstehst nicht, Bürger! Die Guillotinierten hier liegen mit den gewöhnlichen Toten des Faubourg durcheinander. Das Volk, die guten Sans-Culottes aber wünschen, daß ihre anständigen Toten gemächlich und in Frieden vermodern, unvermischt mit den verfluchten anderen.

2. TOTENGRÄBER: Dann muß die Kommune die Guillotinierten eben woanders begraben!

1. TOTENGRÄBER: Sie hat's ja versucht. Doch auch in Saint-Antoine, wo ich zuletzt Dienst tat, kann man niemanden mehr begraben. Die Grube ist voll. Auf dem Platz stehen ganze Pfützen voll Blut. Man grub ein Loch, einen Klafter breit und tief, damit das Blut abfließen kann. Da aber der Boden hart und steinig ist, nimmt er nichts auf, alles gerät in Fäulnis.

2. TOTENGRÄBER: Hör auf, sonst laß ich den Spaten fallen und lauf' davon.

1. TOTENGRÄBER: Scheußliche Dünste breiten sich aus. Man deckte die Grube mit Brettern zu; aber das half auch nicht gegen die Dünste. Der

Lehm nimmt nichts an, der Lehm ist ehrlich, er widerstrebt jedem Versuch, etwas darin zu verbergen. So bleibt denn alles an der Oberfläche.

2. TOTENGRÄBER: Warum verbrennt Ihr nicht Thymian, Salbei und Wacholder über den Gruben?

1. Totengräber: Du vergißt, die Grube muß bei jeder neuen Ladung wieder geöffnet werden. Man suchte Abhilfe zu schaffen, indem man eine Klapptüre in die Bretter einbaute, durch die wir die Leichname hinunterwarfen. Und dann massenhaft Kalk hinterher. Aber dann fing's in Strömen zu regnen an, so daß sich alles noch mehr verschlimmerte. Der überfüllte Friedhof geriet in eine solche Gärung, daß selbst wir es nicht aushielten und die Flucht ergriffen.

2. TOTENGRÄBER: Und wer begräbt am End' die Totengräber?

Epilog

Drei Tage nach der Hinrichtung unseres Helden bestiegen Danton und seine Gefährten das Schafott. Als Danton vom Luxembourg in die Conciergerie überführt wurde und er das finstere Gewölbe betrat, das man nur wieder verläßt, um zu sterben, sagte er:

Vor einem Jahr, um dieselbe Zeit, habe ich das Revolutionstribunal errichten lassen. Dafür bitte ich Gott und die Menschen um Verzeihung. Aber es geschah, um einem neuen September zuvorzukommen, und nicht, damit eine Geißel der Menschheit daraus würde.

Als ›Verräter‹ bezeichnete Robespierre die Führer der gegnerischen Parteien; als solche fing er sie alle in seinem großen Netz. Mit der Hinrichtung seines größten Rivalen indes beging er politischen Selbstmord. Denn er entzog sich selbst die Kraft, von der er lebte, den Stoff und Gegenstand seiner anklägerischen Macht, die seine Scholastik mit den lebendigen Leidenschaften des Volkes verband. Er glaubte stets, jene so sehr gehaßten Führer seien die Fesseln und Hemmnisse der Revolution. Nun waren sie tot, und jetzt konnte die Revolution weder vorwärts noch rückwärts. Jetzt wurde deutlich, daß sie deren lebendige Organe gewesen waren. In jedem von ihnen verkörperte sich die tätige Kraft einer Partei, durch sie wurden diese Parteien lenkbar, sie waren die vermittelnden Kräfte, die leitenden Fäden. Robespierre, der Obermaschinist, war aus einem sehr einfachen Grunde unfähig geworden, die Maschine zu bewegen: er hatte die Fäden zerrissen. Sein Sturz am 9. Thermidor, dem 27. Juli 1794, war nur noch eine Frage der Zeit.

In einem ungeheuren Höhenflug des Gedankens hatte uns die Philosophie des 18. Jahrhunderts über das Mittelalter hinausgeführt; aber jetzt, nachdem wir Frankreich in ihrem Namen umgestaltet, standen wir auf den Gräberfeldern, darin die natürlichen Feinde der Revolution neben ihren begeisterten Anhängern und patriotischen Führern lagen, und stellten ernüchtert fest: Wir sind noch kaum über das Mittelalter hinaus. Trotz aller Philosophie und Aufklärung ging der ›unheimliche Gesell‹ noch immer unter uns um – nur eben in neuer volkstümlicher Verkleidung. Denn das Volk schreibt alle Übel viel eher Personen als den Umständen zu. Seit altersher personifiziert es das Böse. War das Böse im Mittelalter der Teufel, so war es nun im ›Verräter‹ und ›Volksfeind‹ personifiziert. Trotz Kirchenkampf, Säkularisierung und Dechristianisierung war auch das Denken der Revolutionäre noch immer im fatalen christlichen Dualismus befangen. Die strikte Zweiteilung der Welt in Himmel und Hölle, Licht und Finsternis, Gott und Satan, Gut und Böse, Tugend und Laster etc. hatte sich auch dem Denken der Aufklärung und der Revolution tief eingegerbt. Den Guten und Tugendhaften, den Märtyrern und ›Helden der Freiheit‹, reservierte man einen Platz im Pantheon, indes man die ›Bösewichter‹, die ›Verräter‹ und ›Volksfeinde‹ (oder die man dafür hielt) aufs Schafott und in die ›ewige Verdammnis‹ schickte.

Hätte ich ein philosophisches Fazit aus dem Untergang unseres Helden und der *Grande Révolution* zu ziehen, welche als großartige Neuschöpfung in die alte abendländische Welt hineintrat, dann wäre es dieses: Solange wir den christlichen Dualismus nicht überwinden, wir nicht aufhören, in moralischen und politischen Schwarz-Weiß-Kategorien zu denken, solange wird es – bei allen sonstigen Fortschritten in der Staatsverfassung, der Industrie, Technik und Wissenschaft – keinen wirklichen Fortschritt in der Humanität geben.

Nun, da die Reise unseres Helden zu Ende, ist auch meine Aufgabe als Biograph und Erzähler endlich erfüllt. Nur einen Nachtrag bin ich dem Leser noch schuldig: Wie es nach seinem Tode seinen Gefährten, Freunden und Angehörigen erging.

Dem »Großen Terror« des Sommers 1794 und den Denunziationen des Maire Monet und seiner Comparsen fielen noch etliche elsässische Patrioten zum Opfer; unter ihnen auch drei sogenannte »Mitverschworene Schneiders«: der brave Sansculotte und Munizipalbeamte Hans Jung, der eine trostlose Witwe und drei Kinder zurückließ, und die kunstsinnigen Brüder Frédéric und Louis Geoffry Edelmann, in deren gastfreundlichem Hause wir so manche schöne Soireen verlebt hatten. Alle drei wurden, in einem summarischen Verfahren zusammen mit vierzig anderen Personen, am 17. Juli 1794, wenige Tage vor dem Thermidor, zum Tode verurteilt. Sie mußten – wie Eulogius – ihre Opposition gegen die Robespierristen auf dem Schafott büßen.

Johann Friedrich Butenschön, neben Jung der treueste Freund unseres Helden, wurde nach dem Thermidor vom Pariser Revolutionstribunal freigesprochen. Er kehrte bald nach Deutschland zurück und leitete später in Speyer das Schulwesen des bayerischen Rheinkreises im liberal-demokratischen Sinne.

Thaddäus Anton Dereser, unser gemeinsamer Jugend- und Studienfreund, der während der *terreurs* im Straßburger Seminarium inhaftiert war, verließ 1796 das Elsaß, zog sich für eine Zeitlang in das Kloster seines Ordens in Würzburg zurück, um später an verschiedenen deutschen Universitäten als aufgeklärter theologischer Lehrer zu wirken, zuletzt als Professor für Dogmatik in Breslau. Auch er blieb als christlicher Theologe seinen demokratischen Überzeugungen treu.

Christoph Friedrich Cotta, der in den Kellern der Pariser Conciergerie den letzten Gefährten Dantons begegnete und ihren Schmerz miterlebte, wurde aufgrund seiner geschickten Verteidigung vom Pariser Revolutionstribunal freigesprochen. Er kehrte im September 1794 nach Straßburg zurück, wo er in mehreren beherzten Reden mit den Robespierristen auf dem Straßburger Schauplatz, in Sonderheit mit dem Maire Monet und dessen Parteigängern, scharf abrechnete.

Monet, stets Liebediener der jeweils siegreichen Partei, wurde von den Thermidorianern seines Amtes entkleidet – mit der Auflage, sich für immer aus Straßburg zu entfernen. Es heißt, er habe die während der Dechristianisierung beschlagnahmten Gerätschaften der Kirche rechtzeitig beiseite geschafft und mit ihnen in Savoyen alsbald einen einträglichen Handel aufgemacht. Als vermögender Rentier – er war Eigentümer zweier Häuser in Paris und besaß mehrere Güter in Savoyen – erreichte er ein hohes Alter.

Graf Merville überlebte wie durch ein Wunder die Schreckenszeit. Während der Napoleon-Ära, als der Mesmerismus und der Somnambulismus wieder erblühten, unterhielt er eine gutgehende magnetische Praxis in Paris. Es heißt, sogar Napoleon Bonaparte habe bei diesem gewitzten Meister der Suggestion Unterricht genommen und ihn dafür reichlich belohnt. Der Graf starb als wohlhabender Mann auf seinem Landgut in der Auvergne, und zwar auf eine ihm durchaus gemäße Weise: Aus einer somnambulen Trance, in die er sich selber versetzt, wachte er nicht wieder auf.

Marianne Schneider wurde erst nach dem Thermidor aus der Haft entlassen. Drei Jahre lang kämpfte sie mit Zähigkeit um den beschlagnahmten Nachlaß ihres Bruders; dabei ging es ihr weniger um den Wert seiner konfiszierten Habe, als um das Andenken ihres Bruders, den sie stets ›unglücklich‹ nannte, aber niemals verleugnete. Mit unermüdlicher Treue sammelte sie Zeugnisse, um der hartnäckigen und längst verfestigten Legende vom ›Blutsäufer des Elsaß‹ entgegenzutreten. Während der napoleonischen Ära verlor ich ihre Spur. Man sagte mir, sie sei mit ihrem Mann nach Deutschland zurückgekehrt.

Nanette überlebte, wie so manche ›Verdächtige‹, die Schreckenszeit in einer Pariser Anstalt, in die ihr Bruder sie im Mai 1794 einweisen ließ. Jüngst fand ich in einem medizinischen Jahrbuch der Pariser Anstaltsärzte die Diagnose des sie behandelnden Arztes. Sie lautete auf *folie politique*, zu deutsch: politische Verrücktheit. Nach ihrer Entlassung aus der Salpêtrière, in der sie mehrere Jahre zubrachte, lebte sie in Paris unter sehr dürftigen Umständen. Die lange Internierung hatte ihr so zugesetzt, daß sie nicht mehr in ein normales Leben zurückfand. Und Sara? Von allen Seiten, von den Behörden und den nach dem Thermidor wieder auftrumpfenden Priestern und Klerikalen wurde sie bedrängt, auch ihre Stimme gegen dieses ›Scheusal‹ zu erheben, dem sie die Hand zum Ehebunde gereicht, und sich endlich von ihm loszusagen. Sie hat dies stets verweigert. Der Öffentlichkeit gegenüber trug sie ihr Unglück mit würdigem Schweigen. Nach der Hinrichtung ihres Bräutigams siedelte sie mit der Familie nach Benfeld über, wo sie endlich eine Stelle als Lehrerin erhielt. Ende 1794 wurde sie nach Schlettstadt berufen. Man rühmte ihre pädagogischen Fähigkeiten und ihren einfühlsamen Umgang mit Kindern. Doch als ihr Bruder Daniel erneut inhaftiert wurde und sich unter den Thermidorianern der Wind zugunsten der Opportunisten, Demokratiegegner und Klerikalen gedreht hatte, wurde sie fristlos aus dem Schuldienst entlassen. Wieder wurde sie mit Beschuldigungen überzogen, holte die Schauerlegende des Bräutigams sie ein: Man titulierte sie bald nur noch als »die Frau des guillotinierten Schneider abscheulichen Angedenkens«. Am 13. Dezember 1796 heiratete Sara den Mann, dem schon ihre erste Neigung gegolten: Friedrich Cotta. Das Hochzeitsdatum sprach für sich: In diesen schicksalreichen Tagen vor drei Jahren war sie mit ihren Eltern und ihrem ersten Bräutigam nach Straßburg gefahren; eine Reise, die mit seiner Verhaftung und öffentlichen Schaustellung an der Guillotine endigte. Auch für Friedrich waren diese Tage, da die geliebte Frau die Braut seines Freundes geworden, Passionstage gewesen. Nun aber beantworteten beide Brautleute ihr Leid, das mit jenem fatalen Datum verbunden war, mit einem Freudenfest und einem Bund fürs Leben. Eulogius war der unsichtbare Trauzeuge des Paares, war doch sein letzter Wunsch in Erfüllung gegangen. Und ich, der ich zur Hochzeit geladen war, darf dem Leser versichern: An diesem Tage lächelte Sara wieder. Zum Abschied überreichte sie mir jene kleine Spieluhr, die Butenschön seinerzeit dem Brautpaar zur Hochzeit geschenkt; ich hüte sie wie einen Talisman, und wenn auch ihr Spielwerk leicht verstimmt ist, die vertraute Melodie der *Marseillaise* erklingt noch immer.

Nur kümmerlich schlug sich Friedrich mit literarischen und publizistischen Arbeiten, zeitweise auch als zweiter Archivar der Départementsverwaltung und ab 1800 als Gerichtsbote beim Tribunal in Weißenburg durch; er wirkte an süddeutschen Revolutionsversuchen mit und arbeitete weiterhin in dem Netzwerk revolutionärer Demokraten, dessen clandestine Bande sich von Frankreich in die Pfalz und nach Süddeutschland erstreckten und das selbst die napoleonische Ära überdauerte.

Saras Bruder Daniel trat 1797 erneut in die französische Armee ein und beteiligte sich an süddeutschen Revolutionsversuchen. Auf einem Feldzug in der Schweiz erlag er im Juni 1799 im französischen Lazarett von Winterthur den Wunden aus einer Schlacht.

Am 6. August 1798 kam Sara mit einem Sohn nieder, der auf den Namen Emil getauft wurde. Ihr zweites und letztes Kind Amalia gebar sie kaum anderthalb Jahre später. Im Januar 1807, mit knapp 36 Jahren, starb diese schöne kluge und charaktervolle Frau in Weißenburg. Sie gehört zu den vielen vergessenen republikanischen Frauen, die ihren Überzeugungen und den hoffnungsvollen, befreienden Anfängen einer Revolution treu geblieben, als diese längst im militaristischen System Napoleons und des französischen Großbürgertums, in Karrierismus, Korruption und Gewinnsucht versunken war.

Friedrich Cotta blieb mit dem neunjährigen Emil und der siebenjährigen Amalia allein. Er empfand das napoleonische Frankreich nicht mehr als seine Heimat. Er legte sein Amt nieder, pendelte zwischen Durlach bei Karlsruhe und Augsburg und war doch nirgends mehr recht zu Hause. In äußerst dürftigen Umständen lebend, mußte sich dieser bedeutende Publizist und Vorkämpfer des modernen Konstitutionalismus zeitweise sogar als Trödler und Postkartenverkäufer durchschlagen. Zuletzt ließ er sich im pfälzischen Trippstadt* nieder, wo seine verheiratete Tochter lebt. Im Unterschied zu seinem jüngeren Bruder Johann Friedrich Cotta, der als Verleger der Werke der Weimarer Klassiker zu großem Ansehen und Wohlstand gelangte, war und blieb der kämpferische Demokrat und Jakobiner, der zum Botschafter des modernen Verfassungsstaates und zum Grenzgänger zwischen dem revolutionären Frankreich und dem gärenden Südwesten Deutschlands wurde, den deutschen Gelehrten und Geschichtsschreibern ein Dorn im Auge. Sie haben ihn, ebenso wie Carl Clauer und die vielen anderen deutschen Frühdemokraten, mit Vergessen bestraft.

Zur großen Enttäuschung seines Alters mußte er indes noch erleben, wie sein Sohn Emil, den er in Tübingen hatte Jura studieren lassen, als Appellationsgerichtsrat in Zweibrücken zum eifernden Verfolger der pfälzischen Demokraten wurde und mit am Grab der demokratischen Sondergeschichte der Pfalz arbeitete. Ich bin den Verdacht nie losgeworden, daß Emil Cotta in den Demokraten, die er verfolgte, gleichsam stellvertretend die eigenen Eltern und ihre jakobinische Vergangenheit abstrafte, in Sonder-

---

* Hier starb er im Jahre 1838.

heit die ihm unbegreifliche und unheimliche Vergangenheit seiner Mutter, die dem ›Blutsäufer des Elsaß‹ einst die Hand zum Ehebunde gereicht.

Freilich, auch Emil Cotta war nur der brave und gehorsame Sohn seiner Zeit, der restaurativen und schwarzen Metternich-Ära, für die der Jakobinismus nur noch ein Synonym für Terrorismus ist. Immer wieder erstaunt mich die moralische Heuchelei des heutigen *juste milieu*, das sich gemeinhin mehr über den jakobinischen Terror entrüstet, als über die Millionen Toten, welche die nachfolgenden napoleonischen Kriegs- und Eroberungszüge gekostet haben.

Dem Terror des jakobinischen Frankreich fielen summa summarum etwa dreißigtausend Menschen zum Opfer – eine schreckliche Bilanz, die ich gewiß nicht schönreden will; dagegen mußten unter Bonaparte und für den neuen Kaiser der Franzosen wohl zweieinhalb Millionen Menschen ins Gras beißen; dennoch gilt Napoleon den meisten Franzosen und vielen Europäern noch heute als ›Empereur‹ und ›Genie‹; mit seinem Namen verbindet sich noch immer die *gloire française*, obwohl er der Ersten Republik per Staatsstreich den Garaus gemacht. Wenn man einen Menschen tötet, gilt man als Mörder; schickt man Millionen auf das Schlachtfeld, ist man ein Held und großer Mann.

Die meisten Deutschen sahen – und sehen bis heute – in der Französischen Revolution ein abschreckendes Beispiel. Diese war in ihren Augen gleichsam die Antithese zur deutschen Ordnungsliebe, die in Deutschland mehr gilt als die Freiheit. Johann Wolfgang von Goethe sprach meinen Landsleuten wohl aus dem Herzen, als er anläßlich der preußischen Belagerung von Mainz sagte: »Ich will lieber eine Ungerechtigkeit begehen, als Unordnung ertragen.« Das eigentlich Fatale für die Deutschen und ihre Geschichte war indes nicht das Beispiel der Französischen Revolution, war gewiß nicht jene Trias von Freiheit, Gleichheit und Brüderlichkeit, die sie auf ihre Fahnen geschrieben; vielmehr haben erst die napoleonischen Kriegs- und Eroberungszüge, deren erste Opfer die deutschen Nachbarländer und Kleinstaaten waren, dazu geführt, daß das freiheitliche und republikanische Erbe der *Grande Révolution* von den Deutschen *nicht* angenommen wurde, eben weil es vom »Erbfeind« kam. Auch wenn Napoleon das feudale Europa umkrempelte und diesem über den *Code Napoléon* gewisse fortschrittliche Verfassungsprinzipien oktroyierte, er war der Verhinderer einer genuinen bürgerlichen Revolution und einer eigenständigen republikanischen Entwicklung in Deutschland. Zwar hat sich im Zuge der Befreiungskriege von 1813-1815 auch ein deutsches Nationalgefühl herausgebildet, das die Grundlage eines vielleicht bald entstehenden deutschen

Nationalstaates bilden könnte; aber *Nationalismus ohne Republikanismus* erscheint mir als ein bedenklicher Torso, ja, als eine fatale und gefährliche Halbheit, die eher in den absoluten und imperialen Staat als in ein demokratisches Staatswesen führen dürfte.

Die letzte Ernüchterung wenigstens ist meinen toten Freunden und längst verstorbenen Compatrioten erspart geblieben: Sie mußten nicht mehr, wie ich, sehenden Auges gewärtigen, wie all das, wofür sie einst mit ganzer Kraft und Hingabe, mit verzweifeltem Mut und Opfermut, auch mit schrecklicher Konsequenz und mörderischem Idealismus gestritten, wieder zunichte gemacht und das Rad der Geschichte zurückgedreht wurde. Manchmal, wenn ich in meinem Genfer Exil am Schreibpulte saß, führte ich mit dem Helden dieser Blätter und den anderen Freunden stumme Zwiesprache, etwa derart: Sei froh, Eulogius, seid froh, Brüder, daß ihr das obszöne Schauspiel des Wiener Kongresses, das unverschämte Auftrumpfen der alten Dynastien Europas, nicht mehr erlebt habt! Seid froh, daß ihr nicht, wie ich, in jenem obskuren Geistesklima überwintern mußtet, das seinen frivolen Zynismus und selbstgerechten Moralismus dem herrschenden Ressentiment gegen die Ideen der Aufklärung und gegen das Erbe der Französischen Revolution verdankt! Auch wenn ich euch um vier Jahrzehnte überlebte, glaubt mir, Brüder und Schwestern von einst, es ist nicht immer ein Vergnügen, zu den Überlebenden zu gehören! Die Vertreter des heutigen *juste milieu* rühren für nichts mehr die Hände – außer für das eigene Wohlergehen, den eigenen kleinlichen Vorteil und Gewinn. Die Parole des Bürgerkönigs Louis-Philippe* »Enrichissez-Vous!« (Bereichert Euch!) wird denn auch überall, in Handel und Industrie, in den Kanzleien und an der Börse, mit dem größten Behagen befolgt, während den Sansculotten und Proletariern in den Manufakturen und Fabriken bei einem zwölf- bis vierzehnstündigen Arbeitstag das Mark ausgesaugt wird. Die heutige *jeunesse dorée* aber denkt hauptsächlich an Karriere, Geldschneiden und Vergnügungen, delektiert sich an Luxuskarossen und Garderoben, an Wettspielen und Pferderennen, an romantischen Affairen und okkulten Erscheinungen, und hat für das, wofür ihre republikanischen Väter und Mütter, Großväter und Großmütter gekämpft und gelitten, nur noch ein müdes Achselzucken, Spott oder Verachtung übrig.

Im Grunde, Eulogius, hast du dir ganz umsonst die Hände blutig gemacht, denn Wucher und Bereicherungssucht, die du – recht amateurhaft – mit der Guillotine zu zügeln suchtest, gelten heutzutage als Bürgertugend. Jetzt, da das Pathos verraucht und die enthusiastischen Blumen, womit das

---

* Nach der Juli-Revolution von 1830 löste Louis-Philippe die Herrschaft der Bourbonen ab.

Interesse des Bourgeois seine Wiege bekränzte, verwelkt sind, sieht man: dieses Interesse hat den eingreifendsten Erfolg gehabt. Es war so mächtig, daß es die Feder eines Marat, die Guillotine der Terroristen, den Degen Napoleons und das Vollblut der Bourbonen siegreich überwand. Die ebenso uneigennützigen wie heroischen Kämpfe für das Gute, den Fortschritt, das Allgemeine Beste und die Wohlfahrt der Menschheit scheinen der Vergangenheit anzugehören. Das Heute gehört vor allem den Gleichgültigen, den Indifferenten, die – nach Dante – in der Vorhölle residieren und von denen er sagte:»Der Himmel will sich nicht mit ihnen schänden – und auch die Hölle schließt sich ihnen.«Vielleicht werden sich erst die Enkel und Urenkel wieder an jene großen Ideale und Prinzipien erinnern, für die ihre Groß- und Urgroßeltern einmal gekämpft und gelitten haben.

Doch will ich diesen Epilog nicht mit dieser melancholischen Coda beschließen, sondern mit einem Notat – einem der letzten und in die Zukunft weisenden – aus den *Confessions* meines Freundes, des Helden dieser Blätter:

Die Französische Revolution, dieser große Sämann der Welt, legte ihren Samen in die Erde; wir, die sie vorwärtsgetrieben, haben aber selbst keinen Nutzen davon. Sie bereitet die Ernte nicht für uns (wie wir hofften), sondern für die Kinder und Kindeskinder unseres Denkens. Mag auch ein Teil ihres Samens auf steinigen Boden fallen, und ein anderer Teil von den Vögeln des Himmels gefressen werden – was tut's! Der Rest wird Frucht tragen. Mag auch der neue Kalender (in dem die alten Sonntage fehlen) für uns zum Totensonntag werden, er kündigt doch eine neue Epoche der Menschheit an.

Alles ist gewiß nicht vorübergegangen, was unsere Augen gleich einem vorüberfliegenden glänzenden Meteor erblickten. Aus jeder ungeheuren Anstrengung folgt eine große Wirkung. Wahrheiten, die im Drängen der Leidenschaften, im Gebrause der Volks- und Parteienwut am Ufer der Seine verlorengingen, sind anderswo, in Ägypten, in Afrika, in der Neuen Welt schwerlich ganz verhallt. Sie werden dereinst vielleicht am Gestade der Newa, des Nils und des Rio Grande vernommen.

Ihr aber, die Ihr nach uns kommt und unsre Handlungen und Verfehlungen vorurteilslos betrachtet, vergesset nicht, daß wir die ersten in Europa waren, die den Schritt zur Mündigkeit, zur Volkssouveränität und zur Selbstregierung gewagt und daß wir dieses Neue unter den furchtbarsten Umständen verteidigen mußten.

Möget Ihr unsrer, die wir selber nicht nachsichtig sein konnten, mit Nachsicht gedenken!

Inhalt

Prolog		11
I	Am Pranger – Zeugen und Zeugnisse der Zeit	17
II	Die Stadt unserer Jugend – Der ketzerische Studiosus – Bund der Freundschaft – Die unheilige Dreifaltigkeit	31
III	Auf dem Karren (1) – Die geliehene Braut	50
IV	Im Zeichen der Waage	65
V	Auf dem Karren (2) – Der Traum von der Weltbürgerrepublik	76
VI	Baum der Erkenntnis und Sündenfall – Ehrsucht und Melancholia – Amor und Psyche – Heimkehr des verlorenen Sohnes	90
VII	In der Vorhölle – Der Tisch der Gleichheit – Der zweite Hus im Feuer der Venus – Der Traum der Vernunft und die Eule der Minerva	110
VIII	Der Kniefall – Die Leiden des Pater Eulogius – Der Toleranzprediger – Von den Geheimnissen des Beichtstuhls	141
IX	Pariser Confessions (1) – Ironische Fügung des Schicksals – Aus Saras Tagebuch(1) – Die Todeskutsche – Die Wette	167
X	Der Hofprediger – Tantalus und Don Juan	190
XI	Pariser Confessions (2) – Die gewitzte Rattenfängerin	204
XII	Paläste und Hütten – In Ungnade	212
XIII	Geistercitation	230
XIV	Professor für »Schöne Wissenschaften« – Fürstengunst oder Volksfreiheit	238

XV	Confessions (3) – Aus Saras Tagebuch (2)	249
XVI	Straßburg und die Revolutionierung der Sitten – Von den Mühen der Ebenen – Aus Saras Tagebuch (3) – Der geistliche Pantagruel	259
XVII	Confessions (4) – Der Schatten	281
XVIII	Der ernüchterte Ratsherr – Feuillants und Jakobiner – Aus Saras Tagebuch (4) – Im Banne des Gegners	292
XIX	Über Gemeinsinn und Egoismus	317
XX	Kreuzzug für die Menschenrechte? – Die geladenen Pistolen – Aus Saras Tagebuch (5) – Der Krieg und die zweite Revolution	326
XXI	Die Bartholomäusnächte der Revolution	352
XXII	Zerbrochene Freundschaft – Der Freiheit Mütze, sie wird ziehen … – Aus Saras Tagebuch (6)	369
XXIII	Über die Grausamkeit – Coetus angelicus	379
XXIV	Um eines Königs Kopf – Die Berufung – Der Bürgerkrieg und die Heraufkunft des Schreckens – Die Bluttaufe – Der Engel mit dem feurigen Schwert	391
XXV	Confessions (5) – Clairvoyance	414
XXVI	Der Weg in die Diktatur – Eherne Luft – Parade mit dem Beil des Gesetzes	429
XXVII	Diskurs über die Ungleichheit – Confessions (6) – Aus Saras Tagebuch (7)	446
XXVIII	Das Regime des Schreckens – Eine Stadt zwischen Lethargie und Panik – Saint-Just, der Exterminator	462

XXIX	In Kupfer gestochen – Confessions (7)	484
XXX	In der Zwickmühle des Terrors – Gespaltene Existenz	505
XXXI	Confessions (8) – Savanys Beichte	523
XXXII	Kein Paradiso ohne Inferno – Aus Saras Tagebuch (8)	537
XXXIII	Confessions (9) – Credo quia absurdum – Robespierres Schatten	563
XXXIV	Der Engel des Jüngsten Gerichts – Theodizee – Interessierte Verdammnis – Nekrolog	583
Epilog		622

Danksagung

Dieser historischen Romanbiographie liegt eine sehr aufwendige, komplizierte und detaillierte Recherche zugrunde. Um den historischen Kontext, die Epoche der Aufklärung und die sehr verwickelte Geschichte der Französischen Revolution auszuleuchten und in die Darstellung einfließen zu lassen, bedurfte es eines eingehenden Studiums und vieler Spezialwerke zur Sozial-, Geistes-, Kirchen- und Sittengeschichte des 18. Jahrhunderts. Jeder einzelne Schauplatz der Stationenreise meines Romanhelden mußte durch besondere, oftmals schwer zu beschaffende historische Städtebilder und Expertisen erschlossen werden.

Ein herzliches Dankeschön möchte ich den Mitarbeitern der Hessischen Landesbibliothek Wiesbaden sagen, die mich bei der Recherche und der Fernleihe tatkräftig unterstützten.

Mein besonderer Dank gilt Claude Betzinger, Straßburger Historiker und Spezialist für die elsässische Revolutionsgeschichte, der mich bei meiner Arbeit sehr unterstützt und mir viele Quellen erschlossen hat. Seiner sehr detaillierten historischen Studie *Vie et mort d'Euloge Schneider, ci-devant franciscain. Des Lumières à la Terreur, 1756–1794* (Edition Nuée Bleue, Straßburg 1997) verdanke ich – neben manchen anderen, älteren Eulogius-Schneider-Biographien – viele Einsichten in die elsässische Revolutionsgeschichte sowie wichtige Daten zum geschichtlichen Kontext und Werdegang meines Romanhelden.

Mein Dank gilt auch dem Historiker und Jakobinerforscher Hellmut G. Haasis, mit dem ich etliche Gespräche geführt und dessen Standard-Werk über die deutschen Jakobiner *Gebt der Freiheit Flügel* (Rowohlt, Reinbeck 1988) für mich eine hilfreiche Stütze und Quelle war.

Nicht zuletzt danke ich Martin Hielscher vom Verlag Kiepenheuer & Witsch für sein umsichtiges und sehr differenziertes Lektorat, und meiner Frau Ingeborg Schneider, die meine Arbeit an diesem Œuvre immer wieder mit Rat und Kritik unterstützt, etliche gute Ideen beigesteuert und das Manuskript mitlektoriert hat.

M.S.

Michael Schneider
Das Spiegelkabinett

Novelle
KiWi 373

In seiner virtuos gehandhabten Novelle erzählt Michael Schneider die Geschichte vom Aufstieg und Fall des weltberühmten Zauberers Alfredo Cambiani. In diesem spannenden, »wahrhaft kulinarischen Prosastück« (Marcel Reich-Ranicki) liefert Schneider nicht nur eine psychologisch abgründige Erzählung über einen großen Magier und sein Verhängnis, sondern auch eine überaus aktuelle Parabel auf Kunst und Gesellschaft.

Michael Schneider
Das Ende
eines Jahrhundertmythos

Eine Bilanz des Staatssozialismus

KiWi 400

In seinem Buch »Das Ende eines Jahrhundertmythos« zieht Michael Schneider eine illusionslose Bilanz des Staatssozialismus, die gleichzeitig hilft, die gegenwärtige Situation besser zu verstehen.
»Seine ›Bilanz des Sozialismus‹ verklärt nichts und ist nicht halbherzig, sondern ebenso weitgespannt wie anregend.«
Stephan Reinhardt in der Süddeutschen Zeitung